Jana Kolsch

Sozioökonomische Ungleichheit im Strafverfahren

Kriminalwissenschaftliche Schriften

herausgegeben von

Prof. Dr. Heinz Schöch (Universität München)
Prof. Dr. Dieter Dölling (Universität Heidelberg)
Prof. Dr. Bernd-Dieter Meier (Universität Hannover)
und Prof. Dr. Torsten Verrel (Universität Bonn)

Band 59

LIT

Jana Kolsch

Sozioökonomische Ungleichheit im Strafverfahren

LIT

Gedruckt mit Unterstützung des Förderungsfonds Wissenschaft
der VG WORT

∞

Gedruckt auf alterungsbeständigem Werkdruckpapier entsprechend
ANSI Z3948 DIN ISO 9706

Bibliografische Information der Deutschen Nationalbibliothek
Die Deutsche Nationalbibliothek verzeichnet diese Publikation in der Deutschen Nationalbibliografie; detaillierte bibliografische Daten sind im Internet über http://dnb.dnb.de abrufbar.

ISBN 978-3-643-14482-9 (br.)
ISBN 978-3-643-34482-3 (PDF)
Zugl.: Hannover, Univ., Diss., 2018

Verlagskontakt:
Fresnostr. 2 D-48159 Münster
Tel. +49 (0) 2 51-62 03 20
E-Mail: lit@lit-verlag.de http://www.lit-verlag.de

Auslieferung:
Deutschland: LIT Verlag, Fresnostr. 2, D-48159 Münster
Tel. +49 (0) 2 51-620 32 22, E-Mail: vertrieb@lit-verlag.de

Vorwort

Die vorliegende Arbeit wurde im Sommersemester 2018 an der Juristischen Fakultät der Leibniz Universität Hannover als Dissertation angenommen. Rechtsprechung und Literatur wurden bis zu diesem Zeitpunkt eingearbeitet. Die Arbeit entstand während meiner Tätigkeit als wissenschaftliche Mitarbeiterin am Lehrstuhl für Strafrecht, Strafprozessrecht und Kriminologie. Ihr Abschluss wäre mir ohne die Unterstützung zahlreicher Personen nicht möglich gewesen.

Mein erster Dank gilt meinem Doktorvater Herrn Prof. Dr. Bernd-Dieter Meier, der mich während meines Forschungsvorhabens auf freundliche und humorvolle Art stets anregend und mit konstruktiver Kritik begleitet und mir die nötigen Freiräume zur Erstellung dieser Arbeit eingeräumt hat.

Herrn Prof. Dr. Christian Becker danke ich herzlich für die Erstellung des Zweitgutachtens.

Nicht genug danken kann ich Maxim Bönnemann, der mir während der gesamten Zeit unermüdlich mit einem offenen Ohr sowie wertvollen Ratschlägen beiseite stand.

Für zahlreiche Diskussionen, Anmerkungen sowie eine wundervolle Zeit möchte ich meinen Kolleginnen und Kollegen vom Kriminalwissenschaftlichen Institut und dabei insbesondere Johanna Kunze danken, die mir mit ihrer positiven Haltung und ihrem unermüdlichen Fleiß stets als gutes Vorbild vorangegangen ist.

Meinem Bruder Nico Kolsch danke ich für seine mathematische Expertise und Max Klein für seine Hilfe beim Programmieren.

Ebenso bin ich dem Förderungsfonds Wissenschaft der VG WORT zu großem Dank verpflichtet, welcher den Druck dieser Arbeit unterstützte.

Schließlich gilt der größte Dank meinen Eltern, welche mich in meinem Leben und auch während der Anfertigung dieser Arbeit stets bedingungslos unterstützt und mir das nötige Vertrauen in mich selbst gegeben haben, um diese Arbeit zu verfassen.

Berlin, April 2020 Jana Kolsch

Inhaltsverzeichnis

Abkürzungsverzeichnis

a.A.	andere Ansicht
Abb.	Abbildung
Abs.	Absatz
Abschn.	Abschnitt
AG	Amtsgericht
ALG I	Arbeitslosengeld I
ALG II	Arbeitslosengeld II
aM	arithmetisches Mittel
ArbGG	Arbeitsgerichtsgesetz
Art.	Artikel
AsylbLG	Asylbewerberleistungsgesetz
Aufl.	Auflage
BAG-S	Bundesarbeitsgemeinschaft Straffälligenhilfe
BAK	Blutalkoholkonzentration
Bd.	Band
BeckRS	Beck-Rechtsprechung
BerHG	Beratungshilfegesetz
Beschl. v.	Beschluss vom
ß (Beta)	Beta-Koeffizient
BewHi	Bewährungshilfe (Zeitschrift)
BGB	Bürgerliches Gesetzbuch
BGBl	Bundesgesetzblatt
BGH	Bundesgerichtshof
BGHSt	Entscheidungen des Bundesgerichtshofs in Strafsachen
BRAO	Bundesrechtsanwaltsordnung
BT-Drs.	Bundestagsdrucksache
BtMG	Betäubungsmittelgesetz
BVerfG	Bundesverfassungsgericht
BVerfGE	Entscheidungen des Bundesverfassungsgerichts
bzgl.	bezüglich
BZR	Bundeszentralregister
bzw.	beziehungsweise

DAR	Deutsches Autorecht (Zeitschrift)
d.h.	das heißt
Diff.	Differenz
DJT	Deutscher Juristentag
DRiZ	Deutsche Richterzeitung
ebd.	ebenda
EFS	Ersatzfreiheitsstrafe
EGMR	Europäischer Gerichtshof für Menschenrechte
EGStGB	Einführungsgesetz zum Strafgesetzbuch
EKMR	Europäische Kommission für Menschenrechte
EMRK	Europäische Menschenrechtskonvention
EL	Ergänzungslieferung
ErsFrhStrAbwV ND	Niedersächsische Verordnung über die Abwendung der Vollstreckung von Ersatzfreiheitsstrafe durch freie Arbeit
et al.	und andere
etc.	et cetera
EV	Ermittlungsverfahren
Exp(B)	Effektkoeffizient
f., ff.	folgende
Fn.	Fußnote
FS	1. Forum Strafvollzug – Zeitschrift für Strafvollzug und Straffälligenhilfe 2. Freiheitsstrafe
gA	gemeinnützige Arbeit
GA	Goltdammer's Archiv für Strafrecht (Zeitschrift)
gem.	gemäß
GG	Grundgesetz
GVG	Gerichtsverfassungsgesetz
Hk-EMRK	Europäische Menschenrechtskonvention: Handkommentar
Hk-RVG	Rechtsanwaltsvergütungsgesetz mit Streitwertkommentar und Tabellen: Handkommentar
HK-StPO	Heidelberger Kommentar: Strafprozessordnung
Hk-ZPO	Zivilprozessordnung: Handkommentar
h.M.	herrschende Meinung
Hrsg.	Herausgeber

HV	Hauptverhandlung
i.d.S.	in dem Sinne
i.H.v.	in Höhe von
insg.	insgesamt
ISCO	International Standard Classification of Occupation
i.S.d.	im Sinne der/des
i.S.e.	im Sinne einer/eines
ISEI	International Socio-Economic Index of Occupational Status
i.S.v.	im Sinne von
i.V.m.	in Verbindung mit
JA	Juristische Arbeitsblätter (Zeitschrift)
JBeitrG	Justizbeitreibungsgesetz
JGG	Jugendgerichtsgesetz
JR	Juristische Rundschau (Zeitschrift)
JZ	Juristenzeitung
k.A.	keine Angabe
Kap.	Kapitel
KFN	Kriminologisches Forschungsinstitut Niedersachsen
KG	Kammergericht
KK-StPO	Karlsruher Kommentar zur Strafprozessordnung
KostVfG	Kostenverfügung
KV	Körperverletzung
KZfSS	Kölner Zeitschrift für Soziologie und Sozialpsychologie
LG	Landgericht
LK-StGB	Leipziger Kommentar Strafgesetzbuch
LR-StPO	Löwe-Rosenberg: Die Strafprozeßordnung und das Gerichtsverfassungsgesetz: Großkommentar
MAH StrVR	Münchener Anwaltshandbuch Straßenverkehrsrecht
MD-GG	Maunz / Dürig: Grundgesetz: Kommentar
MDR	Monatsschrift für Deutsches Recht (Zeitschrift)
Med.	Median
MSchKrim	Monatsschrift für Kriminologie und Strafrechtsreform
MüKo-StGB	Münchener Kommentar zum Strafgesetzbuch
MüKo-StPO	Münchener Kommentar zur Strafprozessordnung

MüKo-ZPO	Münchener Kommentar zur Zivilprozessordnung
Musilak/Voit-ZPO	Musilak/ Voit: Zivilprozessordnung mit Gerichtsverfassungsgesetz: Kommentar
n	absolute Häufigkeit / Fallzahl
NJW	Neue Juristische Woche (Zeitschrift)
NJW-RR	Neue Juristische Woche – Rechtsprechungsreport (Zeitschrift)
NK	Neue Kriminalpolitik (Zeitschrift)
NK-StGB	Nomos Kommentar zum Strafgesetzbuch
Nr.	Nummer
NStZ	Neue Zeitschrift für Strafrecht
NStZ-RR	Neue Zeitschrift für Strafrecht – Rechtsprechungsreport
o.ä.	oder ähnliches
OECD	Organisation für wirtschaftliche Zusammenarbeit und Entwicklung (Organisation for Economic Co-operation and Development)
o.g.	oben genannt
OLG	Oberlandesgericht
o.O.	ohne Ortsangabe
ÖStGB	Österreichisches Strafgesetzbuch
p	Signifikanzniveau
PKH	Prozesskostenhilfe
r	Pearsons Produkt-Moment-Korrelationskoeffizient
RBSFV	Regelbedarfsstufen-Fortschreibungsverordnung
RGSt	Entscheidungen des Reichsgerichts in Strafsachen
Rn.	Randnummer
RPflG	Rechtspflegergesetz
Rspr.	Rechtsprechung
RStPO	Reichsstrafprozessordnung
RVG	Rechtsanwaltsvergütungsgesetz
S.	Seite
Sachs-GG	Sachs: Grundgesetz: Kommentar
Sch/Sch-StGB	Schönke / Schröder: Strafgesetzbuch: Kommentar
SD	Standardabweichung
SGB	Sozialgesetzbuch
SGG	Sozialgerichtsgesetz

SK-StPO	Systematischer Kommentar zur Strafprozessordnung
s.o.	siehe oben
sog.	sogenannt
sonst.	sonstige
SPSS	Statistical Package for the Social Sciences (Marke der Softwarefirma IBM, unter welcher Software für statistische Analysen entwickelt und vertrieben wird).[1]
StA	Staatsanwaltschaft
Std-Abw	Standardabweichung
StGB	Strafgesetzbuch
StPO	Strafprozessordnung
StraFo	Strafverteidiger Forum (Zeitschrift)
StrRG	Große Strafrechtsreform
StV	Strafverteidiger (Zeitschrift)
StVollstrO	Strafvollstreckungsordnung
Tab.	Tabelle
TS	Tagessätze
usw.	und so weiter
vgl.	vergleiche
Vor §	Vorbemerkung zu §
VwGO	Verwaltungsgerichtsordnung
ZAP	Zeitschrift für die Anwaltspraxis
z.B.	zum Beispiel
ZfRs	Zeitschrift für Rechtssoziologie
ZIS	Zeitschrift für Internationale Strafrechtsdogmatik
Zit.	Zitiert
ZPO	Zivilprozessordnung
ZRP	Zeitschrift für Rechtspolitik
ZStW	Zeitschrift für die gesamte Strafrechtswissenschaft
ZUMA	Zentrum für Umfragen, Methoden und Analysen
ZV	Zwischenverfahren

[1] https://www.ibm.com/de-de/marketplace/spss-statistics? [zuletzt aufgerufen am 03.07.2018].

Glossar der verwendeten statistischen Begriffe[2]

ab: Der Chi²-Test gibt lediglich Auskunft über die Überzufälligkeit der Abweichung aller beobachteten Werte von den erwarteten, sagt aber nicht, welche Werte im Einzelnen signifikant voneinander abweichen. Mittels „z-Tests" kann man deshalb bei Mehrfachausprägungen untersuchen, für welche einzelnen Ausprägungen der unabhängigen Variable die beobachteten Werte der abhängigen Variable signifikant von den erwarteten abweichen.[3] Die Kennzeichnung ab in den Tabellen gibt dabei an, dass sich bei dieser Teilmenge der unabhängigen Variable die Ausprägungen signifikant voneinander unterscheiden.

abhängige Variable: Siehe unabhängige Variable.

arithmetisches Mittel (aM): Durchschnittswert einer Variablen = die Summe aller Werte geteilt durch die Anzahl der vorkommenden Werte.

Beta-Koeffizient (ß): siehe lineare Regression.

Chi²-Test: Vergleich der beobachteten mit den erwarteten Häufigkeiten von zwei nominalskalierten Variablen, bei dem auch die Signifikanz und die Stärke des Zusammenhangs (die Werte Phi oder Cramer-V) berechnet werden.

Cramer-V: Wert für die Stärke des Zusammenhangs zwischen zwei nominalskalierten Variablen, der Werte von 0 (kein Zusammenhang) bis 1 (perfekter Zusammenhang) annehmen kann.

Differenz (Diff.): Meint hier die Differenz zwischen den Mittelwerten der beiden Vergleichsgruppen eines t-Tests.

Eta²: Maß, das bei der Varianzanalyse den durch die unabhängige Variable erklärten Anteil der Varianz der abhängigen Variable misst und Werte von 0 (keinerlei Erklärungswert) bis 1 (vollständige Varianzerklärung) annehmen kann.

Exp(B): Siehe logistische Regression.

Faktor: Siehe unabhängige Variable.

Kendalls-Tau-c: Rangkorrelationskoeffizient, der die Stärke des Zusammenhangs zwischen zwei ordinal-skalierten Variablen angibt und näherungsweise Werte

---

2 Siehe zu den folgenden Ausführungen, soweit nicht etwas anderes angegeben wird, *Kuckartz u. a.*, Statistik, S. 287 ff.

3 *Janssen*, Statistische Datenanalyse mit SPSS, S. 267.

von -1 (perfekter negativer Zusammenhang) bis 1 (perfekter positiver Zusammenhang) annehmen kann, wobei 0 keinerlei Zusammenhang bedeutet.[4]

Korrelationen: Wechselbeziehung zwischen Variablen. Verändert sich die eine Variable, dann verändert sich auch die andere Variable in Abhängigkeit von der ersten. Die Stärke dieses Zusammenhangs wird mit Korrelationskoeffizienten (z.B. Phi; Cramer-V; Pearsons *r*) angegeben.

korrigiertes R^2: Siehe lineare Regression.

lineare Regression: Mittels der linearen Regression lässt sich bestimmen, inwieweit einzelne Faktoren bei gleichzeitiger Berücksichtigung anderer Einflussvariablen geeignet sind, die Varianz der abhängigen, intervallskalierten (metrischen) Variable zu bestimmen.[5] Dabei wird mittels der Methode der kleinsten Quadrate eine lineare Funktion gesucht, die die Streuung der unabhängigen Variablen am besten vorhersagt (d.h. es wird die Funktion mit der geringsten Summe der quadrierten Abweichungen [Residuen] der berechneten Vorhersagewerte von den beobachteten Werten gesucht [$\hat{=}$ der Funktion mit den insgesamt niedrigsten Residualwerten]). Mittels Signifikanztests wird in den Regressionen außerdem überprüft, ob der Einfluss der Regressionskoeffizienten auf signifikantem Niveau liegt. Das Maß für die Güte dieser ermittelten Funktion ist das **Bestimmtheitsmaß R^2**. Dieses definiert den Anteil der erklärten Varianz an der gesamten Streuung der abhängigen Variablen durch die gewählten Faktoren (also wie gut die vorhergesagten mit den beobachteten Werten übereinstimmen) und kann Werte von 0 (keine Erklärung) bis 1 (100%ige Erklärung) annehmen. Da sich das Modell bei steigender Anzahl an erklärenden Variablen im Verhältnis zur Anzahl der Stichprobenfälle zunehmend an die konkrete Stichprobe selbst anpasst und so bei Hinzunahme einer weiteren Variable stets eine bessere Anpassung an die konkreten Daten, aber nicht unbedingt bessere Schätzwerte liefert, gibt es das **korrigierte R^2**. Dieses berücksichtigt die Fallzahl und den Anteil erklärender Variablen an dieser und wird verhältnismäßig kleiner, je geringer die Fallzahl ist und je mehr abhängige Variablen hinzukommen. Das korrigierte R^2 ist deswegen auch für einen Vergleich der Vorhersagequalität verschiedener Regressionsmodelle mit unterschiedlich großer Anzahl erklärender Variablen geeignet. Ein weiteres bedeutsames Maß ist der **Beta-Koeffizient** (β), das standardisierte Maß des Regressionskoeffizienten B. Der Regressionskoeffizient B gibt an, inwieweit sich die

---

[4] *Janssen*, Statistische Datenanalyse mit SPSS, S. 276 f.

[5] Siehe zu den folgenden Ausführungen *Janssen*, Statistische Datenanalyse mit SPSS, S. 405 ff.; *Backhaus u. a.*, Multivariate Analysemethoden, S. 63 ff.; *Kuckartz u. a.*, Statistik, S. 259 ff.

abhängige Variable ändert bei Veränderung der Ausprägung des Regressors um 1. Da die erklärenden Variablen, wenn diese metrisch sind, oftmals unterschiedlich viele Ausprägungen haben, werden die Regressionskoeffizienten von SPSS standardisiert und so vergleichbar gemacht. Dieser standardisierte Regressionskoeffizient (β) ist das Maß für die Einflussstärke eines Regressors im Vergleich zu den anderen Regressoren des Modells.
Mittels des hierarchischen Vorgehens bei der Regressionsanalyse lässt sich ermitteln, wie sehr die Hinzunahme der einzelnen Variablen jeweils die Erklärungsgüte des Modells verbessert (Anstieg von R^2). Die Faktoren des entwickelten „Endmodells" werden dabei in der Ergebnisdarstellung dieser Arbeit nach ihrem Erklärungsanteil (R^2-Wert) sortiert aufgelistet.

logistische Regression: Mittels der logistischen Regression lässt sich bestimmen, inwieweit einzelne Faktoren (unabhängige Variablen) bei gleichzeitiger Berücksichtigung geeignet sind, die abhängige nominalskalierte Variable vorherzusagen[6] (beispielsweise die Frage, ob das Verfahren eingestellt oder weitergeführt wird). Dabei wird versucht, mit unabhängigen Variablen ein Modell zu bilden, das die Ausprägung der abhängigen Variable bestmöglich vorhersagt. Der in den Tabellen angegebene **Pseudo-R^2-Wert von Nagelkerke** ist ein Maß für die Vorhersagegüte des Modells[7] und kann einen Wert zwischen 0 und 1 annehmen. Dabei gibt Nagelkerkes-R^2 an, um wie viel Prozent sich die Vorhersagegüte des Erklärungsmodells verbessert im Vergleich zum sog. Null-Modell, das keine erklärende Variable enthält. Nagelkerkes-R^2-Werte ab 0,2 bedeuten allgemein einen eher akzeptablen und Werte über 0,4 einen sehr guten Fit des Modells.[8] Dabei ist aber zu beachten, dass die Pseudo-R^2-Werte bei logistischen Regressionen regelmäßig niedriger ausfallen als bei linearen Regressionen.[9]
Die **Effektkoeffizienten Exp(B)** stellen die Erhöhung oder Verringerung der relativen Wahrscheinlichkeit (Odds-Ratios) dafür dar, dass die abhängige Variable eine bestimmte Ausprägung annimmt (z.B.: Die Berücksichtigung der Vorstrafenbelastung verringert die relative Wahrscheinlichkeit, dass das Verfahren eingestellt wird, um das x-fache).[10] Werte unter 1 stehen dabei für ei-

---

6 *Kuckartz u. a.*, Statistik, S. 273.

7 Dies geschieht mittels Vergleichs der Likelihood-Werte des Null-Modells (ohne erklärende Variable) und des aktuellen Modells (mit erklärenden Variablen), siehe weiterführend hierzu etwa *Kuckartz u. a.*, Statistik, S. 278 f.

8 *Kuckartz u. a.*, Statistik, S. 279; *Backhaus u. a.*, Multivariate Analysemethoden, S. 317 f.; *Janssen*, Statistische Datenanalyse mit SPSS, S. 480.

9 *Backhaus u. a.*, Multivariate Analysemethoden, S. 348.

10 *Backhaus u. a.*, Multivariate Analysemethoden, S. 314, 342.

ne Verringerung der relativen Wahrscheinlichkeit des Bezugsereignisses und Werte über 1 für eine Vergrößerung (die Effektkoeffizienten können Werte von 0 bis ∞ annehmen, wobei 1 für eine 50/50 Chance, also keinerlei Einfluss des erklärenden Merkmals steht).[11] Je kleiner der Wert unter 1 bzw. größer der Wert über 1 ist, desto größer ist der Einflusseffekt bei Vorliegen des Merkmals.
Mittels des hierarchischen Vorgehens bei der Regressionsanalyse lässt sich ermitteln, wie sehr die Hinzunahme der einzelnen Variablen jeweils die Erklärungsgüte des Modells verbessert (Anstieg von Nagelkerkes-R^2). Die Faktoren des entwickelten „Endmodells“ wurden in der Ergebnisdarstellung dieser Arbeit dabei nach ihrem Erklärungsanteil (Nagelkerkes-R^2-Wert) sortiert aufgelistet.

Median (Med.): Mitte der (geordneten) Werte einer Variablen. 50 % der Werte liegen über dem Median und 50 % darunter.

n: Abkürzung für die absolute Häufigkeit / Fallzahl.

Nagelkerkes-Pseudo-R^2: Siehe logistische Regression.

Pearsons Produkt-Moment-Korrelationskoeffizient (*r*): Maß für die Stärke des Zusammenhangs zwischen zwei intervallskalierten (metrischen) Variablen, das Werte von -1 (perfekter negativer Zusammenhang) bis 1 (perfekter positiver Zusammenhang) annehmen kann, wobei 0 keinerlei Zusammenhang bedeutet.

Phi-Koeffizient: Wert für die Stärke des Zusammenhangs zwischen zwei nominalskalierten Variablen, der Werte von -1 (perfekter negativer Zusammenhang) bis 1 (perfekter positiver Zusammenhang) annehmen kann, wobei 0 keinerlei Zusammenhang bedeutet.

R^2: Siehe lineare Regression.

Regressor: Siehe unabhängige Variable.

Signifikanz (*p*): Signifikanz liegt vor, wenn davon ausgegangen werden kann, dass der in der Stichprobe gefundene Zusammenhang / Unterschied auch in der Grundgesamtheit vorliegt. Das Signifikanzniveau bestimmt sich durch die Irrtumswahrscheinlichkeit (p), wobei die Grenze in den Sozialwissenschaften üblicherweise bei $p<0.05$ (d.h. einer Irrtumswahrscheinlichkeit unter 5 %) festgelegt wird.

---

[11] *Kuckartz u. a.*, Statistik, S. 276.

Standardabweichung (SD/Std-Abw): Maß für die Streuung der Stichprobenwerte um den Mittelwert (positive Wurzel aus der Varianz).

t-Test: Mit dem t-Test können Mittelwertunterschiede zwischen zwei Gruppen auf Signifikanz getestet werden.

unabhängige Variable: Wenn man den Zusammenhang zwischen Variablen untersucht, dann ist die sog. unabhängige Variable diejenige, die die andere Variable, die sog. abhängige Variable beeinflusst. Die unabhängigen Variablen werden in bestimmten Analyseverfahren auch Faktor oder Regressor genannt.

Variable: Begriff in den Sozialwissenschaften für ein Merkmal, das verschiedene Ausprägungen besitzt. Z.B.: Die Variable „Augenfarbe" besitzt in der Regel die Ausprägungen „blau", „braun", „grau" und „grün" oder die Variable „arbeitslos" die Ausprägungen „ja" und „nein". Die Variablen besitzen unterschiedliche Messniveaus: Bei **nominalskalierten** Variablen lasen sich die Ausprägungen in keinerlei Rangfolge setzen (z.B. Augenfarbe); bei **ordinalskalierten** Variablen können die Ausprägungen in eine Rangreihe gesetzt werden (z.B. Schulabschluss); bei **intervallskalierten (metrischen)** Variablen sind zusätzlich die Abstände zwischen den Ausprägungen gleich (z.B. Alter in Jahren oder die Kalenderzeit)[12].

Varianz: Maß für die Größe der Streuung einer intervallskalierten (metrischen) Variablen um den Mittelwert.

Varianzanalyse: Mit der Varianzanalyse können Mittelwertsunterschiede zwischen mehr als zwei Gruppen untersucht und (mittels F-Tests) auf Signifikanzen getestet werden.

---

[12] Bei der Intervallskala kann noch weiter differenziert werden, was für die empirische Sozialforschung und für Berechnungen mit der Statistik- und Analyse-Software SPSS aber unerheblich ist. Bei einer Verhältnisskala (Ratioskala) haben die Merkmale zusätzlich zu gleichen Abständen noch einen absoluten (empirischen) Nullpunkt (z.B. das Alter oder die Länge), *Bortz/Döring*, Forschungsmethoden und Evaluation in den Sozial- und Humanwissenschaften, S. 233.

Einleitung

Soziale Ungleichheit ist kein neues, sondern ein immerwährendes Thema der Kriminologie. Schien innerhalb dieser Thematik die rein sozioökonomische Ungleichheit in einer zunehmend pluralistischen Gesellschaft für eine Weile als Problemfeld sozialer Gerechtigkeit überholt zu sein,[13] so ist die Debatte über die Güter- und Chancenverteilung entlang sozialer Schichten in Zeiten wachsender ökonomischer Deregulierung und sozialer Unsicherheit in den letzten Jahren auch in Deutschland wieder neu entfacht. Der Präsident des Deutschen Instituts für Wirtschaftsforschung *Fratzscher* attestiert dem heutigen Deutschland etwa eine Ungleichverteilung von Chancen, Vermögen und Einkommen, wie kaum einem anderen Industrieland. Das ökonomische Ungleichgewicht in der deutschen Bevölkerung, so *Fratzscher*, habe in der jüngeren Vergangenheit wieder immens zugenommen und wachse stetig weiter.[14] Sozioökonomische Ungleichheit ist dabei ein in nahezu allen Gesellschaftsbereichen relevantes Phänomen.[15] Die vorliegende Arbeit nimmt die wiedergekehrte Bedeutung sozialer Ungleichheit im engeren Sinne zum Anlass, sich mit dieser aus dem Blickwinkel eines ganz bestimmten Teilbereichs des Rechtssystems zu beschäftigen: dem Strafverfahrensrecht. In der jüngeren Vergangenheit lag der Fokus empirischer Ungleichheitsforschung hier nicht mehr auf den klassischen, sog. vertikalen Merkmalen sozialer Ungleichheit, sondern auf sog. horizontalen

---

[13] *Karstedt*, in: Kreissl (Hrsg.), Soziale Ungleichheit und Kriminalität – Zurück in die Zukunft?, S. 46. So operieren in der Sozialstrukturanalyse aktuelle Erklärungsansätze vom Klassen- und Schichtbegriff losgelöst und unter Verwendung weiterer Merkmale wie Migration oder Alter, um Ungleichheiten zu messen. Ausführlicher hierzu *Burzan*, Soziale Ungleichheit, S. 89 ff.; *Rössel*, Sozialstrukturanalyse, S. 303 ff. Siehe hierzu auch im Folgenden 1. Teil Kap. 1.1.

[14] *Fratzscher*, Verteilungskampf, S. 1 ff.

[15] Selbst das Lebensende eines Menschen ist heute noch von sozioökonomischer Ungleichheit und Marginalisierung geprägt: Denn armen Verstorbenen droht eine anonyme Sammelbestattung, ohne Grabstein, Namen oder Trauerfeier durch das Gesundheits- oder Ordnungsamt, siehe aktuell hierzu *Seeck*, Recht auf Trauer.

Merkmalen wie Migrationserfahrungen oder Geschlecht.[16] Infolge dessen existieren im Forschungsfeld dieser Arbeit keine aktuellen Untersuchungen, die sich auf die soziale Ungleichheit im engeren Sinne, in Form von sozioökonomischer Ungleichheit der Beschuldigten,[17] und deren Auswirkungen im Strafverfahren konzentrieren.[18] Die vorliegende Arbeit soll dazu beitragen, diese Lücke zu schließen.

1 Problemaufriss

In der Strafjustiz gehört der Umgang mit Armut und sozialer Benachteiligung zum täglichen Geschäft der Strafverfolgungsbehörden. Schaut man sich an, wer die Verurteilten im deutschen Strafverfolgungssystem sind, dann stammen diese zu erklärungsbedürftig großen Teilen aus den unteren sozialen Schichten der Gesellschaft.[19] Eine erste sich hieraus ergebene Frage ist inzwischen Bestandteil zahlreicher Erörterungen: Wie lässt sich dieser Zusammenhang zwischen sozialer Schicht und erfasster Kriminalität erklären?[20] Dabei haben sich neben ätiologischen Ansätzen spätestens seit

---

[16] So auch die Feststellung von *Oberwittler/Lukas*, in: Hormel/Scherr (Hrsg.), Schichtbezogene und ethnisierende Diskriminierung im Prozess der strafrechtlichen Sozialkontrolle, S. 221 ff. Die sog. vertikalen Ungleichheitsmerkmale (Ungleichheitsmerkmale im engeren Sinne) wie etwa Einkommen oder Bildung lassen sich im Unterschied zu horizontalen Ungleichheitsmerkmalen in eine vertikale Ordnung eines „Mehr oder Weniger" setzen, *Huinink*, Sozialstruktur Deutschlands, S. 96; *Geißler/Meyer*, Die Sozialstruktur Deutschlands, S. 103; *Hradil*, Soziale Ungleichheit in Deutschland, S. 34 f.

[17] Der Begriff der Beschuldigten umfasst im Folgenden auch immer die Angeschuldigten und Angeklagten, wenn die getroffene Aussage auch die jeweiligen Verfahrensabschnitte (das Zwischen- und Hauptverfahren) mit einbezieht.

[18] Mit Ausnahme des Teilbereichs der Ersatzfreiheitstrafen, welcher eine offensichtlich ökonomische Dimension besitzt und Gegenstand einiger auch jüngerer Forschungsvorhaben ist. Ausführlicher hierzu im Folgenden 1. Teil Kap. 8.

[19] *Geißler*, in: Geißler (Hrsg.), Soziale Schichtung und Kriminalität, S. 138 ff.; *Oberwittler*, in: Albrecht/Groenemeyer (Hrsg.), Kriminalität und Delinquenz als soziales Problem, S. 772, 830 ff. (m.w.N.). Siehe ausführlicher dazu im Folgenden 1. Teil Kap. 1.4.

[20] Zum Zusammenhang zwischen sozialer Ungleichheit, Armut und Kriminalität anstelle Vieler bereits Marx im Jahr 1842 zum sog. Holzdiebstahlsgesetz (Text abgedruckt in *Filser*, Einführung in die Kriminalsoziologie, S. 265 ff.); *Title u. a.*, American Sociological Review 1978, 643 ff.; *Geißler*, in: Geißler (Hrsg.), Soziale Schichtung und Kriminalität, S. 138 ff.; *Title/Meier*, Criminology 1990, 271 ff.; *Karstedt*, in: Kreissl (Hrsg.), Soziale

den 1960er und 70er Jahren mit der Entstehung der kritischen Kriminologie (dem sog. labeling approach) auch solche Ansätze etabliert, die Delinquenz als vornehmlich schichtunabhängiges Phänomen verstehen und den Blick hin zu der Frage wenden, welche Verhaltensweisen die Gesellschaft und die Institutionen strafrechtlicher Sozialkontrolle als kriminell bestimmen.[21] Dunkelfeldstudien zeigen, dass sich der im Hellfeld so stark erscheinende Zusammenhang zwischen sozialer Schicht und Kriminalität im Dunkelfeld, wenn auch nicht erübrigt, so doch zumindest relativiert.[22] Die vorliegende Untersuchung knüpft hieran an und führt die Thematik weiter, indem sie fragt, ob eine Selektion zulasten unterer sozialer Schichten auch noch in bereits eingeleiteten Strafverfahren stattfindet. Das Erkenntnisinteresse der Untersuchung gilt somit der Frage, ob sozioökonomisch schwächere Beschuldigte durch die geltenden Vorschriften im Strafverfahren oder durch deren Vollzug durch die Akteure der Strafverfolgung benachteiligt werden. In Abkehr zur jüngeren Forschung zu sozialer Ungleichheit konzentriert sich die Untersuchung dabei wieder auf die klassischen Merkmale sozialer Ungleichheit, nämlich auf die des sozioökonomischen Status: Bildung, Einkommen und Beruf.[23] Denn diese haben, trotz der wachsenden sozialen und ökonomischen Ungleichheit in Deutschland, in der empirischen Strafverfahrensforschung lange keine Beachtung mehr gefunden.

Fragt man nun nach Benachteiligungen entlang sozioökonomischer Linien, dann stellt sich hinsichtlich eines gerechten Strafverfahrens aber nicht nur die Frage nach einer formalen Gleichbehandlung der Beschuldigten,

---

Ungleichheit und Kriminalität – Zurück in die Zukunft?, S. 45 ff.; *Wacquant*, Bestrafen der Armen; *Ludwig-Mayerhofer*, Soziale Ungleichheit, Kriminalität und Kriminalisierung; *Hashimoto*, JCLC 2011, 31 ff.; *Oberwittler*, in: Albrecht/Groenemeyer (Hrsg.), Kriminalität und Delinquenz als soziales Problem, S. 772 ff.

21 Eine kurze Beschreibung dieses Paradigmenwechsels innerhalb der Kriminologie gibt etwa *Kaiser*, Kriminologie, S. 167 ff.; siehe zum labeling approach *Becker u. a.*, Außenseiter; *Sack*, in: König (Hrsg.), Probleme der Kriminalsoziologie, S. 309 ff.

22 *Title u. a.*, American Sociological Review 1978, 643, 644 ff.; *Dunaway u. a.*, Criminology 2000, 589, 590 ff. (m.w.N.); einschränkend *Karstedt*, in: Kreissl (Hrsg.), Soziale Ungleichheit und Kriminalität – Zurück in die Zukunft?, S. 1 f.

23 Zu den Merkmalen des sozioökonomischen Status etwa *Wolf*, ZUMA Nachrichten 1995, 102, 103; *Hoffmeyer-Zlotnik/Geis*, ZUMA-Nachrichten 2003, 125; *Burzan*, Soziale Ungleichheit, S. 65; *Ditton/Maaz*, in: Reinders/Ditton/Gräsel/Gniewosz (Hrsg.), Sozioökonomischer Status und soziale Ungleichheit, S. 193.

sondern auch die Frage nach gegebenenfalls notwendigen Ungleichbehandlungen. Sind sozioökonomisch benachteiligte Beschuldigte auf größere staatliche Unterstützung im Strafverfahren angewiesen, um gleichen Rechtsschutz wie vermögendere zu erhalten, und ist eine besondere Rücksichtnahme auf ihre finanzielle Situation erforderlich?

Hiermit geht die Frage einher, wie es sich auswirkt, dass in den heutigen, von Erledigungsdruck geprägten Massenverfahren der Alltagskriminalität die Interessen der Verfahrensökonomie und -beschleunigung stetig mehr Bedeutung gewinnen. Denn diese Strafverfahren laufen schon lange nicht mehr nach lehrbuchartigen Vorstellungen ab. Das Verfahrensmodell, nach welchem eine Straftat in einem vom Legalitätsprinzip geprägten Verfahren verhandelt wird, welches sich in das Ermittlungsverfahren und bei hinreichendem Tatverdacht in die anschließende mündliche, kontradiktorische Hauptverhandlung gliedert und mit einem aus verfahrens- und materiell-rechtlicher Sicht richtigen Urteil beendet wird, ist vom Regelfall beinahe zur Ausnahme geworden. Verfahrensökonomische Gesichtspunkte drängen sich immer weiter in den Vordergrund mit der Folge, dass verkürzende und beschleunigende Arten der Verfahrensführung und -erledigung den klassischen Weg der Anklageerhebung mit Hauptverhandlung vielmals abgelöst haben. Von den Strafverfahren, die nicht mangels hinreichenden Tatverdachts nach § 170 Abs. 2 StPO eingestellt wurden, wurden im Jahr 2015 nur noch 12 % angeklagt. 15 % wurden direkt nach dem Ermittlungsverfahren durch den Erlass eines Strafbefehls ohne mündliche Hauptverhandlung erledigt und ganze 44 % wurden bereits im Ermittlungsverfahren aus Opportunität eingestellt.[24] Von den Verfahren, die vor den Amtsgerichten angeklagt wurden,[25] wurden noch einmal weitere 23 % im Zwischen- oder Hauptverfahren aus Opportunität eingestellt.[26] Ein besonderes Augenmerk dieser Arbeit liegt deshalb auch darauf, wie sich diese der Verfahrens-

---

24 Berechnet aus *Statistisches Bundesamt*, Fachserie 10, Reihe 2.6. Rechtspflege. Staatsanwaltschaften 2015, S. 26. Die restlichen Verfahren wurden auf sonstige Weise erledigt, etwa durch die Abgabe an eine Verwaltungsbehörde als Ordnungswidrigkeit oder durch die Abgabe an eine andere Staatsanwaltschaft.

25 Hierunter fallen auch solche Verfahren, in denen die Angeklagten Einspruch gegen den erlassenen Strafbefehl eingelegt haben.

26 Berechnet aus *Statistisches Bundesamt*, Fachserie 10, Reihe 2.3. Rechtspflege. Strafgerichte 2015, S. 26.

ökonomie dienenden Arten der Verfahrensbeendigung im Lichte sozioökonomischer Ungleichheit auswirken können.

Die Untersuchung weist dabei nach, dass Menschen aus unteren sozialen Schichten auch in den Strafverfahren der Alltagskriminalität die schlechteren Karten haben. Denn mit steigendem sozioökonomischen Status steigen auch die Chancen auf einen vergleichsweise günstigen Ausgang des Strafverfahrens, und zwar auch dann, wenn die anderen Einflussfaktoren gleich sind. Neben einer schichtspezifisch unterschiedlichen Einstellungswahrscheinlichkeit werden außerdem erhebliche Defizite bei der Geldstrafenzumessung in der Rechtspraxis der Strafbefehlsverfahren festgestellt, wodurch arme Angeklagte benachteiligt und finanzkräftigere bevorteilt werden. Weiterhin zeigt die Arbeit, dass die besonderen Rechtsgarantien des Strafverfahrens keine Gleichstellung zwischen verteidigten und unverteidigten Beschuldigten gewährleisten. Denn verteidigte Beschuldigte ziehen insbesondere aus den Einstellungsmöglichkeiten nach § 153a StPO einen deutlich größeren Vorteil als unverteidigte, sodass die Wahrscheinlichkeit, dass ihre Verfahren straflos ausgehen, ebenfalls erhöht ist.

2 Zielsetzung und methodische Vorgehensweise der Untersuchung

Ziel der vorliegenden Untersuchung ist es also, herauszufinden, ob Beschuldigte in Strafverfahren durch ungleiche sozioökonomische Ausgangslagen auch ungleiche Chancen auf einen günstigen Verfahrensausgang haben. Dabei wird der gesamte Strafverfahrensverlauf bei alltäglicher Kriminalität – vom Ermittlungsverfahren bis hin zur Strafvollstreckung – analysiert, unter besonderer Berücksichtigung der Opportunitätseinstellungen und Strafbefehlsverfahren.

Der erste Teil dieser Arbeit widmet sich theoretischen Überlegungen zu der Frage, an welchen Stellen die im Strafverfahren relevanten Regelungen (die StPO und das StGB) selbst bereits Einfallstore für schichtbezogene Benachteiligungen enthalten oder wo solche Nachteile durch die Normanwendung in der aktuellen Rechtspraxis zu befürchten sind. Dabei soll es nicht darum gehen, die gesamten Vorschriften des Strafverfahrens- und Sanktionenrechts einer theoretischen Gerechtigkeitsprüfung zu unterziehen, sondern es soll lediglich die Basis der empirischen Untersuchung gelegt werden, indem diejenigen Verfahrensaspekte herausgearbeitet werden, an welchen sich sozioökonomische Ungleichheiten bereits aus theoretischer Perspektive auswirken (können).

Als ein erster relevanter Gesichtspunkt wird hier die rechtliche Ausgestaltung der Verteidigung in Verfahren leichterer Kriminalität ausgemacht. Dabei wird insbesondere die notwendige Verteidigung auch im Vergleich zu ihrem rechtlich anders gestalteten Pendant in Zivil- und anderen gerichtlichen Verfahren, der Prozesskostenhilfe, diskutiert. Wegen ihren extrem unbestimmten Voraussetzungen sind als zweites die Verfahrenseinstellungen aus Opportunität diskussionswürdig. In einem ersten Schritt wird die Bedeutung dieser Art der Verfahrenserledigung in der heutigen Rechtspraxis näher dargestellt, um sodann die für die Untersuchung relevanten Einstellungsarten, insbesondere die Einstellung gegen Auflagen und Weisungen nach § 153a StPO hinsichtlich des Einflusses sozioökonomischer Ungleichheit zu erörtern. Im Anschluss wendet sich die Studie mit den Strafbefehlsverfahren einer weiteren wesentlichen Möglichkeit der Verfahrensbeschleunigung zu. Diese werden als problematisch im Zusammenhang mit einem anderen, offenkundig für ökonomische Ungleichheiten relevanten Aspekt von Strafverfahren identifiziert: den Geldstrafen. Diese Sanktionsart wird vorwiegend im Hinblick auf das Tagessatzsystem und die Bemessung der Tagessatzhöhen erörtert und im Lichte möglicher Probleme und Gefahrenlagen, die sich in einer von Erledigungsdruck und Beschleunigung geprägten Verfahrensrealität ergeben können, diskutiert. Schließlich wendet sich die Arbeit dem Instrument strafrechtlicher Verfahren zu, das wohl am augenscheinlichsten mit ökonomischer Ungleichheit in Zusammenhang steht: der Ersatzfreiheitstrafe. Denn wenn Menschen in Haft müssen, weil sie ihre Geldstrafe nicht bezahlen können, dann stellt dies offensichtlich eine Schlechterstellung armer Verurteilter da. Ebenfalls macht diese Folge uneinbringlicher Geldstrafen die Wichtigkeit der im vorherigen Kapitel erörterten Geldstrafenzumessung bei armen Angeklagten noch einmal besonders deutlich. Anhand dieser Analysen und dem aktuellen Forschungsstand werden anschließend Forschungsfragen und -hypothesen gebildet, die im empirischen Teil dieser Arbeit beantwortet und überprüft werden.

Für die empirische Untersuchung werden 404 Strafverfahren der Landgerichtsbezirke Braunschweig und Hannover aus dem Jahr 2013 analysiert. Die Stichprobe umfasst zur Gewährleistung einer Vergleichbarkeit der Fälle nur Verfahren, die wegen einfacher Körperverletzung nach § 223 StGB eingeleitet wurden. Darüber hinaus beschränkt sich die Stichprobe auf diejenigen Bereiche des Strafverfahrens, in denen entsprechend der theoretischen Analysen Ungleichbehandlungen vermutet werden. Die Stichprobe ist deshalb nach der ersten Abschlussentscheidung der Staatsanwaltschaft im Ermittlungsverfahren geschichtet: Es werden nur solche Verfahren miteinander verglichen und untersucht, die die Staatsanwaltschaft nach § 153 Abs. 1 oder § 153a Abs. 1 StPO einstellte, und solche, in denen diese einen Strafbefehl beantragte oder Anklage erhob.

3 Gang der Untersuchung

Die folgende Arbeit gliedert sich in drei Teile und eine Zusammenfassung, wobei die Ausführungen der folgenden Kapitel möglichst chronologisch, dem Verlauf des Strafverfahrens entsprechend aufgebaut sind, da sich die Untersuchung dem gesamten Verlauf des Strafverfahrens widmet.

Im *ersten Teil* werden die normativen und theoretischen Grundlagen der Untersuchung dargelegt. Zunächst wird in das Forschungsfeld sozialer beziehungsweise sozioökonomischer Ungleichheit eingeführt und die wiedergekehrte Relevanz sozioökonomischer Ungleichheitsforschung aufgezeigt. Außerdem werden die zentralen Begrifflichkeiten sozialer Ungleichheit für diese Untersuchung definiert und umrissen, was sozioökonomische Ungleichheit und Armut in der Bundesrepublik bedeuten. Schließlich wird anhand der Darstellung sozioökonomischer Lebenslagen strafrechtlich Verurteilter im Vergleich zu denen des Bevölkerungsdurchschnitts die Bedeutung des Forschungsvorhabens deutlich gemacht.

Das zweite Kapitel widmet sich der das Forschungsvorhaben ummantelnden Frage der Verfahrensgerechtigkeit und skizziert Eckpfeiler eines gerechten Strafverfahrens für Beschuldigte aus verschiedenen sozialen Schichten.

Hieran schließen sich Ausführungen darüber an, an welchen Stellen des Strafverfahrens Beschuldigte aus unteren sozialen Schichten durch die Regelungen des Strafverfahrens- und Sanktionenrechts selbst oder aber durch deren Anwendung in der Rechtspraxis benachteiligt sind oder sein können. Das dritte Kapitel des ersten Teils behandelt dabei die Frage der Strafverteidigung. Zunächst wird die ökonomische Dimension der Verteidigung durch die Darstellung der Regelungen zur Vergütung und Kostenlast verdeutlicht. Anschließend wird erörtert, warum mittellose Beschuldigte im Strafverfahren, im Unterschied etwa zu den Zivilgerichtsverfahren, nur in sehr begrenzten Fällen vom Staat einen Verteidiger beigeordnet bekommen, unabhängig von etwaiger Mittellosigkeit.

Im darauffolgenden Kapitel werden die Opportunitätseinstellungen behandelt, die das heutige Bild amtsgerichtlicher Strafverfahren prägen. Neben ihrer tatsächlichen Bedeutsamkeit für die Praxis und der daraus resultierenden Machtverschiebung innerhalb der Justiz werden die Voraussetzungen der für die empirische Untersuchung relevanten § 153 und § 153a StPO erläutert und ihre Relevanz für die Frage ökonomischer Ungleichheit diskutiert.

Strafbefehlsverfahren werden im Lichte sozioökonomischer Ungleichheiten in Kapitel fünf des ersten Teils vor allem deswegen als problematisch identifiziert, da dort die Gefahr besteht, dass die für die Zumessung von Geldstrafen notwendigen Informationen in der Praxis oft fehlen. Da diese Thematik erst bei der Zumessung von Geldstrafen Relevanz erlangt, wird sie erst im darauffolgenden Kapitel sechs diskutiert, welches sich mit der Geldstrafe beschäftigt.

Dieses sechste Kapitel setzt sich zum einen mit dem Tagessatzsystem (§ 40 StGB) und der Gewährung von Zahlungserleichterungen (§ 42 StGB) bei Geldstrafen, insbesondere mit deren Anwendung bei armen Angeklagten auseinander. Zum anderen werden die Möglichkeit der Einkommensschätzung und die Gefahr ihrer rechtsfehlerhaften Anwendung in der Strafbefehlsverfahrenspraxis behandelt.

Hieran schließt sich das siebte Kapitel über die Ersatzfreiheitsstrafe an. Nachdem zur Verständlichkeit der Ablauf der Geldstrafenvollstreckung beschrieben wird, wird die Gerechtigkeitsproblematik der Ersatzfreiheitsstrafe diskutiert.

Kapitel acht zeigt den aktuellen Stand der Forschung über sozioökonomische Ungleichheit im Strafverfahren und den verbleibenden Forschungsbedarf auf.

Die sich aus den Ausführungen der vorherigen Kapitel ergebenden Forschungsfragen und -hypothesen für die empirische Untersuchung werden im letzten Kapitel neun dargestellt.

Im *zweiten Teil* der Arbeit werden die Methodik und die Durchführung der empirischen Untersuchung erläutert. Im *dritten Teil* werden die Ergebnisse der empirischen Untersuchung dargestellt. Der Ergebnisbericht verläuft wieder vornehmlich chronologisch; die entwickelten Forschungsfragen und -hypothesen aus dem ersten Teil werden jeweils in den Verfahrensabschnitten behandelt, in denen sie Relevanz erlangen. Schließlich werden in der *Zusammenfassung* die Ergebnisse der empirischen Untersuchung zusammengefasst und im Lichte der theoretischen Ausführungen kritisch diskutiert sowie ein Ausblick für zukünftige Forschungsvorhaben gegeben.

1. Teil: Theoretische, normative und empirische Grundlagen der Untersuchung

1 Soziale Ungleichheit als kriminologisches Forschungsfeld: Einführung, Begriffe und Kontext

Die vorliegende Untersuchung widmet sich dem Einfluss sozioökonomischer Ungleichheit in Strafverfahren. Sie fokussiert ihren Blick darauf, wie sozioökonomische Ungleichheit bei den Beschuldigten die Strafverfahren alltäglicher Massenkriminalität, von deren Beginn bis zu deren Ende, beeinflussen kann. Sie dient dabei nicht dem Ziel, die Entstehung oder Bedeutung sozialer Ungleichheiten in der Gesellschaft zu erklären oder deren aktuelle Entwicklung in Deutschland zu beschreiben. Im folgenden Kapitel wird zunächst die wiedergekehrte Relevanz der Forschungsthematik sozioökonomischer Ungleichheit aufgezeigt; anschließend werden relevante Begrifflichkeiten in diesem Themenbereich geklärt und sodann ein kurzer Überblick über sozioökonomische Lagen der Bevölkerung und der Untersuchungsgruppe dieser Arbeit gegeben, um die Bedeutsamkeit des Untersuchungsthemas für die Kriminologie in Form der Strafverfahrensforschung zu untermauern.

1.1 Die neuerliche Relevanz sozioökonomischer Ungleichheitsforschung

In der Ungleichheitsforschung zur strafrechtlichen Sozialkontrolle haben in der jüngeren Vergangenheit Untersuchungen zum Einfluss von Nationalität oder Migrationshintergrund das Forschungsfeld vollständig dominiert.[27] Die Perspektive sozioökonomischer Ungleichheiten ist dagegen seit vielen Jahren als überholte Problemkonstellation aus dem Blickfeld der empirischen Strafverfahrensforschung verschwunden. Doch ökonomische

---

[27] Siehe hierzu *Oberwittler/Lukas*, in: Hormel/Scherr (Hrsg.), Schichtbezogene und ethnisierende Diskriminierung im Prozess der strafrechtlichen Sozialkontrolle, S. 221, 234 ff.

Ungleichheiten haben gegenwärtig national wie global erneut an Bedeutung gewonnen.[28] Entsprechend lässt sich auch in anderen wissenschaftlichen Disziplinen ein gesteigertes Interesse an den Ursachen und Folgen wachsender ökonomischer Ungleichheiten in Deutschland beobachten.[29] Die Bundesrepublik, so eine häufig zu lesende Feststellung, erlebe in Folge eines wachsenden Niedriglohnsektors, prekärer Arbeitsverhältnisse und ökonomischer Deregulierung eine Rückkehr sozialer und ökonomischer Ungleichheit und wachsende Prekarisierung. Höchst ungleich verteiltes Einkommen und Vermögen gingen mit mangelnder Chancengleichheit, etwa bei Bildung, und fehlender sozialer Mobilität, vor allem an den Gesellschaftsrändern einher. *Nachtwey* beschreibt diesen gesellschaftlichen Zustand als sog. regressive Moderne. Große Teile der deutschen Gesellschaft, so *Nachtwey*, seien von Abstiegsängsten geplagt. An die Stelle des sozialen Aufstiegsversprechens sei die „Abstiegsgesellschaft" getreten.[30] Auch der Leiter des Deutschen Instituts für Wirtschaftsforschung *Fratzscher* spricht von einer Wandlung des Erhad'schen Credos vom „Wohlstand für alle" zum „Wohlstand für wenige".[31] Eine aktuelle und aufsehenerregende internationale Untersuchung zum Zustand globaler ökonomischer Ungleichheit lieferte jüngst *Piketty* zusammen mit weiteren Wissenschaftlerinnen und Wissenschaftlern im sog. Weltreport über Ungleichheit.[32] Nach *Piketty* et al. sind die weltweiten Einkommens- und Vermögensverteilungen seit den 1980er Jahren immer ungleicher geworden. Deutschland wird dabei so viel Ungleichverteilung wie zuletzt 1913 attestiert. Der Einkommensanteil der unteren Hälfte der Bevölkerung am Gesamteinkommen ist in der Vergangenheit von über 30 % auf 17 % gesunken.[33] Im Unterschied dazu beziehen laut des Reports die oberen 10 % der Deutschen etwa 40 % des Gesamteinkommens. Sozioökonomische Ungleichheit ist also keineswegs

---

28 *Geißler/Meyer*, Die Sozialstruktur Deutschlands, S. 116.

29 Aktuelle Beispiele sind etwa *Fratzscher*, Verteilungskampf; *Nachtwey*, Die Abstiegsgesellschaft; *Stiglitz*, Reich und Arm.

30 *Nachtwey*, Die Abstiegsgesellschaft.

31 *Fratzscher*, Verteilungskampf, S. 13.

32 *Alvaredo u. a.*, World Inequality Report 2018; siehe auch: World Inequality Lab – WID – World Wealth & Income Database, https://wid.world/ [zuletzt aufgerufen am 03.07.2018].

33 *Alvaredo u. a.*, World Inequality Report 2018, S. 101 ff.

nur ein Phänomen der Vergangenheit, sondern gegenwärtig. In der empirischen Strafverfahrensforschung wurde diese nichtsdestotrotz seit langer Zeit aus dem Blick genommen. Die hiesige Arbeit bemüht sich darum, zur Schließung dieser Leerstelle beizutragen, indem sie den potentiellen Einfluss sozioökonomischer Ungleichheit auf den Ablauf und das Ergebnis des Strafverfahrens untersucht. Konkret soll erörtert und empirisch überprüft werden, an welchen Stellen des Straf- und Strafverfahrensrechts selbst und deren Vollzugs sich die verschiedenen sozioökonomischen Lebenslagen der Beschuldigten auswirken können. Der der Forschungsfrage vorgelagerte und in der Kriminologie seit vielen Jahrzehnten diskutierte Aspekt etwaiger Zusammenhänge zwischen Kriminalität oder Kriminalisierung und den Merkmalen sozialer Ungleichheit im engeren Sinne wird dabei außen vor gelassen.[34] In den folgenden Abschnitten werden deswegen lediglich die notwendigen Begrifflichkeiten in der Thematik sozialer Ungleichheit geklärt und ein kurzer Blick auf sozioökonomische Ungleichheit in Deutschland und die Lebenslagen von Verurteilten geworfen.

1.2 Begriffsklärung

In der folgenden Untersuchung soll das Strafverfahren in seiner alltäglichsten Form, den Verfahren über Massenkriminalität vor den Amtsgerichten, empirisch beforscht werden. Da in den dortigen Verfahren erwar-

---

[34] Zum Zusammenhang zwischen sozialer Ungleichheit, Armut und Kriminalität anstelle Vieler bereits Marx im Jahr 1842 zum sog. Holzdiebstahlsgesetz (Text abgedruckt in *Filser*, Einführung in die Kriminalsoziologie, S. 265 ff.); *Title u. a.*, American Sociological Review 1978, 643 ff.; *Geißler*, in: Geißler (Hrsg.), Soziale Schichtung und Kriminalität, S. 138 ff.; *Title/Meier*, Criminology 1990, 271 ff.; *Karstedt*, in: Kreissl (Hrsg.), Soziale Ungleichheit und Kriminalität – Zurück in die Zukunft?, S. 45 ff.; *Wacquant*, Bestrafen der Armen; *Ludwig-Mayerhofer*, Soziale Ungleichheit, Kriminalität und Kriminalisierung; *Hashimoto*, JCLC 2011, 31 ff.; *Oberwittler*, in: Albrecht/Groenemeyer (Hrsg.), Kriminalität und Delinquenz als soziales Problem, S. 772 ff.; *Eisenberg/Kölbel*, Kriminologie, S. 1014 ff. Mit Blick auf generelle Kriminalitätstheorien als Beispiel eines hierfür relevanten ätiologischen Ansatzes siehe *Merton*, in: Sack/König (Hrsg.), Sozialstruktur und Anomie, S. 238 ff.; zum Ansatz des labeling approach siehe *Becker u. a.*, Außenseiter; *Sack*, in: König (Hrsg.), Probleme der Kriminalsoziologie, S. 309 ff.; einen Überblick über die bedeutendsten kriminologischen Theorien liefern *Meier*, Kriminologie, S. 32 ff.; *Kunz/Singelnstein*, Kriminologie, S. 53 ff. (m.w.N.).

tungsgemäß keine ausführlichen Informationen zu den sozialen Lebenslagen und Hintergründen der Beschuldigten ermittelt werden, wurde der Begriff der sozialen Schicht auf die empirisch messbaren Indikatoren sozialer Ungleichheit in Form von sozioökonomischen Statusmerkmalen begrenzt: Bildung, Berufsstatus und Einkommen.[35] Infolgedessen soll hier die Frage, was die alltäglich verwendeten Begriffe „soziale Ungleichheit", „soziale Schicht" und auch „Armut" in der heutigen Gesellschaft bedeuten, nur kurz angerissen werden, um anschließend zu präzisieren, in welchem Sinne sich die Untersuchung dieser Begriffe bedient.

Die Sozialstrukturanalyse und die Ungleichheitsforschung gehören zu den Kernbereichen der Sozialwissenschaften.[36] Möchte man die Zusammensetzung einer Gesellschaft analysieren, müssen deren Mitglieder nach bestimmten Merkmalen strukturiert werden, die bedeutsam für die Möglichkeiten gesellschaftlich relevanten Handelns und sozialer Beziehungen sind.[37] Mit Blick auf relevante (also vor- und nachteilige) Ungleichheiten wird dabei auf Merkmale geschaut, die die Chancen zur Verwirklichung allgemein anerkannter Lebensziele beschränken. Soziale Ungleichheit kann man somit definieren als gesellschaftlich bedingte, strukturell verankerte Ungleichheit der Lebens- und Handlungsbedingungen von Menschen, die ihnen in unterschiedlichem Ausmaß erlauben, in der Gesellschaft allgemein anerkannte Lebensziele wie Wohlstand, Sicherheit und Gesundheit mit legitimen Mitteln zu erreichen.[38] Dabei lassen sich Ungleichheitsmerkmale im engeren Sinne in eine vertikale Ordnung eines „Mehr oder Weniger" setzen. Hierzu gehören klassischerweise etwa Einkommen und Bildung.[39]

---

[35] Zu den Merkmalen des sozioökonomischen Status etwa *Wolf*, ZUMA Nachrichten 1995, 102, 103; *Hoffmeyer-Zlotnik/Geis*, ZUMA-Nachrichten 2003, 125; *Burzan*, Soziale Ungleichheit, S. 65; *Ditton/Maaz*, in: Reinders/Ditton/Gräsel/Gniewosz (Hrsg.), Sozioökonomischer Status und soziale Ungleichheit, S. 193.

[36] *Rössel*, Sozialstrukturanalyse, S. 11.

[37] Vgl. *Rössel*, Sozialstrukturanalyse, S. 19; *Huinink*, Sozialstruktur Deutschlands, S. 18 ff.; *Geißler/Meyer*, Die Sozialstruktur Deutschlands, S. 19.

[38] *Huinink*, Sozialstruktur Deutschlands, S. 97; *Hradil*, in: Hradil (Hrsg.), Soziale Ungleichheit: Eine Gesellschaft rückt auseinander, S. 152, 153. Weitere Lebensziele können etwa Integration, soziale Anerkennung sowie Autonomie und Selbstverwirklichung sein.

[39] *Geißler/Meyer*, Die Sozialstruktur Deutschlands, S. 103.

Merkmale sog. horizontaler Ungleichheit wie etwa Geschlecht oder Nationalität erlauben unmittelbar keine solch vertikale Zuordnung. Sie sind deswegen keine direkten Charakteristika sozialer Ungleichheit, können aber Determinanten einer solchen sein.[40] In dieser Arbeit werden vor allem die Kennzeichen vertikaler sozialer Ungleichheit in den Blick genommen.[41] Klassische Kennzeichen dieser sind die drei Kernmerkmale des sozioökonomischen Status: Bildung, Beruf und Einkommen. Denn eine bessere Bildung korreliert mit einem höheren Berufsstatus, der wiederum die Einkommenshöhe und die Möglichkeiten zum Vermögensaufbau beeinflusst. Sie sind damit bedeutsam für Wohlstand, soziale und materielle Absicherung sowie Erwerbschancen und Armutsrisiken im Leben. Doch auch soziales Prestige und Beziehungen sowie Einflussmöglichkeiten, Macht und die Möglichkeit eines selbstbestimmten Lebens mit gesellschaftlicher Teilhabe werden hierdurch mitbestimmt.[42]

Um diese Sozialstruktur sozialer Ungleichheiten zu gliedern, bietet es sich an, die Gesellschaft in Klassen oder Schichten zu unterteilen. Entsprechende Konzepte über ökonomisch bedingte Gesellschaftsklassen gehen vor allem auf *Marx* und *Weber* zurück.[43] Freilich ist die Gesellschaft

---

40 *Huinink*, Sozialstruktur Deutschlands, S. 96; *Hradil*, Soziale Ungleichheit in Deutschland, S. 34 f.

41 Zwar lässt sich soziale Ungleichheit im Sinne dieses Verständnisses in verschiedene Dimensionen (etwa ökonomische, soziale und emanzipatorische Ausmaße) untergliedern. Diese werden aber alle durch ähnliche Merkmale beeinflusst, *Huinink*, Sozialstruktur Deutschlands, S. 106 ff.; *Huinink*, in: Baur/Blasius (Hrsg.), Messung von sozialer Ungleichheit, S. 1037.

42 In Anlehnung an *Bourdieus* Konzept des sozialen Raums könnte man auch sagen, dass nicht nur das ökonomische Kapital einer Person, sondern auch das kulturelle, soziale und symbolische Kapital von diesen drei Merkmalen beeinflusst wird. Siehe zu *Bourdieus* Modell des sozialen Raums *Bourdieu*, in: Kreckel (Hrsg.), Ökonomisches Kapital, kulturelles Kapital, soziales Kapital, S. 183 ff.; *Burzan*, Soziale Ungleichheit, S. 125 ff.; *Groß*, Klassen, Schichten, Mobilität, S. 63 ff.

43 Das dichotome Klassenmodell von *Marx* eignet sich für eine Analyse heutiger Gesellschaften nicht mehr. Nach *Marx* bestimmt sich die Machtsymmetrie in der Gesellschaft durch die Stellung der Individuen im Produktionsprozess in die zwei Klassen der Produktionsmittel Besitzende (Kapitalisten) und Nicht-Besitzende (Arbeiter/Proletarier). Eine Berücksichtigung individueller Fähigkeiten und Eigenschaften wie Leistungsvermögen nimmt erst *Weber* vor, nach dessen Konzept soziale Klassen durch die Verwertung ungleich verteilter Ressourcen entstehen. Einführend hierzu etwa *Groß*, Klassen,

heute nicht mehr ganz so deutlich in verschiedene Gruppen einzuteilen wie zu Zeiten von *Marx* und *Weber*; die Chancen auf Verwirklichung individueller Lebensziele haben sich vervielfacht und die Übergänge zwischen verschiedenen Schichten sind fließender geworden. Eine modernere Fortentwicklung des Klassenbegriffs findet sich in den beschreibenden Konzepten der sozialen Schichtung mit durchlässigeren Grenzen, die insbesondere auf *Geiger* zurückgehen.[44] Aktuell sind auch Erklärungsansätze, die vom Klassen- und Schichtbegriff losgelöst operieren, da sie die reine Betrachtung vertikaler Ungleichheitsmerkmale in der heutigen pluralisierten Gesellschaft nicht mehr als ausreichend erachten, um Lebenslagen und -chancen differenziert genug zu bestimmen. Diese Ansätze teilen die Gesellschaft hauptsächlich in Milieus oder Lebensstile ein und berücksichtigen auch Merkmale horizontaler Ungleichheit.[45] Für die vorliegende Untersuchung stellen letztere Ansätze allerdings weniger geeignete Kriterien bereit, da die in alltäglichen Strafverfahren relevanten ungleichen Ausgangsvoraussetzungen zum einen theoretisch deutlicher von vertikalen Unterschieden als von weniger klar abgrenzbaren Konstrukten wie Milieus oder Lebensstilen abhängen (siehe dazu mehr in den folgenden Abschnitten). Zum anderen stellt der sozioökonomische Status auch für die nachfolgen-

---

Schichten, Mobilität, S. 15 ff.

44 Nach dem Modell *Geigers* besteht eine soziale Schicht aus Personen, die erkennbare Merkmale gemeinsam haben, die ihren Status im Unterschied zu Mitgliedern anderer Schichten begründen. Der Status wird durch Lebensstandard, Chancen und Risiken, Glücksmöglichkeiten sowie Privilegien und Diskriminierung, Rang und öffentliches Ansehen geprägt. Welche Merkmale hierfür dominant sind, hängt von der Gesellschaft ab. Innerhalb einer Schicht sind bestimmte Mentalitäten typisch. *Geiger* erarbeitete so fünf vertikal anzuordnende Schichten für Deutschland im Jahr 1932 heraus. Siehe hierzu etwa *Burzan*, Soziale Ungleichheit, S. 26 ff. Ein relativ aktuelles Modell für die Schichtung der westdeutschen Gesellschaft im Jahr 2000 liefert *Geißler*, ein bekanntes aus den 60er Jahren wurde von *Bolte* entwickelt, *Geißler/Meyer*, Die Sozialstruktur Deutschlands, S. 97 ff.

45 *Ditton/Maaz*, in: Reinders/Ditton/Gräsel/Gniewosz (Hrsg.), Sozioökonomischer Status und soziale Ungleichheit, S. 193, 195; *Geißler/Meyer*, Die Sozialstruktur Deutschlands, S. 104 ff. Es gibt allerdings auch neuere Schicht- und Klassenansätze, die horizontale Ungleichheiten mitberücksichtigen. Siehe hierzu etwa *Burzan*, Soziale Ungleichheit, S. 73 ff. Ein prominentes Beispiel, das Klassenmodelle und Lebensstile kombiniert, ist das Modell des sozialen Raums von *Bourdieu*, *Bourdieu*, in: Kreckel (Hrsg.), Ökonomisches Kapital, kulturelles Kapital, soziales Kapital, S. 183 ff.

de empirische Untersuchung das geeignetere Kriterium dar, das eine empirische Überprüfung der theoretischen Annahmen mit den zur Verfügung stehenden Informationen ermöglicht. Die Bezeichnung „soziale Schicht" wird im weiteren Fortgang daher lediglich synonym zu der eines niedrigen, mittleren oder höheren sozioökonomischen Status verwandt.

Ein weiterer wichtiger Aspekt der folgenden Ausführungen ist die Armut der Beschuldigten. Bei dem Begriff der Armut wird zwischen absoluter und relativer Armut differenziert. Erstere ist heute in Deutschland kaum noch anzutreffen. Von absoluter Armut Betroffenen kämpfen um das physische Existenzminimum; relativ arme Menschen kämpfen dagegen um das soziokulturelle der jeweiligen Gesellschaft.[46] Von absoluter Armut sind in Deutschland allenfalls Menschen der allerletzten Stufe sozialer Deklassierung wie beispielsweise Wohnungslose betroffen. Ganz überwiegend ist jedoch nur die relative Kategorie von Armut relevant – also Armut im Vergleich zur Stellung und Teilhabe anderer Gesellschaftsmitglieder. Dabei lässt sich die Höhe des Betrags von Sozialhilfe und Arbeitslosengeld II (im Folgenden ALG II) als politisch festgelegte Grenze relativer Armut bezeichnen.[47] Die Armutsrisikogrenze wird in der Bundesrepublik bei Einkommen gezogen, die unterhalb von 60 % des deutschlandweiten Medians der Äquivalenznettoeinkommen liegen.[48] Als weiteres Maß steht der sog. Gini-Koeffizient zur Verfügung, der die Einkommensungleichheit misst und Werte zwischen 0 und 1 annehmen kann.[49]

---

[46] *Hauser*, in: Huster/Boeckh/Mogge-Grotjahn (Hrsg.), Das Maß der Armut: Armutsgrenzen im sozialstaatlichen Kontext, S. 149, 151 f.

[47] Vgl. *Andreß*, Leben in Armut, S. 90 f.; *Geißler/Meyer*, Die Sozialstruktur Deutschlands, S. 203.

[48] *Bundesministerium für Arbeit und Soziales*, Lebenslagen in Deutschland: Der Fünfte Armuts- und Reichtumsbericht der Bundesregierung. Kurzfassung, S. 10; *Sell*, ifo Schnelldienst 2017, 9. Nimmt man den für 2015 errechneten Median des Nettoäquivalenzeinkommens für Deutschland, dann lag die Armutsrisikogrenze 2015 bei 1065 €, errechnet aus den Angaben aus: https://www.destatis.de/DE/ZahlenFakten/GesellschaftStaat/EinkommenKonsumLebensbedingungen/LebensbedingungenArmutsgefaehrdung/Tabellen/Einkommensverteilung_SILC.html [zuletzt aufgerufen am 03.07.2018].

[49] Mit steigendem Wert steigt dabei die Ungleichheit, *Spannagel/Tiefensee*, ifo Schnelldienst 2017, 9, Fn. 3.

1.3 Sozioökonomische Ungleichheit in Deutschland

Von welchen Gruppen sprechen wir also, wenn von relativer Armut die Sprache ist? In Deutschland sind aktuell vor allem Alleinerziehende (Frauen), Arbeitslose, kinderreiche Familien, Migranten sowie unausgebildete und junge Menschen von Armut bedroht.[50] Den unteren Rand der relativ Armen bilden seit den 1980er Jahren vor allem die Langzeitarbeitslosen.[51] Einen aktuellen Bericht über ökonomische Ungleichheit und Armut in Deutschland liefert der fünfte Armuts- und Reichtumsbericht der Bundesregierung.[52] Hiernach war die Zahl der Menschen, die unterhalb der Armutsrisikogrenze lebten, 2014 mit 16 % auf einem Höchststand.[53] Eine aktuelle Untersuchung im Auftrag der Bertelsmann Stiftung kommt sogar zu dem Ergebnis, dass die Armutsrisikoquote in Deutschland mit 21 % noch größer sei als im Bericht dargestellt, da der Armuts- und Reichtumsbericht in seinen Äquivalenzskalen die Notlagen armer Familien nicht ausreichend berücksichtige.[54] Ebenfalls einen Spitzenwert erreichte der die Einkommensungleichheit messende Gini-Koeffizient, der trotz des wirtschaftlichen Aufschwungs Deutschlands seit 1998 von 0,25 auf 0,29 im Jahr 2014

---

50 *Sell*, ifo Schnelldienst 2017, 9; *Geißler/Meyer*, Die Sozialstruktur Deutschlands, S. 207.

51 Langzeitarbeitslosigkeit meint dabei eine Dauer der Arbeitslosigkeit von über einem Jahr, *Geißler/Meyer*, Die Sozialstruktur Deutschlands, S. 213 f.

52 Der Bericht baut bei der Armutsmessung auf dem Konzept *Amartya Sens* von Armut als Mangel an Verwirklichungschancen auf. Dabei werden nicht nur die finanzielle Dimension, sondern auch die der Bildung, Gesundheit und politischen sowie sozialen Teilhabe erfasst, *Hauser*, in: Huster/Boeckh/Mogge-Grotjahn (Hrsg.), Das Maß der Armut: Armutsgrenzen im sozialstaatlichen Kontext, S. 149, 152 f.; *Best u. a.*, in: Huster/Boeckh/Mogge-Grotjahn (Hrsg.), Armutsforschung: Entwicklungen, Ansätze, Erkenntnisgewinne, S. 27, 41 f.

53 *Bundesministerium für Arbeit und Soziales*, Lebenslagen in Deutschland: Der Fünfte Armuts- und Reichtumsbericht der Bundesregierung. Kurzfassung, S. 10; *Sell*, ifo Schnelldienst 2017, 9.

54 Die unterschiedlichen Ergebnisse rühren daher aus der Art und Weise der Berechnung der Armutsrisikogrenze. Alleinerziehende hatten nach dieser Berechnungsweise sogar eine Armutsrisikoquote von 68 %; nach der Berechnungsweise des Armuts- und Reichtumsberichts lag diese bei 40 %, *Garbuszus u. a.*, Wie hat sich die Einkommenssituation von Familien entwickelt? Ein neues Messkonzept, S. 10 ff.

gestiegen ist.[55] Das Haushaltseinkommen der ärmsten 10 % der Haushalte ging von 1991 bis 2014 trotz steigender Reallöhne um 8 % zurück; die mittleren Haushaltseinkommen stiegen dagegen um 8 %, die höchsten gar um 26 %.[56] Der Anteil erwerbstätiger Menschen, die im Bereich des Armutsrisikos leben, lag 2013 bei 15,3 % und derjenigen, deren Einkommen sogar unter 50 % des Medians liegt (große Einkommensarmut), bei 9 %.[57] Die Quote Langzeitarbeitsloser an allen Arbeitslosen lag 2016 bei 37 % und umfasste knapp eine Millionen Menschen. Zusammenfassend lässt sich damit feststellen, dass die von der Wissenschaft beobachtete Zunahme und neuerliche Bedeutsamkeit sozioökonomischer Ungleichheit in Deutschland durch den Armuts- und Reichtumsbericht der Bundesregierung bestätigt wird. Als Forschungsthema erlebt die Frage der sozioökonomischen Ungleichheit daher zurecht ein „come back".

1.4 Verurteilte und ihre sozioökonomische Lage

Wendet man sich von der Gesellschaft im Allgemeinen der Gruppe der Verurteilten in Strafverfahren im Besonderen zu, steigt die Relevanz der Thematik sozioökonomischer Ungleichheit noch weiter. In amtlichen Statistiken werden die soziodemographischen Daten von Verurteilten lediglich zu nicht ökonomischen Merkmalen erhoben wie Alter, Geschlecht und Nationalität. Informationen zu sozioökonomischen Aspekten können aber aus einigen Untersuchungen gewonnen werden, die sich mit den Lebenslagen Verurteilter beschäftigt haben. Das sich hieraus ergebende Bild ist äußerst prekär: Bei den Inhaftierten und zu einer Bewährungsstrafe Verurteilten prägen geringe Bildung, immense Arbeitslosigkeitsquoten und Verschuldung die sozioökonomische Situation. Bei Klienten der Bewährungshilfe aus Halle im Jahr 2001 ermittelte *Herbert* eine Arbeitslosigkeitsquote von über 60 %.[58] Eine Untersuchung im niedersächsischen Jugendstrafvollzug aus 2009 und 2013 zeigte, dass die Inhaftierten zu etwa 60 % nicht einmal

---

[55] *Bundesministerium für Arbeit und Soziales*, Lebenslagen in Deutschland: Der Fünfte Armuts- und Reichtumsbericht der Bundesregierung. Kurzfassung, S. 10 f.

[56] *Sell*, ifo Schnelldienst 2017, 9, 10.

[57] *Spannagel/Tiefensee*, ifo Schnelldienst 2017, 10, 17.

[58] *Herbert*, in: Dessecker (Hrsg.), Lebenslagenuntersuchung der Klientel der Bewährungshilfe im Landgerichtsbezirk Halle, S. 213, 216 f.

die Hauptschule beendet oder besucht hatten; im Unterschied zu einer landesweiten Quote von 5 % im niedersächsischen Durchschnitt.[59] *Entorf* et al. untersuchten den Justizvollzug deutschlandweit: Die Inhaftierten der Stichprobe hatten eine geringere schulische Bildung als der Bevölkerungsdurchschnitt und eine erheblich schlechtere Berufsbildung: Fast 40 % waren ohne Berufsausbildung im Unterschied zu 15 % in der Gesamtbevölkerung.[60] 43 % der Inhaftierten waren verschuldet und hatten Probleme mit der Rückzahlung der Schulden.[61] Eine weitere umfassende, bundesweite Untersuchung zu Klienten der Bewährungshilfe aus dem Jahr 1999 bekundete ebenfalls vielmals prekäre Lebenslagen: 31 % der Verurteilten waren ohne Schulabschluss und 39 % besaßen einen Hauptschulabschluss. Nur 37 % hatten eine abgeschlossene Berufsausbildung im Gegensatz zu einer Quote von 73 % innerhalb der damaligen Gesamtbevölkerung.[62] Knapp 40 % waren arbeitslos, davon über die Hälfte länger als ein Jahr.[63] Auch ein Blick auf die verhängten Geldstrafen, die in der Strafverfolgungsstatistik veröffentlicht werden, zeichnet (allerdings mit eingeschränkter Aussagekraft[64]) ein solches Bild: Hiernach wurden bei über zwei Dritteln der zu einer Geldstrafe Verurteilten nur Tagessätze bis zu 25 € verhängt, was nach der Regel des § 40 Abs. 2 S. 2 StGB einem Nettoeinkommen bis maximal 750 € entsprechen würde.[65] Selbst wenn man die Einkommen aus den später genauer dargelegten Gründen (vgl. 1. Teil Kap. 6.4.2.2) höher schätzen würde, wären diese dennoch in einem sehr niedrigen Bereich zu

---

59 *Klebe*, Sonderpädagogik in Niedersachsen 2016, 2, 3 f.

60 *Entorf u. a.*, Evaluation des Justizvollzugs, S. 35 f.

61 *Entorf u. a.*, Evaluation des Justizvollzugs, S. 38.

62 *Engels/Martin*, Typische Lebenslagen und typischer Unterstützungsbedarf von Klientinnen und Klienten der Bewährungshilfe, S. 20; *Bundesarbeitsgemeinschaft für Straffälligenhilfe*, BAG-S Informationsdienst Straffälligenhilfe. Sonderheft 2005: Armut, Reichtum und Straffälligkeit, S. 14 f.

63 *Bundesarbeitsgemeinschaft für Straffälligenhilfe*, BAG-S Informationsdienst Straffälligenhilfe. Sonderheft 2005: Armut, Reichtum und Straffälligkeit, S. 15.

64 Die Angaben zum Einkommen der Beschuldigten im Strafverfahren stammen vielmals von den Beschuldigten selbst und werden selten überprüft, bei gleichzeitigem Interesse der Beschuldigten an der Geringhaltung ihres angegebenen Einkommens – siehe ausführlich dazu 3. Teil Kap. 5.2.1, Kap. 6.4 sowie Kap. 7.

65 *Statistisches Bundesamt*, Fachserie 10, Reihe 3. Rechtspflege. Strafverfolgung 2015, S. 201 ff. Siehe ausführlich hierzu 1. Teil Kap. 6.2.

verorten. Im Vergleich dazu betrug das durchschnittliche monatliche Haushaltsnettoeinkommen 2015 laut der Statistik zu Einkommen, Einnahmen und Ausgaben privater Haushalte bei Ein-Personen-Haushalten 1953 € und bei Zwei-Personen-Haushalten 3647 €.[66] Nur 3,7 % der Bevölkerung waren 2016 ohne Schulabschluss, 33 % besaßen einen Hauptschulabschluss und nur 26 % hatten keine abgeschlossene berufliche Ausbildung.[67]

Das Bild, das sich aus dem eben Gesagten ergibt, ist eindeutig: In Bezug auf Bildung, Arbeitslosenquote und Einkommen sind strafrechtlich Verurteilte im Vergleich zur Durchschnittsbevölkerung deutlich schlechter gestellt. Ihr sozioökonomischer Status ist oftmals sehr gering und ihre Lebenssituationen prekär, von Armut und Arbeitslosigkeit geprägt.

An diese Feststellung schließt sich die Frage der Ursachen hierfür an: Diese lassen sich zunächst am seit Jahrzehnten vieldiskutierten Beginn des strafrechtlichen Kontrollprozesses, bei der Entstehung von Kriminalität und Kriminalisierung suchen. Die hiesige Untersuchung setzt jedoch einen Schritt später an, nämlich dort, wo bereits ein Strafverfahren eingeleitet worden ist. Denn an die Fragen über den Zusammenhang zwischen sozialer Ungleichheit und Kriminalitätsursachen sowie mögliche Selektionsprozesse beim Übergang von Delinquenz aus dem Dunkel- in das Hellfeld – also von der Begehung einer Straftat bis zum Bekanntwerden dieser und der Einleitung eines Ermittlungsverfahrens – schließt sich diejenige darüber an, ob sich soziale Ungleichheit ebenso bei den nachgelagerten Schritten strafrechtlicher Sozialkontrolle auswirken kann. Aufgeworfen ist damit die Frage, ob das gegenwärtige System strafrechtlicher Kontrolle und dessen Akteure (Polizei, Staatsanwaltschaften und Gerichte) im Rahmen des Strafverfahrens bestimmte gesellschaftliche Gruppen bevor- und/oder benachteiligen. Das Hauptinteresse der folgenden Untersuchung ist, mit anderen Worten, die Frage, ob und wie sich sozioökonomische Ungleichheit auf die Wahrscheinlichkeit und die Schwere einer Verurteilung auswirkt. Daneben ist vor allem der Umgang der Justiz mit prekären ökonomischen Lebenslagen, die in Strafverfahren gehäuft auftreten, von Interesse.

---

66 *Statistisches Bundesamt*, Fachserie 15, Reihe 1: Wirtschaftsrechnungen. Laufende Wirtschaftsrechnungen. Einkommen, Einnahmen und Ausgaben privater Haushalte, S. 26.

67 https://www.destatis.de/DE/ZahlenFakten/GesellschaftStaat/BildungForschungKultur/Bildungsstand/Tabellen/Bildungsabschluss.html [zuletzt aufgerufen am: 03.07.2018].

2 Gerechte Strafverfahren

Die Forschungsfrage dieser Arbeit ist im Lichte der übergeordneten Frage nach einem gerechten (Straf-)Verfahren angesiedelt. Denn die Frage, ob es Ungleichbehandlungen oder Benachteiligungen sozioökonomisch schwächerer Beschuldigter im Strafverfahren gibt, ist in einer Gesellschaft mit ungleicher Ressourcenverteilung immer auch eine der Gerechtigkeit. Die theoretische Frage nach den Bedingungen eines gerechten Verfahrens kann im Rahmen der vorliegenden empirischen Untersuchung zwar nicht in der Tiefe beantwortet und ausführlich beleuchtet werden. Da sie zugleich aber einen wichtigen Kontext der Untersuchung darstellt, soll sie dennoch skizzenhaft für das Strafverfahren aus dem Blickwinkel sozioökonomischer Ungleichheit kurz angesprochen werden.

Das Strafverfahren gehört der Kategorie der sog. unvollkommenen Verfahrensgerechtigkeit an.[68] Dies bedeutet, dass das Verfahren allein nicht bereits zu Gerechtigkeit führt, sondern es außerhalb des Verfahrens liegender Kriterien bedarf, um die Gerechtigkeit des Ergebnisses bestimmen zu können. Daneben garantiert die Durchführung des Verfahrens allein noch nicht ein gerechtes Ergebnis, sondern erhöht nur die Wahrscheinlichkeit dafür. Deswegen lassen sich im Strafprozess zwei Stufen der Gerechtigkeit bestimmen: Auf der Hand liegt zunächst die materielle Gerechtigkeit, also die Gerechtigkeit des Ergebnisses. Vorgelagert ist die Gerechtigkeit des Verfahrens selbst, die sog. prozedurale Gerechtigkeit.[69]

2.1 Ergebnisgerechtigkeit

Die Ergebnisgerechtigkeit betrachtet die Gerechtigkeit eines per Verfahren zustande gekommenen Ergebnisses. Das Ziel des Strafverfahrens ist die Ermittlung materieller Wahrheit mit einer materiell richtigen und da-

---

68 Im Unterschied zur vollkommenen und zur reinen Verfahrensgerechtigkeit, *Tschentscher*, Prozedurale Theorien der Gerechtigkeit, S. 124 ff.; *Berkemann*, JR 1989, 221, 226; *Neumann*, ZStW 1989, 52, 69 f.

69 *Neumann*, ZStW 1989, 52, 73; *Röhl*, ZfRs 1993, 1, 7 ff.; *Rüthers u. a.*, Rechtstheorie, S. 238 f.; *Renzikowski*, in: Dölling (Hrsg.), „Fair trial“ im Strafprozeß, S. 790, 799 f.

mit gerechten Entscheidung an dessen Ende.[70] Damit ist die richtige Anwendung der materiellen Normen (des StGB) unter Zugrundelegung des wahren Sachverhalts (z.B. die Verurteilung wegen der tatsächlich verwirklichten Delikte bei richtiger Strafzumessung) gemeint.[71] Freilich wird ein gerechtes Ergebnis aber nicht im luftleeren Raum herbeigeführt, sondern ist in ein Verfahren eingekleidet. Die Frage nach der Verfahrensgerechtigkeit ist als eine Art „prozessuale Kehrseite" der Ergebnisgerechtigkeit vorgelagert zu erörtern.

2.2 Verfahrensgerechtigkeit

Was also ist ein gerechtes (Straf-)Verfahren? Und ist ein solches überhaupt erforderlich? Die erste Funktion des Strafverfahrens lässt sich aus dessen Ziel herleiten: Einer auf dem wahren Sachverhalt basierenden materiell richtigen Entscheidung muss die Ermittlung aller beweiserheblichen Tatsachen vorausgehen. Das Verfahren dient also der Findung materieller Gerechtigkeit.[72] Es müsste demnach so ausgestaltet sein, dass durch das Verfahren die Ermittlung aller Umstände, die eine Entscheidung unter Zugrundelegung des wahren Sachverhalts bedarf, bestmöglich gewährleistet ist.[73]

Doch auch darüber hinaus hat das Verfahren eine weitere eigenständige Bedeutung. Denn *wie* das Ergebnis zustande kommt, ist ebenfalls bedeutsam für die Wahrnehmung und Beurteilung einer Entscheidung als gerecht.[74] Dies ist keineswegs nur eine Idee der Moderne. Bereits in der Bibel lassen sich entsprechende Beispiele für die unabhängige Bedeutung des Verfahrens selbst finden:[75] Vor der Vertreibung aus dem Paradies hört Gott

---

[70] BGH NJW 2005, 1440, 1442; *Ostendorf*, ZIS 2013, 172, 173; *Roxin/Schünemann*, Strafverfahrensrecht, S. 2; *Brüning*, ZIS 2015, 586, 587; *Neumann*, ZStW 1989, 101.

[71] Ob die Normen des StGB selbst rechtsphilosophisch als gerecht zu bewerten sind, kann und soll diese empirische Untersuchung, die nur den Vollzug der Vorschriften untersucht, nicht leisten.

[72] *Neumann*, ZStW 1989, 52, 53; *Röhl*, ZfRs 1993, 1, 6.

[73] Denn auch Strafurteile garantieren freilich keine objektive Wahrheit, vgl. *Rönnau*, StV 2004, 455, 456.

[74] *Röhl*, ZfRs 1993, 1, 6 ff.; *Neumann*, ZStW 1989, 52, 58; *Rüthers u. a.*, Rechtstheorie, S. 238 f.

[75] Beispiel bei *Berkemann*, JR 1989, 221, 222; Bibelstelle: 1. Buch Mose Kap. 3.

Adam und Eva an, obwohl er bereits die Wahrheit kennt – der Findung eines gerechten Urteils dient die Anhörung damit nicht. Auch die StPO selbst zeigt, dass ein gerechtes Verfahren einen eigenen, vom Ergebnis losgelösten Wert besitzt: Vorschriften wie verbotene Vernehmungsmethoden, Aussageverweigerungsrechte oder Beweisverwertungsverbote dienen der Findung der Wahrheit nicht, sondern hindern diese ganz überwiegend. Sie sind einzig in der Vorstellung eines gerechten Verfahrens selbst begründet, dass die (auch außerprozessualen) Rechte der Betroffenen achtet und fair ausgestaltet ist.[76] Die Gerechtigkeit, die durch das Verfahren selbst, ohne Berücksichtigung des Ergebnisses herbeigeführt wird, ist damit neben der dienenden Funktion für die materiale Gerechtigkeit ein weiterer eigenständiger Teil von Verfahrensgerechtigkeit („Procedural Justice").

Zusammenfassend lässt sich ein gerechtes Verfahren mithin als Ordnungsrahmen verstehen, innerhalb dessen allein ein gerechtes Urteil gefunden werden kann.[77]

2.3 Voraussetzungen eines gerechten Verfahrens

Der Begriff des fairen und gerechten Verfahrens ist zwar unbestimmt. Es können aber zumindest Gefährdungslagen und damit Eckpunkte eines fairen Verfahrens herausgefiltert werden, die auch die folgende Untersuchung begleiten werden: Es muss zunächst überhaupt ein Verfahren existieren, zu

---

76 *Neumann*, ZStW 1989, 52, 54 ff.

77 Im Unterschied dazu messen rein prozedurale Gerechtigkeitstheorien das Verfahrensergebnis allein anhand des Maßstabs eines gerechten Verfahrens (grundlegend dabei zum Vertragsmodell *Rawls*, A Theory of Justice; zur Diskurstheorie *Habermas*, Faktizität und Geltung; Moralbewusstsein und kommunikatives Handeln; daneben gibt es die Theorie zur Legitimation durch Verfahren *Luhmanns*, die allerdings nicht unter die Gerechtigkeitstheorien fällt, da sie auf keine Gerechtigkeit im Sinne politischer Philosophie, sondern lediglich auf die Legitimation der Verfahrensergebnisse zur Schaffung von Akzeptanz bei Betroffenen abzielt, *Luhmann*, Legitimation durch Verfahren; siehe hierzu *Tschentscher*, Prozedurale Theorien der Gerechtigkeit, S. 134 ff.; *Kaufmann*, Prozedurale Theorien der Gerechtigkeit, S. 11 ff.). Allerdings kann man solche Theorien auf den Bereich des Strafverfahrens, das nur unvollkommene Verfahrensgerechtigkeit liefert, nur eingeschränkt (in negativer Form) übertragen: Ein Urteil ist zumindest dann ungerecht, wenn es durch ein ungerechtes Verfahren herbeigeführt wurde, *Neumann*, ZStW 1989, 52, 70; *Rüthers u. a.*, Rechtstheorie, S. 239.

dem alle Zugang unter zumutbaren Bedingungen haben. Das Verfahren darf nicht willkürlich, sondern muss nach festen Regeln ablaufen, die die Unschuldsvermutung, die Gleichbehandlung und das Verbot unlauterer Mittel zur Zielerreichung gewährleisten. Dabei muss ein Mindestbestand an kommunikativer Struktur mit der Möglichkeit einer aktiven Verfahrensbeteiligung bestehen – die Beschuldigten müssen ihren Standpunkt zur Ausräumung des Schuldvorwurfs ebenso effektiv darstellen können, wie die Anklage („Waffengleichheit"). Weiterhin darf der Erfolg staatlicher Justizgewährung nicht von den finanziellen Mitteln der Betroffenen abhängig sein. Und schließlich muss auch eine Korrektur der Entscheidung möglich sein.[78]

Mit Blick auf sozioökonomische Merkmale der Beschuldigten sind dabei vor allem folgende Aspekte relevant: Zunächst ist die Gewährung eines Zugangs zu einem Verfahren als solchem wichtig, welcher im Strafverfahren allerdings für Beschuldigte bedeutungslos ist. Im Laufe der Untersuchung werden vor allem drei weitere Faktoren relevant: Die grundsätzliche Gleichbehandlung einkommensschwacher und –starker Beschuldigter; die Möglichkeit der aktiven Verfahrensbeteiligung bei gleichberechtigter Teilhabe der Prozessteilnehmer; und die Unabhängigkeit des Erfolgs des Verfahrens von den finanziellen Ressourcen der Beschuldigten. Bei den beiden letzten Voraussetzungen geht es gerade nicht um eine formale Gleichbehandlung, sondern um eine eventuell erforderliche Ungleichbehandlung von wesentlich Ungleichem nach der Verteilungsregel des objektiven Bedürfnisses des Einzelnen.[79] Konkret bedeutet dies, dass arme Beschuldigte möglicherweise objektiv größere staatliche Unterstützung im Strafverfahren benötigen, um gleichen Rechtsschutz zu erhalten wie vermögendere. Neben all dem bleibt weiterhin die richtige Anwendung des materiellen

---

78 Vgl. *Berkemann*, JR 1989, 221, 226 f.; *Röhl*, ZfRs 1993, 1, 7 ff.; *Neumann*, ZStW 1989, 52, 68 f.; *Renzikowski*, in: Dölling (Hrsg.), „Fair trial" im Strafprozeß, S. 791, 800 f. Ausführlich zum Erfordernis effektiver Teilhabe als Verfahrensgerechtigkeit *Bottke*, in: Eser/Goydke/Maatz/Meurer (Hrsg.), Konkretisierung strafprozessualer Fairneß, S. 72, 75 ff.; *Bottke*, Materielle und formelle Verfahrensgerechtigkeit im demokratischen Rechtsstaat, S. 33 ff.

79 Siehe zu den Verteilungsregeln austeilender Gerechtigkeit *Rüthers u. a.*, Rechtstheorie, S. 228 f.

Rechts von Bedeutung, so dass es zu keiner Verletzung des Gleichheitssatzes und willkürlichen Strafen kommt.

2.4 Das Recht auf ein faires Verfahren, Art. 2 Abs. 1 i.V.m. Art. 20 Abs. 3 GG, Art. 6 EMRK

Die Bedingungen eines fairen Verfahrens werden teilweise konkret in dem Recht auf ein faires Verfahren geregelt. Dieses entspringt dem angloamerikanischen Prozessverständnis und ist in Deutschland im Unterschied zur EMRK als solches nicht explizit in der Verfassung normiert.[80] Art. 6 EMRK regelt hingegen ausdrücklich die Bedingungen eines fairen Verfahrens. Dessen Abs. 3 zählt dabei Mindestgarantien eines rechtsstaatlich fairen Strafverfahrens auf.[81] Viele Aspekte eines solchen fairen Verfahrens finden sich aber implizit in den Vorschriften des GG wieder, insbesondere in den Justizgrundrechten der Art. 97, 101, 103, 104 GG, der Rechtsschutzgarantie des Art. 19 Abs. 4 GG, dem Gleichheitssatz aus Art. 3 Abs. 1 GG und dem Rechtsstaatsprinzip aus Art. 20 Abs. 3 GG.[82] Gleichwohl ist das Recht auf ein faires Verfahren mittlerweile auch als eigenständiges Prozessgrundrecht anerkannt. Es wird aus der allgemeinen Handlungsfreiheit des Art. 2 Abs. 1 i.V.m. dem Rechtsstaatsprinzip aus Art. 20 Abs. 3 GG abgeleitet.[83] Die StPO relativiert allerdings die eigenständige Bedeutung dieses Rechts, da ihre ordnungsgemäße Anwendung in aller Regel die Voraussetzungen eines fairen Verfahrens erfüllt.[84]

---

80 *Schädler/Jakobs*, in: KK-StPO, Art. 6 EMRK Rn. 1; *Roxin/Schünemann*, Strafverfahrensrecht, S. 70; *Steiner*, Das Fairneßprinzip im Strafprozeß, S. 29 ff.

81 *Paeffgen*, in: SK-StPO, Art. 6 EMRK Rn. 5; *Schädler/Jakobs*, in: KK-StPO, Art. 6 EMRK Rn. 3.

82 Ausführlich hierzu *Dörr*, Faires Verfahren, S. 94 ff.

83 BVerfGE 38, 105, 111; 46, 202, 210; 68, 237, 255; *Spaniol*, Das Recht auf Verteidigerbeistand im Grundgesetz und in der Europäischen Menschenrechtskonvention, S. 7ff; *Meyer-Goßner/Schmitt*, StPO, Einl. Rn. 19; *Steiner*, Das Fairneßprinzip im Strafprozeß, S. 39.

84 *Meyer-Goßner/Schmitt*, StPO, Einl. Rn. 19, *Schädler/Jakobs*, in: KK-StPO, Art. 6 EMRK Rn. 22, 34. Die wenigen Ausnahmen, die mit Blick auf die dem angloamerikanischen Prozess entlehnten Voraussetzungen des Art. 6 EMRK gemacht werden (wie etwa das Konfrontationsrecht), haben keine Relevanz für die hiesige Untersuchung, siehe dazu ebd. Rn. 23 ff.

Für die Begründung der eben genannten Voraussetzungen von Verfahrensgerechtigkeit bei ökonomischer Ungleichheit der Beschuldigten zieht das Bundesverfassungsgericht ebenfalls das Recht auf ein faires Verfahren heran.[85] Dieses erschöpfe sich nicht nur in den Abwehrrechten der Beschuldigten in Form der an die Strafverfolgungsbehörden gerichteten Gebote und Verbote des Strafprozessrechts. Vielmehr müsse den Beschuldigten zur Sicherung ihrer Subjektstellung unter dem Gesichtspunkt eines fairen Verfahrens die Möglichkeit gegeben werden, zur Wahrung ihrer Rechte aktiv auf den Gang und das Ergebnis des Verfahrens Einfluss zu nehmen.[86] Dies bedinge zum einen eine verfahrensrechtliche Waffengleichheit zwischen Ankläger und Beschuldigten.[87] Zum anderen wird unter Einbeziehung des Art. 3 Abs. 1 GG zur Gewährung von Rechtsschutzgleichheit verlangt, dass der Rechtsschutz finanziell bemittelter und unbemittelter Menschen weitgehend angeglichen wird.[88] Diese Aspekte werden vor allem bei der Frage der Verteidigung relevant und dort ausführlicher behandelt (siehe 1. Teil Kap. 3.4).

2.5 Zwischenergebnis

Für die Frage eines gerechten Strafprozesses kommt es neben einem materiell richtigen Urteil also auch auf die Gerechtigkeit und Fairness des Verfahrens an, das zu dieser Entscheidung führt. Die Voraussetzungen eines gerechten Verfahrens und Urteils sind dabei in verschiedenen Garantien des GG und dem Recht auf ein faires Verfahren, welches explizit in Art. 6 EMRK normiert wird, geregelt. Sie werden in den einfachgesetzlichen Vorschriften der StPO und des StGB konkretisiert. Ein gerechtes Strafverfahren

---

85 Ausführlich zu allen Aspekten von Fairness im Strafverfahren etwa *Rzepka*, Zur Fairness im deutschen Strafverfahren.

86 BVerfG NJW 1975, 103; NJW 1979, 1925, 1927; *Schädler/Jakobs*, in: KK-StPO, Art. 6 EMRK Rn. 20; *Greszick*, in: M/D-GG, Art. 20 VII Rn. 144.

87 BVerfG NJW 1979, 1925, 1927; *Schädler/Jakobs*, in: KK-StPO, Art. 6 EMRK Rn. 20; *Sachs*, in: Sachs-GG, Art. 20 Rn. 163; *Greszick*, in: M/D-GG, Art. 20 VII Rn. 144.; *Esser*, in: LR-StPO, Art. 6 EMRK Rn. 202 ff.

88 BVerfG NJW 1959, 715; NJW 1965, 147; NJW 2015, 2173, 2174; NJW-RR 2005, 140; NJW 2003, 3190, 3191 (m.w.N.); *Wache*, in: MüKo-ZPO, § 114 Rn. 1 ff. Dies soll aber nicht in Form einer vollständigen formellen Gleichstellung erforderlich sein.

muss dabei insbesondere auch ökonomisch schwächeren Beschuldigten die Möglichkeit einer aktiven Verfahrensteilhabe gewähren, zumindest annähernd gleichen Rechtsschutz zu ökonomisch Bessergestellten garantieren und darf keine ungerechtfertigten Ungleichbehandlungen beinhalten.

Im Folgenden soll entlang verschiedener Etappen des Strafverfahrens herausgearbeitet werden, wie sich die Frage sozioökonomischer Ungleichheit dennoch im Strafverfahren auswirken und zu Ungleichbehandlungen führen kann.

3 Die Verteidigung im Strafverfahren

Ein erster und wichtiger Aspekt, bei dem sich die ökonomische Ungleichheit der Beschuldigten im Strafverfahren auswirken kann und der im gesamten Verlauf des Strafverfahrens relevant ist, ist die Frage der Mandatierung eines Strafverteidigers. Denn diese ist als Dienstleistung mit einem Vergütungsanspruch verbunden, dessen Erfüllung finanziell schlechter gestellten Beschuldigten schwerer fällt als finanzstärkeren. Deswegen wird im Folgenden erläutert, wie das Strafverfahrensrecht mit dieser Problematik umgeht, indem in die Regelungen eingeführt wird, die für das Forschungsinteresse dieser Arbeit (also bei ungleichen ökonomischen Ausgangslagen) relevant sein können.

Zunächst werden der Verständlichkeit halber kurz die verschiedenen Arten der Verteidigung besprochen. Anschließend werden zur Verdeutlichung der ökonomischen Dimension der Verteidigung deren Vergütung und die Verteilung der Kostentragungslast bei unterschiedlichem Ausgang des Strafverfahrens erläutert. Ein dritter Schritt wendet sich schließlich der Kernfrage des Zusammenhangs von Verteidigung und Mittellosigkeit zu. Hierfür werden die Funktionen der Pflichtverteidigung in Abgrenzung zur Prozesskostenhilfe dargelegt und die aktuellen Regelungen der Pflichtverteidigung kritisch begutachtet.

3.1 Arten der Verteidigung

Die Verteidigung im Strafverfahren ist im 11. Abschnitt der StPO in den §§ 137 ff. geregelt. Die Kernvorschrift des § 137 Abs. 1 StPO regelt zunächst, dass sich Beschuldigte in jeder Verfahrenslage eines Verfahrensbeistandes bedienen können. Zwei Arten des Rechtsbeistands sind zu unterscheiden: § 137 StPO regelt die sog. gewählte Verteidigung, § 140 StPO gilt der sog. notwendigen Verteidigung.

Grundsätzlich ist es die Entscheidung der Betroffenen, ob sie einen Rechtsbeistand hinzuziehen oder nicht. Eine Verteidigung der Beschuldigten ist allerdings dann zur Durchführung des Verfahrens notwendig, wenn eine der Voraussetzungen des § 140 StPO erfüllt ist. In diesen Fällen ist eine Verteidigung zwingend und kann auch gegen den Willen der Beschuldigten beigeordnet werden.[89] § 140 Abs. 1 StPO zählt neun Fälle der notwendigen Verteidigung katalogartig auf. So ist etwa nach Nr. 1 bei allen erstinstanzlichen Verfahren vor den Land- und Oberlandesgerichten und nach Nr. 2 bei dem Vorwurf eines Verbrechens stets eine Verteidigung der Beschuldigten notwendig. Die Mittellosigkeit der Beschuldigten wird nicht genannt. § 140 Abs. 2 StPO enthält darüber hinaus eine Generalklausel, die vor allem für die Verfahren vor den Amtsgerichten relevant ist. Hiernach kann über den Katalog des Abs. 1 hinaus eine Verteidigung wegen der Schwere der Tat oder der Schwierigkeit der Sach- und Rechtslage und in Fällen, in denen sich die Beschuldigten nicht selbst verteidigen können, notwendig sein.[90] Die Vorsitzenden haben bei der Entscheidung über die Notwendigkeit einer Verteidigerbeiordnung nach § 140 Abs. 2 S. 1 StPO einen Beurteilungsspielraum, der durch die unbestimmten Rechtsbegriffe der Schwere der Tat und der Schwierigkeit der Sach- und Rechtslage begrenzt wird.[91] Die notwendige Vereidigung infolge der Schwere der Tat (§ 140 Abs. 2 StPO) stellt den anwendungshäufigsten Fall bei Verfahren vor den Amtsgerichten dar. Bezüglich der Schwere der Tat ist auf die erwartete Rechtsfolgenentscheidung abzustellen, wobei nach herrschender Rechtsprechung zumindest eine (auch über Gesamtstrafenbildung) erwartete Freiheitsstrafe von über einem Jahr die Verteidigung notwendig werden lässt.[92] Ist die Straferwartung nur

---

[89] *Roxin/Schünemann*, Strafverfahrensrecht, S. 123.

[90] *Lüderssen/Jahn*, in: LR-StPO, § 140 Rn. 48.

[91] H.M.: OLG Hamm NStZ 1982, 298; NStZ-RR 1997, 78; *Meyer-Goßner/Schmitt*, StPO, § 140 Rn. 22 (m.w.N.).

[92] OLG Hamm NStZ-RR 1997, 78; *Barton*, Einführung in die Strafverteidigung, S. 82. Wegen der geringen Straferwartung bei Verfahren vor den Amtsgerichten – welche aber

gering, kann eine Verteidigung gleichwohl wegen der Schwere der Sache notwendig sein, wenn durch die Entscheidung mittelbare Nachteile wie der Widerruf einer Strafaussetzung in anderer Sache möglich sind.[93] Die notwendige Verteidigung wird Pflichtverteidigung genannt, wenn die Verteidigung den Beschuldigten vom Gericht nach § 141 StPO beigeordnet wird.[94] Hiernach bestellte Pflichtverteidigende sind zur höchstpersönlichen Wahrnehmung des Mandats verpflichtet und können dieses nur in Ausnahmefällen niederlegen.[95] Den Regelfall des Beiordnungszeitpunkts legt § 141 Abs. 1 StPO als die Anklagezustellung im Zwischenverfahren fest. Nach § 141 Abs. 3 StPO kann zwar bereits während des Vorverfahrens eine Verteidigerin vom Gericht bestellt werden. Die Bestellung liegt aber im Ermessen des Gerichts und geschieht in aller Regel ausschließlich auf Antrag der Staatsanwaltschaft.[96] Den Beschuldigten selbst steht kein Antragsrecht zu; ein Antrag von diesen ist nur eine Anregung für die Staatsanwaltschaft darüber, von ihrem Antragsrecht Gebrauch zu machen.[97]

---

den Vergleichsmaßstab bei der Schwere der Tat bilden müssen, da vor den Landgerichten als primäre Instanz eine Verteidigung bereits nach § 140 Abs. 1 Nr. 1 StPO stets notwendig ist – und den gravierenden Auswirkungen auch von kurzen Freiheitsstrafen sollte mit überzeugender Literaturauffassung bereits dann eine Notwendigkeit anzunehmen sein, wenn eine Freiheitsstrafe generell in Betracht kommt – so etwa *Wohlers*, in: SK-StPO, § 140 Rn. 33; *Thomas/Kämpfer*, in: MüKo-StPO, § 140 Rn. 30 (m.w.N.).

93 OLG Brandenburg NJW 2005, 521; *Laufhütte/Willnow*, in: KK-StPO, § 140 Rn. 21 (m.w.N.).

94 *Roxin/Schünemann*, Strafverfahrensrecht, S. 125.

95 BVerfG NJW 1985, 727, 728; NJW 1305, 1310

96 Etwas anderes gilt in U-Haft-Fällen, bei denen gem. § 141 Abs. 3 S. 5 StPO die Bestellung stets unverzüglich nach der Inhaftierung zu erfolgen hat, oder bei abweichenden Sonderregelungen wie §§ 118a Abs. 2 S. 3, 138c Abs. 3 S. 4 oder 141 Abs. 3 S. 4 StPO, *Meyer-Goßner/Schmitt*, StPO, § 141 Rn. 3 ff.; *Knierim*, in: Gesamtes Strafrecht aktuell, Kap. 18 Rn. 12.

97 BGH NJW 2015, 3383; *Meyer-Goßner/Schmitt*, StPO, § 141 Rn. 5; ausführlicher zur Pflichtverteidigerbestellung im Ermittlungsverfahren, *Wohlers*, in: SK-StPO, § 141 Rn. 3 ff. Die Staatsanwaltschaft ist zwar verpflichtet einen Antrag zu stellen, wenn die Voraussetzungen des Abs. 3 vorliegen, den Beschuldigten stehen aber keine Rechtsbehelfe gegen die Entscheidung der Staatsanwaltschaft zu, wenn diese die Antragsstellung ablehnt, OLG Karlsruhe NStZ 1988, 315, 316; Laufhütte/Willnow in: KK-StPO, § 141 Rn. 5; *Meyer-Goßner/Schmitt*, StPO, §§ 141 Rn. 5; a.A. LG Bremen, StV 1999, 532.

3.2 Vergütung

Die Unterscheidung zwischen Wahl- und Pflichtverteidigung wirkt sich auch auf die Vergütung aus: Bei der Wahlverteidigung liegt dem Mandatsverhältnis ein Dienstvertrag über eine Geschäftsbesorgung nach §§ 675, 611 BGB zugrunde.[98] Hieraus entsteht ein Vergütungsanspruch gegen die Mandanten, für dessen Höhe § 14 RVG i.V.m. dem Vergütungsverzeichnis zum RVG eine Rahmengebühr vorgibt. Verteidigung und Mandant können aber auch ein die gesetzlichen Gebühren übersteigendes Honorar vereinbaren.[99]

Im Unterschied zur Wahlverteidigung ist die Bestellung einer Pflichtverteidigerin durch das Gericht eine besondere Form der Indienstnahme Privater zu öffentlichen Zwecken.[100] Die Pflichtverteidigenden haben gem. § 45 Abs. 3 RVG einen unmittelbaren Vergütungsanspruch gegen die Staatskasse, dessen Höhe sich aus §§ 48 und 51 RVG i.V.m. dem Vergütungsverzeichnis ergibt.[101] Die Gebühren, die diese vom Staat erhalten, sind keine Vergütung, sondern stellen eine angemessene Entschädigung für den Eingriff in die Berufsausübungsfreiheit der Verteidiger dar.[102] Diese sind im 4. Teil des Vergütungsverzeichnisses des RVG angegeben und keine Rahmengebühren, sondern fix. Ihre Höhe bemisst sich nach den Wahlanwaltsgebühren und die Basis ihrer Berechnung ist das Mittel der Rahmengebühr bei der Wahlverteidigung. Hiervon erhalten die Pflichtverteidigenden allerdings nur 80 %.[103] Um diese nicht systematisch schlechter zu stellen als Wahlverteidigende besitzen die Pflichtverteidigenden neben dem Anspruch gegen die Staatskasse gem. § 52 Abs. 1 und 2 RVG jedoch auch

---

98 BGH NJW 1964, 2402, 2403; *Meyer-Goßner/Schmitt*, StPO, Vor § 137 Rn. 4.

99 Einzig die Vereinbarung eines Honorars, das die sich aus dem RVG ergebenden Gebühren unterschreitet, ist im Regelfall unzulässig, § 49b Abs. 1 BRAO. *Dahs/Rettenmaier*, Handbuch des Strafverteidigers, S. 675.

100 BVerfG NJW 1975, 1015, 1016; NJW 2005, 3699.

101 Nach § 48 Abs. 6 S. 1 RVG hat der Pflichtverteidiger dabei einen Zahlungsanspruch bezüglich des gesamten Strafverfahrens, unabhängig davon, in welchem Verfahrensabschnitt der ersten Instanz ihn das Gericht zum Pflichtverteidiger bestellt hat (also etwa auch dann, wenn er bis zur Anklageerhebung zunächst als Wahlverteidiger tätig war), *Leipold*, Anwaltsvergütung in Strafsachen, Rn. 282.

102 BVerfG NJW 1985, 727, 728; 2009, 2735 f.

103 *Leipold*, Anwaltsvergütung in Strafsachen, Rn. 258.

wahlweise einen selbstständigen Vergütungsanspruch gegen ihre Mandanten in Höhe der höheren Gebühren einer Wahlverteidigung, wenn diese ohne Beeinträchtigung des für sie und ihre Familie notwendigen Unterhalts zur Zahlung oder zur Leistung von Raten in der Lage sind.[104] Die Pflichtverteidigenden und ihre Mandanten können darüber hinaus vertraglich ein Honorar vereinbaren, welches die Mandanten den Verteidigenden dann unmittelbar vertraglich schulden.[105] In den Fällen, in denen die Mandanten selbst dazu in der Lage sind, das Honorar einer Wahlverteidigerin zu zahlen, werden sie aber ohnehin regelmäßig eine solche beauftragen und nicht die Beiordnung einer Pflichtverteidigerin beantragen.[106]

3.3 Kostentragung

Zwar erkennt das Gesetz an, dass in bestimmten Verfahren die Verteidigung der Beschuldigten durch einen Rechtsbeistand für eine rechtsstaatliche Verfahrensdurchführung notwendig ist, welche die Vorsitzendenden auch gegen den Willen der Beschuldigten durchsetzen können. Dies bedeutet aber keinesfalls, dass der Staat letztlich auch die Kosten für die Pflichtverteidigung trägt. Der Pflichtverteidiger hat zwar gem. § 45 Abs. 3 RVG einen Vergütungsanspruch gegen die Staatskasse. Die Vergütung von Pflichtverteidigenden stellen jedoch Auslagen der Staatskasse dar (Nr. 9007 Kostenverordnung), die nach § 464a Abs. 1 S. 1 StPO zu den Kosten des Verfahrens zählen.[107] Im Unterschied hierzu zählen die Kosten von Wahlverteidigenden (im Rahmen der gesetzlichen Gebühr für die anwaltliche Tätigkeit) zu den notwendigen Auslagen der Beschuldigten, § 464a Abs. 2 Nr. 2 StPO.[108] Wer die Verfahrenskosten und notwendigen Auslagen in einem Strafver-

---

104 BVerfG NJW 2009, 2735, 2736.

105 *Dahs/Rettenmaier*, Handbuch des Strafverteidigers, S. 677; *Schoeller*, Die Praxis der Beiordnung von Pflichtverteidigern, S. 143 f.

106 Denn dies ist nur dann sinnvoll, wenn Zahlungsschwierigkeiten des Mandanten befürchtet werden, und eine Absicherung der Bezahlung durch die Ansprüche als Pflichtverteidigung gegen die Staatskasse für erforderlich erachtet wird.

107 *Meier*, in: HK-GS, § 464a StPO Rn. 3.

108 *Meyer-Goßner/Schmitt*, StPO, § 464a Rn. 7 ff., lediglich unzulässiges und zweckloses Verteidigerhandeln lösen keinen Erstattungsanspruch aus; notwendig muss das Handeln aber nicht sein.

fahren trägt, hängt vom Ausgang des Verfahrens ab. Bei einer Verurteilung müssen die Verurteilten die Kosten des Verfahrens und ihre eigenen Auslagen selbst tragen, § 465 Abs. 1 StPO. In diesen Fällen müssen sie also die Kosten der Pflicht- oder Wahlverteidigung letztlich selbst übernehmen. Eine allgemein anerkannte Begründung für die generelle Kostentragungspflicht der Verurteilten im Strafrecht gibt es zwar nicht. Am ehesten ist eine solche aber wohl nach dem sog. Veranlasserprinzip möglich.[109] Denn die Verurteilten haben bei einer Verurteilung durch ihr im Strafverfahren nachgewiesenes rechtswidriges und deliktisches Handeln die erste Ursache für die Entstehung der Verfahrenskosten gesetzt.[110]

Wird nach Anklageerhebung die Eröffnung der Hauptverhandlung abgelehnt oder ergeht ein Freispruch, trägt die Staatskasse nach § 467 Abs. 1 StPO die Verfahrenskosten und die notwendigen Auslagen der Beschuldigten. Wird das Verfahren nach § 170 Abs. Abs. 2 StPO, § 153 Abs. 1, § 153a Abs. 1 oder § 154 Abs. 1 StPO durch die Staatsanwaltschaft (endgültig) eingestellt, wird diese Entscheidung mit keiner Kostenentscheidung versehen, § 464 Abs. 1 StPO. Dies hat zur Folge, dass die Verfahrensbeteiligten ihre eigenen Auslagen, auch die notwendigen, selbst bezahlen müssen und der Staat die Verfahrenskosten der Staatskasse trägt.[111] Mit Blick auf die Verteidigung bedeutet dies, dass die Gebühren der Pflichtverteidigung (sollte denn in diesem Verfahrensstadium bereits ein Pflichtverteidiger bestellt worden sein) von der Staatskasse und Ausgaben für eine Wahlverteidigung von den Beschuldigten selbst zu tragen sind. Stellt hingegen das Gericht das Verfahren nach § 153 Abs. 2 oder § 154 Abs. 2 StPO ein, so muss es nach § 464 Abs. 2 StPO in dem das Verfahren beendenden Beschluss eine Kostenentscheidung treffen.[112] Nach § 467 Abs. 1 StPO trägt bei solchen Verfahrenseinstellungen der Staat sowohl die Verfahrenskosten, als auch die notwendigen Auslagen der Beschuldigten. Von Letzterem

---

[109] *Degener*, in: SK-StPO, Vor § 464 Rn. 13 ff.; *Meier*, Die Kostenlast des Verurteilten, S. 44; *Hilger*, in: LR-StPO, Vor § 464 Rn. 15 ff.

[110] Ausführlich zur rechtstheoretischen Begründung der Kostennormen etwa *Meier*, Die Kostenlast des Verurteilten, S. 36 ff. Dieser Legitimationsansatz kann durch andere Aspekte wie beispielsweise Billigkeitserwägungen ergänzt werden.

[111] *Meyer-Goßner/Schmitt*, StPO, § 153 Rn. 29; § 153a Rn. 45.

[112] *Meyer-Goßner/Schmitt*, StPO, § 464 Rn. 6.

kann aber bei Ermessenseinstellungen, etwa nach § 153 Abs. 2 und § 154 Abs. 2 StPO, in Ausnahmefällen abgesehen werden.[113] Für § 153a StPO ist in § 467 Abs. 5 StPO sogar gesondert geregelt, dass die Beschuldigten ihre notwendigen Auslagen, und damit etwaige Kosten einer Wahlverteidigung, stets selbst tragen müssen.[114]

Zusammenfassend lässt sich also feststellen, dass nach den grundsätzlichen Regelungen der StPO in vielen Fällen die Beschuldigten die Kosten der gewählten und oft auch die der notwendigen Verteidigung selbst tragen müssen. Hiervon kann das Gericht mit Blick auf die ökonomische Situation der Verurteilten nahezu gar nicht absehen. Lediglich in absoluten Ausnahmefällen besteht die Möglichkeit, dass bereits das Gericht von der Beitreibung der Kosten absehen kann. Dies geht allerdings nur bei der gleichzeitigen Verhängung von Geld- und Freiheitsstrafe innerhalb eines Verfahrens oder bei rechtlicher Unmöglichkeit einer Gesamtstrafenbildung bei verhängten Freiheits- und Geldstrafen, § 459d Abs. 2 StPO, und soll auch nur in derartigen Ausnahmefällen zulässig sein, in denen überwiegende Gründe der Resozialisierung hierfür sprechen.[115] Bei mittellosen Beschuldigten gibt es darüber hinaus lediglich im Rahmen der Kostenvollstreckung die Möglichkeit nach § 10 Abs. 1 KostVfg vom Ansatz der Kosten abzusehen, wenn das dauernde Unvermögen des Zahlungsschuldners offenkundig oder aus anderen Vorgängen bekannt ist. Gleichwohl verfolgt diese Vorschrift keinen sozialen Zweck, sondern soll nur den unnötigen Verwaltungsaufwand eines von vorneherein offensichtlich überflüssigen Kostenbeitreibungsverfahrens vermeiden.[116] Dies kann bei der Verurteilung zu einer mehrjährigen Haftstrafe, aber auch bei Langzeit-Arbeitslosigkeit oder einer hohen Verschuldung in Betracht kommen.[117] Die Regelung greift jedoch nicht bei

---

[113] Bei dieser Ermessensentscheidung darf das Gericht auf die Verdachtsstärke, die Verurteilungswahrscheinlichkeit und das Prozessverhalten der Angeklagten abstellen, muss aber stets berücksichtigen, dass die Erstattung der notwendigen Auslagen laut Gesetzgeber der Regelfall sein sollen, BVerfG NJW 1990, 2741, 2742; *Meyer-Goßner/Schmitt*, StPO, § 467 Rn. 19; *Temming*, in: HK-StPO, § 467 Rn. 12; *Meier*, in: HK-GS, § 467 StPO Rn. 10.

[114] *Pfeiffer*, StPO, § 467 Rn. 14; *Meyer-Goßner/Schmitt*, StPO, § 153a Rn. 55.

[115] LG Mainz NStZ 1982, 47; *Fischer*, StGB, § 459d Rn. 8.

[116] *Gerlach/Gerlach*, in: BeckOK KostR, § 10 KostVfg Rn. 1.

[117] *Gerlach/Gerlach*, in: BeckOK KostR, § 10 KostVfg Rn. 3 ff.

Verurteilten, für die die Bezahlung der Kosten zwar eine große Bürde darstellt, aber faktisch dennoch möglich ist. Zusätzlich kann vom Kostenansatz nicht bei der Vollstreckung von Geldstrafen abgesehen werden, § 10 Abs. 2 Nr. 3 KostVfG, § 1 Abs. 1 Nr. 1 EBAO.[118] Schließlich ist § 10 KostVfG nur eine Ermessensnorm, die eine Ausnahmeentscheidung zwar zulässt, aber nicht gebietet.

Lässt sich das Geld trotz alledem nicht eintreiben, so besteht die Möglichkeit eines Kostenerlasses oder einer Niederschlagung der Kosten, für die in § 33 KostVfG nur auf die landesrechtlichen Vorschriften verwiesen wird. Zur unbefristeten Niederschlagung gilt in Niedersachsen nach § 59 LHO und der VV-LHO zu § 59 Nr. 2, dass von einer weiteren Verfolgung des Anspruchs abgesehen werden darf, wenn anzunehmen ist, dass die Einziehung wegen der wirtschaftlichen Verhältnisse der Anspruchsgegnerin oder des Anspruchsgegners dauerhaft ohne Erfolg bleiben wird (etwa infolge mehrmaliger fruchtlos gebliebener Vollstreckungsversuche). Ein Kostenerlass ist nur in Ausnahmefällen möglich, wenn eine Stundung nicht in Betracht kommt und die Zahlung mit einer besonderen Härte für die Zahlungspflichtigen verbunden wäre.[119] Eine solche besondere Härte ist nach der VV-LHO Nds. zu § 59 Nr. 3 insbesondere anzunehmen, wenn sich diese in einer unverschuldeten wirtschaftlichen Notlage befinden und zu befürchten ist, dass die Weiterverfolgung des Anspruchs zu einer Existenzgefährdung führen würde. Auch diese Vorschriften enthalten aber lediglich Ermessensregelungen. Sie sind Ausfluss der Tatsache, dass eine rechtsstaatliche Vollstreckung der Verfahrenskosten bei Menschen, die dauerhaft vollkommen mittellos sind, nun einmal nicht möglich ist.

Eine empirische Untersuchung *Meiers* zur Kostentragung durch die Verurteilten bei zwischen 1977 und 1979 durchgeführten Strafverfahren ergab, dass die Häufigkeit letztlich gezahlter Verfahrenskosten mit zunehmender Schwere des Verfahrens abnahm. Während in Strafrichterverfahren die Kostenschuld durch die Verurteilten noch zu etwa 70 % beglichen wurde, betrug der Anteil in Schöffengerichtsverfahren nur noch ein Drittel. In Strafkammerverfahren wurden durchschnittlich sogar nur circa 15 %

---

[118] *Meier*, Die Kostenlast des Verurteilten, S. 179.

[119] *Gerlach/Gerlach*, in: BeckOK KostR, § 33 KostVfG Rn. 12.

der Verfahrenskosten vollstreckt. Dabei sahen die Kostenbeamten in 72 % der Verfahren, in denen die Verfahrenskosten nicht beglichen wurden, gem. § 10 Abs. 1 KostVfg vom Ansatz der Kosten ab – dies war hauptsächlich bei Verurteilungen zu einer unbedingten Freiheitsstrafe der Fall. Die zu einer Geldstrafe Verurteilten beglichen hingegen zu ganzen 85 % die ihnen auferlegten Verfahrenskosten.[120]

Zusammenfassend ist damit festzuhalten, dass insbesondere bei den für die hiesige Untersuchung relevanten Verfahren der leichteren Alltagskriminalität, die Beschuldigten in den meisten Fällen die Kosten einer Wahl- und oft auch die einer Pflichtverteidigung selbst tragen müssen. Dabei lassen die Vorschriften eine Differenzierung zwischen ärmeren und finanzkräftigeren Beschuldigten nur in absoluten Ausnahmefällen zu.

3.4 Funktionen der Pflichtverteidigung in Abgrenzung zur Prozesskostenhilfe

3.4.1 Rechtliche Begründung der Pflichtverteidigung

Im deutschen Strafverfahrensrecht kann sich demnach zwar jeder Beschuldigte stets auf eigene Kosten eine Strafverteidigerin seiner Wahl nehmen, vom Staat (vor)finanzierte Verteidigung ist jedoch nur in bestimmten Verfahren vorgesehen und oft mit einem späteren Ausgleichsanspruch des Staates gegen die Beschuldigten verbunden. Auch berücksichtigen die Voraussetzungen des § 140 StPO an keiner Stelle die finanzielle Situation der Beschuldigten. Vergleicht man das Institut der notwendigen Verteidigung mit der im Zivil-, Verwaltungs- (§ 166 VwGO), Arbeits- (§ 11a ArbGG) und Sozialgerichtsprozess (§ 73a SGG) existierenden Prozesskostenhilfe nach §§ 114 ff. ZPO[121], so ergeben sich erhebliche Unterschiede für arme Prozessparteien zwischen Strafverfahren auf der einen und den genannten weiteren Prozessarten auf anderen Seite. In der Kernnorm zur Prozesskostenhilfe, § 114 Abs. 1 S. 1 ZPO, heißt es:

---

[120] *Meier*, Die Kostenlast des Verurteilten, S. 172 ff., 342 f.; dabei stiegen die Verfahrenskosten mit der sachlichen Zuständigkeit des Gerichts, das die Verhandlungen führte.

[121] Näheres zu den Anwendungsbereichen der Prozesskostenhilfe in: *Dürbeck/Gottschalk*, Prozess- und Verfahrenskostenhilfe, Beratungshilfe, S. 6 ff.

Eine Partei, die nach ihren persönlichen und wirtschaftlichen Verhältnissen die Kosten der Prozessführung nicht, nur zum Teil oder nur in Raten aufbringen kann, erhält auf Antrag Prozesskostenhilfe, wenn die beabsichtigte Rechtsverfolgung oder Rechtsverteidigung hinreichende Aussicht auf Erfolg bietet und nicht mutwillig erscheint.

Im Gegensatz zu den Regelungen für Beschuldigte eines Strafverfahrens gibt es in diesen Verfahren also eine spezielle Regelung für finanziell schwache Prozessparteien: Der Staat trägt regelmäßig die Verfahrens- und Anwaltskosten der anspruchsberechtigten, mittellosen Partei ohne späteren Rückgriff, und zwar auch dann, wenn diese das Verfahren verliert, § 122 Abs. 1 ZPO.[122] Nur soweit die Partei die finanziellen Möglichkeiten zur Beisteuerung eines eigenen Beitrags besitzt, ist eine teilweise Gewährung mit Ratenzahlung oder eine Beitragszuzahlung aus dem eigenen Vermögen vorgesehen, §§ 114 Abs. 1, 120 ZPO.[123]

Die notwendige Verteidigung nach § 140 StPO hängt hingegen nicht von der finanziellen Situation der Beschuldigten ab. Und auch dann, wenn der Staat gegenüber den Pflichtverteidigern vorleistet, werden die Beschuldigten, wenn diese verurteilt werden, (zunächst) unabhängig von ihren finanziellen Mitteln in Anspruch genommen. Weiterhin greift die Pflichtverteidigung nur in bestimmten Verfahren, die die Voraussetzungen des § 140 StPO erfüllen, und dadurch regelmäßig nicht bei Amtsgerichtsverfahren in Fällen geringerer Kriminalität. Damit ist die entscheidende Frage aufgeworfen, warum es im Strafverfahren, im Unterschied zu den Zivil-, Verwaltungs-, Arbeits- und Sozialgerichtsverfahren, vielmals nicht notwen-

---

[122] *Wache*, in: MüKo-ZPO, § 122 Rn. 2 ff.

[123] *Dürbeck/Gottschalk*, Prozess- und Verfahrenskostenhilfe, Beratungshilfe, S. 207; *Fischer*, in: Musielak/Voit-ZPO, § 120 Rn. 2 ff. Lediglich die außergerichtlichen Kosten der gegnerischen Partei, insbesondere deren Rechtsanwaltskosten, müssen gem. § 123 ZPO beim verlorenen Prozess getragen werden. Dies soll unnötige Prozesse vermeiden und einen Schutz der gegnerischen Prozesspartei vor willkürlichen Klagen gewährleisten, *Fischer*, in: Musielak/Voit-ZPO, § 123 Rn. 1 ff. Gewinnt die Prozesskostenhilfe beziehende Partei, muss die gegnerische Seite (soweit nicht auch sie Prozesskostenhilfe bezieht) sämtliche Verfahrens- und Anwaltskosten tragen. Für diese gibt es lediglich eine vorläufige Kostenbefreiungen und die Gerichtskosten werden erst nach rechtskräftiger Verurteilung eingezogen, §§ 122 Abs. 2, 125 ZPO, *Dürbeck/Gottschalk*, Prozess- und Verfahrenskostenhilfe, Beratungshilfe, S. 262 f.

dig sein soll, armen Beschuldigten, die sich mit ihren eigenen finanziellen Mitteln keinen Rechtsbeistand leisten können, stets einen Verteidiger unter dauerhafter Kostenbefreiung zu bestellen.

Die Funktion der Prozesskostenhilfe ist die Gewährung von Rechtsschutzgleichheit und sozialstaatlicher Teilhabe durch die weitgehende Gleichstellung des Rechtsschutzes finanziell bemittelter und unbemittelter Menschen.[124] Ihre Notwendigkeit ergibt sich aus dem Gleichheitssatz, Art. 3 Abs. 1 GG, i.V.m. dem Rechtsstaatsprinzip aus Art. 20 Abs. 3 GG und (zumindest in früherer Rechtsprechung) auch i.V.m. dem Sozialstaatsprinzip, Art. 20 Abs. 1 GG.[125] Der Staat kommt durch das Institut der Prozesskostenhilfe seiner Pflicht nach, auch finanziell nicht leistungsfähigen Personen effektiven Rechtsschutz und Rechtsdurchsetzung zu ermöglichen.[126] Ihre Gewährung kann auch als Leistung staatlicher Daseinsfürsorge bezeichnet werden.[127]

Auch der notwendigen Verteidigung kommt zwar eine Fürsorgefunktion für unbemittelte Beschuldigte zu. Eine solche Fürsorge durch die Beiordnung eines Rechtsbeistands soll aber wegen der besonderen Verfahrens- und Rechtsgarantien im Strafverfahrens nur in bestimmten Fällen erforderlich sein.[128]

Blickt man zunächst auf die historische Entwicklung der Rechtsfigur der notwendigen Verteidigung, zeigt sich noch keine solche „armenrechtliche“ Funktion:[129] Die 1879 in Kraft getretene Reichsprozessordnung legte

---

124 BVerfG NJW 1959, 715; NJW 2015, 2173, 2174; NJW-RR 2005, 140; NJW 2003, 3190, 3191 (m.w.N.); *Wache*, in: MüKo-ZPO, § 114 Rn. 1 ff.

125 BVerfGE 63, 380, 394; NJW 2010, 987; NJW 2014, 1291; *Wache*, in: MüKo-ZPO, § 114 Rn. 1 ff.

126 BVerfG NJW 2010, 987; 2014, 1291; Kießling in: Hk-ZPO, Vor §§ 114-127 Rn. 1.

127 BVerfG NJW 1959, 1028; NJW 1974, 229, 230; *Dürbeck/Gottschalk*, Prozess- und Verfahrenskostenhilfe, Beratungshilfe, S. 1; *Fischer*, in: Musielak/Voit-ZPO, Vor §§ 114 ff. Rn. 1.

128 Die seit langer Zeit umstrittene Frage über die Rechtsstellung des Verteidigers als selbstständiges Organ der Rechtspflege oder Interessenvertreter der Beschuldigten (näher hierzu *Roxin/Schünemann*, Strafverfahrensrecht, S. 117 ff. [m.w.N.]) spielt in diesem Zusammenhang und für die vorliegende Untersuchung keine Rolle.

129 Vertiefender zur geschichtlichen Entwicklung der notwendigen Verteidigung bereits ab dem Mittelalter etwa *Hahn*, Die notwendige Verteidigung im Strafprozeß, S. 44 ff.; *Rieß*, in: Arbeitsgemeinschaft Strafrecht des Deutschen Anwaltvereins (Hrsg.), Zur Entwick-

erstmals deutschlandweit die Voraussetzungen für die notwendige Verteidigung fest.[130] In den damaligen § 140 und § 141 RStPO, die das Fundament des heutigen § 140 StPO zur notwendigen Verteidigung bilden, spielte die Mittellosigkeit der Beschuldigten keinerlei Rolle für die Notwendigkeit der Verteidigung.[131] Auch in den Motiven zum Entwurf der RStPO wurde bei der Einführung des Instituts der notwendigen Verteidigung an keiner Stelle von der Mittellosigkeit der Beschuldigten gesprochen.[132] Zur Begründung wurde lediglich angeführt, dass zum einen mit steigendem Strafübel die Schutzmittel gegen eine unbegründete Verurteilung zu erhöhen seien, und zum anderen das komplizierte Verfahren vor dem Schwurgericht einen rechtskundigen Beistand erforderlich mache.[133] Weiterhin wurde zu den Beschränkungen der notwendigen Verteidigung bei Land- und Amtsgerichten ausgeführt, dass eine zwangsläufige Verteidigerbestellung vor den Strafkammern weit über das Notwendige hinausgehen und eine solche Anordnung vor den Schöffengerichten auch bei leichterer Kriminalität geradezu etwas Unausführbares verlangen würde.[134] Ein während der ersten Lesung des Entwurfs zur RStPO von einem Abgeordneten in der Kommission gestellter Antrag, in § 140 RStPO den an das Armenrecht der Zivilprozessordnung angelehnten Passus einzuführen, dass eine Verteidigerbestellung auf Antrag des Beschuldigten auch dann notwendig sei, „wenn dieser verhaftet, oder außer Stande ist, ohne Beeinträchtigung des für ihn und seine Familie nothwendigen Unterhalts einen Vertheidiger zu bezahlen“, wurde von der Kommission abgelehnt.[135]

Auch die strafgerichtliche Rechtsprechung betonte bisher bei der notwendigen Verteidigung (vor allem in den Fällen sog. rückwirkender Pflicht-

---

lung der Verteidigung im deutschen Strafprozessrecht, S. 782 ff.; *Kucharski*, Der unverteidigte Beschuldigte im Strafverfahren, S. 53 ff.

[130] Ausführlicher zu diesen Normen *Hahn*, Die notwendige Verteidigung im Strafprozeß, S. 60.

[131] *Hahn u. a.*, Die gesamten Materialien zu den Reichs-Justizgesetzen, Abt. 2, S. 2416.

[132] *Hahn u. a.*, Die gesamten Materialien zu den Reichs-Justizgesetzen, Abt. 1, S. 142 f.

[133] *Hahn u. a.*, Die gesamten Materialien zu den Reichs-Justizgesetzen, Abt. 1, S. 142 f.

[134] *Hahn u. a.*, Die gesamten Materialien zu den Reichs-Justizgesetzen, Abt. 1, S. 142.

[135] *Hahn u. a.*, Die gesamten Materialien zu den Reichs-Justizgesetzen, Abt. 1, S. 952; 954; 956.

verteidigerbestellung[136]) regelmäßig, dass die Bestellung eines Pflichtverteidigers gerade nicht dem Kosteninteresse der Beschuldigten, sondern allein dem öffentlichen Interesse diene, sicherzustellen, dass Betroffene in schwerwiegenden Fällen zur Sicherung des ordnungsgemäßen Verfahrensablaufs rechtskundigen Beistand erhalten.[137] Es handele sich gerade nicht um eine Sozialregelung für mittellose Beschuldigte. Der Gedanke der Prozesskostenhilfe als Sozialleistung für eine chancengleiche Teilhabe am Rechtsschutz sei deswegen auf das Rechtsinstitut der Pflichtverteidigung nicht übertragbar.[138]

Auf verfassungsrechtlicher Ebene wird das generelle Recht auf eine Verteidigung freier Wahl (i.S.v. § 137 StPO) nach der Rechtsprechung des Bundesverfassungsgerichts aus dem Recht auf ein faires Verfahren gem. Art. 2 Abs. 1 i.V.m. Art. 20 Abs. 3 GG abgeleitet.[139] Das Recht auf ein faires Verfahren enthalte nicht nur die Pflicht zu einem korrekten und fairen Vorgehen staatlicher Organe gegenüber den Betroffenen, sondern müsse diesen auch die Möglichkeit einräumen, ihre prozessualen Rechte selbstständig und unabhängig in einer aktiven Verfahrensrolle gegenüber den übrigen Verfahrensbeteiligten wahrnehmen zu können.[140] Das Recht auf eine

---

[136] Die Fälle sog. rückwirkender Pflichtverteidigerbestellung sind Verfahren, in denen ein Pflichtverteidiger trotz rechtzeitiger und begründeter Antragsstellung nicht bestellt wurde und deshalb nach Verfahrensabschluss die rückwirkende Beiordnung des Wahlverteidigers als Pflichtverteidiger mit den daraus resultierenden Vergütungsansprüchen gegen die Staatskasse beantragt wird.

[137] KG Berlin, BeckRS 2006, 03238; BeckRS 2006, 06159; OLG Hamm, Beschl. v. 24.10.2012 – III-3 Ws 215/12 –, juris; LG Halle (Saale), Beschl. v. 31.07.2015 – 3 Qs 151/15 –, juris; OLG Köln, NStZ-RR 2011, 325.

[138] OLG Hamm, Beschl. v. 24.10.2012 – III-3 Ws 215/12 –, juris.

[139] BVerfGE 38, 105, 111; 46, 202, 210; 68, 237, 255; eine detaillierte Herleitung des Rechts auf Verteidigung aus dem GG und der EMRK gibt *Spaniol*, Das Recht auf Verteidigerbeistand im Grundgesetz und in der Europäischen Menschenrechtskonvention, S. 7 ff.

[140] BVerfGE 38, 195, 111; 64, 135, 145; *Spaniol*, Das Recht auf Verteidigerbeistand im Grundgesetz und in der Europäischen Menschenrechtskonvention, S. 8. Dieses Recht soll allerdings nicht unbegrenzt gelten, sondern stets in einen verhältnismäßigen Ausgleich mit anderen, ebenfalls im Rechtsstaatsprinzip enthaltenen Prinzipien wie der Funktionsfähigkeit der Rechtspflege, dem Grundsatz eines beschleunigten Verfahrens oder der Sicherung eines ordnungsgemäßen und durchführbaren Verfahrens gebracht werden, BVerfGE 38, 105, 115; NStZ 1984, 176.

Pflichtverteidigung wird mittlerweile ebenfalls aus dem Recht auf ein faires Verfahren hergeleitet.[141] Dabei sagt das Bundesverfassungsgericht, im Gegenklang zu den Ausführungen der höchstgerichtlichen Rechtsprechung bei der rückwirkenden Pflichtverteidigung, dass das Recht auf ein faires Verfahren neben dem Recht der Beschuldigten, sich von einer gewählten Verteidigerin ihres Vertrauens verteidigen zu lassen, auch beinhalte, dass Beschuldigte, die die Kosten einer Wahlverteidigerin nicht aufbringen können, in schwerwiegenden Fällen von Amts wegen und auf Staatskosten einen rechtskundigen Beistand erhalten.[142] Das Bundesverfassungsgerichts formulierte dazu in älterer Rechtsprechung noch mit Blick auf den Gleichheitssatz des Art. 3 Abs. 1 GG und das Sozialstaatsprinzip aus Art. 20 Abs. 1 GG,[143] dass diese eine weitgehende Angleichung der Rechtschutzmöglichkeiten von bemittelten und unbemittelten Beschuldigten verlangten.[144] Doch auch in aktuellerer Zeit sprach es in seinem „Geldwäsche-Urteil" explizit von der notwendigen Verteidigung als „staatliche Fürsorge für den vermögenslosen Beschuldigten".[145] Es stellt damit für die rechtsstaatliche Notwendigkeit eines Verteidigers explizit auf die Mittellosigkeit der Beschuldigten ab. Den genannten Erfordernissen sollen die §§ 140 ff. StPO (in aller Regel) aber gerecht werden, da diese keine vollständige formelle Gleichstellung zwischen bemittelten und unbemittelten Beschuldigten verlangen würden.[146] Über die geltenden Vorschriften hinaus könne laut Bundesverfassungsgericht eine Verteidigung allenfalls dann rechtsstaatlich geboten sein, wenn nach einer umfassenden Gesamtwürdigung ein „schwerwiegender Fall" vorliege und die Beschuldigten die Kosten einer Verteidigung nicht aufbringen können.[147] Was ein solch „schwerwiegender Fall" sein könne, der nicht unter § 140 StPO fällt, wird vom Bundesverfassungsgericht allerdings nicht konkretisiert.[148] Selbst in Privatklagever-

[141] BVerfG NJW 1983, 1599; BVerfGE 39, 238, 240; 46, 202, 210.

[142] BVerfG NJW 1975, 1015, 1016; 2004, 1305, 1310.

[143] BVerfG NJW 1983, 1599

[144] BVerfG NJW 1959, 715; 1965, 147.

[145] BVerfG NJW 2004, 1305, 1310.

[146] Vgl. BVerfG NJW 1959, 715; 1965, 147.

[147] BVerfGE 39, 238, 243; 46, 200, 211; *Barton*, Mindeststandards der Strafverteidigung, S. 59.

[148] So auch *Heubel*, Der „fair trial"- ein Grundsatz des Strafverfahrens?, S. 102 ff., der

fahren, in denen der Kläger anwaltlich vertreten ist, fordern laut Bundesverfassungsgericht das Recht auf ein faires Verfahren und der Gleichheitsgrundsatz keine Pflichtverteidigung der mittellosen Beschuldigten, wenn die Voraussetzungen von § 140 StPO nicht vorliegen.[149]

Auch in der Literatur wird der Pflichtverteidigung, neben der verfahrenssichernden, eine armenrechtliche Funktion zugesprochen.[150] Für eine solche Interpretation spricht auch der 1974 eingeführte[151] § 364b Abs. 1 StPO, der (zwar als einziger Paragraph der StPO) die Bestellung eines Verteidigers für die Vorbereitung des Wideraufnahmeverfahrens explizit von der Unfähigkeit der Beschuldigten abhängig macht, ohne Beeinträchtigung des für sie und ihre Familie notwendigen Unterhalts auf eigene Kosten einen Verteidiger zu beauftragen.[152]

Auf europäischer Ebene normiert schließlich auch Art. 6 Abs. 3 lit. c EMRK explizit das Recht mittelloser Beschuldigter auf unentgeltlichen Rechtsbeistand. Hiernach hat jede angeklagte Person[153] das Recht, einen unentgeltlichen Beistand durch eine Verteidigerin zu erhalten, wenn ihr die Mittel zur Bezahlung fehlen und dies im Interesse der Rechtspflege erforderlich ist.[154] Doch auch nach der EMRK ist die Verteidigung nur dann

---

ebenfalls eine Subsumtion dieser Umstände unter § 140 Abs. 2 StPO in Form verfassungskonformer Auslegung naheliegend findet.

149 BVerfG NJW 1983, 1599.

150 *Welp*, ZStW 1978, 101, 105 f.; *Wohlers*, in: SK-StPO, Vor §§ 137 ff. Rn. 36; *Rieß*, in: Arbeitsgemeinschaft Strafrecht des Deutschen Anwaltvereins (Hrsg.), Zur Entwicklung der Verteidigung im deutschen Strafprozessrecht, S. 773, 787; *Barton*, Mindeststandards der Strafverteidigung, S. 59.

151 *Marxen/Tiemann*, Die Wiederaufnahme in Strafsachen, S. 145.

152 *Rieß*, StV 1981, 460, 461.

153 Der EGMR legt den Begriff der Anklage dabei autonom so aus, dass eine solche i.S.v. Art. 6 EMRK bereits die amtliche Mitteilung an den Betroffenen über die Beschuldigung einer Straftat durch die zuständige Behörde ist, EGMR 27.2.1980 – 6903/75, Rn. 46 – Deweer/Belgien; ausführlich zur Auslegung des Begriffs *Gaede*, Fairness als Teilhabe, S. 166 ff. Der Anwendungsbereich beginnt also bereits im Ermittlungsverfahren, etwa durch die Ladung zur Beschuldigtenvernehmung, *Gaede*, Fairness als Teilhabe, S. 195 ff.; *Meyer*, in: Karpenstein/Mayer-EMRK, Art. 6 Rn. 128, 186; *Gaede*, Fairness als Teilhabe, S. 195 ff.; *Meyer-Ladewig*, in: Hk-EMRK, Art. 6 Rn. 31, 230.

154 Der Umstand der Mittellosigkeit wurde durch die Rechtsprechung des EGMR allerdings nicht autonom konkretisiert, sondern dieser verwies lediglich auf die Feststellungen nationaler Gerichte hierzu, *Pöschl*, Recht des Angeklagten auf Vertretung, S. 160.

notwendig, wenn sie im Interesse der Rechtspflege erforderlich ist. Dies beurteilt sich dabei, wie auch bei § 140 StPO, nach der Schwere der Tat (und der drohenden Sanktion) und der Komplexität des Verfahrens.[155] Weiterhin soll nach Art. 6 Abs. 3 lit. c EMRK zumindest dann keine endgültige Kostenbefreiung bei den Pflichtverteidigerkosten notwendig sein, wenn die Beschuldigten im Vollstreckungsverfahren zum Zeitpunkt der Geltendmachung nicht mehr mittellos sind.[156] Mit Blick auf eine spätere (fortbestehende) Mittellosigkeit urteilte der EGMR jedoch, dass das Kosten- und Vollstreckungsrecht genügend Berücksichtigungsmöglichkeiten hierfür bereitstellen müsse. Allerdings sah das Gericht keine Gründe dafür, daran zu zweifeln, dass die relevanten Bestimmungen und Gerichtsübungen zur Berücksichtigung der Zahlungsunfähigkeit der Verurteilten in Deutschland ausreichend seien.[157]

In derartigen Fälle greifen in Deutschland allerdings nur der § 10 Abs. 1 KostVfg oder die jeweilige LHO mit ihren Verwaltungsvorschriften. Diese stellen das Absehen von der Kostenbetreibung bei Mittellosigkeit aber nur als Ausnahmeentscheidung in das Ermessen der jeweiligen Kostenbeamten (siehe bereits 1. Teil Kap. 3.3). Dass diese Normen dabei von den Kostenbeamten stets konventionskonform mit einer Ermessensreduzierung auf Null bei den Pflichtverteidigungskosten ausgelegt werden, erscheint jedoch fraglich. Dies gilt insbesondere auch unter dem Gesichtspunkt, dass das Absehen vom Kostenansatz bei der Vollstreckung von Geldstrafen schon vom Gesetz her ausgeschlossen ist, § 10 Abs. 2 Nr. 3 KostVfG, § 1 Abs. 1 Nr. 1 EBAO.

Mit der Richtlinie (EU) 2016/1919 des Europäischen Parlaments und des Rates vom 26. Oktober 2016 über Prozesskostenhilfe für Verdächtige und beschuldigte Personen in Strafverfahren sowie für gesuchte Personen

---

[155] *Grabenwarter*, Europäische Menschenrechtskonvention, § 24 Rn. 128; *Meyer-Ladewig*, in: Hk-EMRK, 232; *Meyer*, in: Karpenstein/Mayer-EMRK, Art. 6 Rn. 183; *Gaede*, Fairness als Teilhabe, S. 266 ff.

[156] EGMR, EuGZR 1992, 542, 546 f.; EKMR, EuGRZ 1983, 415, 422 f.; StV 1985, 89; BVerfG NJW 2003, 196; OLG Hamm NStZ-RR 2000, 160; *Hilger*, in: LR-StPO, § 464a Rn.3 (m.w.N.).

[157] EGMR, EuGRZ 1992, 542, 547; für das Vorhandensein ausreichender Berücksichtigungsmöglichkeiten im deutschen Vollstreckungs- und Kostenrecht auch BVerfG NJW 2003, 196.

in Verfahren zur Vollstreckung eines Europäischen Haftbefehls (ABl. L 297 vom 4.11.2016, S. 1; ABl. L 91 vom 5.4.2017, S. 40), deren Umsetzungsfrist am 25. Mai 2019 abläuft, ist wohl endgültig klargestellt, dass auch die notwendige Verteidigung eine Fürsorgefunktion besitzt.

Mit Blick auf die Anzahl der Verfahren leichterer Alltagskriminalität, in denen wegen der Mittellosigkeit der Beschuldigten die Bestellung einer Pflichtverteidigung notwendig wird, wird sich jedoch kaum etwas ändern. Denn auch die Richtlinie sieht wie Art. 6 Abs. 3 lit. c EMRK lediglich das Recht vor, einen unentgeltlichen Beistand durch einen Verteidiger zu erhalten, wenn dies im Interesse der Rechtspflege erforderlich ist. Aus diesem Grund will der deutsche Gesetzgeber auch nichts an der bestehenden Systematik der notwendigen Verteidigung im allgemeinen Strafrecht ändern, die nur in den in § 140 StGB genannten Fällen und unabhängig von den finanziellen Mitteln der Beschuldigten greift.[158] Relevant für die hier untersuchten Verfahren ist allenfalls die im Referentenentwurf des Bundesministeriums der Justiz und für Verbraucherschutz geplante Erweiterung der notwendigen Verteidigung explizit auf alle Verfahren vor dem Schöffengericht und auf eine Straferwartung von mindestens einem Jahr Freiheitsstrafe. Da Strafverfahren über alltägliche Kriminalität in der Regel vor dem Strafrichter verhandelt werden, ist aber in diesen Fällen ein spürbarer Anstieg der Verfahren, in denen Pflichtverteidiger bestellt werden, nicht zu erwarten. Denn zum einen ist in diesen Verfahren die Verhängung von Freiheitsstrafen über einem Jahr die absolute Ausnahme und zum anderen werden die durch geplante Erweiterung auf Verfahren vor dem Schöffengericht sodann ausdrücklich geregelten Fälle bereits bisher in aller Regel nach herrschender Rechtsprechung von § 140 Abs. 2 StPO erfasst.[159] Auch hinsichtlich der Regelungen über die Vollstreckung der Verfahrenskosten, wie etwa in § 10 KostVfg, sind in dem Referentenentwurf keine Änderungen vorgesehen, sodass die dort aufgezeigte Problematik ebenfalls bestehen bleibt.

---

[158] Siehe Referentenentwurf des BMJV – Entwurf eines Gesetzes zur Neuregelung des Rechts der notwendigen Verteidigung https://www.bmjv.de/SharedDocs/Gesetzgebungsverfahren/DE/notwendige_Verteidigung.html [zuletzt aufgerufen am 02.05.2019]; siehe hierzu auch *Beukelmann*, NJW-Spezial 2018, 760.

[159] Vgl. OLG Hamm NStZ-RR 1997, 78; *Barton*, Einführung in die Strafverteidigung, S. 82.

Als Zwischenergebnis lässt sich mithin festhalten, dass es nach den bestehenden Regelungen zur Ermöglichung eines fairen Verfahrens notwendig ist, armen Beschuldigten zumindest in schwerwiegenden Fällen eine Verteidigung durch den Staat zur Verfügung zu stellen. Nach den europarechtlichen Vorgaben müssen die Kosten der Gewährung einer Verteidigerin allerdings bei dauerhafter Mittellosigkeit vom Staat übernommen werden. Dass das deutsche Recht hierfür ausreichend Sorge trägt, erscheint zweifelhaft.

3.4.2 Besonderheiten des Strafverfahrens

Im folgenden Abschnitt soll nun zum einen herausgearbeitet werden, warum im Strafverfahren, auch in Abgrenzung zum Institut der Prozesskostenhilfe, welche nicht zwischen Verfahren mit großem Streitwert oder nach für die Betroffenen schwerwiegenden Fällen differenziert, die Gewährleistung eines kostenlosen Rechtsbeistands für mittellose Beschuldigte aus Gleichheits- sowie verfahrensrechtlichen Fairnessgesichtspunkten und nach den konventionsrechtlichen Vorgaben in vielen Fällen nicht erforderlich sein soll. Zum anderen wird der Frage nachgegangen, ob in den Fällen, in denen nach § 140 StPO keine Verteidigung notwendig ist, tatsächlich eine sachgerechte Verteidigung der Beschuldigten auch ohne Verteidigerbeiordnung sichergestellt ist.[160]

Im Gegensatz zum Zivilprozess gilt im Strafverfahren der Ermittlungsgrundsatz. Ziel des Strafverfahrens ist eine materiell richtige gerichtliche Entscheidung.[161] Dies bedeutet, dass das Gericht den wahren Sachverhalt, der der Entscheidung zugrunde gelegt wird, selbst ermitteln muss und nicht

[160] So etwa BVerfG NJW 1983, 1599, 1600. So sei aus fairness- und gleichheitsrechtlichen Aspekten nach BVerfG NJW 1983, 1599 auch für das Privatklageverfahren, in dem der Privatkläger anwaltlich vertreten ist, eine Verteidigung außerhalb der Voraussetzungen des § 140 StPO nicht geboten; auch soll dies nach OLG Hamburg, BeckRS 2016, 0048 und KG Berlin, NStZ-RR 2016, 53 nicht regelmäßig erforderlich sein, wenn der Nebenkläger anwaltlich vertreten ist, aber die Beiordnung nicht (wie von § 140 Abs. 1 Nr. 9 StPO verlangt) nach §§ 397a oder 406h Abs. 3 und 4 StPO erfolgt ist. Ausführlicher zu unverteidigten Beschuldigten im Strafverfahren *Kucharski*, Der unverteidigte Beschuldigte im Strafverfahren.

[161] BVerfG NJW 1981, 1719; NJW 1983, 1043; NJW 2003, 2444 ff.; *Beulke*, Strafprozessrecht, S. 26; *Krehl*, in: KK-StPO, § 244 Rn. 28 (m.w.N.).

an die Erklärungen und Anträge der Parteien gebunden ist, § 155 Abs. 2 und § 244 Abs. 2 StPO. Weiterhin ist auch die Staatsanwaltschaft zur Objektivität und zur Wahrheitsermittlung verpflichtet; sie muss alle beweiserheblichen Umstände, auch die entlastenden ermitteln, § 160 Abs. 2 StPO.[162] Im Zivilprozess hingegen darf das Gericht dem Urteil nur zugrunde legen, was die Parteien behauptet und mit von ihnen benannten Beweismitteln bewiesen haben (Verhandlungsmaxime).[163] Eine eigenständige Erforschung der Tatsachen durch das Gericht findet nicht statt. Das Recht zur Verfügung über den Streitgegenstand und den Prozess, also etwa über dessen Beginn oder Beendigung, liegt bei den Prozessbeteiligten (Dispositionsmaxime).[164] Es gilt das Prinzip der „formellen Wahrheit“. Hieraus ergibt sich, dass die Abhängigkeit der Parteien von ihrem eigenen Prozessverhalten erheblich höher ist als im Strafverfahren.[165] Im Strafverfahren gilt außerdem die Unschuldsvermutung,[166] so dass Zweifel bei der Sachverhaltsaufklärung stest zugunsten der Beschuldigten gewertet werden müssen und das Gericht zu einer sicheren Überzeugung ohne jeden Zweifel über die Tat und Schuld der Angeklagten kommen muss.[167] Die Beschuldigten sind im Strafverfahren

---

162 *Kölbel*, in: MüKo-StPO, § 160 Rn. 2.

163 *Musielak*, in: Musielak/Voit-ZPO, Einl. Rn 37 ff.; *Rauscher*, in: MüKo-StPO, Einl. Rn. 328 f.; *Roxin/Schünemann*, Strafverfahrensrecht, S. 88 f.

164 *Rauscher*, in: MüKo-ZPO, Einl. Rn. 312 ff. (m.w.N.).

165 Ebenfalls im Gegensatz zu dieser Inquisitionsmaxime deutscher Strafverfahren stehen die adversatorischen Strafverfahrensmodelle, die vor allem im angloamerikanischen Raum anzutreffen sind, etwa in England oder den USA. In diesen Rechtskreisen haben die Parteien (Ankläger und Angeklagter) auch in den Strafverfahren das Beweisführungsrecht, es gilt also die Verhandlungsmaxime (das Gericht ist beispielsweise an die Anklage der Staatsanwaltschaft oder ein Geständnis der Beschuldigten gebunden), *Herrmann*, in: Jung (Hrsg.), Der amerikanische Strafprozeß, S. 133, 134 ff.; *Harding*, in: Eser/Rabenstein (Hrsg.), Überblick über verschiedene Formen des Strafverfahrens, S. 10, 11 f.; *Rönnau*, Die Absprache im Strafprozeß, S. 18 f.; *Roxin/Schünemann*, Strafverfahrensrecht, S. 88 f.; *Pillai*, R. V. Kelkar's Lectures on Criminal Procedure, S. 12 f. Dortige Regelungen zur Verteidigung und Bedingungen zur Schaffung von Waffengleichheit für ein faires Verfahren sind deswegen als Vergleichsmaßstab für das deutsche Strafverfahrensrecht nur wenig geeignet.

166 Die Unschuldsvermutung leitet sich aus dem Rechtsstaatsprinzip (Art. 20 Abs. 3 GG) ab und ist in Art. 6 Abs. 2 EMRK explizit normiert.

167 BVerfG NJW 1983, 1559, 1600; NJW 1990, 2741; *Roxin/Schünemann*, Strafverfahrensrecht, S. 69 f.

also vor Fehlurteilen erheblich stärker geschützt als in anderen Gerichtsverfahren.

Weiterhin gibt es den Mündlichkeitsgrundsatz, § 261 StPO, der dafür Sorge trägt, dass nur der mündlich vorgetragene Prozessstoff dem Urteil zugrunde gelegt werden darf. Er wird als Argument dafür angeführt, die Wichtigkeit der Verteidigung und des damit einhergehenden Akteneinsichtsrechts nach § 147 StPO zu schmälern.[168] Denn obwohl das Akteneinsichtsrecht als das Kernstück effektiver Strafverteidigung bezeichnet wird, haben die Beschuldigten selbst, anders als die Strafverteidigung, kein generelles Akteneinsichtsrecht.[169] Das Mündlichkeitsprinzip setzt die Angeklagten freilich nicht in eine vergleichbar gute Ausgangslage, wie die vorherige Kenntnis des Akteninhalts. Außerdem greift dieses neben den Verfahren, die bereits im Ermittlungs- oder Zwischenverfahren aus Opportunität beendet werden, weiterhin nicht in denjenigen Fällen, die im Strafbefehlsverfahren und damit ohne mündliche Hauptverhandlung erledigt werden. Doch gerade diese Verfahren machen einen Großteil solcher amtsgerichtlichen Strafverfahren aus, bei denen § 140 StPO nicht einschlägig ist (bei den 2015 von der Staatsanwaltschaft erledigten Verfahren, die nicht nach § 170 Abs. 2 StPO eingestellt wurden, wurde zu 15 % der Antrag auf Erlass eines Strafbefehls gestellt und nur zu 12 % Anklage erhoben[170]). Zwar haben unverteidigte Beschuldigte zumindest nach § 147 Abs. 4 StPO auf ihren Antrag hin einen Anspruch auf Auskünfte und Abschriften aus den Akten. Dieses Recht ist aber bestimmten Einschränkungen unterworfen[171] und daneben erscheint es außerdem zweifelhaft, dass die Beschuldigten von diesem Recht überhaupt wissen[172] und wenn ja, von ihm Gebrauch machen

---

168 So BVerfG, NJW 1983, 1599.

169 *Meyer-Goßner/Schmitt*, StPO, S. § 147 Rn. 3. Zur Bedeutung der Akteneinsicht, ohne die eine effektive Strafverteidigung unmöglich sei, etwa *Nobis*, Strafverteidigung vor dem Amtsgericht, S. 20 f.; *Dahs/Rettenmaier*, Handbuch des Strafverteidigers, S. 182ff; *Michalke*, NJW 2013, 2334 ff.

170 Errechnet aus *Statistisches Bundesamt*, Fachserie 10, Reihe 2.6. Rechtspflege. Staatsanwaltschaften 2015, S. 26.

171 Der Anspruch gilt nur dann, wenn dies zur angemessenen Verteidigung erforderlich ist und die (oder andere) Untersuchungen hierdurch nicht gefährdet werden sowie schutzwürdige Interessen Dritter nicht entgegenstehen, § 147 Abs. 4 StPO.

172 Lediglich für verhaftete Beschuldigte beinhaltet die Belehrungspflicht gem. § 114b

und daraus annähernd denselben Nutzen ziehen können, wie eine rechtskundige Person.

Eine weitere Besonderheit des Strafverfahrens ist die allgemeine prozessuale Fürsorgepflicht der Strafverfolgungsorgane gegenüber den Beschuldigten, welche sich aus dem Recht auf ein faires Verfahren ableitet und vor allem als gerichtliche Fürsorgepflicht relevant ist.[173] Doch auch die Polizei und Staatsanwaltschaft sind Adressaten dieser Fürsorgepflicht im Ermittlungsverfahren.[174] Sie beinhaltet vor allem gegenüber rechtsunkundigen (bzw. unverteidigten) Beschuldigten fürsorgliche Obliegenheiten wie Hinweis-, Frage- und Belehrungspflichten bezüglich wichtiger Verfahrensrechte, die zu großen Teilen in der StPO geregelt sind (etwa in §§ 265, 244 Abs. 2 oder 257 Abs. 5 StPO) und teilweise durch die Rechtsprechung entwickelt wurden (wie die Einräumung von Bedenk- und Beratungszeit vor einem übereilten Rechtsmittelverzicht).[175] Diese Fürsorge soll den Verfahrensbeteiligten bei der Wahrnehmung ihrer Rechte helfen. Zusätzlich soll sie das durch den Amtsermittlungsgrundsatz verursachte strukturelle Übergewicht staatlicher Befugnisse gegenüber denen der Beschuldigten im Strafverfahren abmildern.[176] Sie spielt vor allem in der Hauptverhandlung

---

Abs. 2 Nr. 7 StPO auch den Hinweis auf die Möglichkeit gem. § 147 Abs. 4 StPO Akteneinsicht zu beantragen.

173 BVerfG NJW 2006, 1579; BGH NJW 1975, 63, 64; *Kühne*, in: LR-StPO, Einl. Abschn. I Rn. 121 (m.w.N.); ausführlich zu Herleitung und Inhalt der gerichtlichen Fürsorgepflicht *Maiwald*, in: Warda/Waider/von Hippel/Meurer (Hrsg.), Zur gerichtlichen Fürsorgepflicht im Strafprozeß und ihren Grenzen, S. 745 ff.

174 *Meyer-Goßner/Schmitt*, StPO, Einl. Rn. 161; *Maiwald*, in: Warda/Waider/von Hippel/Meurer (Hrsg.), Zur gerichtlichen Fürsorgepflicht im Strafprozeß und ihren Grenzen, S. 745, 747.

175 *Maiwald*, in: Warda/Waider/von Hippel/Meurer (Hrsg.), Zur gerichtlichen Fürsorgepflicht im Strafprozeß und ihren Grenzen, S. 745 ff.; *Beulke*, Strafprozessrecht, S. 208 f., 260; *Roxin/Schünemann*, Strafverfahrensrecht, S. 72, 358 ff. Was dabei außerhalb der normierten Fürsorgepflichten alles unter die Fürsorgepflicht fällt, und wie sie von anderen Prinzipien wie dem fair-trial-Grundsatz oder dem Verhältnismäßigkeitsprinzip abzugrenzen ist, ist jedoch unklar, *Kühne*, in: LR-StPO, Einl. Abschn. I Rn. 122 ff.; *Rogall*, in: SK-StPO, Vor § 133 Rn. 112 ff.

176 *Hübner*, Allgemeine Verfahrensgrundsätze, Fürsorgepflicht oder fair trial?, S. 5; *Roxin/Schünemann*, Strafverfahrensrecht, S. 358; *Kühne*, in: LR-StPO, Einl. Abschn. I Rn. 122; *Rogall*, in: SK-StPO, Vor § 133 Rn. 110.

eine Rolle.[177] Mit Blick auf unverteidigte Beschuldigte soll durch die gerichtliche Fürsorgepflicht sichergestellt sein, dass die Gerichte dafür sorgen, dass rechtsunkundige und unverteidigte Beschuldigte ihre Verfahrensrolle aktiv ausfüllen können. In den Fällen, in denen die vorhandenen Belehrungs- und Hinweispflichten der StPO hierfür nicht ausreichen, würden die Gerichte von sich aus dafür Sorge tragen.[178] Allerdings kann diese Fürsorgepflicht, wenn sie sicherstellen soll, dass die Beschuldigten ihre prozessualen Rechte aktiv in ihrem Sinne einsetzen, auch schnell in Konflikt mit anderen Verfahrensnormen, insbesondere mit der Wahrheitsfindungspflicht geraten.[179] Eine solche Fürsorge, die das Fehlen eines rechtsanwaltlichen Beistands ausgleichen kann, kann dann aber schwerlich geleistet werden. Dies gilt vornehmlich mit Blick auf Verständigungen nach § 275c StPO, die ohne eine Verteidigung wahrscheinlich kaum zustande kommen und deren Vorschlag die unverteidigten Angeklagten alleine nicht ausreichend rechtlich würdigen können werden.[180] Zusätzlich greift die Fürsorgepflicht wieder kaum im Bereich der Opportunitätseinstellungen im Ermittlungsverfahren und in den Strafbefehlsverfahren, die aber, wie im Folgenden noch ausgeführt wird, den Großteil amtsgerichtlicher Strafverfahren ausmachen. Denn in diesen Verfahren finden sich alle rechtlich relevanten Informationen nur in der Verfahrensakte wieder und der einzige direkte Kontakt der Beschuldigten mit den Strafverfolgungsbehörden wird in aller Regel nur mit der Polizei im Rahmen der Beschuldigtenvernehmung zustande kommen.

Zusammenfassend lässt sich also festhalten, dass die Beschuldigten in Strafverfahren leichterer Kriminalität durch die besonderen Verfahrensgarantien des Strafverfahrens der Idee nach ausreichend und im Vergleich

---

[177] *Beulke*, Strafprozessrecht, S. 260.

[178] So etwa BVerfG NJW 1983, 1599 für das Privatklageverfahren, in dem der Privatkläger anwaltlich vertreten war.

[179] *Maiwald*, in: Warda/Waider/von Hippel/Meurer (Hrsg.), Zur gerichtlichen Fürsorgepflicht im Strafprozeß und ihren Grenzen, S. 745, 755 ff.

[180] *Kucharski*, Der unverteidigte Beschuldigte im Strafverfahren, S. 245 ff. Zu den Voraussetzungen der Verständigung nach § 257c StPO unter Berücksichtigung aktueller Revisionsrechtsprechung etwa *Becker*, JA 2017, 641 ff.; *Velten*, in: SK-StPO, § 257c, Rn. 1 ff.; *Jahn/Kudlich*, in: MüKo-StPO, § 257c Rn. 1 ff.; *Meyer-Goßner/Schmitt*, StPO § 257c Rn. 1 ff.

zur Zivilprozessordnung besser geschützt und befähigt sind, ihre Verfahrensrechte selbstständig und aktiv wahrzunehmen. Insbesondere der Ermittlungsgrundsatz und die Ausrichtung des Strafverfahrens an der Ermittlung materieller Wahrheit, die Unschuldsvermutung, der Mündlichkeitsgrundsatz und die allgemeine prozessuale Fürsorgepflicht der Strafverfolgungsorgane sollen dafür Sorge tragen, dass die Verfahrensstellung unverteidigter Beschuldigter gegenüber der von verteidigten annähernd gleich ist. Viele der genannten Prinzipien stoßen aber bei dieser Ausgleichsaufgabe schnell an ihre Grenzen und greifen oftmals erst gar nicht, da eine große Anzahl der amtsgerichtlichen Verfahren ohne Hauptverhandlung durch Opportunitätseinstellungen oder Strafbefehlserlasse beendet wird.

3.5 Beratungshilfe

Die einzige Möglichkeit für ärmere Beschuldigte in allen (auch amtsgerichtlichen) Strafverfahren eine kostenlose Rechtsberatung zu bekommen, liegt in der Beratungshilfe, die es für alle außergerichtlichen Rechtsfragen gibt. Diese ist für Personen gedacht, die nicht die erforderlichen Mittel für eine Rechtsberatung aufbringen können, § 1 Abs. 1 Nr. 1 BerHG, und soll sicherstellen, dass sich auch Bürger mit geringem Einkommen und Vermögen außerhalb eines gerichtlichen Verfahrens sachkundigen Rechtsrat verschaffen können.[181] Hierfür müssen die Rechtssuchenden selbst einen Antrag beim Amtsgericht stellen. Die Beratungshilfe gewährt in Strafverfahren allerdings nur eine „Beratung" außerhalb des gerichtlichen Verfahrens und keine Vertretung, § 2 Abs. 2 BerHG. Zu den außergerichtlichen Verfahren zählt nach herrschender Rechtsprechung lediglich das Ermittlungsverfahren, solange dieses gerichtlich nicht anhängig ist.[182] Damit stellt die

---

[181] So lautete die Zielsetzung des Gesetzesentwurfs zum BerHG, BT-Drs. 8/3311, S. 1.

[182] *Baschek*, in: MAH StrVR, § 21 Rn. 130. Die Begrenzung der Beratungshilfe auf diese Verfahren stellt nach der Rechtsprechung des Bundesverfassungsgerichts auch hier wieder keine Verletzung von Art. 3 Abs. 1 GG i.V.m. dem Prinzip des sozialen Rechtsstaats (Art. 20 Abs. 1 und Abs. 3 GG) dar, da die unbemittelten Angeklagten genügend Rechtschutz durch die Möglichkeit der Pflichtverteidigerbestellung und der besonderen rechtsstaatlichen Garantien des Strafverfahrens besitzen würden, BVerfG, Kammerbeschluss vom 30. Januar 1989 – 1 BvR 1290/87 –, juris; so auch die Begründung des Entwurfs zu § 2 Abs. 2 BerHG, BT-Drs. 8/3311, S. 13.

Beratungshilfe aber auch keine mit der Strafverteidigung vergleichbare Ersatzhilfe für mittellose Beschuldigte dar, sondern allenfalls eine Entscheidungshilfe darüber, ob eine Verteidigerin beauftragt werden sollte (eine Option, die freilich voraussetzt, dass entsprechende finanzielle Möglichkeiten bestehen).[183] Gegen die Beratungshilfe als adäquaten Verteidigerersatz für Mittellose spricht außerdem, dass in Literatur und Praxis sogar noch ungeklärt ist, ob das Kernstück strafverfahrensrechtlicher Beratung – das Akteneinsichtsrecht – dem beratenden Rechtsanwalt überhaupt zusteht oder nicht.[184]

3.6 Kritik an der aktuellen Ausgestaltung der Pflichtverteidigung

Die Regelungen der Pflichtverteidigung stehen bereits seit Jahrzehnten unter (oft unveränderter) Kritik. Im Mittelpunkt der Kritik steht dabei häufig der Fokus der notwendigen Verteidigung auf die Hauptverhandlung. Diese habe in den heutigen Strafverfahren deutlich an Gewicht verloren, während parallel die Wichtigkeit des Ermittlungsverfahrens stetig gewachsen sei.[185] Eine möglichst effektive Verteidigung sei daher regelmäßig nur dann möglich, wenn Beschuldigte bereits im Ermittlungsverfahren verteidigt würden.[186] Die Regelung des § 141 StPO basiere auf der veralteten Vorstellung, dass allein das Hauptverfahren maßgeblicher Verfahrensabschnitt sei

---

183 *Gerlach*, in: Wasserburg/Haddenhorst (Hrsg.), Verteidiger im Bagatellverfahren, S. 166 f.

184 Gegen ein Akteneinsichtsrecht, da ein solches nach § 147 StPO nur dem Verteidiger zustehe und somit die Akteneinsicht eine Vertretung des Beschuldigten darstelle, die § 2 Abs. 2 BerHG ja gerade ausschließe: *Pukall*, in: Hk-RVG, § 44 RVG Rn. 24. Für ein Akteneinsichtsrecht spricht aber deutlich der Gesetzentwurf, der zu § 2 Abs. 2 BerHG ausführt, dass eine sinnvolle Beratung ohne Akteneinsicht nicht möglich sei, BT-Drs. 8/3311, S. 13; so auch AG Riesa, FD-RVG 2017, 394676, in dessen Urteil die Unklarheiten in der Praxis aus dem ihm zugrundeliegenden Sachverhalt deutlich werden.

185 *Schlothauer/Weider*, StV 2004, 504; *Beulke*, StV 2010, 442,445; *Dahs/Rettenmaier*, Handbuch des Strafverteidigers, S. 164 f.: Das Ermittlungsverfahren habe in den letzten Jahrzehnten so stark an Bedeutung für die Verteidigung gewonnen, wie kein anderer Verfahrensabschnitt.

186 *Walther*, in: Weigend/Walther/Grunewald (Hrsg.), Rechtsstellung und Zentralpflichten des Strafverteidigers im Lichte des Grundrechts des Beschuldigten auf effektive Verteidigung, S. 331; *Müller*, NJW 1981, 1801, 1805 f.; *Beulke*, StV 2010, 442, 445; *Schlothauer*, in: Münchener Anwaltshandbuch Strafverteidigung, § 3 Rn. 1.

und sollte außerdem um ein Antragsrecht der Beschuldigten ergänzt werden, auf welches diese hinzuweisen seien.[187] Die regelmäßig späte Pflichtverteidigerbestellung im Zwischenverfahren führe zu einer systematischen Benachteiligung gegenüber wahlverteidigten Beschuldigten, da deren Beauftragung regelmäßig bereits im Ermittlungsverfahren erfolge.[188] Dieser Kritik wird voraussichtlich großenteils durch die Umsetzung der Richtlinie (EU) 2016/1919[189] abgeholfen werden, durch welche der Regelfall der Pflichtverteidigerbestellung bereits auf das Vorverfahren vorverlegt wird.[190]

Daneben wird vielfach beanstandet, dass die Pflichtverteidigung den Beschuldigten nicht den gleichen Rechtsschutz gewähre wie die Wahlverteidigung („Zweiklassenverteidigung“).[191] Diese Aspekte unterschiedlicher

---

187 *Herrmann*, StV 1996, 396, 400; *Spaniol*, Das Recht auf Verteidigerbeistand im Grundgesetz und in der Europäischen Menschenrechtskonvention, S. 333 f.; *Nobis*, StV 2015, 56, 59; *Strafrechtsausschuss der Bundesrechtsanwaltskammer*, Reform der Verteidigung im Ermittlungsverfahren, S. 41 ff., der die frühzeitige Bestellung auf Fälle des § 140 Abs. 1 Nr. 1 und 2 StPO beschränken will, da eine größere Erweiterung aus Kostengründen unrealistisch sei.

188 *Vogtherr*, Rechtswirklichkeit und Effizienz der Strafverteidigung, S. 428 f., in dessen Untersuchung die Pflichtverteidiger durchschnittlich dreieinhalb Monate später beauftragt wurden als die Wahlverteidiger.

189 Richtlinie (EU) 2016/1919 des Europäischen Parlaments und des Rates vom 26. Oktober 2016 über Prozesskostenhilfe für Verdächtige und beschuldigte Personen in Strafverfahren sowie für gesuchte Personen in Verfahren zur Vollstreckung eines Europäischen Haftbefehls (ABl. L 297 vom 4.11.2016, S. 1; ABl. L 91 vom 5.4.2017, S. 40).

190 Siehe Entwurf des § 141 StPO im Referentenentwurf des BMJV – Entwurf eines Gesetzes zur Neuregelung des Rechts der notwendigen Verteidigung vom 11.10.2018 https://www.bmjv.de/SharedDocs/Gesetzgebungsverfahren/DE/notwendige_Verteidigung.html [zuletzt aufgerufen am 02.05.2019]; siehe hierzu auch *Beukelmann*, NJW-Spezial 2018, 760.

191 Es werden Abhängigkeiten vom Gericht vermutet, der Bestellungszeitpunkt als zu spät und die zu Vergütung als zu gering kritisiert und bei der Pflichtverteidigerauswahl durch ein Listensystem die Gefahr der Wahl unqualifizierter oder desinteressierter Verteidiger befürchtet, *Welp*, ZStW 1978, 101, 107 f.; *Graalmann-Scheerer*, StV 2011, 696, 700. Ausführlich und empirisch zur Beiordnung von Pflichtverteidigern *Schoeller*, Die Praxis der Beiordnung von Pflichtverteidigern; *Vogtherr* kam in seiner Untersuchung zu dem Schluss, dass die Verteidigeraktivitäten zwischen Pflicht- und Wahlverteidigern gleichwertig sind und keine Qualitätsunterschiede wegen der Mandatierung als Pflicht- und nicht Wahlverteidiger erkennbar waren, *Vogtherr*, Rechtswirklichkeit und Effizienz der Strafverteidigung, S. 429.

Qualität von Wahl- und Pflichtverteidigung sind für die hiesige Untersuchung aber nur von untergeordneter Bedeutung, da die Unterschiede bei Verfahren der leichteren Alltagskriminalität erforscht werden sollen, bei welchen es kaum Fälle der Pflichtverteidigung gibt. Stattdessen können dort vor allem mögliche Unterschiede zwischen wahlverteidigten und unverteidigten Beschuldigten auftreten.

Wichtiger für die vorliegende Forschungsfrage ist daher die Kritik, die sich mit dem Anwendungsbereich der notwendigen Verteidigung als zu eng auseinandersetzt: So kann bezweifelt werden, dass Beschuldigte in der Strafverfahrenspraxis bei leichterer und mittlerer Kriminalität tatsächlich, auch unter Berücksichtigung gerichtlicher Fürsorgepflichten, alleine (ohne rechtliche Vertretung) ihre verfassungsrechtlich verbürgten Rechte wahrnehmen und die Sach- und Rechtslage des Verfahrens überblicken und verstehen können.[192] Als zumindest minimaler Konsens einer notwendigen Erweiterung wird von nahezu allen Kritikern deshalb gefordert, dass jedenfalls bei drohender Freiheitsstrafe (auch zur Bewährung) ein Verteidiger nach § 140 Abs. 2 StPO auf Antrag der Beschuldigten zu bestellen ist, da eine vollzogene Freiheitsstrafe ganz erhebliche, sozial wie wirtschaftlich entwurzelnde Auswirkungen auf das Leben der Verurteilten habe.[193] Darüber hinaus wird teilweise eine obligatorische Pflichtverteidigung bereits bei Verfahren vor dem Schöffengericht und bei der Erwägung einer Verständigung gem. § 257c StPO oder der Erörterung des Verfahrensstandes nach §§ 160b, 202a StPO vorgeschlagen.[194] Eine noch weitergehende verbreite Forderung ist die Ausgestaltung der Pflichtverteidigung als Armenrecht, ähnlich der Prozesskostenhilfe mit deren beschränkten Rückgriffsmöglichkeiten.[195] Dies wird vielfach für alle Strafverfahren (also auch

---

[192] *Graalmann-Scheerer*, StV 2011, 696, 697ff; *Gerlach*, in: Wasserburg/Haddenhorst (Hrsg.), Verteidiger im Bagatellverfahren, S. 153, 167; *Teuter*, StV 2015, 20, 22; *Schulz*, in: Gerber (Hrsg.), Ungleichheit bei der Strafverfolgung, S. 81, 83 ff.; *Kucharski*, Der unverteidigte Beschuldigte im Strafverfahren, S. 367 ff.

[193] *Herrmann*, StV 1996, 396, 400 ff.; *Spaniol*, Das Recht auf Verteidigerbeistand im Grundgesetz und in der Europäischen Menschenrechtskonvention, S. 334.

[194] *Graalmann-Scheerer*, StV 2011, 696, 698.

[195] D.h. die Gewährung einer Verteidigung mit der endgültigen Kostenübernahme durch den Staat und den lediglich beschränkten Möglichkeiten der teilweisen Gewährung mit Ratenzahlung oder der Beitragszuzahlung, siehe zur Prozesskostenhilfe bereits 1. Teil

für solche leichterer Kriminalität) mit einem dementsprechenden Antragsrecht der Beschuldigten gefordert, um eine gleichberechtigte Rechtswahrnehmung von begüterten und nicht begüterten Menschen auch im Strafverfahren zu gewährleisten.[196]

3.7 Zwischenergebnis

Nach alledem zeigt sich, dass es auch in Strafverfahren erforderlich ist, den Rechtsschutz zwischen unbemittelten und bemittelten Beschuldigten weitgehend anzugleichen. Zumindest in bestimmten Verfahren ist es aufgrund des Rechts auf ein faires Verfahren (Art. 20 Abs. 3 GG) und des allgemeinen Gleichheitsgrundsatzes (Art. 3 Abs. 1 GG) sowie nach Art. 6 Abs. 3 lit. c EMRK geboten, mittellosen Beschuldigten (zunächst) auf Staatskosten eine Verteidigerin zu bestellen. Problematisch ist jedoch, dass gerade in Verfahren leichter Kriminalität dies regelmäßig nicht erforderlich sein soll. Die Ansicht, dass Beschuldigte in diesen Verfahren durch die besonderen Verfahrensgarantien des Strafverfahrens ausreichend geschützt und befähigt seien, ihre Verfahrensrechte selbstständig und aktiv wahrzunehmen, vermag nicht zu überzeugen. Die oben darstellten Prinzipien des Strafprozesses stoßen bei der ihnen zugewiesenen Ausgleichsaufgabe schnell an ihre Grenzen und bieten zusammen mit der Beratungshilfe nur einen dürftigen Ersatz für eine fehlende Verteidigung. Auch können viele der angeführten Grundsätze bei einer großen Anzahl amtsgerichtlicher Verfahren der alltäglichen Massenkriminalität schon deshalb nicht ausgleichend wirken, weil die Verfahren oftmals ganz ohne Hauptverhandlung durch Opportunitätseinstellungen oder Strafbefehle beendet werden.

Kap.3.4.

196 *Strafrechtsausschuss der Bundesrechtsanwaltskammer*, Reform der Verteidigung im Ermittlungsverfahren, S. 45 f.; *Spaniol*, Das Recht auf Verteidigerbeistand im Grundgesetz und in der Europäischen Menschenrechtskonvention, S. 335; *Hahn*, Die notwendige Verteidigung im Strafprozeß, S. 125; *Ahrens*, Auswahl und Bestellung des Pflichtverteidigers, S. 96ff; *Meier*, GA 2004, 441, 454; *Gerlach*, in: Wasserburg/Haddenhorst (Hrsg.), Verteidiger im Bagatellverfahren, S. 153, 167; *Rieß*, StV 1981, 460, 461; *Beulke*, Der Verteidiger im Strafverfahren, S. 256; ebd. StV 2010, 442, 447 mit dem Hinweis, dass dies angesichts des für den Justizapparat zur Verfügung stehenden Etats wohl aber keine durchsetzbare Forderung sei.

Auch die Regelung, dass im Strafverfahren bei erfolgter Verurteilung keine dauerhafte Übernahme der Kostenlast der Pflichtverteidigung vorgesehen ist, ist für Ungleichbehandlungen entlang sozialer Linien anfällig. Das aktuelle Vollstreckungsrecht bietet lediglich die Erlaubnis (nicht aber die Pflicht) für die Kostenbeamten nach § 10 Abs. 1 KostVfg vom Ansatz der Kosten abzusehen, wenn das dauernde Unvermögen der Zahlungsschuldner offenkundig oder aus anderen Vorgängen bekannt ist und keine Geldstrafe vollsteckt wird. Offen bleibt, ob diese Vorschrift tatsächlich im Lichte des Art. 6 Abs. 3 lit. c EMRK ausgelegt und damit stets bei Mittellosigkeit der Beschuldigten angewendet wird.

Mit Blick auf die Untersuchungsfrage ergibt sich damit, dass es vor allem in den Strafverfahren der alltäglichen, leichteren Massenkriminalität bei der Frage der Strafverteidigung eine erste Einbruchstelle für durch ungleiche finanzielle Ressourcen bedingte Unterschiede zwischen ärmeren und reicheren Beschuldigten gibt. Die Hypothese, die die folgende Untersuchung überprüfen soll, ist demnach, dass ärmere Beschuldigte in Verfahren, in denen nach § 140 StPO keine Verteidigung notwendig ist, seltener anwaltlich vertreten sind als finanzstärkere. Hieran schließt sich die Frage an, ob unverteidigte Beschuldigte ihre Verfahrensrechte aktiv wahrnehmen und ob eine anwaltliche Vertretung in diesen Verfahren tatsächlich nicht signifikant häufiger zu günstigeren Verfahrensergebnissen führt. Nur wenn dies der Fall ist, kann behauptet werden, dass die rechtsstaatlichen Garantien des Strafverfahrens genügend Schutz i.S.e. einer weitgehenden Angleichung der Rechtschutzmöglichkeiten von bemittelten und unbemittelten Beschuldigten bieten.

4 Die Verfahrenseinstellungen aus Opportunität

Der folgende Abschnitt dient dazu, den Bedeutungswandel des Ermittlungsverfahrens durch die immer wichtiger werdenden Möglichkeiten der Verfahrenseinstellung aus Opportunität und den hiermit verbundenen Machtzuwachs der Staatsanwaltschaft zu illustrieren. Anschließend wird die Bedeutung ausgewählter Einstellungsarten und deren Unbestimmtheit im Lichte der vorliegenden Forschungsfrage erörtert und kritisch diskutiert.

4.1 Der Wandel des Ermittlungsverfahrens

Ziel des Strafverfahrens ist die Schaffung von Rechtsfrieden durch die Herbeiführung einer materiell richtigen und prozessual ordnungsgemäß zustande gekommenen gerichtlichen Entscheidung.[197] Jedes Strafverfahren beginnt dabei mit der Einleitung eines Ermittlungsverfahrens. Hierauf folgen dem Regelgedanken der StPO nach das Zwischen- und Hauptverfahren, und bei rechtskräftiger Verurteilung das Vollstreckungsverfahren. Aufgabe des Ermittlungsverfahrens ist zunächst die Aufklärung des Tatverdachts durch Ermittlung des wahren Sachverhalts durch die Staatsanwaltschaft als Herrin des Verfahrens und der Polizei als ihr Gehilfe, §§ 152 Abs. 2, 160, 163 StPO.[198] Führen die Ermittlungen zu einem hinreichenden Tatverdacht, ist die Staatsanwaltschaft nach dem Legalitätsprinzip grundsätzlich zur Anklageerhebung verpflichtet, § 170 Abs. 1 StPO. Hierdurch sollen die Gleichheit vor dem Gesetz und der Schutz vor willkürlicher Strafverfolgung garantiert werden.[199] Anschließend soll das Gericht in der Hauptverhandlung, ausgehend von der Unschuldsvermutung und unter Geltung des Amtsermittlungsgrundsatzes, in einem kontradiktorischen Prozess (also in Auseinandersetzung mit Anklage und Verteidigung, d.h. ent- und belastender Umstände) eine materiell richtige Entscheidung finden.[200] Dies entspricht dem strafverfahrensrechtlichen Leitbild der Ermittlung materieller Wahrheit.[201]

Im heutigen Strafverfahrensrecht werden die eben genannten Grundsätze allerdings an vielen Stellen der StPO durchbrochen, insbesondere durch die Optionen der Verfahrensbeendigungen aus Opportunität nach §§ 153 ff. StPO, § 45 JGG, §§ 31a, 37 BtMG oder § 398 AO.[202] Durch diese viel-

---

[197] *Roxin/Schünemann*, Strafverfahrensrecht, S. 2; *Brüning*, ZIS 2015, 586, 587.

[198] *Kindhäuser*, Strafprozessrecht, S. 48.

[199] *Brüning*, ZIS 2015, 586, 587.

[200] BGH NJW 2005, 1440, 1442; *Ostendorf*, ZIS 2013, 172, 173.

[201] *Ostendorf*, ZIS 2013, 172, 173.

[202] Zu den vieldiskutierten Verständigungen im Strafprozess, die in den untersuchten Verfahren dieser Arbeit aber keine zahlenmäßig bedeutende Rolle spielen (siehe auch 3. Teil Kap. 6.3) und deswegen nicht gesondert erörtert werden, etwa *Fischer*, in: Esser et al. (Hrsg.), Die Deal-Entscheidung. Polemik über die rasselnden Federn der Justiz, 203 ff. *Becker*, JA 2017, 641 ff.; *Rönnau*, Die Absprache im Strafprozeß; *Velten*, in: SK-StPO, Vor §§ 257b-257c ff., Rn. 1 ff.; *Jahn/Kudlich*, in: MüKo-StPO, § 257c Rn.

reichenden Möglichkeiten, das Verfahren unter Loslösung vom Anklagezwang zu beenden, hat das Ermittlungsverfahren eine weitere Funktion erlangt: Es soll jedenfalls solche Alternativen zur Anklage oder Strafbefehlsbeantragung bereitstellen, die zur Wahrung des Rechtsfriedens ausreichend sind, um Verfahren der Massenkriminalität mit den vorhandenen Kapazitäten der Justiz zu bewältigen und gleichzeitig die Funktionsfähigkeit der Rechtspflege zu gewährleisten.[203] Neben ihrer justizentlastenden Aufgabe haben Opportunitätseinstellungen zu Teilen außerdem eine (auf verfahrensrechtlicher und nicht materiell-rechtlicher Ebene geregelte) entkriminalisierende Funktion und vermeiden die mit einer Sanktionierung verbundenen Stigmatisierungen und negativen Folgen bei Fällen geringerer Schuld.[204] Vor allem auch durch diese Einstellungsmöglichkeiten hat kein Verfahrensabschnitt in der Vergangenheit für den Verfahrensausgang so stark an Bedeutung gewonnen, wie das Ermittlungsverfahren.[205] Von den im Jahr 2015 durch die Staatsanwaltschaft erledigten Ermittlungsverfahren, die nicht mangels hinreichenden Tatverdachts nach § 170 Abs. 2 StPO eingestellt wurden (n = 3 635 425), wurden nur 12 % zur Anklage gebracht. Bei 15 % wurde der Erlass eines Strafbefehls beantragt. Aus Opportunitätsgründen wurden 44 % der Verfahren eingestellt.[206] Berücksichtigt man

---

1 ff.; *Rabe*, Das Verständigungsurteil des Bundesverfassungsgerichts und die Notwendigkeit von Reformen im Strafprozess; *Altenhain u. a.*, Die Praxis der Absprachen in Wirtschaftsstrafverfahren (m.w.N.).

203 *Meier*, GA 2004, 441 f.; *Saliger*, GA 2005, 153, 170 f.; zur Entwicklung der „Ökonomisierung" des Strafverfahrens *Ostendorf*, ZIS 2013, 172 ff.

204 Dies gilt für die §§ 153 – 153b StPO, § 45 JGG, §§ 31, 37 BtMG und § 398 AO; nicht aber für § 154 StPO, vgl. *Dencker*, JZ 1973, 144, 146 f.; *Brüning*, ZIS 2015, 586, 587; *Saliger*, GA 2005, 153, 158 f.; *Weßlau/Deiters*, in: SK-StPO, § 153 Rn. 2 f.

205 Das Ermittlungsverfahren ist, insbesondere bei Verfahren der leichteren Alltagskriminalität vor den Amtsgerichten, heutzutage regelmäßig das Kernstück des Strafverfahrens, *Meier*, GA 2004, 441, 443; *Roxin/Schünemann*, Strafverfahrensrecht, S. 317; *Dahs/Rettenmaier*, Handbuch des Strafverteidigers, S. 167 f. Ein weiterer wichtiger Aspekt ist die ebenfalls sehr große Anzahl an durch Strafbefehl beendeten Verfahren, bei denen ebenfalls die Tatsachenermittlung allein im Ermittlungsverfahren geschieht, siehe hierzu im Folgenden 1. Teil Kap. 5.

206 Dabei kommen die Einstellungen wegen Geringfügigkeit ohne Auflage nach §§ 153 Abs. 1 StPO, § 45 Abs. 1 und 2 JGG bereits auf 23 %, die Einstellungen mit Auflagen nach § 153a Abs. 1 StPO und § 45 Abs. 3 JGG auf 5 % und die Einstellungen nach § 154 StPO auf 10 %, *Statistisches Bundesamt*, Fachserie 10, Reihe 2.6. Rechtspflege.

nun noch, dass bei diesen Zahlen in vielen Verfahren eine Einstellung nach §§ 153 f. StPO oder § 45 JGG (und oft auch ein Strafbefehlsantrag) wegen der Schwere des Delikts gar nicht in Betracht kam, steigt die Bedeutung der Verfahrenseinstellungen aus Opportunität für die Verfahren leichterer Massenkriminalität sogar noch an.

Für Beschuldigte stellen Verfahrenseinstellungen aus Opportunität eine große Chance auf einen „glimpflichen Ausgang" des Strafverfahrens dar. Sie entgehen einer Verurteilung oder aber zumindest dem Risiko eines Fehlurteils mit anschließendem BZR-Eintrag und können eine stigmatisierende und unangenehme öffentliche Hauptverhandlung und die Entstehung weiterer Verfahrenskosten hierdurch vermeiden.[207] So kann aus Verteidigungsperspektive selbst bei Verfahren, denen die Verteidigung zwar gute, aber nicht ganz sichere Einstellungschancen nach § 170 Abs. 2 StPO einräumt, eine Kalkulation der Verfahrensrisiken das Hinwirken auf eine Einstellung nach § 153 oder § 153a StPO gebieten.[208]

Die wachsende Anzahl von Verfahrensbeendigungen nach §§ 153 ff. StPO geht außerdem mit einem enormen Machtzuwachs der Staatsanwaltschaft einher.[209] Denn diese hat mit der Einstellungsmöglichkeit aus Opportunität eine in ihrem Ermessen liegende und vielfach auch nicht von der Zustimmung des Gerichts abhängige Möglichkeit, das Verfahren zu beenden. Zum Vergleich: *Heinz* errechnete zur Bedeutung der Verfahrenseinstellungen aus Opportunität, dass im Jahr 1981 noch knapp 80 % aller anklagefähigen (also nicht gem. § 170 Abs. 2 StPO eingestellten) Verfahren, die nicht nach § 154 StPO eingestellt wurden,[210] angeklagt oder per

Staatsanwaltschaften 2015, S. 26.

207 *Bockemühl*, in: Handbuch des Fachanwalts Strafrecht, Kap. 1 Rn. 124 ff.; *Saliger*, GA 2005, 153, 165. Zur Kostentragungspflicht bei den einzelnen Einstellungsarten siehe bereits 1. Teil Kap. 3.3.

208 *Dahs/Rettenmaier*, Handbuch des Strafverteidigers, S. 219 f.

209 Dieser Einflusszuwachs wird noch größer, wenn man die stetig wachsende Anzahl an Strafbefehlsverfahren hinzudenkt, bei der auch die Staatsanwaltschaft die Rechtsfolgen im Antrag bereits konkret festlegt, § 407 Abs. 1 S. 3 StPO (siehe dazu näher 1. Teil Kap. 5.2)

210 Die Grundgesamtheit bildeten nur solche Verfahren, die nicht mangels hinreichenden Tatverdachts nach § 170 Abs. 2 StPO eingestellt und die durch Anklage im weiteren Sinne (= alle Anklagen, inklusive allen Anträgen auf Sicherungs-, objektives, beschleunigtes und vereinfachtes Verfahren), Strafbefehl oder Einstellung ohne Auflage (nach

Strafbefehlsantrag beendet wurden. Bis zum Jahr 2008 sank die Bedeutung der Anklagen und Strafbefehlsanträge deutlich bei steigender Bedeutung der folgenlosen Einstellungen. Bei Betrachtung der aktuellen Statistik der Staatsanwaltschaften aus dem Jahr 2015 zu den von *Heinz* ausgewählten Verfahren[211] bestätigt sich dieser Trend: Der Anteil an Anklagen hat sich im Vergleich zu 1981 halbiert, der Anteil der folgenlosen Einstellungen dagegen vervierfacht.[212] Der Anteil der Einstellungen gegen Auflagen blieb hingegen relativ konstant.

Tab. 1: Anteil der Erledigungsarten der Staatsanwaltschaft an allen anklagefähigen Verfahren unter Ausschluss von § 154 StPO[213]

	Einstellung ohne Auflagen[214]	Einstellung mit Auflagen[215]	Anklageerhebung i.w.S.[216]	Strafbefehlsantrag
1981	10 %	11 %	46 %	33 %
2008	34 %	11 %	28 %	27 %
2015	43 %	8 %	22 %	27 %

Der Anteil der Verfahren, bei denen die Staatsanwaltschaft (oft ganz ohne Beteiligung des Gerichts) über den Ausgang des Verfahrens nach eigenem Ermessen bestimmt, stieg damit stetig an (der Anteil der Einstellungen gem. § 154 StPO ist ebenfalls ständig gestiegen). Und auch bei den in Fällen leichterer Kriminalität sehr bedeutsamen Strafbefehlsverfahren werden,

§§ 153, 153b StPO, § 45 Abs. 1 und 2 JGG und § 31a BtMG) oder mit Auflage (nach §§ 153a StPO, 45 Abs. 3 JGG; 47 JGG und 37 BtMG) erledigt wurden. Nicht berücksichtigt wurden dabei etwa Einstellungen nach §§ 154 ff. StPO oder sonstige Erledigungsarten wie z.B. die Abgabe an die Verwaltungsbehörde als Ordnungswidrigkeit. Außerdem wurden nur Verfahren aus dem früheren Bundesgebiet ohne Berlin, Hessen und Schleswig-Holstein ausgewertet, *Heinz*, Der schöne Schein des Strafrechts, S. 17 f.; *Heinz*, Das deutsche Strafverfahren. Rechtliche Grundlagen, rechtstatsächliche Befunde, historische Entwicklung und aktuelle Tendenzen, S. 20.

211 Siehe Fn. 210.

212 Errechnet aus *Statistisches Bundesamt*, Fachserie 10, Reihe 2.6. Rechtspflege. Staatsanwaltschaften 2015, S. 26.

213 Siehe Fn. 210.

214 D.h. eingestellt nach §§ 153, 153b StPO, § 45 Abs. 1 und 2 JGG und § 31a BtMG.

215 D.h. eingestellt nach § 153a StPO, §§ 45 Abs. 3, 47 JGG und § 37 BtMG.

216 D.h. alle Anklagen einschließlich aller Anträge auf Durchführung eines Sicherungs-, objektiven, beschleunigten oder vereinfachten Verfahrens.

zwar mit gerichtlicher Überprüfung, die wesentlichen Entscheidungen primär von der Staatsanwaltschaft getroffen (siehe dazu im Folgenden 1. Teil Kap. 5).

Nicht nur die Staatsanwaltschaften können Strafverfahren aus Opportunität nach §§ 153 ff. StPO, § 45 JGG und § 31a BtMG einstellen, sondern auch die Gerichte. Neben einer entkriminalisierenden Funktion haben die Einstellungen auch hier den (verfahrens-)ökonomischen Vorteil, dass die Schuldfrage nicht zu entscheiden ist, kein Urteil verfasst und eventuell auch keine Hauptverfahren eröffnet oder vollständig durchgeführt werden muss.[217] Die Einstellungsquote mit insgesamt 23 % und vor allem die absolute Anzahl eingestellter Verfahren (n = 150 644 zu n = 1 362 302 bei den Einstellungen im Ermittlungsverfahren) sind aber um ein Vielfaches geringer als die der Einstellungen durch die Staatsanwaltschaft im Ermittlungsverfahren.[218]

Bei verfahrensökonomischer Betrachtung scheinen Opportunitätseinstellungen in heutigen Strafverfahren mithin ein notwendiges Instrument zu sein, um die schiere Masse an Verfahren einfacher Kriminalität mit den vorhandenen Ressourcen der Justiz zu bewältigen.[219] Mit Blick auf die immensen Einstellungsquoten (zur Erinnerung: 2015 wurden 44 % aller Ermittlungsverfahren mit hinreichendem Tatverdacht durch Opportunitätseinstellungen erledigt und noch einmal 23 % der angeklagten Verfahren vor den Amtsgerichten) lässt sich wohl behaupten, dass die Strafjustiz ohne

---

217 *Saliger*, GA 2005, 153, 165.

218 Von den 2015 vor den Amtsgerichten erledigten Verfahren (bei denen die Staatsanwaltschaft also Anklage erhoben oder einen Strafbefehlserlass beantragt und nicht eingestellt hat) wurden noch einmal 8 % gegen Auflagen nach § 153a Abs. 2 StPO eingestellt und 5 % nach § 153 Abs. 2 StPO sowie 5 % nach 45 JGG und 5 % nach § 154 Abs. 2 StPO. In absoluten Zahlen stellten die Gerichte insgesamt 150 664 Verfahren aus Opportunität ein (52 699 Verfahren nach § 153a StPO, 32 246 nach § 153 StPO, 34 859 nach § 45 JGG und 30 860 § 154 StPO ein); bei der Staatsanwaltschaft gab es hingegen mit insgesamt 1 362 302 Einstellungen (170 515 Einstellungen nach § 153a StPO, 668 542 nach § 153 Abs. 1 StPO, 165 200 nach § 45 JGG und 358 045 nach § 154 StPO) eine vielfach höhere (absolute) Anzahl eingestellter Verfahren, *Statistisches Bundesamt*, Fachserie 10, Reihe 2.3. Rechtspflege. Strafgerichte 2015, S. 26; *Statistisches Bundesamt*, Fachserie 10, Reihe 2.6. Rechtspflege. Staatsanwaltschaften 2015, S. 26.

219 *Meier*, GA 2004, 441, 442.

die Möglichkeiten der Opportunitätseinstellungen aktuell zu großen Teilen zum Erliegen kommen würde.[220]

4.2 Verfahrenseinstellungen nach § 153 und § 153a StPO

Für die folgende Untersuchung sollen nur zwei wichtige Einstellungsmöglichkeiten genauer in den Blick genommen werden – die Verfahrenseinstellungen nach § 153 Abs. 1 und § 153a Abs. 1 StPO. Einstellungen nach § 154 StPO werden deshalb nicht berücksichtigt, weil Beschuldigte in diesen Fällen dennoch mit einer gewichtigen Strafe zu rechnen haben. Diese Einstellungen lassen sich daher schlecht mit den anderen Einstellungsarten vergleichen, bei denen die Beschuldigten auch gänzlich ohne Strafübel aus dem Ermittlungsverfahren hinausgelangen können. Die Verfahrenseinstellungen nach §§ 153c – 153f und §§ 154b-154e StPO und auch diejenigen nach dem BTMG oder der AO hängen hingegen von speziellen objektiven Verfahrensumständen ab, die sie mit dem Großteil der anderen Verfahren unvergleichbar machen (beispielsweise dem Vorliegen einer Auslandstat, § 153c StPO, oder einer speziellen Nötigungsform, § 154c StPO). Da nur Verfahren gegen Erwachsene untersucht werden sollen, wird schließlich auch § 45 JGG nicht näher behandelt. Auch wären diese Einstellungen wegen der Besonderheiten des Jugendstrafrechts nicht gut mit Einstellungen nach § 153 f. StPO im Erwachsenenstrafverfahren vergleichbar.[221] Aus diesen Gründen werden in dieser Untersuchung nur die Verfahrenseinstellungen nach § 153 und § 153a StPO als Hauptanwendungsfälle der Einstellungen aus Opportunität, die bei allen Verfahren leichterer Kriminalität in Betracht kommen, genauer beleuchtet.[222]

---

220 So auch *Peters*, in: MüKo-StPO, § 153 Rn. 3; *Brüning*, ZIS 2015, 586, 587.

221 Die Aufgabe des Jugendstrafrechts umfasst im Unterschied zum normalen Strafverfahren vor allem die Erziehung und die Beachtung jugendadäquater Individualprävention (unter besonderer Berücksichtigung außerstrafrechtlicher Formen der Sozialkontrolle), siehe ausführlicher zu den Aufgaben und Zielen des Jugendstrafrechts etwa *Meier*, Jugendstrafrecht, S. 11 f.

222 Das Absehen von Klage nach § 153b Abs. 1 StPO fällt im Vergleich zu § 153 Abs. 1 StPO zahlenmäßig kaum ins Gewicht (668 524 zu 3 808 Verfahren im Jahr 2015), *Statistisches Bundesamt*, Fachserie 10, Reihe 2.6. Rechtspflege. Staatsanwaltschaften 2015, S. 26.

Einstellungsentscheidungen nach § 153 und § 153a StPO liegen im Ermessen der Staatsanwaltschaft oder des Gerichts.[223] Sie dienen sowohl der Justizentlastung als auch der prozessualen Entkriminalisierung.[224] Beide Normen haben gemeinsam, dass zu ihren Voraussetzungen auch auslegungsbedürftige, unbestimmte Rechtsbegriffe gehören: Im Fall des § 153 StPO werden ein „fehlendes öffentliches Interesse an der Strafverfolgung" sowie eine „geringe Schuld" vorausgesetzt; im Fall des § 153a StPO sind eine „nicht entgegenstehende Schwere der Schuld" sowie ein „beseitigtes öffentliches Interesse an der Strafverfolgung" Voraussetzung.[225] Beide Einstellungsnormen, deren Anwendung bereits eine Ermessensentscheidung ist, haben damit fast ausschließlich unbestimmte, vom Rechtsanwender auszulegende Voraussetzungen, weswegen manche die Normen auch als „nur vage umschriebene Entscheidungskompetenzen" für Staatsanwaltschaft und Gericht bezeichnen.[226] Über die genaue Auslegung dieser Voraussetzungen herrscht im Schrifttum keine vollständige Klarheit.[227] Höchstrichterliche Rechtsprechung existiert hierzu kaum, da keine Begründungspflicht für die Einstellungsentscheidung besteht und kaum Rechtsbehelfe gegen die Einstellungsverfügung bzw. den Einstellungsbeschluss bestehen.[228] Im Folgenden werden die beiden Einstellungsarten und ihre

---

[223] Vgl. BGH NJW 1978, 2033, 2034; *Peters*, in: MüKo-StPO, § 153 Rn. 7. Hiergegen wird in der Literatur teilweise eingewendet, dass die Prüfung der unbestimmten Voraussetzungen der Normen bereits den vollständigen Ermessenspielraum der Staatsanwaltschaft/des Gerichts abdecke und bei Bejahung dieser Merkmale ein darüber hinaus gehender Entscheidungsspielraum nicht mehr möglich sei, *Beulke*, in: LR-StPO, § 153 Rn. 38; *Weßlau/Deiters*, in: SK-StPO, Vor §§ 151 ff. Rn. 12 (m.w.N.), was im Ergebnis aber wohl zu keinem praktischen Unterschied führt.

[224] *Saliger*, GA 2005, 153, 159; *Beulke*, in: LR-StPO, § 153 Rn. 1; *Weßlau/Deiters*, in: SK-StPO, § 153 Rn. 2 f.; *Peters*, in: MüKo-StPO, § 153 Rn. 1 f. Zur Entwicklung der „Ökonomisierung" des Strafverfahrens, *Ostendorf*, ZIS 2013, 172 ff.

[225] *Meyer*, GA 1997, 404; *Beulke*, in: LR-StPO, § 153 Rn. 3; *Fezer*, ZStW 1994, 1, 28 f.; *Kausch*, Der Staatsanwalt, S. 152 ff.; *Paschmanns*, Die staatsanwaltschaftliche Verfahrenseinstellung wegen Geringfügigkeit nach §§ 153, 153a StPO, S. 87 ff.

[226] *Weßlau/Deiters*, in: SK-StPO, § 153 Rn. 16; *Peters*, in: MüKo-StPO, § 153 Rn. 7.

[227] *Beulke*, in: LR-StPO, § 153 Rn. 21. Der Streit über die dogmatische Einordnung von § 153 StPO als prozessuale oder materielle Vorschrift in Form eines persönlichen Ausschließungsgrunds ist für die Untersuchung unbedeutend und wird deswegen nicht näher erläutert (siehe hierzu etwa *Peters*, in: *MüKo*-StPO, § 153 Rn. 6 (m.w.N.)).

[228] Die Beschuldigten haben keinen gerichtlich durchsetzbaren Rechtsanspruch auf Einstel-

jeweiligen Voraussetzungen kurz dargestellt, um ihre Bedeutung für mögliche Ungleichbehandlungen herauszufinden.

4.2.1 Verfahrenseinstellungen nach § 153 StPO

Die erste Fassung des § 153 wurde bereits 1924 in die StPO aufgenommen.[229] Von den nicht mangels hinreichenden Tatverdachts eingestellten Verfahren wurden im Jahr 2015 18 % (n = 668 524) durch die Staatsanwaltschaft wegen Geringfügigkeit nach § 153 Abs. 1 StPO folgenlos eingestellt. Bei den beim Amtsgericht angeklagten Verfahren wurden dann noch einmal 5 % (n = 34 859) nach § 153 Abs. 2 StPO erledigt. Der Anteil der Einstellungen nach § 153 StPO bei den Strafverfahren gegen Erwachsene wird noch größer sein, da die Verfahren, die diesen Berechnungen zugrunde liegen, auch solche gegen Jugendliche und Heranwachsende beinhalten, bei denen regelmäßig nicht nach § 153 StPO, sondern nach § 45 JGG eingestellt wird. Insgesamt wurden so im Jahr 2015 in Deutschland 700 788 Verfahren nach dieser Vorschrift eingestellt.[230]

Nach § 153 StPO kann die Staatsanwaltschaft das Verfahren, teilweise nur mit Zustimmung des Gerichts, folgenlos einstellen, wenn die Tat ein Vergehen darstellt, die Schuld des Täters als gering anzusehen wäre

---

lungen nach § 153 StPO oder § 153a StPO und auch die Verletzten können sich gegen die Einstellung nur durch eine Dienstaufsichtsbeschwerde wenden, es gibt kein Klageerzwingungsverfahren. Der Einstellungsbeschluss des Gerichts ist unanfechtbar, § 153 Abs. 2 S. 4 und § 153a Abs. 2 S. 4 StPO. Eine Beschwerde gegen diesen ist nur durch die Staatsanwaltschaft oder die Angeschuldigten in den Fällen möglich, in denen eine prozessuale Voraussetzung wie das Vorliegen eines Vergehens fehlt oder die erforderliche Zustimmung nicht (wirksam) erklärt wurde. Der endgültige Einstellungsbeschluss nach § 153a StPO kann nicht einmal durch die Beschwerde angefochten werden. Auch gegen die Versagung der Zustimmung des Gerichts zur Einstellung gibt es keinen Rechtsbehelf. Siehe hierzu: *Meyer-Goßner/Schmitt*, StPO, § 153 Rn. 34, § 153a Rn. 57; *Diemer*, in: KK-StPO, § 153 Rn. 23 ff.; *Peters*, in: MüKo-StPO, § 153 Rn. 65, § 153a Rn. 45 ff. (m.w.N.).

229 *Rieß*, ZRP 1983, 93, 95; *Brüning*, ZIS 2015, 586, 587; *Beulke*, in: LR-StPO, § 153 Rn. 1.

230 *Statistisches Bundesamt*, Fachserie 10, Reihe 2.3. Rechtspflege. Strafgerichte 2015, S. 26; *Statistisches Bundesamt*, Fachserie 10, Reihe 2.6. Rechtspflege. Staatsanwaltschaften 2015, S. 26.

und kein öffentliches Interesse an der Verfolgung besteht.[231] Für die Feststellung einer im Vergleich zu Vergehen gleicher Art deutlich unter dem Durchschnitt liegenden Schuld muss der Sachverhalt nicht voll ausermittelt werden, sondern es reicht eine gewisse Wahrscheinlichkeit dafür, dass die Beschuldigten nicht unschuldig sind.[232] Ein öffentliches Interesse an der Sanktionierung kann trotz geringer Schuld durch spezial- und generalpräventive Gesichtspunkte begründet sein.[233] Auch das Gericht kann nach Klageerhebung gem. § 153 Abs. 2 StPO das Verfahren unter den genannten Voraussetzungen einstellen, wenn Staatsanwaltschaft und Angeschuldigte zustimmen.

Einstellungen wegen Geringfügigkeit nach § 153 Abs. 1 StPO sind für Bagatelldelikte gedacht. Sie sind in der Praxis erprobt und in der Theorie weitgehend akzeptiert. Wenn überhaupt, dann stehen heute hauptsächlich nur noch die zu starke Verlagerung notwendiger Entkriminalisierung auf die prozessuale Ebene und die zu unbestimmte Formulierung der Anwendungsvoraussetzungen in der Kritik.[234] Für den Einfluss sozialer Ungleichheit bei den Beschuldigten enthält die Norm selbst zwar keine unmittelba-

---

[231] Dabei bedarf es keiner gerichtlichen Zustimmung, wenn die Strafe der Tat nicht im Mindestmaß erhöht ist und die verursachten Folgen gering sind, § 153 Abs. 1 S. 2 StPO. Ausführlich zu den Voraussetzungen des § 153 StPO etwa *Weßlau*, in: SK-StPO, § 153 Rn. 9 ff.; *Beulke*, in: LR-StPO, § 153 Rn. 8 ff.

[232] *Meyer-Goßner/Schmitt*, StPO, § 153 Rn. 3; *Beulke*, in: LR-StPO, § 153 Rn. 35; *H. Vordermayer/ M. Vordermayer*, in: Handbuch für den Staatsanwalt, S. 794. Die Schwere ist dabei deliktsspezifisch zu bestimmen und zur Schuldbeurteilung kann auf die Maßstäbe des § 46 Abs. 2 StGB abgestellt werden (etwa nicht verwerfliche Beweggründe, geringe Tatfolgen, fehlende oder geringe Vorstrafenbelastung, positives Nachtatverhalten wie eine Schadenswiedergutmachung oder ein durchgeführter Täter-Opfer-Ausgleich), aber auch auf andere Umstände wie eine „beinahe gerechtfertigte oder entschuldigte" Tat oder eine nur untergeordnete Tatbeteiligung, *Peters*, in: MüKo-StPO, § 153 Rn. 18 ff.; *Weßlau/Deiters*, in: SK-StPO, § 153 Rn. 18 (m.w.N.).

[233] Denn die sanktionsrelevanten Aspekte sind bereits für die Beurteilung der geringen Schuld bedeutsam. *Beulke*, in: LR-StPO, § 153 Rn. 28 f.; *Peters*, in: MüKo-StPO, § 153 Rn. 29 ff.; *Mayer*, in: KK-StPO, § 153 Rn. 28 f.; *H. Vordermayer/ M. Vordermayer*, in: Handbuch für den Staatsanwalt, 794. Solche präventiven Gesichtspunkte können beispielsweise ein fehlendes Genugtuungsinteresse der Verletzten, ein langes Zurückliegen der Tat oder das Lebensalter und der Gesundheitszustand der Beschuldigten sein, LG Frankfurt NKW 1997, 1994; *Meyer-Goßner/Schmitt*, StPO, § 153 Rn. 7.

[234] *Beulke*, in: LR-StPO, § 153 Rn. 5.

ren Einfallstore. Eine Ungleichbehandlung ist aber dennoch zumindest mittelbar durch geschickte Verteidigungsstrategien (deren Mandatierung durch vorhandene finanzielle Ressourcen beeinflusst wird) oder bessere Handlungskompetenzen zur Bagatellisierung der Tat (etwa durch bessere Bildung) denkbar. Insbesondere die große Unbestimmtheit der Voraussetzungen birgt die Gefahr von Anwendungsungleichheiten in der Praxis.

4.2.2 Verfahrenseinstellungen nach § 153a StPO

Im Lichte der Forschungsfrage deutlich problematischer erweisen sich die Verfahrenseinstellungen nach § 153a StPO. Diese rückten in jüngster Vergangenheit regelmäßig mit einem negativen Echo in das Augenmerk der Öffentlichkeit.[235] Dies lag einerseits an daran, dass auch Vermögensdelikte, die Schäden in vielfacher Millionenhöhe verursachten, Gegenstand dieser Verfahrenseinstellungen wurden. Andererseits erreichten aber auch die Summen, gegen deren Zahlung die Verfahren eingestellt wurden, bis dahin unbekannte Höhen. Die aktuell prominentesten Beispiele sind wohl die Einstellungen nach § 153a Abs. 2 StPO im sog. Mannesmann-Prozess (verhandelt wurde Untreue mit einem Schaden in Höhe von 57 Millionen Euro; die Summe der Geldauflagen der sechs Angeklagten betrug 5,7 Millionen Euro[236]) und die im Verfahren gegen *Bernie Ecclestone* (Bestechung eines Amtsträgers mit 44 Millionen Dollar in Tateinheit mit Anstiftung zur Untreue in einem besonders schweren Fall; die Geldauflage betrug bis dahin unerreichte 100 Millionen Dollar[237]). Die genannten Fälle stellen zwar freilich absolute Ausnahmen dar; sie lassen sich jedoch als Spitze des Eisbergs und lupenhafte Vergrößerung der Gefahr von Ungleichbehandlungen und des schalen Beigeschmacks begreifen, die den im Folgenden näher darge-

---

235 „Die Kleinen lässt man hängen, die Großen lässt man laufen", „obszöner Deal" oder gar „Bananenrepublik", zitiert nach *Kudlich*, ZRP 2015, 10; *Brüning*, ZIS 2015, 586.

236 Die Auflage sollte zu 60 % an die Staatskasse und zu 40 % an gemeinnützige Einrichtungen gezahlt werden. Genauer zum Verfahrensverlauf etwa *Saliger/Sinner*, ZIS 2007, 476 f.

237 Diese Summen entsprachen nach dem damaligen Wechselkurs etwa 32 800 000 € sowie 74 600 000 €. Die gezahlte Auflage ging zu 99 % an die bayrische Staatskasse und zu 1 % an die Deutsche Kinderhospizstiftung, FD-StrafR 2014, 360841; *Kudlich*, ZRP 2015, 10.

stellten Verfahrenseinstellungen gegen (Geld-)Auflagen nach § 153a StPO und ihren Voraussetzungen anhaften.

4.2.2.1 Voraussetzungen

§ 153a StPO wurde 1974 durch das EGStGB[238] in die StPO aufgenommen und 1993 durch das Rechtspflegeentlastungsgesetz[239] im Anwendungsbereich erheblich erweitert und anschließend noch mehrfach flexibilisiert. Der Auflagenkatalog wurde vielfach aufgestockt und der Anwendungsbereich von der ursprünglich erforderlichen „geringen Schuld" dahingehend ausgedehnt, dass die „Schwere der Schuld nicht entgegensteht".[240] Einstellungen nach § 153a StPO sind nicht ganz so häufig, wie solche nach § 153 StPO. Trotzdem wurden 2015 von der Staatsanwaltschaft 5 % (n = 170 952) der nicht nach § 170 Abs. 2 StPO eingestellten Verfahren auf diesem Wege erledigt und von den Amtsgerichten noch einmal 8 % (n = 52 669) der dort angeklagten Verfahren.[241] Bei diesen Zahlen ist wieder zu berücksichtigen, dass Einstellungen bei Verfahren gegen Jugendliche und Heranwachsende regelmäßig nicht nach § 153a StPO, sondern nach § 45 Abs. 2 oder 3 JGG erfolgen, sodass der Anteil der Einstellungen gegen Auflagen bei den Strafverfahren gegen Erwachsene höher als der hier berechnete ist. Insgesamt wurden im Jahr 2015 so 223 651 Verfahren beendet.[242]

Nach § 153a Abs. 1 StPO kann die Staatsanwaltschaft das Verfahren bei Vergehen trotz hinreichenden Tatverdachts vorläufig einstellen und den Beschuldigten zugleich Auflagen und Weisungen erteilen, wenn diese geeignet sind, das öffentliche Interesse an der Strafverfolgung zu beseitigen,

---

238 Einführungsgesetz zum Strafgesetzbuch vom 02.03.1974 (BGBl. I 1974, S. 469), welches die Kategorie der Übertretungen abschaffte, wodurch viele Bagatellfälle zu Vergehen hochgestuft wurden und § 153a StPO die Entkriminalisierung nun auf prozessualer Ebene einführte, *Fezer*, ZStW 1994, 1, 24.

239 Gesetz zur Entlastung der Rechtspflege (BGBl. I 1993, S. 50, 51).

240 *Saliger*, GA 2005, 158 ff.; *Weßlau/Deiters*, in: SK-StPO, § 153a Rn. 1.

241 *Statistisches Bundesamt*, Fachserie 10, Reihe 2.3. Rechtspflege. Strafgerichte 2015, S. 26; *Statistisches Bundesamt*, Fachserie 10, Reihe 2.6. Rechtspflege. Staatsanwaltschaften 2015, S. 26.

242 *Statistisches Bundesamt*, Fachserie 10, Reihe 2.3. Rechtspflege. Strafgerichte 2015, S. 26; *Statistisches Bundesamt*, Fachserie 10, Reihe 2.6. Rechtspflege. Staatsanwaltschaften 2015, S. 26.

und die Schwere der Schuld nicht entgegensteht.[243] Erfüllen die Beschuldigten die Auflagen oder Weisungen innerhalb der ihnen gesetzten Frist, wird das Verfahren in einem zweiten Schritt endgültig eingestellt und kann nicht mehr als Vergehen verfolgt werden, § 153a Abs. 1 S. 5 StPO.[244] Die Zustimmung der Beschuldigten ist im Unterschied zu § 153 StPO stets notwendig und die Erfüllung der Auflagen oder Weisungen freiwillig, da diesen Belastungen auferlegt werden, obwohl ihre Schuld gerichtlich nicht festgestellt wurde, und weil eine Einstellung ohne Erfüllungsbereitschaft ihrem Zweck zuwiderlaufen würde.[245] Freilich droht den Beschuldigten bei Nichterfüllung aber die Erhebung einer Anklage. Da § 153a StPO, anders als § 153 StPO, nicht von einer geringen, sondern von einer der Einstellung nicht entgegenstehenden Schwere der Schuld spricht, werden Einstellungen bis zu einer deliktsspezifischen „mittelschweren Schuld" als zulässig betrachtet.[246] Was genau eine solche „mittelschwere Schuld" sein soll, ist allerdings schwer zu definieren und führt bei einer Orientierung am Normalstrafrahmen des Delikts dazu, dass eine Einstellung gegen Auflagen bei einem Großteil aller Verfahren zunächst grundsätzlich möglich ist.[247] Der

---

[243] Da den Beschuldigten bei einer Einstellung nach § 153a StPO „Sanktionen im weiteren Sinne" auferlegt werden, darf eine solche Einstellung im Unterscheid zu § 153 StPO nur dann erfolgen, wenn ein hinreichender Tatverdacht besteht, *Weßlau/Deiters*, in: SK-StPO, § 153a Rn. 25; *Beulke/Fahl*, NStZ 2001, 426, 428. Dies bedeutet aber nicht, dass die Einstellung eine Schuldfeststellung oder -beurteilung beinhaltet; sie ist rein prozessualer Natur, BVerfG NW 1991, 1530; *Beulke*, in: LR-StPO, § 153a Rn. 39; auch der Gesetzesentwurf spricht von „potentieller Schuld", BT-Drs. 12/1217, S. 34.

[244] Im Unterschied zur Einstellung gem. § 153 StPO, bei der die Staatsanwaltschaft das Verfahren, nachdem sie es eingestellt hat, jederzeit wiederaufnehmen kann und auch das Gericht (nach der Rspr.), wenn neue Tatsachen, die Tat zu einem Verbrechen qualifizieren, BGH NJW 2004, 375; kritisch hierzu etwa *Meyer-Goßner/Schmitt*, StPO, § 153 Rn. 37 f. (m.w.N.). Die Gefahr der Wiederaufnahme des Verfahrens wird in der Praxis wohl (auch wegen des hohen Erledigungsdrucks) aber nur geringe Bedeutung haben.

[245] *Fezer*, ZStW 1994, 1, 33; *Meyer-Goßner/Schmitt*, StPO, § 153a Rn. 10 ff.

[246] *Beulke*, in: LR-StPO, § 153a Rn. 32; *Meyer-Goßner/Schmitt*, StPO, § 153a Rn. 7. Der ursprüngliche Wortlaut war auch hier der der geringen Schuld. Dieser wurde vom Gesetzgeber in die nicht entgegenstehende Schwere der Schuld geändert, um behutsam den Anwendungsbereich von § 153a StPO auf den Bereich der mittleren Kriminalität auszuweiten, BT-Drs. 12/1217, S. 34.

[247] *Beulke*, in: LR-StPO, § 153a Rn. 32. Um eine solch ausgedehnte Anwendung zu verhindern, wird teilweise gefordert, dass die Einstellung zumindest auf die Fälle beschränkt

Gesetzgeber selbst hat durch die Negativformulierung eine klare Stellungnahme zur positiven Grenze der Schuldschwere vermieden.[248] Bei welchen Taten Einstellungen nach § 153a StPO noch zulässig sind, ist damit unklar.

Das öffentliche Verfolgungsinteresse wird bei § 153a StPO durch die Auferlegung von Auflagen oder Weisungen beseitigt, welche in § 153a Abs. 1 S. 2 StPO nicht abschließend aufgezählt werden.[249] Diese stellen zwar keine Strafe dar und ihre Erfüllung ist deswegen freiwillig, ihnen kommt allerdings auch die Funktion einer Sanktion zu – nur so lässt sich erklären, warum sie das öffentliche Interesse an einer Sanktion beseitigen können.[250] Die Wahl der Auflage oder Weisung liegt im freien Ermessen der Staatsanwaltschaft oder des Gerichts. Die rechtstatsächlich mit Abstand bedeutendste Variante ist die Nr. 2 des § 153a StPO, die Zahlung eines Geldbetrags zugunsten einer gemeinnützigen Organisation oder der Staatskasse, die in 83 % der Einstellungen nach § 153a Abs. 1 StPO im Jahr 2015 (n = 142 519) als Auflage gewählt wurde.[251] Ihr folgt die Durchführung eines Täter-Opfer-Ausgleichs mit einem Anteil von 7 % (n = 11 925) und die Schadenswiedergutmachung mit einem Anteil von 5 % (n = 8 403). Die anderen Auflagen, insbesondere die Nr. 4, 6 und 7 sind (teils auch wegen des sehr beschränkten Anwendungsbereichs) nahezu bedeutungslos.

---

werden müsse, in denen bei einer Verurteilung eine Geldstrafe verhängt worden wäre, *Loos*, in: Goydke/Rauschning/Robra/Schreiber (Hrsg.), Zur „schadensbegrenzenden" Auslegung strafprozessualer Vorschriften des Justizentlastungsgesetzes, S. 565, 570; *Scheinfeld*, in: Putzke/Hardtung/Merkel (Hrsg.), Die Verfahrenseinstellungen in großen Wirtschaftsstrafsachen, S. 53, 856; *Fezer*, ZStW 1994, 1, 44, der den Anwendungsbereich gar auf bis maximal 30 Tagessätze beschränken will.

248 *Beulke/Fahl*, NStZ 2001, 426, 427.

249 Es besteht bei § 153a StPO kein rechtlich relevanter Unterschied zwischen Auflagen (Nr. 1-3) und Weisungen (Nr. 4-6), sodass eine Differenzierung nicht notwendig ist, *Weßlau/Deiters*, in: SK-StPO, § 153a Rn. 33; *Beulke*, in: LR-StPO, § 153a Rn. 47.

250 *Beulke/Fahl*, NStZ 2001, 426, 428; *Saliger*, GA 2005, 153, 169; *Fezer*, ZStW 1994, 1, 33; BGHSt 28, 175, 176 und *Meyer-Goßner/Schmitt*, StPO, § 153a Rn. 12, sprechen von dem Charakter einer besonderen, aber nicht strafähnlichen Sanktion.

251 *Statistisches Bundesamt*, Fachserie 10, Reihe 2.6. Rechtspflege. Staatsanwaltschaften 2015, S. 26. (Die Statistik zur gerichtlichen Einstellungspraxis schlüsselt die Einstellungen nicht nach den Auflagen/Weisungen auf, sodass diesbezüglich keine Aussage getroffen werden kann.) Dieses Übergewicht der Geldzahlungsauflagen gab es bereits bei der Einführung der Norm: Für die Jahre 1977 bis 1981 machte die Geldbuße circa 95 % der Auflagen aus, *Rieß*, ZRP 1983, 93, 95.

Mit Blick auf sozioökonomische Ungleichheiten und das Erkenntnisinteresse der vorliegenden Untersuchung ist vor allem die rechtstatsächlich bedeutsamste Variante der Geldzahlungsauflage (Nr. 2) interessant. Wie die nach § 153a StPO verhängten Auflagen zu bemessen sind, wird vom Gesetz nicht vorgegeben. Die einzigen Grenzen bestehen in der grundsätzlichen Eignung der Auflage zur Beseitigung des Verfolgungsinteresses sowie in der verfassungsrechtlichen Grenze der Verhältnismäßigkeit (Zumutbarkeit).[252] Mit Blick auf niedrige Einkommen und Vermögen ist, wie bei der Geldstrafe, die Gewährung von Ratenzahlungen möglich.[253] Andersherum gibt es bei vermögenden Beschuldigten keine Höchstgrenze für die zu zahlende Geldsumme und die Geldauflage kann zumindest nicht unmittelbar anhand der Schuldschwere bemessen werden, da die Schuld ja gerade nicht vollständig festgestellt wurde.[254]

Dieses Regelungsvakuum und die äußerst unbestimmte begrenzende Voraussetzung der mittelschweren Schuld haben dann wohl auch mit zu den einleitend genannten Verfahren geführt, die mit ihren spektakulären Schadens- und Geldauflagensummen in die öffentliche Wahrnehmung rückten. Freilich werden die Einstellungen gem. § 153a Abs. 1 Nr. 2 StPO im Regelfall nur mit vergleichsweise geringen Summen einhergehen.[255] Gleichwohl kann auch die Zahlung von Geldbeträgen über beispielsweise 300 € einige Beschuldigte finanziell überfordern und es bleibt die Frage nach einem Maßstab für eine einheitliche Anwendung der Geldzahlungsauflagen zur Gewährleistung zumindest annähernder Gleichbehandlung. Um sich einer Gleichbehandlung jedenfalls anzunähern, wird teilweise vorgeschlagen, die

---

[252] *Fezer*, ZStW 1994, 1, 33; *Weßlau/Deiters*, in: SK-StPO, § 153a Rn. 33; *Diemer*, in: KK-StPO, § 153a Rn. 13; *Beulke*, in: LR-StPO, § 153a Rn. 48.

[253] *Weßlau/Deiters*, in: SK-StPO, § 153a Rn. 36; *Beulke*, in: LR-StPO, § 153a Rn. 49.

[254] *Kudlich*, ZRP 2015, 10, 11.

[255] So führte auch das das LG Düsseldorf im sog. „Mannesmannprozess" in seiner zum Einstellungsbeschluss veröffentlichten Pressemitteilung aus, dass sehr viele Verfahren jährlich nach § 153a StPO eingestellt würden und in den meisten Fällen die Beschuldigten keine hohen Einkünfte oder Vermögen besitzen würden, sodass der Vorwurf einer „Freikaufoption" für Reiche nicht greifen würde. Das Gericht ließ sich gar zu der Argumentation hinreißen, dass mit Blick auf den Gleichheitssatz des Art. 3 Abs. 1 GG Reiche auch nicht aus dem Anwendungsbereich hinausgenommen werden dürften, zitiert nach *Saliger/Sinner*, ZIS 2007, 476, 478.

Auflage anhand der Höhe der potentiell zu verhängenden Geldstrafe zu bemessen.[256] Auf diesem Wege würden auch die wirtschaftlichen Verhältnisse der Beschuldigten und Tatumstände wie die Schwere des verursachten Schadens eine Rolle spielen.[257]

Insgesamt sind den Einstellungen gegen Auflagen nach § 153a StPO, vor allem in ihrer absolut häufigsten Form der Zahlung einer Geldauflage damit verschiedenste Ermessenserwägungen (öffentliches Verfolgungsinteresse, keine entgegenstehende Schuldschwere, Art und Höhe der Auflagen oder Weisungen) vorangestellt, die nur teilweise durch das Gesetz einen allenfalls groben Rahmen erhalten.

4.2.2.2 Kritik

Seit seiner Einführung sieht sich § 153a StPO deshalb auch stetiger, teils harscher Kritik ausgesetzt. Diese wird im Folgenden nur überblicksartig dargestellt, soweit sie keinen Zusammenhang mit sozioökonomischer Ungleichheit der Beschuldigten aufweist. Ein fast stets geteilter Kritikpunkt ist, dass die Voraussetzungen dieser Ermessensvorschrift zu unbestimmt seien, sodass ihr Anwendungsbereich völlig unklar sei und die Strafverfolgungsorgane freie Hand hätten.[258] Dies wiege besonders schwer im Lichte der fehlenden Überprüfbarkeit der Entscheidung und des mangelnden gerichtlich durchsetzbaren und überprüfbaren Anspruchs auf Gleichbehandlung der Beschuldigten.[259] Auch mit Blick auf die bei der Verständigung als rechtsstaatlich notwendig erachteten Transparenzregelungen des § 257c StPO sei die fehlende Begründungspflicht und fehlende Instanzenkontrolle

[256] *Weßlau/Deiters*, in: SK-StPO, § 153a Rn. 42.

[257] *Weßlau/Deiters*, in: SK-StPO, § 153a Rn. 42.

[258] *Roxin/Schünemann*, Strafverfahrensrecht, S. 84; *Fezer*, ZStW 1994, 1, 32; *Stuckenberg*, in: Herzog/Schlothauer/Wohlers (Hrsg.), Gründe für die Abschaffung des § 153a StPO, S. 367, 372, 383 ff.; *Kausch*, Der Staatsanwalt, S. 152 ff.; *Hanack*, in: Lackner (Hrsg.), Das Legalitätsprinzip und die Strafrechtsreform: Bemerkungen zu § 153a des Entwurfs für ein Erstes Gesetz zur Reform des Strafverfahrensrechts vom 13.4.1972, S. 339, 347 f.; *Paschmanns*, Die staatsanwaltschaftliche Verfahrenseinstellung wegen Geringfügigkeit nach §§ 153, 153a StPO, S. 90, 94.

[259] *Roxin/Schünemann*, Strafverfahrensrecht, S. 84; *Kudlich*, ZRP 2015, 10, 11 f.

bei den Einstellungen gegen Auflagen nicht nachvollziehbar.[260] Solche unbestimmten Ermessenskompetenzen ohne Begründungspflicht und nächstinstanzliche Kontrolle bärgen stets die Gefahr rechtwidriger Ungleichbehandlungen. Teilweise wird sogar bereits die Geeignetheit der Norm und damit ihre Legitimation in Frage gestellt, die ihr zugewiesene Funktion zu erfüllen, mittels eines konsensualen Verfahrens zwischen den Verfahrensparteien den allgemeinen Rechtsfrieden zu wahren.[261]

Außerdem wird vermutet, dass § 153a StPO in der Praxis oftmals dazu benutzt werde, komplizierte Ermittlungsverfahren zu vermeiden, obwohl die Norm gerade die vorherige Durchermittlung des Tatverdachts verlangt.[262] Daneben wird befürchtet, die Norm könne zur „Rettung" von zum Scheitern verurteilter Anklagen oder in Hauptverhandlungen angewendet werden, um unliebsame Freisprüche zu vermeiden.[263] Auch die Freiwilligkeit der Auflagenerfüllung und Zustimmung der Beschuldigten wird bezweifelt: Der aus der Ungewissheit des Verfahrensausgangs oder einer befürchteten Verurteilung rührende Druck lasse es nicht zu, von einer freien Entscheidung zu sprechen. Teilweise wird diese Entscheidungsfindung wegen der Komplexität der der Zustimmung zugrundeliegenden Abwägung der Verfahrensrisiken und -unsicherheiten als unzumutbar für die (zumindest unverteidigten) Beschuldigten bewertet.[264]

Mit Blick auf das Untersuchungsthema ist daneben vor allem der Vorwurf relevant, vermögendere Beschuldigte würden sich durch die Möglichkeit des § 153a StPO, insbesondere durch die die Verfahrenspraxis be-

---

[260] *Brüning*, ZIS 2015, 586, 590 f.; *Schmidhäuser*, JZ 1973, 529, 532; *Kudlich*, ZRP 2015, 10, 11 f.

[261] Sie lasse sich nicht mit der Funktion der Wahrung bzw. Schaffung von Rechtsfrieden legitimieren, weil eine freiwillige Übelszufügung, die das Verfolgungsinteresse beseitige, aber keinen Schuldvorwurf impliziere, nicht denkbar sei. Außerdem könne Rechtsfrieden auch nicht nur allein zwischen den Parteien hergestellt werden, denn dieser entstehe nur durch die Befriedigung des Strafverfolgungsinteresses der Allgemeinheit (mittels Reaktion auf die Störung des Rechtsfriedens in Form des Normverstoßes) und nicht durch die Beseitigung des Verfolgungsinteresses von Staatsanwaltschaft und Gericht, *Brüning*, ZIS 2015, 586, 588 ff.

[262] *Brüning*, ZIS 2015, 586, 590; *Kudlich*, ZRP 2015, 10, 11.

[263] *Saliger*, GA 2005, 153, 164; *Brüning*, ZIS 2015, 586, 590.

[264] Vgl. *Schmidhäuser*, JZ 1973, 529, 533 f.; *Fezer*, ZStW 1994, 1, 34; gemäßigter etwa *Saliger*, GA 2005, 153, 168, der von „reduzierter" oder „relativer Freiwilligkeit" spricht.

stimmende Geldzahlungsauflage der Nr. 2 regelrecht „freikaufen“ können. Manche sprechen gar von „Freikaufverfahren“[265] oder „modernem Ablasshandel“[266]. Auch in der Gesetzesbegründung zur Einführung des § 153a StPO (1974) in seiner damaligen Form wurde eigens erwähnt, dass durch den Umstand, dass eine Einstellung (zumindest damals) nur bei geringer Schuld möglich sei, auch nicht die Gefahr bestehe, dass sich vermögende Beschuldigte, deren Schuld nicht nur gering wiegt, von der weiteren Strafverfolgung freikaufen können.[267] Weiterhin wird gegen die Norm ins Feld geführt, dass § 153a StPO vor allem bei Wirtschafts- und Steuerstrafverfahren verbreitete Anwendung finde, und so zu einer Privilegierung der wohlhabenderen „weiße-Kragen-Täter“ führe, insbesondere durch Einstellungen bei Wirtschaftskriminalität mit Schadenshöhen im Millionenbereich.[268] Durch die fehlenden Rahmenregelungen zur Bemessung und Begrenzung der Geldauflage nach § 153a StPO und die fehlende Überprüfbarkeit dieser Einstellungen seien Missbrauchsgefahren und Ungleichbehandlungen vorprogrammiert.[269] Freilich fällt auch in Verfahren außerhalb der Wirtschaftskriminalität begüterten Beschuldigten die Zahlung von Geldauflagen, die nun einmal den absoluten Großteil der verhängten Auflagen ausmachen, leichter als ärmeren. Auch können vermögendere Beschuldigte oder deren Verteidigung von sich aus leichter die Zahlung eines solchen Betrages und auch die Zahlung von höheren, für die Staatskasse lohnenderen Summen anbieten. Durch die Ausdehnung auch auf Fälle mittlerer Kriminalität, bei denen die Geldauflage zur Beseitigung des Verfolgungsinteresses regelmäßig höher als bei geringer Schuld angesetzt werden wird, werden vermögende Beschuldigte noch weiter begünstigt.[270] Auch mittelbar kann sich ökonomische Ungleichheit dadurch auswirken, dass Verteidigende (deren Kosten naturgemäß begüterte Beschuldigte eher auf sich nehmen können)

[265] *Roxin/Schünemann*, Strafverfahrensrecht, S. 83.

[266] *Brüning*, ZIS 2015, 586, 591.

[267] BT-Drs. VI/3478, 48. Dieser Umstand gilt heute zumindest deswegen nicht mehr, weil der Anwendungsbereich vom Gesetzgeber bewusst auf den Bereich mittlerer Kriminalität ausgedehnt wurde, vgl. BT-Drs. 12/1217, S. 34.

[268] *Roxin/Schünemann*, Strafverfahrensrecht, S. 83 f.; *Saliger*, GA 2005, 153, 161; *Schulz*, in: Gerber (Hrsg.), Ungleichheit bei der Strafverfolgung, S. 81, 89 ff.

[269] *Brüning*, ZIS 2015, 586, 590.

[270] *Fezer*, ZStW 1994, 1, 32.

über Strategien verfügen werden, um eine Einstellung des Verfahrens zu erwirken, wenn es aus Verteidigungsperspektive sinnvoll erscheint.[271] Daneben enthält das Gesetz keine Regelungen über den kommunikativen Ablauf einer Einstellungsentscheidung und ein Hinwirken darauf durch informellen Kontakt zwischen den Verfahrensbeteiligten, welcher im Ermittlungsverfahren wohl nur zwischen verteidigten Beschuldigten und der Staatsanwaltschaft entsteht.

4.3 Zwischenergebnis

Damit zeigt sich, dass es sich insbesondere bei § 153a StPO um eine Norm handelt, die in der Anwendung die Gefahr von Ungleichbehandlungen und einer Privilegierung vermögender sowie verteidigter Beschuldigter mit sich bringt. Mit § 153a StPO steht den Verfahrensbeteiligten eine außerordentlich unbestimmte und damit sehr flexible, in unterschiedlichsten Fallkonstellationen anwendbare Möglichkeit der Verfahrenserledigung (und Verurteilungsverhinderung) zur Verfügung. Diese Einstellungen beinhalten dabei regelmäßig die Zahlung eines Geldbetrages, zu dessen Bemessung keinerlei gesetzliche Regelungen existieren. Darüber hinaus unterliegt die Entscheidung keiner gerichtlichen Kontrolle und Begründungspflicht.

Bei den folgenlosen Einstellungen nach § 153 StPO steht zwar der Bagatellcharakter der Tat im Vordergrund, sodass der Anwendungsbereich begrenzter als bei § 153a StPO ist. Doch auch hier sind die Anwendungsvoraussetzungen unbestimmt, sodass sich mangels Begründungspflicht und gerichtlicher Überprüfung die praktische Anwendung der Norm nicht klar aus ihr selbst voraussagen lässt. Ungleichbehandlungen sind deswegen möglich und können vor allem mittelbar durch Verteidigungsstrategien oder unterschiedliche Handlungskompetenzen der Beschuldigten zu Unterschieden zwischen Beschuldigten aus verschiedenen sozialen Schichten führen.

Ziel der nachfolgenden Untersuchung ist es deshalb zu ermitteln, nach welchen Kriterien die Einstellungen aus Opportunität erfolgen und wie die Staatsanwaltschaften und Gerichte ihr Ermessen ausüben. Weiterhin soll der Frage nachgegangen werden, ob aus den Höhen der verhängten Geldauflagen eine Systematik bei deren Bemessung erkennbar wird, und mit

[271] *Dahs/Rettenmaier*, Handbuch des Strafverteidigers, S. 219 f.

welchen Faktoren die Höhe korreliert. Auch soll überprüft werden, ob der sozioökonomische Status der Beschuldigten und die Einschaltung einer Verteidigerin die Einstellungswahrscheinlichkeit, insbesondere nach § 153a StPO, und die Auswahl der Auflagen bei § 153a StPO beeinflussen.

5 Das Strafbefehlsverfahren

Ein weiteres strafprozessuales Instrument, das unter dem Aspekt sozioökonomischer Ungleichheit problematisch sein kann, ist dasjenige des Strafbefehlsverfahrens gem. §§ 407 ff. StPO. Diese Verfahrensart, die, wie bereits die Opportunitätseinstellungen, der Entlastung der Justiz und Beschleunigung der Verfahren leichterer Massenkriminalität dient, ermöglicht, dass auf Antrag der Staatsanwaltschaft durch das Gericht eine Verurteilung ohne mündliche Verhandlung direkt nach dem Ermittlungsverfahren erfolgt.[272] Um die Problematik dieser Verfahrensart hinsichtlich sozioökonomischer Ungleichheiten verständlich zu machen, müssen zunächst die Bedeutung von Strafbefehlsverfahren in der Praxis, deren Ablauf sowie deren Voraussetzungen kurz erläutert werden.

5.1 Voraussetzungen

Durch einen Strafbefehl dürfen nur Geldstrafen (mit bestimmten Nebenfolgen wie einem Fahrverbot oder einer Einziehung) oder bei vorhandener Verteidigung auch zur Bewährung ausgesetzte Freiheitsstrafen bis zu einem Jahr verhängt werden, § 407 Abs. 2 StPO.[273] Das Strafbefehlsverfahren ist bei allen Vergehen dann zulässig, wenn die Staatsanwaltschaft die Hauptverhandlung vor dem Strafrichter[274] für nicht erforderlich erachtet,

---

[272] Auch nach Eröffnung des Hauptverfahrens kann in bestimmten Fällen, insbesondere bei Fehlen des Angeklagten in der Hauptverhandlung nach § 408a Abs. 1 StPO ein Strafbefehl erlassen werden.

[273] Von den 2015 von der Staatsanwaltschaft beantragten Strafbefehlen umfassten aber nur 0,9 % eine Freiheitsstrafe auf Bewährung, *Statistisches Bundesamt*, Fachserie 10, Reihe 2.6. Rechtspflege. Staatsanwaltschaften 2015, S. 26.

[274] Mit Ausnahme des § 408a StPO ist dies bei Verfahren vor dem Schöffengericht praktisch nicht mehr möglich, da die Rechtsfolgen, die die Zuständigkeit begründen (§ 25 GVG), in aller Regel nicht im Strafbefehl verhängt werden dürfen, *Eschelbach*, in:

§ 407 Abs. 1 StPO. In diesem Fall ist ein Strafbefehlsantrag aus Gründen der Verfahrensökonomie sogar eine Pflicht (§ 407 Abs. 1 S. 2 StPO und Nr. 175 Abs. 3 S. 1 RiStBV). Ein weiterer Grund dieses Vorrangs ist laut der Gesetzesbegründung außerdem, dass ein Strafbefehl häufig die für die Beschuldigten schonendere Form einer Bestrafung ohne belastende öffentliche Hauptverhandlung sei.[275] Eine Hauptverhandlung ist dann entbehrlich, wenn zu erwarten ist, dass das Ergebnis der Hauptverhandlung nicht von demjenigen des Ermittlungsverfahrens abweicht und durch diese keine Verbesserungen der Erkenntnismöglichkeiten erwartet werden.[276] Dies bedeutet, dass aus dem Akteninhalt eine einwandfreie Überzeugungsbildung über die Schuld möglich sein muss und die Strafzumessungstatsachen soweit aufgeklärt sein müssen, dass eine angemessene Bemessung der Sanktion möglich ist (vgl. auch Nr. 175 Abs. 3 S. 1 RiStBV).[277] Sieht das Gericht keinen hinreichenden Tatverdacht, lehnt es den Erlass ab, § 408 Abs. 2 StPO; hat es Bedenken gegenüber dem Erlass, kann es eine Einigung über das Strafmaß oder den Schuldspruch mit der Staatsanwaltschaft anstreben oder eine Hauptverhandlung anberaumen, § 408 Abs. 3 S. 2 StPO. Hegt das Gericht hingegen keine Bedenken, erlässt es den von der Staatsanwaltschaft beantragten und bereits mit den Rechtsfolgen versehenen Strafbefehl, § 408 Abs. 3 S. 1 StPO. Gegen den Strafbefehl kann gem. § 410 Abs. 1 StPO innerhalb von zwei Wochen Einspruch eingelegt werden, der im Falle seiner Zulässigkeit nach § 411 Abs. 1 StPO zur Durchführung der Hauptverhandlung führt.[278] Mit Ablauf der Einspruchsfrist entspricht der Strafbefehl einem rechtskräftigen Urteil, § 410 Abs. 3 StPO.

Handbuch für den Staatsanwalt, S. 948.

[275] BT-Drs. 10/1313, S. 34; *Meyer-Goßner/Schmitt*, StPO, § 407 Rn. 9. So ist auch aus Sicht der Verteidigung ein Strafbefehl als weniger belastende Alternative zur Hauptverhandlung erstrebenswert, wenn von einer Verurteilung auszugehen ist, *Schlothauer*, in: Münchener Anwaltshandbuch Strafverteidigung, S. 141 f.

[276] *Weßlau*, in: SK-StPO, § 407 Rn. 6; *Gössel*, in: LR-StPO, § 407 Rn. 49.

[277] BT-Drs. 10/1313, S. 34; *Fezer*, ZStW 1994, 1, 17; *Maur*, in: KK-StPO, § 407 Rn. 4.

[278] Nur bei einem auf die Rechtsfolgen beschränkten Einspruch kann das Gericht bei Zustimmung aller Beteiligten im Beschlusswege entscheiden, § 411 Abs. 1 S. 3 StPO.

5.2 Bedeutung und Probleme in der Rechtspraxis

Besondere Relevanz für das Erkenntnisinteresse dieser Untersuchung besitzen die Strafbefehlsverfahren wegen ihrer erheblichen Bedeutung bei der Bewältigung der alltäglichen leichteren Kriminalität in der Praxis: Bei den 2015 von der Staatsanwaltschaft erledigten Verfahren, die nicht nach § 170 Abs. 2 StPO eingestellt wurden, wurde, neben den restlichen Erledigungsarten (also insbesondere neben den Opportunitätseinstellungen) in 15 % der Fälle ein Antrag auf Erlass eines Strafbefehls gestellt und nur in 12 % der Fälle Anklage erhoben.[279] Das Strafbefehlsverfahren kommt dabei nur in solchen Verfahren in Betracht, bei denen andernfalls Anklage vor dem Strafrichter erhoben worden wäre; derartige Anklagen gab es sogar nur zu 7 %. Damit wurde in den Verfahren leichterer Kriminalität mehr als doppelt so häufig ein Strafbefehl erlassen, als Anklage erhoben wurde. In der aktuellen Strafverfahrenspraxis hat diese beschleunigte Art der Verfahrensbeendigung ohne Durchführung der Hauptverhandlung also eine immense Bedeutung. Im Vergleich dazu war im Jahr 1981 der Anteil an Anklageerhebungen (insgesamt) noch knapp 30 % größer als der der Strafbefehlsanträge.[280] Diese Entwicklung geht, zumindest, wenn die beantragten Strafbefehle im Regelfall von den Gerichten übernommen werden, mit einem weiteren Machtzuwachs der Staatsanwaltschaft einher, der neben die wachsende Anzahl von Opportunitätseinstellungen im Ermittlungsverfahren tritt.

Die Besonderheit des Strafbefehlsverfahrens besteht vor allem in der Ausnahme von dem Grundsatz, dass eine Verurteilung erst nach mündlicher Verhandlung vor dem erkennenden Gericht mit der Möglichkeit zur Verteidigung erfolgt.[281] Das Urteil erfolgt allein aufgrund des im Ermitt-

---

279 Errechnet aus *Statistisches Bundesamt*, Fachserie 10, Reihe 2.6. Rechtspflege. Staatsanwaltschaften 2015, S. 26.

280 Es gab 19,8 % Strafbefehlsanträge zu 27,4 % Anklagen bezüglich aller anklagefähigen Verfahren (da die Grundgesamtheit eine andere als die der hier zu 2015 genannten Zahlen ist, ist die Höhe der Prozentangaben von Heinz nicht vergleichbar mit den zu 2015 genannten Prozentangaben), *Heinz*, Das deutsche Strafverfahren. Rechtliche Grundlagen, rechtstatsächliche Befunde, historische Entwicklung und aktuelle Tendenzen, S. 28.

281 *Roxin/Schünemann*, Strafverfahrensrecht, S. 543; *Fezer*, ZStW 1994, 1, 19 f.

lungsverfahren zustande gekommenen schriftlichen Akteninhalts. Da in diesen Fällen eine Hauptverhandlung von Staatsanwaltschaft und Gericht als entbehrlich und damit die im Ermittlungsverfahren ermittelte Beweislage als eindeutig erachtet werden muss und den Beschuldigten außerdem eine einfache Rechtsschutzmöglichkeit (fristgerechter Einspruch ohne Begründungspflicht) zur Einleitung des Regelverfahrens offensteht, ist dies theoretisch erst einmal nicht problematisch. Hinzu kommt, dass Staatanwaltschaft und Gericht auch mit ihrer Beurteilung des Sachverhalts übereinstimmen müssen, sodass die Regelungen über das Strafbefehlsverfahren insgesamt rechtsstaatlich nicht zu beanstanden sind.[282]

Mit Blick auf sozioökonomische Ungleichheit zwischen Beschuldigten sind hier eher durch die Praxis bedingte Probleme zu erwarten: So ist es, trotz der im Strafbefehl enthaltenen Belehrung über die Einspruchsmöglichkeiten, gut denkbar, dass vor allem unverteidigte Beschuldigte aus bildungsfernen Gesellschaftsschichten aus Unverständnis oder Unsicherheit keinen Einspruch gegen ungerechte Strafbefehle einlegen.[283] Ein viel größeres, in der Literatur aber kaum beachtetes Fragezeichen stellt zudem die Bemessung von Geldstrafen in bestimmten Fallkonstellationen dar: Die Beschuldigten müssen im Ermittlungsverfahren nicht zur polizeilichen Vernehmung, sondern nur zur Vernehmung durch die Staatsanwaltschaft oder dem Ermittlungsrichter erscheinen (§§ 163a Abs. 3, 133 f. StPO).[284] Kommen diese jedoch nicht zur polizeilichen Beschuldigtenvernehmung, fehlt auch ihre Vernehmung zu den Personalien. Da hiernach erwartungsgemäß keine weitere Vernehmung, etwa durch die Staatsanwaltschaft selbst, folgen wird, liegen der Staatsanwaltschaft im rein schriftlichen Strafbefehlsverfahren dann regelmäßig keine Informationen zur Bemessung der Tagessatzhöhe der Geldstrafe gemäß des Nettoeinkommensprinzips vor. Da diese Problematik der Strafbefehlsverfahren erst in Kombination mit der Verhängung einer Geldstrafe entsteht, wird sie sogleich ausführlicher in dem folgenden Kap. 6.5 zur Geldstrafe behandelt.

---

[282] Vgl. BVerfG NJW 1954, 427; NJW 1969, 1103; NStZ-RR 1997, 70; *Maur*, in: KK-StPO, Vor §§ 407 ff. Rn. 3; *Müller*, Das Strafbefehlsverfahren, S. 137; *Fezer*, ZStW 1994, 1, 21, der dies allerdings nur für die Verhängung von Geldstrafen so sieht.

[283] Vgl. *Hass*, NJW 1972, 1223, 1224; *Roxin/Schünemann*, Strafverfahrensrecht, S. 543.

[284] *Kindhäuser*, Strafprozessrecht, S. 66; *Roxin/Schünemann*, Strafverfahrensrecht, S. 194.

6 Die Geldstrafe

Ein Aspekt des Strafverfahrens, der unmittelbar mit den finanziellen Ressourcen einer Person in Zusammenhang gebracht werden kann, ist die Geldstrafe. Im folgenden Abschnitt sollen zuerst kurz das Vorkommen und die Funktion der Geldstrafe dargestellt werden, um sodann das für den Ausgleich von ökonomischer Ungleichheit bedeutsame Tagessatzsystem näher zu beleuchten. Dieses soll zu Beginn generell und anschließend unter dem besonderen Blickwinkel der Armut von Angeklagten erläutert werden. In einem zweiten Schritt wendet sich dieser Teil der praktisch relevanten Möglichkeit der Schätzung des Nettoeinkommens zu. Dabei werden insbesondere die Bedeutung dieser Schätzungsmöglichkeit und die möglichen praktischen Probleme einer gerechten Geldstrafenzumessung innerhalb der von Erledigungsdruck geprägten Verfahrenserledigung durch Strafbefehlserlasse erläutert.

6.1 Vorkommen und Funktion

Die steigende Bedeutung der Geldstrafe ist kein neues Phänomen: Ihr Anteil stieg von 25,3 % im Jahr 1882 über 53 % im Jahr 1913 bis auf 65,5 % im Jahr 1923. Ihr stetiger Anstieg ist auf die beständige Erweiterung des Anwendungsbereichs durch die Rechtspraxis sowie die Einführung der Ersatzgeldstrafe für Freiheitsstrafen unter 3 Monaten zurückzuführen (§ 27b RStGB).[285] Bis 1968 schwankte ihr Anteil um 60 % und stieg nach der Strafrechtsreform in 1969 auf ganze 83,9 % im Jahr 1970.[286] Durch diese Reform wurde die kurze Freiheitsstrafe zur Ausnahme gemacht und die freie Wahlmöglichkeit zwischen Geld- oder kurzer Freiheitsstrafe, die die Gerichte bei der Ersatzgeldstrafe noch besaßen, beseitigt.[287] Die eingeführte Regelung zur kurzen Freiheitsstrafe als „ultima ratio“ entspricht dem heutigen § 47 StGB. Seitdem ist der Anteil der Geldstrafen recht konstant geblie-

---

285 *Wilde*, Armut und Strafe, S. 56.

286 *Albrecht*, Strafzumessung und Vollstreckung bei Geldstrafen, S. 2 f. Einen historischen Abriss über die Geldstrafe gibt es etwa bei, *Paul*, ZfRs 2012, 131, 134 ff. und mit dem Augenmerk auf das Prinzip der Opfergleichheit bei *Wilde*, Armut und Strafe, S. 44 ff.

287 *Albrecht*, Strafzumessung und Vollstreckung bei Geldstrafen, S. 6; *Meier*, Strafrechtliche Sanktionen, S. 47.

ben – laut Strafverfolgungsstatistik wurden beispielsweise 2002 80 % der nach allgemeinem Strafrecht Verurteilten zu einer Geldstrafe und 20 % zu einer Freiheitsstrafe verurteilt; 2015 wurde zu 84 % eine Geldstrafe und zu 16 % eine Freiheitsstrafe verhängt.[288] Das Strafübel der Geldstrafe besteht in dem Entzug von Geld und der mittelbar damit einhergehenden Verringerung des Lebensstandards durch Einschränkung von Konsum und Bedürfnisbefriedigung.[289] Im Unterschied zur Freiheitsstrafe reißt sie die Verurteilten nicht aus ihren sozialen und wirtschaftlichen Bezügen und wirkt damit nicht so entwurzelnd und entsozialisierend. Daneben ist sie diskreter und weniger stigmatisierend als eine Freiheitsstrafe.[290] Geldstrafen lassen sich bei einem Fehlurteil besser rückgängig machen und sind für den Staat darüber hinaus ökonomischer als der kostenintensive Vollzug von Freiheitsstrafen, da sie (fast) kein Geld kosten,[291] und stattdessen gar welches einbringen.[292]

Die ökonomische Dimension dieses Sanktionsinstruments liegt auf der Hand: Je nach den finanziellen Ressourcen der Verurteilten, kann sich der Entzug von Geld höchst ungleich auswirken. Diese Schwierigkeit versuchte der Gesetzgeber durch die Einführung des Tagessatzsystems zu lösen. Dieses soll im Folgenden zunächst kurz allgemein und dann unter dem Blickwinkel der Armut von Angeklagten dargestellt werden.

6.2 Tagessatzsystem, § 40 StGB

Das Tagesatzsystem wurde nach skandinavischem Vorbild durch das 2. StrRG von 1969 eingeführt, welches 1975 in Kraft trat. Es soll zumindest annähernde Opfergleichheit bei den zu einer Geldstrafe Verurteilten ermög-

---

[288] *Statistisches Bundesamt*, Fachserie 10, Reihe 3. Rechtspflege. Strafverfolgung 2015, S. 160, 196; *Statistisches Bundesamt*, Fachserie 10, Reihe 3. Rechtspflege. Strafverfolgung 2002, Abschnitt 2.3 (S. 76).

[289] *Meier*, Strafrechtliche Sanktionen, S. 64; *Häger*, in: LK-StGB, Vor §§ 40 ff. Rn. 44; *Radtke*, in: MüKo-StGB, § 40 Rn. 11.

[290] *Meier*, Strafrechtliche Sanktionen, S. 64; *Mitsch*, JA 1993, 304; *Häger*, in: LK-StGB, Vor §§ 40 ff. Rn. 46 f.; *Kintzi*, DRiZ 2001, 198, 199.

[291] Mit Ausnahme der möglichen Kosten, die die notwendige Arbeitskraft zur Beitreibung der Geldstrafe aufwirft.

[292] *Mitsch*, JA 1993, 304; *Kintzi*, DRiZ 2001, 198, 199.

lichen.[293] Nach dem Tagessatzprinzip wird die Geldstrafenbemessung gem. § 40 StGB in zwei Schritte unterteilt: Zunächst erfolgt die Strafzumessung im engeren Sinne, bei der die Anzahl der Tagessätze nach den allgemeinen Strafzumessungsgrundsätzen entsprechend dem Unrechts- und Schuldgehalt der Tat festgelegt wird.[294] Die Höhe der Tagessätze wird dann nach der persönlichen und wirtschaftlichen Situation der Angeklagten in der Regel mittels des täglich erzielten Nettoeinkommens bestimmt, § 40 Abs. 2 StGB. Aus der verhängten Geldstrafe geht damit sowohl die Schuld der Verurteilten als auch deren wirtschaftliche Situation hervor. Vor der Tagessatzsystemreform war die Geldstrafe eine Geldsummenstrafe, bei der zwar aus Gesichtspunkten der Straf- bzw. Opfergleichheit[295] auch die wirtschaftliche Situation der Angeklagten zu berücksichtigen war (§ 27c StGB a.F.), die konkrete Bewertung von wirtschaftlicher Lage und Schuld aber intransparent blieb.[296]

Die Höhe eines Tagessatzes berechnet sich nach den persönlichen und wirtschaftlichen Verhältnissen des Täters und beträgt der Regel nach etwa 1/30 des Nettoeinkommens, wobei sie mindestens 1 € und höchstens 30 000 € betragen darf, § 40 Abs. 1 und 2 StGB. Die Bestimmung der Tagessatzhöhe ist eine Ermessensentscheidung des Gerichts, die von der Revisionsinstanz bis an die Grenzen des Vertretbaren hingenommen wer-

293 BGH NJW 1977, 442; *Radtke*, in: MüKo-StGB, § 40 Rn. 2; *Häger*, in: LK-StGB, Vor §§ 40 Rn. 10; *Zipf*, ZStW 1974, 514, 516.

294 Daneben ist die Berücksichtigung präventiver Aspekte im Rahmen der Spielraumtheorie möglich, *Radtke*, in: MüKo-StGB, § 40 Rn. 1; *Häger*, in: LK-StGB, Vor §§ 40 ff. Rn. 51; *Meier*, Strafrechtliche Sanktionen, S. 68 f.; *Kinzig/Stree*, in: Sch/Sch-StGB, § 40 Rn. 4.

295 Der Begriff der Opfergleichheit im Zusammenhang mit der Wirkung von Geldstrafen stammt daher, dass der Begriff des „Opfers" im formellen und materiellen Straf- sowie Sanktionenrecht einen Bedeutungswandel erfahren hat. Bei der Einführung des Tagessatzsystems waren die Verletzten, an die man heute zuallererst bei der Bezeichnung „Opfer" denkt, außerhalb des Fokus der Strafrechtswissenschaft. Der Begriff der Opfergleichheit i.d.S. bezieht sich deshalb auf die Verurteilten und wird als ein feststehender Begriff in diesem Zusammenhang auch in dieser Arbeit verwendet. Zur Entwicklung der Opferschutzrechte im Strafprozess etwa *Schroth/Schroth*, Die Rechte des Opfers im Strafprozess, S. 1 ff.; zur Bedeutung des Opfers im Sanktionen- und Strafrecht etwa *Hörnle*, JZ 2006, 950 ff.; *Meier*, Strafrechtliche Sanktionen, S. 37 ff.

296 Denn bei vermögenderen Beschuldigten muss die Geldsummenstrafe bei gleicher Schuld höher ausfallen als bei ärmeren, *Mitsch*, JA 1993, 304, 308.

den muss.[297] Allerdings müssen zumindest die Tatsachen, auf deren Grundlage die Bemessung vorgenommen wurde, aus dem Urteil hervorgehen, sodass eine Prüfung von Ermessensfehlern möglich ist.[298] Der Nettoeinkommensbegriff des § 40 StGB ist kein steuerrechtlicher, sondern originär strafrechtlich. Er umfasst alle Einnahmen des Täters, also auch Einkünfte aus Kapitalvermögen, Arbeitslosengeld oder Sozialhilfe (auch in Form von Sachbezügen) sowie das Arbeitsentgelt Strafgefangener.[299] Maßgeblicher Berechnungszeitpunkt ist die letzte tatrichterliche Hauptverhandlung.[300] Da durch die Geldstrafe ihrer Bestimmung nach nur eine zeitweise finanzielle Einbuße verursacht und nicht Teile vorhandenen Vermögens konfisziert werden sollen, sollen zumindest kleinere und mittlere Vermögen bei der Bestimmung des Nettoeinkommens an sich nicht mitberücksichtigt werden.[301] So stünden der Berücksichtigung von Vermögen auch praktische Schwierigkeiten im Weg, da Angaben hierzu freiwillig sind. Über diese freiwilligen Angaben hinaus zu ermitteln wäre nicht nur schwierig, sondern würde viele Verfahren unverhältnismäßig verlängern.[302] Allerdings soll zumindest bei sehr guter Vermögenslage der Angeklagten höhere Tagessätze als das tägliche Nettoeinkommen gewählt werden können, um sicherzustellen, dass auch bei diesen eine Strafwirkung eintritt, und um zumindest eine annähernd gleiche Wirkung der Geldstrafe (Opfergleichheit) bei den Verurteilten zu schaffen.[303] Vom Nettoeinkommen abzuziehen sind Unterhaltspflichten gegenüber Dritten.[304] Verpflichtungen für die Grundbedürf-

---

[297] BGH NJW 1977, 1459, 1460; 1978, 228; *Häger*, in: LK-StGB, § 40 Rn. 21.

[298] BayOLG NJW 1986, 2842; *Fischer*, StGB, § 40 Rn. 22 (m.w.N.).

[299] Von diesen Einkünften sind dann die Steuern, Sozialabgaben und vergleichbare Ausgaben (etwa die für eine private Krankenversicherung), Betriebsausgaben und Werbungskosten abzuziehen, *Häger*, in: LK-StGB, § 40 Rn. 26 f.; *Fischer*, StGB, § 40 Rn. 7; *Meier*, Strafrechtliche Sanktionen, S. 71; *Frank*, JA 1976, 235, 241.

[300] Ist jedoch eine wesentliche Änderung der Einkommenssituation sicher absehbar, dann ist auf die Zeit abzustellen, in der die Geldstrafe gezahlt werden muss, *Meier*, Strafrechtliche Sanktionen, S. 72; *Frank*, JA 1976, 235, 242.

[301] *Meier*, Strafrechtliche Sanktionen, S. 73; *Fischer*, StGB, § 40 Rn. 12; *Stree/Kinzig*, in: Sch/Sch-StGB, § 40 Rn. 13.

[302] *Stree/Kinzig*, in: Sch/Sch-StGB, § 40 Rn. 13; *Krehl*, NStZ 1988, 62.

[303] *Frank*, MDR 1979, 99, 100 f.; *Häger*, in: LK-StGB, § 40 Rn. 62; *Lackner u. a.*, StGB, § 40 Rn. 12.

[304] *Meyer*, MDR 1976, 274, 277; *Häger*, in: LK-StGB, § 40 Rn. 54, als Faustregel gibt

nisse des Lebens (etwa Essen oder Wohnen) dürfen im Rahmen des Nettoeinkommensprinzips dagegen nicht abgezogen werden.[305] Die Berücksichtigungsfähigkeit sonstiger privater Kosten und Lasten ist unklar.[306] In der Praxis wird danach differenziert, ob die eingegangenen Verbindlichkeiten einer angemessenen und vorausschauenden Lebensplanung entspringen.[307] Schließlich besteht die Möglichkeit, in bestimmten Fällen auf das hypothetische Nettoeinkommen abzustellen, das die Angeklagten tatsächlich erwerben könnten, § 40 Abs. 2 S. 2 StGB. Diese Option wird vor allem auch bei extrem armen Angeklagten relevant und deswegen später im 1. Teil Kap. 6.4.2.2 genauer erläutert.

6.3 Zahlungserleichterungen, § 42 StGB

Nach der Bemessung von Tagessatzzahl und -höhe entscheidet das Gericht in einem dritten Strafzumessungsschritt von Amts wegen über die Gewährung von Zahlungserleichterungen gem. § 42 StGB.[308] Diese Möglichkeiten zur Gewährung von Ratenzahlung oder Stundung direkt im Urteil (bzw. Strafbefehl) wurde ebenfalls durch das 2. StrRG von 1969 eingeführt.[309]

---

es das Modell *Tröndles*, nach dem für den einkommenslosen Partner etwa 20 % und für die unterhaltspflichtigen Kinder jeweils 10 % – mit möglichen Abweichungen im Einzelfall – abzuziehen sind.

305 *Meier*, Strafrechtliche Sanktionen, S. 72; *Häger*, in: LK-StGB, § 40 Rn. 57.

306 *Mitsch*, JA 1993, 304, 309.

307 Etwa Verbindlichkeiten aus dem Erwerb von Wohn- oder Hauseigentum oder aus einer private Altersvorsorge, *Fischer*, StGB, § 40 Rn. 15; *Krehl*, NStZ 1989, 463; ausführlich zur genauen Bestimmung des Nettoeinkommens etwa *Radtke*, in: MüKo-StGB, § 40 Rn. 49ff; *Häger*, in: LK-StGB, § 40 Rn. 26 ff. Da dieses Vorgehen die Gefahr einer Sanktionierung ungewöhnlicher oder unliebsamer Lebensstile berge, wird teilweise vorgeschlagen, stattdessen lediglich darauf abzustellen, ob die Verbindlichkeiten den Lebensstandard der Verurteilten in dem Zahlungszeitraum der Geldstrafe faktisch beschränken ohne mit einem gleichzeitigen Gebrauchsvorteil einherzugehen oder aber einzig darauf, ob die Belastung außergewöhnlich sei und nicht regelmäßig jedermann treffe, so etwa *von Selle*, Gerechte Geldstrafe, S. 207 ff.; *Meyer*, MDR 1976, 274, 276; MDR 1981, 275, 278; *Meier*, Strafrechtliche Sanktionen, S. 74.

308 Die Entscheidung wird entweder als dritter Akt der Geldstrafenzumessung (*Radtke*, in: MüKo-StGB, § 42 Rn. 6) oder aber als vorweggenommener oder vorbereitender Strafzumessungsakt eingeordnet (*Meier*, Strafrechtliche Sanktionen, S. 76; *Albrecht*, in: NK-StGB, § 42 Rn. 10).

309 *Fischer*, StGB, § 42 Rn. 1.

Sie dient der Vermeidung von Ersatzfreiheitsstrafen und trägt dem Umstand Rechnung, dass es für viele Verurteilte unmöglich oder unzumutbar ist, die vollständige Geldstrafe auf einmal zu zahlen.[310] Sie hat also auch den Zweck der Optimierung der Opfergleichheit bei den Verurteilten, indem sie die systemimmanenten Härten des Nettoeinkommensprinzips für arme Verurteilte ausgleichen soll (siehe zu diesen Härten das folgende Kap. 6.4).[311] Ist die sofortige Zahlung den Verurteilten nach ihren persönlichen und wirtschaftlichen Verhältnissen nicht zumutbar, so hat das Gericht – ohne eigenen Ermessensspielraum – Zahlungserleichterungen zu ermöglichen, § 42 S. 1 StGB.[312] § 42 StGB gilt auch im Vollstreckungsrecht, § 459a Abs. 1 StPO; in diesem Fall sind allerdings die Rechtspfleger für die Entscheidung zuständig.[313] Die Anordnung von Zahlungserleichterungen kommt insbesondere dann in Betracht, wenn die Verurteilten die Strafe nicht aus dem laufenden Einkommen oder aus Ersparnissen bezahlen können.[314] Dies wird regelmäßig bei vermögenslosen Verurteilten und oft auch bereits bei Verurteilungen mit mehr als 30 Tagessätzen der Fall sein.[315] Die Höhe der Raten sollte dabei nicht von angemessenen Tilgungszeiträumen[316] abhängig gemacht werden, sondern allein an die wirtschaftlichen Leistungsfähigkeit der

---

310 *Albrecht*, in: NK-StGB, § 42 Rn. 1; *Meier*, Strafrechtliche Sanktionen, S. 76.

311 *Radtke*, in: MüKo-StGB, § 42 Rn. 3; *Stree/Kinzig*, in: Sch/Sch-StGB, § 42 Rn. 1.

312 OLG Köln NJW 1977, 307, 308; OLG Stuttgart StV 1993, 475; *Fischer*, StGB, § 42 Rn. 5a; *Albrecht*, in: NK-StGB, § 42 Rn. 6. Zu den Ausnahmen bei Zahlungsunfähigkeit oder -unwilligkeit, siehe im Folgenden 1. Teil Kap. 6.4.4.

313 Grundsätzlich ist die Staatsanwaltschaft die Strafvollstreckungsbehörde, § 451 StPO. Die Vollstreckung der Geldstrafe wird aber den Rechtspflegern übertragen, § 31 Abs. 2 RPflG.

314 *Häger*, in: LK-StGB, Vor §§ 40ff Rn. 53; *Albrecht*, in: NK-StGB, § 42 Rn. 4; *Radtke*, in: MüKo-StGB, § 42 Rn. 11.

315 Vgl. *Tröndle*, ZStW 1974, 545, 554; *Heghmanns*, NStZ 1994, 519, 520; *Häger*, in: LK-StGB, Vor §§ 40ff Rn. 53. Dabei darf mit Blick auf niedrige Einkommen jedoch nicht andersherum angenommen werden, dass die sofortige Zahlung einer Geldstrafe unter dreißig Tagessätzen regelmäßig zumutbar sei, *Hartmann*, in: HK-GS, § 42 Rn. 3; *Albrecht*, in: NK-StGB, § 42 Rn. 5.

316 Was eine solche angemessene Tilgungsdauer sein soll, ist allerdings unklar und die Meinungen gehen von dem zwei- bis dreifachem der Tagessatzzahl über 2 Jahre bis zur generellen Ablehnung einer solchen Grenze, siehe hierzu LG Berlin, StV 2002, 33 f. (m.w.N.); siehe hierzu auch im Folgenden 1. Teil Kap. 6.4.2.2.

Verurteilten angepasst werden.[317] Das Urteil kann eine Klausel enthalten, nach der die Zahlungserleichterungen nach S. 1 entfallen, wenn eine Frist nicht eingehalten wird, § 42 S. 2 StGB. Darüber hinaus können Zahlungserleichterungen auch zur Sicherung von Wiedergutmachungsansprüchen der Opfer gegen die Verurteilten angeordnet werden, § 42 S. 3 StGB.

6.4 Geldstrafen bei armen Angeklagten

Für das Untersuchungsthema ist vor allem auch die Frage relevant, wie die Geldstrafe nach dem Tagessatzsystem bei armen Angeklagten bemessen wird. Die Frage gewinnt dadurch an zusätzlicher Relevanz, dass laut der Strafverfolgungsstatistik Arme den Großteil der zu Geldstrafen Verurteilten ausmachen. Bei 2,5 % aller im Jahr 2015 verhängten Geldstrafen wurden Tagessatzhöhen zwischen 1 € und 5 € verhängt. Tagessatzhöhen zwischen 6 € und 10 € machten 36,4 % aus. Der Großteil der Tagessätze, 40,3 %, entfiel auf Beträge zwischen 11 € und 25 €. Das „höhere Spektrum“ wird dagegen selten ausgeschöpft: Tagessätze von 26 € bis 50 € wurden in 19,5 % der Fälle verhängt und Tagessätze über 50 € sogar nur bei 1,3 %.[318] Errechnet man hieraus das Nettoeinkommen anhand des Regelsatzes aus § 40 Abs. 2 S. 2 StGB, so hätten lediglich 1,3 % der zu einer Geldstrafe Verurteilten ein Nettoeinkommen von über 1500 € bezogen und nur knappe 20 % eines zwischen 780 € und 1500 €.[319] Mehr als zwei Drittel der Verurteilten hätten damit ein (strafrechtliches) Nettoeinkommen besessen, das unter 780 € liegt, wenn die Tagessätze starr nach dem gesetzlichen Regelsatz bemessen worden wären. Legt man zur Veranschaulichung beispielsweise die Armutsrisikogrenze aus 2015 zugrunde, dann würde das Einkommen, das diese Grenze 2015 markierte und das als 1064 € berechnet wurde (siehe hierzu bereits 1. Teil Kap. 1.2), nach dem Regelsatz des § 40 Abs. 2 StGB bereits zu Tagessätzen à 35 € führen. Dabei ist zwar zu berücksichtigen, dass vom Nettoeinkommen bestimmte Belastungen wie

---

[317] LG Berlin, StV 2002, 33 f.; *Albrecht*, in: NK-StGB, § 42 Rn. 7; *Radtke*, in: MüKo-StGB, § 42 Rn. 21; a.A. OLG Düsseldorf StV 1999, 387 f. (m.w.N.) (siehe hierzu auch im Folgenden 1. Teil Kap. 6.4.4).

[318] *Statistisches Bundesamt*, Fachserie 10, Reihe 3. Rechtspflege. Strafverfolgung 2015, S. 201 ff.

[319] Wenn ein Tagessatz dem täglichen Nettoeinkommen entspräche (§ 40 Abs. 2 S. 2 StGB).

Unterhaltszahlungen abzuziehen sind und es (im Folgenden näher zu erläuternde) Möglichkeiten und Erfordernisse zur Senkung der Tagessatzhöhe bei sehr armen Beschuldigten gibt, sodass das tatsächliche (steuerrechtliche) Nettoeinkommen in vielen Fällen höher ausfallen wird. Doch auch unter Einbeziehung dieses Umstandes sind die den Tagessätzen zugrundeliegenden Nettoeinkommen außerordentlich gering. Die Bemessung der Tagessatzhöhe bei armen Beschuldigten ist damit eine für die Rechtspraxis besonders relevante Thematik.

Die Häufigkeit der in der Praxis verhängten niedrigen Tagessatzzahlen offenbart daneben nach Ansicht Einiger bereits eine elementare Schwäche des praktizierten Geldstrafensystems. Denn deren (opfergleiche) Wirkung ist freilich von der Richtigkeit der zugrunde gelegten Bemessungstatsachen abhängig. Mit Blick auf ihr Einkommen oder ihr Vermögen trifft die Angeklagten allerdings keine Verpflichtung zu wahrheitsgemäßen Angaben. Dies führt dazu, dass sich die Gerichte und Staatsanwaltschaften auf die Richtigkeit dieser Angaben nicht verlassen können.[320] Der Schluss liegt also nahe, dass der verschwindend geringe Anteil hoher Tagessätze auf teilweise falsche Angaben der Angeklagten und die mangelhafte Aufklärung solcher Falschangaben zurückzuführen ist.[321] Denn wegen des ständigen Zeitmangels und hohen Erledigungsdrucks ist es wahrscheinlich, dass in der Praxis bei vorhandenen Angaben der Angeklagten kaum nachermittelt wird.[322] So ist eine gerechte Bemessung der Geldstrafe jedoch kaum möglich. Denn hiervon profitieren vor allem Besserverdienende und diejenigen, die unrichtige Angaben machen.[323] Armen Angeklagten würde es dagegen schaden, würden sie ihre tatsächlichen Einkommensverhältnisse verschleiern.

---

320 *Kohlmann*, in: Seebode (Hrsg.), § 40 Abs. 2 und 3 StGB – in Steuerstrafverfahren bedeutungslos?, S. 257; *Kintzi*, DRiZ 2001, 198, 200; *Stöckel*, in: Verhandlungen des 59. DJT, O31: „Nirgends wird in der Praxis so viel gelogen wie bei der Frage der Einkommensverhältnisse."

321 Denn eine solche Einkommenslage soll der Realität vor den Strafgerichten nicht entsprechen, *Schöch*, in: Ständige Deputation des Deutschen Juristentages (Hrsg.), Gutachten C: Empfehlen sich Änderungen und Ergänzungen bei den strafrechtlichen Sanktionen ohne Freiheitsentzug?, C26 f.

322 *Kintzi*, DRiZ 2001, 198, 200; *Stöckel*, in: Verhandlungen des 59. DJT, O31; *Frank*, JA 1976, 235, 243.

323 *Frank*, JA 1976, 235, 243; *Kintzi*, DRiZ 2001, 198, 201.

Diese Problematik ist zwar mehr in der praktischen Durchführung begründet, als in der gesetzlichen Konzeption der Geldstrafe. Doch ist es auch bereits aus theoretischer Perspektive nötig, für arme Angeklagte bei der Geldstrafenbemessung Ausnahmen zu machen, um eine annähernd gleiche Strafwirkung zwischen armen und begüterten Verurteilten zu gewährleisten. Im folgenden Abschnitt wird deshalb dargestellt und erörtert, an welchen Punkten der Strafzumessung die Armut der Angeklagten besonders zu berücksichtigen ist, und weshalb sich die Geldstrafe in ihrer aktuellen Ausgestaltung und Anwendung besonders einschneidend bei armen Verurteilten auswirkt.

6.4.1 Anzahl der Tagessätze

Bereits beim ersten Strafzumessungsakt, der Festsetzung der Anzahl an Tagessätzen, kann in bestimmten Konstellationen die wirtschaftliche Situation der Angeklagten eine Rolle spielen. Dies gilt allerdings nur bei solchen Delikten, bei denen sich Armut zur Tatzeit schuldmildernd auswirken kann, etwa bei einem Diebstahl aus wirtschaftlicher Not.[324] Darüber hinaus sind die wirtschaftlichen Verhältnisse auf dieser Stufe unbeachtlich und dürfen insbesondere nicht mit in den Blick genommen werden, um am Ende der Strafzumessung eine bestimmte Geldstrafensumme zu erreichen.[325]

6.4.2 Höhe der Tagessätze

Die Armut der Angeklagten ist regelmäßig erst im zweiten Strafzumessungsschritt, der Tagessatzhöhenbemessung, ausschlaggebend. Dabei hängen die Wirkung und Opfergleichheit der Geldstrafen von der richtigen Bemessung der Tagessatzhöhe ab: ist diese viel zu niedrig, kann sie vollkommen wirkungslos sein; ist sie deutlich zu hoch, kann sie entsozialisierend und kriminogen wirken.[326] Das vom Gesetzgeber gewählte Zumessungsmo-

---

324 *Häger*, in: LK-StGB, Vor §§ 40 ff. Rn. 51; *Driendl*, ZStW 1976, 1137, 1147; *Meyer*, MDR 1981, 275.

325 *Fischer*, StGB, S. § 40 Rn. 4; *Häger*, in: LK-StGB, Vor §§ 40 ff. Rn. 51; § 40 Rn. 18; *Zipf*, ZStW 1974, 514, 516; a.A. *Vogler*, JR 1978, 353, 355, der das Problem, dass nach dem Nettoeinkommensprinzip bemessene Geldstrafen bei Armut oder hoher Tagessatzzahl entsozialisierend wirken können, bereits hier als spezialpräventiven Aspekt berücksichtigen will.

326 *Häger*, in: LK-StGB, Vor §§ 40 ff. Rn. 42 ff.

dell des Nettoeinkommensprinzips macht es dabei erforderlich, dass gerade bei armen Angeklagten Ausnahmen von diesem Modell nötig sind, um zumindest annähernde Opfergleichheit bei der Strafwirkung zu gewährleisten.

6.4.2.1 Nettoeinkommensmodell statt Einbußeprinzip

Bei der Einführung des Tagessatzsystems wich der Gesetzgeber mit der Einführung des Nettoeinkommensmodells sehr kurzfristig von seinem ursprünglichen Plan, der Einführung des sog. Einbußeprinzips nach skandinavischem Vorbild, ab, welches eine sozioökonomisch gerechtere Alternative zum Nettoeinkommensprinzip darstellt.[327] Im ursprünglichen Entwurf zu § 40 StGB hieß es noch i.S.d. Einbußeprinizps: „Ferner hat er [der Richter] die Höhe eines Tagessatzes unter Berücksichtigung der persönlichen und wirtschaftlichen Verhältnisse des Täters festzusetzen. Als Tagessatz ist derjenige als Bewertungseinheit gedachte Geldbetrag aufzufassen, dessen Einbuße dem Täter aufgrund seiner erzielbaren Einkünfte, seines verwertbaren Vermögens und seines tatsächlichen Lebenszuschnitts unter Berücksichtigung seiner Unterhalts- und sonstigen angemessenen Zahlungsverpflichtungen sowie seiner persönlichen Verhältnisse im Durchschnitt täglich zuzumuten ist."[328] Beim Einbußeprinzip verbleibt den Verurteilten also trotz Geldstrafe das notwendige Einkommen zur Befriedigung ihrer Grundbedürfnisse. Das geltende Nettoeinkommensprinzip dagegen berücksichtigt keinen notwendigen Selbstbehalt zum Leben (wie etwa Mietzahlungen), sondern kann das gesamte täglich erzielte Nettoeinkommen (nach Subtraktion der wenigen abzugsfähigen Belastungen) abschöpfen.[329] Es führt damit

[327] *Radtke*, in: MüKo-StGB, § 40 Rn. 4; *Meier*, Strafrechtliche Sanktionen, S. 69. Österreich hingegen hat bei der zu Deutschland gleichzeitigen Einführung des Tagessatzsystems 1975 das Einbußeprinzip übernommen (§ 19 ÖStGB) – siehe hierzu etwa *Brustbauer*, JR 1978, 100 ff.; *Driendl*, in: Jescheck/Grebing (Hrsg.), Entwicklung und Neuregelung der Geldstrafe nach dem Tagessatzsystem in Österreich, S. 663 ff. Zum Geldstrafensystem europäischer Länder im Vergleich, *Albrecht*, in: Hilgendorf/Rengier (Hrsg.), Festschrift für Wolfgang Heinz zum 70. Geburtstag, S. 565 ff.

[328] BT-Drs. V/4095, S. 20. Der Entwurf, der das Einbußeprinzip anwendet, war Ausfluss der Ergebnisse zwei großer Strafrechtskommissionen aus den 1950er und 1960er Jahren, deren Arbeit durch den Gesetzgeber durch die Einführung des Nettoeinkommensprinzips kurzfristig über Bord geworfen wurde, *Wilde*, Armut und Strafe, S. 70 ff.

[329] *Horn*, JZ 1974, 287 f.; *Radtke*, in: MüKo-StGB, § 40 Rn. 5; *Meier*, Strafrechtliche Sanktionen, S. 70.

regelmäßig zu höheren Tagessätzen als das Einbußeprinzip. Das Argument des Gesetzgebers für die Wahl des Nettoeinkommensprinzips hatte allerdings nichts mit dem Gedanken der Schaffung gleicher Strafwirkung bei Armen und Begüterten zu tun. Es bestand lediglich die Befürchtung, dass die Geldstrafen nach Einführung des Tagessatzsystems unter Zugrundelegung des Einbußeprinzips zu stark absinken würden im Vergleich zu den vorherigen Geldsummenstrafen und so die generalpräventive Wirkung der Geldstrafen geschmälert bzw. unterbunden werden könnte.[330]

Eine konsequente Anwendung des Nettoeinkommensprinzips kann jedoch insbesondere bei armen und unvermögenden Verurteilten, die nahe des Existenzminimums leben – etwa Empfänger von ALG II oder Leistungen nach dem AsylbLG – unverhältnismäßig und entsozialisierend wirken. Denn diese sind strukturell deutlich härter betroffen als Normal- oder Besserverdiener, die auf Rücklagen oder die Aufnahme eines Kredits zurückgreifen können.[331] Hingegen werden Geringverdienende deutlich seltener und in geringerem Umfang auf Ersparnisse zurückgreifen können, mit denen die Zeit der Geldstrafenvollstreckung überbrückt werden kann.[332] Das Nettoeinkommensprinzip lässt aber die Zumutbarkeit der Geldstrafenzahlung (erst einmal) unberücksichtigt und kann so den Verurteilten finanziell mehr abverlangen als diese aufzubringen in der Lage sind.[333] Schließlich müssen elementare Ausgaben wie etwa solche für Miete und Essen trotz Geldstrafe weiterhin erbracht werden. Auch unabhängig von (nicht) vorhandenem Vermögen wird es Verurteilten mit geringeren Einkommen schwerer fallen (oder diesen gar unmöglich sein), trotz Geldstrafe die notwendigen Dinge für eine angemessene Lebensführung zu beschaffen, als wohlhabenderen Verurteilten nach Abzug des gleichen Anteils ihres Nettoeinkommens.[334] Das Nettoeinkommensprinzip an sich führt somit bereits, trotz Berücksichtigung der wirtschaftlichen Verhältnisse, zu einer erheb-

---

[330] Bei den Verkehrsdelikten, die bis dato den Hauptanwendungsfall der Geldstrafen darstellten, waren Straftaxen etabliert, die etwa auf ein Monatsnettoeinkommen hinausliefen, *Frank*, JA 1976, 235, 240; *Häger*, in: LK-StGB, § 40 Rn. 25.

[331] OLG Stuttgart StV 1993, 364; *Fischer*, StGB, § 40 Rn. 11a; *Wilde*, Armut und Strafe, S. 88 ff.

[332] *Mitsch*, JA 1993, 304, 305.

[333] *Meier*, Strafrechtliche Sanktionen, S. 70.

[334] *Meier*, Strafrechtliche Sanktionen, S. 65; *Radtke*, in: MüKo-StGB, § 40 Rn. 7.

lich ungleichen Strafhärte bei armen und begüterten Verurteilten. Ein Ausgleich dieser ungleichen Strafwirkung ist dabei auch nicht immer durch die Gewährung von Zahlungserleichterungen nach § 42 StGB möglich, weil diese Handhabung ausschließlich bei armen Verurteilten eine zeitlich sehr lange Belastung durch die Strafe verursacht.[335] Insbesondere sehr arme Verurteilte, die ohnehin bereits prekär und unter ständigem Geldmangel leben, werden so (vor allem bei höheren Tagessatzzahlen) gezwungen, über einen bis zu mehrere Jahre andauernden Zeitraum jeden Monat das maximal Zumutbare ihres Einkommens abzugeben.

6.4.2.2 Senkung der Tagessatzhöhe

Die dem Nettoeinkommensprinzip immanenten Härten gerade gegenüber armen Verurteilten können in der Praxis neben der Gewährung von Zahlungserleichterungen dadurch etwas ausgeglichen werden, dass dieses Prinzip nur den Regelfall darstellt und somit Ausnahmen zulässt. Da § 40 StGB auch die Berücksichtigung der persönlichen und wirtschaftlichen Verhältnisse voraussetzt, kann die Regel-Tagessatzhöhe in solchen Fällen zur Wahrung von Opfergleichheit bei den Verurteilten gesenkt werden.[336] Das Gericht muss nach § 46 Abs. 1 S. 2 StGB auch bei der Geldstrafe die Wirkung der Strafe als Ganzes auf das künftige Leben des Täters berücksichtigen.[337] Bei sehr armen Angeklagten – etwa bei Asylbewerbern, ALG II- oder Sozialhilfeempfängern – muss dann ausnahmsweise, trotz des Nettoeinkommensmodells, die Grenze der Zumutbarkeit beachtet werden (was beim Einbußeprinzip der Regelfall ist).[338] So soll sichergestellt werden, dass

---

[335] OLG Hamm NJW 1980, 1534 f.; *Horn*, JZ 1974, 287, 288.

[336] OLG Köln NJW 1976, 636; NJW 1977, 307; OLG Hamm NJW 1980, 1534 f.; OLG Dresden NJW 2009, 2966; *Fischer*, StGB, § 40 Rn. 11a (m.w.N.); a.A. *Heghmanns*, NStZ 1994, 519, 523, da das Geld schnell durch Gelegenheitsarbeiten oder Verwandtschaft beschafft werden könne, die Grenze des Anwendungsbereichs unklar sei und die Gruppen benachteiligt würden, bei denen gerade nicht mehr von einer Notwendigkeit zur Minderung ausgegangen wird. Ein solcher Verweis auf die Zahlung durch Familie und Bekannte ist aber systemfremd und daneben wenig standhaltig, da auch diese oft Nahe des Existenzminimums leben werden. Weiterhin ergibt sich bei der Schaffung von Ausnahmen fast immer das Problem der Grenzziehung, sodass hiernach beinahe nie eine Ausnahme von der Regel gemacht werden könnte.

[337] *Häger*, in: LK-StGB, Vor §§ 40 ff. Rn. 52.

[338] OLG Hamm NJW 1980, 1534, 1535.

dieser Gruppe jedenfalls so viel Geld verbleibt, dass das absolute Existenzminimum gesichert werden kann.[339] Für eine Senkung der nach dem Nettoeinkommensmodell bestimmten Tagessätze spricht auch, dass arme Verurteilte infolge der fehlenden Berücksichtigung von Vermögen bei der Bestimmung der Tagessatzhöhe strukturell benachteiligt werden.[340] Denn sie sind diejenigen, die regelmäßig kein Vermögen besitzen und sich zur Zahlung der Strafe deutlich stärker einschränken müssen als vermögende Verurteilte. Somit erscheint es einleuchtend, dass der Umstand nachweislich fehlenden Vermögens bei armen Angeklagten ausgleichend für eine Senkung der Tagessätze spricht.[341]

Die Berücksichtigung der Wirkung der Geldstrafensumme gilt insbesondere bei einer hohen Tagessatzzahl, da sich das Strafübel in solchen Fällen nicht lediglich summiert, sondern überproportional steigt.[342] In diesen Fällen besteht das Risiko einer entsozialisierenden Wirkung bei Beziehern kleinerer (und mittlerer) Einkommen ohne ausreichende finanzielle Rücklagen. Denn durch die sehr hohe Geldstrafensumme besteht die Gefahr, dass nicht berücksichtigungsfähige laufende Belastungen – etwa Mietzahlungen oder Darlehensverträge – nicht mehr bedient werden können und so ein sozialer Abstieg (wie etwa der Wohnungsverlust) verursacht wird.[343] So urteilte auch der Bundesgerichtshof in einem Fall, in dem eine Geldstrafe mit sehr hoher Tagessatzzahl bei einem verschuldeten und vermögenslosen Angeklagten verhängt wurde: „Die Strafe darf allgemein nicht dazu führen, daß die Einsatzfähigkeit und der Wille des Täters, seinen Verpflichtungen in der Gesellschaft nachzukommen, gebrochen wird."[344] Dem kann, wie bereits erwähnt, nicht immer nur durch Zahlungserleichterungen ausreichend entgegensteuert werden, da bei sehr hohen Tagessatz-

[339] OLG Stuttgart StV 1993, 364; OLG Celle NStZ-RR 1988, 272; OLG Frankfurt a.M. NStZ-RR 2007, 167; *Häger*, in: LK-StGB, § 40 Rn. 37; *Fischer*, StGB, § 40 Rn. 11a.

[340] *Zipf*, ZStW 1974, 514, 523 f.; *Arendt*, Quo vadis, Geldstrafe?, S. 25 f.

[341] *Horn*, JZ 1974, 287, 288.

[342] BGH NJW 1976, 1510, 1511; *Häger*, in: LK-StGB, Vor §§ 40 ff. Rn. 52. Eine Senkung der Tagessatzanzahl in diesen Fällen ist nicht richtig, weil diese das Unrecht und die Schuld des Täters ausdrücken sollen.

[343] *Häger*, in: LK-StGB, § 40 Rn. 60; *Radtke*, in: MüKo-StGB, § 40 Rn. 33; *Heghmanns*, NStZ 1994, 519, 520.

[344] BGH NJW 1976, 1510, 1511.

zahlen so dennoch ein mehrjähriger Belastungszeitraum entstehen kann. Eine immens über die Tagessatzzahl hinaus verlängerte Wirkung der Geldstrafe ist aber nicht deren Zweck, da sie keine Laufzeitgeldstrafe ist.[345] Die Tagessatzhöhe kann deswegen bereits wegen der hohen Tagessatzanzahl zu senken sein. Die Rechtsprechung lässt eine entsprechende Absenkung ab 90 Tagessätzen zu.[346] Infolge der aufgezeigten Härten kann deswegen im Extremfall die Verhängung von Tagessätzen zu je 1 € geboten sein.[347]

Gegen die Bemessung extrem niedriger Tagessätze wird teilweise eingewendet, dass so die intendierten Strafzwecke – Einbuße und Denkzettel – kaum oder gar nicht mehr erfüllt werden könnten.[348] Die Geldstrafensummen, die entstünden, wenn extrem niedrige Tagessatzhöhen verhängt würden, stünden außerdem in einem unangemessenen Verhältnis zu der Bedeutung der Straftat.[349] Darüber hinaus wird stellenweise angeführt, dass selbst bei der allerbescheidensten Lebensweise die Angeklagten ein tägliches Nettoeinkommen beziehen müssten, das 1 € übersteige, da dieses auch aus Sachbezügen bestehen könne.[350] Bei diesen Einwänden wird zum einen aber nicht berücksichtigt, dass in Fällen extrem geringer Einkommen die nach dem Nettoeinkommensprinzip ermittelte Regeltagessatzhöhe aus dem Gerechtigkeitserfordernis der Opfergleichheit gesenkt werden muss. Somit sind im Extremfall sehr wohl Strafen mit Tagessatzhöhen von 1 €

---

[345] *Heghmanns*, NStZ 1994, 519, 520; *Horn*, JZ 1974, 287, 288.

[346] BGH NJW 1976, 1510, 1511; *Radtke*, in: MüKo-StGB, § 40 Rn. 33 ff.; *Driendl*, ZStW 1976, 1137, 1149 f.; *Häger*, in: LK-StGB, Vor §§ 40 ff. Rn. 52. Eine Senkung der Tagessatzanzahl in diesen Fällen ist nicht richtig, weil diese das Unrecht und die Schuld des Täters ausdrücken sollen, so aber *Heghmanns*, NStZ 1994, 519, 521. Gegen eine Absenkung der Geldstrafe bei hoher Tagessatzanzahl generell, *Meyer*, MDR 1978, 444, 445 ff.

[347] *Spindler*, infoalso 2015, 284, 287; *Fischer*, StGB, § 40 Rn. 11a; OLG Köln NJW 1977, 307; OLG Dresden NJW 2009, 2966 bei einer Asylbewerberin, mit einem kleinen Sohn, der monatlich 46 € in bar neben Sachleistungen in Form Nahrung, Kleidung o.ä. im Wert von 117 € und Wohnraum zustanden; OLG Celle BeckRS 2009, 06855, für einen Asylbewerber der neben einer Unterkunft ausschließlich Lebensmittelgutscheine im Wert von 161 € erhielt.

[348] OLG Hamburg NJW 1978, 711; vgl. *Radtke*, in: MüKo-StGB, § 40 Rn. 46; *Häger*, in: LK-StGB, Vor §§ 40 ff. Rn. 12.

[349] OLG Hamburg NJW 1978, 711; vgl. *Häger*, in: LK-StGB, Vor §§ 40 ff. Rn. 12.

[350] *Häger*, in: LK-StGB, Vor §§ 40 ff. Rn. 12.

denkbar, vor allem bei einer hohen Tagessatzzahl. Zum anderen ist für jemanden, der so gut wie kein Einkommen hat, auch eine Geldstrafe mit einer sehr niedrigen Tagessatzhöhe erheblich spürbar und damit nicht unverhältnismäßig gering gegenüber der Bedeutung der Tat.[351] Dies kann auch bei Tagessätzen in Höhe von 1 € der Fall sein, wenn nahezu kein bares Einkommen vorhanden ist, was etwa bei Strafgefangenen oder Asylbewerbern der Fall sein kann. Ein weiteres Vorbringen gegen die Möglichkeit der Verhängung extrem niedriger Tagessatzhöhen ist, dass so ein Missverhältnis zwischen einem Tag Ersatzhaft und einem Tagessatz Geldstrafe entstehen würde, welche die Verurteilten bei einer Ersatzhaftanordnung nicht nachvollziehen können würden.[352] Diese Argumentation übersieht aber, dass die Schuld sich gerade nicht in der Höhe der Tagessätze wiederspiegelt. Auch würde dieser missliche Vergleich für die Verurteilten dann nicht entstehen, wenn es diesen möglich wäre, die Geldstrafe zu zahlen, und deswegen keine Notwendigkeit für die Anordnung von Ersatzhaft bestehen würde. Ist ihnen dies aber trotz dieser geringen Tagessatzhöhe nicht möglich, so kann die Geldstrafe nicht viel zu gering und ohne spürbares Strafübel ausgefallen sein.

Nach welchem Vorgehen eine Tagessatzhöhe bei sehr armen Angeklagten zu bestimmen ist, die nicht das zum Leben Unerlässliche nimmt, wird uneinheitlich beantwortet. Denn die Bemessung des Tagessatzes ist eine Ermessensentscheidung des Gerichts mit weitem Beurteilungsspielraum, bei der die Gerichte von den Revisionsinstanzen nicht auf eine bestimmte Berechnungsmethode verpflichtet werden können.[353] Lediglich die ausreichende Feststellung der persönlichen und wirtschaftlichen Verhältnisse sowie deren rechtsfehlerfreie Berücksichtigung können überprüft werden.[354] In Rechtsprechung und Literatur wird häufig ohne weitere Konkretisierung allein darauf verwiesen, dass im Rahmen der Ermessensausübung nach der Bestimmung des täglichen Nettoeinkommens ein angemessener Abschlag von der Tagessatzhöhe zu erfolgen habe, um die ungleiche Strafwirkung

---

[351] *Wilde*, MschKrim 2015, 348, 360; *Heghmanns*, NStZ 1994, 519, 522.

[352] *Häger*, in: LK-StGB, Vor §§ 40 ff. Rn. 12.

[353] BGH NJW 1977, 1459, 1460; 1978, 228; *Häger*, in: LK-StGB, § 40 Rn. 21.

[354] BGH NJW 1977, 1459, 1460; OLG Frankfurt NStZ-RR 2007, 167, 168.

auszugleichen. Wonach dieser angemessene Abschlag konkret zu bestimmen sein soll, wird dabei meist nicht erläutert.[355]

Bei differenzierterer Betrachtung stellt sich zunächst die Frage, auf welchen Betrag abzustellen ist, wenn berücksichtigt werden soll, dass mit der Geldstrafe das für das physische Existenzminimum notwendige Einkommen nicht abgeschöpft werden darf. Denn es ließe sich sowohl auf die Höhe der monatlich zu zahlenden Raten der Geldstrafe als auch auf das tägliche Nettoeinkommen abstellen, das der Tagessatzhöhenberechnung zugrunde liegt. Die meisten Urteile stellen im Anschluss an einen Kunstgriff des OLG Stuttgart auf eine Kombination aus Tagessatz- und Ratenhöhe sowie Ratenzahlungsdauer ab. Zunächst wird bezüglich des Betrags, der als lebensunerlässlich nicht genommen werden dürfe, auf die monatliche Ratenhöhe verwiesen. Ließe man die Anzahl der Raten, in denen die Geldstrafe gezahlt werden kann, unbegrenzt, würde dies jedoch noch keinerlei Begrenzung bedeuten – die Zahlungsdauer würde sich lediglich verlängern. Deswegen wird sodann begrenzend hinzugefügt, dass die Dauer der Ratenzahlungsbelastung (in Tagen) das Drei- bis Vierfache der Tagessatzzahl nicht überschreiten dürfe. Andernfalls würde die Geldstrafenvollstreckung für die Verurteilten unverhältnismäßig lange dauern.[356] Das OLG Braunschweig favorisiert dagegen eine maximale Zahlungsdauer von 3 Jahren – unabhängig von der Tagessatzzahl.[357] Dies stellt bei der genannten Vorgehensweise zur Tagessatzhöhenbemessung jedoch keine ausreichende Erleichterung dar, die geeignet wäre, die dargestellte entsozialisierende Wirkung der Geldstrafe für arme Verurteilte aufzufangen.

---

355 Vgl. etwa *Schäfer u. a.*, Praxis der Strafzumessung, S. 32 f.; LG Berlin, Beschl. v. 23. Februar 2011 – 533 Qs 7/11 –, juris Rn. 8 ff., das die Tagessatzhöhe so von 25 € auf 10 € reduzierte; OLG Köln NStZ-RR 2015, 336 spricht von einer Senkung der Höhe, die sich einer schematischen Behandlung entziehe; *Streng*, Strafrechtliche Sanktionen, schlägt vor, die errechneten Tagessätze um 10 bis 30 % zu senken, was eine sehr geringe Absenkung darstellt und im o.g. Fall des LG Berlin die Tagessatzhöhe von 25 € höchstens auf 17 € absenken würde.

356 OLG Stuttgart StV 1993, 364, 365; so dann auch OLG Frankfurt, Beschl. v. 19. September 2006 – 1 Ss 167/06 -, juris Rn. 28.

357 Dies begründet das Gericht mit einem Rückschluss aus § 43 Abs. 4 S. 2 SGB XII, OLG Braunschweig, Beschl. v. 19. Mai 2014 – 1 Ss 18/14 –, juris Rn. 8 ff.

Ein weiterer wesentlicher Aspekt der Tagessatzbemessung bei armen Angeklagten ist daneben die Frage, wie hoch der Einkommensbetrag genau ist, der das physische Existenzminimum noch sichert. Dies kann im Einzelfall tatrichterlich festzustellen sein. Dabei ist stets zu berücksichtigen, dass Sozialhilfe, ALG II und Asylbewerberleistungen nur etwas mehr als das zum Leben Unerlässliche gewähren.[358] Versucht man, diesen Betrag für den Regelfall der häufig vorkommenden Fälle des Bezugs von ALG II oder Sozialhilfe zu pauschalisieren, wird er zwischen 70 % und 80 % des ausgezahlten Regelsatzes (ohne Berücksichtigung von Leistungen zum Wohnen) anzusiedeln sein.[359] Dies ergibt ein Rückgriff auf Urteile und Kommentierungen zu § 26 SGB XII, der eine Leistungseinschränkung bis auf das zum Lebensunterhalt Unerlässliche beinhaltet,[360] und zu § 43 Abs. 2 SGB II, der die Aufrechnung von Erstattungsansprüchen bis zu einer Höhe von 30 % des Regelsatzes erlaubt.[361] Nach der eben vorgestellten Berechnungsweise des OLG Stuttgart würde das bei der Regelsatzhöhe der Bedarfsstufe 1[362] (§ 2 RBSFV 2013) für den Zeitraum der später untersuchten Verfahrensakten aus dem Jahr 2013 Folgendes bedeuten: Geht man davon aus, dass für einen ALG II-Empfänger lediglich 25 % des Regelsatzes erlässlich sind, bedeutet dies eine maximale monatliche Ratenhöhe von etwa 95 € (25 % von 382 € sind 95,5 €), was zu einer maximalen Tagessatzhöhe zwischen 9 € und 13 € führt. Würde die Tagessatzzahl beispielsweise 40 betragen, dürfte die Zahlungsdauer das Vierfache der Tagessatzzahl und damit 160 Tage (5,3 Monate) nicht überschreiten ($40 \times 4 = 160$; $160 : 30 = 5{,}3$). In 5,3 Monaten können zumutbar insgesamt 507 € à 95 € -Raten abgeschöpft werden ($5{,}3 \times 95$ € = 507 €), sodass die Tagessatzhöhe maximal 12 € betragen dürfte (507 € : 40 = 12,7 € [= zumutbare Gesamtsumme : Tagessatzzahl]). Die Tagessatzhöhe ist nach dieser Berechnungsweise dabei

358 OLG Stuttgart StV 1993, 364, 365; vgl. auch BVerfG NJW 2010, 505, 510.

359 OLG Braunschweig, Beschl. v. 19. Mai 2014 – 1 Ss 18/14 –, juris Rn. 8 ff.: 70 %; KG Berlin StV 2005, 89 und OLG Celle NStZ-RR 1998, 272: 75 %; OVG Bremen, Beschl. v. 19. Februar 1988 – 2 B 17/88 –, juris: 80 %.

360 OVG Bremen, Beschl. v. 19. Februar 1988 – 2 B 17/88 –, juris; *Streichsbier*, in: Grube/Wahrendorf-SGB XII, § 26 SGB XII Rn. 4 (m.w.N.).

361 So etwa OLG Braunschweig, Beschl. v. 19. Mai 2014 – 1 Ss 18/14 –, juris Rn. 8 ff.

362 Gem. § 20 Abs. 2 S. 1 SGB II gilt die Regelbedarfsstufe 1 für Personen, die alleinstehend oder alleinerziehend sind oder deren Partnerin oder Partner minderjährig ist.

unabhängig von der Tagessatzzahl stets gleich hoch. Nimmt man für die Zahlungsdauer statt des Vierfachen das Dreifache der Tagessatzzahl, dann dürfte die Tagessatzhöhe nur zwischen 9 € und 10 € liegen (der berechnete Wert beträgt 9,5 €).

Würde man bezüglich des Existenzminimums auf das der Tagessatzberechnung zugrundeliegende Nettoeinkommen selbst abstellen, würde dies bei schematischer Berechnung zu sehr niedrigen Tagessätzen führen. Geht man wieder davon aus, dass für einen ALG II-Empfänger lediglich 25 % des Regelsatzes erlässlich sind, dann würde dies beim Regelsatz der Bedarfsstufe 1 für 2013 eine Tagessatzhöhe von 3 € ergeben (25 % von 382 € sind 95,5 €; 95,5 € /30 ≈ 3 €).[363] Ein solches Vorgehen fordert etwa der Caritasverband und schlägt vor, § 40 StGB folgendermaßen zu ergänzen:[364]

(3) *Bei Empfängern von Leistungen zur Sicherung des Lebensunterhalts nach dem Zweiten und Zwölften Buch Sozialgesetzbuch, oder von Leistungen nach dem Asylbewerberleistungsgesetz, ist das Nettoeinkommensprinzip nicht anzuwenden. Es gilt Absatz 2 Satz 1. Haben Personen nach Satz 1 kein ergänzendes Erwerbseinkommen oder Vermögen, wird der Tagessatz auf nicht höher als drei Euro festgesetzt. In besonders gelagerten Fällen wird der Tagessatz auf einen Euro festgesetzt.*

Dazu solle laut Caritasverband in § 42 StGB festgelegt werden, dass in solchen Fällen die Unzumutbarkeit sofortiger Zahlung zu vermuten sei und die Ratenhöhe monatlich 90 € nicht übersteigen solle.

Zusammenfassend ist damit festzuhalten, dass der gerichtlichen Praxis und Literatur keine klaren Regeln für die Tagessatzbemessung bei sehr armen Angeklagten entnommen werden können. Dies ist auch der Tatsache geschuldet ist, dass dieser Strafzumessungsvorgang ein Ermessensakt ohne starre Regeln mit sehr beschränkter gerichtlicher Überprüfbarkeit darstellt. Dennoch sollen sich in der Praxis gerichtsübliche Standardtagessatzhöhen bei Empfängern von ALG II-Regelsätzen zwischen 7 € und 10 € etabliert haben.[365] Allerdings gibt es auch Urteile, in denen bei ALG II-Empfängern

---

363 Denn bei der Grenze des Existenzminimums wird nur auf 25 % des Regelsatzes abgestellt – die Wohn- und Heizkosten sind stets unerlässlich.

364 *Spindler*, infoalso 2015, 284, 287.

365 AG Hann. Münden BeckRS 2014, 1440, welches angibt, diese Informationen aus Beiakten und BZR-Auszügen entnommen zu haben.

Tagessatzhöhen von 15 € verhängt werden.[366] Diese etablierten Tagessatzhöhen entsprechen eher der vorgestellten Berechnungsweise, bei der auf die durch Ratenzahlung monatlich zumutbare Belastung unter Berücksichtigung einer unverhältnismäßigen Zahlungsdauer abgestellt wird. Dieses Vorgehen ist auch aus dogmatischer Perspektive naheliegender, da sich die Erforderlichkeit der zusätzlichen Senkung der nach dem Nettoeinkommen ermittelten Tagessatzhöhe ja daraus begründet, dass die bloße Gewährung von Zahlungserleichterungen aus Gerechtigkeitsaspekten nicht ausreicht. Denn eine Abzahlung der Geldstrafe nur durch die geringen zumutbaren Ratenhöhen würde allein bei armen Verurteilten zu einer sehr langen und unverhältnismäßigen Belastungsdauer führen.

Auch die Strafverfolgungsstatistik zeigt, dass in der Praxis regelmäßig sehr geringe Tagessatzhöhen verhängt werden: 38,9 % aller 2015 verhängten Geldstrafen hatten Tagessatzhöhen bis 10 €; darunter befanden sich auch Tagessätze bis 5 €, allerdings nur in sehr geringem Maß (2,5 %).[367] Bei dem Anteil geringer Tagesatzhöhen gibt es jedoch erhebliche regionale Unterschiede, die in Abb. 1 dargestellt werden.[368] Abb. 1 zeigt dabei die Länder, die am stärksten nach unten oder oben abweichen sowie Niedersachsen, das dem Durchschnitt recht gut entspricht.

Lagen die Tagessätze der in Bremen verhängten Geldstrafen zu knapp 80 % unter 11 €, so war dies in Berlin bei weniger als 10 % der Fall. Im Falle Bayerns kann man die geringe Anzahl niedriger Tagessätze möglicherweise noch zu Teilen anhand der der Sozialstruktur des Landes im Vergleich zu anderen Ländern wie Bremen erklären. Im Falle Berlins greift diese Erklärung im Vergleich zu Hamburg oder Bremen allerdings nicht mehr. Vielmehr deuten die Daten auf einen sehr unterschiedlichen lokalen Umgang der Gerichte mit Angeklagten hin, die nur über ein sehr geringes Einkommen verfügen. Aus Abb. 1 kann geschlossen werden, dass in Ber-

---

366 OLG Braunschweig, Beschl. v. 19. Mai 2014 – 1 Ss 18/14 –, juris Rn. 6 ff.; LG Berlin BeckRS 2011, 23780.

367 *Statistisches Bundesamt*, Fachserie 10, Reihe 3. Rechtspflege. Strafverfolgung 2015, S. 201 ff.

368 Diese Unterschiede stellte auch schon *Heinz* für das Jahr 2012 fest, *Heinz*, Das strafrechtliche Sanktionensystem und die Sanktionierungspraxis in Deutschland 1882 – 2012, S. 74.

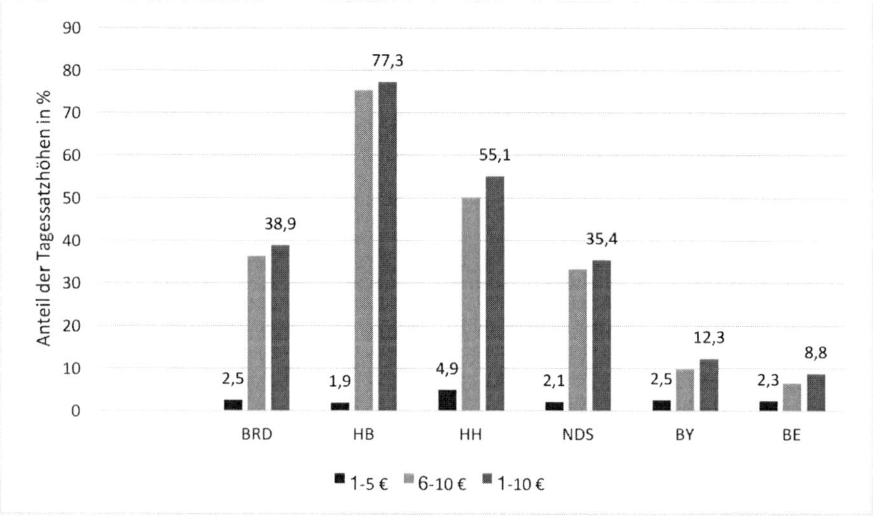

Abb. 1: Anteil sehr niedriger Tagessätze an den 2015 verhängten Geldstrafen insgesamt, aufgeteilt nach Ländern[369]

lin und auch in Bayern bei Empfängern von ALG II regelmäßig Tagessätze verhängt werden, die 10 € übersteigen, in Bremen und Hamburg dagegen Tagessätze bis maximal 10 €. Diese Schlussfolgerung wird dadurch bestärkt, dass in Berlin die Tagessatzhöhen zwischen 11 € und 25 € 74 % und in Bayern zumindest 39 % der verhängten Geldstrafen ausmachten.

Die in Literatur empfohlenen und in der Praxis verhängten Tagessätze bei sehr armen Verurteilten liegen demnach zwar unter dem Regelsatz, sie schwanken aber. Für die einzelnen Verurteilten macht es freilich dennoch einen erheblichen Unterschied, ob die Tagessätze der Geldstrafe beispielsweise 7 € oder mit 15 € das Doppelte betragen.

---

[369] Die Statistik zur Strafverfolgung differenziert bei den Informationen zu den Geldstrafen nicht nach Ländern. Daher wurden die Angaben aus unveröffentlichten Daten des Statistischen Bundesamtes, SVE6A: Verurteilte und Verwarnte nach der Straftat und nach Zahl und Höhe der Tagessätze der verwirkten Geldstrafe nach Ländern, Berichtsjahr 2015, die der Autorin zur Verfügung gestellt wurden, berechnet.

6.4.2.3 Hypothetisches Nettoeinkommen

Eine weitere Regelung zur Tagessatzhöhenbemessung, die vor allem bei sehr armen Angeklagten Relevanz erlangt, ist § 40 Abs. 2 S. 2 StGB. Dieser sieht, ohne hierfür Voraussetzungen im Gesetz zu formulieren, die Möglichkeit vor, auf das potentiell verfügbare Nettoeinkommen abzustellen. Da es für das Maß des zugefügten Strafübels auf den tatsächlichen Lebenszuschnitt der Verurteilten ankommt, ist die Bezugnahme auf das potentielle Einkommen nur dann zulässig, wenn bei Zugrundelegung des tatsächlichen Nettoeinkommens keine Einwirkung durch die Geldstrafe möglich ist.[370] Dies soll nach herrschender Meinung dann der Fall sein, wenn sich die Angeklagten bewusst der Geldstrafe entziehen wollen, indem sie etwa nicht mehr arbeiten gehen, um unter Zugrundelegung eines geringen Einkommens beurteilt zu werden oder auch dann, wenn diese über gar kein Einkommen verfügen wie etwa Arbeitslose, die keine Sozialleistungen beziehen (z.B. Wohnungslose).[371] Bei Letzteren soll darauf abzustellen sein, ob sie in der konkreten Situation eine zumutbare, nach der jeweiligen Situation am Arbeitsmarkt vorhandene Erwerbsmöglichkeit ohne billigenswerten Grund nicht annehmen, etwa aus „Arbeitsscheu".[372]

Mit Blick auf die Klientel der Bezieher von ALG II muss allerdings richtigerweise gelten, dass Sachbezüge oder Arbeitslosengeld – unabhängig von der Unfreiwilligkeit der Arbeitslosigkeit - auch ein Einkommen darstellen. In solchen Fällen ist deswegen auf die tatsächliche Einkommenslage und nicht moralisch wertend auf das potentielle Nettoeinkommen abzustellen.[373] Die konkrete Beurteilung von Arbeitsunwilligkeit und tatsächlicher Arbeitsmöglichkeit in solchen Fällen wird in der Praxis auch zu

---

[370] Bay OLG NStZ 1988, 694; *Radtke*, in: MüKo-StGB, § 40 Rn. 81; *Fischer*, StGB, § 40 Rn. 8; *Frank*, MDR 1976, 626, 627; *Schäfer u. a.*, Praxis der Strafzumessung, S. 30.

[371] *Meyer*, MDR 1976, 274, 277; OLG Hamm NJW 1978, 230. *Frank*, Die Höhe des Tagessatzes im neuen Geldstrafensystem, S. 106 ff.

[372] Vgl. BayOLG NStZ 1998, 464; 1999, 189 m. Anm. Krehl; OLG Düsseldorf NStZ 1998, 464; OLG Hamm NJW 1978, 230; *Frank*, MDR 1976, 626, 629; *Meyer*, MDR 1981, 275, 278; *Hillenbrand*, ZAP 2017, 879, 881; *Schaeffer*, Die Bemessung der Tagessatzhöhe unter Berücksichtigung der Hausfrauenproblematik, S. 85 f.

[373] *Radtke*, in: MüKo-StGB, § 40 Rn. 83; *Krehl*, NStZ 1999, 189, 190. Sozialhilfeempfänger und Asylbewerber können bereits wegen der fehlenden Arbeitsfähigkeit oder -erlaubnis nicht auf eine zumutbare Erwerbstätigkeit verwiesen werden.

schwierig und aufwändig sein. Darüber hinaus steigt das Strafübel einer anhand der tatsächlichen Verhältnisse bemessenen Geldstrafe bereits mit abnehmendem Einkommen, sodass eine weitere Strafschärfung in Fällen sehr geringer Einkommen, die möglicherweise höher sein könnten, unnötig ist. Der einzige Unterschied ist dann lediglich, dass die öffentliche Hand weniger Geld durch die Geldstrafe einnimmt. Die Erreichung einer bestimmten Mindesthöhe oder die Änderung einer missliebigen Lebensweise kann aber kein isoliertes Ziel von § 40 Abs. 2 S. 2 StGB sein.[374] Die Strafwirkung der Geldstrafe – spürbare Einbußen der Bedürfnisbefriedigung – wird jedoch nicht verfehlt. Dass in solchen Fällen nun den Angeklagten ein über das „normale Maß“ hinausgehendes Strafübel auferlegt werden soll, weil sie keiner zumutbaren Erwerbstätigkeit nachgehen, erweist sich vielmehr als Versuch, missliebige Lebensstile zu sanktionieren. Das eben Gesagte ist deswegen auf die Geldstrafenbemessung bei extrem armen Menschen, die weder arbeiten, noch Sozialleistungen beziehen, zu übertragen. Würde man diese Gruppen (im Regelfall handelt es sich um Wohnungslose und Drogenabhängige) auf die potentielle Möglichkeit des Bezugs von Sozialhilfe oder ALG II verweisen,[375] würde dies deren prekärer Lebenssituationen nicht gerecht werden und zumeist unmittelbar in dem Scheitern der Geldstrafenzahlung münden.[376] In diesen Fällen könnte stattdessen auf das tatsächlich erzielte „Einkommen“, etwa durch Geld- oder Sachzuwendungen Dritter, abgestellt werden.[377] Die so bemessenen Regeltagessätze müssten dann aus den bereits genannten Gründen zusätzlich gemindert werden, sodass in solchen Fällen regelmäßig Tagessatzhöhen um 1 € angebracht sein werden.[378]

---

[374] OLG Frankfurt NJW 1988, 2624; *Krehl*, NStZ 1999, 189, 190; *Albrecht*, in: NK-StGB, § 40 Rn. 45.

[375] So etwa *Häger*, in: LK-StGB, § 40 Rn. 38, der aber trotzdem auf die tatrichterliche Ermessensentscheidung des Einzelfalls verweist und hinzufügt, dass in diesen Fällen die Geldstrafe unabhängig von der Bemessung der Tagessatzhöhe ohnehin nur in Ersatzhaft oder günstigstenfalls in gemeinnütziger Arbeit enden würde.

[376] *Albrecht*, in: NK-StGB, § 40 Rn. 45 weist zutreffend auch darauf hin, dass bei der Hauptgruppe Einkommensloser – den Wohnungslosen – die Kumulation aus Problemen wie Alkoholismus, Drogenabhängigkeit oder fehlender Wohnung oft eine Arbeitsunfähigkeit begründen würden, deren Vorliegen das Abstellen auf das hypothetische Einkommen ausschließen würden.

[377] So auch *Radtke*, in: MüKo-StGB, § 40 Rn. 83.

[378] So auch der Vorschlag der Caritas, *Spindler*, infoalso 2015, 284, 287.

Doch auch solche Geldstrafen können, wie bereits festgestellt, gegenüber Menschen, die nahezu ohne Einkommen sind, eine erhebliche Strafwirkung erzielen.

Zusammenfassend kommt ein Abstellen auf das hypothetische Nettoeinkommen richtigerweise nur noch dann in Betracht, wenn sich die Angeklagten bewusst der Geldstrafe entziehen wollen, indem sie ihre wirtschaftliche Leistungsfähigkeit absichtlich gering halten, um niedrigere Tagessätze zu bewirken.[379] Bei nahezu einkommenslosen Angeklagten, die möglicherweise mehr verdienen könnten, ist die Tagessatzhöhenbemessung anhand des tatsächlich erzielten Einkommens zur Erreichung ausreichender Strafwirkung vollkommen genügend.

6.4.3 Drittwirkung

Ein weiteres Problem der Geldstrafe mit sozialer Relevanz besteht in der „Drittwirkung" und der fehlenden Höchstpersönlichkeit der Strafe.[380] Gemeint ist damit, dass die Familienangehörigen der zu Geldstrafe Verurteilten versuchen werden, den Entzug des Geldes mit auszugleichen oder den Verurteilten Geld zu leihen oder zu schenken.[381] Dies wird armen Familien deutlich schwerer fallen als wohlhabenderen und kann dazu führen, dass (auch) die Angehörigen der Verurteilten zeitweilig unterhalb des Existenzminimums leben.[382] Dass Familienangehörige durch die Strafe gegen ein Familienmitglied ebenfalls leiden, ist zwar kein vornehmliches Problem der Geldstrafe. Vielmehr besteht das Problem auch (und in verschärfter Form) bei der unbedingten Freiheitsstrafe.[383] Doch bei der Geldstrafe ist zu beachten, dass die Folgen für Dritte bei armen Familien verheerender ausfallen als bei wohlhabenderen Angehörigen. Diese Problematik lässt sich auch nicht durch die Berücksichtigung von Unterhaltspflichten bei der

---

379 Vgl. *Schäfer u. a.*, Praxis der Strafzumessung, S. 30.

380 Die fehlende Höchstpersönlichkeit ist ein generelles Problem der Geldstrafe, das in vielen Fallkonstellationen Relevanz erlangen kann, beispielsweise bei Straftaten, die in Ausübung der beruflicher Tätigkeit und im Interesse des Arbeitgebers erfolgen, *Meier*, Strafrechtliche Sanktionen, S. 65.

381 Dies kann etwa im Rahmen häuslicher Gewalt zu der bizarren Situation führen, dass das Opfer (etwa die geschlagene Partnerin) die Geldstrafe des Täters begleicht.

382 *Wilde*, MschKrim 2015, 348, 361.

383 *Häger*, in: LK-StGB, Vor §§ 40 ff. Rn. 29.

Bemessung beheben, da dies nicht verhindert, dass diese Unterhaltsanteile dennoch freiwillig zur Zahlung der Strafe verwendet werden.[384] Auch aus diesen Gründen ist bei der Geldstrafenbemessung armer Angeklagter in Abweichung vom Nettoeinkommensprinzip besondere Rücksicht darauf zu legen, dass durch die Geldstrafe nur eine zumut- und leistbare finanzielle Belastung entsteht.

6.4.4 Zahlungserleichterungen, § 42 StGB

Wie bereits erläutert, müssen in den meisten Fällen bei sehr einkommensschwachen Angeklagten Zahlungserleichterungen unmittelbar im Urteil nach § 42 StGB gewährt werden. Die Ratenhöhe muss den Verurteilten dabei den monatlich zum Leben unerlässlichen Einkommensbetrag erhalten.[385] Ein hierbei mögliches und unter dem Gesichtspunkt extremer Armut relevantes Problem liegt in den Fällen, in denen ein solches Vorgehen dazu führt, dass nicht zu erwarten ist, dass die Verurteilten die Strafe nicht in einer angemessenen Frist[386] oder trotz Erleichterungen nicht vollständig zahlen können. In diesen Fällen müssen nach der Rechtsprechung erst gar keine Zahlungserleichterungen gewährt werden.[387] Denn wenn die Gewährung von Zahlungserleichterungen ohne Sinn sei, könne ihre fehlende Anwendung nicht rechtsfehlerhaft sein.[388] Dies gelte auch dann, wenn die Teilbeträge der zumutbaren Ratenzahlung so gering sein müssten, dass sie die Geldstrafe – mangels fühlbaren Strafübels – in ihrem Wesen verändern würden.[389] Bei dieser Argumentation wird jedoch übersehen, dass

---

[384] *Meier*, StV 2008, 263, 268; *Mitsch*, JA 1993, 304, 305; *Häger*, in: LK-StGB, Vor §§ 40 ff. Rn. 29.

[385] OLG Stuttgart StV 1993, 364 f.; *Fischer*, StGB, § 40 Rn. 11a.

[386] Was eine solche angemessene Frist sein soll, ist allerdings unklar und die Meinungen gehen von dem Zwei- bis Dreifachen der Tagessatzzahl über 2 Jahre bis zur generellen Ablehnung einer solchen Grenze, siehe hierzu LG Berlin, StV 2002, 33 f. (m.w.N.).

[387] BGH NJW 1960, 251, 252; OLG Stuttgart StV 1993, 475; LG Berlin StV 2002, 33. Eine Stundung soll aber zumindest bei kurzzeitig inhaftierten oder direkt aus der Haft entlassenen Verurteilten notwendig sein, wenn nicht festgestellt wurde, dass auch nach der Stundung keine Zahlung zu erwarten sei, OLG Bremen NJW 1962, 217; OLG Stuttgart StV 1993, 475.

[388] BGH NJW 1960, 251, 252.

[389] BGH NJW 1960, 251, 252; LG Berlin StV 2002, 33.

auch eine geringe Ratensumme bei einem äußerst niedrigen Einkommen sehr wohl spürbare Einbußen bewirkt.[390] Denn wenn eine darüberhinausgehende Summe unzumutbar ist, dann beinfindet sich die (geringere) Ratensumme doch am obersten Rand des im Einzelfall Zumutbaren und führt damit auch zu einer fühlbaren Strafwirkung. Weiterhin stellt sich in solchen Konstellationen die Frage, wie die Bemessung der Tagessatzhöhe nach dem Nettoeinkommensprinzip unter Berücksichtigung der persönlichen und wirtschaftlichen Verhältnisse zu einer Geldstrafe führen kann, die nicht einmal bei der Gewährung von Ratenzahlung oder Stundung (zumutbar) bezahlt werden kann. Dies ist bei richtiger Bemessung i.S.d. § 40 StGB eigentlich nur bei einer unvorhergesehenen, plötzlichen Verschlechterung der Einkommensverhältnisse nach der Verurteilung denkbar. Doch wenn jemand zum Bemessungszeitpunkt nahezu kein Einkommen besitzt, dann muss sich das Gericht hieran orientieren und eine entsprechend geringe Tagessatzhöhe festlegen (wenn es nicht darauf abstellen kann, dass sich die verurteilte Person so bewusst der Geldstrafe entziehen will).

6.4.5 Zwischenergebnis

Festzuhalten ist damit, dass bei armen Angeklagten bei der Bemessung der Tagessätze auf deren tatsächliche Lebensumstände abzustellen ist. Dabei ist neben der Gewährung von Zahlungserleichterungen eine Senkung der auf Grundlage des Nettoeinkommens festgestellten Tagessätze erforderlich. Diese sollte soweit erfolgen, dass bei einer zumutbaren Ratenzahlungshöhe, die den Verurteilten das Existenzminimum belässt, keine unverhältnismäßig langen Zahlungszeiträume entstehen. Hierbei kann auf das Drei- bis Vierfache der Tagessatzanzahl abgestellt werden. Andernfalls würden für arme Verurteilte unbillige Härten infolge des Nettoeinkommensmodells entstehen, die mit steigender Tagessatzzahl immer einscheidender werden. Auch sehr geringe Tagessätze und Ratenhöhen verursachen bei sehr armen Verurteilten ein Strafleid, sodass ihre Verhängung die Geldstrafe nicht ihrer Wirkung beraubt. Vielmehr sind sie erforderlich, um auch nur annä-

---

390 So hat das LG Berlin bei einem monatlichen Ratenbetrag von 50 DM bei einem Sozialhilfeempfänger, dem monatlich 547 DM zur Verfügung stehen, richtigerweise ein spürbares Strafübel angenommen.

hernde Opfergleichheit zwischen den Verurteilten zu gewährleisten. Die Lebenswirklichkeiten von Strafjuristen und armen Menschen wie ALG II-Empfängern oder gar Einkommenslosen unterscheiden sich aber so weit voneinander, dass Erstere sich oft wohl nur schwer in deren Lebenssituation einfühlen können.[391] Dies sollten Juristinnen und Juristen selbstreflektierend berücksichtigen, wenn sie davon ausgehen, dass bestimmte Tagessatzhöhen kein oder kaum Strafleid mehr erzeugen können.

6.5 Schätzung des Nettoeinkommens, § 40 Abs. 3 StGB

Freilich setzen die eben dargestellten Möglichkeiten, Einkommensungleichheiten bei der Geldstrafenzumessung angemessen zu berücksichtigen, voraus, dass die Staatsanwaltschaften und Gerichte über die Einkünfte der Angeklagten informiert sind. Doch das Nettoeinkommen der Angeklagten ist vielmals unbekannt. Eine sehr bedeutende Option in der Gerichtspraxis stellt in diesem Zusammenhang deshalb die Schätzung der Einkünfte des Täters gem. § 40 Abs. 3 StGB dar. Grundsätzlich ist das Gericht gem. § 244 Abs. 2 StPO dazu verpflichtet, alle für die Strafzumessung relevanten Umstände – vorliegend also für die Bemessung der Tagessatzhöhe – von Amts wegen zu ermitteln. Diese gerichtliche Aufklärungspflicht wird jedoch durch § 40 Abs. 3 StGB beschränkt.[392] Die Schätzungsbefugnis erlangt vor allem bei Verfahren mit geringerem Schuld- und Unrechtsgehalt Bedeutung, da hierdurch der Ermittlungsaufwand auf der einen Seite sowie die Bedeutung der Tat auf der anderen Seite in ein angemessenes Verhältnis zueinander gebracht werden können.[393] Denn im Lichte des Aufwands, der mit einer vollumfänglichen Ermittlung aller einkommensrelevanten Umstände verbunden sein kann (beispielsweise bei Einkünften aus Vermögen neben dem Arbeitslohn), würde es oftmals einen enormen und bei gerin-

---

[391] *Kawamura*, TUP 1995, 27, 28.

[392] OLG Celle NJW 1984, 185, 186; *Krehl*, in: KK-StPO, § 244 Rn. 60; *König*, in: HK-GS, § 244 StPO Rn. 22. Daneben wird teilweise eine damit einhergehende Einschränkung des Grundsatzes freier richterlicher Beweiswürdigung nach § 261 StPO angenommen, dem die Amtsaufklärungspflicht vorausgehe, *Farivar Meemar*, Die Strafanpassung im Rahmen der Tagessatzgeldstrafe, S. 74 f.

[393] *Radtke*, in: MüKo-StGB, § 40 Rn. 103; *Meyer*, DAR 1976, 147, 148; *König*, JA 2009, 809, 813.

gen Strafen unverhältnismäßigen Aufklärungsaufwand erfordern, all diese Umstände im Einzelnen aufzuklären.[394] Der Gesetzestext selbst nennt keine Voraussetzungen, bei deren Vorliegen eine Schätzung zulässig ist. Eine Schätzung der wirtschaftlichen Verhältnisse soll nach Rechtsprechung und Literatur aber dann zulässig sein, wenn die Angeklagten keine, unvollständige oder unrichtige Angaben zu ihren wirtschaftlichen Verhältnissen machen und die Ausschöpfung der Beweismittel das jeweilige Verfahren unangemessen verzögern würde oder in Relation zur Höhe der erwarteten Geldstrafe unverhältnismäßig wäre.[395] Deswegen ist die Schätzung auch nicht erst als ultima ratio nach Ausschöpfung aller Beweismittel zulässig.[396] Sie ist aber unzulässig, wenn sich die Einkommensverhältnisse ohne Weiteres feststellen lassen.[397] Es darf nämlich bei all den Erleichterungen, die eine Schätzung für das Gericht und die Staatsanwaltschaft mit sich bringt, nicht vergessen werden, dass Wirkung und Opfergleichheit der Geldstrafe vollständig von der richtigen Bemessung der Tagessatzhöhe abhängig sind. Eine Schätzung nach § 40 Abs. 3 StGB muss deswegen auch stets auf einer konkret ermittelten Tatsachengrundlage beruhen und darf sich nicht auf bloße Mutmaßungen stützen.[398] Die Schätzungsgrundlage muss außerdem stets aus dem Urteil ersichtlich sein.[399] Als praxisrelevantes Beispiel

---

394 *Häger* in: LK-StGB, § 40 Rn. 68; *Stree/Kinzig*, in: Sch/Sch-StGB, § 40 Rn. 20.

395 BVerfG NStZ-RR 2015, 335; OLG Celle NJW 1984, 185, 186; OLG Düsseldorf StV 1995, 643; *Radtke*, in: MüKo-StGB, § 40 Rn. 104; *Häger*, in: LK-StGB, § 40 Rn. 70; Der Streit, ob die Schätzungsbefugnis auch das Beweisantragsrecht einschränken kann, ist für die hiesige Untersuchung unerheblich, siehe dazu etwa *Hellmann*, GA 1997, 503, 512.

396 OLG Celle NJW 1984, 185, 186; *Häger*, in: LK-StGB, § 40 Rn. 70 (m.w.N.); *Albrecht*, in: NK-StGB, § 40 Rn. 48; a.A. *Hellmann*, GA 1997, 503, 514 f.; *Farivar Meemar*, Die Strafanpassung im Rahmen der Tagessatzgeldstrafe, S. 87, die eine solche nur nach Ausschöpfung aller vorhandenen Beweismittel als zulässig erachtet. Dies war auch die ursprüngliche Vorstellung des Gesetzgebers, als er § 40 Abs. 3 StGB schuf – BT-Drs. V/4905, S. 21.

397 BayOLG DAR 1986, 243; *Radtke*, in: MüKo-StGB, § 40 Rn. 104; *König*, JA 2009, 809, 813; *Meyer*, DAR 1976, 147, 148.

398 BVerfG NStZ-RR 2015, 335; OLG Düsseldorf StV 1995, 643; OLG Koblenz NJW 1976, 1275; *Häger*, in: LK-StGB, § 40 Rn. 72; *Stree/Kinzig*, in: Sch/Sch-StGB, § 40 Rn. 20.

399 BVerfG NStZ-RR 2015, 334 f.; OLG Jena BeckRs 2009, 11600; OLG Düsseldorf StV 1995, 643; *Radtke*, in: MüKo-StGB, § 40 Rn. 108; *Häger*, in: LK-StGB, § 40 Rn. 74.

für eine ausreichende Schätzgrundlage werden etwa Angaben zu Beruf, Familienstand und Anzahl unterhaltsberechtigter Kinder genannt.[400] Eine Ausnahme vom Aufklärungsgrundsatz des § 244 Abs. 2 StPO durch Schätzungen ist nur dann zulässig, wenn ausreichende Anhaltspunkte ermittelt wurden, die nach der Lebenserfahrung eine hinreichend sichere Schätzung erlauben.[401] Teilweise wird zusätzlich gefordert, dass die Entscheidung zur Schätzung selbst ebenfalls im Urteil begründet werden sollte.[402] Auch das Bundesverfassungsgericht urteilte im Jahr 2015, dass eine Schätzung des Nettoeinkommens ohne konkrete Feststellungen zu den Einkommensverhältnissen objektiv willkürliche Strafzumessung sei und damit eine Verletzung des Grundrechts aus Art. 3 Abs. 1 GG darstelle.[403] Im Zuge des Urteils verwies das Verfassungsgericht auch auf unterbliebene Zeugenbefragungen zu den wirtschaftlichen Verhältnissen und die nicht wahrgenommene Option, die Polizei mit Umfeldermittlungen zu betrauen. Hieraus lässt sich schließen, dass in solchen Fällen auch im Bereich geringer Tagessatzhöhen die Vornahme von Umfeldermittlungen verhältnismäßig und notwendig ist.[404]

Die Schätzungsbefugnis gewinnt seit ihrer Einführung stetig an Bedeutung, aber auch die Verfahrensumstände, unter denen Einkommen geschätzt werden, haben sich im Vergleich zu denen bei Erlass des Gesetzes deutlich verändert: Strafbefehlsverfahren kommen mittlerweile bei Verfahren,

---

400 *Albrecht*, in: NK-StGB, § 40 Rn. 49.

401 BGH NStZ 1989, 361; *König*, in: HK-GS, § 244 StPO Rn. 22; *Krehl*, in: KK-StPO, § 244 Rn. 61; *Hofmann*, StraFo 2003, 70.

402 OLG Düsseldorf StV 1995, 643; *Radtke*, in: MüKo-StGB, § 40 Rn. 108; *Stree/Kinzig*, in: Sch/Sch-StGB, § 40 Rn. 21a; a.A. *Häger*, in: LK-StGB, § 40 Rn. 74, der eine Begründungspflicht für die Entscheidung des „ob" der Schätzung nicht als notwendig erachtet.

403 BVerfG NStZ-RR 2015, 335 f.: In dem Verfahren wurde im Urteil, das die Angeklagte zu einer Geldstrafe von 45 Tagessätzen zu je 80 € verurteilte, lediglich festgestellt, dass die Angeklagte, die zu ihrem Einkommen und Beruf schwieg, früher Verkehrspilotin gewesen und aktuell nicht arbeitssuchend, aber auch nicht als Pilotin tätig sei. Das aus diesen Informationen geschätzte Nettoeinkommen von 2400 € ist laut Bundesverfassungsgericht eine verbotene „Schätzung ins Blaue hinein" und damit ein Verstoß gegen das Willkürverbot des Art. 3 Abs.1 GG.

404 Solche Maßnahmen könnten beispielsweise auch Anfragen beim Jobcenter oder Gerichtsvollzieher im Ermittlungsverfahren sein, *Metz*, NStZ-RR 2016, 46.

in denen der Erlass einer Geldstrafe erwartet wird, mehr als doppelt so häufig vor, wie Anklagen mit Hauptverhandlungen (15 % Strafbefehlsanträge zu 7 % Anklagen vor dem Strafrichter [bei 12 % Anklagen insgesamt][405] – siehe bereits 1. Teil Kap. 5.2). Im Vergleich dazu war im Jahr 1981 der Anteil an Anklageerhebungen insgesamt noch knapp 30 % größer als derjenige der Strafbefehlsanträge.[406] Es ist jedoch zu befürchten, dass in Strafbefehlsverfahren erhebliche Probleme bei der Erfüllung der eben festgestellten Anforderungen an eine Schätzung i.S.v. § 40 Abs. 3 StGB auftreten. Denn in diesen Verfahren findet keine Hauptverhandlung statt und auch eine Beschuldigtenvernehmung durch die Polizei ist oftmals nicht gesichert. Dass die Staatsanwaltschaft die Beschuldigten in solchen Fällen zur Vernehmung bestellt, erscheint bei den geringen Tatvorwürfen, bei denen die Strafbefehlsbeantragung möglich ist, und der Masse an Verfahren zweifelhaft. Nichtsdestotrotz finden sich in der Literatur zur Schätzungsbefugnis nach § 40 Abs. 3 StGB keine Auseinandersetzungen mit der praktischen Anwendung dieser in den Strafbefehlsverfahren.[407] Dass eine ausreichende Ermittlung der Schätzungsgrundlage auch in Strafbefehlsverfahren notwendig ist, ergibt sich nicht nur aus den Anforderungen an § 40 Abs. 3 StGB. Nach § 160 Abs. 3 StPO soll die Staatsanwaltschaft alle Umstände ermitteln, die für die Rechtsfolgenbestimmung von Bedeutung sind. Kommt eine Geldstrafe in Betracht, gehören hierzu die persönlichen und wirtschaftlichen Verhältnisse der Beschuldigten.[408] Dies wird vor allem dann relevant, wenn diese im Strafbefehlsverfahren den Sanktionsvorschlag unterbreitet. Auch gem. Nr. 14 RiStBV sind die Einkommens- und Vermö-

---

405 Errechnet aus *Statistisches Bundesamt*, Fachserie 10, Reihe 2.6. Rechtspflege. Staatsanwaltschaften 2015, S. 26.

406 Es gab 19,8 % Strafbefehlsanträge zu 27,4 % Anklagen bei allen anklagefähigen Verfahren (da die Grundgesamtheit eine andere als die der hier zu 2015 genannten Zahlen ist, ist die Höhe der Prozentangaben von *Heinz* nicht vergleichbar mit den zu 2015 genannten Prozentangaben.), *Heinz*, Das deutsche Strafverfahren. Rechtliche Grundlagen, rechtstatsächliche Befunde, historische Entwicklung und aktuelle Tendenzen, S. 28.

407 Auch obergerichtliche Rechtsprechung gibt es hierzu naturgemäß nicht, da beim Rechtsbehelf gegen fehlerhafte Strafbefehle dasselbe Amtsgericht, das den Strafbefehl erlassen hat, die Hauptverhandlung eröffnet und sodann erst das erstinstanzliche Urteil fällt, siehe zum Einspruch etwa *Maur*, in: KK-StPO, § 411 Rn. 7 ff.

408 *Meyer-Goßner/Schmitt*, StPO, § 160 Rn. 18; *Pflieger/Ambos*, in: HK-GS, § 160 StPO Rn. 10.

gensverhältnisse der Beschuldigten (etwa der ausgeübte Beruf und das aktuelle Einkommen) festzustellen und nach Nr. 15 RiStBV alle potentiell für die Strafbemessung relevanten Umstände. Zwar ist mit Blick auf die Schätzungsbefugnis des § 40 Abs. 3 StGB ein unvertretbar großer Ermittlungsaufwand nicht erforderlich – eine ausreichende Grundlage für die Schätzung muss gleichwohl ermittelt werden, insbesondere dann, wenn keine Hauptverhandlung mehr folgt.[409] Daneben soll von der Beantragung eines Strafbefehls dann abgesehen werden, wenn für die vollständige Aufklärung aller für die Strafzumessung wesentlichen Umstände eine Hauptverhandlung geboten erscheint, Nr. 175 Abs. 3 RiStBV. Auch für das Gericht gilt, dass dieses einen Strafbefehl nur dann erlassen darf, wenn aus dem Akteninhalt eine einwandfreie Überzeugungsbildung über die Schuld möglich ist und die Strafzumessungstatsachen soweit aufgeklärt sind, dass eine angemessene Bemessung der Sanktion möglich ist.[410] Fehlen aber wesentliche Informationen zur wirtschaftlichen Situation, sodass eine ordnungsgemäße Einkommensschätzung unmöglich ist, dann ist auch eine angemessene Sanktionsbemessung unmöglich.

Folglich dürften Strafbefehle in den Fällen, in denen keine Informationen zu den wirtschaftlichen Verhältnissen der Beschuldigten ermittelt wurden, nicht beantragt und erlassen werden. In solchen Fällen ist eine angemessene Sanktionierung nicht möglich; sie wäre, mit den Worten des Bundesverfassungsgerichts, eine bloße Schätzung ins Blaue hinein, die nicht nur den Gedanken der Opfergleichheit verkehrt, sondern auch eine willkürliche Strafzumessung darstellt, die den Gleichheitssatz des Art. 3 Abs. 1 GG verletzt. Ein solches Vorgehen würde begüterte (also über dem „durchschnittlichen" Verurteilten verdienende) Angeklagte bevorteilen und sehr arme Angeklagte benachteiligen.

Eine derartige Praxis kann auch nicht mit der einfachen Möglichkeit eines Einspruchs nach § 410 StPO legitimiert werden (der auf die Tagessatzhöhe beschränkt werden kann, wobei dann auch gem. § 411 Abs. 1 StPO keine Hauptverhandlung durchgeführt zu werden braucht). Denn hierfür müssten die Angeklagten zuallererst das Prinzip des Tagessatzsystems und

---

[409] Vgl. *Meyer-Goßner/Schmitt*, StPO, § 160 Rn. 18; *Griesbaum*, in: KK-StPO, § 160 Rn. 30.

[410] BT-Drs. 10/1313, S. 34; *Fezer*, ZStW 1994, 1, 17; *Maur*, in: KK-StPO, § 407 Rn. 4.

die richtige Berechnung eines Tagessatzes nach dem Nettoeinkommensprinzip verstehen, um eine etwaig fehlerhafte Berechnung nachvollziehen zu können. Dies ist jedoch äußerst unwahrscheinlich. Daneben könnte der rein schriftliche Verfahrensvorgang einigen Angeklagten Schwierigkeiten bereiten, was zu einer unüberwindbaren Hemmschwelle bei der Kontaktaufnahme mit den Strafverfolgungsbehörden und der Rechtsbehelfseinlegung führen kann.[411] Daneben gehört es zu dem unbestrittenen Recht aller Beschuldigten, im Ermittlungsverfahren nicht zur polizeilichen Beschuldigtenvernehmung zu erscheinen. Ihnen gegenüber kann also hieraus kein Vorwurf im Hinblick auf die Notwendigkeit einer Schätzung des Einkommens ins „Blaue hinein" gemacht werden, welcher darüber hinaus auch eine willkürliche Strafzumessung ohnedies nicht rechtfertigen könnte. Gleichwohl lässt der hohe Anteil an Strafbefehlen in Verfahren, in denen die Verhängung einer Geldstrafe in Betracht kommt, eine andere Praxis vermuten. Dabei sollte die Schätzungsbefugnis des § 40 Abs. 3 StGB eigentlich gerade auch das Prinzip der Opfergleichheit bei Geldstrafen in dem Sinne verwirklichen, dass nicht diejenigen Angeklagten bevorteilt werden, die ihre Vermögensverhältnisse verschleiern.[412] Dass die Schätzungsmöglichkeit des § 40 Abs. 3 StGB in ihrer Anwendung diese Funktion in den heutigen Verfahren der Massenkriminalität, die zu einem Großteil per Strafbefehl erledigt werden, tatsächlich noch erfüllt, kann bezweifelt werden.[413] Vielmehr besteht die Befürchtung, dass sie sich in ihrer Anwendung gar in ein Hindernis gerechter Strafzumessung bei ökonomischer Ungleichheit verkehrt hat.

---

[411] *Gerken/Henningsen*, ZRP 1987, 386, 388; *Dolde*, FS 1999, 330, 331.

[412] *Hellmann*, GA 1997, 503, 509.

[413] So wurde in Dänemark beispielsweise die Einführung des Tagessatzsystems außerhalb gerichtlich abgeurteilter Übertretungen des StGB mit der Begründung abgelehnt, dass bei allen summarischen Verfahren, wie dem dortigen polizeilichen Strafbefehl bei Ordnungswidrigkeiten, keinerlei Angaben über die wirtschaftliche Lage der Beschuldigten vorhanden sind. Müssten diese Informationen von der Polizei nun für das Tagessatzsystem erhoben werden, wäre der administrative Aufwand zu groß, *Driendl*, ZStW 1976, 1137, 1138.

6.6 Zwischenergebnis

Die praktisch wichtigste Sanktion im deutschen Strafverfahren, die Geldstrafe, ist ein Sanktionsinstrument, das unmittelbar mit der ökonomischen Ungleichheit der Verurteilten in Beziehung steht. Den Umstand, dass sich der Entzug von Geld je nach finanzieller Situation höchst ungleich auswirkt, hat der Gesetzgeber mit der Einführung des Tagessatzsystems zwar zu lösen versucht. Indem er sich für das Nettoeinkommensprinzip entschieden hat, hat er aber besondere Strafhärten lediglich für arme Verurteilte in Kauf genommen. Um diese ungleich verteilten und teils unzumutbaren Belastungen zu mildern und um sicherzustellen, dass armen Verurteilten trotz der Geldstrafe das notwendige Einkommen für das physische Existenzminimum verbleibt, ist neben der Gewährung von Zahlungserleichterungen eine Senkung der nach dem Nettoeinkommensprinzip ermittelten Tagessätze erforderlich. Andernfalls würde nur bei armen Verurteilten ein sehr langer Belastungszeitraum durch die Geldstrafe entstehen, bei dem teils über mehrere Jahre alles abgeschöpft werden würde, was über den für das physische Existenzminimum notwendigen Betrag hinausgeht. Die Sorge einiger Autoren, dass solch niedrige Tagessätze ihre Strafwirkung verfehlen, ist dabei unbegründet und verkennt, dass bei sehr einkommensschwachen Menschen bereits der Entzug geringer Beträge erhebliche Strafwirkungen entfalten kann. Zur Bestimmung der richtigen Höhe bietet es sich im Anschluss an das OLG Stuttgart und andere Gerichte an, die maximale Ratenzahlungshöhe zusammen mit einer noch verhältnismäßigen Belastungsdauer zu berücksichtigen. Aus den Strafverfolgungsstatistiken und manchen Urteilen lässt sich aber schließen, dass sich in der Praxis regional recht unterschiedliche Pauschalen im Umgang mit Angeklagten etabliert haben, die Einkommen zur Sicherung des soziokulturellen Existenzminimums beziehen. Für die einzelnen Verurteilten, die nahe des Existenzminimums leben, macht es jedoch freilich einen erheblichen Unterschied, ob sie zu einer Geldstrafe von 50 Tagessätzen à 8 € oder à 15 € verurteilt werden.

Darüber hinaus erscheint es sehr zweifelhaft, ob in den Massen der alltäglichen Strafverfahren überhaupt eine Strafzumessung möglich ist, die den Anforderungen des § 40 StGB entspricht und für annähernde Opfergleichheit sorgen kann. Neben dem Problem, dass die Angaben zum Einkommen freiwillig sind und unter keiner Wahrheitspflicht stehen, wirft sich die viel größere Frage auf, ob in den Strafbefehlsverfahren, die heutzutage mehr als doppelt so häufig vorkommen wie Hauptverhandlungen vor dem Strafrichter, überhaupt solche Informationen vorhanden sind. Zwar ist gem. § 40 Abs. 3 StGB eine Schätzung des Nettoeinkommens möglich, um unverhältnismäßigen Ermittlungsaufwand zu vermeiden. Dennoch muss die Schätzung auf irgendeiner Grundlage beruhen. Dies wird bereits dann zum Problem, wenn die Beschuldigten nicht zur polizeilichen Beschuldigtenvernehmung erscheinen und dennoch Strafbefehle erlassen werden. Eine Schätzung des Einkommens ohne Schätzungsgrundlage verstößt als objektiv willkürliche Strafzumessung jedoch gegen Art. 3 Abs. 1 GG. Die Schaffung annähernd gleicher Strafwirkung durch Anpassung der Strafe an die wirtschaftlichen Verhältnisse der Angeklagten ist so ebenfalls unmöglich.

Die Untersuchung soll deshalb zunächst klären, wie die Gerichte (und Staatsanwaltschaften) die Tagessatzhöhen im Verhältnis zum bekannten Einkommen bestimmen und wie oft und wann Zahlungserleichterungen gewährt werden, insbesondere bei Angeklagten, die nahe des Existenzminimums leben. Weiterhin soll untersucht werden, welche Informationen zu den wirtschaftlichen Verhältnissen in Strafbefehlsverfahren und Hauptverhandlungen ermittelt werden. Daran anschließend soll die Frage beantwortet werden, wie die Staatsanwaltschaften und Gerichte mit fehlenden Informationen hierzu in Strafbefehlsverfahren umgehen, auf welcher Grundlage die Einkommen geschätzt werden und welche Informationen die Urteile hierzu enthalten.

7 Die Geldstrafenvollstreckung / Ersatzfreiheitsstrafe

Spricht man von der Zumessung und Wirkung der Geldstrafe, darf das einschneidendste Instrument in diesem Zusammenhang, die Ersatzfreiheitsstrafe, nicht unerwähnt bleiben. Denn wird die Geldstrafe als uneinbringlich angesehen, so tritt gem. § 43 StGB an die Stelle eines unbezahlten Tagessatzes ein Tag unbedingte Freiheitsstrafe. Bei den 2016 wegen einer Freiheitsstrafe Inhaftierten saßen durchschnittlich 10 % infolge einer

Ersatzfreiheitsstrafe in Haft.[414] Geht man davon aus, dass den Ersatzfreiheitsstrafen nahezu nie unbezahlte Geldstrafen von über 180 Tagessätzen zugrunde liegen, lag ihr Anteil an den kurzen Freiheitsstrafen durchschnittlich sogar bei 45 %.[415] In absoluten Zahlen sind dies im Durchschnitt 4 584 Menschen, die in Deutschland täglich wegen einer Ersatzfreiheitsstrafe inhaftiert sind. Unter Berücksichtigung der kurzen Vollzugsdauer von Ersatzfreiheitsstrafen, die im Mittel etwa einen Monat beträgt,[416] kann man die Gesamtzahl der Ersatzfreiheitsstrafen, die insgesamt 2016 vollstreckt wurden, sogar auf etwa 55 000 schätzen.[417] Im Folgenden wird zuerst kurz der Ablauf der Geldstrafenvollstreckung beschrieben und hierauf folgend die Gerechtigkeitsproblematik der Ersatzfreiheitsstrafe diskutiert.

7.1 Ablauf der Vollstreckung einer Geldstrafe

Im Erwachsenenstrafrecht ist grundsätzlich die Staatsanwaltschaft die Strafvollstreckungsbehörde, § 451 StPO. Die Vollstreckung der Geldstrafe ist aber den Rechtspflegern übertragen worden, § 31 Abs. 2 RPflG.[418] Nach Rechtskraft des Urteils wird die Zahlung in aller Regel nach einer Schon-

---

414 *Statistisches Bundesamt*, Bestand der Gefangenen und Verwahrten in den deutschen Justizvollzugsanstalten. Stichtag 31. August 2017, S. 16, 21, 26; berechnet aus den Daten zu den Stichtagen 31.3.2016, 31.8.2016 und 31.11.2016.

415 Denn hohe Tagessatzzahlen werden in Deutschland nur selten verhängt: 2015 gab es lediglich zu 0,6 % Geldstrafen über 180 Tagessätzen und auch nur 7 % Geldstrafen, die 90 Tagessätze überstiegen, *Statistisches Bundesamt*, Fachserie 10, Reihe 3. Rechtspflege. Strafverfolgung 2013, S. 196. Empirische Untersuchungen zeigen, dass die durchschnittliche Dauer der Ersatzfreiheitsstrafe, die verbüßt werden soll, zum Zeitpunkt der Inhaftierung 60 Tage beträgt, *Dolde*, FS 1999, 330, 332; so auch *Matt*, MschKrim 2005, 339, 341.

416 Die durchschnittliche Dauer der Ersatzhaft, die tatsächlich auch verbüßt wird, beträgt nur etwa 30 Tage, *Janssen*, Die Praxis der Geldstrafenvollstreckung, S. 215 f.; *Albrecht*, in: NK-StGB, § 43 Rn. 2. Dies ist auf eine Verkürzung der ohnehin kurzen Haftdauer durch teilweise Tilgung während der Haft zurückzuführen, *Dolde*, FS 1999, 330, 332.

417 Dies entspricht dem Zwölffachen der zu einem Stichtag im Jahr Inhaftierten. Ausführlicher zum Anteil der Ersatzfreiheitsstrafler an den Inhaftierten im zeitlichen Verlauf und differenziert nach Bundesländern sowie im europäischen Vergleich, in dem Deutschland die Rolle des Spitzenreiters einnimmt, *Treig/Pruin*, FS 2018, 10, 12 f.

418 Ausführlicher zur Strafvollstreckung bei Geldstrafen etwa *Janssen*, Die Praxis der Geldstrafenvollstreckung, S. 35 ff.; *Laubenthal/Nestler*, Strafvollstreckung, S. 119 ff.

frist von zwei Wochen fällig, § 459c Abs. 2 StPO. Die Verurteilten erhalten zunächst eine Zahlungsaufforderung mit zweiwöchiger Frist und sollen bei Ablauf dieser regelmäßig noch einmal gemahnt werden, § 5 Abs. 2 JBeitrG. Während der gesamten Vollstreckung ist analog zu § 42 StGB die Bewilligung von Zahlungserleichterungen nach § 459a StPO durch die Rechtspfleger von Amts wegen oder auf Antrag möglich. Falls nach dem Fristablauf und der Mahnung nicht gezahlt wurde, erfolgen Beitreibungsmaßnahmen nach §§ 6 ff. JBeitrG, 459 ff. StPO, 49 StVollstrO, deren Auswahl von der erhofften Effektivität abhängt.[419] Erscheint die Beitreibung jedoch von Beginn an auf absehbare Zeit aussichtlos, so kann hiervon abgesehen werden, § 459c Abs. 2 StPO.[420] Eine Vollstreckung soll etwa dann aussichtlos sein, wenn schon Beitreibungsversuche in anderen Sachen erfolglos waren oder das Arbeitseinkommen die Pfändungsgrenze des § 850c ZPO nicht übersteigt.[421] Wenn die Geldstrafe trotz angemessener Beitreibungsversuche nicht eingebracht werden kann oder wenn nicht zu erwarten ist, dass eine Vollstreckung zum Erfolg führen wird, so wird von den Rechtspflegern die Vollstreckung der Ersatzfreiheitsstrafe ohne weitere Mahnung oder Anhörung angeordnet, §§ 43 StGB, 459e StPO.[422] Hierüber werden die Verurteilten schriftlich benachrichtigt und zum Haftantritt geladen, § 27 StVollstrO. Erscheinen diese dazu nicht, wird ein Haftbefehl durch die Rechtspfleger erlassen, § 457 StPO, §§ 50, 33 StVollstrO. An die Stelle eines unbezahlten Tagessatzes tritt dann gem. § 43 StGB ein Tag unbedingte Freiheitsstrafe.

Die Ersatzfreiheitsstrafe kann, auch nach ihrer Anordnung, zum einen stets durch Zahlung der Geldstrafe abgewendet oder beendet werden. Zum

---

[419] *Graalmann-Scheerer*, in: LR-StPO, § 459c Rn. 4. Als Beitreibungsmaßnahme gibt es etwa die Lohnpfändung nach § 6 BeitrG, §§ 850 ff. ZPO oder andere Zwangsvollstreckungsmaßnahmen.

[420] *Graalmann-Scheerer*, in: LR-StPO, § 459c Rn. 10; *Laubenthal/Nestler*, Strafvollstreckung, S. 125.

[421] *Meyer-Goßner/Schmitt*, StPO, S. § 459c StPO Rn. 5; *Graalmann-Scheerer*, in: LR-StPO, § 459c Rn. 10. Diese Betrachtungsweise würde allerdings eigentlich dazu führen, dass bei Empfängern von Sozialhilfe oder ALG II, welche die Pfändungsfreigrenze des § 850c ZPO regelmäßig nicht übersteigen (vgl. etwa LG Kassel BeckRs 2012, 22915), die Vollstreckung von Beginn an aussichtslos wäre.

[422] *Laubenthal/Nestler*, Strafvollstreckung, S. 134.

anderen gibt es die Möglichkeit der Stellung eines Antrags auf Ableistung freier Arbeit, die sich in Niedersachsen nach der ErsFrhStrAbwV ND[423] richtet und auf die nach deren § 2 bei Ladung zum Haftantritt hinzuweisen ist. Einem Tag Ersatzfreiheitsstrafe (und damit einem Tagessatz Geldstrafe) entsprechen in Niedersachsen im Regelfall sechs Stunden Arbeit, § 5 Abs. 1 ErsFrhStrAbwV ND.[424] Bevor die Ersatzfreiheitsstrafe angeordnet werden kann, ordnet das Gericht gem. § 459f StPO von Amts wegen oder auf Antrag an, dass die Vollstreckung der Ersatzfreiheitsstrafe unterbleibt, wenn dies für die Verurteilten eine unbillige Härte bedeuten würde.[425] Die Anordnung bedeutet allerdings lediglich einen Vollstreckungsaufschub, der bei Wegfall der Voraussetzungen widerrufen werden kann.[426] Da das Gericht an der Geldstrafenvollstreckung grundsätzlich nicht beteiligt ist, ergeht eine solche Anordnung regelmäßig nur auf Antrag der Verurteilten oder auf Anregung der Vollstreckungsbehörde.[427] § 459f StPO stellt allerdings eine Ausnahmevorschrift dar und eine unbillige Härte wird nicht bereits dann angenommen, wenn eine unverschuldete Zahlungsunfähigkeit vorliegt. Vielmehr muss durch die Vollstreckung der Ersatzfreiheitsstrafe ein zusätzliches, außerhalb des Strafzwecks liegendes Übel verursacht werden.[428] Dies kann etwa bei dem Aufenthalt drogenabhängiger Verurteilter in einer Entzugsklinik gegeben sein, der zur Ersatzhaftverbüßung abgebrochen werden müsste.[429] Eine solche Anordnung wird deswegen in den wenigsten Fällen in Betracht kommen und eine geringe praktische Relevanz haben.[430] § 459f StPO ist jedenfalls kein Instrument, dessen Zweck darin

---

423 Niedersächsische Verordnung über die Abwendung der Vollstreckung von Ersatzfreiheitsstrafe durch freie Arbeit vom 19.04.1996.

424 *Meier*, Strafrechtliche Sanktionen, S. 81; siehe zu den Regelungen der anderen Bundesländer: *Albrecht*, in: NK-StGB, § 43 Rn. 9.

425 *Albrecht*, in: NK-StGB, § 43 Rn. 10; *Meyer-Goßner/Schmitt*, StPO, § 459f Rn. 1.

426 *Meyer-Goßner/Schmitt*, StPO, § 459f Rn. 3; *Laubenthal/Nestler*, Strafvollstreckung, S. 135.

427 *Appl*, in: KK-StPO, § 459f Rn. 5.

428 Denn das Rechtsstaatsprinzip verlange auch die Gewährleistung einer wirksamen Strafrechtspflege durch Vollstreckung rechtskräftig erkannter Strafen, BVerfG NJW 2006, 3626, 3627; BGH NJW 1977, 815; *Hannich*, in: KK-StPO, § 459f Rn. 2; *Pflieger/Meier*, in: HK-GS, § 459f StPO Rn. 2; *Stree/Kinzig*, in: Sch/Sch-StGB, § 43 Rn. 8.

429 OLG Karlsruhe NStZ-RR 2006 2987, 288.

430 *Heischel*, FS 2011, 153, 157.

besteht und welches dazu geeignet ist, die Härten des Geldstrafenvollstreckungssystems für Arme zu mildern.

7.2 Problematik und mögliche Legitimation der Ersatzfreiheitsstrafe

Infolge eines Anstieg der Quoten von verbüßten Ersatzfreiheitsstrafen Ende der 1990er Jahre, welcher auch auf die steigende Armut in der Gesellschaft zurückgeführt wurde, wurde die Ersatzfreiheitsstrafe breit und kritisch diskutiert.[431] Die Problematik der Ersatzfreiheitsstrafe unter dem Blickwinkel sozialer Gerechtigkeit liegt auf der Hand: Da das Gesetz nicht zwischen verschuldeter und unverschuldeter Nichtzahlung differenziert, sind es arme, zahlungsunfähige Menschen, die in Haft müssen. Menschen mit finanziellen Ressourcen hingegen wenden die Ersatzhaft ab, indem sie die Geldstrafe zahlen.[432] Die Idee, dass ein Tag Freiheitsstrafe eine gleichwertige Sanktion zu einem Tagessatz Geldstrafe darstellt (§ 43 StGB), ist jedoch allenfalls „auf dem Papier" plausibel.[433] Tatsächlich wirkt die Freiheitsstrafe für die Verurteilten sehr viel schwerer, indem sie diese zwangsweise aus ihren sozialen und wirtschaftlichen Bezügen reißt.[434] Hierdurch werden die prekären Lebenslagen der Verurteilten oft noch weiter verschärft, etwa durch Arbeitsverlust bis hin zum Wohnungsverlust.[435] Auch werden weitere unerwünschte Negativeffekte kurzer Freiheitsstrafen verursacht wie Stigmatisierung und Kriminalisierung bei hohem Verwaltungs- und Kostenauf-

---

431 Bis 2002 wurden die jährlich vollstreckten Ersatzfreiheitsstrafen noch vom Statistischen Bundesamt erhoben und veröffentlicht. Dabei war von 1990 bis 2000 ein Anstieg über 36 % von 41 006 auf 56 187 Zugänge zu verzeichnen, *Meier*, StV 2008, 263, 269. Die Zahl aus 2002 entspricht dabei ungefähr den hier geschätzten absoluten Zugängen von 2016. Diese sind damit zwar nicht gestiegen, aber auch nicht gesunken trotz aller Abwendungsbemühungen (siehe dazu im Folgenden mehr).

432 Zur weiteren Kritik an der Ersatzfreiheitsstrafe, die nicht mit sozialer Gerechtigkeit zusammenhängt und deswegen hier nicht weiter erläutert wird, beispielsweise *Seebode*, in: Feuerhelm/Schwind/Bock (Hrsg.), Problematische Ersatzfreiheitsstrafe, S. 519 ff.

433 Siehe hierzu ausführlicher im Folgenden 2. Teil Kap. 4.4.

434 BayOLG NJW 1994, 1167; *Hörnle*, Tatproportionale Strafzumessung, S. 171; *Albrecht*, Strafzumessung bei schwerer Kriminalität, S. 335 f.; *Feest*, in: Herzog/Schlothauer/Wohlers (Hrsg.), Weg mit der Ersatzfreiheitsstrafe (§ 43 StGB)! Eine Petition mit Fußnoten, S. 491, 492; *Mitsch*, JA 1993, 304, 309; *Häger*, in: LK-StGB, Vor §§ 40 ff. Rn. 33; *Dölling*, Die Zweiteilung der Hauptverhandlung, S. 285 f.

435 *Bublies*, BewHi 1992, 178, 180; *Konrad*, R&P 2004, 147.

wand für den Justizvollzug, ohne dass im Vollzug sinnvolle Maßnahmen zur Wiedereingliederung vorgenommen werden können.[436] Diese Problematik ist seit langer Zeit bekannt und auch regelmäßig Gegenstand rechtspolitischer Reformüberlegungen.[437] Sie verschärft sich durch Befunde empirischer Untersuchungen darüber, dass Menschen, die Ersatzhaft verbüßen, regelmäßig wegen Bagatelldelikten wie Diebstahls geringwertiger Sachen (§§ 242, 248a StGB) oder sog. Schwarzfahrens (§ 265a StGB) inhaftiert werden.[438] Als aktuelles Beispiel plant deshalb etwa Nordrhein-Westfalen eine Bundesratsinitiative, die zwar nicht die Ersatzfreiheitsstrafe abschaffen, sondern andersherum das Erschleichen von Leistungen im Nahverkehr entkriminalisieren will, um so der Problematik Einhalt zu gebieten, dass viele mittellose Menschen in Ersatzhaft sitzen, die lediglich wegen sog. Schwarzfahrens (§ 265a StGB) verurteilt wurden.[439] Eine solchen Gesetzesentwurf hat im Bundestag aktuell ebenfalls die Fraktion Bündnis 90/Die Grünen eingebracht.[440] Die Ersatzfreiheitsstrafe führt also dazu, dass armen zahlungsunfähigen Verurteilten, die oftmals nur Bagatelldelikte begangen haben, allein aufgrund ihrer Armut ein erhebliches Zusatzübel abverlangt wird.[441] Infolgedessen hat etwa der italienische Verfassungsgerichtshof in

---

[436] *Dünkel*, FS 2011, 143; *Radtke*, in: MüKo-StGB, § 43 Rn. 2; *Däubler-Gmelin*, Blätter für Strafvollzugskunde: Beilage zum Vollzugsdienst 2002, 5; *Konrad*, R&P 2004, 147; *Deutscher Caritasverband / Katholische Bundesarbeitsgemeinschaft Straffälligenhilfe*, BAG-S Informationsdienst Straffälligenhilfe 2002, 5, 8; *Gerken/Henningsen*, ZRP 1987, 386, 387. Ein Rechenbeispiel für die Kosten findet sich bei *Heischel*, FS 2011, 153, 156, der für jeden Inhaftierten pro Tag 100 € veranschlagt. Etwas geringer veranschlagt *Berkmeyer* die Kosten, mit 85 € täglich, FS 2011, 139, 140. Rechnet man bundesweit mit durchschnittlich etwa 4 584 Ersatzstraflern, würde das im Jahr einen Betrag von etwa 167 Millionen oder 142 Millionen € bedeuten (4584*365*100 [bzw. 85]).

[437] Siehe etwa: https://www.zeit.de/gesellschaft/zeitgeschehen/2018-02/justizvollzug-geldstrafe-gefaengnis-kosten-ersatz [zuletzt aufgerufen am 03.07.2018]

[438] *Heischel*, FS 2011, 157; *Villmow*, in: Albrecht/Dünkel/Kerner (Hrsg.), Kurze Freiheitsstrafe, Ersatzfreiheitsstrafe und gemeinnützige Arbeit. Erfahrungen und Einstellungen von Betroffenen, S. 1298 f.; *Matt*, MschKrim 2005, 342; *Janssen*, Die Praxis der Geldstrafenvollstreckung, S. 214 f.; *Konrad*, R&P 2004, 147, 148.

[439] https://www.zdf.de/nachrichten/heute/nrw-initiative-schwarzfahren-soll-nicht-straftat-sein-100.html [zuletzt aufgerufen am 03.07.2018].

[440] BT-Drs. 19/1690.

[441] *Feest*, in: Herzog/Schlothauer/Wohlers (Hrsg.), Weg mit der Ersatzfreiheitsstrafe (§ 43

einer dem § 43 StGB entsprechenden italienischen Regelung eine Verletzung des Gleichheitssatzes gesehen und diese als verfassungswidrig aufgehoben.[442] Ebenso schätzte der Supreme Court der USA eine solche Regelung als verfassungswidrig ein.[443] Da sich auch der Gesetzgeber über die Gerechtigkeitsproblematik der Ersatzfreiheitsstrafe bewusst ist, wird seit einiger Zeit bereits versucht, Maßnahmen zur Abwendung und Verhinderung von Ersatzfreiheitsstrafen zu schaffen. Dies wird insbesondere durch die Möglichkeit der freiwilligen Ableistung gemeinnütziger Arbeit angestrebt, die seit vielen Jahren in allen Bundesländern ausgeweitet und praktiziert wird.[444] Doch auch die freie Arbeit erreicht nur diejenigen Menschen, die arbeitsfähig sind und sie hängt von einer Antragsstellung der Verurteilten und damit von deren Initiativergreifung ab.[445]

Trotz all dieser bekannten Problematiken wird vom Gesetzgeber und von großen Teilen der Literatur und Praxis gleichwohl an der Ersatzfreiheitsstrafe festgehalten. Die Ersatzfreiheitsstrafe wird in diesem Zusammenhang oft als das notwendige Rückgrat der Geldstrafe oder als zumindest leidvolle Notwendigkeit bezeichnet.[446] Denn zum einen sichere sie, dass die Geldstrafe bei Zahlungsunwilligen als Sanktion auch ernstgenommen und eingebracht werden könne. Nur so sei die gewünschte großflächige Anwendung der Geldstrafe als wirksame Sanktion zur Verdrängung kur-

---

StGB)! Eine Petition mit Fußnoten, S. 491, 492; *Bublies*, BewHi 1992, 178, 180 f.; *Schmidt*, NJW 1967, 1929, 1938; *Wilde*, NK 2017, 205, 206; *Gerken/Henningsen*, ZRP 1987, 386, 389; *Krieg u. a.*, MschKrim 1984, 25 f.

442 *Albrecht*, in: NK-StGB, § 43 Rn. 3.

443 Allerdings hat die Geldstrafe in den USA als eigenständige Sanktion kaum Bedeutung, *Seebode*, in: Feuerhelm/Schwind/Bock (Hrsg.), Problematische Ersatzfreiheitsstrafe, S. 519, 521.

444 Ausführlich zu freien Arbeit: *Wilde*, Armut und Strafe, S. 119 ff. Eine Übersicht über Maßnahmen der Bundesländer gibt es etwa bei *Dünkel*, FS 2011, 145 ff.; beispielsweise in Niedersachsen gibt es daneben eine Maßnahme, die den Schuldnern bei ihrer Geldverwaltung Hilfestellung leistet („Geldverwaltung statt Vollstreckung von Ersatzfreiheitsstrafe"), NL-Drs. 17/6074, siehe hierzu *Teschner*, FS 2018, 30 ff.

445 Sie geht damit etwa fehl bei Wohnungslosen, Suchtkranken oder sehr alten Menschen, *Schädler*, ZRP 1985, 186, 190.

446 *Häger*, in: LK-StGB, § 43 Rn. 1; *Mitsch*, JA 1993, 304, 310; *Radtke*, in: MüKo-StGB, § 43 Rn. 2.

zer Freiheitsstrafen möglich.[447] Doch bei dieser Betrachtung treibt die Geldstrafe „den Teufel mit dem Beelzebub aus“[448], da sie die kurze Freiheitsstrafe durch die Hintertür wiedereinführt. Dies steht einerseits im Widerspruch zu § 47 StGB und dem Konzept der Vermeidung kurzer Freiheitsstrafen.[449] Da aber ausschließlich Arme unfreiwillig von kurzen Ersatzfreiheitsstrafen betroffen sind, wird darüber hinaus eine überkommen geglaubte Form von Klassenjustiz spiegelbildlich wiedereingeführt.[450] Denn andersherum dürfen die Gerichte heute nicht anstelle einer Geldstrafe eine Freiheitsstrafe verhängen, weil sie die Zahlungsunfähigkeit der Angeklagten oder Zahlungsschwierigkeiten erwarten.[451] Zwar zahlt ein Teil der Verurteilten die Geldstrafe auch noch, nachdem die Ersatzfreiheitsstrafe angeordnet wurde.[452] Die Funktion der Ersatzfreiheitsstrafe besteht jedoch nicht darin, ein für die Vollstreckungsbeamten einfach handhabbares Vollstreckungsinstrument zu sein. Sie ist kein Beugemittel, sondern eine echte Strafe für uneinbringliche Geldstrafen, bei denen vorhandene Vollstreckungsmittel erfolgslos ausgeschöpft wurden.[453] Für einbringliche Geldstrafen sieht das

---

447 *Tröndle*, ZStW 1974, 545, 557 ff.; *Häger*, in: LK-StGB, § 43 Rn. 1; *Schatz*, ZRP 2002, 438.

448 *Seebode*, in: Feuerhelm/Schwind/Bock (Hrsg.), Problematische Ersatzfreiheitsstrafe, S. 519, 529.

449 Hohe Tagessatzzahlen werden in Deutschland nur selten verhängt: 2015 gab es lediglich zu 0,6 % Geldstrafen über 180 Tagessätzen und auch nur 7 % Geldstrafen, die 90 Tagessätze überstiegen, *Statistisches Bundesamt*, Fachserie 10, Reihe 3. Rechtspflege. Strafverfolgung 2013, S. 196. Die durchschnittliche Verbüßungsdauer bei Ersatzhaft beträgt etwa 30 Tage, *Janssen*, Die Praxis der Geldstrafenvollstreckung, S. 215 f.; *Albrecht*, in: NK-StGB, § 43 Rn. 2. Dies ist aber auf eine Verkürzung der Haftdauer durch teilweise Tilgung während der Haft zurückzuführen – bei Eingang sollten durchschnittlich 60 Tage verbüßt werden, *Dolde*, FS 1999, 330, 332; so auch *Matt*, MschKrim 2005, 339, 341. Doch auch 60 Tage entsprechen nur 2 Monaten.

450 Vgl. *Seebode*, in: Feuerhelm/Schwind/Bock (Hrsg.), Problematische Ersatzfreiheitsstrafe, S. 519, 526.

451 Siehe bereits RGSt 65, 229 ff.; BGH GA 1968, 84; OLG Düsseldorf MDR 1970, 1025, 1026; OLG Hamm MDR 1975, 329 f.; Häger in: LK-StGB, Vor §§ 40 ff. Rn. 48; *Lackner u. a.*, StGB, § 40 Rn. 2.

452 *Janssen*, Die Praxis der Geldstrafenvollstreckung, S. 161 ff.

453 BVerfG 2006, 3626, 3627; *Seebode*, in: Feuerhelm/Schwind/Bock (Hrsg.), Problematische Ersatzfreiheitsstrafe, S. 534; *Stree/Kinzig*, in: Sch/Sch-StGB, § 43 Rn. 2 f.; *Lackner u. a.*, StGB, S. § 43 Rn. 1.

Gesetz andere Vollstreckungsmaßnahmen vor. Würde man sich ein solches Instrument wünschen, müsste man sich an der Erzwingungshaft der §§ 96 ff. OWiG orientieren, wie es sie auch in anderen Staaten für Geldstrafen gibt.[454] Diese wird jedoch nur bei einbringlichen Geldbußen bzw. -strafen und nicht bei nachgewiesener Zahlungsunfähigkeit angewendet.

Neben ihrer Bedeutung für die Beitreibung von Geldstrafen wird die Ersatzfreiheitsstrafe als notwendige Ersatzstrafe für diejenigen angesehen, die keinerlei Geldmittel haben (oder diese dem Zugriff des Staates entziehen können) und die durch die Geldstrafe andernfalls nicht erreicht werden könnten. An dieser Stelle sei eine Ungleichbehandlung der Verurteilten nach Ansicht Vieler unvermeidbar und alternativlos.[455] Mittellosigkeit dürfe nicht dazu führen, dass Straftaten ungeahndet bleiben. Selbst wenn man dieser Argumentation zustimmen würde, so erscheint der Umrechnungsmaßstab von einem Tag Geldstrafe zu einem Tag Haft zur Herbeiführung einer Strafwirkung dennoch unverhältnismäßig.[456] Die Verurteilten verlieren bei einem Tag Freiheitsstrafe nämlich nicht nur ihr tägliches Nettoeinkommen, sondern auch ihre Freiheit.[457] Auch die gemeinnützige Arbeit umfasst nur maximal 6 Stunden täglich.[458] In Österreich, wo die Geldstrafen infolge des Einbußeprinzips für arme Angeklagte ohnehin geringer ausfallen, entsprechen beispielsweise zwei Tagessätze einem Tag Haft, § 19 Abs. 3 ÖStGB.

Auch ist die Annahme, die Ersatzfreiheitsstrafe sei notwendiges Rückgrat der Geldstrafe und damit leidvolle Notwendigkeit, empirisch nicht überprüft. Andere Länder wie Frankreich, Schweden oder Dänemark ha-

---

454 *Gerken/Henningsen*, ZRP 1987, 386, 390; *Seebode*, in: Feuerhelm/Schwind/Bock (Hrsg.), Problematische Ersatzfreiheitsstrafe, S. 534 f.; *Schmidt*, NJW 1967, 1929, 1938.

455 *Häger*, in: LK-StGB, Vor §§ 40 ff. Rn. 42; *Göppinger/Bock*, Kriminologie, S. 687; *Stree/Kinzig*, in: Sch/Sch-StGB, § 43 Rn. 1; a.A. für eine letztlich unvermeidliche und für die Rechtsgemeinschaft verkraftbare Straflosigkeit völlig mittelloser Täter bei zumindest leichter Kriminalität *Schmidt*, NJW 1967, 1929, 1938; *Köhler*, GA 1987, 145, 161.

456 *Tröndle*, ZStW 1974, 545, 575 f.; *Albrecht*, in: NK-StGB, § 43 Rn. 6; *Meier*, StV 2008, 263, 269 f.; *Häger*, in: LK-StGB, § 43 Rn. 6. Diese Ungerechtigkeit besteht auch unabhängig davon, dass freilich jeder Umrechnungsmaßstab in irgendeiner Weise willkürlich ist.

457 *Tröndle*, ZStW 1974, 545, 576.

458 *Albrecht*, in: NK-StGB, § 43 Rn. 6.

ben keine dem § 43 StGB entsprechende Regelung oder aber deren Anwendung so eng begrenzt, dass sie praktisch bedeutungslos sind, und dennoch ein funktionierendes Geldstrafensystem.[459] Bei Fehlen der Ersatzfreiheitsstrafe müssten und könnten andere, bereits vorhandene, aber in Gegenwart der Option der Ersatzfreiheitsstrafe ungenutzte Vollstreckungsmöglichkeiten nachdrücklicher betrieben und die Gewährung von Zahlungserleichterungen häufiger von Amts wegen wahrgenommen werden.[460] Zusätzlich wäre zur Vollstreckungsunterstützung die Einführung einer Beugehaft für zahlungsunwillige (aber nicht zahlungsunfähige) Verurteilte sowie eine Kompetenzerweiterung bei den Beitreibungsmaßnahmen[461] denkbar. Auch wenn der Vollstreckungsapparat hierdurch deutlich stärker belastet würde, würde auf der anderen Seite der kostenintensive Strafvollzug erheblich entlastet werden.[462] Blickt man zudem auf die Bemessung der Geldstrafen bei armen Angeklagten in Abweichung vom Nettoeinkommensprinzip zurück (siehe 1. Teil Kap. 6.4.2), ist auch zu vermuten, dass sich viele Geldstrafen besser beitreiben und Ersatzfreiheitsstrafen vermeiden ließen, ohne die

---

459 *Dünkel*, FS 2011, 143, 145; *Albrecht*, in: NK-StGB, § 43 Rn. 3. Ausführlich zur Ersatzfreiheitsstrafe in Schweden: *Hamdorf/Wölber*, ZStW 1999, 929 ff.; *Grebing*, ZStW 1976, 1049, 1112. Deswegen wird teilweise vorgeschlagen, die Regelungen der Ersatzfreiheitsstrafe vorübergehend experimentell auszusetzen, um die sozialen Ungerechtigkeiten zu vermeiden, so etwa *Feest*, in: Herzog/Schlothauer/Wohlers (Hrsg.), Weg mit der Ersatzfreiheitsstrafe (§ 43 StGB)! Eine Petition mit Fußnoten, S. 419, 493; *Hassemer*, Einführung in die Grundlagen des Strafrechts, S. 229; *Gerken/Henningsen*, ZRP 1987, 386, 389; *Grebing*, ZStW 1976, 1049, 112.

460 Siehe hierzu *Bublies*, BewHi 1992, 185 ff.

461 Etwa nach dem Beispiel Schwedens mit der Möglichkeit der direkten Abzweigung des Einkommens von der Einnahmequelle, *Bublies*, BewHi 1992, 178, 187 f.

462 Doch selbst wenn man die Ersatzfreiheitsstrafe als ultima ratio beibehalten will, gibt es diverse Vorschläge zur Abmilderung der Ungerechtigkeiten, die neben dem Umrechnungsmaßstab von 1:1 vor allem die Geldstrafenvollstreckung und den Vollzug der Ersatzhaft betreffen. Solche Maßnahmen sind allerdings nicht Inhalt der folgenden Untersuchung, die ihren Schwerpunkt nicht auf die Vollstreckung von Ersatzfreiheitsstrafen und ihre Abwendung legt, sodass auf diese nicht näher eingegangen wird. Zu solchen Vorschlägen gehören etwa Optimierungsvorschläge für die Geldstrafenvollstreckung, Vollzugslockerungen, Erweiterung der Abwendungsmöglichkeiten oder die Möglichkeit richterlicher Auflagenverhängung, *Bublies*, BewHi 1992, 187 ff.; *Seebode*, in: Feuerhelm/Schwind/Bock (Hrsg.), Problematische Ersatzfreiheitsstrafe, S. 544 ff.; *Kawamura*, TUP 1995, 31 f.; *Schädler*, ZRP 1985, 191 ff.

Verurteilten straflos werden zu lassen, wenn der Umstand, welcher monatliche Einkommensentzug für Arme tatsächlich zumutbar ist, stärkere Berücksichtigung finden würde.[463] Außerdem ist eine ausreichende Ermittlung der wirtschaftlichen Verhältnisse unabdingbar, insbesondere in den schriftlichen Strafbefehlsverfahren, in denen die Gefahr groß ist, dass Tagessätze falsch bemessen werden, was insbesondere bei Armen in Ersatzhaft münden kann, ohne dass die Verurteilten überhaupt bemerken, dass die Strafzumessung fehlerhaft geschehen ist.[464]

7.3 Zwischenergebnis

Die Ersatzfreiheitsstrafe ist der Punkt deutscher Strafverfahren, an dem sich die sozioökonomische Ungleichheit der Beschuldigten am offensichtlichsten zum Nachteil der Armen auswirkt. Bei dieser Sanktionsform wird sehr armen Verurteilten allein aufgrund ihrer Armut ein erhebliches Zusatzübel abverlangt. Arme Verurteilte müssen in Haft während finanzstärkere ihre Strafe zahlen können. Dass die Ersatzfreiheitsstrafe dabei als notwendiges Rückgrat der Geldstrafe unabdingbar sei, lässt sich bezweifeln. Im Lichte dieser Ersatzstrafe für Geldstrafen wächst die Bedeutung einer richtigen und zumutbaren Bemessung der Tagessatzhöhen von Geldstrafen bei sehr armen Angeklagten. Insbesondere bei strenger Anwendung des Nettoeinkommensprinzips oder bei der Verhängung von Geldstrafen in Strafbefehlen ohne ausreichende Informationen zum Einkommen, besteht die Gefahr, dass arme Verurteilte im Gefängnis enden. In der folgenden Untersuchung soll deshalb untersucht werden, wie oft und bei welchen Verfahren Ersatzhaft angeordnet, vollzogen oder durch gemeinnützige Arbeit abgewendet wurde. Welche Vollstreckungsbemühungen wurden vorher wahrgenommen? Außerdem soll erhoben werden, wie und was für Geldstrafen in diesen Fällen verhängt wurden, welche Kenntnisse (insbesondere in den Strafbefehlsverfahren) zu den wirtschaftlichen Verhältnissen vorhanden waren,

---

463 *Hennig*, BewHi 1999, 298, 290 ff.; *Wilde*, Armut und Strafe, S. 215 f.; *Gerken/Henningsen*, ZRP 1987, 387, 389; *Deutscher Caritasverband / Katholische Bundesarbeitsgemeinschaft Straffälligenhilfe*, BAG-S Informationsdienst Straffälligenhilfe 2002, 6, 8.

464 Vgl. *Gerken/Henningsen*, ZRP 1987, 386, 388; *Dolde*, FS 1999, 330, 331.

wie die Strafzumessung erfolgte und wie oft Zahlungserleichterungen im Urteil und nachträglich in der Vollstreckung gewährt wurden.

8 Stand der Forschung

Studien, die ihre Aufmerksamkeit auf den Einfluss sozioökonomischer Faktoren im Verlauf des gesamten Strafverfahrens richten, gibt es in Deutschland aktuell nicht. Da in dieser Arbeit der Einfluss sozioökonomischer Ungleichheit im deutschen Strafverfahrenssystem, mit dessen speziellen strafverfahrensrechtlichen Regelungen und dem deutschen Geldstrafensystem untersucht werden soll, können US-amerikanische Untersuchungen zu diesem Thema für das hiesige Erkenntnisinteresse nicht nutzbar gemacht werden. Das angloamerikanische Strafverfahrenssystem unterscheidet sich gänzlich vom deutschen Strafverfahren und ist mit diesem nicht gut vergleichbar.[465] Deutsche Studien zum Strafprozess, die sich den Strafverfahrensablauf speziell unter dem Gesichtspunkt sozioökonomischer Ungleichheit ansehen, gibt es selten. Da sich die Forschungsfrage aber auf das gesamte Strafverfahren bezieht, gibt es zahlreiche Untersuchungen, die sich jeweils mit einem speziellen Aspekt des Strafverfahrens oder der Strafzumessung beschäftigen und die den sozioökonomischen Status der Beschuldigten als eine von vielen Variablen mit in ihre Berechnungen aufgenommen haben. Hier werden nur einige exemplarisch genannt, die darüber hinaus für die Forschungsfrage interessante Erkenntnisse liefern. Die Studien werden dabei danach gegliedert, an welcher Stelle sie im chronologischen Verlauf des Strafverfahrens ansetzen.

8.1 Ermittlungsverfahren

Eine empirische Untersuchung, die einen Schritt vor der hiesigen, nämlich bei der Frage einer Selektion ganz am Beginn, bei der Einleitung eines Strafverfahrens ansetzt, lieferten *Feest* und *Blankenburg* mittels teilnehmender Beobachtung beim Polizeidienst im Jahr 1969.[466] Sie kamen zu dem

---

[465] Siehe hierzu bereits Fn. 165.

[466] *Feest/Blankenburg*, Die Definitionsmacht der Polizei. Strategien der Strafverfolgung und soziale Selektion, S. 11 ff.

Ergebnis, dass eine Selektion zulasten unterer Gesellschaftsschichten durch das vermehrte Auftreten der Polizei in sozial schwächeren Gegenden, die häufigere Verdächtigung von „unordentlich“ aussehenden, sich viel auf öffentlichen Plätzen aufhaltenden Menschen und Stereotypen verursacht wurde.[467] Schwerpunktstreifen wurden häufiger für Delikte der Unterschicht (Autodiebstahl, (damals) Verstöße gegen das Prostitutionsgesetz) gebildet und nicht für Gesellschaftsschichten übergreifende Delikte wie Verkehrsverstöße.[468] Weiterhin stellten *Feest* und *Blankenburg* fest, dass die Polizei bei Auseinandersetzungen zwischen verschiedenen sozialen Schichten eher ein formelles Ermittlungsverfahren einleitete, hierbei aber nicht speziell Verdächtige aus unteren Schichten benachteilige.[469] Die Autoren schlussfolgern aus ihrer Untersuchung, „... dass die Polizei die Kriminellen eher in den unteren als in den oberen sozialen Schichten sucht und findet.“[470]

Ebenfalls vor der Untersuchungsfrage dieser Arbeit setzten *Schumann* et al. an, indem sie in einer prospektiven Bremer Längsschnittstudie über 11 Jahre von 1988 – 2000 die Zusammenhänge zwischen Berufsbildung, Arbeit und Delinquenz untersuchten.[471] Ausgangspunkt der Untersuchungsfrage war Kritik an der unvollständigen Perspektive von retroperspektiven Studien zu Zusammenhängen von Arbeit und Delinquenz. Diese würden, wenn sie Arbeitslosigkeit und Ausbildungsprobleme deshalb als kriminogene Faktoren benennen, weil viele Strafgefangene solche Merkmale aufweisen, die Möglichkeit außer Acht lassen, dass (auch) andersherum Arbeitslosigkeit durch Verurteilungen entstehen könne oder arbeitslose Menschen häufiger in Strafverfahren verurteilt würden. Es wurden in 5 Wel-

---

[467] *Feest/Blankenburg*, Die Definitionsmacht der Polizei. Strategien der Strafverfolgung und soziale Selektion, S. 55 ff.

[468] *Feest/Blankenburg*, Die Definitionsmacht der Polizei. Strategien der Strafverfolgung und soziale Selektion, S. 84.

[469] *Feest/Blankenburg*, Die Definitionsmacht der Polizei. Strategien der Strafverfolgung und soziale Selektion, S. 108 f.

[470] *Feest/Blankenburg*, Die Definitionsmacht der Polizei. Strategien der Strafverfolgung und soziale Selektion, S. 114.

[471] *Schumann*, Berufsbildung, Arbeit und Delinquenz. Bremer Längsschnittstudie zum Übergang von der Schule in den Beruf bei ehemaligen Hauptschülern. Band 1; *Schumann*, Berufsbildung, Arbeit und Delinquenz. Bremer Längsschnittstudie zum Übergang von der Schule in den Beruf bei ehemaligen Hauptschülern. Band 2; *Schumann*, in: Dessecker (Hrsg.), Berufsbildung, Arbeit und Delinquenz, S. 43 ff.

len Abgänger von Haupt- und Sonderschulen zu delinquentem Verhalten innerhalb der letzten 2 – 3 Jahre, ihrem beruflichen Werdegang, ihrem sozialen Umfeld und ihrer Lebenssituation befragt.[472] Parallel dazu wurde die registrierte Kriminalität der Kohorte durch Abgleich mit dem Bundeszentralregister erfasst.[473] In der Untersuchung ging es zwar hauptsächlich um die in dieser Arbeit ausgeklammerte Frage des Zusammenhanges von Ausbildung, Arbeit und Delinquenz. Allerdings wurde der Aspekt der Strafverfolgung auch kurz mit in den Blick genommen. Innerhalb des Untersuchungszeitraums (11 Jahre) konnte kein signifikanter Zusammenhang zwischen Ausbildungs- / Berufsverlauf und Delinquenz gefunden werden.[474] Dafür wirkten sich aber Strafverfolgung und Sanktionierung schlecht auf das Berufsleben und auch auf künftige Delinquenz aus (selbst bei Verfahrenseinstellungen).[475] Bei gleicher Vordelinquenz (im Dunkelfeld) begingen künftig diejenigen mehr kriminelle Handlungen, die vorher Beschuldigte in einem Strafverfahren waren. Der Vergleich der BZR-Eintragung mit der selbstberichteten Delinquenz der Probanden zeigte, dass unausgebildete Jugendliche im BZR überproportional häufig registriert waren.[476] Eine Analyse von 37 BZR-Einträgen ergab eine negative Auswirkung von Arbeitslosigkeit auf die Chance einer Verfahrenseinstellung bei Verfahren wegen Eigentums- und Vermögensdelikten.[477] Eine qualitative Auswertung von 24 Strafverfahrensakten der Kohorte zeigte, dass die Entscheidung über eine Diversion nach §§ 45, 47 JGG und Verurteilung neben der Tatschwere und dem Alter auch von der Arbeitslosigkeit der Beschuldigten abhing. Als ein Fazit hieraus zogen die Autoren, dass die festgestellten Diskriminierungen und Auswirkungen in Form einer selbsterfüllenden Prophezeiung dazu führen würden, dass am Ende häufiger arbeitslose Menschen vor Gericht und im Gefängnis landeten.

---

472 Welle 2: n = 393; Welle 3: n = 372; Welle 4: n = 366; Welle 5: n = 329, *Böttger u. a.*, in: Schumann (Hrsg.), Methodenskizze der Untersuchung, S. 51 f.

473 *Böttger u. a.*, in: Schumann (Hrsg.), Methodenskizze der Untersuchung, S. 45 ff.

474 *Schumann*, in: Dessecker (Hrsg.), Berufsbildung, Arbeit und Delinquenz, S. 53.

475 *Schumann*, in: Dessecker (Hrsg.), Berufsbildung, Arbeit und Delinquenz, S. 56.

476 *Schumann*, in: Dessecker (Hrsg.), Berufsbildung, Arbeit und Delinquenz, S. 57.

477 *Panter u. a.*, in: Leisering/Müller/Schumann (Hrsg.), Per Doppelpass ins Abseits! Zur Kontinuität von Interpretations- und Handlungsmustern in Arbeitsmarkt und Strafjustiz und deren Konsequenzen, S. 168.

Zum Entscheidungsverhalten der Staatsanwaltschaft, nachdem ein Ermittlungsverfahren bereits eingeleitet wurde, legten 1978 *Blankenburg, Sessar* und *Steffen* erstmals eine umfassende Untersuchung vor. Diese legte den Fokus zwar nicht auf den Einfluss sozioökonomischer Merkmale der Beschuldigten im Verlauf des Strafverfahrens. Mit Blick auf das Thema der geplanten Untersuchung sind die Ergebnisse aber insofern bedeutsam, als dass das Ermittlungsverfahren und die Staatsanwaltschaften durch die vielfältigen Möglichkeiten der Verfahrensbeendigung bedeutende Selektionsinstanzen innerhalb des Strafverfahrens darstellen. Außerdem wurde das Datenmaterial in einem gesonderten Beitrag von *Blankenburg* und *Steffen* hinsichtlich sozialer Merkmale von Tätern und Opfern ausgewertet.[478] *Blankenburg* et al. untersuchten eine erhebliche Anzahl Strafakten von acht deutschen Staatsanwaltschaften zu ausgewählten Delikten (Diebstahl [n = 3230], Betrug [n = 889], Unterschlagung [n = 567], Raub [n = 257], Notzucht [Vergewaltigung] [n = 294]).[479] Für die Forschungsfrage relevante Erkenntnisse dieser Untersuchung waren die folgenden: Nur 3 % der Beschuldigten waren bereits im Ermittlungsverfahren anwaltlich vertreten, dann war aber die Einstellungsquote mit Blick auf die Gesamtstichprobe signifikant höher.[480] Nach Abgabe des Verfahrens an die Staatsanwaltschaft war die Hinzuziehung eines Verteidigers nicht mehr relevant für Verfahrenseinstellungen durch die Staatsanwaltschaft. Mit Blick auf die Hauptverhandlung erreichten Wahlverteidiger signifikant häufiger Einstellungen oder Freisprüche in der Hauptverhandlung als Pflichtverteidiger.[481] Die Wahrscheinlichkeit einer Anklageerhebung oder eines Strafbefehlsantrags gegenüber der Einstellung nach § 170 Abs. 2 StPO war bei Abgabe

---

478 *Blankenburg/Steffen*, in: Blankenburg (Hrsg.), Der Einfluß sozialer Merkmale von Tätern und Opfern auf das Strafverfahren, S. 248 ff.

479 Hierzu gesondert ausgewertet wurden außerdem noch Wirtschaftsdelikte (n = 623), *Blankenburg u. a.*, Die Staatsanwaltschaft im Prozess strafrechtlicher Sozialkontrolle, S. 54 ff.

480 *Blankenburg u. a.*, Die Staatsanwaltschaft im Prozess strafrechtlicher Sozialkontrolle, S. 137.

481 *Blankenburg u. a.*, Die Staatsanwaltschaft im Prozess strafrechtlicher Sozialkontrolle, S. 137.

eines Geständnisses bei allen Delikten signifikant erhöht.[482] Die Schichtzugehörigkeit der Beschuldigten wurde mangels anderer hinreichender Angaben in den Akten anhand des Berufs bestimmt, indem dieser in manuelle („Unterschicht") und nicht-manuelle Tätigkeiten („Mittelschicht") unterteilt wurde.[483] Bei Diebstahls-, Raub- und Notzuchtverfahren war die Unterschicht im Verhältnis zu ihrem Bevölkerungsanteil überrepräsentiert, bei Betrug und Unterschlagung dagegen die Mittelschicht.[484] Unterschichtsangehörige legten häufiger ein Geständnis ab. Sie waren seltener anwaltlich vertreten: Im Ermittlungsverfahren waren 1,5 % der Beschuldigten aus der Unterschicht und 7 % der aus der Mittelschicht anwaltlich vertreten; in der Hauptverhandlung waren erstere nur zu 39 % und letztere zu 89 % wahlverteidigt.[485] Beschuldigte aus der Unterschicht waren nicht generell häufiger vorbestraft, sondern dies unterschied sich je nach Delikt zwischen den beiden Schichten.[486] Alle weiteren Unterschiede zwischen den Schichten wie Schadenshöhe, Vorbelastung oder gemeinschaftliche Tatbegehung waren deliktsabhängig unterschiedlich. Bei Unterschichtsangehörigen wurde in den Verfahren wegen Betrugs oder Unterschlagung signifikant häufiger Anklage erhoben als bei Beschuldigten aus der Mittelschicht. Bei allen anderen Delikten gab es keine signifikanten Unterschiede zwischen den beiden Schichten.[487] Zwischen der Entscheidung zur Anklageerhebung oder

---

482 *Blankenburg u. a.*, Die Staatsanwaltschaft im Prozess strafrechtlicher Sozialkontrolle, S. 139.

483 Die Gruppe der unteren Angestellten und Beamten wurde nicht berücksichtigt, da eine Zuordnung mittels des genannten Kriteriums nicht überzeugend erschien (zwar ist die Tätigkeit nicht-manuell, Einkommen, Schulbildung und Sozialprestige entsprechen aber eher denen der Unterschicht.), *Blankenburg u. a.*, Die Staatsanwaltschaft im Prozess strafrechtlicher Sozialkontrolle, S. 168f; in *Blankenburg/Steffen*, in: Blankenburg (Hrsg.), Der Einfluß sozialer Merkmale von Tätern und Opfern auf das Strafverfahren, S. 257 wurde die Schicht noch einmal anders festgelegt in Unterschicht – Arbeiter und sozial Verachtete – und Mittelschicht – Angestellte, Beamte und Selbstständige.

484 *Blankenburg u. a.*, Die Staatsanwaltschaft im Prozess strafrechtlicher Sozialkontrolle, S. 211 ff.

485 *Blankenburg u. a.*, Die Staatsanwaltschaft im Prozess strafrechtlicher Sozialkontrolle, S. 214.

486 *Blankenburg u. a.*, Die Staatsanwaltschaft im Prozess strafrechtlicher Sozialkontrolle, S. 214.

487 *Blankenburg u. a.*, Die Staatsanwaltschaft im Prozess strafrechtlicher Sozialkontrolle, S. 215.

Strafbefehlsbeantragung gab es keine Schichtunterschiede.[488] Wurde das Verfahren angeklagt, dann war die Rate an Freisprüchen oder Einstellungen bei der Mittelschicht höher als bei der Unterschicht, mit Ausnahme der Unterschlagungsverfahren.[489] Bei der multivariaten Analyse[490] zeigte sich, dass bei der Entscheidung der Staatsanwaltschaft über die Einstellung des Verfahrens (mangels hinreichenden Tatverdachts oder aus Opportunität[491]) und über die Anklageerhebung vor allem tatbezogene Variablen wie Geständnisbereitschaft, Täter-Opfer-Beziehung oder weitere, tatmehrheitliche begangene Delikte und die Vorstrafenbelastung eine Rolle spielten, aber auch die Schichtzugehörigkeit einen eigenen Erklärungsanteil besaß.[492] Die Autoren versuchten außerdem, die Verfahren so zu filtern, das tatbezogene Faktoren eine geringere Bedeutung besaßen. In diesen Fällen nahm die Bedeutung der Schichtzugehörigkeit (je nach Delikt unterschiedlich) zu, war aber einzig bei den Verfahren wegen Unterschlagung wirklich erklärungsstark.[493] Insgesamt spielte die Schichtzugehörigkeit zwar nur eine untergeordnete, aber immerhin doch eine eigenständige Rolle bei der Frage, ob die Staatsanwaltschaft das Verfahren einstellte oder anklagte. Hauptsächlich aber waren es tatbezogene Merkmale, die das Entscheidungsverhalten der Staatsanwaltschaft bestimmten. Dabei ist jedoch einschränkend zu berücksichtigen, dass bei diesen Untersuchungen nicht zwischen Einstellungen nach § 170 Abs. 2 StPO und solchen nach §§ 153 ff. StPO differenziert wurde.

Kunz untersuchte im Jahr 1977 erfolgte Einstellungen der Staatsanwaltschaft nach §§ 153 Abs. 1, 153a Abs. 1 StPO. Zunächst wurde in einer

---

488 *Blankenburg/Steffen*, in: Blankenburg (Hrsg.), Der Einfluß sozialer Merkmale von Tätern und Opfern auf das Strafverfahren, S. 258.

489 *Blankenburg/Steffen*, in: Blankenburg (Hrsg.), Der Einfluß sozialer Merkmale von Tätern und Opfern auf das Strafverfahren, S. 260, diese Ergebnisse wurden allerdings nicht auf statistische Signifikanz und intervenierende Variablen überprüft.

490 Die Analyse wurde mittels des THAID-Programms durchgeführt, *Blankenburg u. a.*, Die Staatsanwaltschaft im Prozess strafrechtlicher Sozialkontrolle, S. 220 f.

491 Hierbei wurde nicht zwischen den Einstellungen nach § 170 Abs. 2 StPO und §§ 153 ff. StPO, 45 JGG differenziert.

492 *Blankenburg u. a.*, Die Staatsanwaltschaft im Prozess strafrechtlicher Sozialkontrolle, S. 224 ff.

493 *Blankenburg u. a.*, Die Staatsanwaltschaft im Prozess strafrechtlicher Sozialkontrolle, S. 236 ff.

Vorstudie der Inhalt von Strafakten interpretiert (hermeneutisch analysiert), um Hypothesen über staatsanwaltschaftliche Entscheidungsmuster im Allgemeinen zu erlangen. Zusätzlich wurden hierfür Informationen im Wege der teilnehmenden Beobachtung erlangt, in dem der Autor über ein Jahr als Staatsanwalt bei der Staatsanwaltschaft Saarbrücken tätig war. Anschließend wurden die Strafakten aller Verfahren im Zeitraum vom 01.01.1977 bis zum 30.04.1977 aus dem Saarland, die die Staatsanwaltschaft wegen Geringfügigkeit nach § 153 Abs. 1 oder § 153a Abs. 1 StPO eingestellt hatte (n = 393), analysiert. Die aus der Vorstudie entwickelten Hypothesen wurden mittels Korrelationsanalyse überprüft. Allerdings untersuchte *Kunz* nur Einstellungsverfahren ohne eine Kontrollgruppe aus (mittels Anklageerhebung oder Strafbefehlsbeantragung) weitergeführten Verfahren zu bilden. Die Beschuldigten wurden in Anlehnung an *Handl*[494] anhand des angegebenen Berufs der Unterschicht sowie der unteren und der oberen Mittelschicht zugeordnet.[495] Die Beschuldigten stammten zu 19,6 % aus der Unterschicht, zu 46,1 % aus der unteren und zu 34,3 % aus der oberen Mittelschicht. Die sozioökonomische Beschuldigtenstruktur unterschied sich dabei kaum zwischen den beiden Einstellungsarten. Untere und obere Mittelschicht waren jedoch deutlich stärker vertreten als dies erwartet wurde.[496] *Kunz* schlussfolgerte hieraus, dass Mitglieder der Mittelschicht scheinbar eine deutlich größere Chance hätten, dass ihre Verfahren wegen Geringfügigkeit durch die Staatsanwaltschaft eingestellt werden. Ein weiteres Ergebnis war, dass das Einkommen bei der Bemessung der Geldauflagenhöhe nach § 153a Abs. 1 Nr. 2 StPO nur eine untergeordnete Rolle spielte. Die Zumessung erfolgte vielmehr schablonenhaft und generalisierend, wie bei Bußgeldern. Je nach sozialer Schichtzugehörigkeit der Beschuldigten, wurden von der Staatsanwaltschaft unterschiedliche Faktoren als einstellungserheblich gewürdigt und festgehalten. Bei Mittelschichtsangehörigen wurde signifikant häufiger auf die geringe Intensität der Rechtsgutsverletzung verwiesen; bei Unterschichtsangehörigen wurde signifikant häufiger eine Schadenswieder-

---

494 Siehe zur sozioökonomischen Schichtbestimmung nach *Handl* nachfolgend 2. Teil Kap. 4.1.

495 *Kunz*, Die Einstellung wegen Geringfügigkeit durch die Staatsanwaltschaft, S. 85 f.

496 *Kunz*, Die Einstellung wegen Geringfügigkeit durch die Staatsanwaltschaft, S. 86 f.

gutmachung genannt.[497] Bei Beschuldigten aus der Mittelschicht wurde außerdem signifikant häufiger auf eine Vorstrafenüberprüfung verzichtet. Verteidiger wurden nur in 8,7 % der Verfahren bestellt (n = 34) und nie von Beschuldigten aus der Unterschicht.[498] Beschuldigte aus der Unterschicht waren überproportional geständnisbereit, bei der Mittelschicht verhielt es sich genau andersherum.[499] Die festgestellten Unterschiede führt *Kunz* auf unterschiedliche Verteidigungsstrategien zurück, die aus den unterschiedlichen Handlungskompetenzen der Beschuldigten resultieren würden: Die Beschuldigten aus der Mittelschicht würden ihr Verhalten mittels Verteidigung und/oder eigener Verbalisierungskompetenzen besser bagatellisieren können; die Beschuldigten der Unterschicht würden sich hingegen mangels dieser Möglichkeiten reumütig zeigen und an Mitgefühl und Verständnis appellieren müssen.[500] Ob Strafverfahren mit steigender sozialer Schicht auch häufiger eingestellt werden, konnte mit dem Untersuchungsdesign der Studie jedoch nicht untersucht werden.

Meinberg untersuchte mittels Aktenanalyse Strafverfahren über Wirtschaftskriminalität aus den Jahren 1979 und 1980, die nach § 153 Abs. 1 (n = 155) oder § 153a Abs. 1 StPO (n = 195) eingestellt oder per Strafbefehlsantrag (n = 184) erledigt wurden.[501] Da nur Verfahren der Wirtschaftskriminalität untersucht wurden, lag der Fokus allerdings nicht auf einer vergleichenden Analyse bei sozialer Ungleichheit der Beschuldigten, sondern auf dem Umgang der Justiz mit Beschuldigten höherer sozialer Schichten. Als Begründungen wurden bei § 153 StPO eher tatbezogene Bagatellmerkmale genannt, bei § 153a StPO standen hingegen das Nachtatverhalten und prozessuale Merkmale wie etwa Beweisnot bei einer komplizierten Ermittlungssituation im Vordergrund.[502] Sozioökonomische Beschuldigtenmerkmale hatten keinen Einfluss und waren oftmals auch unbekannt. Die Lebenslagen der Beschuldigten waren aber erwartungsgemäß deutlich besser als bei den „üblichen“ Strafverfahren: Sie waren zu etwa 75 % verheiratet

---

497 *Kunz*, Die Einstellung wegen Geringfügigkeit durch die Staatsanwaltschaft, S. 88 f.
498 *Kunz*, Die Einstellung wegen Geringfügigkeit durch die Staatsanwaltschaft, S. 92.
499 *Kunz*, Die Einstellung wegen Geringfügigkeit durch die Staatsanwaltschaft, S. 93.
500 *Kunz*, Die Einstellung wegen Geringfügigkeit durch die Staatsanwaltschaft, S. 91 ff.
501 *Meinberg*, Geringfügigkeitseinstellungen von Wirtschaftsstrafsachen, S. 64 ff.
502 *Meinberg*, Geringfügigkeitseinstellungen von Wirtschaftsstrafsachen, S. 241 ff.

und waren mit durchschnittlich 40 Jahren vergleichsweise alt. Sie stammten nur selten aus Arbeiterfamilien und etwa 50 % hatten das Abitur absolviert und waren nicht vorbestraft. In ihrer beruflichen Tätigkeit besaßen 70 % zur Tatzeit eine höhere Stellung; die Erwerbslosenquote lag dabei unter 1 %.[503] Die Berufssituation verschlechterte sich allerdings nach dem Bekanntwerden der Tat: Die Arbeitslosenquote stieg auf etwa 15 % und der Anteil sehr hoher beruflicher Stellungen sank etwas. Verteidiger gab es häufiger (zu 53 %) bei den Einstellungen nach § 153a StPO; bei den restlichen Verfahren war der Anteil Verteidiger aber ebenfalls hoch mit etwa 40 %.[504]

Ludwig-Mayerhofer und *Rzepka* untersuchten, wonach sich informalisierende Verfahrenseinstellungen der Jugendstaatsanwaltschaften nach §§ 153, 153a StPO, § 45 JGG oder nach § 170 II StPO wegen Verfahrenshindernissen oder durch eine Verweisung auf den Privatklageweg bestimmen und ob durch sie Beschuldigte aus unteren sozialen Schichten benachteiligt werden. Dies geschah mittels einer Aktenanalyse von jugendstaatsanwaltlichen Entscheidungen aus Nordrein-Westfalen aus dem Jahre 1987 für die Delikte Diebstahl, Körperverletzung und Sachbeschädigung (n = 11 507).[505] Mit Blick auf den sozialen Status der Beschuldigten wurde der Einfluss der den Akten zu entnehmenden Merkmale Arbeitslosigkeit, Sonderschulbesuch und einen auf soziale Randständigkeit hindeutenden Wohnsitz (Aufenthaltsort) untersucht. Bei der multivariaten logistischen Regression wirkten sich alle drei Merkmale nicht auf die Einstellungshäufigkeit mangels hinreichenden Tatverdachts nach § 170 Abs. 2 StPO aus. Bei den Diebstahlsverfahren wirkten sich jedoch vorhandene Arbeitslosigkeit und ein auffälliger Wohnort negativ auf die Wahrscheinlichkeit einer informalisierenden Entscheidung anstelle einer Anklageerhebung aus. Bei den Verfahren wegen Sachbeschädigung bestand ebenfalls ein negativer Einfluss des Merkmals Arbeitslosigkeit, bei den Körperverletzungsverfahren besaß keines der drei Sozialmerkmale Einfluss auf die Entscheidung der Staatsanwaltschaft.[506] Anwaltliche Vertretung der Beschuldigten wirkte sich bei keinem Delikt signifikant aus. Ein Geständnis erhöhte die Wahr-

---

[503] *Meinberg*, Geringfügigkeitseinstellungen von Wirtschaftsstrafsachen, S. 130 ff.
[504] *Meinberg*, Geringfügigkeitseinstellungen von Wirtschaftsstrafsachen, S. 182.
[505] *Ludwig-Mayerhofer/Rzepka*, ZfRs 1993, 118.
[506] *Ludwig-Mayerhofer/Rzepka*, ZfRs 1993, 125 ff.

scheinlichkeit einer Einstellung aus Opportunität. Zwischen den einzelnen Staatsanwaltschaften wurden erhebliche Unterschiede bei der Anwendung und Häufigkeit von Verfahrenseinstellung festgestellt.[507] Aus ihren Ergebnissen folgerten die Autoren, dass die Staatsanwaltschaft ihre Entscheidungen vermutlich deliktsspezifisch tätige. Einstellungen mangels hinreichenden Tatverdachts würden dabei tatsächlich durch die Nachweisbarkeit der Tat bestimmt, informelle Einstellungen hingegen durch die Tatschwere und Beschuldigtenmerkmale wie Vorstrafen und Arbeitslosigkeit. Damit erfolge durch die Möglichkeiten der informellen Verfahrensbeendigung eine Selektion im Strafverfahren zulasten Beschuldigter aus der Unterschicht.

8.2 Das Zwischen- und Hauptverfahren

Eine Untersuchung von *Ahrens* befasste sich mit Einstellungen in der Hauptverhandlung nach §§ 153 Abs. 2 und 153a Abs. 2 StPO aus dem Jahr 1976.[508] *Ahrens* untersuchte mittels einer Aktenanalyse Hauptverhandlungen ausgewählter Strafrichter aus den Landgerichtsbezirken Braunschweig, Göttingen, Hannover und Hildesheim in Niedersachsen mit Blick auf deren Einstellungspraxis. Dabei wurden Verfahren, die in der Hauptverhandlung nach §§ 153 f. StPO eingestellt wurden (n = 368) einer Kontrollgruppe von nicht eingestellten Verfahren (n = 207) gegenübergestellt.[509] Nach den Delikten, die den Verfahren zugrunde lagen, wurde nicht differenziert. Dabei ergaben sich mit Blick auf die die Einstellung beeinflussenden Faktoren folgende Ergebnisse hinsichtlich sozioökonomischer Merkmale der Angeklagten: Die Höhe der festgelegten Geldzahlungsauflagen bei § 153a StPO zeigte, dass eine solche Einstellung mit Blick auf die Fähigkeit zur Auflagenzahlung auch für ökonomisch schlechter gestellte Beschuldigte möglich war.[510] 1/3 der Auflagen lagen bei 100 – 200 DM und Ratenzahlungen wurden in 2/3 der Fälle gewährt. Die Einschaltung einer Verteidigerin bereits im Vorverfahren sowie eine anwaltliche Vertretung in der Hauptverhand-

---

507 *Ludwig-Mayerhofer/Rzepka*, ZfRs 1993, 131 ff.

508 *Ahrens*, Die Einstellung in der Hauptverhandlung gem. §§ 153 II, 153a II StPO, Göttingen 1976.

509 *Ahrens*, Die Einstellung in der Hauptverhandlung, S. 53 ff.

510 *Ahrens*, Die Einstellung in der Hauptverhandlung, S. 100 f.

lung korrelierten nicht signifikant mit der Einstellungshäufigkeit in der formellen Hauptverhandlung insgesamt.[511] Nur beim Vergleich von Verfahren, die ein Verkehrsvergehen zum Gegenstand hatten, gab es eine signifikante Korrelation. *Ahrens* differenzierte zwischen Einstellungen in formellen Hauptverhandlungen und solchen, die durch informelle Gespräche zwischen den Verfahrensbeteiligten direkt zu Beginn der Hauptverhandlung bewirkt wurden. Diese Einstellungen „ohne formelle Hauptverhandlung" machten 7,9 % der Stichprobe aus (n = 29).[512] Ihre Häufigkeit wurde durch die Anwesenheit eines Verteidigers signifikant beeinflusst.[513] Die Bestimmung der Schichtzugehörigkeit erfolgte zum einen anhand der Berufsangaben in den Akten, welche in manuelle und nichtmanuelle Berufe kategorisiert wurden. Bei den nichtmanuellen Berufen wurde das Verfahren signifikant häufiger sowohl nach § 153 StPO als auch nach § 153a StPO eingestellt.[514] Zum anderen wurde über den Scheuch-Index durch eine bestimmte Gewichtung von ausgeübtem Beruf, Nettoeinkommen und (i.d.R. durch den Verfasser geschätzter) Schul- bzw. Berufsbildung eine genauere Einteilung in untere und obere Unterschicht sowie untere, mittlere und obere Mittelschicht (bzw. Oberschicht) versucht. Auch hier wurden die Verfahren bei der mittleren und oberen Mittelschicht signifikant häufiger eingestellt, wobei der Unterschied bei den Einstellungen gegen Auflagen größer war.[515] Eine höhere Einstellungsrate bei höheren Schichten blieb auch bei der einzelnen Überprüfung der möglicherweise intervenierenden Variablen Schadenshöhe, realkonkurrierende Delikte und Vorstrafenbelastung bestehen.[516] Allerdings wurde der Einfluss der Schichtzugehörigkeit geringer und war bei gleichzeitiger Berücksichtigung mehrerer Kontrollvariablen nicht mehr signifikant. *Ahrens* erklärt sich die Schichtunterschiede vor allem mit der höheren finanziellen Leistungsfähigkeit, die eine Einstellung für das Gericht nach § 153a Abs. 2 Nr. 2 StPO und ein Angebot der Beschuldigten

---

511 *Ahrens*, Die Einstellung in der Hauptverhandlung, S. 178 ff.
512 *Ahrens*, Die Einstellung in der Hauptverhandlung, S. 109.
513 *Ahrens*, Die Einstellung in der Hauptverhandlung, S. 181 f.
514 *Ahrens*, Die Einstellung in der Hauptverhandlung, S. 184 f.
515 *Ahrens*, Die Einstellung in der Hauptverhandlung, S. 188 ff.
516 Die intervenierenden Variablen wurden allerdings nur dadurch kontrolliert, dass die Fälle, bei denen diese Merkmale vorlagen, aus der Stichprobe herausgefiltert wurden und nicht mittels multivariater Regressionen.

diesbezüglich erleichtern würden. Außerdem führe diese dazu, dass sich Beschuldigte höherer Schichten eher dazu entschließen würden, eine Wahlverteidigung zu beauftragen.[517]

Hertwig untersuchte mit dem Instrument der Aktenanalyse die Einstellungspraxis der Staatsanwaltschaften und Gerichte im Jahr 1978. Hierfür analysierte er deliktsunspezifisch 702 Strafverfahrensakten über nach §§ 153 und 153a StPO eingestellte Verfahren und stellte diesen als Kontrollgruppe 172 Verfahren gegenüber, denen ein Vergehen zugrunde lag und die zu einer Hauptverhandlung mit Verurteilung führten.[518] Da Angaben zu Schuldbildung und Einkommen selten vorhanden waren, wurde die soziale Schicht anhand des Berufs bestimmt.[519] *Hertwig* errechnete einen leicht signifikanten bivariaten Zusammenhang zwischen sozialer Schicht und den staatsanwaltschaftlichen Einstellungen, vor allem bei höheren Schadenssummen. Dabei differenzierte er jedoch nicht nach der Einstellungsart. Für die gerichtlichen Einstellungen stellte er eine etwas deutlichere Privilegierung höhere Schichten fest als bei den Einstellungen im Ermittlungsverfahren.[520] Da jedoch keine multivariaten Berechnungsmethoden angewandt wurden, konnte der Einfluss von Kontrollvariablen (wie etwa der Vorstrafenbelastung) nicht berücksichtigt werden, da die Stichprobengröße bei manuellem Ausschluss dieser Merkmale oftmals zu klein für statistische Berechnungen wurde.[521]

Hartmann untersuchte den Einfluss sozialer Unterprivilegierung im Jugendstrafverfahren, indem 16 hessische Jugendämter mittels standardisierter Fragebögen über den Jugendämtern zugängliche Informationen aus Anklageschrift, Jugendgerichtshilfebericht und Urteilsbegründung befragt wurden (n = 602).[522] Es wurden zufällig ausgewählte Verfahren aus dem Jahre 1990 wegen einfachen Diebstahls (§ 242 StGB) 14- bis 17-jähriger Angeklagter untersucht, bei denen eine Hauptverhandlung stattfand. Die sozioökonomische Situation der Angeklagten und ihrer Familien waren

[517] *Ahrens*, Die Einstellung in der Hauptverhandlung, S. 199.
[518] *Hertwig*, Die Einstellung des Strafverfahrens wegen Geringfügigkeit, S. 28 ff.
[519] *Hertwig*, Die Einstellung des Strafverfahrens wegen Geringfügigkeit, S. 209 f.
[520] *Hertwig*, Die Einstellung des Strafverfahrens wegen Geringfügigkeit, S. 219 ff.
[521] Vgl. *Hertwig*, Die Einstellung des Strafverfahrens wegen Geringfügigkeit, S. 209 ff.
[522] *Hartmann*, Der soziale Bonus im Jugendstrafverfahren, S. 83 ff.

überdurchschnittlich prekär:[523] Von den 65 % der Angeklagten, die zur Schule gingen, besuchten über 60 % eine Haupt- oder Sonderschule. Gymnasiasten waren lediglich zu 10 % vertreten.[524] Von den nicht mehr schulpflichtigen Beschuldigten machte der Großteil eine Lehre, aber über ein Drittel war arbeitslos, arbeitete ungelernt oder in sog. Ausbildungsmaßnahmen der Arbeitsämter für Jugendliche ohne Schulabschluss. Unter den strafrechtlich bereits vorbelasteten Angeklagten lag der Anteil der Sonderschüler sogar bei 15 %. 38 % der Jugendlichen hatten Schulprobleme. Auch die Eltern besaßen zu großen Teilen nur einen niedrigen sozialen Status und viele Väter waren unbekannt. 35 % der Familien lebten in einer „normabweichenden" Familiensituation, also in einem sozialen Brennpunkt, von Sozialhilfe oder Arbeitslosengeld. Unter den Mehrfachtätern waren diese Merkmale sozialer Deklassierung stets verschärft vorhanden. Der soziale Status wurde für die Analysen nach der Anzahl folgender erfüllter Merkmale von Unterprivilegierung bestimmt:[525] Niedrige Schul-/Berufsbildung,[526] ein niedriger Berufsstatus von Vater und/oder Mutter, dem Wohnen in einem sozialen Brennpunkt und einer problematischen Familiensituation.[527] Für die Entscheidung des Gerichts über eine Verurteilung anstelle einer Verfahrenseinstellung oder eines Freispruchs erwies sich die Unterprivilegierung der Beschuldigten als statistisch relevant. Bei der multivariaten Analyse mittels log-linearer Modelle besaßen letztlich folgende Merkmale nebeneinander eigenständigen Einfluss auf diese Entscheidung:[528] Am einflussstärksten waren die Merkmale Mehrfachtäterschaft (bzw. Vorstrafe vorhanden [die Einschlägigkeit der Vorstrafe besaß keinen signifikanten Einfluss]) und Wert der gestohlenen Sache, gefolgt vom Vorliegen eines sonstigen Diebstahls (d.h. kein Ladendiebstahl). An dritter Stelle lag die Zuständigkeit des Kreis- anstelle des Stadtjugendamtes und anschließend

---

[523] *Hartmann*, Der soziale Bonus im Jugendstrafverfahren, S. 93 ff., 106 ff.

[524] *Hartmann*, Der soziale Bonus im Jugendstrafverfahren, S. 93 f.

[525] Es wurden drei Gruppen gebildet: 0-1 Kriterium erfüllt; 2 Kriterien erfüllt, 3-4 Kriterien erfüllt, *Hartmann*, Der soziale Bonus im Jugendstrafverfahren, S. 168.

[526] Niedrige Schul-/Berufsbildung meint Sonderschule, Hauptschule, ungelernte Tätigkeit oder Arbeitslosigkeit.

[527] Problematische Familiensituation bedeutete, dass die Jugendlichen nicht bei ihrer Familie wohnten und/oder die Familie nicht vollständig war.

[528] *Hartmann*, Der soziale Bonus im Jugendstrafverfahren, S. 134 f.

folgte die soziale Unterprivilegierung. Das Prozessergebnis (Urteil anstelle einer Einstellung oder eines Freispruchs) wurde in einem saturierten loglinearen Modell zu 28 % von diesen vier Faktoren bestimmt.

Langer analysierte deliktsunabhängig BZR-Auszüge und Strafverfahrensakten aus den Jahren 1987 und 1988 zum Entscheidungsverhalten von Staatsanwälten und Richtern. Der Fokus lag hierbei aber auf möglichen lokalen und regionalen Unterschieden zwischen verschiedenen Gerichtsbezirken. Die Abhängigkeit von Sozialhilfe besaß dabei keinen statistisch signifikanten Einfluss auf die Entscheidung der untersuchten Staatsanwaltschaften und Gerichte bei den Fragen, ob im Ermittlungsverfahren Anklage erhoben oder ein Strafbefehl beantragt wurde oder welche Art der Sanktion beantragt und verhängt wurde.[529]

Mit der Frage, ob sozioökonomische Merkmale die Strafzumessungsentscheidung beeinflussen, beschäftigten sich *Opp* und *Peuckert*, indem sie 276 bayerische Strafrichterinnen und -richter 1968 zu fiktiven Fällen befragten, um zu untersuchen, welche extralegalen (also außerhalb des Gesetzes liegenden) Merkmale die Strafzumessung der Richterinnen beeinflussten. Dabei verhängten als konservativ eingestufte Richter bei einer Fallvignette zu einem Totschlagsfall härtere Sanktionen bei Tätern aus der Unterschicht als bei solchen aus der Mittel- und Oberschicht.[530] Die Richterinnen mit einer liberalen Einstellung sanktionierten Täter aus der Oberschicht härter, die Unterschiede waren aber nicht so deutlich, wie bei den konservativen Richterinnen.[531] Autoritärere Richter sanktionierten Beschuldigte aus der Unterschicht nicht härter als solche aus der Mittel- bzw. Oberschicht.[532]

Mit Blick auf die Strafzumessungsentscheidung der Gerichte ermittelte außerdem *Oswald* durch eine Auswertung von Strafurteilen bei einfachem Diebstahl aus den Jahren 1989 und 1990 und eine Befragung von Richterinnen und Richtern im Jahr 1990, dass die Befürwortung harter Strafen

---

[529] *Langer*, Staatsanwälte und Richter, S. 272 ff.

[530] *Opp/Peuckert*, Ideologie und Fakten in der Rechtsprechung, S. 53 f.; *Opp/Peuckert*, in: Blankenburg (Hrsg.), Eine empirische Untersuchung über die Höhe des Strafmaßes, S. 142 f.

[531] Die Ergebnisse wurden allerdings nur als Häufigkeiten aufgezählt und gegenübergestellt und nicht erkennbar auf statistische Signifikanz geprüft.

[532] *Opp/Peuckert*, Ideologie und Fakten in der Rechtsprechung, S. 56.

davon abhängt, wie sehr die Richter gesellschaftliche Bedingungen als für Devianz mitverantwortlich anerkennen.[533] Persönliche Merkmale der Richterinnen konnten kaum Unterschiede in der Strafzumessung erklären, die Vorstrafenbelastung hatte den größten Erklärungsanteil an der Varianz der Sanktionshärte.[534]

8.3 Die Strafverteidigung

Mit der Strafverteidigung befasste sich *Vogtherr* mittels einer Befragung von Rechtsanwältinnen und Rechtsanwälten (n = 70)[535] und einer Aktenanalyse (n = 390)[536]. Dabei legte er den Fokus vor allem auf Differenzen zwischen der Wahl- und der Pflichtverteidigung. Die Aktenanalyse beinhaltete eine nach Art der Verteidigung und Instanz geschichtete Zufallsstichprobe von Verfahren aller Gerichtsarten[537] aus dem Geschäftsjahr 1981 mit Hauptverhandlungen, Strafbefehlsverfahren und Verfahrenseinstellungen. Aus den Akten ergab sich, dass nur 12 % der Pflichtverteidiger bereits im Ermittlungsverfahren bestellt wurden, aber 75 % der Wahlverteidiger. Zwischen den Beschuldigtengruppen ohne Verteidigung, mit Wahlverteidigung und mit (Wahl-)Pflichtverteidigung ergaben sich dabei signifikante Unterschiede bezüglich des Geschlechts, des Familienstands, der Anzahl an Kindern, des letzten Berufs, der gegenwärtigen Beschäftigung, des sozioökonomischen Status[538], der Anzahl an (einschlägigen) Vorstrafen und der schwersten, bereits verhängten Sanktion.[539] Die Unterschiede ergaben sich allerdings hauptsächlich zwischen den pflichtverteidigten Beschuldigten und der Gruppe der wahlverteidigten sowie unverteidigten Beschuldig-

---

533 *Oswald*, Psychologie des richterlichen Strafens, S. 189.

534 *Oswald*, Psychologie des richterlichen Strafens, S. 192 f.

535 *Vogtherr*, Rechtswirklichkeit und Effizienz der Strafverteidigung, S. 10 ff.

536 *Vogtherr*, Rechtswirklichkeit und Effizienz der Strafverteidigung, S. 20 ff.

537 Bei der Aktenanalyse wurde eine nach den Variablen der ersten Instanz (Strafrichter, Schöffengericht, große Strafkammer als 1. Instanz, große Strafkammer als Schwurgericht) und Verteidigung (ohne Verteidigung, Pflichtverteidigung, Wahlverteidigung) geschichtete Zufallsstichprobe sowie eine Zufallsauswahl eingestellter und Strafbefehlsverfahren aus den LG-Bezirken Göttingen, Kassel und Nürnberg untersucht.

538 Der sozioökonomische Status wurde nach dem Index von *Kleining* und *Moore* bestimmt, *Vogtherr*, Rechtswirklichkeit und Effizienz der Strafverteidigung Fn. 79.

539 *Vogtherr*, Rechtswirklichkeit und Effizienz der Strafverteidigung, S. 252 ff.

ten. Hierbei ist aber zu beachten, dass sich die Daten aus Verfahren mit völlig unterschiedlich schwerer Kriminalität und unterschiedlicher Straferwartung ergaben. Dies könnte dazu geführt haben, dass die Gruppe unverteidigter Beschuldigter im Verhältnis zu pflicht- und wahlverteidigten Beschuldigten nur deshalb verhältnismäßig privilegiert war, weil sie sich aus Verfahren über vergleichsweise leichtere Kriminalität zusammensetzte. Die Befragung der Anwältinnen über ihre Einschätzung der Schichtzugehörigkeit ihrer Mandanten ergab, dass diese aus deren Sicht zu 75 % aus der Mittelschicht stammten (25 % untere, 35 % mittlere und 14 % obere Mittelschicht). Ein Vergleich mit der Sozialstruktur der deutschen Bevölkerung ergab dabei, dass der von den Anwälten geschätzte Anteil der Mittelschicht an ihren Mandanten deutlich über dem der Bevölkerung lag, die Unterschicht hingegen unterrepräsentiert war.[540]

8.4 Die Geldstrafe

Albrecht stellte in seiner Untersuchung erstmals umfassend die Bemessung und Vollstreckung von Geldstrafen beschreibend dar. Hierfür wurde mittels Aktenanalyse eine umfassende Zufallsstichprobe von Verfahren aus Baden-Württemberg in den Jahren 1972 (Geldsummenstrafe; n = 1823) und 1975 (nach Einführung des Tagessatzsystems; n = 451) analysiert, die eine Verurteilung wegen Straßenverkehrs-, Eigentums-, Vermögens-, Körperverletzungs- oder Nebenstrafrechtsdelikten beinhalteten, wobei weibliche, heranwachsende und soldatische Straftäter ausgenommen waren.[541] *Albrecht* differenzierte bei den Auswertungen dabei nicht zwischen Verurteilungen im Strafbefehls- und solchen im Hauptverfahren. Bei den für die hiesige Untersuchung relevanten Verfahren von 1975, die bereits das heute geltende Tagessatzsystem beinhalteten, waren in 54 % der Fälle keine Angaben zum aktuellen Einkommen der Verurteilten vorhanden, was in 7 % der Fälle daran lag, dass die Verurteilten die Angaben hierzu verweigert hatten.[542] Auch hinsichtlich des Vermögens gab es in 65 % der Fälle keine Angaben, wobei 10 % der Verurteilten die Angaben hierüber verweiger-

540 *Vogtherr*, Rechtswirklichkeit und Effizienz der Strafverteidigung, S. 87 ff.
541 *Albrecht*, Strafzumessung und Vollstreckung bei Geldstrafen, S. 58 ff.
542 *Albrecht*, Strafzumessung und Vollstreckung bei Geldstrafen, S. 204.

ten. Wenn das Einkommen ermittelt wurde, wurde dieses durch die Polizei uneinheitlich protokolliert: teils als Netto- und teils als Bruttoeinkommen sowie oftmals ganz ohne eine solche Einordnung. Zusätzliche Maßnahmen zur Einkommensermittlung (über die Vernehmung in der Hauptverhandlung hinaus) gab es von der Staatsanwaltschaft oder dem Gericht in nur 1 % der Verfahren. Angaben zu weiteren einkommensrelevanten Tatsachen wie Schulden oder Unterhaltspflichten gab es ebenfalls selten.[543] Wurde das Einkommen aber ermittelt, dann orientierte sich die Bemessung der Tagessatzhöhe hieran stark. Falls wegen mangelnder Einkommensangabe geschätzt wurde, konnte keine Begründung im Urteil oder im Strafbefehl für die Schätzung gefunden werden; die Tatsache, dass geschätzt wurde, wurde gar nicht explizit erwähnt. Der Beruf der Angeklagten war größtenteils bekannt und bei fehlenden Einkommensangaben orientierte sich die Bemessung der Tagessatzhöhe hieran.[544] Unterhaltspflichtige Kinder und der Familienstand waren ohne Einfluss. Studenten, Rentner und Arbeitslose bekamen im Durchschnitt signifikant niedrigere Tagessatzhöhen als Berufstätige.[545] Ausgewiesene Sozialhilfeempfänger waren in der Stichprobe nicht vorhanden. Die Vorstrafenbelastung hatte überraschenderweise keinen signifikanten Einfluss auf die Tagessatzanzahl (und auch keinen auf die Höhe der Geldstrafe nach dem Geldsummenstrafensystem aus 1972), sie war (nur) für die Entscheidung über die Sanktionsart (Freiheits- oder Geldstrafe) relevant.[546] Mit der Frage, ob eine Geld- oder Freiheitsstrafe verhängt wurde, korrelierte der Berufsstatus der Beschuldigten nicht signifikant.[547] Bei den Verfahren von 1972 (ohne Tagessatzsystem) wurde auch der Einfluss des Berufsstatus auf die Aussagebereitschaft über die wirtschaftliche Situation untersucht. Dabei machten Hilfsarbeiter am häufigsten und Beamte, Angestellte und Selbstständige am seltensten Angaben zu ihrem Einkommen und Vermögen.[548] Zwischen der Geldstrafenvollstreckung von 1972 und 1975 zeigten sich trotz Einführung des Tagessatzsystems keine

543 *Albrecht*, Strafzumessung und Vollstreckung bei Geldstrafen, S. 205.
544 *Albrecht*, Strafzumessung und Vollstreckung bei Geldstrafen, S. 210 f.
545 *Albrecht*, Strafzumessung und Vollstreckung bei Geldstrafen, S. 214 ff.
546 *Albrecht*, Strafzumessung und Vollstreckung bei Geldstrafen, S. 217.
547 *Albrecht*, Strafzumessung und Vollstreckung bei Geldstrafen, S. 171.
548 *Albrecht*, Strafzumessung und Vollstreckung bei Geldstrafen, S. 177 ff.

wesentlichen Unterschiede.[549] 50 % der Geldstrafen wurden sofort bezahlt. Ratenzahlungen wurden in etwa 30 % der Verfahren gewährt, Mahnungen bei einem Drittel ausgesprochen, wobei etwa die Hälfte der Gemahnten anschließend bezahlte. Ersatzhaft wurde in 15 % der Verfahren angeordnet. Hieran anschließend zahlten aber noch einmal 71 % dieser Verurteilten die Geldstrafe und nur 29 % verbüßten Ersatzhaft.[550] Der Anteil Arbeitsloser in der Stichprobe insgesamt lag bei 2 %, unter denjenigen, die eine Ersatzfreiheitsstrafe verbüßten, jedoch bei 16 %. Die Merkmale Vorstrafenbelastung, Alter, Berufsstatus und Arbeitslosigkeit waren bei den zu Freiheitsstrafe Verurteilten und den Ersatzhaftverbüßern sehr ähnlich im Unterschied zur Gruppe der „zahlenden Geldstrafenschuldner".[551]

Auch *Fleischer* untersuchte im Zuge der Einführung des Tagessatzsystems deskriptiv die Bemessung von Geldstrafen anhand einer Aktenanalyse von 2708 Strafverfahrensakten, die 1979 im Landgerichtsbezirk Gießen zu der Verurteilung zu einer Geldstrafe führten.[552] Ein Strafbefehl lag dabei 76 % der Verurteilungen zugrunde.[553] Die Informationen zu den wirtschaftlichen Verhältnissen stammten in aller Regel aus den Ergebnissen des Ermittlungsverfahrens. In den Bögen zur schriftlichen Anhörung der Polizei gab es einen Hinweis zur Pflicht zur Angabe der Personalien nach § 111 OWiG und teilweise einen zur Schätzungspraxis der Staatsanwaltschaft bei Strafbefehlsverfahren bei Nichtangabe der Vermögensverhältnisse.[554] Die Staatsanwaltschaft vernahm die Beschuldigten in keinem Fall selbst; auch dann nicht, wenn diese nicht zur Vernehmung der Polizei kamen. Sie holte lediglich BZR-Auszüge ein und sandte nur in 0,4 % der Verfahren (n = 10) ein Schreiben zur Ermittlung der wirtschaftlichen Situation an die Beschuldigten, wenn überhaupt keine Angaben zum Einkommen vorlagen.[555] Neben den Äußerungen der Beschuldigten wurden keine weiteren Quellen zur Überprüfung der Angaben zu den wirtschaftlichen Verhältnissen herange-

549 *Albrecht*, Strafzumessung und Vollstreckung bei Geldstrafen, S. 302.
550 *Albrecht*, Strafzumessung und Vollstreckung bei Geldstrafen, S. 233.
551 *Albrecht*, Strafzumessung und Vollstreckung bei Geldstrafen, S. 268 f.
552 *Fleischer*, Die Strafzumessung bei Geldstrafen, S. 86 ff.
553 *Fleischer*, Die Strafzumessung bei Geldstrafen, S. 96.
554 *Fleischer*, Die Strafzumessung bei Geldstrafen, S. 109, 118.
555 *Fleischer*, Die Strafzumessung bei Geldstrafen, S. 142.

zogen.[556] Die Informationen, die der Geldstrafenzumessung zugrunde lagen, waren auch hier, wie bei der Untersuchung *Albrechts*, unzureichend. Angaben zum Nettoeinkommen waren bei der erstmaligen Bemessung der Geldstrafe nur in 66 % der Verfahren vorhanden, wobei die fehlenden Informationen fast ausschließlich das Strafbefehlsverfahren betrafen.[557] Nach der Eröffnung der Hauptverhandlung infolge eines Einspruchs gegen den Strafbefehl erhöhte sich der Anteil auf insgesamt 77 %. Überhaupt keine Angaben zum Beruf gab es aber lediglich in 1,5 % der Fälle, wobei in diesen Fällen auch das Einkommen unbekannt war.[558] Die vorhandenen Angaben waren aber oft sehr pauschal und darüber hinaus gehende Informationen wie solche zu den Berufen der Ehepartner waren sehr selten vorhanden. In den Fällen, in denen die Staatsanwaltschaft die Bemessungsgrundlagen schätzen musste, da nur Angaben zum Beruf vorhanden waren, konnte den Akten kein geschätztes Einkommen entnommen werden, sondern es wurde stets nur direkt die Tagessatzhöhe genannt. Dass geschätzt wurde, ging dabei regelmäßig nicht aus den Strafbefehlen hervor. Vom Nettoeinkommen ausdrücklich abgezogen wurden lediglich Unterhaltsverpflichtungen. Bei sehr einkommensschwachen Angeklagten wie Sozialhilfeempfängern wurden schablonenartig Tagessätze zwischen 5 und 14 DM verhängt. Bei sehr hohen Einkommen oder Berufen, die ein solches erzielen, wurden sehr selten auch sehr hohe Tagessätze verhängt – vielfach lagen diese deutlich unter dem täglichen Nettoeinkommen.[559] Als Fazit seiner Untersuchung stellt *Fleischer* deshalb unter anderem fest, dass das Ziel der gleichen Wirkung der Geldstrafen bei ökonomischer Ungleichheit durch die Handhabung des Tagessatzsystems in der Praxis nicht vollständig verwirklicht werde.

8.5 Die Geldstrafenvollstreckung / Ersatzfreiheitsstrafe

Janssen befasst sich in seiner Studie aus dem Jahre 1994 mit der Vollstreckung von Geldstrafen. Hierzu untersuchte er mittels Akten-

---

[556] *Fleischer*, Die Strafzumessung bei Geldstrafen, S. 138 ff.

[557] Nur in vier Hauptverhandlungen verweigerten die Angeklagten die Angaben zu ihrem Einkommen. *Fleischer*, Die Strafzumessung bei Geldstrafen, S. 188 f.

[558] *Fleischer*, Die Strafzumessung bei Geldstrafen, S. 149.

[559] *Fleischer*, Die Strafzumessung bei Geldstrafen, S. 218 f.

analyse eine nach verschiedenen Erledigungsarten der Geldstrafenvollstreckung[560] geschichtete Stichprobe von 1066 Verfahren, für die 1978 in Nordrhein-Westfalen ein „Geldstrafenvollstreckungskonto" eingerichtet wurde.[561] Angaben zur wirtschaftlichen Situation zum Zeitpunkt der Verurteilung (Geldstrafenbemessung) fanden sich nur bei etwa 2/3 der Verurteilten: Am häufigsten war der Berufsstatus bekannt; Einkommen und berufliche Stellung waren in knapp der Hälfte der Fälle bekannt.[562] Bei den Verurteilten, die Ersatzhaft verbüßten, waren signifikant häufiger keine Informationen zu den wirtschaftlichen Verhältnissen vorhanden und ihr Nettoeinkommen war signifikant niedriger als das derjenigen, die die Geldstrafe direkt oder in Raten zahlten.[563] Die unteren sozialen Schichten waren in der gesamten Stichprobe im Vergleich zum Bevölkerungsanteil deutlich überrepräsentiert.[564] Die Aussagebereitschaft über das Einkommen sank mit steigender beruflicher Stellung. Die zum Einkommen getätigten Aussagen wurden in 99 % der Fälle nicht überprüft. Bei den Ersatzhaftverbüßern war in 92 % der Fälle kein Anwalt am Verfahren beteiligt, bei den Ratenzahlern und Direktzahlern nur in etwa 60 %.[565] Bei anwaltlicher Vertretung im Ermittlungsverfahren wurden die Geldstrafen signifikant häufiger vollständig gezahlt und signifikant seltener Ersatzhaft verbüßt.[566] Die Vollstreckung der Geldstrafe lief regelmäßig routiniert und formalisiert ab, ohne Berücksichtigung der Einzelfälle. Die Gewährung von Zahlungserleichterungen erging fast ausschließlich auf Antrag der Verurteilten, wobei 55,2 % der Ersatzhaftverbüßer einen solchen Antrag nicht stellten.[567] Finanziell schwache Verurteilte mit geringen Handlungskompetenzen waren somit einem deutlich größeren Risiko von Ersatzhaft ausgesetzt. Wurde ein Gerichtsvollzieher zum Verfahren hinzugezogen, stellte dieser bei 77,7 % der Ratenzahler und 82,4 % der Ersatzhaftverbüßer Mittellosigkeit fest. § 459f StPO wurde

[560] Es wurde geschichtet nach der Erledigung durch direkte Zahlung, vollständige Ratenzahlung, ausschließlich Haft oder gemeinnützige Arbeit und noch laufende Verfahren.
[561] *Janssen*, Die Praxis der Geldstrafenvollstreckung, S. 92 ff.
[562] *Janssen*, Die Praxis der Geldstrafenvollstreckung, S. 101 f.
[563] *Janssen*, Die Praxis der Geldstrafenvollstreckung, S. 119 ff.
[564] *Janssen*, Die Praxis der Geldstrafenvollstreckung, S. 104 f.
[565] *Janssen*, Die Praxis der Geldstrafenvollstreckung, S. 131 f.
[566] *Janssen*, Die Praxis der Geldstrafenvollstreckung, S. 133.
[567] *Janssen*, Die Praxis der Geldstrafenvollstreckung, S. 211.

trotz Feststellung der Mittellosigkeit nie angewendet. *Janssen* folgerte daraus, dass sich die mittellosen Ratenzahler das Geld von Dritten liehen oder während der Ratenzahlung unterhalb des Existenzminimums leben mussten. Unter den Inhaftierten waren 41,4 % wegen Diebstahls geringwertiger Sachen (§§ 242, 248a StGB) oder wegen Erschleichens von Leistungen (§ 265a StGB) verurteilt worden. Der durchschnittliche Schaden lag bei 10 DM, wobei 89 % der Schäden bereits beglichen waren. Die durchschnittliche Tagessatzhöhe lag bei 25 DM.[568] Die Ersatzhaft wurde häufig ohne vorherige Androhung angeordnet und bei den Ersatzhaftverbüßern wurde nur in knapp über der Hälfte der Verfahren auf die Möglichkeit der Haftabwendung durch gemeinnützigen Arbeit hingewiesen.[569] Die durchschnittliche Haftdauer betrug 30 Tage und 59 % der Vollverbüßer waren zum ersten Mal inhaftiert.[570]

Die Thematik der Ersatzfreiheitsstrafe und deren Abwendung durch gemeinnützige Arbeit wurde bisher deutlich intensiver beforscht als der Rest der Strafverfahrenspraxis.[571] Im Folgenden werden exemplarisch einige relevante Untersuchungen genannt.

In einer Untersuchung der Kriminologischen Zentralstelle wurden von *Feuerhelm* et al. der Stellenwert gemeinnütziger Arbeit bei uneinbringlichen Geldstrafen[572] mittels einer bundesweiten Aktenanalyse von etwa 400 Verfahren aus dem Jahr 1986 und einer verfahrensbegleitenden Befragung von Rechtspflegern in 21 Staatsanwaltschaften sowie einer Befragung von Vermittlern gemeinnütziger Arbeit, Mitarbeitern und Geldstrafenschuldnern erforscht.[573] Die Untersuchung legte den Fokus aber nicht auf die Sozialmerkmale der Verurteilten. Trotz Feststellung der Uneinbringlichkeit

---

568 *Janssen*, Die Praxis der Geldstrafenvollstreckung, S. 214.

569 *Janssen*, Die Praxis der Geldstrafenvollstreckung, S. 182 f.

570 *Janssen*, Die Praxis der Geldstrafenvollstreckung, S. 215 f.

571 Zu den Lebenslagen der zu Ersatzfreiheitsstrafe Verurteilten und den Maßnahmen zur Vermeidung gibt es einige weitere Forschungsarbeiten, siehe zusammenfassend hierzu, *Bögelein u. a.*, Vermeidung von Ersatzfreiheitsstrafen, S. 21 ff.

572 D.h. Verfahren, in denen die Staatsanwaltschaft die Uneinbringlichkeit der Geldstrafe festgestellt hat.

573 *Feuerhelm*, Gemeinnützige Arbeit als Alternative in der Geldstrafenvollstreckung, S. 41 ff.; *Jehle*, in: Jehle/Feuerhelm/Block (Hrsg.), Fragestellung, Anlage und Durchführung des Forschungsprojekts „Gemeinnützige Arbeit statt Ersatzfreiheitsstrafe", S. 34 ff.

der Geldstrafe lag die Quote der vollständigen Zahlungen bei 77 %. Nur 9 % leisteten (teilweise) gemeinnützige Arbeit und 14 % verbüßten (teilweise) Ersatzhaft.[574] Trotz regelmäßiger Belehrung stellten nur 14 % einen Antrag auf die Ableistung gemeinnütziger Arbeit, der zu 85 % genehmigt wurde.[575] Von den Verurteilten aus der Aktenanalyse, bei denen die Uneinbringlichkeit der Geldstrafe festgestellt wurde, waren 55 % im gesamten letzten Jahr, 59 % bei Urteilserlass und 74 % zum Zeitpunkt der Belehrung arbeitslos.[576] Von den befragten Geldstrafenschuldnern, die gemeinnützige Arbeit ableisteten (n = 40), waren 90 % arbeitslos und 2/3 waren dies für mindestens 1 Jahr und etwa die Hälfte sogar 2 Jahre oder länger.[577] In ihrem beruflichen Werdegang waren 43 % bisher ohne kontinuierliches Arbeitsverhältnis und nur 25 % der Verurteilten gingen zum Befragungszeitpunkt einer dauerhaften regelmäßigen Arbeit nach. Die Verurteilten, denen die Zahlung der Geldstrafe Schwierigkeiten bereitete, entstammten also vielmals prekären Lebensverhältnissen. Über ¾ der Befragten äußerten somit auch Interesse daran, ihre Arbeit über die Dauer der gemeinnützigen Arbeit hinaus (bezahlt) weiter auszuüben.[578]

Villmow befragte 1995 männliche Verbüßer von Ersatzfreiheitsstrafe (n = 54), kurzer Freiheitsstrafe (n = 75) und Probanden von gemeinnütziger Arbeit (n = 29) in Hamburg zu ihren Lebenslagen.[579] Ein Großteil der Inhaftierten war vor der Inhaftierung arbeitslos. Die Dauer der Arbeitslosigkeit betrug durchschnittlich 3,5 Jahre und ¾ der Befragten berichteten von

574 *Feuerhelm*, Gemeinnützige Arbeit als Alternative in der Geldstrafenvollstreckung, S. 71.

575 *Feuerhelm*, in: Jehle/Feuerhelm/Block (Hrsg.), Ergebnisse einer Erhebung bei Staatsanwaltschaften und einer Aktenuntersuchung zu „Gemeinnütziger Arbeit statt Ersatzfreiheitsstrafe", S. 59 f.

576 *Feuerhelm*, Gemeinnützige Arbeit als Alternative in der Geldstrafenvollstreckung, S. 215 ff.

577 *Block*, in: Jehle/Feuerhelm/Block (Hrsg.), Befragung von Vermittlern, Geldstrafenschuldnern und Mitarbeitern der Beschäftigungsstelle zur Praxis der Gemeinnützigen Arbeit, S. 111.

578 *Block*, in: Jehle/Feuerhelm/Block (Hrsg.), Befragung von Vermittlern, Geldstrafenschuldnern und Mitarbeitern der Beschäftigungsstelle zur Praxis der Gemeinnützigen Arbeit, S. 112.

579 *Villmow*, in: Albrecht/Dünkel/Kerner (Hrsg.), Kurze Freiheitsstrafe, Ersatzfreiheitsstrafe und gemeinnützige Arbeit. Erfahrungen und Einstellungen von Betroffenen, S. 1296.

einer erheblichen Schuldenbelastung.[580] Die Delikte, die den Verurteilungen der Ersatzhaftverbüßer zugrunde lagen, lagen im unteren Bereich der Kriminalität. Bei den ersetzten Geldstrafen gab es einen überdurchschnittlich hohen Anteil an hohen Tagessätzen (über 90), die durchschnittliche Tagessatzhöhe lag bei 32 DM und bei lediglich der Hälfte wurden Zahlungserleichterungen bewilligt.

In einer Untersuchung *Doldes* aus dem Jahr 1997 wurden 192 Ersatzhaftverbüßer[581] aus Baden-Württemberg bei ihrer Inhaftierung zu ihren Lebenslagen befragt.[582] Die Lebensumstände waren auch hier sehr prekär: Nur etwas über die Hälfte bewohnte eine eigene Wohnung vor der Inhaftierung, 2/3 waren arbeitslos und 11 % gingen lediglich einer Hilfsarbeitertätigkeit nach.[583] In ¾ der Fälle war die Verurteilung per Strafbefehl erfolgt. Die Inhaftierten verbüßten im Durchschnitt 30 Tage Ersatzhaft, wobei ein größerer Teil die verbliebene Geldstrafe noch während Haft beglich, oft während der ersten zwei Wochen. Bei Inhaftierung hoffte noch die Hälfte der Befragten, dass Verwandte oder Bekannte das Geld für ihre Geldstrafe noch für sie aufbringen würden; nur 10 % glaubten daran, dass sie die Strafe mit eigenen finanziellen Mitteln noch würden tilgen können. 70 % gaben an, dass sie mangels Geldes die Strafe nicht bezahlt hätten, nur 15 % gaben an, dass sie nicht zahlen wollten.[584] Der Rest hatte meist schlicht vergessen zu zahlen.[585] Nur 20 % hatten vor der Inhaftierung versucht, diese durch einen Antrag auf Ableistung gemeinnütziger Arbeit abzuwenden und die

[580] *Villmow*, in: Albrecht/Dünkel/Kerner (Hrsg.), Kurze Freiheitsstrafe, Ersatzfreiheitsstrafe und gemeinnützige Arbeit. Erfahrungen und Einstellungen von Betroffenen, S. 1297 f.

[581] Ausgenommen waren Verurteilte, die davor oder danach in (Untersuchungs-)Haft saßen.

[582] *Dolde*, in: Feuerhelm/Schwind/Bock (Hrsg.), Zum Vollzug von Ersatzfreiheitsstrafen: Eindrücke aus einer empirischen Erhebung, S. 583.

[583] *Dolde*, in: Feuerhelm/Schwind/Bock (Hrsg.), Zum Vollzug von Ersatzfreiheitsstrafen. Eindrücke aus einer empirischen Erhebung, S. 584.

[584] Die Gruppe der Befragten reduzierte sich bei dieser Frage um 22 %, da 18 % der Inhaftierten so schlecht Deutsch sprachen, dass die Frage nicht verstanden bzw. beantwortet werden konnte, und 4 % die Antwort verweigerten.

[585] *Dolde*, in: Feuerhelm/Schwind/Bock (Hrsg.), Zum Vollzug von Ersatzfreiheitsstrafen. Eindrücke aus einer empirischen Erhebung, S. 589.

Mehrzahl der Ersatzhaftverbüßer behaupte, von dieser Möglichkeit keine Kenntnis gehabt zu haben.[586]

Matt wertete Daten der JVA Bremen aus 2004 und 2005 über die wegen einer Ersatzfreiheitsstrafe Inhaftierten (n = 471) und Informationen aus einer Befragungen von Inhaftierten zu diesem Zeitraum (n = 146) aus.[587] Der Großteil der Inhaftierten wurde per Strafbefehl verurteilt und saß nur eine einzelne Ersatzfreiheitsstrafe ab. Dabei gaben 25 % der befragten Ersatzhaftverbüßer an, den betreffenden Strafbefehl nicht erhalten zu haben. Über 80 % der Geldstrafen hatten Tagessatzhöhen unter 16 €, 57 % sogar unter 10 €; 63 % der Geldstrafen überstiegen 60 Tagessätze nicht; nur 20 % lagen bei 90 Tagessätzen und aufwärts. Der Strafe lag in 60 % der Fälle einfache Eigentums- oder Vermögenskriminalität zugrunde.[588] Ewas mehr als die Hälfte der Ersatzhaftverbüßer gaben an, bereits schon einmal in Ersatzhaft gewesen zu sein. 72 % der Verurteilten erschienen nicht freiwillig zum Haftantritt, sondern wurden verhaftet, wobei 52 % angaben, die Ladung zum Haftantritt nicht erhalten zu haben. Die Lebenssituation der Inhaftierten war ebenfalls von Armut geprägt: 76 % waren vor der Inhaftierung arbeitslos, davon etwa ¾ über ein Jahr und ¼ sogar über fünf Jahre lang; 57 % gaben an, einen Hauptschulabschluss zu besitzen und 24,1 % hatten gar keinen Schulabschluss. Etwas über die Hälfte besaß keine abgeschlossene Berufsausbildung.[589] Der Anteil der Bezieher von ALG II lag bei 65 % und 8 % der Verurteilten waren vollkommen ohne Einkommen. Es wurden verschiedenste Gründe für die Nichtzahlung der Geldstrafe und die Nichtwahrnehmung der gemeinnützigen Arbeit als Alternative zur Haft genannt. Am häufigsten genannt wurde, dass die Verurteilten bereits inhaftiert waren (18 %), die Post (Strafbefehl und/oder Ersatzhaftanordnung) sie nicht erreicht habe (18 %), es schlicht vergessen oder verdrängt wurde zu

---

586 *Dolde*, in: Feuerhelm/Schwind/Bock (Hrsg.), Zum Vollzug von Ersatzfreiheitsstrafen. Eindrücke aus einer empirischen Erhebung, S. 590.

587 *Matt*, MschKrim 2005, 340.

588 § 265a StGB in 25,3 %; § 242 StGB in 28 % und § 263 StGB in 6,4 %, *Matt*, MschKrim 2005, 342.

589 *Matt*, MschKrim 2005, 343.

zahlen (16 %) oder sie bereits zu stark mit anderen Problemen beschäftigt waren (14%).[590]

Bögelein führte 44 leitfadengestützte, diskursive Interviews mit zu Geldstrafe Verurteilten durch, die mit Blick auf Deutungsmuster von Geldstrafen ausgewertet wurden.[591] Es wurden wegen Ersatzfreiheitsstrafe Inhaftierte, Zahler und Ableister gemeinnütziger Arbeit befragt. *Bögelein* stellte fest, dass die Verurteilten die Bemessung der Geldstrafe anhand des Tagessatzsystems und damit die Gründe für die konkrete Tagessatzhöhe und -anzahl nicht verstanden hatten.[592] Die Ungerechtigkeit, dass nur arme Verurteilte in Ersatzhaft kommen, wurde von den Verurteilten angesprochen.[593] Ein Verbüßer von Ersatzhaft sagte außerdem, dass die Raten einen zu großen Teil seines geringen Einkommens durch ALG-II verbrauchen würden, sodass ein Leben mit dem hierzu Notwendigsten nicht mehr möglich gewesen sei.[594]

8.6 Verbleibender Forschungsbedarf

Bis auf einige Untersuchungen zur Ersatzfreiheitsstrafe, liegen die meisten Untersuchungen bereits viele Jahre, oft einige Jahrzehnte zurück. Aktuelle Forschung zur Bedeutung sozioökonomischer Beschuldigtenmerkmale im Verlauf des Strafverfahrens ist damit nahezu nicht vorhanden. Seit der Durchführung der meisten Untersuchungen hat sich jedoch vieles verändert. Die Bedeutung und die Anzahl der Strafbefehlsverfahren und Opportunitätseinstellungen sowie der Erledigungsdruck, unter dem die Strafverfolgungsorgane stehen, sind deutlich gewachsen.[595] Auch das Tagessatzsystem der Geldstrafen ist mittlerweile nicht mehr neu, sondern seit vielen Jahren etabliert. Außerdem legte fast keine der genannten Untersuchungen ihren Fokus auf sozioökonomische Ungleichheit, sondern sozioökonomische Merkmale waren eine Variable von vielen. Die Arbeiten, die sich auf die sozioökonomische Ungleichheit bei den Beschuldigten konzentrierten,

590 *Matt*, MschKrim 2005, 345 f.

591 *Bögelein*, Deutungsmuster von Strafe, S. 118 ff.

592 *Bögelein*, Deutungsmuster von Strafe, S. 158 f.

593 *Bögelein*, Deutungsmuster von Strafe, S. 260 ff.

594 *Bögelein*, Deutungsmuster von Strafe, S. 187.

595 Siehe hierzu bereits 1. Teil Kap. 4 und 5.

beschäftigten sich fast ausschließlich mit Jugendstrafverfahren. In vielen Arbeiten wurde außerdem nicht nach den Delikten differenziert, die den Strafverfahren zugrunde lagen. Somit war eine gute Vergleichbarkeit der untersuchten Verfahren nicht stets gewährleistet und die festgestellten Unterschiede zwischen sozialen Schichten können so immer auch auf die Andersartigkeit der für bestimmte soziale Schichten typischen Delinquenz zurückzuführen sein. Bei manchen Forschungen wurden erst gar keine Kontrollgruppen gebildet, da die Ermittlung von Ungleichbehandlungen nicht im Forschungsfokus stand. Oftmals wurden nur bivariate Korrelationen analysiert und es wurde (noch) nicht mit multivariaten statistischen Verfahren gerechnet, sodass der Einfluss anderer Faktoren nicht kontrolliert werden konnte. Auch wurde in allen Untersuchungen stets nur ein Teilaspekt des Strafverfahrens und nie das vollständige Verfahren, von dessen Beginn bis zu dessen Ende untersucht. Mögliche Kumulationen von Ungleichbehandlungen im Laufe des Verfahrens oder auch ausgleichende Umstände an anderen Verfahrensstellen konnten so nicht ermittelt werden.

Sozioökonomische Ungleichheit ist damit seit einer langen Zeit auch aus dem Blick der empirischen Strafverfahrensforschung geraten. Eine auch nur annähernd aktuelle und umfassende Untersuchung zum Einfluss sozioökonomischer Ungleichheit in den Verfahren der alltäglichen Massenkriminalität existiert nicht. Die folgende Untersuchung soll einen Beginn zur Schließung dieser Forschungslücke darstellen.

9 Forschungsfragen und -hypothesen

Die voranstehenden Überlegungen und Ausführungen wurden für die nachfolgende empirische Untersuchung in die wichtigsten Forschungsfragen und -hypothesen zusammengefasst. Die Hypothesen[596] dieser Untersuchung wurden dabei einseitig bedingt und als Alternativhypothesen formuliert. Alternativhypothesen behaupten das Vorliegen eines Zusammenhangs (Bsp.: Bei verteidigten Beschuldigten werden die Strafverfahren häufiger aus Opportunität eingestellt als bei unverteidigten.) im Unterschied zu den

[596] Eine Hypothese formuliert Annahmen über die Beziehung zwischen mindestens zwei Variablen. Ausführlich zur Hypothesenbildung in der empirischen Sozialforschung etwa *Schnell u. a.*, Methoden der empirischen Sozialforschung, S. 49 ff.

sog. Nullhypothesen, die das Vorliegen des postulierten Zusammenhangs verneinen (Bsp.: Bei verteidigten Beschuldigten werden die Strafverfahren nicht häufiger aus Opportunität eingestellt als bei unverteidigten.).[597] Zwar erfolgt die statistische Prüfung einer Annahme dadurch, dass die ihr entgegenstehende Nullhypothese geprüft und falsifiziert wird.[598] Zur besseren Verständlichkeit und Anschaulichkeit wurden die Forschungshypothesen dieser Arbeit dennoch ausschließlich als Alternativhypothesen formuliert, da diese das jeweilige Erkenntnisinteresse unmittelbar benennen. Im Ergebnisbericht wird sodann auch nicht von der Falsifizierung der Nullhypothese und der daraus zu schließenden Bestätigung der Alternativhypothese gesprochen, sondern lediglich von der Bestätigung oder Ablehnung der jeweiligen Alternativhypothese. Die Forschungsfragen (F_x) und -hypothesen (H_x) wurden dabei wieder möglichst chronologisch, nach ihrer zeitlichen Relevanz im Strafverfahrensablauf gegliedert.

9.1 Die Verteidigung

H_1: Einkommensstärkere Beschuldigte beauftragen öfter und auch früher einen Rechtsbeistand ihrer Wahl als einkommensschwächere.

9.2 Das Ermittlungsverfahren

H_2: Je niedriger der sozioökonomische Status der Beschuldigten ist, desto seltener werden die Verfahren von der Staatsanwaltschaft aus Opportunität nach § 153 Abs. 1 oder § 153a Abs. 1 StPO eingestellt und desto häufiger durch Strafbefehlsbeantragung oder Anklageerhebung erledigt.

> **UH[599]:** Je höher der sozioökonomische Status der Beschuldigten ist, desto häufiger wird bei § 153a StPO eine Geldzahlungsauflage verhängt.

---

597 *Bortz/Döring*, Forschungsmethoden und Evaluation in den Sozial- und Humanwissenschaften, S. 52 f.; *Kuckartz u. a.*, Statistik, S. 145 f.; *Wolf/Best*, Handbuch der sozialwissenschaftlichen Datenanalyse, S. 178.

598 *Kuckartz u. a.*, Statistik, S. 145 f.; *Bortz/Döring*, Forschungsmethoden und Evaluation in den Sozial- und Humanwissenschaften, S. 52 f.; *Häder*, Empirische Sozialforschung, S. 51; *Janczyk/Pfister*, Inferenzstatistik verstehen, S. 34 f.

599 UH = Unterhypothese.

UF[600]: Es soll untersucht werden, ob aus den verhängten Geldauflagen bei § 153a Abs. 1 S. 2 Nr. 2 StPO zu erkennen ist, welche Umstände die Auflagenhöhe beeinflussten. Dabei soll insbesondere geschaut werden, ob auf die finanzielle Situation der Beschuldigten Rücksicht genommen wird bzw. ob auf diese nach dem Kenntnisstand der Staatsanwaltschaft überhaupt Rücksicht genommen werden kann.

H_3: Verfahren gegen verteidigte Beschuldigte werden von der Staatsanwaltschaft häufiger aus Opportunität, insbesondere häufiger gem. § 153a Abs. 1 StPO eingestellt und seltener durch Strafbefehlsbeantragung oder Anklageerhebung erledigt als bei unverteidigten.

F_1: Es soll untersucht werden, welche Faktoren die Abschlussentscheidung der Staatsanwaltschaft (also die Entscheidung zur Einstellung aus Opportunität nach § 153 Abs. 1 oder § 153a Abs. 1 StPO, zur Strafbefehlsbeantragung und zur Anklageerhebung) beeinflussen.

9.3 Das Strafbefehlsverfahren

H_4: Im Strafbefehlsverfahren fehlen teilweise die für die Geldstrafenzumessung notwendigen Informationen zu den wirtschaftlichen Verhältnissen der Angeklagten.

H_5: Die Verhängung von Geldstrafen trotz fehlender Kenntnis der wirtschaftlichen Verhältnisse in Strafbefehlsverfahren wirkt sich zulasten ärmerer und zugunsten vergleichsweise besserverdienender Verurteilter aus.

F_2: Es soll untersucht werden, wie oft in den Strafbefehlsverfahren Geldstrafen verhängt werden, obwohl keine Informationen zu den wirtschaftlichen Verhältnissen (Beruf und Einkommen) der Angeklagten vorhanden sind, und wie in solchen Fällen die Tagessatzhöhe bestimmt wird.

---

600 UF = Unterforschungsfrage.

9.4 Das Zwischen- und Hauptverfahren

H_6: Je niedriger der sozioökonomische Status der Angeschuldigten[601] ist, desto seltener werden die Verfahren vom Gericht im Zwischen- oder Hauptverfahren nach § 153 Abs. 2 oder § 153a Abs. 2 StPO eingestellt.

H_7: Verfahren gegen wahlverteidigte Angeschuldigte[602] werden vom Gericht im Zwischen- oder Hauptverfahren häufiger aus Opportunität, insbesondere häufiger gem. § 153a Abs. 2 StPO eingestellt als bei unverteidigten.

F_3: Es soll untersucht werden, welche Faktoren die Wahrscheinlichkeit einer Verfahrenseinstellung im Zwischen- oder Hauptverfahren nach § 153 Abs. 2 und § 153a Abs. 2 StPO beeinflussen.

H_8: Verfahrensabsprachen werden öfter in Verfahren mit verteidigten Angeklagten getroffen als in Verfahren mit unverteidigten.

9.5 Das Tagessatzsystem der Geldstrafen

F_4: Es soll untersucht werden, wie die Gerichte und Staatsanwaltschaften die Tagessatzhöhen bemessen, sowie wann und wie oft diese Zahlungserleichterungen direkt im Urteil oder Strafbefehl gewähren. Dabei soll insbesondere analysiert werden, wie die Staatsanwaltschaften und Gerichte bei der Geldstrafenzumessung mit sehr geringen Einkommen wie ALG II oder Asylbewerberleistungen umgehen.

9.6 Die Geldstrafenvollstreckung / Ersatzfreiheitsstrafe

H_9: Je niedriger das Einkommen der Verurteilten ist, desto häufiger müssen diese Ersatzhaft verbüßen.

H_{10}: Die Verhängung von Geldstrafen ohne ausreichende Bemessungsgrundlage erhöht die Gefahr, dass Zahlungsschwierigkeiten auftreten und Ersatzfreiheitsstrafen angeordnet sowie verbüßt werden müssen.

---

601 Da die Verfahren entweder im Zwischen- oder im Hauptverfahren eingestellt wurden, umfasst der Begriff der Angeschuldigten auch die Angeklagten.

602 Siehe Fn. 601.

$\mathbf{F_5}$: Es soll der Ablauf der Vollstreckung analysiert werden: Wie oft und auf wessen Initiative werden nachträglich Zahlungserleichterungen gem. § 459a StPO bewilligt? In welchen Fällen wird Ersatzhaft angeordnet und welche Vollstreckungsbemühungen werden vorher getätigt? In welchen Verfahren wird die Ersatzfreiheitsstrafe tatsächlich vollzogen und in welchen wird sie durch gemeinnützige Arbeit abgewendet?

9.7 Die Rechtsbehelfsverfahren

$\mathbf{H_{11}}$: Verteidigte Angeklagte legen häufiger und erfolgreicher Rechtsbehelfe[603] ein als unverteidigte.

9.8 Der Ausgang des Verfahrens insgesamt

$\mathbf{H_{12}}$: Je niedriger der sozioökonomische Status der Beschuldigten[604] ist, desto schwerer ist die relative Sanktionshärte des Verfahrensausgangs.

$\mathbf{H_{13}}$: Bei Beschuldigten[605] ohne Wahlverteidigung ist die relative Sanktionshärte des Verfahrensausgangs schwerer als bei unverteidigten. Dabei ist die Chance auf einen milden Verfahrensausgang desto höher, je eher die Verteidigung am Verfahren mitwirkt.

603 Da Einsprüche gegen Strafbefehle keinen Devolutiveffekt besitzen (nach dem Einspruch eröffnet dasselbe Gericht, das den Strafbefehl erlassen hat, die Hauptverhandlung), sind sie keine Rechtsmittel, sondern nur Rechtsbehelfe. Siehe hierzu etwa *Maur*, in: KK-StPO, § 410 Rn. 1. Deshalb wird „Rechtsbehelfe" in dieser Arbeit als Oberbegriff verwendet, wenn sowohl von Einsprüchen gegen Strafbefehle als auch von Berufungen oder Revisionen (die Rechtsmittel sind) gesprochen wird.

604 Der Begriff der Beschuldigten meint dabei auch die Angeschuldigten und Angeklagten.

605 Siehe Fn. 604.

2. Teil: Methodisches Vorgehen und Durchführung der Untersuchung

Im nun folgenden Kapitel wird die der Untersuchung zugrundeliegende Methodik genauer erläutert. Zunächst werden die Auswahl der Analysemethode und die des Analysegegenstands erklärt. Darauffolgend werden die Stichprobenbildung und -ziehung geschildert, sowie deren Repräsentativität und die Gewichtung geschichteter Stichproben dargestellt. Schließlich folgen nach der Beschreibung des Erhebungsinstruments Ausführungen zur Operationalisierung derjenigen Variablen der Untersuchung, die nicht selbsterklärend sind.

1 Die Aktenanalyse als Methode der Datenerhebung

Die geeignete Methode für die empirische Untersuchung der erarbeiteten Forschungsfragen und -hypothesen war die Analyse von Strafverfahrensakten über rechtskräftig abgeschlossene Verfahren zu einem ausgewählten Delikt. Denn nur aus Strafverfahrensakten erhält man eine Aufzeichnung des gesamten Verlaufs eines Strafverfahrens – vom Beginn der Ermittlungen der Polizei über die Einstellungen durch die Staatsanwaltschaft oder die Anklageerhebung mit anschließender Hauptverhandlung bis hin zur Vollstreckung einer verhängten Sanktion.

Bei der Analyse von Informationen, die aus Verwaltungs- oder Gerichtsakten stammen, ist es dabei wichtig, dass diese stets im Lichte ihrer spezifischen Funktion betrachtet werden. Strafverfahrensakten, die in dieser Arbeit ausgewertet werden sollen, dienen als Informationsträger zwischen den verschiedenen Akteuren des Verfahrens sowie der Dokumentation, Kontrolle und Legitimation der für das Strafverfahren relevanten Informationen und Entscheidungen.[606] In den Akten sollten also normativ all

---

[606] *Dölling*, in: Kury (Hrsg.), Probleme der Aktenanalyse in der Kriminologie, S. 270ff; *Leuschner/Hüneke*, MschKrim 2016, 464, 466 ff.

die Informationen festgehalten sein, die für die Strafverfolgung von Bedeutung sind. Hieraus folgt allerdings auch, dass in ihnen eventuell nur die Informationen fixiert werden, die für das Strafverfahren selbst als relevant erachtet werden. Die Angaben der Strafakten bieten deshalb keine objektive (wissenschaftlichen Standards entsprechende) Aufzeichnung der tatsächlichen Lebensrealität, sondern eine durch die Wahrnehmung der jeweiligen Aktenbearbeitenden gefilterte und auf die für das Strafverfahren relevanten Informationen beschränkte Wiedergabe dieser.[607] So wird etwa formell unzulässiges oder informelles Handeln der Verfahrensbeteiligten (regelmäßig) nicht in den Verfahrensakten dokumentiert sein.

Andererseits ist die Aktenanalyse die einzige Methode, die Daten liefert, die unabhängig von der Untersuchung entstanden und damit von dieser nicht verzerrt sind.[608] Außerdem kommen die Staatsanwaltschaften und Gerichte bei Strafbefehlsverfahren und Einstellungen im Ermittlungsverfahren in der Regel gar nicht mit den Beschuldigten persönlich in Kontakt und haben einzig die Verfahrensakte als Informationsquelle zur Verfügung. Auch ist bei Strafakten stärker als bei anderen behördlichen Akten mit einer vollständigen schriftlichen Fixierung rechtlich relevanter formeller Handlungen der Verfahrensbeteiligten zu rechnen, da es im Strafrecht um Grundrechtseingriffe von großer Intensität geht.[609] Hierbei werden Angaben wie Tatbestandsmerkmale, die unmittelbar straf(verfahrens)rechtlich relevant sind, verlässlicher dokumentiert sein, als andere, wie etwa die Lebensumstände der Beschuldigten.[610] Mit Blick auf weniger verlässlich dokumentierte Informationen sind für dieses Forschungsprojekt insbesondere die sozioökonomischen Merkmale der Beschuldigten bedeutsam. So ist in den Verfahren der leichteren Kriminalität zum einen zu befürchten, dass diese Informationen etwa bei einer Verfahrenseinstellung im Ermittlungsverfahren erst gar nicht ermittelt und dokumentiert werden. Daneben haben bereits andere empirische Untersuchungen ergeben, dass Gerichte und

607 *Albrecht*, Strafzumessung bei schwerer Kriminalität, S. 215; *Leuschner/Hüneke*, MschKrim 2016, 464, 467.

608 *Dölling*, in: Kury (Hrsg.), Probleme der Aktenanalyse in der Kriminologie, S. 269.

609 *Müller*, Aktenanalyse in der Sozialarbeitsforschung, S. 37.

610 *Meier*, Die Bestrafung von Rückfalltätern in der Bundesrepublik Deutschland und in den USA, S. 75; *Göppinger/Bock*, Kriminologie, S. 258.

Staatsanwaltschaften bei den Angaben zu den wirtschaftlichen Verhältnissen kaum nachermitteln.[611] Die Beschuldigten könnten jedoch mit Blick auf die Möglichkeit der Verhängung einer Geldstrafe ein Interesse daran haben, dass ihr Nettoeinkommen möglichst niedrig festgehalten wird (siehe dazu bereits 1. Teil Kap. 6 und im Folgenden 3. Teil Kap. 2.2). Die Auswertung des Akteninhalts muss also hinsichtlich des Einkommens unter steter Berücksichtigung der Möglichkeit erfolgen, dass die Angaben der Akten zu Teilen nicht der Wahrheit entsprechen. Da die Staatsanwaltschaften und Gerichte bei Einstellungen im Ermittlungs- und Zwischenverfahren sowie in Strafbefehlsverfahren regelmäßig allein mit dem Akteninhalt arbeiten, zeigen die Akten dabei allerdings gleichzeitig auch, welche Informationen diesen überhaupt zur Verfügung stehen und wie diese mit den (nicht) vorhandenen Informationen umgehen, was ebenfalls Teil des Erkenntnisinteresses dieser Arbeit ist.

Mit Blick auf andere Zugänge zum Forschungsfeld ist abschließend hinzuzufügen, dass zum einen die Methode der Beobachtung von vorneherein ausgeschlossen war, da diese nur für den kurzen Verfahrensabschnitt der Hauptverhandlung möglich gewesen wäre und in allen anderen Verfahrensabschnitten nicht hätte erfolgen können. Zum anderen war die reine Befragung der Beteiligten ebenfalls ungeeignet. Denn hiermit hätten nur subjektive Einschätzungen der Beteiligten erhoben werden können, was mit Blick auf Fragen über potentielle, von den Befragten selbst verursachte, aber vermutlich nicht gewollte Diskriminierungen besonders problematisch erschien. Gerade auch für die Untersuchung des Umgangs der Justiz mit fehlenden Einkommensdaten bei der Geldstrafenzumessung in Strafbefehlsverfahren waren außerdem die (nicht) vorhandenen Informationen zu Beruf und Einkommen in den Verfahrensakten von großem Interesse. Darüber hinaus hätte eine Befragung der Akteure des Strafverfahrens keinen vollständigen Überblick über den gesamten Verlauf einzelner, konkreter Strafverfahren ergeben. Denn man hätte diese nur jeweils zu ihrem generellen Verhalten bei einem Ausschnitt des Verfahrens befragen können, wobei die Beschuldigten vermutlich gar nicht für eine Befragung erreicht werden hätten können. Die Beantwortung der Frage, ob sich mögliche Benachteili-

---

611 *Albrecht*, Strafzumessung und Vollstreckung bei Geldstrafen, S. 205.

gungen im Laufe eines konkreten Verfahrens addieren und wie sich dies im Verlauf und Ergebnis des Strafprozesses auswirkt, hätte so nicht beantwortet werden können. Zusammenfassend war deshalb die Aktenanalyse die zielführendste Methode für die geplante Untersuchung.

2 Die Stichprobe

Eine wichtige, der Untersuchung vorangestellte Frage ist die, mittels welcher Stichprobe das Erkenntnisinteresse und die gewonnenen Hypothesen möglichst gut untersucht werden können. Im theoretischen Teil dieser Arbeit wurde herausgearbeitet, an welchen Stellen alltäglicher Strafverfahren ein Einfluss sozioökonomischer Ungleichheiten zu erwarten ist und empirisch auch überprüft werden kann. Dabei haben sich folgende Verfahrensaspekte deliktsunspezifisch als relevant erwiesen: Strafverfahren, in denen eine Verteidigung regelmäßig nicht nach § 140 StPO notwendig ist, die Verfahrenseinstellungen aus Opportunität nach §§ 153, 153a StPO, die Geldstrafenzumessung, insbesondere auch in den Strafbefehlsverfahren, sowie die Vollstreckung der Geldstrafen. Der Stichprobe der Untersuchung mussten also solche Strafverfahren zugrunde gelegt werden, die diese Verfahrensaspekte in ausreichender Zahl abdeckten. Außerdem sollten die Beschuldigten hinsichtlich ihres sozioökonomischen Status möglichst heterogen sein.

2.1 Die Stichprobenbildung

Zunächst musste in sachlicher, örtlicher und zeitlicher Hinsicht entschieden werden, welche Strafverfahren den Akten der Untersuchung zugrunde liegen sollten.

2.1.1 Der Tatvorwurf

Die erste Frage, die dabei im Rahmen der Stichprobenbildung zu klären war, betraf die Auswahl des Tatvorwurfs der zu analysierenden Strafverfahren. Zum einen musste dieser so gewählt werden, dass eine Vergleichbarkeit der untersuchten Verfahren gewährleistet war.

Aus diesem Grund werden nur Verfahren gegen Erwachsene untersucht und Verfahren gegen Jugendliche und Heranwachsende ausgeschlossen, da das Jugendstrafrecht im Verfahrensablauf und bei den Sanktionen Besonderheiten aufweist, die die Vergleichbarkeit mit Strafverfahren gegen Erwachsene stark beeinträchtigt hätten. Bei der Frage, welches Delikt sich für die geplante Untersuchung am besten eignet, waren mehrere Faktoren zu berücksichtigen. Zunächst sollte der Umstand, dass als schwerster Vorwurf der gleiche Straftatbestand verhandelt wurde, zu einer besseren Vergleichbarkeit der Strafverfahren führen. Dabei boten sich zum einen Delikte an, die in ihrem Erfolgsunwert miteinander in Vergleich gesetzt werden können, indem der verursachte Schaden als ein für die Erledigungsentscheidung der Justiz bedeutender Faktor skaliert, also in verschiedene Schadenshöhen eingeteilt werden kann. Zum anderen sollten die verschiedenen Begehungsformen des Delikts auch aus Sicht der Schwierigkeiten, die in einem Prozess auftreten können, miteinander vergleichbar sein. Damit schieden solche Delikte aus, bei denen die Beweisschwierigkeiten je nach Art der konkreten Begehung immens auseinandergehen. Beispielsweise der Betrug, § 263 StGB, wird mit Blick auf die sozioökonomische Ungleichheit der Beschuldigten vermutlich vor allem bei Wirtschaftsdelikten unvergleichlich schwieriger zu beweisen sein als etwa ein „schlichter" Betrug bei Warenverkäufen. Diese unterschiedlichen Beweisschwierigkeiten würden stets als mögliche (Teil-)Ursache der jeweiligen Verfahrensbeendigung mit im Raum stehen.

Zum anderen musste das Delikt von den Zugehörigen der verschiedenen sozialen Schichten gleichermaßen begangen werden können und der Anteil Angehöriger höherer Schichten durfte nicht zu gering sein, um noch empirische Aussagen über diese treffen zu können. Ein weiteres Erfordernis war, dass das Delikt im Bereich der leichteren Kriminalität liegt. Denn nur bei solchen Verfahren liegt vielmals kein Fall notwendiger Verteidigung vor, sodass die Hypothesen über die Beauftragung und Auswirkungen der Wahlverteidigung im Vergleich zu Verfahren ohne Rechtsbeistand untersucht werden können. Dass das Delikt der leichteren Kriminalität zuzuordnen ist, war außerdem für die Möglichkeit bedeutsam, den Einfluss von Einstellungen aus Opportunitätsgründen (§ 153 und § 153a StPO) messen zu können, da diese mit zunehmender Schwere des Delikts seltener werden.

Außerdem lag ein großes Augenmerk der Untersuchung auf der Bemessung der Geldstrafen, sodass nur Verfahren in Betracht kamen, bei denen bei einer Verurteilung hauptsächlich Geldstrafen verhängt werden. Andererseits war dennoch auch die Frage kurzer Freiheitsstrafen und der Strafaussetzung zur Bewährung interessant, sodass das Delikt auch solche Sanktionen zulassen sollte.

Um das Vorliegen dieser Voraussetzungen zu beantworten, wurden die Rechtspflege-Statistiken des statistischen Bundesamtes zur Strafverfolgung durch die Strafgerichte[612] und zu den Staatsanwaltschaften[613] herangezogen. Die Statistik für die Staatsanwaltschaften schlüsselt jährlich für ausgewählte Delikte die einzelnen Erledigungsarten im Ermittlungsverfahren auf, also etwa wie oft Anklage erhoben, ein Strafbefehl erlassen oder die Verfahren eingestellt wurden. Aufschluss über die (möglichen und tatsächlich verhängten) Sanktionen für die Begehung einer bestimmten Straftat geben die Strafnorm selbst sowie die Strafverfolgungsstatistik, die die innerhalb eines Jahres in Deutschland durch Urteil verhängten Sanktionen für einzelne Delikte darstellt. Für die Frage, ob bei einem bestimmten Delikt auch genügend Mitglieder der verschiedenen sozialen Schichten vertreten sind, wurde dabei die Höhe der Tagessätze bei den verhängten Geldstrafen in den Blick genommen. Da diese nach dem Nettoeinkommensprinzip bestimmt werden, geben sie Aufschluss über das den Verurteilten (vermutlich) zur Verfügung stehende Einkommen.

Beim Blick auf die Tageshöhen verhängter Geldstrafen fiel zunächst noch einmal die Häufigkeit sehr niedriger Tagessatzhöhen ins Auge. Die Höhe der Tagessätze bewegte sich bei fast allen Delikten zu großen Teilen in den Bereichen von 5 € – 10 € und 10 € – 25 €. Bei der Grundregel des § 40 Abs. 2 S. 2 StGB, dass ein Tagessatz 1/30 des vorhandenen Nettoeinkommens entspricht, liegen solchen Geldstrafen rechnerisch außerordentlich geringe monatliche Nettoeinkommen (im strafrechtlichen Sinne[614]) zu-

---

612 *Statistisches Bundesamt*, Fachserie 10, Reihe 3. Rechtspflege. Strafverfolgung 2013.

613 *Statistisches Bundesamt*, Fachserie 10, Reihe 2.6. Rechtspflege. Staatsanwaltschaften 2013.

614 Der Begriff des Nettoeinkommens i.S.d. § 40 Abs. 2 StGB ist originär strafrechtlich und bedeutet etwas anderes als er es steuerrechtlich im Alltagsgebrauch tut: Nettoeinkommen meint sämtliche Einkünfte, die den ökonomische Lebenszuschnitt des Täters

grunde. Dies gilt auch unter Berücksichtigung notwendiger Senkungen der Regeltagessätze bei sehr niedrigen Einkommen (siehe ausführlicher hierzu bereits 1. Teil Kap. 6.4.2).[615]

Bei der „leichteren Alltagskriminalität" gab es einzig bei den Straßenverkehrsdelikten häufiger höhere Tagessatzhöhen (48,6 % lagen im Bereich von 25 € – 50 €, aber 50 € überstiegen gleichwohl nur 5,4 % der Fälle). Zwar wurde nur bei diesen Delikten eine annähernd gleichmäßige Verteilung von Angehörigen verschiedener sozialer Schichten vermutet. Bei dieser Deliktsgruppe (der Trunkenheit im Verkehr) war jedoch mit einer sehr schematischen Bestrafung, unter der Verwendung von Straftaxen zu rechnen, weshalb zu erwarten war, dass die Beschuldigten die Verfahren wenig beeinflussen hätten können. Für eine bestimmte Promillezahl und eine bestimmte Schadensart und -höhe hätte es regelmäßig eine bestimmte Anzahl Tagessätze gegeben.[616] Auch findet bei diesen Delikten nur in sehr wenigen Fällen eine Hauptverhandlung statt (nur 6,3 % der Verfahren wurden 2013 angeklagt).[617] Die Verurteilungen erfolgen hauptsächlich im Wege des Strafbefehls. Deswegen bestand außerdem die Befürchtung, dass oft keine Angaben zu dem Beruf und dem Einkommen der Beschuldigten in den Akten vorhanden gewesen wären, insbesondere in den Verfahren, in denen die Beschuldigten nicht zur polizeilichen Vernehmung kamen. Dies war zwar auch ein interessanter Aspekt, der untersucht werden sollte. Jedoch sollte dies nicht bei einem zu großen Teil der Verfahren vorkommen, da dies die Überprüfung der restlichen Hypothesen zum Einfluss sozialer Benachteiligung extrem eingeschränkt hätte. Alles in allem bestanden damit bei

---

prägen (*Radtke*, in: MüKo-StGB, § 40 Rn. 57 f.). Als Ausgaben werden vom Einkommen z.B. Steuern und Sozialversicherungsbeiträge abgezogen, aber auch Unterhaltszahlungen an Ehegatten und Kinder werden berücksichtigt [nach einem Anrechnungsmodell werden etwa für Ehegatten 20 % und für jedes Kind 10% abgezogen], sodass das strafrechtliche Nettoeinkommen oftmals niedriger ist als das steuerrechtliche (*Fischer*, StGB, § 40 Rn. 7 ff.). Siehe dazu bereits 1. Teil Kap. 6.2.

615 So würde man statt den errechneten 150-130 € bzw. 300-750 € immer noch von Einkommen auf Sozialhilfe- oder ALG II-Niveau ausgehen.

616 *Schäfer u. a.*, Praxis der Strafzumessung, S. 513 ff.

617 *Statistisches Bundesamt*, Fachserie 10, Reihe 2.6. Rechtspflege. Staatsanwaltschaften 2013, S. 88.

dem von seiner Beschuldigtenstruktur wohl geeignetsten Delikts zu viele Einschränkungen im Hinblick auf die geplante Untersuchung.

Gegen die Verfahren wegen Betrugs nach § 263 StGB, bei denen eine teilweise Schichtdurchmischung wegen der Nähe zur Wirtschaftskriminalität erwartet wurde, sprach zum einen die bereits angesprochene Befürchtung von unüberwindbaren, unterschiedlichen Beweisproblematiken bei den jeweils für die Unter- oder (Ober- und) Mittelschicht typischen Arten der Deliktsverwirklichung. Zum anderen zeichneten die Daten der Strafverfolgungsstatistik zu Verurteilungen wegen Betrugs nach § 263 StGB bezüglich der Schichtdurchmischung der Beschuldigten bei den Tagessatzhöhen verhängter Geldstrafen ein anderes Bild als das vermutete: nur 17,4 % der Tagessätze lagen über dem Betrag von 25 € und lediglich 0,6 % über 50 €.[618]

Letztlich wurde die einfache Körperverletzung nach § 223 StGB als das Delikt bewertet, welches sich für die geplante Untersuchung am besten eignet. Die vorsätzliche Körperverletzung ist ein Delikt aus dem Bereich der leichteren Kriminalität. Laut der Statistik für die Staatsanwaltschaft für das Untersuchungsjahr 2013 wurden bei Körperverletzungsdelikten[619] im bundesweiten Durchschnitt etwa 14 % (in Niedersachsen 14 %) der Ermittlungsverfahren zur Anklage gebracht; in 7 % (7 %) der Fälle wurde ein Antrag auf den Erlass eines Strafbefehls gestellt; Einstellungen nach § 153 Abs. 1 und § 153a Abs. 1 StGB erfolgten in 5 % (7 %) und 3 % (6 %) der Fälle.[620] Eine Besonderheit dieser Verfahren war die mit 41 % (40 %) sehr hohe Einstellungsrate nach § 170 Abs. 2 StGB. Diese kann damit erklärt werden, dass § 223 StGB ein relatives Antragsdelikt ist (§ 230 StGB) und die Staatsanwaltschaft bei fehlendem Strafantrag und der Verneinung des besonderen öffentlichen Interesses an der Strafverfolgung die Verfahren nach § 170 Abs. 2 StPO einstellt. Weitere 20,4 % (16,6 %) der Verfahren

---

618 *Statistisches Bundesamt*, Fachserie 10, Reihe 3. Rechtspflege. Strafverfolgung 2013, S. 196 f.

619 Die Statistik gibt nur Auskunft über das Sachgebiet „vorsätzliche Körperverletzungen" insgesamt, welches auch § 224 StGB (nicht aber §§ 227, 226 StGB) umfasst. Gesonderte Informationen zu Verfahren (nur) wegen § 223 StGB gibt es nicht.

620 *Statistisches Bundesamt*, Fachserie 10, Reihe 2.6. Rechtspflege. Staatsanwaltschaften 2013, S. 64 f.

wurden auf andere Art erledigt, worunter auch die Einstellung unter Verweisung auf den Privatklageweg bei mangelndem öffentlichen Interesse an der Strafverfolgung fiel (§ 170 Abs. 2 StPO i.V.m. § 376 StPO), da die einfache Körperverletzung gem. § 374 Abs. 1 Nr. 4 StPO ein Privatklagedelikt ist. Berücksichtigt man, dass die Statistik der Staatsanwaltschaft unter dem Sachgebiet der eben genannten Daten neben Verfahren wegen § 223 StGB auch solche wegen Taten nach § 224 StGB erfasst, werden die Quoten der Einstellungen nach §§ 153 f. StPO ebenso wie die der Strafbefehlsanträge bei einfacher Körperverletzung noch höher sein als die genannten Prozentsätze.

Im Unterschied zu der Statistik für die Staatsanwaltschaft gibt die Strafverfolgungsstatistik genaue Angaben zu (Ab- bzw.) Verurteilungen wegen einfacher Körperverletzung nach § 223 StGB. Die Höhe der Tagessätze bei den hier verhängten Geldstrafen im Vergleich zu denen bei Verfahren wegen § 263 StGB überraschte. Die meisten Tagessätze lagen zwar auch hier im Bereich von 10 € – 25 €, aber 29 % der Geldstrafen lagen im Tagessatzhöhenbereich von 25 € – 50 € und höher (Tagessatzhöhen von über 50 € gab es allerdings auch hier nur in 1,6 % der Fälle).[621] Auch waren bei Verfahren wegen § 223 StGB zumindest in 11 % der Fälle Tagessatzzahlen im Bereich von 91 – 180 zu finden und es wurden bei 19 % der Verurteilungen Freiheitsstrafen verhängt, die in 28 % der Fälle nicht zur Bewährung ausgesetzt wurden.[622] Unter den verhängten Freiheitsstrafen befanden sich 32 % kurze Freiheitsstrafen (unter 6 Monaten) i.S.v. § 47 StGB. Von diesen kurzen Freiheitsstrafen wurden wiederum 25 % nicht zur Bewährung ausgesetzt.

Die Verfahren wegen einfacher Körperverletzung enthielten damit eine bei den anderen Delikten nicht vorhandene Bandbreite von Sanktionen, infolge derer auf vielfältigere Weise Aspekte der Strafzumessung und Unterschiede untersucht werden können. Ebenso waren bei § 223 StGB keine typischen Beweisschwierigkeiten für etwaige spezifische Begehungsformen

---

621 *Statistisches Bundesamt*, Fachserie 10, Reihe 3. Rechtspflege. Strafverfolgung 2013, S. 196 f.

622 *Statistisches Bundesamt*, Fachserie 10, Reihe 3. Rechtspflege. Strafverfolgung 2013, S. 92 f. Bei den Straßenverkehrsdelikten in Trunkenheit wurde nur in 6,5 % der Fälle eine Freiheitsstrafe verhängt.

der verschiedenen sozialen Schichten zu erwarten, die die Vergleichbarkeit der Verfahren einschränken würden, wie dies beim Betrug zu befürchten war. Schließlich waren die verhängten Tagessätze im Durchschnitt deutlich höher als in den Verfahren zu einfachem Diebstahl oder Betrug.

2.1.2 Der Erhebungsort

Hinsichtlich der örtlichen Auswahl von Verfahren wurden für die Untersuchung Verfahrensakten der Staatsanwaltschaften und damit der Landgerichtsbezirke Braunschweig und Hannover ausgewählt. Dies beruhte hauptsächlich auf ökonomischen Gründen. Die Verfahrensakten sollten aus Datenschutzgründen vor Ort in den Staatsanwaltschaften eingesehen werden, sodass nur Staatsanwaltschaften ausgewählt wurden, die von der Leibniz Universität Hannover täglich erreicht werden konnten.

Die Datenerhebung wurde dabei aus zeitlichen Gründen auf zwei Staatsanwaltschaften beschränkt. Denn zum einen war die Anzahl zu untersuchender Verfahrensakten durch den zeitlichen Rahmen einer Dissertation begrenzt. Zum anderen nehmen die bei jeder Staatsanwaltschaft erforderlichen Schritte bis zur Bereitstellung der Akten einige Zeit in Anspruch, die sich mit zunehmender Anzahl an beteiligten Staatsanwaltschaften erhöht hätte. Es wurde aber darauf geachtet, dass die beiden ausgewählten LG-Bezirke aus unterschiedlichen OLG-Bezirken (OLG Celle und OLG Braunschweig) stammten und sowohl großstädtische, als auch städtische und ländliche Gerichtsbezirke beinhalteten.[623]

2.1.3 Der Erhebungszeitraum

Aus zeitlicher Perspektive wurde das Jahr 2013 gewählt, da dort zu vermuten war, dass nahezu alle Verfahren und auch die Vollstreckung der Sanktionen zum Erhebungszeitraum, der Ende 2015 beginnen sollte, vollständig abgeschlossen waren.

---

623 Die Amtsgerichte des LG-Bezirks Braunschweig sind: Braunschweig, Wolfsburg, Helmstedt, Wolfenbüttel, Salzgitter, Goslar, Seesen, Bad-Gandersheim und Clausthal-Zellerfeld (siehe § 33 Abs. 2 Nr. 2 NJG). Die Amtsgerichte des LG-Bezirks Hannover sind: Hannover, Burgwedel, Neustadt am Rübenberge, Springe, Hameln und Wennigsen (Deister) (siehe § 33 Abs. 2 Nr. 4 NJG).

2.2 Die Stichprobenziehung

Die zu ziehende Stichprobe musste eine ausreichende Anzahl an Fällen von den Verfahrensabschnitten beinhalten, die für die Forschungshypothesen und -fragen relevant waren. Dabei wurde die Fallzahl im Rahmen des zeitlich Leistbaren so groß gewählt, dass ausreichend viele Verfahren mit Beschuldigten aus der Mittelschicht für die Datenauswertung zu erwarten waren. Für die Untersuchung waren insbesondere die Einstellungen nach § 153 und § 153a StPO von Interesse, allerdings machten diese im Verhältnis zu den Anklage- und Strafbefehlsverfahren sowie den Verfahren, die nach § 170 Abs. 2 StPO eingestellt wurden, einen eher geringen Anteil der Verfahren aus. Infolgedessen und aus dem Grund, dass die Anzahl an Verfahren, die empirisch analysiert werden konnte, durch den zeitlichen Rahmen der Untersuchung begrenzt war, wurde die Stichprobe nach der Erledigung durch die Staatsanwaltschaft disproportional geschichtet.[624] Es wurden nur solche Verfahren ausgewählt, in denen die deliktsunspezifisch entwickelten Forschungsfragen und -hypothesen relevant wurden. Dafür wurde die Stichprobe in vier Schichten unterteilt: Es wurden nur solche Strafverfahren ausgewählt, die nach § 153 Abs. 1 oder § 153a Abs. 1 StPO eingestellt wurden und solche, in denen ein Strafbefehl beantragt oder Anklage erhoben wurde. Insbesondere der große Teil der Verfahren, die nach § 170 Abs. 2 StPO eingestellt wurden, wurde so ausgeschlossen, da für diese Verfahren keine Forschungshypothesen bestanden, da bei den Einstellungen mangels hinreichenden Tatverdachts keine feststellbare Schlechterstellung sozioökonomisch schwächerer Beschuldigter erwartet wurde. Denn Verfahrenseinstellungen mangels hinreichenden Tatverdachts richten sich nach objektiven Kriterien der Beweisbarkeit. Darüber hinaus wurde in diesen Verfahren vielmals mit dem Fehlen jeglicher Informationen zu den Beschuldigten und ihren sozioökonomischen Merkmalen gerechnet. Mit dieser Art und Weise der Stichprobenschichtung wurde gleichzeitig in Kauf genommen, dass sich die Analyse nur auf einen Teil der Ermittlungsverfahren über Körperverletzungen konzentrierte und mit ihr somit keine allge-

[624] Eine zusätzliche Schichtung nach dem sozioökonomischen Status der Beschuldigten war ohne eine vorherige Analyse der Akten nicht möglich, da hierfür erforderliche Angaben von den Staatsanwaltschaften nicht gespeichert werden.

meingültigen Aussagen über die Erledigungspraxis der Staatsanwaltschaften bei Körperverletzungsverfahren generell getätigt werden können. Denn neben den Einstellungen mangels hinreichenden Tatverdachts wurden so auch nicht die Verfahren untersucht, die nach §§ 153b ff. StPO (siehe hierzu bereits 1. Teil Kap. 4.2) und durch die Verweisung auf den Privatklageweg erledigt wurden (§§ 374 ff. StPO; diese Art der Verfahrenserledigung ist deliktsspezifisch, da sie nur für wenige ausgewählte Delikte möglich ist).[625]

Für die Ziehung der Stichprobe wurden von den beiden Staatsanwaltschaften Listen aller Verfahren wegen einfacher Körperverletzung nach § 223 StGB erstellt, die 2013 von der Staatsanwaltschaft nach einer der ausgewählten vier Arten im Ermittlungsverfahren erledigt wurden.[626] Aus diesen Liste sollte die Art der Erledigung hervorgehen und diese sollten nur Verfahren gegen erwachsene Beschuldigte beinhalten.

2.2.1 Der Pretest

Vor der tatsächlichen Erhebung wurde ein Pretest mit 17 Verfahren aus dem LG-Bezirk Braunschweig durchgeführt. Hiervon erfüllte ein Verfahren der Liste (mit Anklageerhebung) nicht die Voraussetzungen der Stichprobe, da es sich auf eine gefährliche Körperverletzung gem. § 224 StGB bezog. Es wurden 4 Verfahren mit Einstellungen nach § 153 StPO untersucht, 5 mit Einstellungen nach § 153a StPO, 3 Verfahren, in denen Strafbefehle beantragt und 4, in denen Anklage erhoben wurde. In einem der Einstellungsverfahren wurde ein Strafbefehl erlassen, nachdem die Auflage für eine Einstellung nach § 153a StPO nicht erfüllt wurde. In 13 der 16 Verfahren waren Angaben zum aktuellen beruflichen Status vorhanden, in 10 von 16 Fällen Angaben zum Nettoeinkommen der Beschuldigten. Hierbei waren 5 Beschuldigte arbeitslos, die berufstätigen Beschuldigten waren (nach dem im nachfolgenden 2. Teil Kap. 4.4 erläuterten und entwickelten Stufenmodell des sozioökonomischen Status) in der oberen Unterschicht und der unteren Mittelschicht zu verorten. In 6 der 16 Verfahren war ein

[625] Näher zum Privatklageverfahren etwa *Velten*, in: SK-StPO, Vor § 374 Rn. 1 ff.

[626] Das Wissen darüber, dass eine solche Schichtung mit den Informationen, die die Staatsanwaltschaften gespeichert haben, möglich war, ergab sich aus der Tatsache, dass diese Informationen auch in den Statistiken des Statistischen Bundesamts über die Staatsanwaltschaft enthalten sind.

Strafverteidiger eingeschaltet, darunter waren 4 Wahlverteidiger sowie ein Wahlpflicht- und ein Pflichtverteidiger. Aus den Ergebnissen des Pretests konnte geschlossen werden, dass bei der geplanten Anzahl und Auswahl der zu untersuchenden Verfahren genügend Informationen zum Beruf und Einkommen der Beschuldigten vorhanden sein würden. Auch die erwartete Sanktionsvielfalt war in den Verfahren des Pretests gegeben (in 2 Fällen war eine kurze Freiheitsstrafe verhängt worden, in einem ohne Aussetzung zur Bewährung) sowie eine Mischung von Fällen mit und ohne Verteidigung.

2.2.2 Die erhobenen Verfahren

Mit Blick auf die Ergebnisse des Pretests sollten in Braunschweig und Hannover Daten aus jeweils 50 Körperverletzungsverfahren erhoben werden, die von der Staatsanwaltschaft in erster Entscheidung durch eine Anklageerhebung, eine Strafbefehlsbeantragung, eine Einstellung nach § 153a Abs. 1 StPO oder nach § 153 Abs. 1 StPO erledigt wurden. Insgesamt sollte die Stichprobe also einen Umfang von 400 Fällen aufweisen, wodurch eine ausreichende Anzahl an Verfahren mit Angaben zu den wirtschaftlichen Verhältnissen generell und mit Beschuldigten aus der Mittelschicht erfasst werden sollte.

Die Verfahren wurden im Zeitraum Dezember 2015 bis Oktober 2016 in der jeweiligen Staatsanwaltschaft vor Ort ausgewertet. Für die Stichprobenziehung wurden die aufgelisteten Verfahren für jede Abschlussentscheidung von 1 – n nummeriert. Anschließend wurde mittels eines computergestützten Programms[627] eine Zufallsstichprobe für jede Verfahrensart gezogen, indem durch das Programm zufällige Zahlen durch Ziehen ohne Zurücklegen aus dem jeweiligen Bereich 1 – n bestimmt wurden.

Um die Fallzahl von 50 Verfahren pro Erledigungsart im LG-Bezirk zu erreichen, wurden je nach Erledigungsart und Ort unterschiedlich viele Verfahren bei den Staatsanwaltschaften angefordert, da die Ausfallquoten der angeforderten Verfahren stark voneinander abwichen. Die Ausfälle beruhten dabei darauf, dass die angeforderten Verfahren nicht den Stichprobenkriterien darüber entsprachen, dass nur Erwachsene als Beschuldigte untersucht werden sollten und § 223 StGB das schwerste Delikt darstellen

---

[627] http://rechneronline.de/zufallszahlen/ [zuletzt aufgerufen am 03.07.2018].

musste. In sehr wenigen Fällen entsprach die aufgelistete Abschlussentscheidung nicht derjenigen in der Akte. Tab. 2 zeigt, wie viel Prozent der angeforderten Verfahren nicht den Kriterien entsprachen, sortiert nach den einzelnen Stichprobenschichten:

Tab. 2: Umfang der Ausfälle pro Stichprobenschicht

	Anklage	Strafbefehl	§ 153a StPO	§ 153 StPO
Braunschweig	30,44 %	7,41 %	6,67 %	30 %
Hannover	43,33 %	8 %	5 %	15,36 %

Insbesondere bei den Anklageverfahren entsprachen viele Verfahren der Liste nicht den Anforderungen der Stichprobe. Da jedoch nur eine Teilerhebung erfolgte, konnte die gewünschte Stichprobengröße durch Nacherhebungen nahezu erreicht werden. Insgesamt wurden 404 Verfahren codiert, die sich wie folgt verteilen (Tab. 3):

Tab. 3: Anzahl codierter Verfahren mit korrigierter Grundgesamtheit[628]

	Braunschweig				Hannover			
	Insgesamt		Erhoben		Insgesamt		Erhoben	
	n	%	n	%	n	%	n	%
Anklage	122	**100**	48	**39,3**	208	**100**	47	**22,6**
Strafbefehl	336	**100**	52	**15,5**	365	**100**	50	**13,7**
§ 153a I StPO	117	**100**	57	**48,7**	106	**100**	58	**54,7**
§ 153 I StPO	55	**100**	43	**78,2**	377	**100**	49	**13,0**
Gesamt	630	**100**	200	**31,8**	1056	**100**	204	**19,3**

Die Anzahl an Verfahren stimmte nicht exakt mit der geplanten Anzahl von 400 überein, da wegen der eben dargestellten Fehlerhaftigkeit der von den Staatsanwaltschaften erstellten Verfahrenslisten eine größere als die benötigte Anzahl an Akten bestellt wurde. Teilweise waren aber auch Akten zum Untersuchungszeitpunkt nicht verfügbar, da sie in anderen Gerichtsverfahren benötigt wurden. Bei den Verfahren, in denen eine Einstellung nach § 153a StPO die erste Abschlussentscheidung war, erklärt sich

628 Da die Listen der Staatsanwaltschaften hohe Fehlerquoten aufwiesen, wurde die Anzahl der Verfahren insgesamt um die prozentuale Fehlerquote korrigiert; siehe hierzu genauer 2. Teil Kap. 2.4.

die große Zahl der erfassten Verfahren außerdem aus dem folgenden Umstand: In einigen Fällen war die erste Abschlussentscheidung der Staatsanwaltschaft eine andere als die letzte, die das Verfahren erledigte und die von der Staatsanwaltschaft gespeichert wurde. Dies war in der Regel dann der Fall, wenn die Einstellungsauflage nicht erfüllt und das Verfahren infolgedessen anderweitig erledigt wurde, etwa durch die Beantragung eines Strafbefehls oder Anklageerhebung. Da die Verfahren nach der ersten Abschlussentscheidung der Staatsanwaltschaft geschichtet wurden, wurden diese Verfahren der Stichprobenschicht der Einstellungen nach § 153a StPO zugeordnet, weswegen die erhobene Anzahl dieser Verfahren größer als die der anderen ist. Aus ökonomischen Gründen wurde auf eine weitere Nacherhebung bei den o.g. Verfahrenszahlen verzichtet, da die geplante Anzahl von jeweils 50 Verfahren pro Stichprobenschicht so gut wie erreicht wurde. Lediglich die Anzahl der in Frage kommenden Verfahren mit einer Einstellung nach § 153 Abs. 1 StPO war in Braunschweig insgesamt so gering, dass trotz der Anforderung aller Verfahren aus 2013 nur 43 Fälle codiert werden konnten.

2.3 Die Repräsentativität der Stichprobe

Eine Stichprobe ist repräsentativ, wenn sie eine Zufallsauswahl aller zu repräsentierenden Verfahren darstellt.[629] Diese Voraussetzung ist hier nur für die LG-Bezirke Braunschweig und Hannover erfüllt, da sich die Verfahrensauswahl auf diese Bezirke beschränkt hat. Im Folgenden soll deshalb untersucht werden, ob die Verfahrenspraxis der Staatsanwaltschaften und Gerichte der hier untersuchten Bezirke dem niedersächsischen und bundesweiten Durchschnitt ähnlich ist. Hierfür wurden die Daten der Statistik zu den Staatsanwaltschaften ausgewertet, mittels derer zumindest die Abschlussentscheidungen der OLG-Bezirke der ausgewählten LG-Bezirke[630]

[629] Ausführlicher zu Zufallsstichproben und deren Repräsentativität etwa *Bortz/Döring*, Forschungsmethoden und Evaluation in den Sozial- und Humanwissenschaften, S. 310 ff.; *Kuckartz u. a.*, Statistik, S. 137 ff.; *Häder*, Empirische Sozialforschung, S. 149 ff.

[630] Dabei umfasst der OLG-Bezirk Braunschweig neben dem LG Braunschweig nur noch das LG Göttingen. Der OLG-Bezirk Celle umfasst hingegen neben dem LG Hannover noch weitere fünf Landgerichte.

mit dem niedersächsischen und bundesweiten Durchschnitt verglichen werden konnten. Die nach Delikten aufgeschlüsselten Erledigungsarten waren allerdings wieder nur für das Sachgebiet „Vorsätzliche Körperverletzungen", das auch Verfahren nach § 224 StGB beinhaltet, verfügbar.

Tab. 4: Anteil der vier ausgewählten Erledigungsarten bei dem Sachgebiet „Vorsätzliche Körperverletzungen" an den Verfahren, die insgesamt von der Staatsanwaltschaft erledigt wurden[631]

	Deutschland	Niedersachsen	OLG Celle	OLG Braunschweig
Anklage	14,2 %	13,8 %	13,0 %	13,7 %
Strafbefehl	6,8 %	7,2 %	6,3 %	7,1 %
§ 153a StPO	3,2 %	6,0 %	4,1 %	7,3 %
§ 153 StPO	5,4 %	6,6 %	7,3 %	5,5 %

Aus Tab. 4 geht hervor, dass die Anteile von Anklageerhebungen und Strafbefehlsbeantragungen an den Verfahren, die bei der Staatsanwaltschaft insgesamt anfallen, überall ähnlich sind. Bei etwa 14 % der Körperverletzungsverfahren wurde Anklage erhoben, bei etwa 7 % ein Strafbefehl beantragt. Bei den Einstellungsraten weicht der bundesweite Durchschnitt allerdings vom niedersächsischen, wo häufiger eingestellt wird, ab. Dabei wurde im OLG-Bezirk Braunschweig vor allem vermehrt nach § 153a StPO eingestellt, im OLG-Bezirk Celle häufiger nach § 153 StPO. Dieser Unterschied zwischen Celle und Braunschweig lässt sich aber zumindest teilweise infolge eines unterschiedlichen Umgangs der Staatsanwaltschaften mit den Einstellungen gegen Auflagen relativieren, der bei der anschließenden Datenerhebung festgestellt werden konnte. Einstellungen gegen Auflagen erfolgten im LG-Bezirk Braunschweig stets nach § 153a StPO während im LG-Bezirk Hannover (der zum Bezirk des OLG-Celle gehört) den Beschuldigten in einigen Fällen anstelle einer Einstellung nach § 153a StPO angeboten wurde, dass die Staatsanwaltschaft das Verfahren nach § 153 StPO einstellen werde, wenn vorher beispielsweise ein Täter-Opfer-Ausgleich erfolgreich durchgeführt wurde (siehe dazu mehr im folgenden 2. Teil Kap. 2.4). Deswegen fielen in Hannover Verfahrenseinstellungen in der Statistik unter

[631] Berechnet aus den Angaben in *Statistisches Bundesamt*, Fachserie 10, Reihe 2.6. Rechtspflege. Staatsanwaltschaften 2013.

§ 153 StPO, die in Braunschweig als Einstellungen nach § 153a StPO erfasst wurden. Hieraus lassen sich zumindest zu Teilen die sehr unterschiedlichen Häufigkeitsangaben erklären.

2.4 Die Gewichtung der Stichprobe

Da die Stichprobe disproportional (zur Gesamtheit der Verfahren) nach der Erledigungsart der Staatsanwaltschaft geschichtet wurde, wurden die Daten der Stichprobe für gemeinsame Berechnungen mit allen Schichten nach den Faktoren „Erledigungsart“ und „LG-Bezirk“ gewichtet. Denn durch die Schichtung unterlagen die einzelnen Verfahren einer unterschiedlichen Auswahlwahrscheinlichkeit, die durch eine Gewichtung ausgeglichen werden musste, um ohne Verzerrungen Rückschlüsse auf die Gesamtheit der Verfahren ziehen zu können. Die hierfür erforderlichen Informationen über das Aufkommen der einzelnen Erledigungsarten insgesamt in den jeweiligen LG-Bezirken ergaben sich aus den von den Staatsanwaltschaften übermittelten Listen hierzu. Die Listen sollten alle für die Untersuchung relevanten Verfahren anzeigen, sortiert nach der Erledigungsart der Staatsanwaltshaft im Ermittlungsverfahren.

Während der Auswertung der Akten zeigte sich allerdings, dass diese Listen bezüglich des Delikts (§ 223 StGB als schwerstes Delikt) oder der Voraussetzung eines erwachsenen Beschuldigten je nach Erledigungsart und LG-Bezirk unterschiedlich oft fehlerhaft waren. Deswegen wurde für die Gewichtung der Daten die Grundgesamtheit der einzelnen Erledigungsarten um den jeweiligen, während der Auswertung festgestellten prozentualen Anteil fehlerhafter Verfahren gekürzt. Die sich daraus ergebenen Fallzahlen im Vergleich zu den Häufigkeitsangaben in den Listen der Staatsanwaltschaften zeigt Tab. 5.

Die Informationen zur Grundgesamtheit der geschichteten Stichprobe sind damit zwar nicht perfekt, aber dennoch ausreichend zuverlässig für eine annähernd genaue Gewichtung der Daten.

Die Grundgesamtheit der § 153- und § 153a-Verfahren aus Hannover wurde noch darüber hinaus verändert. In Hannover war der Anteil der Einstellungen nach § 153 Abs. 1 StPO um ein Vielfaches höher als der in Braunschweig. Dies lag zu Teilen an dem bereits erwähnten unterschied-

Tab. 5: Fallzahlen der Grundgesamtheit der jeweiligen Stichprobenschichten vor und nach der Korrektur

	Braunschweig		Hannover	
	ursprünglich	korrigiert	ursprünglich	korrigiert
Anklage	176	122	367	208
Strafbefehl	363	336	397	365
§ 153a I StPO	125	117	112	106
§ 153 I StPO	79	55	446	377
Gesamt	743	630	1322	1056

lichen Umgang beider Staatsanwaltschaften mit zu erfüllenden Auflagen: Während in Braunschweig die untersuchten Verfahrenseinstellungen mit Auflagen stets nach § 153a Abs. 1 StPO erfolgten, wurde den Beschuldigten in Hannover oft die Möglichkeit eröffnet, eine Auflage zu erfüllen mit anschließender Verfahrenseinstellung nach § 153 Abs. 1 StPO (oder selten auch nach § 153b Abs. 1 StPO). Infolgedessen wurden diese Verfahren in Hannover als folgenlose Einstellungen nach § 153 StPO gespeichert, obwohl die Beschuldigten ebenso, wie bei den Einstellungen nach § 153a StPO, eine Auflage erfüllten.

Tab. 6: Anzahl der Verfahren in der erneut korrigierten Grundgesamtheit und der Stichprobe (Veränderung kursiv)

	Braunschweig				Hannover			
	Insgesamt		Erhoben		Insgesamt		Erhoben	
	n	%	n	%	n	%	n	%
Anklage	122	**100**	48	**39,3**	208	**100**	47	**22,6**
Strafbefehl	336	**100**	52	**15,5**	365	**100**	50	**13,7**
§ 153a I StPO	117	**100**	57	**48,7**	*155*	***100***	58	***37,4***
§ 153 I StPO	55	**100**	43	**78,2**	*328*	***100***	49	***14,9***
Gesamt	630	**100**	200	**31,8**	1056	**100**	204	**19,3**

Zur Vergleichbarkeit solcher Verfahren aus Hannover mit den Verfahrenseinstellungen aus Braunschweig wurden deshalb erstere als Einstellungen gem. § 153a Abs. 1 StPO codiert (es gab 7 solcher Fälle in der Stichprobe). Wertet man diese Einstellungen allerdings um, so muss man dies konsequenterweise auch für die Grundgesamtheit und die daraus folgende

Gewichtung tun. Deswegen wurde der prozentuale Anteil dieser „umcodierten Verfahren“ an den Verfahren nach § 153 Abs. 1 StPO bei deren Grundgesamtheit abgezogen und zu der Grundgesamtheit der Verfahren nach § 153a Abs. 1 StPO addiert. Dadurch änderte sich für Hannover die Anzahl der Verfahren der Grundgesamtheit bei § 153 Abs. 1 StPO noch einmal von 377 zu 328 und bei § 153a Abs. 1 StPO von 106 zu 155 (vgl. Tab. 5 mit Tab. 6).

Nachdem die Grundgesamtheit der einzelnen Stichprobenschichten berechnet wurde, wurde nun für die Gewichtung zunächst das Designgewicht für alle Verfahren des jeweiligen LG-Bezirks berechnet, das sich aus dem Anteil der Verfahren des LG-Bezirks in der Grundgesamtheit und dem in der gezogenen Stichprobe berechnet.[632] (Dieses findet etwa Verwendung, wenn man nur die Anklageverfahren aus Hannover und Braunschweig gleichzeitig betrachtet.)

Designgewicht Braunschweig:

$$\frac{Soll_{BS}\,(\frac{630}{1686})}{Ist_{BS}(\frac{200}{204})} = Designgewicht_{BS} \qquad \frac{37,37}{49,5} = 0,7548043$$

$Soll_{BS}$ = Prozentualer Anteil der Verfahren aus Braunschweig an der Grundgesamtheit aller Verfahren (Die Grundgesamtheit aller Verfahren sind hier alle Verfahren aus den LG-Bezirken Hannover und Braunschweig, die nach §§ 153 Abs. 1, 153a Abs. 1 StPO oder per Strafbefehl oder Anklage erledigt wurden.)

Ist_{BS} = Prozentualer Anteil der Verfahren an der gezogenen Stichprobe

Designgewicht Hannover:

$$\frac{Soll_{H}\,(\frac{1056}{1686})}{Ist_{H}\,(\frac{294}{494})} = Designgewicht_{H} \qquad \frac{62,63}{50,5} = \quad 1,2403880$$

Nun wurde das Anpassungsgewicht der einzelnen Stichprobenschichten berechnet, was Anwendung findet, wenn die beiden LG-Bezirke getrennt

[632] Zu der Berechnung der Gewichtung disproportional geschichteter Stichproben siehe *Wolf/Best*, Handbuch der sozialwissenschaftlichen Datenanalyse, S. 151 ff.; *Janssen*, Statistische Datenanalyse mit SPSS, S. 50.

(voneinander unabhängig), dabei aber verschiedene Verfahrensarten gleichzeitig untersucht werden. (Dieses findet beispielsweise Verwendung, wenn man die Anklage-, Strafbefehls und Einstellungsverfahren nur aus Braunschweig gleichzeitig betrachtet.) In diesem Fall werden lediglich die vier Abschlussentscheidungen zueinander in das richtige Verhältnis gesetzt. Dieses berechnet sich aus dem Anteil der Grundgesamtheit der einzelnen Schicht im jeweiligen LG-Bezirk und deren Anteil in der gezogenen Stichprobe.[633]

Anpassungsgewichte Braunschweig:

$$\frac{Soll_{a(BS)}}{Ist_{a(BS)}} = Anpassungsgewicht_{a(BS)}$$

$Soll_{a(BS)}$ = Prozentualer Anteil der Grundgesamtheit von „Schicht a" an der Grundgesamtheit aller Verfahren aus dem Bezirk des LG-Braunschweig. (Die Grundgesamtheit aller Verfahren sind hier alle Verfahren aus dem LG-Bezirk Braunschweig, die nach §§ 153 Abs. 1, 153a Abs. 1 StPO oder per Strafbefehl oder Anklage erledigt wurden.)

$Ist_{a(BS)}$ = Prozentualer Anteil der Verfahren aus „Schicht a" an der gezogenen Stichprobe beim LG-Braunschweig

$$\frac{Soll_{Anklage(BS)}(\frac{122}{630})}{Ist_{Anklage(BS)}(\frac{48}{200})} = Anpassungsgewicht_{Anklage(BS)} \qquad \frac{19,37}{24,00} = 0,8068783$$

$$\frac{Soll_{Strafbefehl(BS)}(\frac{336}{630})}{Ist_{Strafbefehl(BS)}(\frac{52}{200})} = Anpassungsgewicht_{Strafbefehl(BS)} \qquad \frac{53,33}{26,00} = 2,0512821$$

$$\frac{Soll_{\S 153a(BS)}(\frac{117}{630})}{Ist_{\S 153a(BS)}(\frac{57}{200})} = Anpassungsgewicht_{\S 153a(BS)} \qquad \frac{18,57}{28,5} = 0,6516291$$

$$\frac{Soll_{\S 153(BS)}(\frac{55}{630})}{Ist_{\S 153(BS)}(\frac{43}{200})} = Anpassungsgewicht_{\S 153(BS)} \qquad \frac{8,73}{21,5} = 0,4060539$$

633 Das Anpassungsgewicht wird in diesen Fällen anstelle des nachfolgend ausgerechneten Gesamtgewichts verwendet (obwohl das Verhältnis der Gewichte zueinander gleich ist), da das Gesamtgewicht die Fallzahl der (insgesamt) aus dem LG-Bezirk ausgewerteten Verfahren verändert, das Anpassungsgewicht aber nicht.

Anpassungsgewichte Hannover:

$$\frac{Soll_{Anklage(H)}\left(\frac{208}{1056}\right)}{Ist_{Anklage(H)}\left(\frac{47}{204}\right)} = Anpassungsgewicht_{Anklage(H)} \qquad \frac{19,7}{23,04} = 0,8549323$$

$$\frac{Soll_{Strafbefehl(H)\left(\frac{365}{1056}\right)}}{Ist_{Strafbefehl(H)}\left(\frac{50}{204}\right)} = Anpassungsgewicht_{Strafbefehl(H)} \qquad \frac{34,56}{24,51} = 1,4102273$$

$$\frac{Soll_{\S 153a(H)\left(\frac{155}{1056}\right)}}{Ist_{\S 153a(H)}\left(\frac{58}{204}\right)} = Anpassungsgewicht_{\S 153a(H)} \qquad \frac{14,68}{28.43} = 0,5162618$$

$$\frac{Soll_{\S 153(H)}\left(\frac{328}{1056}\right)}{Ist_{\S 153(H)}\left(\frac{49}{204}\right)} = Anpassungsgewicht_{\S 153(H)} \qquad \frac{31,06}{24,02} = 1,2931354$$

Anschließend wurde aus dem jeweiligen Design- und Anpassungsgewicht das Gesamtgewicht für die Verfahren der einzelnen Schichten berechnet. Dieses berücksichtigt neben der jeweiligen Auswahlwahrscheinlichkeit der einzelnen Schichten die unterschiedliche Auswahlwahrscheinlichkeit der Verfahren aus Hannover und Braunschweig insgesamt (siehe hierzu bereits die Ausführungen beim Designgewicht). Das Gesamtgewicht findet im Folgenden am häufigsten Anwendung, nämlich immer dann, wenn die Daten zu verschiedenen Abschlussentscheidungen beider LG-Bezirke gemeinsam ausgewertet werden. (Dieses Gewicht wird beispielsweise verwendet, wenn man alle Verfahren der Stichprobe (die Anklage-, Strafbefehls- und Einstellungsverfahren aus Braunschweig und Hannover) zusammen betrachtet.)

Gesamtgewichte:

$$Designgewicht_{(BS)} * Anapssungsgewicht_{a(BS)} = Gesamtgewicht_{a(BS)} \text{ bzw.}$$

$$Designgewicht_{(H)} * Anapssungsgewicht_{a(H)} = Gesamtgewicht_{a(H)}$$

$$Gesamtgewicht_{Anklage(BS)} = 0,7548043 * 0,8068783 = 0,6090352$$

$$Gesamtgewicht_{Strafbefehl(BS)} = 0,7548043 * 2,0512821 = 1,5483165$$

$$Gesamtgewicht_{\S 153a(BS)} = 0,7548043 * 0,6516291 = 0,4918524$$

$$Gesamtgewicht_{\S 153(BS)} = 0,7548043 * 0,4060539 = 0,3064912$$

$$Gesamtgewicht_{Anklage(H)} = 1,2403880 * 0,8549323 = 1,0604477$$

$$Gesamtgewicht_{Strafbefehl(H)} = 1,2403880 * 1,4102273 = 1,7492289$$

$$Gesamtgewicht_{\S 153a(H)} = 1,2403880 * 0,5162618 = 0,6403649$$

$$Gesamtgewicht_{\S 153(H)} = 1,2403880 * 1,2931354 = 1,6039896$$

3 Das Erhebungsinstrument

Die Daten wurden mittels eines standardisierten Erhebungsbogens erfasst. Dieser wurde chronologisch nach den einzelnen Verfahrensstadien aufgebaut und enthielt zusätzlich eigene Abschnitte zum Tatvorwurf nach § 223 StGB, den Beschuldigten, den Opfern und der Verteidigung. Da sich die Körperverletzung bei mehreren Tatbeteiligten in aller Regel zu einer gefährlichen nach § 224 Abs. 1 Nr. 4 StGB qualifiziert, ergab sich das Problem der Codierung von Verfahren mit mehreren Tatbeteiligten nicht. Zusätzlich zu den standardisierten Fragen wurde der Fall stets kurz zusammengefasst und es wurden etwaige Besonderheiten, die in dem Erhebungsbogen untergegangen wären, festgehalten. Der verwendete Erhebungsbogen ist in Anhang II abgebildet.

4 Die Operationalisierung der Variablen

Bestimmte Merkmale (Variablen), die den theoretischen Überlegungen einer Untersuchung zugrunde liegen, müssen erst operationalisiert werden, bevor sie (die theoretischen Begriffe) in der beobachtbaren Lebenswirklichkeit auch tatsächlich beobachtet und dokumentiert werden können. Hierfür müssen die theoretischen Begriffe (latenten Variablen) mit den Beobachtungsbegriffen (manifesten Variablen) verknüpft werden beziehungsweise die latenten Variablen in Form von manifesten Variablen definiert werden.[634] Dies ist bei einigen Merkmalen einfach und selbstverständlich, etwa bei der Staatsangehörigkeit oder dem Geschlecht, bei anderen jedoch nicht selbsterklärend. Die Operationalisierung dieser Variablen der Untersuchung, die sich nicht aus sich selbst heraus erklären, wird deshalb im Folgenden erläutert.

4.1 Der sozioökonomische Status

Der für die Beantwortung der Forschungsfragen und –hypothesen zentrale Begriff des sozioökonomischen Status der Beschuldigten wurde erst im Anschluss an die Datenerhebung bestimmt, da die geeignete Methode hierfür davon abhängig war, welche Informationen aus den Akten gewonnen werden konnten. Während der Erhebung wurden deshalb alle verfügbaren Informationen zum Nettoeinkommen, beruflichen Status, ausgeübten Beruf sowie zur Berufs- und Schuldbildung erhoben.[635]

Der Informationsgehalt der Akten zu diesen Variablen war unvollständiger als dies aus den Ergebnissen früherer Aktenanalysen und den aus dem Pretest gewonnenen Annahmen zu erwarten war. In 283 der 404 Fälle gab es in den Akten Angaben zum beruflichen Status der Beschuldigten und in 214 Fällen zum ausgeübten Beruf. Zum Nettoeinkommen gab es in 162 Fällen und zur beruflichen Bildung in 160 Fällen Informationen. Die Angaben zur schulischen Bildung waren vernachlässigbar gering (n = 40). Der hohe Anteil fehlender Angaben zu den sozioökonomischen Daten der Beschuldigten in den Akten ist gleichzeitig sowohl das wesentliche Manko des Untersuchungsdesigns als auch Teil des Forschungsinteresses und eines bedeutenden Ergebnisses der Arbeit (vgl. im Folgenden 3. Teil Kap. 5.2).

Mit Blick auf den durchgeführten Pretest und frühere Aktenanalysen in diesem Forschungsfeld aus den 1960er, 70er und 80er Jahren war ein solch großer Anteil an fehlenden Angaben zu den sozioökonomischen Merkmalen der Beschuldigten nicht zu erwarten.[636] Betrachtete man nun aber die

---

[634] *Kaiser*, Kriminologie, S. 57.

[635] Zu Vorgehensweisen bei der Operationalisierung des sozioökonomischen Status bei empirischen Untersuchungen siehe *Lampert/Kroll*, in: Richter/Hurrelmann (Hrsg.), Die Messung des sozioökonomischen Status in sozialepidemiologischen Studien, S. 315 ff.

[636] Siehe zu den Ergebnissen dieser früheren Aktenanalysen bereits 1. Teil Kap. 8.

Ursache der fehlenden Angaben, dann ließ sich der unterschiedliche Informationsgehalt der Strafakten damaliger Untersuchungen und der der Akten der vorliegenden Analyse aus der mittlerweile veränderten Struktur von Strafverfahren alltäglicher Kriminalität erklären. Die fehlenden Angaben beruhten hauptsächlich darauf, dass keine Beschuldigtenvernehmung durch die Polizei stattfand und in keinem Fall ein darüberhinausgehender Ermittlungsaufwand hinsichtlich der wirtschaftlichen Verhältnisse der Beschuldigten betrieben wurde. Fehlten Angaben zum Beruf, dann war zu 88,3 % keine Beschuldigtenvernehmung bei der Polizei erfolgt, zu welcher die Beschuldigten nicht erscheinen müssen. Bei fehlenden Angaben zum Einkommen hatte ebenfalls sehr häufig, nämlich in 79,1 % der Fälle keine polizeiliche Beschuldigtenvernehmung stattgefunden. Beruf und Einkommen wurden dann in der Regel nur noch dann bekannt, wenn die Staatsanwaltschaft Anklage erhob und es anschließend zu einer Hauptverhandlung kam. Anklagen mit anschließender Hauptverhandlung sind aber seit den 1970er Jahren stetig seltener geworden. Beispielsweise endeten Ermittlungsverfahren im Jahr 2015 weniger als halb so oft mit einer Anklageerhebung und mehr als viermal so häufig mit einer Opportunitätseinstellung als dies noch im Jahr 1981 der Fall war.[637] Infolgedessen gibt es in den heutigen Strafakten deutlich seltener Informationen zu Beruf und Einkommen der Beschuldigten als dies noch zu Zeiten der damaligen Untersuchungen der Fall gewesen ist.

Der hohe Anteil fehlender Angaben stellte deswegen kein zufälliges Problem der Stichprobe dieser Untersuchung dar, sondern ein Abbild der veränderten Informationslage in Strafakten infolge der Zunahme abgekürzter Verfahrensarten. Deswegen hätte sich der große Anteil fehlender Angaben auch nicht durch eine Vergrößerung des Stichprobenumfangs beheben lassen können, da der zu erwartende Anteil fehlender Angaben noch immer ähnlich groß gewesen wäre.

Für die Untersuchung des möglichen Einflusses sozioökonomischer Ungleichheit musste deshalb für die Bestimmung des sozioökonomischen Status der Beschuldigten ein Modell gewählt werden, durch welches möglichst viele Fälle der Stichprobe abgebildet werden. Hierfür wurde ein Modell gewählt, welches allein mittels des ausgeübten Berufs der Personen den

---

637 Siehe hierzu bereits 1. Teil Kap. 4.1 Tab. 1.

sozioökonomischen Status bestimmt. Denn zum einen besteht hinsichtlich der Berufsangaben eine Auskunftspflicht nach § 111 OWiG und Falschangaben sind deutlich seltener zu erwarten als bei den Angaben zum Einkommen der Beschuldigten. Zum anderen waren Angaben zum Beruf der Beschuldigten am häufigsten in den Akten vorhanden und wenn diese fehlten, dann fehlten die Angaben zum Einkommen und zur Berufsbildung ebenfalls. Modelle, die Informationen zu mehreren Merkmalen (etwa Einkommen und Beruf) voraussetzen,[638] wurden deshalb ausgeschlossen, da die Fallzahlen, in denen die erforderlichen Informationen vorgelegen hätten, zu gering gewesen wären. Auch Modelle, die mit Selbsteinstufungen der Betroffenen arbeiten,[639] waren wegen der der Untersuchung zugrundeliegenden Methode der Aktenanalyse ausgeschlossen.

Bei der Suche nach der richtigen Art und Weise der Bestimmung des sozioökonomischen Status anhand des Berufs musste zunächst zwischen Messinstrumenten für das berufliche Prestige und solchen für den sozioökonomischen Status differenziert werden. Die der Untersuchung zugrundeliegenden Hypothesen und Forschungsfragen beziehen sich auf sozioökonomische Faktoren wie den beruflichen Status oder das Nettoeinkommen, die mit dem sozioökonomischen Status besser erfasst werden. Zur Messung des sozioökonomischen Status kamen drei Modelle in Betracht:[640] Zwei Modelle, die Skalen von *Tegtmeyer* aus 1976[641] und *Handl* aus 1977[642], basieren auf den Daten einer Mikrozensus-Zusatzbefragung „Berufliche und soziale Umschichtung der Bevölkerung“des Statistischen Bundesamts von 1971. Das dritte Modell, der International Socio-Economic Index of Occupational

638 Etwa das von Scheuch entwickelte, viel verwendete, aber mittlerweile wohl auch veraltete Schichtmodell, *Scheuch/Daheim*, in: Glass/König (Hrsg.), Sozialprestige und soziale Schichtung, S. 67 ff.

639 Siehe hierzu etwa die Methode zur Messung sozialer Schichten nach *Kleining/Moore*, KZfSS 1968, 503 ff.

640 Ein guter Überblick über die zur Verfügung stehenden Modelle findet sich bei *Wolf*, ZUMA Nachrichten 1995, 102ff; *Hoffmeyer-Zlotnik/Geis*, ZUMA-Nachrichten 2003, 125 ff.

641 *Tegtmeyer*, in: Tegtmeyer (Hrsg.), Die soziale Schichtung der Erwerbstätigen in der Bundesrepublik Deutschland, S. 49 ff.

642 *Handl*, in: Handl/Mayer/Müller (Hrsg.), Sozio-ökonomischer Status und der Prozess der Statuszuweisung – Entwicklung und Anwendung einer Skala, S. 102 ff.

Status (ISEI) von *Ganzeboom* et al.[643] basiert auf einer Codierung der Berufe nach der Internationalen Klassifikation der Berufe (International Standard Classification of Occupation: ISCO)[644]. Die erste Version wurde 1992 veröffentlicht, die aktuellste Version ISEI-08 wurde 2010 veröffentlicht und setzt eine Codierung der Berufe nach der aktuellen ISCO-08 voraus.[645] Sie basiert auf Daten des *International Social Survey Programme (ISSP)* aus den Befragungswellen von 2002 bis 2007[646].

Die ersten beiden Modelle haben gegenüber letzterem den Vorteil, dass sie auf nationalen Daten basieren und Verzerrungen für die Bundesrepublik durch internationale Unterschiede vermeiden. Dafür beruhen sie aber auf Informationen, die mittlerweile über 40 Jahre alt sind. Ein Vergleich der nationalen Berufsprestigeskala von *Mayer*, die ebenfalls auf ISCO basiert, mit der internationalen Skala des ISEI zeigt außerdem große Ähnlichkeiten zwischen deren Ergebnissen.[647] Weiterhin ließen sich mit dem Konzept der ISCO-08, welches auf die berufliche Tätigkeit abstellt und Beschreibungen

---

[643] *Ganzeboom u. a.*, Social Science Research 1992, 1 ff.; *Ganzeboom*, „A New International Socio-Economic Index [ISEI] of Occupational Status for the International Standard Classification of Occupation 2008 [ISCO-08] Constructed with Data from the ISSP 2002-2007; with an Analysis of Quality of Occupational Measurement in ISSP.“, Beitrag zur Annual Conference of International Social Survey Programme.

[644] ISCO wurde von der International Labour Organization (ILO) für Studien als international einsetzbares und (internationale) Vergleiche ermöglichendes Instrument entwickelt, http://www.ilo.org/public/english/bureau/stat/isco/ [zuletzt aufgerufen am 03.07.2018]. Zur Arbeit mit ISCO siehe etwa *Züll*, Berufscodierung, S. 1 ff. Eine deutsche Version von ISCO-08 findet sich auf der Webseite des Bundesamts für Statisitk der Schweiz: http://www.statistik.at/web_de/klassifikationen/oeisco08_implementierung/informationen_zur_isco08 [zuletzt aufgerufen am 03.07.2018].

[645] *Ganzeboom*, „A New International Socio-Economic Index [ISEI] of Occupational Status for the International Standard Classification of Occupation 2008 [ISCO-08] Constructed with Data from the ISSP 2002-2007; with an Analysis of Quality of Occupational Measurement in ISSP.“, Beitrag zur Annual Conference of International Social Survey Programme.

[646] Das ISSP ist ein Zusammenschluss verschiedener Forschungseinrichtungen für Umfragen zu sozialwissenschaftlichen Themen, der 1984 von Organisationen aus Deutschland, den USA, Großbritannien und Australien ins Leben gerufen wurde und mittlerweile 53 Länder umfasst.

[647] Das Zusammenhangsmaß der Korrelation der Werte zwischen den Skalen betrug 0,89, wobei 1 einen perfekten Zusammenhang bedeutet, vgl. *Wolf*, ZUMA Nachrichten 1995, 102, 115.

der Tätigkeiten enthält, die Angaben in den Akten zu den Berufen genauer einordnen und die Ergebnisse der Untersuchung sind bei Verwendung von ISCO-08 und ISEI-08 besser mit denen anderer Studien vergleichbar.[648] Deswegen wurde das Modell des ISEI als das für diese Untersuchung geeignetste ausgewählt. Dieses wird im Folgenden näher erläutert.

Ganzeboom et al. verstehen den sozioökonomischen Status als die Merkmale der beruflichen Beschäftigung, die die Bildung einer Person in Einkommen umwandeln. Jeder Beruf setze einen bestimmten Bildungsgrad voraus und führe zu einem bestimmten Arbeitslohn. Die berufliche Beschäftigung stelle also das Bindeglied zwischen der Ressource „Bildung" und der Belohnung „Einkommen" dar.[649] Die Berufsgruppen (gemäß der ISCO-Klassifikation) wurden deswegen so skaliert, dass die Berufsskalierung den maximalen (indirekten) Effekt der Bildung auf das Einkommen widerspiegelte.[650] Der Skalierung lag ein Datensatz mit Informationen zu Bildung, Beruf und Einkommen von 73 901 Männern im Alter zwischen 21 und 64 Jahren aus 16 verschiedenen Nationen zugrunde. Den niedrigsten Wert (10) der ISEI-08-Skala bekommen unter anderem Küchenhilfen zugeteilt, den höchsten (89) Ärzte.

Die in dieser Untersuchung erhobenen Berufsangaben wurden in einem ersten Schritt nach ISCO-08 codiert.[651] Anschließend wurden hieraus die ISEI-08-Werte ermittelt.[652] Bei Auszubildenden wurde der angestrebte, bei Verrenteten der frühere Beruf gewählt. Mit der so ermittelten ISEI-Skala

---

648 Etwa die europäische Kommission empfiehlt die Verwendung der ISCO-08 für Statistiken, die nach Berufen aufgegliedert sind, (AblEU L 292/31 v. 29.10.2009) und auch vom Statistischen Bundesamt wird die Verwendung des ISEI-08 für die Erhebung des sozioökonomischen Status vorgeschlagen, *Statistisches Bundesamt*, Statistik und Wissenschaft. Demographische Standards, S. 29 f. Der ISEI-08 wird beispielsweise für die PISA-Studien verwendet *OECD*, PISA 2012 Ergebnisse, S. 268.

649 *Ganzeboom u. a.*, Social Science Research 1992, 8 ff.

650 *Ganzeboom u. a.*, Social Science Research 1992, 11.

651 Hierbei musste mit den Angaben in den Akten gearbeitet werden; eine Berufsabfrage i.S.d. demographischen Standards (*Statistisches Bundesamt*, Statistik und Wissenschaft. Demographische Standards, S. 29) war infolge der Untersuchungsmethode nicht möglich. Allerdings gibt es bei unzureichenden Angaben bei der ISCO-Codierung die Möglichkeit statt 4-stelligen Codes nur 3- oder 2-stellige zu verwenden.

652 Hatten die Beschuldigten Hausmann/-frau als Berufsbezeichnung angegeben ($n = 5$), wurden ihnen, falls bekannt, die Berufe der Lebenspartner zugeordnet ($n = 3$).

wurden 33,7 % der untersuchten Fälle erfasst. Das Problem dieser Vorgehensweise war, dass Arbeitslose nicht erfasst wurden, da die Bestimmung des sozioökonomischen Status stets die Angabe des Berufs voraussetzte.[653] Bei Arbeitslosigkeit der Beschuldigten war diese in aller Regel auch die einzige Information zum beruflichen Status, sodass auch die Bezugnahme auf die berufliche Ausbildung oder den früheren Beruf von vorneherein ausschied. Um den großen Anteil an Arbeitslosen mit einbeziehen zu können, wurde die ISEI-Skala deshalb erweitert. Die als arbeitslos codierten Beschuldigten der Stichprobe bezogen nahezu ausschließlich ALG II.[654] Dies bedeutete, dass sie bereits über einen längeren Zeitraum erwerbslos waren und nur einen das Existenzminimum sichernden Betrag empfingen. Der Status „arbeitslos“ findet in der heutigen Gesellschaft außerdem noch deutlich weniger soziale Anerkennung, als die Ausübung einer unteren Hilfsarbeitstätigkeit, und Langzeitarbeitslose bilden den untersten Rand der relativ Armen.[655] Um auch die arbeitslosen Beschuldigten in der Stichprobe bei der Verwendung des ISEI berücksichtigen zu können, wurde diesen deshalb auf der ISEI-08-Skala der Wert (9) zugeordnet, der unmittelbar unter dem niedrigsten Wert für eine berufliche Tätigkeit (10) lag.

Weiterhin wurde neben dem intervallskalierten ISEI-08-Index der sozioökonomischen Status für eine bessere Anschaulichkeit der nachfolgenden Rechnungen und Ergebnisse ordinal skaliert. Es wurden 5 Stufen gebildet, wobei die niedrigste Stufe Sozialhilfeempfänger und Arbeitslose[656] umfasste. Für die nächsten vier Stufen wurde die ISEI-Skala gleichmäßig unterteilt, sodass sich die ordinale Skala aus Tab. 7 ergab. Die 5 Stufen wurden „untere Unterschicht“, „obere Unterschicht“, „untere Mittelschicht“, „obere Mittelschicht“ und „Oberschicht“ genannt. Da der Oberschicht (Stufe 5) nur 3 Beschuldigte zuzuordnen waren, wurden diese Beschuldigten im Folgenden zur oberen Mittelschicht (Stufe 4) gezählt.

---

653 Dieses Problem lag nicht speziell an der Skalierung mit ISEI, sondern hätte sich bei allen Optionen ergeben.

654 Nur ein Beschuldigter bezog ALG I.

655 Vgl. *Geißler/Meyer*, Die Sozialstruktur Deutschlands, S. 213 f.

656 Hiervon sind alle Personen ohne Erwerbstätigkeit erfasst wie Beschuldigte in Haft oder Asylsuchende. ALG-Empfänger, die einen Aushilfs- oder Minijob ausübten, wurden in Stufe 2 erfasst. ALG-I gab es in nur einem Fall, der Stufe 1 zugeordnet wurde.

Mit dieser Vorgehensweise konnten 57,9 % der Verfahren erfasst werden. In den restlichen 42,1 % der Verfahren gab es keine Angaben in den Akten, die eine Einordnung der Beschuldigten in diesen Index ermöglicht hätten. In 31 % der Verfahren fehlten Angaben zum Beruf oder Einkommen völlig und in 11 % der Fälle waren die vorhandenen Informationen zum Berufsstatus so ungenau, dass eine Einordnung nach dem ISEI nicht möglich war.

Tab. 7: Ordinale Einteilung der Werte zum sozioökonomischen Status (ISEI) in soziale Schichten (Gruppen)

untere Unterschicht (Stufe 1)	obere Unterschicht (Stufe 2)	untere Mittelschicht (Stufe 3)	obere Mittelschicht (Stufe 4)	Oberschicht (Stufe 5)
arbeitslos (n=98)	ISEI: 10 bis 29,75 (n=50)	ISEI: 29,76 bis 49,5 (n=58)	ISEI: 49,45 bis 69,25 (n=25)	ISEI: 69,3 bis 89 (n=3)

Um bei den später durchgeführten Rechnungen gleichwohl auch eine Variable hinsichtlich der sozioökonomischen Ungleichheit der Beschuldigten zu verwenden, durch die die meistmöglichen Fälle umfasst werden, wurden die Beschuldigten zusätzlich in die Gruppen „arbeitslos" und „nicht-arbeitslos" eingeteilt. Unter die Kategorie „nicht-arbeitslos" fielen dabei alle Beschuldigte, die einer Erwerbstätigkeit oder Ausbildung nachgingen oder bereits Rente bezogen. Bei Verwendung dieser Variablen konnten so alle 69,3 % (n = 281) der Verfahren der Stichprobe berücksichtigt werden, bei denen irgendeine Angabe zum Berufsstatus vorhanden war. Bei den folgenden Berechnungen zu den Auswirkungen sozioökonomischer Ungleichheit wurde deshalb stets auch diese Variable parallel zu der des sozioökonomischen Status verwendet.

Eine andere, zusätzliche Bestimmung des sozioökonomischen Status mittels einer gröberen Einteilung der Berufe als bei der Verwendung des ISEI, etwa in „manuelle" und „nicht-manuelle" Berufe,[657] hätte die Ausfall-

[657] Eine solche Einteilung nahmen etwa *Blankenburg u. a.* in ihrer 1979 veröffentlichten Untersuchung vor, womit sie allerdings die Gruppe der unteren Angestellten und Beamten nicht berücksichtigen konnten, da ihnen eine Zuordnung mittels des genannten Kriteriums nicht überzeugend erschien, da die Tätigkeit zwar nicht-manuell sei, Einkommen, Schulbildung und Sozialprestige aber eher denen der Unterschicht entsprechen würden, *Blankenburg u. a.*, Die Staatsanwaltschaft im Prozess strafrechtlicher Sozialkontrolle, S. 168 f.

quote im Vergleich zum ISEI nicht bedeutend verringert. Denn die 11 % der Berufsangaben in den Akten, die keine Zuordnung nach dem ISEI erlaubten, waren derart ungenau, dass auch eine solche gröbere Einordnung in den meisten Fällen nicht möglich gewesen wäre.[658] Auch ein Schicht-Modell, bei dem ergänzend Angaben zum Einkommen oder zur Berufsausbildung hätten herangezogen werden können, hätte den Umfang der erfassten Fälle nicht erweitert, da diese Angaben stets fehlten, wenn keine Angaben zum Beruf vorhanden waren. Die Unterteilung in „arbeitslos“ und „nichtarbeitslos“ stellte sich außerdem mit Blick auf die in dem folgenden 3. Teil Kap. 2.2 näher dargestellte, im Durchschnitt sehr schlechte sozioökonomische Situation der Beschuldigten als geeignetes Abgrenzungskriterium dar, um den Einfluss erheblicher sozialer Unterprivilegierung zu analysieren.

Hinsichtlich des restlichen Teils der Verfahren, bei dem keine Bestimmung des sozioökonomischen Status möglich war, konnte angesichts der dargestellten Ursache für die fehlenden Angaben zum Beruf – die fehlende polizeiliche Beschuldigtenvernehmung im Ermittlungsverfahren, an die sich niemals Nachermittlungen zur Lebenssituation der Beschuldigten anschlossen – zumindest davon ausgegangen werden, dass die fehlenden Daten nicht vorrangig daraus resultierten, dass die Beschuldigten innerhalb der einzelnen Stichprobenschichten eventuell bewusst keine Angaben tätigten, um ihre gute berufliche Situation zu verschleiern. Wenn, dann war ein solches, bewusstes Verschweigen von Informationen am ehesten bei den fehlenden Angaben zum Nettoeinkommen trotz durchgeführter Beschuldigtenvernehmung zu vermuten. Denn die Angabe des eigenen Einkommens ist freiwillig und, wie bereits erörtert, die Nennung eines geringen Einkommens bei der Geldstrafenbemessung von Vorteil für die Beschuldigten. Gleichwohl ist die Aussagekraft der Analysen, bei denen die Variable des sozioökonomischen Status verwendet wurde, durch die nicht mögliche Berücksichtigung der Fälle mit fehlenden Angaben geringer als sie es bei der idealen Situation gewesen wäre, bei der in allen Akten Angaben vorhanden gewesen wären. Denn für den Umstand, dass keine Beschuldigtenvernehmung stattfand, gibt es eine Vielzahl möglicher Ursachen, die im Rah-

658 Häufig war etwa die bloße Angabe „Angestellter“ oder „Rentner“, ohne Angabe des früheren Berufs.

men der Aktenanalyse nicht aufgeklärt werden konnten.[659] Dies muss im Folgenden bei der Interpretation der Ergebnisse zum sozioökonomischen Status mitbedacht werden. Für Untersuchungen im Forschungsfeld dieser Arbeit (Aktenanalysen bei Strafverfahren leichterer Kriminalität) ist die beschränkte Informationsgrundlage aus Strafakten jedoch die einzige, die zur Verfügung steht, und die empirische Analyse trotz fehlender Fälle damit gleichzeitig auch der bestmögliche Untersuchungsweg.

4.2 Die Schätzung des Nettoeinkommens bei Arbeitslosengeld II

In 17 % der Verfahrensakten, in denen Angaben zum Einkommen vorhanden waren, stand bei dem ermittelten Nettoeinkommen lediglich der Begriff ALG II und kein ermittelter konkreter Betrag. Wurde ein konkreter Betrag ermittelt, dann teilweise nur derjenige, der die Kosten für eine Unterkunft, die vom Staat gesondert getragen werden, nicht beinhaltete. Enthielten die Akten Informationen hierzu, war dies in der Regel der Tatsache geschuldet, dass die Beschuldigten ihre Einkommenssituation für die Gewährung von Zahlungserleichterungen im Rahmen der Strafvollstreckung genauer offenlegen mussten.

Um die Fälle, in denen lediglich der Bezug von ALG II festgehalten wurde, nicht aus der Auswertung der wenigen vorhandenen Angaben zum Einkommen herausnehmen zu müssen, und um die Einkommen von Berufstätigen und ALG II-Empfängern vergleichbar zu machen, wurde das Nettoeinkommen bei den Beziehern von ALG II neu bestimmt. Denn bei Berufstätigen müssen die Kosten für die Unterkunft von dem ermittelten Nettoeinkommen bezahlt werden. Hierfür wurde das Nettoeinkommen derjenigen, die ALG II bezogen, so geschätzt, dass der Betrag auch die erhaltenen Leistungen für Wohnkosten umfasste. Außerdem wurde ein Einkommensbetrag für die Fälle festgelegt, in denen die Akten nur den Begriff ALG II und keine konkrete Summe enthielten. Für die Fälle, in denen kei-

[659] Aus diesem Grund wurden auch keine statistischen Verfahren multipler Imputationen fehlender Werte angewendet. Vgl. zu diesen Verfahren und ihren Voraussetzungen sowie der Klassifikation fehlender Werte etwa *Doners et al.*, Journal of Clinical Epidemologie 2006, 1087ff,; *Royston et al.*, The Stata Journal 2004, 227 ff.; *Spieß*, in: Wolf/Best (Hrsg.), Der Umgang mit fehlenden Werten, S. 117 ff.

ne konkrete Angabe zur Höhe des gezahlten ALG II-Betrags vorlag, wurde der Regelsatz der Bedarfsstufe 1[660] ab dem 01.01.2013 gewählt. Dieser lag bis zum 01.01.2014 bei 382 €, § 2 RBSFV 2013. Für die Schätzung der bezahlten Wohnkosten wurden die von der Bundesagentur für Arbeit monatlich herausgegebenen Statistiken der Grundsicherung für Arbeitsuchende zu den laufenden Wohnkosten herangezogen.[661] Hieraus wurde der durchschnittlich anerkannte Betrag für einen Ein-Personen-Haushalt gewählt.[662] Da der Wohnort der Beschuldigten aus Datenschutzgründen nicht erhoben wurde, wurde der durchschnittlich im LG-Bezirk anerkannte Betrag berechnet.

---

660 Gem. § 20 Abs. 2 S. 1 SGB II gilt die Regelbedarfsstufe 1 für Personen, die alleinstehend oder alleinerziehend sind oder deren Partnerin oder Partner minderjährig ist.

661 Statistiken abrufbar unter: https://statistik.arbeitsagentur.de/nn_31986/SiteGlobals/Forms/Rubrikensuche/Rubrikensuche_Form.html?view=processForm&resourceId=210368&input_=&pageLocale=de&topicId=17510&year_month=201307&year_month.GROUP=1&search=Suchen [zuletzt aufgerufen am: 03.07.2018].

662 Sowohl die Höhe des Regelsatzes als auch die anerkannten Wohnkosten unterscheiden sich je nach Größe der Haushaltsgemeinschaft. Die gezahlten Beträge liegen bei einem Zwei-Personen-Haushalt deutlich niedriger. (Der Regelsatz würde dann 345 € und die pro Person bezahlten durchschnittlichen Wohnkosten beispielsweise in der Region Hannover nur 240,59 € betragen.) Bei den untersuchten Verfahren waren die Beschuldigten, die ALG II bezogen, in 71,6 % der Fälle ledig und nur in 4,3 % verheiratet. Angaben zur Haushaltsgemeinschaft ergaben sich lediglich in 40 % der Fälle. In diesen Fällen lebten 28 % mit ihren Partnern zusammen. Diese Angabe wird aber im Vergleich zu den Alleinlebenden zu hoch sein, da sich in den Fällen, in denen die Beschuldigten mit jemandem zusammenleben, diese Information eher aus dem in den Akten festgehaltenen Sachverhalt herauslesen ließen. Lebten die Beschuldigten hingegen alleine, so wird dies in den Akten nicht explizit erwähnt worden sein, da diese Information keine rechtliche Relevanz besitzt. Sind keine Informationen zur Wohnform in den Akten vorhanden, spricht dies also eher für einen Ein-Personen-Haushalt. Aus diesen Gründen wurde der Berechnung ein Ein-Personen-Haushalt zugrunde gelegt. Die Tatsache, dass das Nettoeinkommen dadurch eher zu hoch als zu niedrig geschätzt wird, muss bei der Untersuchung im Blick behalten werden; hinsichtlich der geplanten Untersuchung zu den Auswirkungen niedriger Nettoeinkommen ist die höhere Schätzung der Einkommen bei ALG II auch die „sicherere" Variante, die keine künstlichen Zusammenhänge erzeugt. Denn durch eine zu hohe Schätzung des Einkommens werden andersherum nur bestehende geringe Auswirkungen niedrigerer Einkommen nicht sichtbar, da diese höher festgehalten wurden als sie es tatsächlich waren.

Bei den Verfahren des LG-Bezirks Hannover wurde hierfür die Statistik zur Region Hannover aus Juli 2013 gewählt.[663] Der Betrag, der in der Region Hannover im Durchschnitt für eine Unterkunft gezahlt wurde, betrug 362,10 €.

Für die Verfahren des LG-Bezirks Braunschweig wurden die Statistiken der Kreise Braunschweig, Helmstedt, Salzgitter, Wolfenbüttel, Wolfsburg und Goslar herangezogen. Beim LG-Braunschweig wurde zunächst für die einzelnen Kreise der Anteil der bedarfsberechtigten Personen an den Bedarfsberechtigten der ausgewählten Kreise insgesamt bestimmt.[664] Anschließend wurde unter Berücksichtigung der jeweiligen Anteile an der Grundgesamtheit der Mittelwert der in diesen Kreisen insgesamt durchschnittlich bezahlten Wohnkosten als 328,46 € berechnet.[665]

Das geschätzte Nettoeinkommen setzt sich damit in den Fällen, in denen lediglich der Begriff ALG II angegeben wurde, aus der Summe aus Regelsatz und durchschnittlich gezahlten Unterkunftskosten zusammen: Das geschätzte Nettoeinkommen bei ALG II-Empfängern betrug für den LG-Bezirk Hannover damit (382 € + 362,10 € $\approx$) 744 € und für den LG-Bezirk Braunschweig (382 € + 328,46 € $\approx$) 710 €. Waren Angaben zum tatsächlich erhaltenen Betrag ALG II vorhanden, aber keine Angaben zu den erhaltenen Unterkunftsleistungen, wurden hierzu die berechneten durchschnittlichen Leistungen für Wohnkosten des jeweiligen LG-Bezirks addiert.

4.3 Die Schwere der Verletzung

Der Schweregrad des Taterfolgs der Körperverletzung wurden aus der Art und der Schwere der zugefügten Verletzung bestimmt. Der Körperverletzungserfolg wurde in Anlehnung an Schmerzensgeldtabellen[666] in sechs Schweregrade unterteilt:

---

663 Ein Vergleich mit den anderen Monaten ergab, dass die Kosten keinen regelmäßigen monatlichen Schwankungen und keinen großen Unterschieden unterlagen.

664 Jeweiliger Anteil der Bedarfsberechtigten an den Bedarfsberechtigten dieser Kreise insgesamt: Braunschweig: 35,31 %; Helmstedt: 11,60 %; Salzgitter: 13,11 %; Wolfenbüttel; 11,27 %; Wolfsburg 9,67 %; Goslar: 19,02 %.

665 335,94 € · 0,353125332 + 313,06 € · 0,116045845 + 329,94 € · 0,131168418 + 345,65 € · 0,112756022 + 298,45 € · 0,096731402 + 328,14 · 0,190172981 = 328,48 €.

Tab. 8: Ordinale Skalierung der Schwere der Körperverletzung

versuchte Verletzung (Stufe 0)	Die Körperverletzung war nur versucht.
Bagatellverletzung (Stufe 1)	Bagatellverletzung, die typischerweise auch im Alltagsleben entsteht, oft nur Schmerzen mit sich bringt und nicht sichtbar ist. Eine ärztliche Behandlung ist nicht notwendig. Z.B.: Schlag, der schmerzt, aber keine körperlichen Spuren hinterlässt; leichte Prellung; kleines Hämatom; kleine Schürfwunde.
leichte Verletzung (Stufe 2)	Verletzung, die alltägliches überschreitet, aber zu keiner längeren und schwerwiegenden Beeinträchtigung führt, aber sichtbar ist. Die Verletzung führt zu größeren Schmerzen als eine Verletzung i.S.d. Stufe 1; sie führt i.d.R. zu keiner Arbeitsunfähigkeit, erfordert keinen stationären Krankenhausaufenthalt und i.d.R. auch keine ambulante ärztliche Behandlung. Z.B.: große Prellmarken, Schürfwunden und Hämatome; Kombination aus Schürfwunden, Prellungen und/oder Hämatomen.
leicht-mittlere Verletzung (Stufe 3)	Verletzung, die zu einer erheblicheren Beeinträchtigung als Stufe 2 führt und sichtbar ist. Auch hier führt die Verletzung i.d.R. zu keiner Arbeitsunfähigkeit und erfordert keinen stationären Krankenhausaufenthalt, aber dafür i.d.R. eine ambulante ärztliche Behandlung. Z.B.: Größere Platzwunden; deutlich sichtbare Verletzungen im Gesicht wie ein blaues Auge oder ein geschwollenes Gesicht mit Hämatomen.
mittlere Verletzung (Stufe 4)	Verletzung, die zu einer längeren und schwerwiegenden Beeinträchtigung führt. Die Verletzung führt oft zu einer Arbeitsunfähigkeit, die maximal 2 Wochen beträgt. Sie erfordert mindestens eine ambulante ärztliche Behandlung, i.d.R. einen stationären Krankenhausaufenthalt. Z.B.: Nasenbeinbruch; Trommelfellriss, der operiert werden muss; Platz- oder Quetschwunden, die stationär behandelt werden müssen.
schwere Verletzung (Stufe 5)	Verletzung, die zu einer schwerwiegenden und längerfristigen oder dauerhaften Beeinträchtigung führt. Die Verletzung führt zu einer Arbeitsunfähigkeit, die i.d.R. mehr als 2 Wochen beträgt und sie erfordert einen stationären Krankenhausaufenthalt, der i.d.R. über eine Woche dauert. Z.B.: Kopfverletzung mit Gefahr der Narbenbildung; innere Verletzungen; komplizierte Knochenbrüche.

Da schwere Verletzungen in der Stichprobe fast nie und auch mittlere Verletzungsgrade nur sehr selten vorkamen, wurden die Stufe 4 und 5

[666] *Slizyk*, Beck'sche Schmerzensgeldtabelle; Celler Schmerzensgeldsammlung: http://app.olg-ce.niedersachsen.de/cms/page/schmerzensgeld.php?sort=betrag [zuletzt aufgerufen am 03.07.2018].

bei den späteren Rechnungen zusammengefasst in „mittlere-schwere Verletzung“.

4.4 Der Sanktionsschwereindex

Um die verhängten Sanktionen bzw. Rechtsfolgen der einzelnen Fälle miteinander vergleichen zu können, müssen diese zueinander in ein (bestenfalls metrisches) Verhältnis gesetzt werden. Die für die vorliegende Untersuchung relevanten Rechtsfolgen sind die Geldstrafe, die Freiheitsstrafe mit und ohne Aussetzung zur Bewährung und die Verfahrenseinstellungen nach §§ 153, 153a und 154 StPO.

Zunächst stellt sich die Frage, nach welchen Kriterien die Strafhärte dieser verfahrensbeendenden Entscheidungen sinnvoll bestimmt werden kann. Eine subjektive Schwereeinschätzung der von den Sanktionen Betroffenen kann hier, unabhängig von der Sinnhaftigkeit eines solchen Maßstabs, praktisch nicht ermittelt werden. Der Versuch, die relative Strafhärte der einzelnen Rechtsfolgen aus dem Gesetz selbst herzuleiten, ist ebenfalls mit erheblichen Schwierigkeiten verbunden. Denn das Gesetz stellt verschiedene Sanktionsformen und Arten der Verfahrenserledigung zur Verfügung, die sich mit theoretischen Überlegungen kaum überzeugend zueinander in ein Verhältnis bringen lassen. So sieht das Gesetz nicht vor, dass eine Freiheitsstrafe erst dann verhängt werden darf, wenn keine Geldstrafe mehr verhängt werden kann (also die höchste Geldstrafe weniger schwer wiegt als die niedrigste Freiheitstrafe), sondern stellt die beiden Rechtsfolgen zur wahlweisen Auswahl nebeneinander. Nicht bezahlte Geldstrafen werden im Rahmen der Ersatzfreiheitsstrafe laut Gesetz sogar in einem Verhältnis von einem Tagessatz Geldstrafe zu einem Tag unbedingter Freiheitsstrafe umgerechnet, § 43 S. 2 StGB.[667] Allerdings entspricht die tatsächliche Strafhärte einer Geldstrafe mit einer bestimmten Anzahl Tagessätzen keinesfalls

---

[667] So stellen etwa Grundies und Light auch unter Bezug auf § 43 StGB bei der empirischen Messung der Strafschwere auf die rein abstrakte Zahl der Tagessätze oder Tage Freiheitsstrafe (unabhängig von der Bewährungsaussetzung) ab, *Grundies/Light*, in: Niggli/Marty (Hrsg.), Die Sanktionierung der „Anderen“ in der Bundesrepublik, S. 227 ff.; *Grundies*, in: Neubacher/Bögelein (Hrsg.), Gleiches Recht für alle? – Eine empirische Analyse lokaler Unterschiede in der Sanktionspraxis in der Bundesrepublik Deutschland, S. 513 ff.

der Strafhärte einer unbedingten Freiheitsstrafe mit derselben Anzahl an Tagen (z.B. 30 Tagessätze Geldstrafe im Vergleich zu einem Monat unbedingter Freiheitsstrafe).[668] Denn bei letzterer erfolgen gravierende Eingriffe in die Fortbewegungsfreiheit, die mit dem zwangsweisen Herausreißen der verurteilten Person aus ihrem bisherigen Leben und sozialem Umfeld verbunden sind, und die zusätzlich oft auch finanzielle Nachteile durch die (bestenfalls nur vorübergehende) Unterbrechung der Erwerbsarbeit während der Haft verursachen.[669] Auch das StGB selbst ordnet zwar den o.g. Umrechnungsmaßstab von 1:1 an, regelt aber zugleich, dass in Fällen, in denen eine Freiheitsstrafe von unter sechs Monaten in Betracht kommt, diese anstelle einer Geldstrafe nur in bestimmten Ausnahmefällen verhängt werden darf, die die Verhängung einer Freiheitsstrafe unerlässlich machen, § 47 Abs. 1 StGB. Der Gesetzgeber begrenzt damit bewusst den Anwendungsbereich der (kurzen) Freiheitsstrafe und verdeutlicht ihre Stellung als „ultima ratio“ im Sanktionssystem.[670] Diesen Vorrang der Geldstrafe gibt der Gesetzgeber sogar dann vor, wenn die einschlägige Strafnorm eigentlich gar keine Geldstrafe als Sanktion vorsieht, § 47 Abs. 2 S. 1 StGB; um sodann allerdings im nächsten Satz festzulegen, dass bei der Umrechnung von Freiheits- in Geldstrafen dreißig Tagessätze einem Monat Freiheitsstrafe entsprechen.

Ein weiteres Problem ergibt sich bei dem Verhältnis von Freiheitsstrafen mit Aussetzung zur Bewährung zu denen ohne Bewährungsaussetzung. So macht es aus tatsächlicher Perspektive einen erheblichen Unterschied mit Blick auf die Eingriffsintensität der Sanktion, ob eine Freiheitsstrafe zur Bewährung ausgesetzt wird oder nicht. Die Rechtsnatur der Strafaussetzung zur Bewährung ist allerdings nach der gesetzlichen Konstruktion eine

---

[668] BayOLG NJW 1994, 1167; *Hörnle*, Tatproportionale Strafzumessung, S. 171; *Albrecht*, Strafzumessung bei schwerer Kriminalität, S. 335 f.; *Mitsch*, JA 1993, 304, 309; *Häger*, in: LK-StGB, Vor §§ 40 ff. Rn. 33; *Dölling*, Die Zweiteilung der Hauptverhandlung, S. 285 f. Auch nur unter dem Gesichtspunkt, dass die Freiheitsstrafe (auch zur Bewährung) eine schwerere Sanktion als eine Geldstrafe bedeutet, ergeben beispielsweise die im 1. Teil Kap. 4.2.2.1 vorgestellten Begrenzungsvorschläge einiger Autoren zum Anwendungsbereichs des § 153a StPO auf erwartete Geldstrafen Sinn.

[669] *Meier*, Strafrechtliche Sanktionen, S. 87 f.; *Hörnle*, Tatproportionale Strafzumessung, S. 171.

[670] *Meier*, Strafrechtliche Sanktionen, S. 89.

bloße Modifikation der Vollstreckung der Freiheitsstrafe, über die grundsätzlich unabhängig von der Wahl der schuldangemessenen Freiheitsstrafe und deren Dauer zu entscheiden ist.[671] Hiernach dürfte die vom Gericht intendierte Strafhärte unabhängig davon zu bewerten sein, ob die Freiheitsstrafe zur Bewährung ausgesetzt wurde oder nicht. Allerdings kann im Rahmen der Strafzumessung die Möglichkeit der Aussetzung zur Bewährung (oder die zwingende Vollstreckung der Freiheitsstrafe) als spezialpräventiver Aspekt zugunsten der Angeklagten bereits dann bei der Bemessung der Strafhöhe Berücksichtigung finden, wenn sich die Grenzen von § 56 Abs. 1 und/oder Abs. 2 StGB im Spielraum der schuldangemessenen Freiheitsstrafe befinden.[672] Somit lässt sich auch bei dem Verhältnis von bedingter zu unbedingter Freiheitsstrafe aus dem Gesetz selbst kein konkretes Verhältnis der Strafhärten zueinander entnehmen, das sich auf einer Skala darstellen ließe.

In der Literatur wird bei der Problematik der Umrechnung von Geld- in Freiheitsstrafen zum Teil ein Verhältnis von 1:2[673] oder 1:3[674] zwischen einem Tagessatz Geld- und einem Tag unbedingter Freiheitsstrafe vorgeschlagen. Doch auch dies sind „willkürlich" bestimmte Verhältnisse, die im Kontext der bei § 43 StGB notwendigen Umrechnung von Geld- in Freiheitsstrafen pragmatisch festgelegt werden und nicht speziell mit Blick auf die tatsächliche relative Strafhärte der einzelnen Sanktionen.[675] In der empirischen Forschung gibt es zwar bereits einige Studien, die die Strafhärten verschiedener strafrechtlichen Sanktionen auf metrischen Skalen abbilden – diese bleiben dabei allerdings regelmäßig vollständig die Erklärung darüber schuldig, warum die einzelnen Sanktionen an der jeweiligen Stelle der Skala eingeordnet wurden.[676]

---

671 BGH LMRR 10980, 34; NStZ-RR 2008, 369 *Schäfer u. a.*, Praxis der Strafzumessung, S. 47 ff.; Lackner/Kühl, StGB, § 56 Rn. 2.

672 BGH NStZ 1992, 498 f.; *Schäfer u. a.*, Praxis der Strafzumessung, S. 46 f.

673 *Jescheck/Weigend*, Lehrbuch des Strafrechts, S. 775 f., mit Blick auf § 19 Abs. 3 des österreichischen StGB, der ein solches Verhältnis für die Umrechnung der Geld- in eine Ersatzfreiheitsstrafe vorgibt.

674 *Albrecht*, Strafzumessung bei schwerer Kriminalität, S. 335 f.; *Hörnle*, Tatproportionale Strafzumessung, S. 171 f.; *Tröndle*, ZStW 1974, 578.

675 Denn warum sollte das Verhältnis nicht genauso gut 1:2,5 oder 1:1,85 sein?

676 Vgl. etwa *Dölling*, Die Zweiteilung der Hauptverhandlung, S. 285 f.; *Opp/Peuckert*, Ideologie und Fakten in der Rechtsprechung, S. 124 ff.

Am überzeugendsten erscheint deswegen das Vorgehen von *Oswald*[677] und *Langer*[678], die im Rahmen von KFN[679]-Forschungsprojekten eine Strafhärteskala durch die Befragung von Richtern entwickelten. Denn letztlich sind es diese, die die Sanktionen in der Praxis verhängen und mit der Sanktionsentscheidung den Verurteilten ein bestimmtes, schuldangemessenes Maß an Strafübel zufügen wollen. Für die Entwicklung des KFN-Strafhärteindex wurden 29 Strafrichterinnen an verschiedenen Amtsgerichten gebeten, die Sanktionsschwere mittels der Methode der Magnitude-Skalierung[680] zu skalieren. Die Richter ordneten hierfür die Sanktionsschwere konkret vorgegebener Geld- und Freiheitsstrafen (mit und ohne Bewährungsaussetzung) auf einer Skala ihrem Verhältnis zueinander nach ein.[681] Der niedrigste Wert auf der Skala (0) war dabei als folgenlose Verfahrenseinstellung nach § 153 Abs. 2 StPO und der höchste Wert (100) als 2 Jahre unbedingte Freiheitsstrafe festgelegt. Es wurden damit die relativen Strafhärten genau der Sanktionen untersucht, die auch in der vorliegenden Untersuchung relevant sind. Anschließend wurde für jede Sanktionsart mittels des *Stevenschen Potenzgesetzes* eine eigene Potenzfunktion $[f(x) = kx^b]$[682]errechnet, mit der für jede Sanktion die relative Sanktionsschwere innerhalb des Bezugsrahmens 0 – 100 berechnet werden konnte. Allerdings wurden die Konstanten k und b der Funktionen nicht veröffentlicht, sondern nur beispielhafte Werte der Strafhärten einzelner Sanktionen. Deswegen wurden aus diesen Beispielsangaben mittels einer Regression, unter Verwendung der Methode der kleinsten Fehlerquadrate, die folgen-

677 *Oswald*, Psychologie des richterlichen Strafens, S. 103 ff.

678 *Langer*, Staatsanwälte und Richter, S. 187 ff.

679 Die Abkürzung steht für das Kriminologische Forschungsinstitut Niedersachsen.

680 Zur allgemeinen Erläuterung der Funktionsweise von Magnitude-Skalen siehe etwa *Schnell u. a.*, Methoden der empirischen Sozialforschung, S. 205 ff.

681 Dabei weigerten sich drei der Richterinnen wegen der oben aufgezeigten dogmatischen Probleme, die Strafhärte der unbedingten mit der der bedingten Freiheitsstrafe zu vergleichen, *Langer*, Staatsanwälte und Richter, S. 188.

682 x = Anzahl der Tagessätze bzw. Monate Freiheitsstrafe; f(x) = Strafhärte der Sanktion x; k und b = Konstanten der jeweiligen Funktion. Die Funktion beruht auf dem Stevenschen Potenzgesetz, siehe hierzu *Stevens*, Psychophysics, S. 13 ff.; *Borg/Staufenbiel*, Theorien und Methoden der Skalierung, S. 178 ff.

den „Strafhärtefunktionen“ für die einzelnen Strafarten geschätzt, die diesen Beispielsangaben zugrunde lagen:[683]

Geldstrafe: $f(x) = 1,128x^{0,6217}$ (x = Anzahl der Tagessätze)

bedingte Freiheitsstrafe: $f(x) = 11,09x^{0,588}$ (x = Anzahl der Monate)

unbedingte Freiheitsstrafe: $f(x) = 18,599x^{0,527}$ (x = Anzahl der Monate)

Aus diesen Funktionen ergeben sich für die drei Sanktionsarten die in Tab. 9 beispielhaft dargestellten relativen Sanktionshärten:

Tab. 9: Relative Sanktionshärte ausgewählter Strafen

Geldstrafe		Bedingte Freiheitsstrafe		Unbedingte Freiheitsstrafe	
Tagessatz	Strafhärte	Monate	Strafhärte	Monate	Strafhärte
10	4,72	1	11,09	1	18,56
20	7,26	2	16,67	2	26,74
40	11,18	3	21,16	3	33,11
60	14,38	4	25,06	4	38,53
80	17,20	5	28,57	5	43,34
100	19,76	6	31,8	6	47,71
120	22,96	8	37,67	8	55,52
160	26,46	12	47,81	12	68,75

In der Sanktionshärteskala von *Oswald* und *Langer* wurden die für die Untersuchung relevanten Verfahrenseinstellung nach § 154 StPO und § 153a StPO nicht berücksichtigt. Da bei § 154 StPO die Einstellung, wie bei § 153 StPO, ebenfalls folgenlos ist, wurde ihr gleichfalls der Wert 0 zugeordnet. Die niedrigste Geldstrafe (5 Tagessätze) hat einen Strafhärtewert von 3,07. Die Einstellungen gegen Auflagen nach § 153a StPO liegen zwischen 0 und diesem Wert, da sie weniger eingriffsintensiv sind als eine Verurteilung. Ihnen wurde deswegen der Sanktionshärtewert 2,5 zugewiesen. Für die folgende Untersuchung steht damit bei dem Vergleich der Strafhär-

683 *Giannoulis*, Studien zur Strafzumessung, S. 237 f., hat dies zwar auch bereits zu rekonstruieren versucht – allerdings weichen dessen errechnete Funktionen von den hier berechneten Funktionen und den genannten Werten der Studien von Oswald und Langer ab.

ten der verhängten Sanktionen einzelner Verfahren eine (quasi) metrische Sanktionshärteskala von 0 bis 100 zur Verfügung, die alle Verfahrensausgänge von einer folgenlosen Einstellung bis hin zu einer unbedingten Freiheitsstrafe von 2 Jahren umfasst.

3. Teil: Ergebnisse der empirischen Untersuchung

Im Folgenden werden die Ergebnisse der Aktenanalyse präsentiert. Die Untersuchung gliedert sich dabei nach dem Verlauf eines Strafverfahrens. Vorweg werden allgemeine Informationen, die an keinen Verfahrenszeitpunkt anknüpfen, zum Tatvorwurf und der Beschuldigtenstruktur, insbesondere der wirtschaftlichen und sozialen Situation der Beschuldigten, welche im Mittelpunkt dieser Arbeit stehen, näher dargestellt. Die darauffolgende Analyse ist dann nahezu chronologisch in die Abschnitte Ermittlungsverfahren, Strafbefehlsverfahren, Zwischen- und Hauptverfahren, Sanktionen und ihre Vollstreckung, Rechtsbehelfsverfahren sowie den letztlichen Ausgang der Verfahren gegliedert. Die entwickelten Forschungsfragen und -hypothesen werden jeweils in dem Verfahrensabschnitt behandelt, in dem sie Relevanz erlangen. Der Analyse der Forschungsfragen und -hypothesen wird stets eine kurze Beschreibung der wichtigsten Verfahrensmerkmale des jeweiligen Untersuchungsabschnittes vorangestellt. Im letzten Abschnitt werden noch einmal der Übersichtlichkeit halber die Ergebnisse zum Einfluss der Verteidigung in einem eigenen Abschnitt kurz wiederholt, da die hierzu untersuchten Forschungsfragen und -hypothesen in verschiedenen Verfahrensabschnitten relevant und deswegen auf viele Kapitel verteilt geprüft wurden. Abschließend werden die Untersuchungsergebnisse in einer Schlussbetrachtung zusammengefasst und bewertet.

Die Daten der folgenden Ergebnisse stammen, soweit keine anderen Hinweise vorliegen, stets aus der mit dem Gesamtgewicht gewichteten Stichprobe und beziehen sich auf die gesamte Stichprobe, soweit nicht etwas anders angegeben wird (siehe zur Gewichtung 2. Teil Kap. 2.4). Da durch die Gewichtung für einzelne Ergebnisse keine ganzen Zahlen herauskommen, sind die Angaben zur absoluten Häufigkeit (n) stets gerundet. Dies hat zur Folge, dass die angegebenen Prozentzahlen nicht immer exakt mit den ausgewiesenen tatsächlichen Zahlen übereinstimmen, da die berechneten Prozentangaben bei den Häufigkeitsauszählungen der Genauigkeit halber auf den exakten Werten und nicht auf den gerundeten Häufigkeitsangaben beruhen.

1 Der Tatvorwurf

Zu den Besonderheiten des Tatvorwurfs bei einfacher Körperverletzung ist in der Kriminologie nicht viel bekannt.[684] Insofern ist es auch aus kriminologischer Perspektive interessant, wie sich die einzelnen Parameter der leichten Gewaltkriminalität bei Taten, die zur Anzeige gebracht und von den Strafverfolgungsorganen auch bearbeitet werden, verteilen.

Insgesamt lagen den 404 Strafverfahren der Stichprobe 454 tatmehrheitliche Körperverletzungen zugrunde. In 5,7 % (n = 23) der Verfahren wurde wegen einer weiteren tatmehrheitlichen Körperverletzung ermittelt und in weiteren 3,4 % (n = 14) wegen mindestens zwei weiterer tatmehrheitlicher Taten. Die Opfer waren zu 54,6 % männlich und zu 45,4 % weiblich (n = 404[685]). Das jüngste Opfer war 2 Jahre alt, das älteste 78. Das Durchschnittsalter betrug etwa 33 Jahre.[686] Die Beschuldigten und die Opfer kannten sich in 56,6 % der Fälle (n = 258). Tab. 10 zeigt die Beziehung zwischen den Beschuldigten und Opfern, sofern sich diese kannten.

Tab. 10: Beziehung des Opfers zum Täter (n = 258)

	Ehe / Partnerschaft	Ex-(Ehe)Partner	Kind	Freund, Bekannter	Sonst.	Gesamt
n	71	51	17	62	57	258
%	**27,6**	**19,9**	**6,7**	**23,9**	**21,9**	**100**

Kannten sich Opfer und Beschuldigte, dann gehörten über die Hälfte der Opfer zur Familie des Beschuldigten. 47,5 % der den Beschuldigten bekannten Opfer waren deren Partnerinnen oder Ex-Partnerinnen. Wenn man die Taten unter Oberbegriffe fasst, ergibt sich für die Art der Körperverletzung die folgende Verteilung aus Tab. 11:

684 *Eisenberg/Kölbel*, Kriminologie, S. 838 ff.

685 Die geringere Anzahl an Opfern rührt daher, dass bzgl. opferspezifischer Informationen wie Alter oder Geschlecht nur die Informationen über das Opfer der ersten Körperverletzung codiert wurden.

686 Med. = 33 Jahre; SD = 14,5.

Tab. 11: Verteilung des Geschlechts des Opfers (n = 403) und der Strafantragsstellung des Opfers (n = 402) auf die verschiedenen Begehungsarten der verhandelten Körperverletzungen (n = 454)

	Aufkommen		Geschlecht des Opfers				Strafantrag wurde gestellt	
			männlich		weiblich			
	n	%	n	%	n	%	n	%
Häusliche Gewalt	146	**32,1**	20	**16,6**	102	**83,4**	59	**48,4**
Disco-/ Kneipenschlägerei	77	**17**	50	**79**	13	**21**	53	**84,1**
Streit unter Verkehrsteilnehmern	17	**3,8**	13	**75**	4	**25**	16	**96,2**
Gewalt durch Fußballfans	13	**2,9**	11	**100**	0	**0**	11	**94,4**
Nachbarschaftsstreitigkeiten	13	**2,8**	12	**92,5**	1	**7,5**	11	**83,4**
Gewalt gegen Polizisten	12	**2,5**	7	**73,6**	3	**26,4**	9	**95,1**
Sonst.	176	**38,9**	107	**64,2**	60	**35,8**	133	**80,3**
Gesamt	455	**100**	220	**54,6**	183	**45,4**	292	**72,7**

Bei den Körperverletzungen, die sich klassifizieren ließen, überwogen mit Abstand die Fälle häuslicher Gewalt. Häusliche Gewalt bezeichnet dabei Körperverletzungen, die gegen Haushaltsangehörige begangen wurden. Bei diesen Verfahren waren die Opfer zu 83,4 % weiblich, bei allen anderen Kategorien überwiegend männlich. Die Opfer stellten in 72,7 % der Fälle einen Strafantrag; in 7,3 % der Fälle stellten sie zwar einen solchen, zogen diesen aber im Laufe des Ermittlungsverfahrens wieder zurück. Die restlichen 20 % der Opfer stellten keinen Strafantrag. Bei häuslicher Gewalt wurde im deutlichen Gegensatz zu den anderen Deliktsformen in 34,9 % der Fälle gar kein Strafantrag gestellt und in weiteren 16,7 % wurde dieser wieder zurückgezogen. Dies kann zum einen daraus erklärt werden, dass bei häuslicher Gewalt von den Opfern wegen der familiären Zusammengehörigkeit seltener Strafanträge gestellt werden. Daneben wird die Staatsanwaltschaft das öffentliche Interesse an der Strafverfolgung (§ 230 StGB) hier öfter als in anderen Körperverletzungsfällen bejaht haben, sodass häufiger als in anderen Fällen trotz fehlenden Strafantrags ein Strafverfahren eingeleitet und durchgeführt wurde.[687]

[687] Kriterien für das öffentliche Interesse an der Strafverfolgung werden generell in Nr. 86 RiStBV und für das relative Antragsdelikt der Körperverletzung außerdem in Nr. 234 RiStBV speziell geregelt. Allgemeine Kriterien sind etwa einschlägige Vorstrafenbelas-

In 46,1 % der Fälle handelten die Beschuldigten unter Alkoholeinfluss (n = 209), dabei wurde der Promillewert in 58,4 % der Fälle (n = 122) festgestellt und betrug im Durchschnitt 1,8 ‰.[688] Der Schweregrad der eingetretenen Körperverletzung war hauptsächlich gering (Median: 2). Abb. 2 zeigt die Verteilung der Verletzungsschwere auf die Stufen von 0 (nur versucht) bis 5 (schwere Verletzung)[689].

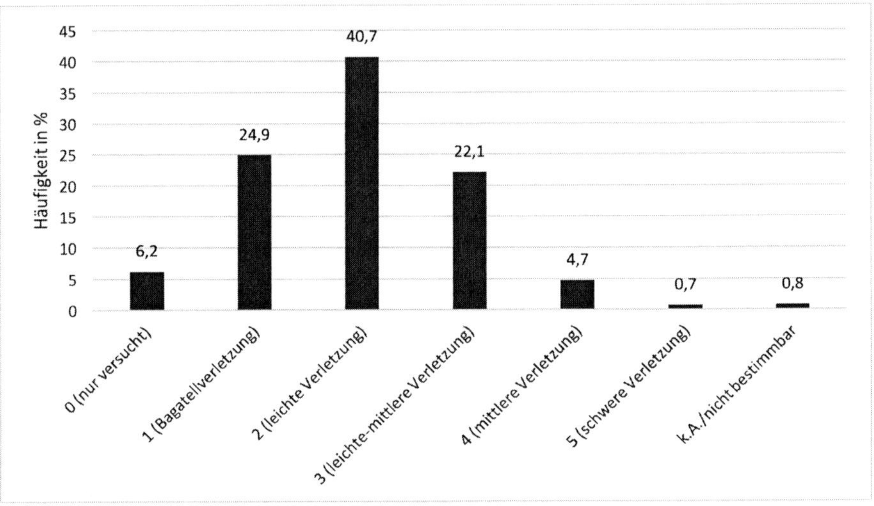

Abb. 2: Schwere der Verletzung (n = 454; Med. = 2)

Tatauslösende Faktoren waren bei 93,5 % der Körperverletzungen aus den Akten erkennbar.[690] Diese waren nicht stets alleiniger Auslöser, sondern lagen auch kumulativ vor: In 43,8 % der Fälle war ein vorausgehender Streit tatauslösend; bei 35,4 % ärgerten sich die Beschuldigten vor der Tat

tung, eine verwerfliche Gesinnung oder Tatbegehung oder eine schwerwiegende Verletzung. Nach Nr. 234 RiStBV liegt daneben ein besonderes öffentliches Interesse an der Strafverfolgung regelmäßig dann vor, wenn dem Opfer wegen seiner persönlichen Stellung zum Täter nicht zugemutet werden kann, Strafantrag zu stellen, und die Strafverfolgung ein gegenwärtiges Anliegen der Allgemeinheit ist. Letzteres wird hauptsächlich bei häuslicher Gewalt einschlägig sein.

688 (Med. = 1,8; SD = 0,5.) Dies geschah in aller Regel durch Feststellung der Atemalkoholkonzentration und nicht durch Bestimmung der Blutalkoholkonzentration.

689 Siehe zur Bedeutung der einzelnen Schweregrade bereits 2. Teil Kap. 4.3.

690 n = 424, da in 30 Fällen in den Akten kein Motiv zu erkennen war.

über ein Verhalten der Opfer; 28,5 % der Fälle wurden durch einen Alkoholrausch (mit)verursacht; bei 10,9 % war Eifersucht ein (Teil)Auslöser; in 10,3 % der Fälle wurden die Beschuldigten von den Opfern provoziert und zu 17,5 % erfolgte der Angriff grundlos.

In 54,3 % der Verfahren wurde nur wegen einer Körperverletzung ermittelt. In 17,6 % der Fälle lagen neben der Körperverletzung weitere, gem. § 52 StGB tateinheitlich begangene Delikte vor; in 20,4 % gem. § 53 StGB tatmehrheitlich begangene und in 7,6 % der Fälle weitere tateinheit- und tatmehrheitlich begangene Delikte vor. Lagen tatmehrheitliche Delikte vor, dann gab es hauptsächlich nur eine (66,8 %) oder zwei (24,2 %) weitere Taten. Die am häufigsten tatmehr- und tateinheitlich vorkommenden Delikte zeigt Tab. 12. Am öftesten wurde neben der Körperverletzung noch wegen mindestens einer weiteren Körperverletzung oder Beleidigung ermittelt. Auffällig war dabei, dass all diese weiteren Delikte in irgendeiner Art (körperliche oder verbale) Gewalt (gegen Menschen oder Sachen) oder Drohungen enthielten.

Tab. 12: Anzahl der Verfahren, in denen wegen (mindestens) eines weiteren (tatein- oder tatmehrheitlich begangenen) Delikts der genannten Kategorie ermittelt wurde (n = 404)

	Körperverletzung, § 223 StGB	Beleidigung, § 185 StGB	Sachbeschädigung, § 303 StGB	Nötigung, § 240 StGB	Bedrohung, § 241 StGB	Widerstand gegen Vollstreckungsbeamte, § 113 StGB
n	64	50	40	27	19	19
%	**15,8 %**	**12,5 %**	**9,9 %**	**6,6 %**	**4,7 %**	**4,8 %**

2 Die Beschuldigtenstruktur

2.1 Allgemeine Merkmale

Die Beschuldigten der Stichprobe waren zu 88,8 % männlich und zu 11,2 % weiblich. Das Durchschnittsalter, das erst ab 21 Jahren beginnen konnte, da die Stichprobe nur erwachsene Beschuldigte umfasste, betrug im Median 33 Jahre und entsprach damit dem Alter der Opfer.[691]

691 Das Alter wurde nachträglich mittels des Geburtsjahres geschätzt (2013 – Geburts-

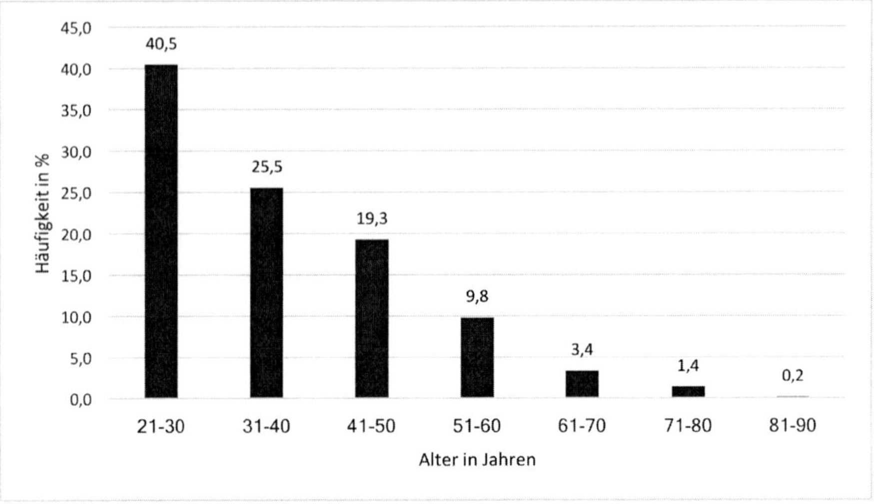

Abb. 3: Alter der Beschuldigten (n = 404); aM = 36,6; Med. = 33,2; SD = 12,5)

Jüngere und männliche Beschuldigte waren also häufiger vertreten als ältere (siehe Abb. 3). Im Vergleich hierzu war die deutsche Bevölkerung 2013 zu 51 % weiblich[692] und zu 76 % älter als 25 Jahre[693], wobei das nicht gut mit der Stichprobe vergleichbare Durchschnittsalter 44,2 Jahre betrug.[694] In der Stichprobe dieser Arbeit sind also junge Männer erheblich überrepräsentiert. Dies passt zu bisherigen empirisch kriminologischen Be-

jahr = Alter), da aus Datenschutzgründen nur das Geburtsjahr erhoben wurde. Diese Rechnungsweise führt dazu, dass die Beschuldigten zu Teilen ein Jahr zu alt geschätzt wurden, was die geringe Anzahl 21jähriger erklärt.

692 https://www.destatis.de/DE/ZahlenFakten/GesellschaftStaat/Bevoelkerung/Bevoelkerungsstand/Tabellen/Zensus_Geschlecht_Staatsangehoerigkeit.html [zuletzt aufgerufen am 03.07.2018].

693 Errechnet aus: https://www.destatis.de/DE/ZahlenFakten/GesellschaftStaat/Bevoelkerung/Bevoelkerungsstand/Tabellen/AltersgruppenFamilienstandZensus.html [zuletzt aufgerufen am 03.07.2018].

694 Denn bei dieser Durchschnittsberechnung ist zu beachten, dass im Unterschied zur Stichprobe auch Menschen unter 21 Jahren in die Berechnung eingeflossen sind. https://www.destatis.de/DE/ZahlenFakten/GesellschaftStaat/Bevoelkerung/Bevoelkerungsstand/Tabellen/Durchschnittsalter_Zensus.html [zuletzt aufgerufen am 03.07.2018].

funden, nach denen insbesondere junge Männer Täter von Gewaltkriminalität sind.[695]

Die Nationalität der Beschuldigten war zu 78,7 % deutsch (n = 318) und Deutschland in 65,9 % der Fälle das Geburtsland (n = 266). Unter den anderen Nationalitäten waren türkisch (n = 19) und polnisch (n = 12) am häufigsten vertreten; bei den Geburtsländern die Türkei (n = 27), Polen (n = 21) und Russland (n = 17). Zum Familienstand gab es in 70,2 % der Fälle Angaben in den Akten (n = 284): In diesen Fällen waren die Beschuldigten zu 61,3 % ledig, zu 22,6 % verheiratet, zu 9,5 % geschieden, zu 6 % getrennt lebend und zu 0,6 % verwitwet. Im Unterschied hierzu wurden 2013 wurden in Deutschland 45 % der Bevölkerung als verheiratet und nur 41 % als ledig geschätzt[696]. Die Beschuldigten der Stichprobe waren mithin überdurchschnittlich selten verheiratet und häufig ledig, wobei dieser Unterschied nicht allein aus der im Vergleich zum Bevölkerungsdurchschnitt jungen Altersstruktur der Stichprobe erklärt werden kann. Denn in die Berechnungen der Vergleichsgröße zum Familienstand für Deutschland flossen, im Unterschied zur Stichprobe, auch Menschen unter 21 Jahren ein.

Auch der Anteil Nichtdeutscher war mit 21,3 % deutlich über dem der Gesamtbevölkerung von 8 %.[697] Dies gilt ebenfalls für die Quote der Deutschen, die nicht in Deutschland geboren wurden (34,1 % zu 6,1 %).[698] Diese hohe Quote ist allerdings auch dadurch bedingt, dass Ausländer und Menschen mit Migrationshintergrund in Deutschland durchschnittlich jünger sind als die deutsche Bevölkerung, deutlich häufiger der sozialen Unterschicht angehören (welche in der Stichprobe erheblich überrepräsentiert war, siehe dazu im folgenden Abschnitt mehr) und eher in Städten leben.[699]

---

695 Siehe hierzu etwa *Göppinger/Bock*, Kriminologie, S. 480 ff. (m.w.N.).

696 https://www.destatis.de/DE/ZahlenFakten/GesellschaftStaat/Bevoelkerung/Bevoelkerungsstand/Tabellen/AltersgruppenFamilienstandZensus.html [zuletzt aufgerufen am 03.07.2018].

697 https://www.destatis.de/DE/ZahlenFakten/GesellschaftStaat/Bevoelkerung/Bevoelkerungsstand/Tabellen/AltersgruppenFamilienstandZensus.html [zuletzt aufgerufen am 03.07.2018].

698 *Statistisches Bundesamt*, Fachserie 1, Reihe 2.2: Bevölkerung und Erwerbstätigkeit: Bevölkerung mit Migrationshintergrund – Ergebnisse des Mikrozensus 2013 –, S. 36.

699 Siehe ausführlicher hierzu *Pfeiffer*, Das Problem der sogenannten „Ausländerkriminalität“, S. 2 ff.; *Eisenberg/Kölbel*, Kriminologie, S. 1031 ff.

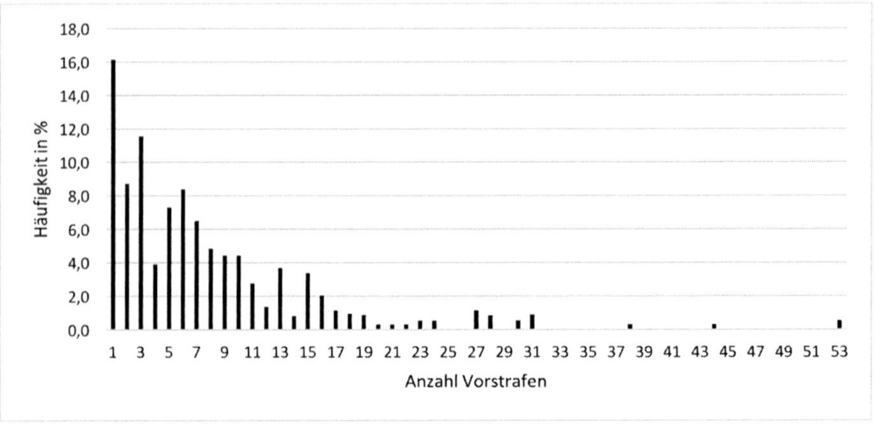

Abb. 4: Anzahl der Vorstrafen bei vorbestraften Beschuldigten (n = 191; aM = 7,8; Med. = 6; SD = 7,8)

Die Beschuldigten hatten in fast allen Fällen (95,1 %) einen festen Wohnsitz (n = 380); nur in 1,6 % der Fälle hatten sie keinen (n = 7) und zu 3,3 % lebten sie in einer psychiatrischen Einrichtung oder in Haft (n = 13). Sie hatten zu 46,9 % (n = 189) keine und zu 49,4 % (n = 199) mindestens eine Vorstrafe.[700] 32,3 % (n = 131) waren einschlägig, d.h. wegen eines Delikts, das Gewaltanwendung voraussetzt, vorbelastet. Abb. 4 zeigt die Verteilung der Vorstrafenanzahl in der Stichprobe, wenn Vorstrafen vorhanden waren. Diese variierte von 1 bis 53, wobei die vorbestraften Beschuldigten im Durchschnitt 7,8 Vorstrafen hatten und die Hälfte der Beschuldigten maximal 6 Vorstrafen besaß.

Waren einschlägige Vorbelastungen vorhanden gab es durchschnittlich 3,7 einschlägige und 9,0 Vorstrafen insgesamt. 10,2 % der 404 Beschuldig-

[700] Die Vorstrafenbelastung wurde Auszügen aus dem Bundeszentralregister entnommen. Bei 5,8 % der Verfahren (n = 24) fehlten diese, bei 8 hiervon war aus den Akten zumindest eine generelle Vorstrafenbelastung erkennbar. Da in den Akten zu Beginn teilweise die BZR-Auszüge fehlten bzw. nicht vorhanden waren, wurden diese gesondert zu den Akten angefordert. Da die Untersuchung 2016 stattfand und teilweise nur die aktuellen BZR-Auszüge (aus 2016) verwendet werden konnten, die Verfahren aber aus 2013 stammten, hatte dies zur Folge, dass in manchen Fällen eventuell Delikte bereits aus dem BZR-Register getilgt wurden (§§ 45 ff. BZRG), die 2013 dort noch vorhanden gewesen waren.

ten wurden bereits mindestens einmal zu einer Freiheitsstrafe ohne Bewährung und 15 % zu einer solchen mit Bewährung verurteilt. Bei 21,4 % war eine Geldstrafe die bisher schwerste ihnen gegenüber verhängte Sanktion. Zum Zeitpunkt der Tat standen 11,7 % unter Bewährung oder Führungsaufsicht. Waren die Beschuldigten vorbestraft, zeigt Tab. 13 auf welche Delikte sich die Vorstrafen verteilten. Dabei waren leichtere Gewalt- und Eigentumsdelikte am häufigsten vertreten. Schwerwiegende Vorstrafen waren hingegen nur sehr selten vorhanden. 59,5 % der vorbestraften Beschuldigten waren bereits wegen eines leichten Gewaltdelikts vorbestraft und bei knapp einem Drittel war auch mittlere Gewaltkriminalität unter den Vorstrafen zu finden. Ebenfalls häufig kam leichte Eigentumskriminalität vor, die bei 65,3 % der Beschuldigten eine der Vorverurteilungen ausmachte.

Tab. 13: Art der bisher begangenen Straftaten bei vorbestraften Beschuldigten (n = 188)

	Gewaltdelikte			Eigentums- und Vermögensdelikte			StV-delikte [701]	BtM-Delikte [702]	Sonst. Delikte [703]
Schweregrad	leicht [704]	mittel [705]	schwer [706]	leicht [707]	mittel [708]	schwer [709]			
n	114	60	2	123	57	8	80	59	106
%	**59,5**	**31,8**	**1,0**	**65,3**	**30,3**	**4,4**	**42,1**	**31,3**	**56,2**

2.2 Sozioökonomische Merkmale der Beschuldigten

Bei der Betrachtung der für diese Arbeit bedeutsamen sozioökonomischen Merkmalen der Beschuldigten wurde das Augenmerk zu Beginn noch ein-

[701] Straßenverkehrsdelikte: §§ 315 – 316, 142 StGB, §§ 21, 22 StVG.

[702] Betäubungsmitteldelikte: Straftaten nach dem BtMG.

[703] Sonstige Delikte: Alle Delikte, die nicht unter eine der vorherigen Kategorien fallen.

[704] Leichte Gewaltdelikte: §§ 223, 239 Abs. 1, 240 StGB.

[705] Mittlere Gewaltdelikte: §§ 224, 225, 226 Abs. 1, 232, 233, 234, 239 Abs. 2, 240 Abs. 3 StGB.

[706] Schwere Gewaltdelikte: §§ 212, 211, 226 Abs. 2, 227, 239 Abs. 4, 239a, 176b, 177 Abs. 3, 4, 178 StGB.

[707] Leichte Eigentums- und Vermögensdelikte: §§ 242, 259, 263, 265a StGB.

[708] Mittlere Eigentums- und Vermögensdelikte: §§ 249, 244, 244a, 243, 263 Abs. 2 und 5 StGB.

[709] Schwere Eigentums- und Vermögensdelikte: §§ 251, 250 Abs. 1 und 2 StGB.

mal auf den großen Anteil fehlender Angaben hierzu gelegt (vgl. bereits 2. Teil Kap. 4.1). Denn durch die Nichtberücksichtigung der fehlenden Fälle stellte sich das Problem, dass dies Auswirkungen auf die Aussagekraft der Informationen haben konnte, wenn die Verteilung der fehlenden Angaben nicht vollkommen zufällig, sondern von bestimmten Faktoren abhängig ist. Mit anderen Worten kann die hier dargestellte Beschuldigtenstruktur dadurch verzerrt sein, dass bei Beschuldigten aus verschiedenen sozialen Schichten unterschiedlich oft die Angaben zu ihrem sozioökonomischen Status in den Akten fehlten.

Betrachtete man deshalb die sozioökonomischen Merkmale der Beschuldigten getrennt nach der Abschlussentscheidung der Staatsanwaltschaft, zeigte sich, dass der Anteil fehlender Angaben je nach Verfahrensausgang verschieden war. Bei den 92 Verfahren mit Einstellungen nach § 153 StPO fehlten die Angaben zum Berufsstatus in 51 % der Verfahren, bei den 66 Einstellungsverfahren nach § 153a StPO in 39 %, bei den 168 Fällen einer Strafbefehlsbeantragung in 25 % und bei den 78 Anklageerhebungen nur in 11 %. Vermutet man nun, dass sich die sozioökonomischen Merkmale der Beschuldigten zwischen den Abschlussentscheidungen unterscheiden, könnten unterschiedliche Ausfallquoten die Aussagen zur Durchschnittstruktur insgesamt verzerren. Da aber die (gewichteten) Anteile der Verfahrensart an der Grundgesamtheit unterschiedlich groß waren, beeinflussten die Ausfallquoten die Aussagen über die Gesamtzusammensetzung unterschiedlich stark. Abb. 5 veranschaulicht am Beispiel des Berufs die Ausfallanteile der einzelnen Stichprobenschichten an der Gesamtstichprobe.

Da die Angaben zur sozioökonomischen Situation der Beschuldigten aus den Anklageverfahren durch die vergleichsweise geringen Ausfallquoten überrepräsentiert und die Angaben bei den Einstellungen nach § 153 StPO unterrepräsentiert waren, sind die Aussagen zur sozioökonomischen Beschuldigtenstruktur der Stichprobe insgesamt etwas verzerrt. Aus den Analysen der nachfolgenden Kapitel ergibt sich, dass die Verteilung der sozialen Schichten bei § 153 StPO im Vergleich zu den anderen Abschlussentscheidungen zwar eher ausgeglichen ist, bei den Anklageerhebungen die unteren sozialen Schichten aber signifikant überrepräsentiert sind. Dies bedeutet für die Ergebnisse zur Beschuldigtenstruktur der Stichprobe insge-

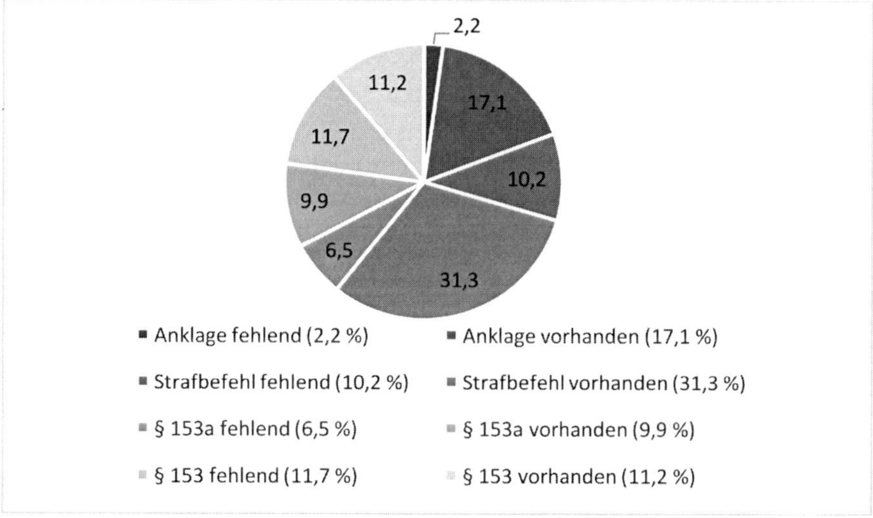

Abb. 5: Anteil vorhandener und fehlender Informationen zum Beruf an der Gesamtstichprobe in %, gegliedert nach der Abschlussentscheidung der Staatsanwaltschaft (n = 404)

samt, dass davon ausgegangen werden kann, dass die berufliche Situation der Beschuldigten nicht ganz so stark von Arbeitslosigkeit und fehlender Berufsausbildung geprägt wäre, wie es die Ergebnisse darstellen, wenn man die Fälle mit fehlenden Angaben berücksichtigen würde.[710]

Angaben zur Schulbildung gab es lediglich in 38 Fällen (9,5 %). Diese waren zusätzlich nicht aussagekräftig, da vom Studium stets auf die Schulbildung geschlossen werden konnte und der ermittelte Anteil von Abiturienten deswegen im Verhältnis zu hoch ist. Angaben zur beruflichen Ausbildung konnten den Akten in 144 Fällen (35,7 %) entnommen werden und waren bei arbeitslosen und berufstätigen Beschuldigten etwa gleichermaßen vorhanden. Tab. 14 zeigt die Berufsausbildung der Beschuldigten im Vergleich zu den Daten des Statistischen Bundesamts zum Bildungsabschluss der deutschen Bevölkerung aus 2013.[711] Der Anteil Auszubildender war in der Stichprobe ist mit 15,9 % (22,5 %) wegen des jungen Alters-

[710] Siehe zum Zusammenhang von sozioökonomischen Merkmalen und der Verfahrenserledigung der Staatsanwaltschaft 3. Teil Kap. 4.

[711] https://www.destatis.de/DE/ZahlenFakten/GesellschaftStaat/BildungForschungKultur/Bildungsstand/Tabellen/Bildungsabschluss.html [zuletzt aufgerufen am 03.07.2018].

durchschnitts erwartungsgemäß hoch. Hochschulabsolventen waren hingegen in der Stichprobe deutlich seltener als in der Durchschnittsbevölkerung vorhanden. Dafür waren Menschen ohne Berufsausbildung leicht überrepräsentiert sowie der Anteil an Menschen mit einer abgeschlossenen Berufsausbildung. Insgesamt waren die Beschuldigten der Stichprobe damit etwas geringer gebildet als die Bevölkerung, aber hier ließ sich noch keine extreme Unterprivilegierung ausmachen.

Tab. 14: Berufliche Ausbildung der Beschuldigten (n = 144)

		Keine Berufsausbildung	Berufsausbildung	Hochschulabschluss	Noch in Berufsausbildung	Noch im Studium	Sonst.
Stichprobe	n	30	74	5	23	9	3
	%	**20,6**	**51,4**	**3,4**	**15,9**	**6,6**	**2,2**
Gesamtbevölkerung	%	**17,2**	**58,3**	**14,7**	**9**		-

Die Ähnlichkeit zur Durchschnittsbevölkerung ändert sich jedoch beim Blick auf die aktuelle berufliche Situation: Angaben zum Berufsstatus gab es in 281 Fällen (69,6 %) Stichprobe. Tab. 15 zeigt die Verteilung der beruflichen Situation der Beschuldigten. Der Anteil Arbeitsloser war mit 38,6 % extrem hoch. Im Vergleich dazu lag die Arbeitslosenquote in Deutschland 2013 durchschnittlich nur bei 6,5 %.[712] Auch im Bezirk Braunschweig-Goslar lag die durchschnittliche Arbeitslosenquote nur bei 7,6 % und im Bezirk Hannover bei 8,2 %.[713]

712 Daten errechnet aus: https://www.destatis.de/DE/ZahlenFakten/Indikatoren/Konjunkturindikatoren/Arbeitsmarkt/arb210.html [zuletzt aufgerufen am: 03.07.2018].

713 Errechnet aus den monatlichen Statistiken für die Regionen Braunschweig-Goslar und Hannover aus 2013 der Bundesagentur für Arbeit, Arbeitsmarkt in Zahlen, Arbeitsmarktreport, Nürnberg. Abrufbar unter: https://statistik.arbeitsagentur.de/nn_32022/SiteGlobals/Forms/Rubrikensuche/Rubrikensuche_Suchergebnis_Form.html?view=processForm&resourceId=210358&input_=&pageLocale=de&topicId=22410&regionInd=201&region=&year_month=201401&year_month.GROUP=1&search=Suchen [zuletzt aufgerufen am: 03.07.2018]. Der Agenturbezirk Braunschweig-Goslar umfasst die Geschäftsstellen Braunschweig, Salzgitter, Wolfenbüttel, Goslar, Bad-Harzburg, Clausthal-Zellerfeld, Seesen und Braunlage. Der Agenturbezirk Hannover umfasst die Geschäftsstellen Hannover, Barsinghausen, Garbsen, Laatzen, Langenhagen, Springe, Neustadt am Rübenberge, Wunstorf, Burgdorf, Burgwedel und Lehrte.

Tab. 15: Beruflicher Status der Beschuldigten (n = 281)

	Arbeitslos	Berufstätig	Studium	Berufsausbildung	Rentner/in	Hausmann/ -frau
n	108	115	8	33	12	5
%	**38,6 %**	**40,8 %**	**2,7 %**	**11,8 %**	**4,4 %**	**1,7 %**

Die Dauer der Arbeitslosigkeit konnte den Akten regelmäßig nicht entnommen werden, aber von den arbeitslosen Beschuldigten bezog nur eine Person ALG I und in 2 Fällen wurden Leistungen nach dem AsylbLG gewährt. Bei den übrigen Beschuldigten, die ALG II bezogen, konnte von einer längerfristigen Arbeitslosigkeit ausgegangen werden. Die aktuelle Lebenssituation der Beschuldigten war damit vielmals prekär und deutlich schlechter, als die der Durchschnittsbevölkerung.

Angaben zum Nettoeinkommen gab es lediglich bei knapp der Hälfte der Fälle (49,1 %; n = 198). Weitere relevante Informationen für das strafrechtliche Nettoeinkommen wurden nur in 64 Fällen ermittelt (also in 15,9 % der Fälle insgesamt bzw. 32,5 % der Verfahren, in denen das Nettoeinkommen bekannt war). In 16 Fällen änderten sich Angaben zum Nettoeinkommen im Laufe des Ermittlungsverfahrens. Bei den (aus der Akte erkennbar) berufstätigen Beschuldigten gab es in nur 63 % der Fälle (n = 72) Angaben zum Nettoeinkommen in der Akte, bei den Arbeitslosen war diese Informationen zu 73 % vorhanden (n = 79; hierbei war in 32 Fällen [40,5 %] allerdings nur die Angabe ALG II in der Akte, sodass die genaue Einkommenshöhe geschätzt wurde – siehe bereits 2. Teil Kap. 4.2). Der Median des Nettoeinkommens (insg.) entsprach dabei mit 744 € dem Wert des geschätzten ALG II-Regelfalls in Hannover.

Tab. 16: Nettoeinkommen der Beschuldigten in €

	aM	Med.	SD	Min.	Max.	Quartile		
						25	50	75
Alle Angaben (n=198)	918	744	631,4	0	5750	600	744	1200
Ohne arbeitslose Beschuldigte (n=113)	1171	1100	691	204	5750	679	1100	1571
Nur berufstätige Beschuldigte (n=72)	1367	1200	694	210	5750	1100	1200	1700
Nur arbeitslose Beschuldigte (n=79)	568	711	302,6	0	1300	570	711	744

Betrachtete man das durchschnittliche Nettoeinkommen, zeigte sich zunächst, dass dieses mit 918 € (Med. = 744 €) insgesamt sehr gering war (Tab. 16). Auch bei den berufstätigen Beschuldigten war das Einkommen mit 1367 € im Durchschnitt eher gering, aber immer noch mehr als doppelt so hoch, wie das der arbeitslosen Beschuldigten. Dieser Unterschied relativierte sich allerdings etwas, wenn man den Median betrachtete und damit einzelne besonders gutverdienende bzw. besonders arme Beschuldigte nicht so stark berücksichtigte. In 15 Fällen (7,5 %) betrug das erhobene Nettoeinkommen 0 €. In 7 dieser Fälle waren die Beschuldigten in Haft oder im Maßregelvollzug. In den weiteren 8 Fällen waren sie arbeitslos und bekamen keine Leistungen vom Jobcenter und lebten dabei in 5 Fällen ohne festen Wohnsitz und in 2 Fällen bei ihren Eltern. Abb. 6 zeigt noch einmal die Verteilung der Einkommenshöhen der Beschuldigten.

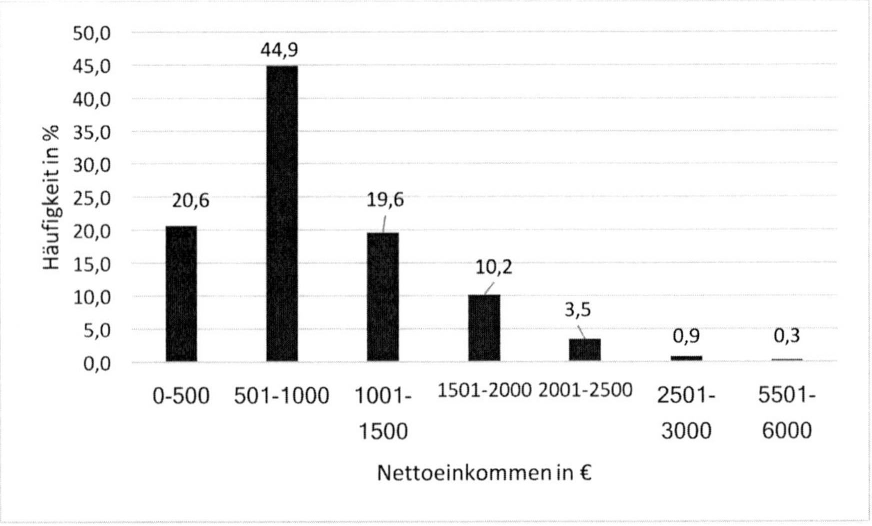

Abb. 6: Nettoeinkommenshöhe der Beschuldigten insg. (n = 198)

Verglich man diese Angaben mit dem durchschnittlichen Nettoeinkommen privater Haushalte in Deutschland 2013 ergaben sich immense Einkommensdifferenzen: Das statistische Bundesamt gibt als durchschnittliches Nettoeinkommen für 2013 bei Ein-Personen-Haushalten 1856 € und bei 2 Personen-Haushalten 3461 € (1730 € pro Person) an.[714] Das ermittelte durchschnittliche Einkommen der Beschuldigten aus der Stichprobe war also doppelt so gering wie das der Durchschnittsbevölkerung. Allerdings muss hier einschränkend berücksichtigt werden, dass die Angaben zum Einkommen von den Beschuldigten selbst stammen und es regelmäßig keine weiteren Darlegungspflichten und keine Überprüfung der Angaben gab, obwohl für die Beschuldigten ein geringes Einkommen bei der Geldstrafenbemessung von Vorteil war (siehe hierzu bereits 1. Teil Kap. 6.4.2, 3. Teil Kap. 2.2). Insbesondere bei den berufstätigen Beschuldigten bestand also die Gefahr, dass die Einkommen tatsächlich höher waren, als dies in den Akten ausgewiesen wurde.

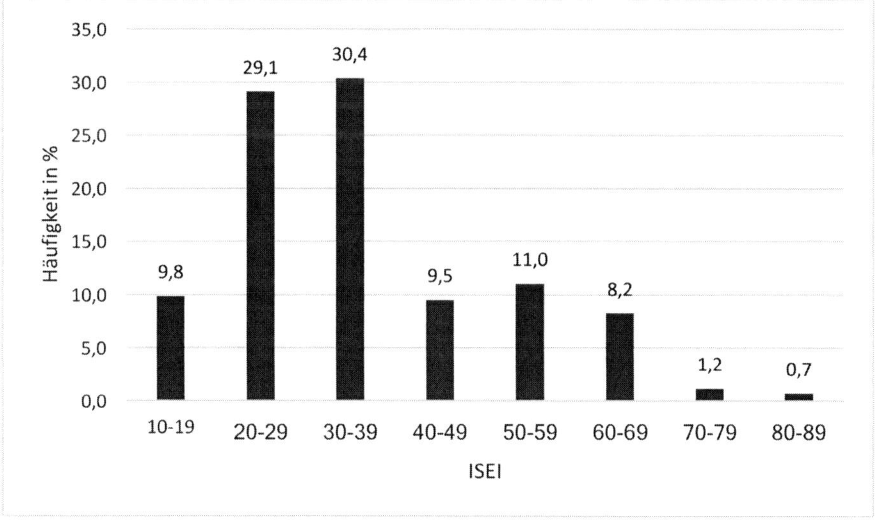

Abb. 7: Sozioökonomischer Status der berufstätigen Beschuldigten nach dem ISEI (n = 131; aM = 36,7; Med. = 33; SD = 14,4)

Der sozioökonomische Status der Beschuldigten nach dem ISEI war ebenfalls gering, auch bei den nicht arbeitslosen Beschuldigten. Abb. 7 zeigt die Verteilung des sozioökonomischen Status bei den nicht arbeitslosen Beschuldigten, welcher auf der ISEI-Skala von 10 bis 89 durchschnitt-

[714] *Statistisches Bundesamt*, Fachserie 15, Heft 4: Wirtschaftsrechnungen. Einkommens- und Verbrauchsstichprobe. Einnahmen und Ausgaben privater Haushalte 2013, S. 22.

lich 36,7 betrug. Das Minimum lag bei 16 (Gebäudereiniger) und das Maximum beim höchsten Wert 89 (Oberarzt). Über die Hälfte der Beschuldigten war im unteren Drittel der ISEI-Skala angesiedelt und hatte einen ISEI-Wert von unter 34. Nur 1/4 der Beschuldigten wurde in der oberen Hälfte der Skala verortet (und hatte also einen ISEI-Wert von über 43).

Auch wenn man den in soziale Schichten (ordinal) unterteilten sozioökonomischen Status, bei dem die arbeitslosen Beschuldigten mitberücksichtigt wurden, betrachtete, zeigte sich ein hoher Anteil unterer Schichtzugehörigkeit.

Tab. 17: Soziökonomischer Status der Beschuldigten (n = 233)

	untere Unterschicht	obere Unterschicht	untere Mittelschicht	obere Mittelschicht	Oberschicht
n	102	51	52	25	3
%	**43,7 %**	**22 %**	**22,4 %**	**10,8 %**	**1,1 %**

Tab. 17 zeigt, dass der Anteil der unteren beiden Schichten mit 65,7 % sehr hoch war. Allerdings gilt dies unter der Einschränkung, dass systematisch etwas öfter Angaben zum sozioökonomischen Status bei arbeitslosen Beschuldigten vorhanden waren. Denn diese Angaben konnten nicht zu ungenau für eine Zuordnung auf der ISEI-Skala sein, im Unterschied zu den Angaben zum gegenwärtigen Beruf, bei denen etwa die bloße Angabe „Angestellter" nicht für eine Zuordnung auf der ISE-Skala reichte. Infolge dessen konnten wegen zu ungenauer Angaben in 36 Fällen den Berufsangaben aus den Akten keine ISEI-Werte zugeordnet werden. Die berufstätigen Beschuldigten der Stufen 2-5 (obere Unterschicht bis Oberschicht) wären also eigentlich um n = 36 stärker vertreten, was den hohen Anteil der unteren Unterschicht zumindest etwas relativiert (dieser würde dann auf etwa 37,9 % sinken).

Zusammenfassend wiesen die Beschuldigten der Stichprobe, zu deren sozioökonomischer Situation Angaben in den Akten vorhanden waren, damit im Vergleich zur Durchschnittsbevölkerung einen sehr niedrigen sozioökonomischen Status auf. Die Arbeitslosenquote betrug das Sechsfache derjenigen der Durchschnittsbevölkerung und auch das ermittelte durchschnittliche Einkommen war nur halb so groß wie das des Bevölkerungsdurchschnitts.[715] Der Umstand, dass die Beschuldigtenstruktur extrem von sozialer Unterprivilegierung geprägt war und zusätzlich die Angaben zum Berufsstatus der Beschuldigten in so vielen Verfahren fehlten, hatte zur Folge, dass für die folgenden Berechnungen die Fallzahl der Beschuldigten aus höheren sozialen Schichten in der Stichprobe geringer war, als dies bei der Stichprobenbildung angenommen wurde (vgl. hierzu bereits 2. Teil Kap. 4.1).[716]

2.3 Zwischenergebnis

Die Lebenssituation der Beschuldigten, bei denen Angaben vorhanden waren, unterschied sich deutlich zu der der Allgemeinbevölkerung. Junge Männer überwogen erwartungsgemäß stark. Die Beschuldigten waren überproportional oft ledig und seltener verheiratet. Auch Nicht-Deutsche und deutsche Beschuldigte mit eigener Migrationserfahrung waren verstärkt vertreten. Knapp die Hälfte der Beschuldigten war vorbestraft mit durchschnittlich etwa 8 Vorstrafen. Die sozioökonomische Situation der Beschuldigten war von Mängellagen geprägt: Knapp 40 % waren arbeitslos, was dem Sechsfachen der durchschnittlichen Arbeitslosenquote in Deutschland im Jahr 2013 entsprach. Dabei bezogen fast alle arbeitslosen Beschuldigten ALG II, sodass oft von einer längerfristigen Arbeitslosigkeit ausgegangen werden konnte. Auch der sozioökonomische Status der Beschuldigten war zu großen Teilen sehr niedrig. Das durchschnittliche von den Beschuldigten angegebene Nettoeinkommen lag mit 918 € nur bei der Hälfte des durchschnittlichen Nettoeinkommens der deutschen Bevölkerung im Untersuchungsjahr 2013.

---

[715] Dabei kann auch trotz der erörterten Gefahr unrichtiger und zu niedriger Angaben beim Einkommen in den Akten wegen des extremen Unterschieds von einem deutlich niedrigeren Durchschnittseinkommen als in der Bevölkerung ausgegangen werden.

[716] Um die Fallzahl der Beschuldigten höherer Gesellschaftsschichten für die Untersuchung zu erhöhen, hätte die Stichprobe insgesamt nachträglich und, wegen des geringen Anteils dieser an den Beschuldigten insgesamt, erheblich erweitert werden müssen. Dies hätte den zeitlichen Rahmen der im Rahmen einer Promotion durchgeführten Untersuchung deutlich überschritten.

3 Die Verteidigung

Neben den Merkmalen, die unmittelbar mit dem sozioökonomischen Status zusammenhängen, gibt es mit der Wahlverteidigung eines, das zumindest mittelbar mit diesem in Verbindung steht. Denn in den Verfahren leichterer Kriminalität findet das Institut der Pflichtverteidigung kaum Anwendung. Die Beschuldigten müssen in diesen Verfahren in der Regel von sich aus den Entschluss fassen, einen Verteidiger zu beauftragen, dessen Honorar sie unmittelbar selbst bezahlen müssen. Im Folgenden wird deshalb erörtert, wie oft in diesen Verfahren Verteidigerinnen vorkamen und wie sich diese auf die Beschuldigten der verschiedenen sozialen Schichten verteilten.

3.1 Vorkommen und Aktivitäten der Verteidigung

In 36,6 % der untersuchten Strafverfahren war ein Verteidiger vorhanden (n = 148); davon waren 86,7 % Wahlverteidiger, 8,0 % Pflichtverteidiger und 5,3 % Wahlpflichtverteidiger[717]. Die 10 (Wahl-)Pflichtverteidigerinnen wurden zu 56,4 % wegen der Schwere der Tat nach § 140 Abs. 2 StPO, zu 26,0 % wegen der Schwierigkeit der Sach- und Rechtslage und zu 13,9 % nach 140 Abs. 1 StPO bestellt.[718] Die Bestellung erfolgte in 49,9 % durch das Gericht von Amts wegen und zu 46,1 % auf Initiative der Beschuldigten. In einem Fall (2 %) stellte die Staatsanwaltschaft den Antrag und in einem weiteren (2 %) die Verteidigung selbst.

Tab. 18 zeigt, zu welchem Verfahrenszeitpunkt die Verteidigerinnen beauftragt wurden. Die Wahlverteidiger wurden zu 65,9 % bereits im Ermittlungsverfahren mandatiert und zu 41,8 % geschah dies schon vor der ersten förmlichen polizeilichen Beschuldigtenvernehmung.[719] Sie wurden damit

---

[717] Unter Wahlpflichtverteidiger werden solche Verteidiger verstanden, die zunächst als Wahlverteidiger beauftragt und dann später im Verfahren als Pflichtverteidiger beigeordnet wurden.

[718] In einem Fall waren der Akte keine Angaben zum Grund der Pflichtverteidigerbestellung zu entnehmen.

[719] Beschuldigtenvernehmung meint hier nur die förmliche Vernehmung auf dem Polizeirevier mit vorheriger Ladung. 18 dieser Beschuldigten (31,6 %) wurden aber bereits vor Ort unmittelbar nach dem Tatgeschehen von der Polizei zum Geschehen befragt.

regelmäßig deutlich früher eingeschaltet als die Pflichtverteidigerinnen, die frühestens im Zwischenverfahren bestellt wurden.

Tab. 18: Zeitpunkt der Verteidigungsbestellung

	Wahlverteidigung		Pflichtverteidigung		Wahlpflicht-verteidigung	
	n	%	n	%	n	%
Ermittlungsverfahren vor 1. pol. Vernehmung	53	**41,8 %**	0	**0 %**	1	**7,8 %**
Ermittlungsverfahren nach 1. pol. Vernehmung	31	**24,1 %**	0	**0 %**	2	**21,5 %**
Zwischenverfahren	16	**13,2 %**	10	**89,8 %**	2	**23,5 %**
Hauptverhandlung	2	**1,3 %**	1	**5,1 %**	1	**13,6 %**
nach Erhalt des Strafbefehls	18	**14,3 %**	0	**0 %**	0	**0 %**
Rechtsbehelfsverfahren	1	**0,8 %**	1	**5,1 %**	3	**33,6 %**
Vollstreckungsverfahren	2	**1,6 %**	0	**0 %**	0	**0 %**
sonst.	3	**2,9 %**	0	**0 %**	0	**0 %**
Gesamt	126	**100 %**	13	**100 %**	9	**100 %**

In den Fällen, in denen eine polizeiliche Beschuldigtenvernehmung stattfand, war keiner der Verteidiger bei dieser anwesend. Allerdings fand in den Fällen, in denen die Verteidigerinnen bereits vor der ersten polizeilichen Vernehmung beauftragt wurden, eine Vernehmung in 89,7 % der Fälle gar nicht statt. Bis auf 2 Verteidiger stellten alle restlichen einen Antrag auf Akteneinsicht, der nur in einem Fall nicht genehmigt wurde. In 10 Fällen (6,6 %) wurde das Mandat vorzeitig beendet und in 6 Fällen anschließend eine neue Verteidigerin beauftragt. Nur in 58,6 % der Fälle wirkte die Verteidigung aus der Akte erkennbar aktiv im Verfahren mit, etwa durch die Abgabe einer schriftlichen Einlassung, einer Rechtsbehelfseinlegung, der Benennung von Zeugen oder durch eine Kontaktaufnahme zur Staatsanwaltschaft. Bei den restlichen 41,4 % beschränkte sich die aus den Akten erkennbare Tätigkeit auf die Akteneinsichtnahme.

3.2 Sozioökonomische Ungleichheit und die Verteidigung

Die Kosten für die Hinzuziehung eines Wahlverteidigers aufzubringen und damit auch die Entscheidung für die Inanspruchnahme eines Rechtsbeistands wird Beschuldigten mit steigenden finanziellen Mitteln leichter fallen. Somit werden einkommensstärkere Beschuldigte öfter und auch früher bereits den Entschluss fassen, sich des Beistands einer Verteidigerin ihrer Wahl zu bedienen. Um diese Hypothese (H_1) zu überprüfen, wurde das Bestehen von Korrelationen oder signifikanten Unterschieden zwischen dem bekannt gewordenen Nettoeinkommen, dem sozioökonomischen Status und den Verfahren mit und ohne eingeschalteten Wahlverteidigern geprüft.

p ist dabei der Wert für die Irrtumswahrscheinlichkeit und das Maß für die Signifikanz, und *p*-Werte, die größer als 0,05 sind, bedeuten, dass der Zusammenhang nicht signifikant (nicht sicher überzufällig) ist und werden als (n.s.) angegeben.[720] Cramer-V ist ein Wert für die Stärke des Zusammenhangs zwischen nominal-skalierten Variablen, der Werte von 0 (kein Zusammenhang) bis 1 (perfekter Zusammenhang) annehmen kann.[721]

Nur 20,8 % (n = 84) der Beschuldigten beauftragten bereits im Ermittlungsverfahren eine Wahlverteidigerin. Der sozioökonomische Status konnte dabei nur in 45 % (n = 38) dieser Fälle mit den Informationen aus der Akte bestimmt werden. Sowohl bei der Frage, ob sich die Beschuldigten bereits im Ermittlungsverfahren der Hilfe eines Wahlverteidigers bedienten oder nicht, als auch bei der generellen Beauftragung eines Wahlverteidigers unterschied sich lediglich die Quote beauftragter Verteidigung bei der oberen Mittelschicht signifikant von den restlichen sozialen Schichten. Tab. 19 zeigt, dass die obere Mittelschicht im Ermittlungsverfahren bereits zu 41 % eine Verteidigerin beauftragte, während die Verteidigerinnenquote bei den Beschuldigten der niedrigeren sozialen Schichten nur zwischen 9 % und 15 % lag. Dieser große Unterschied wurde etwas ausgeglichen, wenn man die später beauftragten Verteidiger hinzunahmen. Doch auch dann waren

---

[720] $p>0{,}05$, im Folgenden (n.s.) bedeutet also, dass das Irrtumsrisiko (das Risiko, dass fälschlicherweise ein Zusammenhang angenommen wird) über 5 % liegt und der festgestellte Zusammenhang damit nicht mehr sicher genug überzufällig und damit nicht mehr repräsentativ für die Grundgesamtheit ist.

[721] *Janssen*, Statistische Datenanalyse mit SPSS, S. 267 f.

die Beschuldigten der oberen Mittelschicht mit Abstand am öftesten anwaltlich vertreten, beispielsweise noch doppelt so häufig, wie die der unteren Unterschicht.

Tab. 19: Mandatierung eines Wahlverteidigers zu irgendeinem Verfahrenszeitpunkt (n = 233)

	untere Unterschicht (n=102)	obere Unterschicht (n=51)	untere Mittelschicht (n=52)	obere Mittelschicht (n=28)	Gesamt (n=233)
Wahlverteidigung im Ermittlungsverfahren					
Keine Wahlverteidigung (n=195)	85,1 %	87,5 %	90,6 %	58,8 %[ab]	83,7 %
Wahlverteidigung (n=38)	14,9 %	12,5 %	9,4 %	41,2 %[ab]	16,3 %
p=.002; Cramer-V=.255					
Wahlverteidigung zu irgendeinem Verfahrenszeitpunkt					
Keine Wahlverteidigung (n=162)	74,2 %	68,7 %	71,7 %	50,2 %	69,6%
Wahlverteidigung (n=71)	25,8 %	31,3 %	28,3 %	49,8 %	30,4 %
(n.s.)					

[ab] = bei dieser Teilmenge der unabhängigen Variable unterscheiden sich die Ausprägungen signifikant zu den restlichen Teilmengen[722]

Führte man deswegen den Chi^2-Test nur zwischen der oberen Mittelschicht und den Beschuldigten aus den anderen drei Schichten durch,

722 Der Chi^2-Test gibt lediglich Auskunft über die Überzufälligkeit der Abweichung aller beobachteten Werte von den erwarteten, sagt aber nicht, welche Werte im Einzelnen signifikant voneinander abweichen. Mittels „z-Tests" kann man deshalb bei Mehrfachausprägungen untersuchen, für welche einzelnen Ausprägungen der unabhängigen Variable die beobachteten Werte der abhängigen Variable signifikant von den erwarteten abweichen, *Janssen*, Statistische Datenanalyse mit SPSS, S. 267. Exemplarisch bedeutet das hier: Die Unterschiedlichkeit der Verteilung von verteidigten und unverteidigten Beschuldigten auf die vier Schichten insgesamt ist überzufällig, allerdings unterscheidet sich im Einzelnen nur die Quote der Wahlverteidiger bei der oberen Mittelschicht zu denen der anderen sozialen Schichten. Die obere Unterschicht unterscheidet sich jedoch nicht signifikant zu der unteren Mittelschicht hinsichtlich der Häufigkeit eingeschalteter Wahlverteidiger.

dann war der Zusammenhang zwischen der Zugehörigkeit zur oberen Mittelschicht und der Beauftragung einer Wahlverteidigerin hochsignifikant. Im Ermittlungsverfahren beauftragten 41,2 % der Beschuldigten der oberen Mittelschicht und nur 12,9 % der Beschuldigten aus den anderen sozialen Schichten einen Wahlverteidiger.[723] Bei der Berücksichtigung auch späterer Mandatierungszeitpunkte war der Unterschied mit 49,8 % zu 27,8 % nicht mehr ganz so erheblich, aber immer noch sehr deutlich und signifikant.[724]

Tab. 20 zeigt den Vergleich des durchschnittlichen Nettoeinkommens und des durchschnittlichen sozioökonomischen Status (ISEI-Werts) zwischen den Beschuldigten, die einen Wahlverteidiger beauftragten, und denen ohne Wahlverteidigung.

Tab. 20: Mittelwertvergleiche des Einkommens und des sozioökonomischen Status zwischen den wahlverteidigten und den restlichen Beschuldigten

Nettoeinkommen					
Ausprägung	n	aM	SD	Diff.	*p*
Keine Wahlverteidigung	134	868,9	651,5	-149,6	(n.s.)
Wahlverteidigung	65	1018,5	579,6		
Keine Wahlverteidigung im EV	164	903,8	646,7	-80,8	(n.s.)
Wahlverteidiger im EV	34	984,6	555,5		
ISEI (sozioökonomischer Status)					
Ausprägung	n	aM	SD	Diff.	*p*
Keine Wahlverteidigung	162	23,11	16,9	-3,7	(n.s.)
Wahlverteidigung	71	26,78	19,0		
Keine Wahlverteidigung im EV	195	23,2	16,4	-6,1	(n.s.)
Wahlverteidigung im EV	38	29,4	22,5		

EV = Ermittlungsverfahren

Hinsichtlich des Nettoeinkommens gab es keine signifikanten Unterschiede zwischen den wahlverteidigten und den restlichen Beschuldigten. Dass sich das Nettoeinkommen bei der Frage der Wahlverteidigung im Ermittlungsverfahren nicht deutlicher unterschied, lag zum einen daran, dass zwischen den unteren drei sozialen Schichten, die 88 % der Beschuldigten ausmachten, keine Unterschiede bei den Häufigkeiten der Mandatierung

723 $p<.001$; Phi = .249; n = 233.

724 $p = .018$; Phi = .155; n = 233.

einer Wahlverteidigerin vorhanden waren. Hierzu kam weiterhin der Umstand, dass in den 4 Fällen, in denen ein Wahlverteidiger bestellt wurde und auch der sozioökonomische Status bestimmt werden konnte, das Nettoeinkommen aber nicht bekannt war, alle Beschuldigten zur oberen Mittelschicht gehörten. Das zu erwartende hohe Einkommen dieser Gruppe konnte also nicht mit in die Berechnungen zum Mittelwertvergleich aufgenommen werden. Zusätzlich war das Einkommen bei den bereits im Ermittlungsverfahren verteidigten Beschuldigten nur zu 40 % bekannt. Dass dieses bekannt wurde, lag dabei zu 60 % daran lag, dass das Verfahren zu einer Hauptverhandlung führte. Das durchschnittliche Einkommen der im Ermittlungsverfahren bereits wahlverteidigten Beschuldigten wird also höher liegen, als es die Daten in Tab. 20 ausweisen.

Doch auch der durchschnittliche sozioökonomische Status differierte nicht signifikant (Tab. 20). Auch dies war auf die fehlenden Unterschiede zwischen den Beschuldigten aus der unteren und der oberen Unterschicht sowie der unteren Mittelschicht bei der Häufigkeit einer wahlanwaltlichen Vertretung zurückzuführen. Die Häufigkeit einer Verteidigerbestellung stieg damit nicht linear zum sozioökonomischen Status an. Erst ab der Zugehörigkeit zur Gruppe der oberen Mittelschicht und einem damit einhergehenden hohen Einkommen nahmen die Beschuldigten die hohen Kosten der Mandatierung einer Wahlverteidigerin signifikant häufiger auf sich.

3.3 Zwischenergebnis

Nur in etwa einem Drittel der Verfahren hatten die Beschuldigten einen rechtlichen Beistand. Hiervon waren 86,7 % Wahlverteidiger, die bereits zu 65,9 % im Ermittlungsverfahren beauftragt wurden. War bereits eine Verteidigerin engagiert, so kamen 90 % der Beschuldigten nicht zur polizeilichen Beschuldigtenvernehmung. Bei fast der Hälfte der beauftragten Verteidiger beschränkte sich die aus den Akten ersichtliche verfahrensbezogene Tätigkeit auf die Akteneinsichtnahme. Die Hypothese (H_1), dass einkommensstärkere Beschuldigte öfter und früher einen Rechtsbeistand ihrer Wahl beauftragen als einkommensschwächere konnte hinsichtlich des bekannt gewordenen Einkommens mit der vorliegenden Stichprobe nicht überprüft und bestätigt werden, da die Angaben zum Einkommen in zu vielen Fällen fehlten. Jedoch konnte teilweise bestätigt werden, dass Beschuldigte mit höherem sozioökonomischen Status häufiger und eher eine Wahlverteidigerin beauftragen. Zwar stieg mit zunehmendem sozioökonomischen Status nicht parallel der Anteil an im Ermittlungsverfahren mandatierten Wahlverteidiger. Ein deutlicher Unterschied ließ sich aber feststellen, wenn man die Beschuldigten mit einem hohen sozioökonomischen Status (aus der oberen Mittelschicht) mit den restlichen Beschuldigten verglich. Ab diesem Schwellenwert beauftragten die sozioökonomisch besser gestellten Beschuldigten sowohl deutlich und hochsignifikant öfter als auch früher eine Verteidigerin ihrer Wahl.

4 Das Ermittlungsverfahren

Im folgenden Kapitel wird der Verfahrensabschnitt des Ermittlungsverfahrens analysiert. Zu Beginn werden die Durchführung, der Ablauf und der Ausgang des Ermittlungsverfahrens in den der Stichprobe zugrundeliegenden Verfahren beschrieben. Anschließend werden die in diesem Abschnitt angesiedelten Forschungsfragen und -hypothesen untersucht. Zunächst werden bivariate Zusammenhänge zwischen sozioökonomischen Beschuldigtenmerkmalen und dem Ausgang des Ermittlungsverfahrens dargestellt. Hiernach werden das Vorkommen und der Einfluss von Verteidigern im Ermittlungsverfahren näher beleuchtet, um sodann zu untersuchen, welche Faktoren den Ausgang des Ermittlungsverfahrens (d.h. die Abschlussentscheidung der Staatsanwaltschaft) beeinflussen. Hierzu wurden zunächst bivariate und anschließend multivariate Analysen durchgeführt, um zu überprüfen, ob sich sozioökonomische Merkmale auf den Ausgang des Ermittlungsverfahrens auch unter gleichzeitiger Berücksichtigung anderer Einflussfaktoren eigenständig auswirken.

4.1 Durchführung des Ermittlungsverfahrens

Die Polizei erlangte in 66,9 % der 404 Verfahren durch informelle Anzeigen (also nicht durch formelle Strafanzeige i.S.v. § 158 StPO) Kenntnis von der Tat. In 24,2 % der Verfahren ging eine formelle Strafanzeige ein, in 7,8 %

erlangten die Polizeibeamten unmittelbar selbst und bei 1,1 % auf andere Weise Kenntnis von der Tat.

In 21,4 % der Verfahren (n = 86) setzte die Polizei am Tatort Zwangsmaßnahmen[725] gegen die Beschuldigten ein. Tab. 21 zeigt, dass in fast allen Fällen von Gewalt gegen Polizeibeamte Zwangsmaßnahmen durchgeführt wurden. Ebenfalls vergleichsweise häufig wurden Zwangsmittel bei Fällen häuslicher Gewalt, bei Gewalt durch Fußballfans und sog. „Disco- bzw. Kneipenschlägereien" eingesetzt.

Tab. 21: Zwangsmaßnahmen nach Art der Körperverletzung (n = 401)

			Häusliche Gewalt	Discoschlägerei	Streit unter Verkehrsteilnehmern	Gewalt durch Fußballfans	Nachbarschaftsstreitigkeiten	Gewalt gegen Polizei	Sonst.	Insgesamt
Zwangsmaßnahmen erfolgt	ja	n	37	19	0	4	2	9	15	86
		%	**30**	**30,2**	**0**	**29,2**	**16,6**	**89,5**	**9,3**	**21,4**
	nein	n	85	44	17	8	11	1	149	315
		%	**70**	**69,8**	**100**	**70,8**	**83,4**	**10,5**	**90,7**	**78,6**

EV = Ermittlungsverfahren

In 11,4 % der Verfahren wurde gegenüber den Beschuldigten ein Platzverweis ausgesprochen (§ 17 Nds. SOG), in 5,9 % wurden ihnen Handfesseln angelegt (§ 75 Nds. SOG), in 8 % wurden sie in Polizeigewahrsam genommen (§ 18 Nds. SOG) und in 2,8 % wurde eine Blutprobe von den Beschuldigten genommen (§ 81a StPO). Wurden Zwangsmaßnahmen ausgeübt, waren die Beschuldigten zu 69,6 % alkoholisiert. Nahm man die Fälle häuslicher Gewalt aus der Stichprobe heraus, sank der Anteil an Platzverweisen deutlich von 11,4 % (n = 46) auf 5,2 % (n = 15). Denn bei häuslicher Gewalt erfolgte in 25 % der Fälle ein Platzverweis (und damit in 85,4 % der Fälle, in denen bei häuslicher Gewalt Zwangsmaßnahmen angewendet wurden).

Die Polizei vernahm die Beschuldigten in 53,9 % der Fälle noch direkt am Tatort oder in unmittelbarer zeitlicher Nähe zur Tat. Eine förmliche

725 Maßnahmen zur Identitätsfeststellung i.S.v. § 163b StPO werden hiervon nicht erfasst, da diese in den Akten oftmals nicht genau festzustellen waren.

Beschuldigtenvernehmung bei der Polizei gab es in 34,9 % der Verfahren und eine (schriftliche) Beschuldigtenanhörung in 7,3 %. In den 57,8 % der Verfahren, in denen keine förmliche Vernehmung oder Anhörung stattfand, waren die Beschuldigten zu 88,3 % nicht zur angesetzten Vernehmung gekommen oder hatten den Anhörungsbogen nicht zurückgesendet. Bei den restlichen 11,7 % hatte die Polizei laut Akteninhalt gar keine Vernehmung oder Anhörung veranlasst und in der Hälfte dieser Fälle wurden die Beschuldigten auch nicht vor Ort vernommen. Damit wurden 3,4 % aller Beschuldigten im Ermittlungsverfahren kein rechtliches Gehör gewährt.

Die Ermittlungsverfahren dauerten im Durchschnitt dreizehneinhalb Wochen, das kürzeste Ermittlungsverfahren dauerte 8 Tage und das längste etwa 1 Jahr und 4 Monate (Tab. 22). In Hannover dauerten die Ermittlungsverfahren rund dreieinhalb Wochen länger als in Braunschweig.

Tab. 22: Dauer des Ermittlungsverfahrens in Wochen[726]

Dauer bei der Polizei in Wochen[727]			Dauer bei der StA in Wochen[728]			Dauer insg. in Wochen[729]		
aM	Med.	SD	aM	Med.	SD	aM	Med.	SD
7,5	6,1	5,9	5,2	2,9	6,2	13,5	11,1	8,8

StA = Staatsanwaltschaft

4.2 Ausgang des Ermittlungsverfahrens

Bei der Frage, wie die Staatsanwaltschaften das Ermittlungsverfahren in erster Entscheidung erledigten, ergaben sich zwischen Braunschweig und Hannover vor allem bei den (durch Gewichtungen an die ursprüngli-

726 Dass der Mittelwert der Dauer insgesamt nicht genau der Summe der Dauer bei der Polizei und der Dauer bei der Staatsanwaltschaft entspricht, liegt daran, dass zwischen der Abverfügung durch Die Polizei und dem Eingang der Akte bei der Staatsanwaltschaft im Mittel noch einmal 0,76 Wochen lagen.

727 Zeitraum vom Eingang des Verfahrens bei der Polizei bis zur ersten Abverfügung der Akte an die Staatsanwaltschaft.

728 Zeitraum vom Eingang des Verfahrens bei der Staatsanwaltschaft bis zur ersten Abschlussentscheidung.

729 Zeitraum vom Eingang des Verfahrens bei der Polizei bis zur ersten Abschlussentscheidung der Staatsanwaltschaft.

che Grundgesamtheit angepassten) Anteilen der Strafbefehlsbeantragungen und Einstellungen nach § 153 StPO erhebliche Unterschiede: Tab. 23 zeigt, dass Einstellungen nach § 153 StPO in Hannover fast fünfmal so häufig vorkamen, wie in Braunschweig. Dafür war die Quote der Verfahrensweiterführungen in Braunschweig infolge eines deutlich höheren Anteils von Strafbefehlsverfahren knapp 20 % höher.

Tab. 23: Art der Verfahrenserledigung durch die Staatsanwaltschaft

	Anklage		Strafbefehl		§ 153 StPO		§ 153a StPO		Gesamt	
	n	%	n	%	n	%	n	%	n	%
Braunschweig (n=200)	39	**19,4**	107	**53,3**	17	**8,7**	37	**18,6**	200	**100**
Hannover (n=204)	39	**19,3**	71	**34,6**	63	**31,1**	30	**15,0**	204	**100**
Gesamte Stichprobe (n=404)	78	**19,3**	168	**41,6**	92	**22,7**	66	**16,3**	404	**100**

Wurde nach § 153a StPO eingestellt, dominierten der Täter-Opfer-Ausgleich und die Zahlung eines Geldbetrags. Ihr jeweiliger Anteil war in Braunschweig und Hannover jedoch sehr unterschiedlich. Tab. 24 zeigt die Auflagenverteilung bei den Einstellungen gem. § 153a Abs. 1 StPO durch die Staatsanwaltschaft.

Tab. 24: Auflagen der Einstellungen nach § 153a Abs. 1 StPO[730]

	Braunschweig (n=57)		Hannover (n=62)		Gesamte Stichprobe (n=120)	
	n	%	n	%	n	%
Nr. 1 - Wiedergutmachung	0	**0**	6	**9,7**	7	**6,2**
Nr. 2 - Geldbetrag	17	**29,8**	40	**64,5**	62	**52,1**
Nr. 3 – sonst. gemeinnützige Leistung	3	**5,3**	2	**3,2**	5	**4,0**
Nr. 5 - TOA	36	**63,1**	13	**21,0**	44	**35,0**
Nr. 6 – sozialer Trainingskurs	1	**1,8**	1	**1,6**	2	**1,7**
Gesamt	57	**100**	62	**100**	120	**100**

730 Gesamte Stichprobe gewichtet mit Designgewichtung; Daten zu Hannover und Braunschweig ohne Gewichtung.

In Braunschweig war der Anteil der Einstellungen mit der Auflage zur Durchführung eines Täter-Opfer-Ausgleichs (Nr. 5) mit 63,2 % dreimal so groß wie in Hannover, wo stattdessen die meisten Einstellungen (64,5 %) mit der Zahlung eines Geldbetrags an die Staatskasse oder eine gemeinnützige Einrichtung (Nr. 2) verbunden wurden. Wurde nach § 153a Abs. 1 Nr. 2 StPO eingestellt, wurde eine Zahlung an eine gemeinnützige Einrichtung in 63,7 % der Fälle angeordnet, an die Staatskasse in 36,3 %.

Im Vergleich zu den Ergebnissen dieser Stichprobe macht der Täter-Opfer-Ausgleich (Nr. 5) bei den staatsanwaltschaftlichen Einstellungen nach § 153a Abs. 1 StPO insgesamt deutschlandweit nur 6,5 % und in Niedersachsen 9,6 % der gewählten Auflagen aus (im OLG-Bezirk Braunschweig 13,4 %; OLG-Bezirk Celle 6,6 %). Die Geldzahlungsauflage (Nr. 2) hat deutschlandweit einen Anteil von 83,8 % und in Niedersachsen 76,2 % (OLG-Bezirk Braunschweig 75,7 %; OLG-Bezirk Celle 77,3 %).[731] Der Täter-Opfer-Ausgleich ist damit in der Stichprobe im Verhältnis zum Durchschnitt aller Einstellungen enorm überrepräsentiert. Dies ist auf das der Stichprobe zugrundeliegende Delikt der einfachen Körperverletzung (§ 223 StGB) zurückzuführen, das sich (insbesondere bei Fällen häuslicher Gewalt) gut für den Versuch eines solchen Ausgleichs eignet.[732]

68,6 % der Beschuldigten erfüllten ihre Auflage. Bei den restlichen Verfahren führte die fehlende Auflagenerfüllung bei 19,5 % der Fälle zu einer Anklage, bei 28,1 % zu einem Strafbefehl, bei 22,3 % zu einer Verfahrenseinstellung nach § 153 Abs. 1 StPO und schließlich bei 26,8 % zu einer Einstellung nach § 153a Abs. 1 StPO. Tab. 25 zeigt, dass insbesondere Einstellungen, die die Durchführung eines erfolgreichen Täter-Opfer-Ausgleich voraussetzten, ein großes Risiko besaßen zu scheitern (die Auflagen wurden zu 54,8 % nicht erfüllt). Dies liegt insbesondere daran, dass die Durchführung eines Täter-Opfer-Ausgleichs von der Mitwirkungsbereitschaft des Opfers abhängig ist und ein Geständnis voraussetzt.

---

[731] *Statistisches Bundesamt*, Fachserie 10, Reihe 2.6. Rechtspflege. Staatsanwaltschaften 2013, S. 26 ff.

[732] Ausführlicher zum Täter-Opfer-Ausgleich und seinem Zweck etwa *Meier*, Strafrechtliche Sanktionen, S. 403 ff.

Tab. 25: Quote der erfüllten und nicht erfüllten Auflagen, die gem. § 153a StPO verhängt wurden

	Nr. 1 – Wiedergutmachung (n=7)	Nr. 2 – Geldbetrag (n=62)	Nr. 3 – sonst. gemeinnützige Leistung (n=5)	Nr. 5 – TOA (n=43)	Nr. 6 – sozialer Trainingskurs (n=2)	alle Auflagen (n=120)
	%	%	%	%	%	%
Auflage nicht erfüllt	16,7	14,3	31,8	54,8	100	31,2
Auflage erfüllt	83,3	85,7	68,2	45,2	0	68,8
Gesamt	100	100	100	100	100	100

4.3 Sozioökonomische Ungleichheit und der Ausgang des Ermittlungsverfahrens

Um die Hypothese (H_2) zu überprüfen, dass mit abnehmendem sozioökonomischen Status der Beschuldigten die Verfahren seltener von der Staatsanwaltschaft aus Opportunität eingestellt (§ 153 / § 153a StPO) und öfter angeklagt oder mit einem Strafbefehlsantrag abgeschlossen werden, wurde zunächst das Bestehen von Korrelationen zwischen den einzelnen Abschlussentscheidungen der Staatsanwaltschaft[733] mit den Variablen geprüft, die den sozioökonomischen Status der Beschuldigten abbilden sollen. Da es in der Untersuchungsstichprobe nur Verfahren gab, die entweder nach § 153 Abs. 1 oder § 153a Abs. 1 StPO eingestellt wurden oder zu einer Anklageerhebung oder Strafbefehlsbeantragung führten, werden im Folgenden also stets nur diese Verfahren miteinander verglichen beziehungsweise einander gegenübergestellt.

Dabei muss bei den nachfolgenden Berechnungen stets bedacht werden, dass die Fallzahl bei den Analysen zum sozioökonomischen Status durch die vielen fehlenden Fälle unvermeidlich verkleinert war, was die Aussagekraft der Ergebnisse im Vergleich zu der Situation, in der in allen Akten Angaben gewesen wäre, schmälert (vgl. bereits 2. Teil Kap. 4.1; 3. Teil Kap. 2.2).

---

[733] Die abhängigen Variablen lauteten: War die erste Abschlussentscheidung die Erhebung einer Anklage? ja/nein; ein Strafbefehlsantrag? ja/nein; eine Verfahrenseinstellung nach § 153a Abs. 1 StPO ja/nein; oder eine Verfahrenseinstellung nach § 153 Abs. 1 StPO ja/nein.

Im Folgenden wurde nun der Ausgang des Ermittlungsverfahrens zwischen den Beschuldigten verglichen, bei denen Angaben zur Berufsausbildung (Tab. 27), zum Berufsstatus (Tab. 28) und zum Nettoeinkommen (Tab. 29) vorhanden waren. Dabei machen die folgenden Angaben keine Aussagen darüber, wie häufig die Verfahren tatsächlich insgesamt auf die einzelnen Weisen erledigt wurden. Denn zum einen umfasste die Stichprobe nur ausgewählte Ermittlungsverfahren, die lediglich zueinander in Vergleich gesetzt werden (siehe 2. Teil Kap. 2.2), und zum anderen wurden nur solche Fälle ausgewertet, in denen Angaben zu den jeweiligen sozioökonomischen Merkmalen der Beschuldigten vorhanden waren. Der Anteil fehlender sozioökonomischer Angaben war, wie bereits erörtert, je nach Erledigungsart allerdings sehr unterschiedlich (Tab. 26). Dies führte dazu, dass beispielsweise die Anklagequoten im Vergleich zu den Einstellungsquoten im Vergleich zu ihrem tatsächlichen Aufkommen bei den folgenden Ausführungen erheblich erhöht waren, da in den Anklageverfahren deutlich häufiger Angaben zur Ausbildung und zum Einkommen vorhanden waren. Bei den folgenden Analysen kommt es also nur auf den Vergleich der jeweiligen Anteile der einzelnen Abschlussentscheidungen zwischen den Beschuldigten an.

Tab. 26: Anteil fehlender Angaben zum Berufsstatus bei den einzelnen Abschlussentscheidungen der Staatsanwaltschaft (n=404)

	Fehlende Angaben bei der Frage „Arbeitslos? Ja oder nein."		Fehlende Angaben zur Bestimmung des sozioökonomischen Status	
	n	%	n	%
Anklage	9	**11,5**	17	**21,8**
Strafbefehl	42	**25,0**	65	**38,7**
§ 153a StPO	26	**39,4**	34	**51,5**
§ 153 StPO	47	**51,0**	54	**58,7**
Gesamte Stichprobe	124	**30,7**	170	**42,1**

Die berufliche Ausbildung ging nur aus 144 der 404 Akten (35,7 %) hervor, war aber bei arbeitslosen und berufstätigen Beschuldigten etwa gleichermaßen oft bekannt. Tab. 27 zeigt, dass bei den Beschuldigten ohne Berufsausbildung vergleichsweise am häufigsten, in fast zwei Drittel der Fälle Anklage erhoben wurde. Bei den Beschuldigten mit abgeschlossener Berufsausbildung lag die Anklagquote nur bei 27,3 %. Die Fallzahlen waren allerdings zu gering, um Signifikanzen mittels Chi^2-Tests zu berechnen. Bei den Beschuldigten mit Hochschulabschluss war der Anteil der Anklageverfahren zwar höher als bei denen mit Berufsausbildung, allerdings war die Fallzahl mit n = 5 zu klein, um repräsentative Aussagen zu dieser Beschuldigtengruppe tätigen zu können.

Tab. 27: Abschlussentscheidungen der Staatsanwaltschaft in %, differenziert nach der Berufsausbildung der Beschuldigten

	Keine Berufsausbildung (n=30)	Berufsausbildung (n=74)	Hochschulabschluss (n=5)	Noch in Berufsausbildung (n=23)	Noch im Studium (n=9)	Sonst. (n=3)
	%	%	%	%	%	%
Anklage (n=48)	59,9	27,3	37,8	31,1	11,2	0
Strafbefehl (n=53)	22,2	35,9	36,2	50,7	32,8	100
§ 153a StPO (n=25)	5,0	22,7	13,3	18,2	18,8	0
§ 153 StPO (n=18)	12,9	14,1	12,7	0	37,2	0
Gesamt (n=144)	100	100	100	100	100	100

Informationen zum Berufsstatus enthielten 69,6 % (n = 281) der Akten. Tab. 28 zeigt, dass die Quote der Verfahrensweiterführungen, insbesondere die der Anklagen, bei den arbeitslosen Beschuldigten erheblich höher und die Quote der Einstellungen nach § 153a StPO dagegen deutlich niedriger war als bei den restlichen Beschuldigten. Bei den berufstätigen Beschuldigten war der Anteil der Einstellungen nach § 153a StPO um ein Dreifaches höher als bei den arbeitslosen, und auch bei allen anderen Beschuldigtengruppen war die Quote der Anklagen deutlich geringer und der Anteil Einstellungen gegen Auflagen deutlich höher.

Beim Vergleich der durchschnittlichen Nettoeinkommen der Beschuldigten zwischen den einzelnen Abschlussentscheidungen zeigten sich hingegen so gut wie keine Unterschiede. Mit Ausnahme der Verfahrenseinstellung nach § 153a Abs. 1 StPO, bei der die Beschuldigten deutlich besser verdienten, unterschieden sich die Einkommen der Beschuldigten nicht.

Tab. 28: Abschlussentscheidungen der StA in %, differenziert nach dem Berufsstatus der Beschuldigten

	Arbeitslos (n=109)	Berufstätig (n=115)	Studium (n=8)	Berufsausbildung (n=33)	Rentner/in (n=12)	Sonst. (n=4)
	%	%	%	%	%	%
Anklage (n=69)	32,6	18,9	14,1	23,4	26,7	0
Strafbefehl (n=127)	47,2	40,3	41,1	55,2	37,2	66,0
§ 153a StPO (n=40)	6,4	18,6	23,5	15,6	31,2	21,0
§ 153 StPO (n=45)	13,8	22,2	21,3	5,8	4,9	13,0
Gesamt (n=281)	100	100	100	100	100	100

Allerdings ist bei der Analyse des Nettoeinkommens die eben beschriebene eingeschränkte Aussagekraft dieser Daten zu berücksichtigen: Das durchschnittliche aus den Akten ersichtliche Einkommen könnte durch fehlende und falsche Angaben der berufstätigen Beschuldigten niedriger sein, als es tatsächlich gewesen ist (siehe bereits 2. Teil Kap. 1, 3. Teil Kap. 2.2).

Tab. 29: Nettoeinkommen der Beschuldigten in €, differenziert nach den Abschlussentscheidungen der Staatsanwaltschaft[734]

	a.M.	Med.	SD	Min.	Max.	Quartile		
						25	50	75
Anklage (n=75)	800	741	516,4	0	2400	560	741	1000
Strafbefehl (n=55)	954	744	560,2	0	3000	670	744	1209
§ 153a StPO (n=34)	1249	983	1106,6	190	5750	690	983	1731
§ 153 StPO (n=26)	851	745	654,9	0	2300	333	745	1232

Insgesamt wurden damit die Ermittlungsverfahren am häufigsten bei den wirtschaftlich am besten gestellten Beschuldigten aus Opportunität eingestellt. Bei den ausbildungs- und arbeitslosen wurde hingegen deutlich öfter als bei den restlichen Beschuldigten Anklage erhoben. Das durchschnittliche Einkommen war bei den Einstellungen gegen Auflagen am höchsten,

734 Daten gewichtet mit dem Designgewicht, da die Erledigungsarten getrennt voneinander betrachtet wurden.

hier verdiente zumindest 1/4 der Beschuldigten über 1731 €. Bei den Anklageverfahren verdienten hingegen 3/4 der Beschuldigten unter 1000 €.

Diese Ergebnisse bestätigten sich, wenn man den Ausgang des Ermittlungsverfahrens bei den Beschuldigten der verschiedenen sozialen Schichten (dem ordinal skalierten sozioökonomischen Status (ISEI)) untersuchte. Angaben zum sozioökonomischen Status fehlten dabei in 42 % der Verfahren, sodass sich die Fallzahl bei Betrachtung des sozioökonomischen Status von 404 auf 233 verringerte.

Der Ausgang des Ermittlungsverfahrens veränderte sich mit steigender sozialer Schicht deutlich. Tab. 30 zeigt, dass mit zunehmender Gesellschaftsschicht die Schwere der Abschlussentscheidungen signifikant zunahmen. Der Rangkorrelationskoeffizient Kendalls-Tau-c ist dabei ein Maß für die Stärke des Zusammenhangs zwischen zwei ordinal-skalierten Variablen, das näherungsweise Werte von -1 (perfekter negativer Zusammenhang) bis 1 (perfekter positiver Zusammenhang) annehmen kann, wobei 0 kein Zusammenhang bedeutet.[735]

Insbesondere der Anteil von Anklageerhebungen sank mit steigender Schicht deutlich und die Quote der Einstellungen nach § 153a Abs. 1 StPO stieg erheblich. Wurde bei der unteren Unterschicht in 33 % der Verfahren Anklage erhoben, so war dies bei der oberen Mittelschicht nur halb so oft und auch bei der unteren Mittelschicht nur in 20 % der Verfahren der Fall. Bei der Einstellung gegen Auflagen nach § 153a Abs. 1 StPO wurden die Verfahren bei der oberen Mittelschicht sogar fast viermal so oft eingestellt wie bei der unteren Unterschicht, bei der mit einer Quote von 6,9 % deutlich seltener als bei den restlichen Beschuldigten nach § 153a StPO eingestellt wurde.

Die in der Stichprobe möglichen vier Ausgänge des Ermittlungsverfahrens lassen sich in zwei Gruppen teilen – die Gruppe der Verfahrenseinstellungen, in denen das Verfahren ohne Sanktionierung abgeschlossen wurde (bzw. werden kann) und die Gruppe der Verfahrensweiterführungen, welche in der Regel zu einer Verurteilung der Beschuldigten führten. Möchte man nun in dieser Stichprobe etwaige Diskriminierungen untersuchen, ist es nicht sinnvoll, bei einem Vergleich oder einer Gegenüberstellung eine

735 *Janssen*, Statistische Datenanalyse mit SPSS, S. 276 f.

Tab. 30: Verteilung der Abschlussentscheidungen der Staatsanwaltschaft auf die verschiedenen Gesellschaftsschichten in % (n = 233)

	untere Unterschicht (n=102)	obere Unterschicht (n=51)	untere Mittelschicht (n=52)	obere Mittelschicht (n=28)	alle Schichten (n=233)
	%	%	%	%	%
Anklage (n=60)	33,1	24,6	19,8	13,7	26,0
Strafbefehl (n=103)	45,3	45,2	40,9	46,9	44,5
§ 153a StPO (n=37)	6,9	15,2	18,6	25,6	16,0
§ 153 StPO (n=32)	14,7	15,0	20,7	13,8	13,5
Gesamt (n=233)	100	100	100	100	100
p=.004; Kendalls-Tau-c=-.141					

Art der Verfahrenserledigung den anderen drei Arten gegenüberzustellen. Denn andernfalls bestünde die Vergleichsgruppe aus Verfahrenseinstellungen und -weiterführungen.[736] Deswegen wurden für die folgenden Analysen den Verfahren, die von der Staatsanwaltschaft (nach § 153 Abs. 1 und/oder § 153a Abs. 1 StPO) eingestellt wurden, stets nur solche gegenübergestellt, die (durch Anklageerhebung oder Strafbefehlsbeantragung) weitergeführt wurden, und andersherum.

Tab. 31 zeigt den Vergleich der verschiedenen Arten der Verfahrenserledigungen bei den Beschuldigten aus verschiedenen sozialen Schichten. Sie zeigt zunächst, dass der Anteil der Anklagen anstelle einer Verfahrenseinstellung signifikant kleiner wurde, je höher die soziale Schicht der Beschuldigten war. Wurden bei der unteren Unterschicht noch 60,5 % der Verfahren angeklagt, war dies bei der oberen Mittelschicht nur noch in einem Viertel der Fälle der Fall. Auch der Anteil an Strafbefehlsverfahren anstelle einer Verfahrenseinstellung war bei der Unterschicht etwas höher als bei der Mittelschicht. Diese Unterschiede waren aber nicht signifikant. Deutliche

736 Z.B.: Würde man die Einflussfaktoren für eine Einstellung nach § 153a Abs. 1 StPO untersuchen, würden so unter die Verfahren, die hiernach nicht beendet wurden, neben der Anklageerhebung und Strafbefehlsbeantragung auch die für die Beschuldigten günstigen Verfahrenseinstellungen nach § 153 Abs. 1 StPO fallen. Die Vergleichsgruppe wäre so für die Fragestellung einer etwaigen Schlechterstellung nicht sinnvoll gebildet.

und signifikante Unterschiede gab es bei den Einstellungen gegen Auflagen nach § 153a Abs. 1 StPO. Wurden hiernach bei Beschuldigten aus der unteren Unterschicht nur 8 % der Verfahren eingestellt, war deren Anteil bei der oberen Mittelschicht mit 30 % nahezu viermal so groß. Der Anteil an Verfahrenseinstellungen nach § 153 Abs. 1 StPO anstelle von Verfahrensweiterführungen war bei Beschuldigten aus der Unterschicht zwar ebenfalls etwas seltener, aber der Unterschied war nicht signifikant.

Tab. 31: Vergleich der Abschlussentscheidung der Staatsanwaltschaft bei den Beschuldigten aus verschiedenen sozialen Schichten in %

	untere Unterschicht		obere Unterschicht		untere Mittelschicht		obere Mittelschicht	
	n	%	n	%	n	%	n	%
§ 153 oder § 153a	22	**39,5**	15	**55,1**	21	**66,5**	11	**74,2**
Anklage	34	**60,5**	12	**44,9**	10	**33,5**	4	**25,8**
p=.029; Cramer-V=.265								
§ 153 oder § 153a	22	**32,2**	15	**40,0**	20	**49,0**	11	**45,7**
Strafbefehl	46	**67,8**	23	**60,0**	21	**51,0**	13	**54,3**
(n.s.)								
Strafbefehl oder Anklage	80	**92,0**	36	**82,1**	32	**76,6**	17	**70,3**
§ 153a StPO	7	**8,0**	8	**17,9**	10	**23,4**	7	**29,7**
p=.027; Cramer-V=.217								
Strafbefehl oder Anklage	80	**84,2**	36	**82,4**	32	**74,6**	17	**81,5**
§ 153 StPO	15	**15,8**	8	**17,6**	11	**25,4**	4	**18,5**
(n.s.)								
Strafbefehl oder Anklage	80	**78,4**	36	**68,8**	31	**60,7**	17	**60,6**
§ 153 oder § 153a	22	**21,6**	15	**30,2**	20	**39,3**	11	**39,4**
(n.s.)								

Betrachtete man die Verteilung der Verfahrenseinstellungen insgesamt gegenüber den Verfahrensweiterführungen durch Anklage oder Strafbefehl, so wurde zwar sichtbar, dass bei den Beschuldigten der unteren und oberen Mittelschicht die Verfahren deutlich häufiger eingestellt wurde als bei denen der unteren Schichten. Da sich obere und untere Mittelschicht aber nicht voneinander unterschieden, war die Verteilung auf die vier Schichten insgesamt jedoch gerade nicht mehr signifikant unterschiedlich ($p = .079$).

Da die Häufigkeiten der Einstellungen gegen Auflagen anstelle einer Verfahrensweiterführung bei den Beschuldigten der verschiedenen sozialen Schichten die deutlichsten Unterschiede aufwiesen, wurde im nächsten Schritt die Verteilung der Auflagen auf die einzelnen Schichten untersucht. Die Untersuchungsunterhypothese (UH) lautete dabei, dass bei Angehörigen aus höheren Schichten häufiger Geldauflagen verhängt werden, da sie diese leichter von sich aus anbieten können oder die Staatsanwaltschaft diese von sich aus eher anwendet als bei Beschuldigten aus der Unterschicht. Weiterhin sollte analysiert werden, ob aus den verhängten Geldauflagen bei § 153a Abs. 1 S. 2 Nr. 2 StPO eine Systematik bei der Bemessung der Geldauflagenhöhe erkennbar wird. Die Geldzahlungsauflage (Nr. 2) war dabei in der Stichprobe die wichtigste Auflage von § 153a StPO: Sie wurde bei 52,1 % der Einstellungen gewählt, gefolgt von der Durchführung eines Täter-Opfer-Ausgleichs mit 35,1 %. Betrachtete man anhand der Statistik für die Staatsanwaltschaft die Häufigkeit dieser Auflage bei allen Einstellungen nach § 153a Abs. 1 StPO deutschlandweit zeigte sich, dass auch dort die Geldzahlungsauflage nach Nr. 2 am häufigsten verhängt wurde (sogar noch deutlich häufiger als in der Stichprobe, nämlich zu 83,8 %[737]; siehe hierzu bereits 3. Teil Kap. 4.2). Tab. 32 zeigt die Verteilung der einzelnen Auflagen des § 153a Abs. 1 StPO auf die sozialen Schichten.

Der Anteil der Auflagen über die Zahlung eines Geldbetrags an die Staatskasse oder eine gemeinnützige Einrichtung (Nr. 2) nahm mit steigender Schicht zu. Auch bei Addition der Auflagen zur Wiedergutmachung des durch die Tat verursachten Schadens (Nr. 1 – die in der vorliegenden Untersuchung stets die Zahlung von Schadensersatz an das Opfer bedeuteten) stieg der Anteil an den „Geldzahlungsauflagen" (Nr. 1 und Nr. 2) mit zunehmendem sozioökonomischen Status. Stattdessen sank der Anteil

---

[737] *Statistisches Bundesamt*, Fachserie 10, Reihe 2.6. Rechtspflege. Staatsanwaltschaften 2015, S. 26. (Die Statistik zur gerichtlichen Einstellungspraxis schlüsselt die Einstellungen nicht nach den Auflagen/Weisungen auf, sodass diesbezüglich keine Aussage getroffen werden kann.) Dieses Übergewicht der Geldzahlungsauflagen gab es bereits bei der Einführung der Norm: Für die Jahre 1977 bis 1981 machte die Geldbuße circa 95 % der Auflagen aus, *Rieß*, ZRP 1983, 93, 95.

an Auflagen zur Durchführung eines Täter-Opfer-Ausgleichs als häufigste Form eines immateriellen Ausgleichs mit steigendem Status. Auch die anderen immateriellen Auflagen wurden allein bei der unteren Unterschicht verhängt. Die Fallzahlen waren jedoch zu gering für die Berechnung von Signifikanzen mittels Chi^2-Tests.

Tab. 32: Verteilung der Auflagen von § 153a StPO auf die einzelnen sozialen Schichten in %[738]

	untere Unterschicht (n=12)	obere Unterschicht (n=13)	untere Mittelschicht (n=20)	obere Mittelschicht (n=14)	alle Schichten (n=59)
Nr. 1 - Wiedergutmachung	0 %	18,4 %	6,3 %	0 %	6,3 %
Nr. 2 - Geldbetrag	27,5 %	33,2 %	57,0 %	75,3 %	50,1 %
Nr. 3 – sonst. gemeinnützige Leistung	12,8 %	0 %	0 %	0 %	2,6 %
Nr. 5 - TOA	53,3 %	48,4 %	36,7 %	24,7 %	39,8 %
Nr. 6 – sozialer Trainingskurs	6,4 %	0 %	0 %	0 %	1,2 %
Gesamt	100 %	100 %	100 %	100 %	100 %

Mittels eines Vergleichs der bekannten Nettoeinkommen mit den Höhen der Geldauflagen (Abb. 8) wurden anschließend untersucht, ob die Höhe der Auflagen der Nr. 2 nach dem Einkommen bemessen wurde (UF).

Dabei war zunächst festzustellen, dass bei lediglich 24,2 % der Einstellungen nach § 153a Nr. 2 StPO das Nettoeinkommen überhaupt aus der Akte ersichtlich war. Doch auch, wenn das Einkommen bekannt war, orientierte sich die Auflagenhöhe hieran nicht, wie Abb. 8 zeigt.

Dass das Ermittlungsverfahren für Beschuldigte mit niedrigem sozioökonomischen Status signifikant öfter schlechter endete, zeigte sich ebenfalls, wenn man den durchschnittlichen ISEI-Wert (als Maß für den sozioökonomischen Status) zwischen den einzelnen Arten der Verfahrenserledigung verglich. Tab. 33 zeigt, dass auch hier der sozioökonomische Status der Beschuldigten bei § 153a StPO im Mittel signifikant höher und bei der Strafbefehlsbeantragung und der Anklageerhebung signifikant niedriger war. Auch bei der generellen Unterscheidung zwischen den Verfah-

[737] Daten wurden mit dem Designgewicht gewichtet.

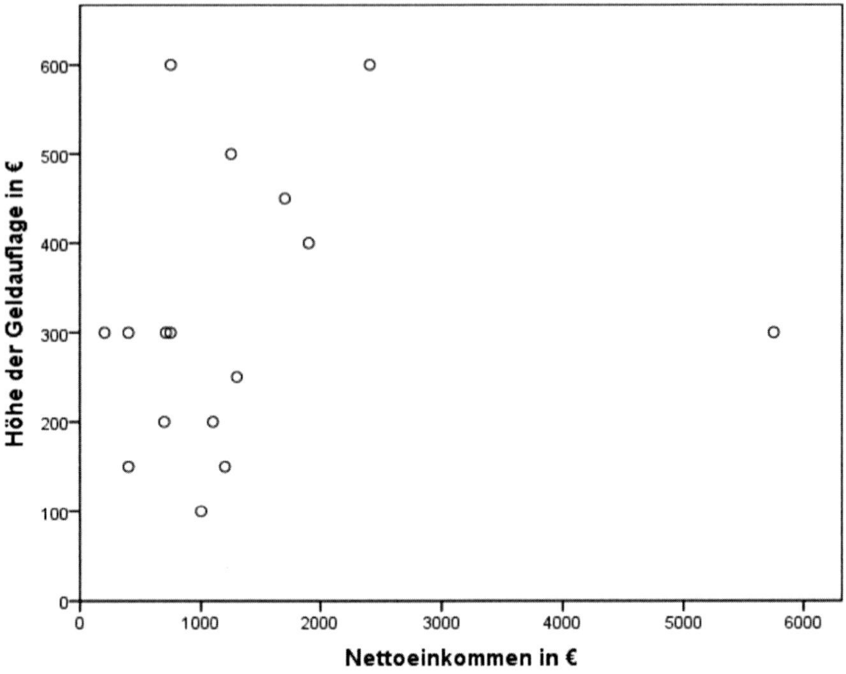

Abb. 8: Verteilung der Auflagenhöhen im Verhältnis zum Nettoeinkommen (n = 17)[739]

renseinstellungen und -weiterführungen ergaben sich signifikante Unterschiede zuungunsten der Beschuldigten mit niedrigerem Status. Die größten Unterschiede gab es zum einen bei der Entscheidung zur Anklageerhebung anstelle einer Verfahrenseinstellung, bei welcher der ISEI-Wert hochsignifikant um 10,2 Punkte niedriger war. Zum anderen war der durchschnittliche sozioökonomische Status bei den Einstellungen gegen Auflagen im Vergleich zu den Verfahrensweiterführungen hochsignifikant um 11,9 Wertepunkte erhöht.

Differenzierte man bei dem Mittelwertvergleich zwischen den Verfahren aus den beiden Landgerichtsbezirken, zeigte sich, dass es in Hannover mehr und deutlichere Unterschiede zulasten sozioökonomisch schwächerer Beschuldigter gab (Tab. 34). In Braunschweig war der ISEI-Wert lediglich

[739] Daten wurden mit dem Designgewicht gewichtet.

Tab. 33: ISEI-Wert der Beschuldigten bei den Abschlussentscheidungen der Staatsanwaltschaft

Ausprägung	n	aM	SD	Diff.	*p*
§ 153 oder § 153a	69	29,7	18,8	10,2	*p*=.001
Anklage	60	19,5	14,7		
§ 153 oder § 153a	69	29,7	18,8	6,3	*p*=.029
Strafbefehl	104	23,4	17,6		
Anklage oder Strafbefehl	164	21,9	16,7	-11,9	*p*<.001
§ 153a StPO	32	33,8	19,5		
Anklage oder Strafbefehl	164	21,9	16,7	-4,2	(n.s.)
§ 153 StPO	37	26,1	17,8		
Anklage oder Strafbefehl	164	21,9	16,7	-7,7	*p*=.002
§ 153 oder § 153a	69	29,7	18,8		

bei der Anklageerhebung signifikant niedriger. In Hannover gab es hingegen nur bei der Verfahrenseinstellung nach § 153 Abs. 1 StPO keinen signifikanten Unterschied zuungunsten der sozioökonomisch schwächeren Beschuldigten. Zusätzlich waren die Unterschiede in Hannover auch größer: Insbesondere bei den Verfahrenseinstellungen nach § 153a Abs. 1 StPO hatten die Beschuldigten einen um 18 Wertepunkte höheren ISEI-Mittelwert als die Vergleichsgruppe. Dieser Umstand könnte die Folge dessen sein, dass in Hannover bei den Einstellungen gegen Auflagen nach § 153a Abs. 1 StPO viel häufiger Geldzahlungsauflagen (Nr. 2) und deutlich seltener der Täter-Opfer-Ausgleich gewählt wurde.

Ein weiterer Faktor, den man mit Blick auf sozioökonomische Ungleichheiten betrachten kann, war das Nettoeinkommen. Dieses war nur in 49,1 % der Verfahren aus der Akten ersichtlich. Die durchschnittlichen, bekannt gewordenen Einkommen der Beschuldigten unterschieden sich in dieser Stichprobe allerdings nicht signifikant zwischen den einzelnen staatsanwaltlichen Abschlussentscheidungen im Ermittlungsverfahren.

Tab. 34: ISEI-Mittelwert der Beschuldigten bei den Abschlussentscheidungen der StA, differenziert nach Landgerichten[740]

Hannover					
Ausprägung	n	aM	SD	Diff.	*p*
§ 153 oder § 153a Anklage	39 29	30,2 20,1	19,3 15,5	10,2	.023
§ 153 oder § 153a Strafbefehl	39 42	30,2 20,7	19,3 15,1	9,5	.015
Anklage oder Strafbefehl § 153a StPO	71 14	20,4 38,6	15,2 20,2	-18,1	<.001
Anklage oder Strafbefehl § 153 StPO	71 25	20,4 25,5	15,2 17,5	-5,1	(n.s.)
Anklage oder Strafbefehl § 153 oder § 153a	71 39	20,4 30,2	15,2 19,3	-9,8	.004
Braunschweig					
Ausprägung	n	aM	SD	Diff.	*p*
§ 153 oder § 153a Anklage	28 32	28,4 18,6	18,1 13,8	9,8	.024
§ 153 oder § 153a Strafbefehl	28 68	28,4 26,2	18,1 19,6	-2,2	(n.s.)
Anklage oder Strafbefehl § 153a StPO	100 19	23,7 28,1	18,2 17,6	-4,4	(n.s.)
Anklage oder Strafbefehl § 153 StPO	100 9	23,7 28,9	18,2 20,4	-5,2	(n.s.)
Anklage oder Strafbefehl § 153 oder § 153a	100 28	23,7 28,4	18,2 18,1	-4,7	(n.s.)

Da sich die untere Unterschicht bei den bisherigen Betrachtungen am deutlichsten von den anderen Gesellschaftsschichten unterschied und diese (mit n = 102) einen großen Teil der Stichprobe ausmachte, wurden die Beschuldigten zusätzlich zu den sozialen Schichten noch gröber in arbeitslose

740 Gewichtet mit den jeweiligen Anpassungsgewichten.

(untere Unterschicht) und erkennbar nicht arbeitslose Beschuldigte[741] (obere Unterschicht bis obere Mittelschicht) unterteilt. Tab. 35 zeigt die Verteilung der arbeitslosen Beschuldigten auf die vier Arten des Verfahrensabschlusses durch die Staatsanwaltschaft insgesamt.

Tab. 35: Verteilung der Verfahrensbeendigung durch die Staatsanwaltschaft auf arbeitslose und nicht-arbeitslose Beschuldigte in % (n = 281)

	arbeitslos	
	nein (n=173)	ja (n=108)
	%	%
Anklage[ab] (n=69)	19,6	32,6
Strafbefehl (n=127)	43,6	47,2
§ 153a StPO[ab] (n=40)	19,2	6,4
§ 153 StPO (n=45)	17,5	13,8
Gesamt (n=281)	100	100
p=.005; Cramer-V=.215		

[ab] = bei dieser Teilmenge der unabhängigen Variable unterscheiden sich die Ausprägungen signifikant voneinander

Bei arbeitslosen Beschuldigten wurde signifikant anders über den Ausgang des Ermittlungsverfahrens entschieden als bei den nicht arbeitslosen. Das Verfahren wurde signifikant häufiger weitergeführt und seltener aus Opportunität eingestellt. Auch hier wiesen wieder die Entscheidungen über eine Anklageerhebung und eine Einstellung nach § 153a StPO die deutlichsten Unterschiede auf.

Um die Benachteiligung arbeitsloser Beschuldigter deutlicher zu machen, wurden im nächsten Schritt wieder die verfahrensweiterführenden Entscheidungen (Anklage und/oder Strafbefehl) den Verfahrenseinstellungen (§ 153 Abs. 1 und/oder § 153a Abs. 1 StPO) gegenübergestellt.[742] Diese Gegenüberstellungen, die in Tab. 36 dargestellt sind, zeigten fast überall

741 Unter erkennbar nicht arbeitslose Beschuldigte wurden solche gefasst, die berufstätig, in Rente, in Ausbildung o.ä. waren. Beschuldigte, über die keine Angaben zum Berufsstatus vorhanden waren, wurden auch hier nicht mit einbezogen. Diese Variable führt im Vergleich zur Bestimmung des ISEI-Werts zu höheren Fallzahlen, da sie keine genaueren Angaben zur beruflichen Tätigkeit benötigte.

742 Wollte man in dieser Stichprobe etwaige Diskriminierungen untersuchen, war es, wie bereits erörtert, nicht sinnvoll, bei einem Vergleich oder einer Gegenüberstellung ei-

eine signifikante Schlechterstellung der arbeitslosen Beschuldigten gegenüber den nicht arbeitslosen. Dabei ist *p* wieder der Wert für die Irrtumswahrscheinlichkeit (das Maß für die Signifikanz). Der Phi-Koeffizient gibt die Stärke und mittels Vorzeichens außerdem die Richtung des Zusammenhangs an und kann (wie Cramer-V) Werte von 0 (kein Zusammenhang) bis 1 bzw. -1 (perfekter Zusammenhang) annehmen.[743]

Tab. 36: Vergleich der Arbeitslosigkeit der Beschuldigten bei den verschiedenen Abschlussentscheidungen der StA in %

Verfahrensbeendigung	arbeitslos	
	nein	ja
§ 153 oder § 153a (n=85)	65,2	38,3
Anklage (n=69)	34,8	61,7
p=.001; Phi=.261		
§ 153 oder § 153a (n=85)	45,7	30,0
Strafbefehl (n=127)	54,3	70,0
p=.027; Phi=.152		
Strafbefehl oder Anklage (n=196)	76,7	92,5
§ 153a StPO (n=40)	23,3	7,5
p=.002; Phi=-.206		
Strafbefehl oder Anklage (n=196)	78,3	85,3
§ 153 StPO (n=45)	21,7	14,7
(n.s.)		
Strafbefehl oder Anklage (n=196)	63,3	79,8
§ 153 oder § 153a (n=85)	36,7	20,2
p=.003; Phi=-.175		

Mit Ausnahme der Einstellung nach § 153 Abs. 1 StPO waren die arbeitslosen Beschuldigten stets bei der für sie schlechteren Option signi-

ne Art der Verfahrenserledigung den anderen drei Arten gegenüberzustellen, da dann die Vergleichsgruppe aus Verfahrenseinstellungen und –weiterführungen (also sowohl aus für die Beschuldigten negativen als auch positiven Arten der Verfahrenserledigung) bestünde.

743 Der Phi-Koeffizient ist das Zusammenhangsmaß für 2x2-Tabellen, Cramer-V der Wert für größere Tabellen (d.h. für Zusammenhänge bei denen mindestens ein Merkmal mehr als zwei Ausprägungen hat), *Janssen*, Statistische Datenanalyse mit SPSS, S. 267 f.

fikant überrepräsentiert. Bei ihnen wurde das Verfahren zu 61,7 % angeklagt, bei den nicht-arbeitslosen Beschuldigten nur zu 38,3 %. Eine Einstellung gegen Auflagen anstelle einer Verfahrensweiterführung erlangten nur 7,5 % der arbeitslosen, aber 23,3 % der nicht-arbeitslosen Beschuldigten. Die Schlechterstellung der Arbeitslosen war (im Unterschied zu dem Vergleich der vier sozialen Schichten) bei diesem Vergleich auch bei der Entscheidung für eine Strafbefehlsbeantragung anstelle einer Verfahrenseinstellung und bei der generellen Entscheidung zwischen Einstellung oder Verfahrensweiterführung signifikant.

Zusammenfassend lässt sich damit festhalten, dass die Wahrscheinlichkeit, dass das Verfahren nach § 153a Abs. 1 StPO gegen eine Auflage eingestellt wurde, umso geringer war, je niedriger der sozioökonomische Status der Beschuldigten war. Desto größer war dagegen die Wahrscheinlichkeit, dass das Verfahren nicht eingestellt, sondern angeklagt oder ein Strafbefehl beantragt wurde. Die größten Unterschiede gab es bei den Einstellungen nach § 153a Abs. 1 StPO anstelle einer Verfahrensweiterführung und bei den Anklageerhebungen anstelle einer Verfahrenseinstellung nach § 153a oder § 153 StPO. Die mit Abstand schlechteste Position nahmen dabei die sozioökonomisch schwächsten Beschuldigten, die Arbeitslosen ein.

4.4 Die Verteidigung im Ermittlungsverfahren

Ein weiterer wesentlicher Aspekt im Ermittlungsverfahren, der mit der finanziellen Situation der Beschuldigten in Verbindung steht, ist die Beauftragung eines Wahlverteidigers. Die Mandatierung bereits im Ermittlungsverfahren bietet dabei für die Verteidigung gerade in Verfahren leichterer Kriminalität die Möglichkeit, auf eine Opportunitätseinstellung hinzuwirken und so das Verfahren ohne Verurteilung und stigmatisierende, öffentliche Hauptverhandlung zu beenden (siehe bereits 1. Teil Kap. 3.6, Kap. 4). Im Folgenden wurden deshalb sowohl das Vorkommen als auch der Einfluss eingeschalteter Wahlverteidigerinnen im Ermittlungsverfahren analysiert.

Nur 20,8 % (n = 84) der Beschuldigten beauftragten überhaupt im Ermittlungsverfahren einen Wahlverteidiger. Wie bereits in Teil 3 Kap. 3.2 untersucht, unterschied sich lediglich die obere Mittelschicht signifikant von den restlichen Beschuldigten bei dem Umstand, wie häufig eine Verteidigerin bereits im Ermittlungsverfahren hinzugezogen wurde. Zwischen den restlichen Beschuldigten bestanden kaum Unterschiede, und die Beschuldigten der unteren Unterschicht bestellten sogar häufiger einen Verteidiger als die der unteren Mittelschicht. Dafür ließen sich die Beschuldigten der oberen Mittelschicht dreimal so oft wie die restlichen Beschuldigten im Ermittlungsverfahren anwaltlich vertreten. Tab. 37 zeigt noch einmal zur Veranschaulichung die Verteilung der beauftragten Wahlverteidigung auf die sozialen Schichten.

Tab. 37: Verteilung der im Ermittlungsverfahren beauftragten Wahlverteidiger auf die einzelnen Schichten (n = 233)

	untere Unterschicht (n=102)	obere Unterschicht (n=51)	untere Mittelschicht (n=52)	obere Mittelschicht[ab] (n=28)	alle Schichten (n=233)
	%	%	%	%	%
Keine Wahlverteidigung (n=195)	85,1	87,5	90,6	58,8	83,7
Wahlverteidigung (n=38)	14,9	12,5	9,4	41,2	16,3
Gesamt (n=233)	100	100	100	100	100
p=.002; Cramer-V=.255					

[ab] = bei dieser Teilmenge der unabhängigen Variable unterscheiden sich die Ausprägungen signifikant voneinander

Die Wahlverteidigerinnen wurden im Vergleich zu den Pflichtverteidigerinnen erwartungsgemäß deutlich und signifikant früher herangezogen und konnten somit auch bereits eher auf den Verfahrensablauf Einfluss nehmen. So wurden 65,9 % der Wahlverteidiger bereits im Ermittlungsverfahren beauftragt und kein einziger Pflichtverteidiger.[744] Pflichtverteidigerinnen hatten also nie die Möglichkeit, eine Verfahrenseinstellung durch die Staatsanwaltschaft zu erwirken. Zwar wären Einstellungen nach § 153 und § 153a StPO regelmäßig auch keine Option, wenn die Pflichtverteidigung wegen der Schwere der Tat (der hohen Straferwartung) erforderlich war[745], aber die Möglichkeit auf das anwaltliche Hinwirken der dennoch wichtigen

[744] Siehe hierzu bereits 3. Teil Kap. 3.1.

[745] Die Möglichkeit hätte aber eventuell in den restlichen Fällen bestanden, in denen die Pflichtverteidigerbestellung aus anderen Gründe erfolgte (hier 29,9 %; n = 6).

Verfahrenseinstellungen nach § 154 Abs. 1 StPO wurde den Beschuldigten mit Pflichtverteidigern in diesen Fällen abgeschnitten.[746] In den untersuchten Verfahren wäre allerdings ein Antrag auf Pflichtverteidigerbestellung durch die Staatsanwaltschaft im Ermittlungsverfahren kaum eine denkbare Option gewesen, da die Staatsanwaltschaft stets erst dann hinzugezogen wurde, wenn die Polizei die Ermittlungen als abgeschlossen betrachtete. War das Verfahren zur Staatsanwaltschat gelangt, wurden lediglich in 6,7 % (n = 27) der Verfahren eigene Ermittlungen der Staatsanwaltschaft durchgeführt und das Verfahren auch nur in 6 % (n = 24) der Fälle zur weiteren Aufklärung an die Polizei zurück verfügt. In knapp 94 % der Fälle (n = 355) traf die Staatsanwaltschaft hingegen ihre Abschlussentscheidung unmittelbar nach dem Eingang des Verfahrens.

Auch das Aussageverhalten unterschied sich erwartungsgemäß zwischen verteidigten und unverteidigten Beschuldigten. Wurden die Wahlverteidigerinnen bereits vor der ersten Beschuldigtenvernehmung beauftragt, gestanden die Beschuldigten lediglich zu 2,8 % und damit signifikant seltener als die unverteidigten, die zu 22,8 % ein Geständnis ablegten.[747] Verteidigte Beschuldigte kamen ebenfalls nur zu 10,3 % und somit hochsignifikant seltener zur polizeilichen Vernehmung als die unverteidigten, die zu 38,8 % erschienen.[748]

In der Untersuchungsstichprobe war die für die Beschuldigten beste Option des Verfahrensausgangs in aller Regel eine Verfahrenseinstellung aus Opportunität.[749] Eine Anklageerhebung und die darauffolgende Eröffnung der Hauptverhandlung wird dagegen in den meisten Fällen das ungünstigste Szenario für die Beschuldigten gewesen sein.

---

746 Diese machten 10 % aller Erledigungen der Ermittlungsverfahren aus, die nicht nach § 170 Abs. 2 StPO eingestellt wurden. Errechnet aus *Statistisches Bundesamt*, Fachserie 10, Reihe 2.6. Rechtspflege. Staatsanwaltschaften 2015, S. 26.

747 $p = .001$; Phi = -.169.

748 $p < .001$; Phi = -.202.

749 Zum Überwiegen der Vorteile der Einstellungen gegenüber denen einer Verfahrensweiterführung (wie etwa einer sicheren Verurteilungsverhinderung, keiner BZR-Eintragung gegenüber z.B. der fehlenden Chance einer „öffentlichen Rehabilitierung" oder einem befürchteten Restverdacht, der einer Einstellung anhaftet) beispielsweise *Nobis*, Strafverteidigung vor dem Amtsgericht, S. 248 ff.; *Barton*, Einführung in die Strafverteidigung, S. 63.

Die Untersuchungshypothese (H_3) lautete, dass sich bei frühzeitiger Verteidigereinschaltung die Chancen darauf erhöhen, dass das Verfahren nach § 153 Abs. 1 und insbesondere nach § 153a Abs. 1 StPO eingestellt wird. Gleichzeitig erhöht sich die Chance darauf, dass die Tat nicht angeklagt wird. Denn ein eingeschalteter Verteidiger wird erwartungsgemäß versuchen, etwa mittels Kontaktaufnahme mit der Staatsanwaltschaft, eine Verfahrenseinstellung herbeizuführen und eine Anklage zu vermeiden.[750] Dabei ist zwar die Einstellung ohne Auflagen nach § 153 Abs. 1 StPO der günstigste Verfahrensausgang für die Beschuldigten, auf eine Einstellung gegen Auflagen kann allerdings besser hingewirkt werden. Letztere greift einerseits nicht nur bei bloßen Bagatellen und die Verteidigung kann andererseits von sich aus an die Staatsanwaltschaft herantreten und ein Angebot in dem Sinne abgeben, dass die Beschuldigten bereit wären, auch selbst etwas auf sich zu nehmen und gleichzeitig etwas Positives für das Opfer, die Gesellschaft oder die Staatskasse zu tun. Eine solche Einstellung mit beispielsweise einer gleichzeitigen Geldzahlung an das Opfer, an eine gemeinnützige Einrichtung oder die Staatskasse lässt sich dabei einfacher vortragen als die Bitte um eine völlig folgenlose Verfahrenseinstellung.

Zur Überprüfung der Hypothese wurde zum einen die Verteilung der vier Abschlussarten auf verteidigte und unverteidigte Beschuldigte (Tab. 38) analysiert. Zum anderen wurde das Bestehen bivariater Zusammenhänge zwischen der Beauftragung einer Verteidigerin im Ermittlungsverfahren und den einzelnen Abschlussentscheidungen der Staatsanwaltschaft untersucht.

Tab. 38 zeigt, dass die Verfahren gegen verteidigte Beschuldigte deutlich häufiger (fast doppelt so häufig) nach § 153a Abs. 1 StPO eingestellt und seltener angeklagt wurden, wobei im Einzelnen lediglich die Unterschiede bei den Einstellungen gegen Auflagen signifikant waren. Die Quote der beantragten Strafbefehle und Einstellungen nach § 153 Abs. 1 StPO unterschied sich hingegen nicht.

Verglich man wieder die Verfahrenseinstellungen mit den -weiterführungen, dann korrelierte auch hier einzig die Entscheidung der Staatsan-

---

[750] Siehe hierzu *Dahs/Rettenmaier*, Handbuch des Strafverteidigers, S. 328 ff., der auch ausführt, dass solche Einstellungsgesuche nach §§ 153 f. StPO bei der Justiz wegen steigender Überlastung vielmals auf offene Ohren stoßen.

Tab. 38: Ausgang des Ermittlungsverfahrens bei verteidigten und unverteidigten Beschuldigten in % (n = 404)

	§ 153 I StPO (n=92)	§ 153a I StPO[ab] (n=66)	Strafbefehl (n=168)	Anklage (n=11)	Gesamt (n=404)
	%	%	%	%	%
Keine Wahlverteidigung (n=320)	23,1	13,8	42,3	20,8	100
Wahlverteidigung (n=84)	21,2	25,7	39,6	13,5	100
p=.050; Cramer-V=.139					

[ab] = bei dieser Teilmenge der unabhängigen Variable unterscheiden sich die Ausprägungen signifikant voneinander

waltschaft zur Verfahrenseinstellung nach § 153a Abs. 1 StPO anstelle einer Anklageerhebung oder Strafbefehlsbeantragung signifikant positiv mit der Einschaltung einer Verteidigung bereits im Ermittlungsverfahren.[751] Bei verteidigten Beschuldigten wurden bei der Gegenüberstellung der Einstellungen nach § 153a StPO und der Verfahrensweiterführungen 32,6 % der Verfahren gegen Auflagen eingestellt. Bei den unverteidigten Beschuldigten machten Einstellungen nach § 153a StPO nur 18 % aus.

Tab. 39: Auflagen der Einstellungen nach § 153a Abs. 1 StPO bei Einschaltung einer Wahlverteidigung im Ermittlungsverfahren (n = 71)

		§ 153a Abs. 1 StPO										Gesamt	
		Nr. 1 Wiedergutmachung		Nr. 2 Geldbetrag		Nr. 3 gemeinn. Leistung		Nr. 5 TOA		Nr. 6 sozialer Trainingskurs			
		n	%	n	%	n	%	n	%	n	%	n	%
Wahlverteidigung im EV	nein	2	**3,9**	24	**48,4**	3	**5,6**	20	**39,8**	1	**2,3**	49	**100**
	ja	2	**8,9**	13	**61,2**	0	**0,0**	8	**29,9**	0	**0,0**	22	**100**

Tab. 39 zeigt, dass 70 % der Einstellungen nach § 153a StPO, bei denen ein Wahlverteidiger eingeschaltet war, gegen die Zahlung eines Geldbetrags entweder an das Opfer (Nr. 1), die Staatskasse oder eine gemeinnützige Ein-

[751] $p = .010$; *Phi* = .146; n = 312.

richtung (Nr. 2) erfolgten. War keine Verteidigerin eingeschaltet, machten diese nur 52 % aus.

Hinsichtlich der Anklagewahrscheinlichkeit anstelle einer Einstellung gab es, wenn ein Wahlverteidiger im Ermittlungsverfahren hinzugezogen wurde, zwar weniger Anklagen als statistisch erwartet, der Unterschied war jedoch nur gering und nicht signifikant.[752] Dies könnte möglicherweise daraus zu erklären sein, dass die Beschuldigten eher dann eine Verteidigerin hinzuzogen, wenn sie mit einem folgenschweren Ausgang des Verfahrens rechneten, etwa da sie bereits (einschlägig) vorbestraft waren oder die verursachte Verletzung besonders schwer war.

Zusammenfassend lässt sich mithin festhalten, dass sich nur ein Fünftel der Beschuldigten im Ermittlungsverfahren des Beistands eines Wahlverteidigers bediente. Dabei mandatierten lediglich Beschuldigte aus der oberen Mittelschicht signifikant häufiger (dafür allerdings dreimal häufiger als die restlichen Beschuldigten) eine Wahlverteidigerin. Während 65,9 % der Wahlverteidiger bereits im Ermittlungsverfahren beauftragt wurden, wurde kein Pflichtverteidiger vor dem Zwischenverfahren beigeordnet. War eine Verteidigerin eingeschaltet, dann kamen die Beschuldigten nur zu 10,3 % zur polizeilichen Beschuldigtenvernehmung und gestanden signifikant seltener. Die Strafverfahren wurden bei anwaltlicher Vertretung signifikant häufiger gegen Auflagen nach § 153a Abs. 1 StPO eingestellt. Mit der Häufigkeit der Einstellungen nach § 153 StPO, Anklagen und Strafbefehlen korrelierte eine vorhandene Verteidigung jedoch nicht.

4.5 Determinanten des Ausgangs des Ermittlungsverfahrens

Der folgende Abschnitt widmet sich der Frage, ob sich die in den vorherigen Kapiteln festgestellten Ungleichverteilungen zulasten sozioökonomisch schwacher und unverteidigter Beschuldigter aus der Benachteiligung dieser Gruppen selbst ergaben, oder ob diese durch andere Einflussfaktoren bewirkt wurden, die mit diesen Gruppen einhergingen. Zum Beispiel: Wären Beschuldigte aus den unteren Gesellschaftsschichten häufiger einschlägig vorbelastet und würden häufiger schwere Verletzungen verursachen, könnte es sein, dass sich die häufigere Anklagequote daraus ergibt

[752] $p = .067$; n = 236.

und der sozioökonomische Status selbst, bei gleichzeitiger Berücksichtigung dieser Faktoren, seinen eigenständigen Einfluss verliert.

Um dies zu überprüfen, musste zunächst untersucht werden, welche weiteren Faktoren eine Verfahrenseinstellung aus Opportunität durch die Staatsanwaltschaft beziehungsweise die Entscheidung zur Anklageerhebung oder Strafbefehlsbeantragung beeinflussten (F_1). Dafür wurde zunächst geprüft, ob, und wenn ja, womit die Staatsanwaltschaft ihre Entscheidung in der Akte begründete. Anschließend wurden die von der Staatsanwaltschaft genannten und weitere theoretisch möglichen Determinanten des Ermittlungsverfahrensausgangs in bi- und multivariaten Analysen auf ihre statistische Relevanz hin überprüft.

4.5.1 Bivariate Analysen

In einem ersten Schritt wurden die weiteren Faktoren ermittelt, die mit den einzelnen Abschlussentscheidungen bivariat korrelierten. Dabei wurden wieder die Verfahren, die von der Staatsanwaltschaft (nach § 153 Abs. 1 und/oder § 153a Abs. 1 StPO) eingestellt wurden, stets nur solchen gegenübergestellt, die (durch Anklageerhebung oder Strafbefehlsbeantragung) weitergeführt wurden, und andersherum. Im ersten Teil dieses Abschnitts werden die Verfahrenseinstellungen behandelt, im zweiten Teil die Verfahrensweiterführungen.

4.5.1.1 Determinanten der Verfahrenseinstellungen (§§ 153 Abs. 1, 153a Abs. 1 StPO)

Bei der Untersuchung der Determinanten einer Verfahrenseinstellung durch die Staatsanwaltschaft wurde zunächst erhoben, ob und welche Begründungen diese für erfolgte Einstellungen nach § 153 f. StPO in den Akten festhielt. Anschließend wurde mittels bivariater Analysen untersucht, ob diese und weitere, nicht in den Akten genannte Determinanten signifikant mit der Einstellungswahrscheinlichkeit korrelierten.

4.5.1.2 Von der Staatsanwaltschaft angegebene Gründe für eine Verfahrenseinstellung (§ 153 Abs. 1 oder § 153a Abs. 1 StPO)

In 91,4 % der untersuchten Akten wurde die erfolgte Verfahrenseinstellung nach § 153 Abs. 1 StPO von der Staatsanwaltschaft begründet; bei den Verfahren, die nach § 153a Abs. 1 StPO eingestellt werden sollten, wurden nur in 28,9 % der Akten Gründe angegeben. Dieser große Unterschied erklärt sich daraus, dass bei den Einstellungen nach § 153 Abs. 1 StPO in vielen Fällen die Zustimmung des Gerichts eingeholt wurde und in beiden Staatsanwaltschaften ein standardisiertes Formular existierte, in dem mögliche Einstellungsgründe zum Ankreuzen vorgegeben waren. Ein solches Formular existierte für § 153a StPO bei beiden Staatsanwaltschaften nicht.

In Brauschweig enthielt das Formular für die Einstellungen nach § 153 Abs. 1 StPO die folgenden vorgegebenen Begründungsmöglichkeiten:
- Der angerichtete Schaden ist verhältnismäßig gering
- Einschlägige Vorstrafen sind nicht vermerkt
- Es ist auch anzunehmen, dass die Unannehmlichkeiten des Ermittlungsverfahrens eindrucksvoll vor Wiederholungen gewarnt haben

In Hannover gab es deutlich mehr vorgegebene Begründungsvorschläge:
- Nicht vorliegende – einschlägige – Vorstrafen
- Den – relativ – geringen Wert der entwendeten Ware
- Den – relativ – geringen Schaden
- Einen nicht entstandenen Schaden (die Ware wurde einbehalten)
- Den an Sie gezahlten Betrag (Bearbeitungsgebühr)
- Den an Sie gezahlten Betrag (erhöhtes Beförderungsentgelt)
- Das – hohe – Alter
- Eine nicht auszuschließende verminderte Schuldfähigkeit zur Tatzeit
- Eine nicht zu widerlegende Ausnahmesituation
- Die ungünstigen sozialen Verhältnisse, die es rechtfertigen, ausnahmsweise von einer Auflage nach § 153a Abs. 1 StPO abzusehen
- Weitere Ermittlungen, die erforderlich, aber unter Berücksichtigung aller Umstände jedoch unverhältnismäßig wären
- Den schlechten Gesundheitszustand
- Die hinreichende Warnung, die von diesem Verfahren ausgehen dürfte

Mit Blick auf den Einfluss sozioökonomischer Merkmale fiel von den Begründungsvorschlägen vor allem derjenige über „die ungünstigen sozialen Verhältnisse, die es rechtfertigen, ausnahmsweise von einer Auflage nach § 153a Abs. 1 StPO abzusehen“ auf. Dieser wurde allerdings in keinem der untersuchten Verfahren verwendet. Diese Begründung wird wohl für Verfahren gedacht sein, in denen die Tatschuld durch die ungünstigen sozialen Verhältnisse geringer erscheint wie beispielsweise bei einem Diebstahl aus Not.

Tab. 40 listet auf, welche Argumente für eine Einstellung die Staatsanwaltschaft in den Akten nannte, wenn eine Begründung erfolgte.

Tab. 40: Die in den Akten von der Staatsanwaltschaft genannten Begründungen für die Verfahrenseinstellungen[753]

	§ 153 Abs. 1 StPO (n=85)		§ 153a Abs. 1 StPO (n=34)	
	n	%	n	%
Keine Vorstrafen generell	37	**43,4**	21	**62,3**
Keine einschlägigen Vorstrafen	27	**32,5**	0	**0,0**
geringe Verletzungsschwere (pos.)	49	**58,2**	14	**42,2**
Opfer hat kein Interesse an der Strafverfolgung	33	**38,9**	4	**13,3**
gegenseitige Provokation / Mitverschulden des Opfers	20	**23,9**	6	**17,0**
Entschuldigung beim Opfer	6	**6,8**	4	**13,3**
Ermittlungsverfahren war eindrücklich genug	16	**19,5**	0	**0,0**
Alkoholenthemmung (pos.)	12	**14,4**	6	**19,3**
§ 21 oder § 20 StGB nicht auszuschließen	17	**20,3**	0	**0,0**
Beweisschwierigkeiten	15	**17,4**	4	**11,9**
Weitere Ermittlungen unverhältnismäßig	7	**8,8**	1	**3,7**
(Teil)Geständnis (pos.)	2	**1,8**	6	**17,0**

pos. = positiv bewertet

Bei beiden Einstellungsarten wurden die (generelle) Vorstrafenfreiheit und das (geringe) Gewicht der durch die Körperverletzung verursachten

[753] Daten gewichtet mit dem Designgewicht. Die %-Angaben beziehen sich nur auf die Gesamtzahl der Verfahren (bzw. das Gesamt-n setzt sich aus den Verfahren zusammen), in denen eine Begründung in der Akte enthalten war.

Verletzung am häufigsten genannt. Bei § 153 StPO wurde daneben vor allem auf ein fehlendes Strafverfolgungsinteresse des Opfers verwiesen. Ebenfalls vergleichsweise häufig wurden ein Mitverursachungsbeitrag des Opfers und eine vorhandene Alkoholenthemmung genannt, obwohl diese Einstellungsbegründungen in den Formularen nicht vorgegeben waren. Dies liegt mutmaßlich auch daran, dass die letzten beiden Begründungen speziell bei Delikten wie Körperverletzungen oder auch Beleidigungen bedeutsam sind, jedoch keine allgemein einstellungsrelevanten Aspekte darstellen.

4.5.1.3 Determinanten einer Verfahrenseinstellung (§ 153 Abs. 1 oder § 153 Abs. 1 StPO) anstelle einer Verfahrensweiterführung (Anklageerhebung oder Strafbefehlsbeantragung)

Im folgenden Teil der Arbeit wurde nun mittels bivariater Analysen die statistische Relevanz der von der Staatsanwaltschaft genannten und weiterer in Betracht kommender Einstellungsgründe geprüft. In den Tabellen, die die gefundenen Ergebnisse darstellen, wurden dabei nur die Faktoren angeführt, die auch signifikant mit der jeweiligen abhängigen Variable korrelierten.

Bei der Frage, ob das Verfahren generell (nach § 153 oder § 153a StPO) eingestellt oder weitergeführt wurde (Anklage erhoben bzw. ein Strafbefehl beantragt wurde), zeigt Tab. 41 alle geprüften Merkmale, die sich signifikant auf die Einstellungshäufigkeit auswirkten.

Weder bei der gemeinsamen, noch bei der nachfolgenden getrennten Betrachtung der Verfahrenseinstellungen nach §§ 153 f. StPO wirkten sich folgende Faktoren auf die Häufigkeit einer Einstellung anstelle einer Anklageerhebung oder Strafbefehlsbeantragung aus: dass die Beschuldigten unter Alkoholeinfluss stand; dass sich die Beschuldigten und die Opfer kannten; dass eine verbale Provokation durch das Opfer tatauslösend war; eine Entschuldigung beim Opfer; dass der Verdacht weitere tateinheitlich- oder tatmehrheitlich begangene Delikte umfasste[754]; die Nationalität und das Geburtsland der Beschuldigten sowie die Art der Körperverletzung (häusliche Gewalt, „Discoschlägerei", usw.).

---

[754] Da § 223 StGB das schwerste Delikt in allen Akten darstellte, konnten diese Delikte nicht schwerer wiegen als die Körperverletzung.

Tab. 41: Statistisch relevante Determinanten einer Verfahrenseinstellung (nach § 153 oder § 153a StPO) anstelle einer Anklageerhebung oder Strafbefehlsbeantragung

		Einstellungen insg.				Statistische Kennwerte	
		nein		ja		Sign.-niveau	Phi / Cramer-V
		n	%	n	%		
Vorstrafen generell	nein	104	**51,0**	100	**49,0**	p<.001	-.208
	ja	142	**71,2**	57	**28,8**		
einschlägige Vorstrafen	nein	139	**50,8**	134	**49,2**	p<.001	-.300
	ja	107	**82,2**	23	**17,8**		
zur Tatzeit unter Bewährung	nein	205	**58,1**	148	**41,9**	p=.004	-.144
	ja	38	**79,9**	10	**20,1**		
Strafantrag des Opfers	nein	29	**35,6**	52	**64,4**	p<.001	-.258
	ja	216	**67,1**	106	**32,9**		
Beweisschwierigkeiten[755]	offensichtlich unproblematisch[ab]	32	**69,6**	14	**30,4**	p<.001	.390
	offensichtliche Beweisprobleme[ab]	4	**10,4**	37	**89,6**		
	„normale" Beweislage[ab]	100	**60,3**	66	**39,7**		
(Teil)Geständnis im Ermittlungsverfahren	nein	204	**63,4**	118	**36,6**	p=.046	.100
	ja	42	**51,3**	40	**48,7**		
Opfer hat Täter auch verletzt	nein	214	**65,2**	114	**34,8**	p<.001	.182
	ja	32	**42,5**	43	**57,5**		
Arbeitslosigkeit der Beschuldigten	nein	109	**63,3**	63	**36,7**	p=.003	-.175
	ja	87	**79,8**	22	**20,2**		
Geschlecht der Beschuldigten	männlich	228	**63,6**	131	**36,4**	p=.002	.151
	weiblich	18	**40,2**	27	**59,8**		
Geschlecht des Opfers	männlich	123	**56,3**	96	**43,7**	p=.039	-.103
	weiblich	121	**66,4**	61	**33,6**		
Familienstand der Beschuldigten	ledig	138	**79,2**	36	**20,8**	p=.001	.215
	verheiratet	37	**57,9**	27	**42,1**		

[ab] = bei dieser Teilmenge der unabhängigen Variable unterscheiden sich die Ausprägungen signifikant voneinander; * p<.05; ** p<.01; *** p<.001

[755] Offensichtliche Beweisschwierigkeiten bzw. offensichtlich unproblematische Beweislagen wurden dann codiert, wenn sich aus den Akten sehr offenkundige, große Beweisschwierigkeiten ergaben bzw. die Tat bereits eindeutig nachzuweisen war wegen eines

Tab. 41 zeigt, dass sich insbesondere eine Vorstrafenbelastung und ein Strafverfolgungsinteresse des Opfers negativ auf die Chancen einer Einstellung auswirkten. Verfahren mit einschlägig vorbelasteten Beschuldigten wiesen nur eine Einstellungsquote von 17,8 % auf, im Gegensatz zu der nicht einschlägig vorbelasteter, die bei 49,2 % lag. Außerdem war die Einstellungsquote bei Verfahren mit gestelltem Strafantrag doppelt so hoch wie bei den Verfahren ohne. Bei verheirateten Beschuldigten wurde das Verfahren zweimal häufiger eingestellt als bei ledigen. Die Verfahren wurden darüber hinaus bei weiblichen Beschuldigten signifikant häufiger eingestellt und bei weiblichen Opfern signifikant häufiger weitergeführt. Überraschenderweise führte das Vorhandensein eines Geständnisses oder Teilgeständnisses nicht zu einer höheren Sanktionierungsquote, sondern korrelierte leicht positiv mit der Verfahrenseinstellung. Ein sehr starker Zusammenhang zeigte sich weiterhin mit vorhandenen, offensichtlichen Beweisschwierigkeiten und mit einer sehr eindeutigen Beweislage. Die Stärke des Zusammenhangs lässt sich allerdings daraus erklären, dass nur sehr offenkundige Beweisschwierigkeiten oder ein eindeutig nachweisbares Tatgeschehen dementsprechend codiert wurden. Alle anderen Fälle wurden als „normale" Beweislage erfasst. Die Einstellungsquote war ebenfalls hochsignifikant erhöht, wenn das Opfer den Täter ebenfalls verletzt hatte.

Keinen signifikanten Einfluss hatte dagegen ein einsichtiges Verhalten der Beschuldigten sowie die Einschaltung einer Wahlverteidigung im Ermittlungsverfahren. Dafür waren die Beschuldigten durchschnittlich 2,5 Jahre jünger, wenn das Verfahren weitergeführt und nicht eingestellt wurde ($p = .047$; siehe Anhang II). Auch die Schwere der verursachten Körperverletzung korrelierte hochsignifikant und deutlich negativ mit der Chance einer Verfahrenseinstellung (Tab. 42). Bei einer nur versuchten Tat lag die Einstellungsquote noch bei 65,7 %, bei einer leichten Verletzung bei knapp

umfassenden Geständnisses oder z.B. einer Videoaufzeichnung der Tat. Eine „normale" Beweislage wurde für alle anderen Fälle angenommen. Auf durch die ermittelnden Polizeibeamten vermerkte Beweisschwierigkeiten konnte nicht sinnvoll abgestellt werden, da diese in den Akten, vermutlich wegen des geringen Gewichts der Straftaten, sehr selten eine abschließende Fallzusammenfassung und -bewertung vornahmen. Die Daten zu den Beweisschwierigkeiten umfassen nur die Verfahren aus Hannover, da erst bei diesen Verfahren diese Variable erhoben wurde.

50 % und bei einer mittleren und mittel-schweren nur noch bei 18,4 % und 25,4 %.

Tab. 42: Zusammenhang zwischen der Verletzungsschwere und der Verfahrenseinstellung (nach § 153 oder § 153a StPO) anstelle einer Anklageerhebung oder Strafbefehlsbeantragung (n = 401)

		Verletzungsschwere*** (*Cramer-V*=.274)									
		nur versucht[ab]		leicht[ab]		leicht-mittel		mittel[ab]		mittel-schwer	
		n	%	n	%	n	%	n	%	n	%
Einstellung insg.	nein	8	**34,3**	47	**50,2**	98	**58,0**	74	**81,6**	18	**74,1**
	ja	15	**65,7**	47	**49,6**	71	**42,0**	17	**18,4**	6	**25,9**

[ab] = bei dieser Teilmenge der unabhängigen Variable unterscheiden sich die Ausprägungen signifikant voneinander; * $p<.05$; ** $p<.01$; *** $p<.001$

4.5.1.4 Determinanten einer Verfahrenseinstellung nach § 153 Abs. 1 StPO anstelle einer Verfahrensweiterführung

Betrachtete man die Einstellungsarten getrennt voneinander, ergaben sich deutliche Unterschiede bei den Faktoren, die die Einstellungschance beeinflussten. Die Einflussfaktoren bei der Einstellung wegen Geringwertigkeit ohne Auflage nach § 153 Abs. 1 StPO sind in Tab. 43 und 44 abgebildet.

Den stärksten Zusammenhang gab es mit den (fehlenden) Beweisschwierigkeiten, der allerdings unter der bereits genannten Einschränkung, dass nur wirklich eindeutige Beweissituationen erfasst wurden, zu relativieren ist. War die Beweislage eindeutig, so wurden die Verfahren nur zu 5 % nach § 153 StPO eingestellt, bei einer „normalen" Beweislage hingegen zu 31 %. Einen starken Zusammenhang gab es daneben vor allem mit der verursachten Verletzung, welche mit zunehmender Schwere die Einstellungschancen erheblich verringerte. Lag ein Strafantrag des Opfers vor, dann war die Einstellungshäufigkeit ebenfalls bedeutend verringert: In diesen Fällen wurde das Verfahren nur in 20 % der Fälle eingestellt, bei fehlendem Strafantrag dagegen zu fast 60 %. Die generelle Vorstrafenbelastung korrelierte zwar mit der Einstellungswahrscheinlichkeit, allerdings nicht so stark, wie vermutet. Eine offene Bewährungsstrafe zur Tatzeit wirkte sich sogar gar nicht signifikant aus. Ebenfalls keinen Einfluss übten in der Ver-

Tab. 43: Statistisch relevante Determinanten der Verfahrenseinstellung nach § 153 Abs. 1 StPO anstelle einer Anklageerhebung oder Strafbefehlsbeantragung

		Anklage oder Strafbefehl		§ 153 I StPO		Statistische Kennwerte	
		n	%	n	%	Sign.-niveau	Phi / Cramer-V
Vorstrafen generell	nein	104	**67,2**	51	**32,8**	p=.033	-.116
	ja	133	**77,6**	41	**22,4**		
einschlägige Vorstrafen	nein	139	**64,6**	76	**35,4**	p<.001	-.245
	ja	107	**87,2**	16	**12,8**		
Strafantrag des Opfers	nein	29	**43,1**	38	**56,9**	p<.001	-.331
	ja	216	**80,0**	54	**20,0**		
Beweisschwierigkeiten[756]	offensichtlich unproblematisch[ab]	32	**95,2**	2	**4,8**	p<.001	.521
	offensichtliche Beweisprobleme[ab]	4	**11,7**	32	**88,3**		
	„normale" Beweislage[ab]	100	**69,1**	45	**30,9**		
Opfer hat Täter auch verletzt	nein	214	**78,1**	60	**21,9**	p<.001	.243
	ja	32	**50,4**	32	**49,6**		
Geschlecht der Beschuldigten	männlich	228	**75,6**	74	**24,4**	p=.001	.178
	weiblich	18	**50,0**	18	**50,0**		
Familienstand der Beschuldigten	ledig	134	**86,1**	22	**13,9**	p=.014	.176
	verheiratet	28	**69,5**	12	**30,5**		

[ab] = bei dieser Teilmenge der unabhängigen Variable unterscheiden sich die Ausprägungen signifikant voneinander

nehmung gezeigte Reue und die Abgabe eines (Teil)Geständnisses. Auch die Einschaltung einer Wahlverteidigung erhöhte die Einstellungschancen nach § 153 Abs. 1 StPO nicht signifikant. Die Beschuldigten, bei denen das Verfahren nach § 153 Abs. 1 StPO eingestellt wurde, waren außerdem durchschnittlich 3,8 Jahre älter als diejenigen, bei denen das Verfahren weitergeführt wurde (p = .031; siehe Anhang II).

Die stärksten Einflussfaktoren bei der folgenlosen Einstellung waren damit vor allem tat- und nicht täterbezogen. Zwar gab es ebenfalls Korrelationen mit der (einschlägigen) Vorstrafenbelastung, dem Geschlecht und

---

[756] Die Daten hierzu umfassen nur die Verfahren aus Hannover.

Tab. 44: Zusammenhang zwischen der Verletzungsschwere und der Verfahrenseinstellung nach § 153 StPO anstelle einer Anklageerhebung oder Strafbefehlsbeantragung (n = 335)

	Verletzungsschwere*** (*Cramer-V*=.341)									
	(0) nur versucht[ab]		(1) leicht[ab]		(2) leicht-mittel		(3) mittel[ab]		(4/5) mittel-schwer[ab]	
	n	%	n	%	n	%	n	%	n	%
Anklage oder Strafbefehl	8	**40,4**	47	**62,6**	98	**68,7**	74	**93,1**	18	**100**
§ 153 I StPO	12	**59,6**	28	**37,4**	45	**31,3**	5	**6,9**	0	**0**

[ab] = bei dieser Teilmenge der unabhängigen Variable unterscheiden sich die Ausprägungen signifikant voneinander; * *p*<.05; ** *p*<.01; *** *p*<.001

dem Familienstand der Beschuldigten, diese waren jedoch nicht annähernd so stark, wie die Zusammenhänge mit den tatbezogenen Umständen. Das Nachtatverhalten der Beschuldigten übte keinen Einfluss aus und insbesondere gab es mit Blick auf täterbezogenen Umstände, wie bereits im 3. Teil Kap. 4.3 erörtert, keine signifikanten Korrelationen mit dem sozioökonomischen Status, der Arbeitslosigkeit und dem Einkommen der Beschuldigten.

4.5.1.5 Determinanten einer Verfahrenseinstellung nach § 153a Abs. 1 StPO anstelle einer Verfahrensweiterführung

Der folgende Abschnitt zeigt in Tab. 45 die Faktoren, die mit der Entscheidung der Staatsanwaltschaft für eine Einstellung gegen Auflagen nach § 153a Abs. 1 StPO anstelle einer Anklageerhebung oder Strafbefehlsbeantragung signifikant korrelierten.

Den stärksten Zusammenhang zeigten eine generelle und eine einschlägige Vorstrafenbelastung, wobei sich von der Stärke des Zusammenhangs kaum Unterschiede zwischen den beiden Merkmalen ergaben. Bei einschlägig vorbelasteten Beschuldigten wurde das Verfahren nur in 6,6 % der Fälle eingestellt, bei den gar nicht vorbestraften in 32,2 %. Standen die Beschuldigten zur Tatzeit unter Bewährung, war die Einstellungswahrscheinlichkeit ebenfalls signifikant verringert. Dafür wirkten sich hier ein kooperatives und einsichtiges Nachtatverhalten (Reue und Geständnis) der Beschuldigten sowie, wie bereits im 3. Teil Kap. 4.4 festgestellt, die Einschaltung einer Wahlverteidigung positiv auf die Einstellungswahrscheinlichkeit aus.

Tab. 45: Statistisch relevante Determinanten der Verfahrenseinstellung nach § 153a Abs. 1 StPO anstelle einer Anklageerhebung oder Strafbefehlsbeantragung

		Anklage oder Strafbefehl		§ 153a Abs. 1 StPO		Statistische Kennwerte	
		n	%	n	%	Sign.-niveau	Phi / Cramer-V
Vorstrafen generell	nein	104	**67,8**	50	**32,2**	p<.001	-.268
	ja	142	**89,7**	16	**10,3**		
einschlägige Vorstrafen	nein	139	**70,5**	58	**29,5**	p<.001	-.271
	ja	107	**93,4**	8	**6,6**		
zur Tatzeit unter Bewährung	nein	205	**76,1**	65	**23,9**	p=.003	-.170
	ja	38	**97,1**	1	**2,9**		
Strafantrag des Opfers	nein	29	**67,3**	14	**32,7**	p=.048	-.112
	ja	216	**80,6**	52	**19,4**		
Beweisschwierigkeiten[757]	offensichtlich unproblematisch[ab]	32	**72,2**	12	**27,8**	p=.033	.198
	offensichtliche Beweisprobleme[ab]	4	**48,6**	5	**51,4**		
	„normale" Beweislage[ab]	100	**82,6**	21	**17,4**		
Reue in polizeilicher Vernehmung	nein	211	**81,5**	48	**18,5**	p=.013	.140
	ja	35	**66,2**	18	**33,8**		
(Teil)Geständnis im Ermittlungsverfahren	nein	204	**82,3**	44	**17,7**	p=.004	.164
	ja	42	**65,7**	22	**34,3**		
Arbeitslosigkeit der Beschuldigten	nein	109	**76,7**	33	**23,3**	p=.002	-.206
	ja	87	**92,5**	7	**7,5**		
Wahlverteidigung im Ermittlungsverfahren	nein	201	**82,0**	44	**18,0**	p=.010	.146
	ja	45	**67,4**	22	**32,6**		
Familienstand der Beschuldigten	ledig	160	**91,9**	14	**8,1**	p<.001	.283
	verheiratet	37	**69,2**	7	**30,8**		

[ab] = bei dieser Teilmenge der unabhängigen Variable unterscheiden sich die Ausprägungen signifikant voneinander

Einen sehr großen Unterschied gab es weiterhin zwischen ledigen und verheirateten Beschuldigten: Bei Letzteren wurde das Verfahren in einem Drittel der Fälle eingestellt, bei den ledigen Beschuldigten nur zu 8 %. Mit

[757] Die Daten hierzu umfassen nur die Verfahren aus Hannover.

Blick auf die Beschuldigtenmerkmale sind außerdem die bereits im 3. Teil Kap. 4.3 berechneten starken Zusammenhänge zwischen der Einstellungswahrscheinlichkeit und der Arbeitslosigkeit sowie dem sozioökonomischen Status zu nennen, wobei die Arbeitslosigkeit bereits nach der Vorstrafenbelastung und dem Familienstand „verheiratet“ den stärksten bivariaten Zusammenhang mit der Häufigkeit von Einstellungen gegen Auflagen aufwies.

Keinen signifikanten Zusammenhang gab es hingegen mit der Verletzungsschwere, dem Geschlecht und dem Alter der Beschuldigten sowie der Frage, ob die Opfer die Beschuldigten ebenfalls verletzt hatten. Bei der Frage, ob die Staatsanwaltschaft das Verfahren nicht weiterführte, sondern nach § 153a Abs. 1 StPO gegen Auflagen einstellte, spielten damit, im Unterschied zu den folgenlosen Einstellungen, fast ausschließlich täterbezogene Merkmale wie der sozioökonomischer Status, die Vorstrafen und das Nachtatverhalten eine Rolle. Ein gestellter Strafantrag des Opfers war das einzige relevante Merkmal, das von den Beschuldigten unabhängig war.

4.5.1.6 Vergleich der Determinanten einer Verfahrenseinstellung nach § 153 Abs. 1 StPO mit denen einer Einstellung nach § 153a Abs. 1 StPO

Ein Vergleich der Determinanten der beiden Einstellungsarten miteinander zeigte, dass sich diese erheblich voneinander unterschieden (Tab. 46). § 153 Abs. 1 und § 153a Abs. 1 StPO wurden augenscheinlich zur informellen Beendigung recht unterschiedlicher Fallkonstellationen verwendet.

Einzig die Vorstrafenbelastung und der Strafantrag des Opfers wirkten sich bei beiden Einstellungsarten signifikant negativ aus. Dabei unterschieden sich diese Merkmale, bis auf die einschlägige Vorstrafenbelastung, aber deutlich von der Stärke des Zusammenhangs. (Auch die eindeutigen Beweislagen wirkten sich bei § 153a StPO leicht aus, allerdings ist dieser leichte Zusammenhang zu vernachlässigen, da nur offensichtliche Beweisschwierigkeiten codiert wurden.)

Bei § 153 StPO waren (mit Ausnahme der einschlägigen Vorstrafenbelastung) tatbezogene, vom Täter unabhängige Faktoren relevant wie vorhandene Beweisschwierigkeiten, der Grad der verursachten Verletzung oder der Strafantrag des Opfers. Die Norm wurde also, der Theorie entsprechend, als Einstellungsmöglichkeit für Bagatelltaten verwendet. Dies steht auch nicht im Widerspruch zum signifikanten Einfluss des täterbezogenen Merkmals des Geschlechts der Beschuldigten. Taten von Frauen wurden vermutlich eher bagatellisiert, da es zum einen nicht dem gängigen Gesellschaftsbild entspricht, dass Frauen ebenfalls gewalttätig und Täterinnen von Körperverletzungen sind und sie zum anderen möglicherweise nicht so schwere Verletzungen verursachten.

Lagen hingegen keine reinen Bagatelltaten vor und die Staatsanwaltschaft wollte das Verfahren dennoch einstellen, kam § 153a StPO ins Spiel. Hier spielten die bagatellisierenden, tatbezogenen Umstände kaum eine Rolle. Es kam vielmehr darauf an, dass die Beschuldigten selbst und ihr Verhalten eine Opportunitätseinstellung veranlassten. Dies entspricht auch dem gesetzlichen Umstand, dass § 153a StPO im Unterschied zu § 153 StPO auch für Delikte mit „mittelschwerer Schuld“ zulässig ist. Die Entscheidung zur Einstellung gegen Auflagen wurde deswegen maßgeblich durch täterbezogene Umstände wie Vorstrafenbelastung, einsichtiges/reuiges Verhalten und die Lebenssituation der Beschuldigten beeinflusst. Diese täterbezogene Perspektive führte allerdings dazu, dass sozioökonomisch schlechter gestellte Beschuldigte benachteiligt wurden.

§ 153 Abs. 1 StPO war damit zwar die einzige der vier Erledigungsarten im Ermittlungsverfahren, bei denen die Beschuldigten der Unterschicht nicht signifikant zu ihrem Nachteil über- oder unterrepräsentiert waren. Allerdings waren Beschuldigte aus den unteren Gesellschaftsschichten bei den folgenlosen Einstellungen auch nicht zu ihrem Vorteil überrepräsentiert. Sie waren lediglich nicht so deutlich und nicht auf signifikantem Niveau unterrepräsentiert. Die Schlechterstellung der Beschuldigten bei den Einstellungen nach § 153a Abs. 1 StPO wurde so jedoch nicht durch eine Besserstellung dieser bei den Einstellungen nach § 153 Abs. 1 StPO ausgeglichen.

Tab. 46: Vergleich der mit den beiden Verfahrenseinstellungen nach § 153 Abs. 1 und § 153a Abs. 1 StPO anstelle einer Verfahrensweiterführung jeweils signifikant korrelierenden Faktoren

	Einstellungen gem. § 153 Abs. 1 StPO		Einstellungen gem. § 153a Abs. 1 StPO	
	Statistische Kennwerte		Statistische Kennwerte	
Vorstrafen generell	*p*=.033	*Phi*= -.116	*p*<.001	*Phi*= -.268
einschlägige Vorstrafen	*p*<.001	*Phi*= -.245	*p*<.001	*Phi*= -.271
zur Tatzeit unter Bewährung	(n.s.)		*p*=.004	*Phi*= -.144
Strafantrag des Opfers	*p*<.001	*Phi*= -.331	*p*=.048	*Phi*= -.112
Beweisschwierigkeiten[758]	*p*<.001	*Cramer-V* =.521	*p*=.033	*Cramer-V* =.198
Reue in polizeilicher Vernehmung	(n.s.)		*p*=.013	*Phi*= .140
(Teil)Geständnis im Ermittlungsverfahren	(n.s.)		*p*=.004	*Phi*= .164
Opfer hat Täter auch verletzt	p<.001	*Phi*= .243	(n.s.)	
Verletzungsschwere	p<.001	*Cramer-V* =.341	(n.s.)	
Beschuldigte ist weiblich	*p*=.001	*Phi*= .178	(n.s.)	
Wahlverteidigung im Ermittlungsverfahren	(n.s.)		*p*=.010	*Phi*= .146
Arbeitslosigkeit der Beschuldigten	(n.s.)		*p*=.002	*Phi*= -.206
Sozioökomischer Status (ISEI-Skala)	(n.s.)		*p*<.001	Diff.= -11,9
Alter der Beschuldigten	*p*=.031	Diff.= -3,8	(n.s.)	
Beschuldigte ist verheiratet statt ledig	p<.001	*Phi*= .283	(n.s.)	

4.5.1.7 Determinanten der Strafbefehlsbeantragung und Anklageerhebung

Im folgenden Teil der Untersuchung wurden nun die Faktoren ermittelt, die die Entscheidung beeinflussten, das Verfahren nicht aus Opportunität nach § 153 oder § 153a StPO einzustellen, sondern anzuklagen oder einen

[758] Die Daten hierzu umfassen nur die Verfahren aus Hannover.

Strafbefehl zu beantragen. Dabei wurden wieder zuerst die von der Staatsanwaltschaft angeführten und anschließend die statistisch relevanten Determinanten analysiert.

4.5.1.8 Von der Staatsanwaltschaft angegebene Gründe für eine Strafbefehlsbeantragung oder Anklageerhebung

Die Entscheidung, das Verfahren weiterzuführen, wurde in den Akten deutlich seltener begründet als die Entscheidung zur Verfahrenseinstellung. Zwar wurde immerhin bei 30,5 % der (n = 75) Verfahren, in denen die Staatsanwaltschaft Anklage erhob oder einen Strafbefehlsantrag stellte, die Entscheidungen in der Akte (unter anderem) damit begründet, dass ein Täter-Opfer-Ausgleich als Verfahrensbeendigung (mit gleichzeitiger oder anschließender Einstellung) ungeeignet sei. Dies beruhte allerdings auf dem Umstand, dass es in den Strafbefehls- und Anklageformularen in Hannover die Vorgabe gab, die Ungeeignetheit des Täter-Opfer-Ausgleichs zu protokollieren. Eine Begründung der Ungeeignetheit wurde dabei jedoch nur selten angeführt. Wenn denn ein Grund für die Ungeeignetheit genannt wurde, war der mit Abstand am häufigsten genannte derjenige, dass die Beschuldigten nicht geständig seien. Eine darüber hinaus gehende Begründung oder die Begründung der Verfahrensweiterführung mit der Ungeeignetheit des Täter-Opfer-Ausgleichs, wenn hierzu, wie in Braunschweig, keine Vorgabe im Anklageformular existierte, enthielten lediglich 16,5 % (n = 41) der weitergeführten Verfahren. In den Strafbefehlsverfahren gab es solche Begründungen in den Akten in 15 % der Fälle; in den Anklageverfahren in 19,8 %. Die Anklageerhebungen wurden zu 8 % mit einer einschlägigen und zu 2,7 % mit einer generellen Vorstrafenbelastung begründet. Bei den Strafbefehlsverfahren wurden einschlägige Vorstrafen zu 5,6 % und generelle zu 3,2 % genannt. Alle weiteren Begründungen waren vereinzelt und kamen jeweils in weniger als 2 % Fälle vor.

4.5.1.9 Determinanten einer Strafbefehlsbeantragung anstelle einer Verfahrenseinstellung

Im Folgenden wurden nun zunächst die statistisch relevanten Faktoren der Anklageerhebung und Strafbefehlsbeantragung mittels bivariater Analysen ermittelt. Die Faktoren, die die generelle Frage, ob das Verfahren (mittels Anklageerhebung oder Strafbefehlsantrag) weiterbetrieben oder (nach § 153 Abs. 1 oder § 153a Abs. 1 StPO) eingestellt wurde, signifikant beeinflussten, wurden bereits im 3. Teil Kap. 4.5.1.1.2 dargestellt.

Bei der Entscheidung darüber, das Verfahren weiterzuführen und nicht einzustellen, wiesen folgende Merkmale weder mit der Strafbefehlsbeantragung noch mit der Anklageerhebung einen signifikanten Zusammenhang auf: der Familienstand der Beschuldigten; dass die Beschuldigten zur Tatzeit unter Alkoholeinfluss standen; dass sich die Beschuldigten und die Opfer kannten; das Geschlecht des Opfers; dass eine verbale Provokation durch das Opfer tatauslösend war; eine Entschuldigung beim Opfer; dass der Verdacht weitere tateinheitlich oder tatmehrheitlich begangene Delikte umfasste[759]; dass die Beschuldigten Reue in der polizeilichen Vernehmung zeigten; die Nationalität und das Geburtsland der Beschuldigten sowie die Art der Körperverletzung (Häusliche Gewalt, „Discoschlägerei", usw.). Auch die Beauftragung einer Wahlverteidigung im Ermittlungsverfahren senkte die Anklage- und Strafbefehlsquote nicht signifikant.

Die Faktoren, die mit der Beantragung eines Strafbefehls signifikant korrelierten, zeigt Tab. 47. Diese Faktoren, die mit der Strafbefehlsbeantragung zusammenhingen, waren, wie bei § 153 Abs. 1 StPO, hauptsächlich tatbezogen: Bei offensichtlichen Beweisproblemen wurde erwartungsgemäß kein einziger Strafbefehl beantragt, bei einer normalen Beweislage zu 50 % und bei eindeutiger zu 60 %. Vor allem eine schlechte Beweissituation wirkte sich damit auf die Wahrscheinlichkeit der Strafbefehlsbeantragung aus, wobei eine klare Beweislage die Strafbefehlsquote nur sehr leicht erhöhte. Mit dem geringen Einfluss einer eindeutigen Beweislage ging auch der aus theoretischer Perspektive nicht einleuchtende, negative Zusammenhang zwischen dem Vorhandensein eines (Teil)Geständnisses und der Entscheidung zur Strafbefehlsbeantragung anstelle einer Verfahrenseinstellung einher. Diese beiden Korrelationen können zumindest zu Teilen daraus zu erklären sein, dass sich ein vorhandenes Geständnis, was in der Regel deutliche Beweislagen und damit die Voraussetzungen für den Erlass eines Strafbefehls schafft, sehr positiv auf die Einstellungschancen

[759] Da § 223 StGB das schwerste Delikt in allen Akten darstellte, konnten diese Delikte nicht schwerer wiegen als die Körperverletzung.

Tab. 47: Statistisch relevante Determinanten eines Strafbefehlsantrags anstelle einer Verfahrenseinstellung nach § 153 Abs. 1 oder § 153a Abs. 1 StPO

		§ 153 oder § 153a StPO		Strafbefehl		Statistische Kennwerte	
		n	%	n	%	Sign.-niveau	Phi / Cramer-V
Vorstrafen generell	nein	100	**53,4**	88	**46,6**	p=.037	.116
	ja	57	**41,6**	80	**58,4**		
einschlägige Vorstrafen	nein	134	**54,6**	112	**45,4**	p<.001	.217
	ja	23	**29,3**	56	**70,7**		
Strafantrag des Opfers	nein	52	**74,8**	17	**25,2**	p<.001	.273
	ja	106	**41,5**	149	**58,5**		
Beweisschwierigkeiten[760]	offensichtlich unproblematisch[ab]	14	**39,6**	21	**60,4**	p<.001	.412
	offensichtliche Beweisprobleme[ab]	37	**100**	0	**0**		
	„normale" Beweislage[ab]	66	**49,8**	66	**50,2**		
(Teil)Geständnis im Ermittlungsverfahren	nein	118	**45,4**	142	**54,6**	p=.029	-.121
	ja	40	**60,4**	34	**39,6**		
Opfer hat Täter auch verletzt	nein	114	**43,8**	146	**56,2**	p=.001	-.183
	ja	43	**66,7**	22	**33,3**		
Arbeitslosigkeit der Beschuldigten	nein	63	**45,7**	75	**54,3**	p=.027	.152
	ja	22	**30,0**	51	**70,0**		
Geschlecht der Beschuldigten	männlich	131	**45,7**	155	**54,3**	p=.011	-.142
	weiblich	27	**67,3**	21	**32,7**		

[ab] = bei dieser Teilmenge der unabhängigen Variable unterscheiden sich die Ausprägungen signifikant voneinander

nach § 153a StPO auswirkte. Außerdem war die Strafbefehlsquote, wenn der Strafantrag des Opfers fehlte, weniger als halb so groß wie bei gestelltem Antrag.

Tab. 48 zeigt, dass neben einer schlechten Beweislage und einem Strafantrag des Opfers insbesondere die Schwere der Verletzung mit der Strafbefehlsbeantragung korrelierte. Bei den nur versuchten Körperverletzungen wurde lediglich bei 24 %, bei den mittleren Verletzungen dagegen bei

[760] Daten hierzu umfassen nur die Verfahren aus Hannover.

Tab. 48: Zusammenhang zwischen der Verletzungsschwere und der Strafbefehlsbeantragung anstelle einer Verfahrenseinstellung nach § 153 Abs. 1 oder § 153a Abs. 1 StPO (n = 322)

	Verletzungsschwere*** (Cramer-V=.302)									
	(0) nur versucht[ab]		(1) leicht[ab]		(2) leicht-mittel		(3) mittel[ab]		(4/5) mittel-schwer	
	n	%	n	%	n	%	n	%	n	%
§ 153 oder § 153a	15	**76,0**	47	**60,1**	71	**51,4**	17	**23,2**	6	**41,7**
Strafbefehl	5	**24,0**	31	**39,9**	67	**48,6**	55	**76,8**	9	**58,3**

[ab] = bei dieser Teilmenge der unabhängigen Variable unterscheiden sich die Ausprägungen signifikant voneinander; (n.s.) p>.05; * p<.05; ** p<.01; *** p<.001

76,8 % der Fälle das Verfahren nicht eingestellt, sondern ein Strafbefehl beantragt. Die Vorstrafenbelastung wirkte sich hingegen nicht so stark aus, wie es zu vermuten gewesen wäre. Das Zusammenhangsmaß der generellen Vorstrafenbelastung war sogar das schwächste aller signifikanten Einflussmerkmale; selbst der Zusammenhang mit dem Geschlecht und der Arbeitslosigkeit der Beschuldigten war stärker. Neben den bisher genannten Umständen spielte außerdem das Alter eine leichte Rolle: Die Beschuldigten, bei denen Strafbefehle beantragt wurden, waren durchschnittlich etwa zweieinhalb Jahre jünger als bei den Verfahrenseinstellungen (p = .05; siehe Anhang II).

Insgesamt wurde die Entscheidung für das Strafbefehlsverfahren anstelle einer Opportunitätseinstellung also vor allem dadurch beeinflusst, dass die Verletzungen nicht nur gering waren und das Opfer ein Interesse an der Strafverfolgung zeigte. Eine einschlägige Vorstrafenbelastung erhöhte ebenfalls die Wahrscheinlichkeit eines Strafbefehls deutlich, nicht jedoch die generelle Vorstrafenbelastung. Weiterhin hemmte eine offensichtlich unklare Beweislage die Wahl eines Strafbefehls anstelle einer Opportunitätseinstellung sehr stark.

4.5.1.10 Determinanten einer Anklageerhebung anstelle einer Verfahrenseinstellung

Tab. 49 zeigt die Umstände, die mit der Entscheidung zur Anklageerhebung anstelle einer Verfahrenseinstellung signifikant korrelierten.

Tab. 49: Statistisch relevante Determinanten der Anklageerhebung anstelle einer Verfahrenseinstellung nach § 153 Abs. 1 oder § 153a Abs. 1 StPO

		§ 153 oder § 153a StPO		Anklage		Statistische Kennwerte	
		n	%	n	%	Sign.-niveau	Phi / Cramer-V
Vorstrafen generell	nein	100	**85,8**	17	**14,2**	*p*<.001	.400
	ja	57	**48,2**	62	**51,8**		
einschlägige Vorstrafen	nein	134	**83,3**	27	**16,7**	*p*<.001	.513
	ja	23	**31,3**	51	**68,7**		
zur Tatzeit unter Bewährung	nein	148	**75,8**	47	**24,2**	*p*<.001	.411
	ja	9	**24,1**	30	**75,9**		
Strafantrag des Opfers	nein	52	**82,2**	11	**17,8**	*p*=.003	.197
	ja	106	**61,3**	67	**38,7**		
Beweisschwierigkeiten[761]	offensichtlich unproblematisch	14	**56,5**	11	**43,5**	*p*=.006	.251
	offensichtliche Beweisprobleme[ab]	37	**89,6**	4	**10,4**		
	„normale" Beweislage	66	**66,1**	34	**33,9**		
Opfer hat Täter auch verletzt	nein	114	**62,8**	68	**37,2**	*p*=.014	-.160
	ja	43	**80,7**	10	**19,3**		
Arbeitslosigkeit der Beschuldigten	nein	63	**65,2**	34	**34,8**	*p*=.001	.261
	ja	22	**38,3**	35	**61,7**		
Geschlecht der Beschuldigten	männlich	131	**64,1**	73	**35,9**	*p*=.023	-.148
	weiblich	27	**84,4**	5	**15,6**		

[ab] = bei dieser Teilmenge der unabhängigen Variable unterscheiden sich die Ausprägungen signifikant voneinander

Bei den Faktoren, die keine sozioökonomischen Merkmale der Beschuldigten darstellen, wurde die Entscheidung zur Anklageerhebung anstelle einer Einstellung mit Abstand am stärksten von der allgemeinen und einschlägigen Vorstrafenbelastung bestimmt. Bei den einschlägig vorbelasteten Beschuldigten war die Anklagequote mit 68,7 % fünffach höher als bei den gar nicht vorbestraften, bei denen die Verfahren nur zu 14,2 % angeklagt wurden. Auch bei offenen Bewährungsstrafen zur Tatzeit war die Anklagequote signifikant um das Dreifache erhöht. Den nächststärksten

[761] Die Daten hierzu umfassen nur die Verfahren aus Hannover.

Zusammenhang gab es dann bereits mit der Arbeitslosigkeit der Beschuldigten. Außerdem wurde bei offensichtlichen Beweisproblemen signifikant seltener angeklagt und häufiger eingestellt, ein (Teil)Geständnis im Ermittlungsverfahren wirkte sich jedoch nicht signifikant auf die Anklagequote aus. Wurden die Beschuldigten bei der Tat durch das Opfer ebenfalls verletzt, wurden sie nur knapp halb so oft angeklagt wie in den anderen Fällen. Mit zunehmender Verletzungsschwere stieg die Anklagequote von 17,1 % (beim bloßen Versuch) auf 59,5 % (bei der mittleren bis schweren Verletzung) (Tab. 50).

Tab. 50: Zusammenhang zwischen der Verletzungsschwere und der Anklageerhebung anstelle einer Verfahrenseinstellung nach § 153 Abs. 1 oder § 153a Abs. 1 StPO (n = 234)

	Verletzungsschwere** (Cramer-V=.255)									
	(0) nur versucht		(1) leicht		(2) leicht-mittel		(3) mittel[ab]		(4/5) mittel-schwer[ab]	
	n	%	n	%	n	%	n	%	n	%
§ 153 oder § 153a	15	**82,9**	47	**74,4**	71	**69,7**	17	**46,8**	6	**40,5**
Anklage	3	**17,1**	16	**25,6**	31	**30,3**	19	**53,2**	9	**59,5**

[ab] = bei dieser Teilmenge der unabhängigen Variable unterscheiden sich die Ausprägungen signifikant voneinander; * $p<.05$; ** $p<.01$; *** $p<.001$

Die Entscheidung für eine Anklageerhebung wurde damit insbesondere von der Vorstrafenbelastung geprägt. Daneben korrelierten sowohl tat- als auch täterbezogene Merkmale signifikant mit der Anklagehäufigkeit. Die Arbeitslosigkeit der Beschuldigten wies dabei bereits nach den Variablen zu den Vorstrafen den nächststärksten Zusammenhang auf.

4.5.1.11 Vergleich der Determinanten einer Anklageerhebung mit denen einer Strafbefehlsbeantragung

Aus Tab. 51 ergibt sich, dass zwischen den Determinanten der Entscheidung zur Anklageerhebung und denen einer Strafbefehlsbeantragung anstelle einer Verfahrenseinstellung keine so deutlichen Unterschiede vorhanden waren, wie es sie zwischen den beiden Einstellungsarten gab. Nur der Zusammenhang mit einer offenen Bewährungsstrafe unterschied sich zwischen beiden Verfahrensarten deutlich: Diese korrelierten zwar sehr stark mit der Häufigkeit einer Anklageerhebung, jedoch nicht signifikant mit der einer Strafbefehlsbeantragung. Verfahren, die bei offenen Bewährungsstrafen nicht eingestellt wurden, wurden vermutlich deshalb regelmäßig angeklagt, da mit höheren Strafen oder einem Bewährungswiderruf gerechnet wurde.

Tab. 51: Vergleich der mit einer Anklageerhebung oder Strafbefehlsbeantragung anstelle einer Verfahrenseinstellung nach § 153 Abs. 1 oder § 153a Abs. 1 StPO signifikant korrelierenden Faktoren

	Strafbefehl		Anklage	
	Statistische Kennwerte		Statistische Kennwerte	
Vorstrafen generell	$p=.037$	*Phi*= .116	$p<.001$	*Phi*= .400
einschlägige Vorstrafen	$p<.001$	*Phi*= .217	$p<.001$	*Phi*= .513
zur Tatzeit unter Bewährung	(n.s.)		$p<.001$	*Phi*= .411
Strafantrag des Opfers	$p<.001$	*Phi*= .273	$p=.003$	*Phi*= .197
Beweisschwierigkeiten[762]	$p<.001$	*Cramer-V* =.412	$p=.006$	*Cramer-V* =.251
(Teil)Geständnis im Ermittlungsverfahren	$p=.029$	*Phi*= -.121	(n.s.)	
Opfer hat Täter auch verletzt	$p=.001$	*Phi*= -.183	$p=.014$	*Phi*= -.160
Verletzungsschwere	$p<.001$	*Cramer-V* =.302	$p=.004$	*Cramer-V* =.255
Beschuldigte ist weiblich	$p=.011$	*Phi*= -.142	$p=.023$	*Phi*= -.148
Arbeitslosigkeit der Beschuldigten	$p=.027$	*Phi*= .152	$p=.001$	*Phi*= .261
Sozioökomischer Status (ISEI-Skala)	$p=.029$	Diff.= 6,3	$p=.001$	Diff.= 10,2
Alter der Beschuldigten	$p=.050$	Diff.= 2,7	(n.s.)	

Hierneben gab es zwar lediglich bei den Strafbefehlsverfahren eine negative Korrelation mit einem abgelegten (Teil)Geständnis. Dieser Zusammenhang lässt sich aber theoretisch nicht sinnvoll erklären und wird vermutlich eine Scheinkorrelation sein (siehe bereits 3. Teil Kap. 4.5.1.2.2). Darüber hinaus wirkten sich bei beiden Verfahrensarten dieselben Merkmale aus, allerdings mit deutlich unterschiedlichem Gewicht. Beide Abschlussentscheidungen der Staatsanwaltschaft korrelierten signifikant posi-

762 Daten hierzu umfassen nur die Verfahren aus Hannover.

tiv mit der (einschlägigen) Vorstrafenbelastung der Beschuldigten. Allerdings war der Zusammenhang bei der Anklageerhebung mehr als doppelt so stark. Dagegen war der Einfluss eines Strafantrags und der von vorhandenen Beweisschwierigkeiten beim Strafbefehlsantrag deutlich größer. (Wobei die Stärke des letzteren Zusammenhangs allein durch den starken negativen Zusammenhang mit der schlechten Beweislage begründet wurde. Bei eindeutiger Beweislage stieg die Anklagequote deutlich stärker als die Strafbefehlsquote.) Eine steigende Verletzungsschwere erhöhte sowohl das Strafbefehls- als auch das Anklagerisiko stark.

Bei beiden Entscheidungen wirkten sich außerdem ein geringer sozioökonomischer Status und vorhandene Arbeitslosigkeit nachteilig aus. Diese Zusammenhänge waren aber bei der Anklageerhebung, als schlechtester der möglichen vier Optionen der Verfahrensbeendigung, deutlich stärker ausgeprägt als bei der Strafbefehlsbeantragung.

4.5.2 Multivariate Analysen

Um zu prüfen, ob die oben festgestellten bivariaten Zusammenhänge zwischen je zwei Merkmalen (dem Ausgang des Ermittlungsverfahrens und jeweils einer Einflussvariablen, insbesondere den sozioökonomischen Merkmalen) auch bei gleichzeitiger Berücksichtigung der weiteren Einflussfaktoren gelten, wurden im folgenden Teil hierarchische logistische Regressionen durchgeführt.

Mittels der logistischen Regression lässt sich bestimmen, inwieweit einzelne Faktoren (unabhängige Variablen) bei gleichzeitiger Berücksichtigung geeignet sind, die abhängige Variable vorherzusagen[763] (beispielsweise die Frage, ob das Verfahren eingestellt oder weitergeführt wird). Dabei wird versucht, mit unabhängigen Variablen ein Modell zu bilden, das die Ausprägung der abhängigen Variable bestmöglich vorhersagt. Der in den Tabellen angegebene Pseudo-R^2-Wert von Nagelkerke ist ein Maß für die Vorhersagegüte des Modells[764] und kann einen Wert zwischen 0 und 1 annehmen. Dabei gibt Nagelkerkes-R^2 an, um wie viel Prozent sich die Vorhersagegüte des Erklärungsmodells verbessert im Vergleich zum

[763] *Kuckartz u. a.*, Statistik, S. 273.

[764] Dies geschieht mittels Vergleichs der Likelihood-Werte des Null-Modells (ohne erklärende Variable) und des aktuellen Modells (mit erklärenden Variablen), siehe weiterführend hierzu etwa *Kuckartz u. a.*, Statistik, S. 278 f.

sog. Null-Modell, das keine erklärende Variable enthält. Nagelkerkes-R^2-Werte ab 0,2 bedeuten allgemein einen eher akzeptablen und Werte über 0,4 einen sehr guten Fit des Modells.[765] Dabei ist aber zu beachten, dass die Pseudo-R^2-Werte bei logistischen Regressionen regelmäßig niedriger ausfallen als bei linearen Regressionen.[766] Die Effektkoeffizienten Exp(B) stellen die Erhöhung oder Verringerung der relativen Wahrscheinlichkeit (Odds-Ratios) dafür dar, dass die abhängige Variable eine bestimmte Ausprägung annimmt (z.B.: Die Berücksichtigung der Vorstrafenbelastung verringert die relative Wahrscheinlichkeit, dass das Verfahren eingestellt wird, um das x-fache).[767] Werte unter 1 stehen dabei für eine Verringerung der relativen Wahrscheinlichkeit des Bezugsereignisses und Werte über 1 für eine Vergrößerung (die Effektkoeffizienten können Werte von 0 bis ∞ annehmen, wobei 1 für eine 50/50 Chance, also keinerlei Einfluss des erklärenden Merkmals steht).[768] Je kleiner der Wert unter 1 bzw. größer der Wert über 1 ist, desto größer ist der Einflusseffekt bei Vorliegen des Merkmals. Da der Wald-Test (der Signifikanztest bei der logistischen Regression) bei kleineren Fallzahlen systematisch zu hohe p-Werte liefert[769], wurden in die hierarchische Regression auch Faktoren mit aufgenommen, die ein Signifikanzniveau von $p<.10$ aufweisen. Alle aufgeführten Modelle wurden außerdem auf Multikollinearität getestet.

Wegen der oft fehlenden Angaben zum Berufsstatus gab es bei den Regressionen, bei denen mit dem sozioökonomischen Status oder der Arbeitslosigkeit als Einflussvariablen gerechnet wurde, eine relativ große Zahl fehlender Fälle (vgl. bereits 3. Teil Kap. 2.2 sowie 4.3). Die Verfahren mit fehlenden Angaben hierzu blieben in der gesamten Regression durch listenweisen Fallausschluss unberücksichtigt.[770] Da die Verwendung aller erhobener Fälle für die Aussagekraft der Ergebnisse freilich am besten ist, wurden bei den Regressionen, bei denen sich der sozioökonomische Status/die Arbeitslosigkeit als nicht signifikant einflussgebend erwiesen, die Berechnungen ohne Berücksichtigung dieser Variablen durchgeführt, um mit möglichst vielen erhobenen Daten zu rechnen.

---

765 *Kuckartz u. a.*, Statistik, S. 279; *Backhaus u. a.*, Multivariate Analysemethoden, S. 317 f.; *Janssen*, Statistische Datenanalyse mit SPSS, S. 480.

766 *Backhaus u. a.*, Multivariate Analysemethoden, S. 348.

767 *Backhaus u. a.*, Multivariate Analysemethoden, S. 314, 342.

768 *Kuckartz u. a.*, Statistik, S. 276.

769 *Backhaus u. a.*, Multivariate Analysemethoden, S. 341.

770 Die Ausfälle waren dabei in dem Sinne zufällig, als dass sie nicht von ihren Ausprägungen selbst abhingen (also davon, wie hoch der sozioökonomische Status war), sondern insbesondere davon, ob eine Beschuldigtenvernehmung stattfand oder nicht (siehe bereits 3. Teil Kap. 4.3).

Für die logistischen Regressionen wurde die Variable der Verletzungsschwere in eine Dummy-Variable mit zwei Ausprägungen „leicht" und „eher schwer" umgebildet. „Leicht" umfasste dabei von der Ursprungsvariable (Verletzungsschwere auf einer Skala von 0-4/5) die Verletzungsstufen (0) versucht bis (2) leicht-mittel, „eher schwer" umfasste die Verletzungsstufen (3) mittel bis (4/5) mittel-schwer. Dies wurde einerseits zur besseren Vergleichbarkeit des Einflusses dieses Merkmals mit den anderen Dummy-Variablen getan und anderseits deshalb, weil die ursprüngliche Verletzungsschwereskala nur eine ordinale und keine intervallskalierte Variable darstellte.

Mittels des hierarchischen Vorgehens bei der Regressionsanalyse ließ sich ermitteln, wie sehr die Hinzunahme der einzelnen Variablen jeweils die Erklärungsgüte des Modells verbesserte (Anstieg von Nagelkerkes-R^2). Die Faktoren des entwickelten „Endmodells" wurden dabei nach ihrem Erklärungsanteil (Nagelkerkes-R^2-Wert) sortiert aufgelistet. Da sowohl der sozioökonomische Status nach dem ISEI als auch die Arbeitslosigkeit Messwerte für den sozioökonomischen Status der Beschuldigten waren (und diese deswegen auch multikollinear waren), wurden jeweils Modelle mit beiden Variablen gebildet. Die Variable über die Beweisschwierigkeiten wurde nur in den Verfahren aus Hannover codiert, weswegen diese in den logistischen Regressionen nicht verwendet werden konnte, da andernfalls alle Verfahren aus Braunschweig ausgeschlossen und die Fallzahlen zu gering geworden wären.

4.5.2.1 Determinanten einer Verfahrenseinstellung (§ 153 Abs. 1 oder § 153a Abs. 1 StPO) anstelle einer Verfahrensweiterführung: multivariate Analyse

Das mittels einer hierarchischen, binär logistischen Regression entwickelte Erklärungsmodell zu der Frage, ob die Staatsanwaltschaft das Verfahren nach § 153 Abs. 1 oder § 153a Abs. 1 StPO einstellte oder aber weiterführte (durch Strafbefehlsbeantragung oder Anklageerhebung) zeigt Tab. 52.

Mit dem entwickelten Modell aus Tab. 52 erhöhte sich der Erklärungswert im Vergleich zum sog. Null-Modell um 34,7 % und das Modell besaß mit Nagelkerkes-$R^2 = 0.347$ einen akzeptablen bis guten Fit. Aus der hierarchischen Regression ergab sich dabei, dass die Verletzungsschwere, eine vom Opfer ebenfalls verursachte Verletzung der Beschuldigten und

Tab. 52: Determinanten der generellen Verfahrenseinstellung anstelle einer Verfahrensweiterführung durch Anklageerhebung oder Strafbefehlsbeantragung (binäre, hierarchische logistische Regression; gewichtete Daten)

Einstellung des Verfahrens nach § 153 Abs. 1 oder § 153a Abs. 1 StPO		
	Exp(B)	**Anstieg von Nagelkerkes-R^2**
Opfer hat Täter auch verletzt	3.570**	0.098
Verletzung eher schwerer	0.263**	0.173
einschlägige Vorstrafen	0.315**	0.241
Strafantrag des Opfers	0.340**	0.282
Opfer ist weiblich	0.399*	0.314
(Teil)Geständnis im Ermittlungsverfahren	2.141†	0.332
sozioökonomischer Status (ISEI)	1.017†	0.347
Nagelkerkes-R^2	**0.347**	
n	**231**	

† $p<.10$; * $p<.05$; ** $p<.01$; *** $p<.001$

die Vorstrafenbelastung die erklärungsstärksten Faktoren für die Frage der Einstellung des Verfahrens insgesamt waren (diese Faktoren vergrößerten das Pseudo-R^2 am stärksten). Diese drei Variablen machten zusammen bereits 70 % der Vorhersagegüte (des Nagelkerkes-R^2-Werts des letzten Modells) aus. Die Verletzung der Beschuldigten durch das Opfer erhöhte dabei die relative Einstellungswahrscheinlichkeit um das 3,6fache (Exp(B)-Wert = 3.6). Eine eher schwere Verletzung und einschlägige Vorstrafenbelastung verringerten die relative Wahrscheinlichkeit einer Einstellung, da ihre Effektkoeffizienten (Exp(B)-Werte) kleiner null waren, um die Faktoren 3,8 und 3,2.[771] Ebenfalls hatten das Geschlecht des Opfers, ein im Ermittlungsverfahren abgelegtes Geständnis oder Teilgeständnis sowie der sozioökonomische Status der Beschuldigten Einfluss auf die relative Einstellungswahrscheinlichkeit. Allerdings erhöhten diese Merkmale die Erklärungskraft des Modells nur noch leicht, um insgesamt 0.106. Ein weibliches Opfer verringerte die Einstellungswahrscheinlichkeit, ein Geständnis erhöhte diese. Mit zunehmendem sozioökonomischen Status stieg die

[771] Zur anschaulicheren Vergleichbarkeit der chancenreduzierenden (<1) mit den chancenerhöhenden (>1) Effektkoeffizienten wird mit deren negativem Kehrwert argumentiert. Siehe dazu *Kuckartz u. a.*, Statistik, S. 278; hier: Verletzungsschwere: 1/0,263 = 3,8 und Vorstrafen: 1/0,315 = 3,2.

Einstellungswahrscheinlichkeit. Der im Vergleich zu den anderen Faktoren geringe Wert des Effektkoeffizienten (Exp(B)-Wert) beim sozioökonomischen Status erklärt sich daraus, dass dieses Merkmal metrisch skaliert war (mit 80 Ausprägungen auf der ISEI-Skala) und sich der angegebene Effekt auf die Erhöhung der relativen Wahrscheinlichkeit bei Zunahme des ISEI-Werts um 1 bezieht. In diesem Modell erhöht sich die relative Wahrscheinlichkeit einer Verfahrenseinstellung also je um den Faktor 1,017, wenn sich der ISEI-Wert (der Werte von 9-89 annehmen kann) um 1 erhöht.

Mit Blick auf den Einfluss des sozioökonomischen Status der Beschuldigten lässt sich damit festhalten, dass dieser die generelle Einstellungswahrscheinlichkeit auch bei gleichzeitiger Berücksichtigung anderer Faktoren signifikant ($p<.10$)[772] beeinflusste. Mit steigendem sozioökonomischen Status stieg auch die Wahrscheinlichkeit einer Einstellung nach § 153 oder § 153a StPO leicht.

Die Arbeitslosigkeit erwies sich hingegen bei der Frage nach der generellen Einstellung anstelle der Verfahrensweiterführung bei Berücksichtigung der Kotrollvariablen nicht mehr als signifikanter Einflussfaktor. Das bekanntgewordene Nettoeinkommen der Beschuldigten zeigte auch hier, wie bereits bei den bivariaten Analysen, bei allen Arten der Verfahrensbeendigung keinen Einfluss auf die Entscheidung der Staatsanwaltschaft.

4.5.2.2 Determinanten einer Verfahrenseinstellung nach § 153 Abs. 1 StPO anstelle einer Verfahrensweiterführung: multivariate Analyse

Bei der Frage, ob die Staatsanwaltschaft das Verfahren nach § 153 Abs. 1 StPO einstellte oder weiterführte (durch Strafbefehlsbeantragung oder Anklageerhebung), konnte die Vorhersagegüte zum sog. Null-Modell mit der logistischen Regression um knapp 40 % verbessert werden. Der sozioökonomische Status und die Arbeitslosigkeit spielten dabei, wie bereits bei den bivariaten Analysen, keine Rolle. Das mittels hierarchischer Regression ermittelte Modell (Tab. 53) umfasste fünf Einflussvariablen, de-

[772] Die festgelegte Grenze des Signifikanzniveaus erfolgte, wie bereits erläutert, unter Berücksichtigung der Tatsache, dass der Wald-Test (der Signifikanztest bei der logistischen Regression) bei kleineren Fallzahlen systematisch zu hohe p-Werte liefert, *Backhaus u. a.*, Multivariate Analysemethoden, S. 341.

ren Effektkoeffizienten alle hochsignifikant waren. Vor allem ein Strafantrag des Opfers und eine eher schwere Verletzung besaßen eine hohe Erklärungskraft und machten bereits einen Pseudo R^2-Wert von 0.250 aus. Wurde ein Strafantrag gestellt, sank die Einstellungschance um das 4,5fache, bei einer eher schweren Verletzung um das 7,9fache. Eine einschlägige Vorstrafenbelastung verringerte die relative Einstellungswahrscheinlichkeit ebenfalls. Chancenerhöhend wirkte sich dafür eine durch das Opfer verursachte Verletzung der Beschuldigten aus und auch bei weiblichen Beschuldigten war die Einstellungswahrscheinlichkeit um das 3,6fache erhöht.

Tab. 53: Determinanten der Verfahrenseinstellung nach § 153 Abs. 1 StPO anstelle einer Anklageerhebung oder Strafbefehlsbeantragung (binäre, hierarchische logistische Regression; gewichtete Daten)

Einstellung des Verfahrens nach § 153 Abs. 1 StPO		
	Exp(B)	**Anstieg von Nagelkerkes-R^2**
Strafantrag des Opfers	0.221***	0.130
Verletzung eher schwer	0.127***	0.250
einschlägige Vorstrafen	0.272***	0.313
Opfer hat Täter auch verletzt	4.115***	0.361
Beschuldigte ist weiblich	3.558**	0.387
Nagelkerkes-R^2	**0.387**	
n	**344**	

† p<.10; * p<.05; ** p<.01; *** p<.001

Damit waren, wie bereits bei der bivariaten Analyse festgestellt, auch bei der gleichzeitigen Berücksichtigung weiterer Einflussfaktoren vor allem tatbezogene Merkmale für die Entscheidung zu einer Einstellung nach § 153 Abs. 1 StPO einflussgebend. Einzig die einschlägige Vorstrafenbelastung war ein täterbezogener Umstand mit relativ großem Erklärungsanteil (dieser macht 16 % des insgesamt ermittelten Pseudo R^2-Wertes aus). Auch das Geschlecht der Beschuldigten übte leichten Einfluss. Dieses ist zwar an sich ein täterbezogenes Merkmal, kann aber, wie bereits erörtert, gerade im Kontext mit den anderen Merkmalen, sinnvollerweise so interpretiert werden, dass Taten von Frauen (unabhängig von ihrem tatsächlichen Bagatellcharakter) eher als Bagatellen abgetan wurden als die Taten männlicher Beschuldigter.

4.5.2.3 Determinanten einer Verfahrenseinstellung nach § 153a Abs. 1 StPO anstelle einer Verfahrensweiterführung: multivariate Analyse

Bei der Frage der Verfahrenseinstellung gegen Auflagen anstelle einer Anklageerhebung oder Strafbefehlsbeantragung ließ sich mit den geprüften Einflussvariablen ein Modell entwickeln, welches die Vorhersagegüte im Vergleich zum sog. Null-Modell um 25 % verbesserte. Dass erklärungsstärkste Merkmal bei der hierarchischen logistischen Regression war dabei tatsächlich der sozioökonomische Status, dessen Anteil am ermittelten Pseudo-R^2 mit 0.085 sogar noch vor dem der einschlägigen Vorstrafenbelastung lag (welcher 0.065 betrug). Stieg die Stufe des ISEI-Index um 1 an, so erhöhte sich auch die Einstellungswahrscheinlichkeit um den Faktor 1,029. Dieser Effektkoeffizient ist dabei wieder unter Berücksichtigung der 90 Ausprägungen des ISEI zu lesen (was bedeutet, dass der Effekt um ein Vielfaches stärker ist als bei einem Merkmal mit demselben Effektkoeffizienten [Exp(B)-Wert], das etwa, wie die meisten anderen geprüften Faktoren, nur 2 Ausprägungen hat). Mit dem sozioökonomischen Status und der einschlägigen Vorstrafenbelastung, welche die relative Einstellungschance um das 3,9fache verringerte, wurden bereits 61 % der Vorhersagegüte erreicht. Diese beiden Merkmale waren damit mit Abstand am erklärungsstärksten.

Die anderen vier Merkmale, die signifikanten Einfluss übten, erhöhten die Erklärungsgüte des Modells nur noch leicht (Tab. 54). Eine eher schwere Verletzung und ein weibliches Opfer verringerten dabei die Einstellungschancen, ein (Teil)Geständnis und die Hinzuziehung einer Wahlverteidigung im Ermittlungsverfahren erhöhten diese.

Nahm man in die Berechnung anstelle des sozioökonomischen Status die Variable über die Arbeitslosigkeit auf, erhielt man am Ende der Regression das in Tab. 55 abgebildete Modell. Bei diesem lässt sich die Effektstärke des sozioökonomischen Merkmals der Arbeitslosigkeit besser mit der Effektstärke der anderen Variablen vergleichen. Denn anders als bei der ISEI-Skala, besitzt die Variable über die Arbeitslosigkeit ebenfalls nur zwei Ausprägungen. Nagelkerkes-R^2 ist mit 0.216 etwas geringer als beim vorherigen den sozioökonomischen Status beinhaltenden Modell, allerdings

Tab. 54: Determinanten der Verfahrenseinstellung nach § 153a Abs. 1 StPO anstelle einer Anklageerhebung oder Strafbefehlsbeantragung (binäre, hierarchische logistische Regression; gewichtete Daten)

Einstellung des Verfahrens nach § 153a Abs. 1 StPO		
	Exp(B)	**Anstieg von Nagelkerkes-R^2**
Sozioökonomischer Status (ISEI)	1.029*	0.085
einschlägige Vorstrafen	0.258*	0.150
Verletzung eher schwerer	0.393†	0.173
weibliches Opfer	0.374*	0.194
(Teil)Geständnis im Ermittlungsverfahren	3.156*	0.226
Wahlverteidigung im Ermittlungsverfahren	2.424†	0.247
Nagelkerkes-R^2	**0.247**	
n	**193**	

† $p<.10$; * $p<.05$; ** $p<.01$; *** $p<.001$

bei erhöhter Fallzahl. Bei gleichzeitiger Berücksichtigung der Arbeitslosigkeit verschwand der signifikante Einfluss der Verletzungsschwere. Ansonsten blieben die Faktoren dieselben, nur die einschlägige Vorstrafenbelastung war nun das Merkmal mit dem höchsten Erklärungsanteil und dem größten Effekt. Waren die Beschuldigten arbeitslos, dann sank die Einstellungschance um den Faktor 3,2. Der Effekt war also größer als der der weiteren beiden Faktoren „(Teil)Geständnis im Ermittlungsverfahren" und „Hinzuziehung einer Wahlverteidigung im Ermittlungsverfahren". Interessant ist dabei, dass die Wahlverteidigung einen positiven Effekt trotz der Tatsache besaß, dass wahlverteidigte Beschuldigte in nur 8,7 % der Fälle und damit signifikant seltener ein Geständnis im Ermittlungsverfahren ablegten als die unverteidigten Beschuldigten, die in 23,2 % der Fälle geständig waren.[773]

Mit Blick auf die Forschungsfrage bleibt damit festzuhalten, dass auch bei der Berücksichtigung der Kontrollvariablen bei § 153a StPO vor allem täterbezogene Umstände relevant blieben. Dabei war der sozioökonomische Status bei gleichzeitiger Berücksichtigung der anderen potentiellen Einflussmerkmale bei § 153a StPO die erklärungsstärkste Determinante der

[773] $p = .003$; Phi = -.146. Die Werte beziehen sich dabei auf alle Fälle, in denen ein Wahlverteidiger im Ermittlungsverfahren hinzugezogen wurde, unabhängig davon, ob dies vor oder nach der ersten Beschuldigtenvernehmung erfolgte.

Tab. 55: Determinanten einer Verfahrenseinstellung nach § 153a Abs. 1 StPO anstelle einer Anklageerhebung oder Strafbefehlsbeantragung (binäre, hierarchische logistische Regression; gewichtete Daten)

Einstellung des Verfahrens nach § 153a Abs. 1 StPO		
	Exp(B)	Anstieg von Nagelkerkes-R^2
einschlägige Vorstrafen	0.209**	0.116
Arbeitslosigkeit	0.310**	0.166
(Teil)Geständnis im Ermittlungsverfahren	2.737*	0.196
Wahlverteidigung im Ermittlungsverfahren	2.164†	0.216
Nagelkerkes-R^2	**0.216**	
n	**234**	

† $p<.10$; * $p<.05$; ** $p<.01$; *** $p<.001$

Entscheidung.[774] Mit dem Faktor der Wahlverteidigung war außerdem ein weiterer Umstand relevant, der jedenfalls mittelbar eine sozioökonomische Dimension besitzt.

4.5.2.4 Determinanten einer Strafbefehlsbeantragung anstelle einer Verfahrenseinstellung: multivariate Analyse

Die Güte der Vorhersage über die Entscheidung der Staatsanwaltschaft zur Beantragung eines Strafbefehls anstelle einer Einstellung (nach § 153 Abs. 1 oder § 153a Abs. 1 StPO) konnte mit der logistischen Regression um 30 % im Vergleich zum sog. Null-Modell verbessert werden. Der sozioökonomische Status und die Arbeitslosigkeit übten bei der Berücksichtigung der anderen Einflussfaktoren im Gegensatz zu den bivariaten Analysen jedoch keinen signifikanten Effekt mehr aus. Über 50 % des erreichten Pseudo-R^2-Werts konnte bereits mit den ersten beiden Variablen „Strafantrag des Opfers“ und „Verletzungsschwere“ erreicht werden, welche auch die stärksten Effektkoeffizienten aufwiesen. Wurde durch das Opfer ein Strafantrag gestellt, stieg die relative Wahrscheinlichkeit eines Strafbefehlsantrags hochsignifikant um das 3,8fache; bei einer eher schweren Verletzung stieg diese um das 3,5fache. Die relative Chance auf eine Einstellung anstelle einer Strafbefehlsbeantragung erhöhten wiederum das

[774] Im Modell mit der Variable über die Arbeitslosigkeit anstelle des ISEI-Werts ist die Arbeitslosigkeit das zweitstärkste Merkmal.

weibliche Geschlecht der Beschuldigten und eine durch das Opfer ebenfalls bei den Beschuldigten verursachte Verletzung. Auch der negative Einfluss des (teilweisen) Geständnisses auf die Beantragung eines Strafbefehlserlasses blieb bestehen. Ein solches senkte das Strafbefehlsrisiko um knapp das 2fache, es erhöhte den Pseudo-R^2-Wert allerdings nur noch um 1,4 %.

Tab. 56: Determinanten der Strafbefehlsbeantragung anstelle einer Verfahrenseinstellung nach § 153 Abs. 1 oder § 153a Abs. 1 StPO (binäre, hierarchische logistische Regression; gewichtete Daten)

Beantragung eines Strafbefehls		
	Exp(B)	**Anstieg von Nagelkerkes-R^2**
Strafantrag des Opfers	3.831***	0.093
Verletzung eher schwer	3.469***	0.161
einschlägige Vorstrafen	2.960**	0.211
Opfer hat Täter auch verletzt	0.370**	0.247
Beschuldigte ist weiblich	0.380*	0.269
weibliches Opfer	1.779*	0.282
(Teil)Geständnis im Ermittlungsverfahren	0.514*	0.296
Nagelkerkes-R^2	**0.296**	
n	**321**	

† p<.10; * p<.05; ** p<.01; *** p<.001

Zusammenfassend lässt sich mithin feststellen, dass vor allem tatbezogene Merkmale die Entscheidung zur Strafbefehlsbeantragung anstelle einer Verfahrenseinstellung bestimmten. Im Vergleich zu der bivariaten Analyse übten unter Berücksichtigung der Kontrollvariablen der sozioökonomische Status und eine vorhandene Arbeitslosigkeit dabei keinen signifikanten Einfluss mehr aus.

4.5.2.5 Determinanten einer Anklageerhebung anstelle einer Verfahrenseinstellung: multivariate Analyse

Auch bei der logistischen Regression zu der Frage über eine Anklageerhebung anstelle einer Verfahrenseinstellung erwiesen sich der sozioökonomische Status und die Arbeitslosigkeit als nicht mehr signifikant relevant. Mittels der logistischen Regression konnte das in Tab. 57 dargestellte Modell entwickelt werden, das mit einem Pseudo-R^2 von 0.476 einen guten Fit besaß. Dabei war der mit Abstand wichtigste Faktor für die Anklagewahrscheinlichkeit die einschlägige Vorstrafenbelastung. Aus der hierarchischen Regression ergab sich dabei, dass sich die Vorhersage der Anklagewahrscheinlichkeit allein mit dieser Variable um 32 % im Vergleich zum sog. Null-Modell verbessern ließ (allein bei Berücksichtigung der einschlägigen Vorstrafen betrug Nagelkerkes-R^2=0.324, was 68 % des letztlich erreichten Pseudo-R^2-Werts entspricht). Auch der hochsignifikante Effektkoeffizient der einschlägigen Vorstrafenbelastung war außerordentlich groß: Lag eine solche vor, dann erhöhte sich die relative Anklagewahrscheinlichkeit im ermittelten Gesamtmodell um das 9fache. Daneben erhöhten eine offene Bewährungsstrafe zur Tatzeit, sowie eine eher schwere Verletzung, ein Strafantrag des Opfers und der Umstand, dass dieses weiblich war, das relative Anklagerisiko zusätzlich. Eine im Ermittlungsverfahren eingeschaltete Wahlverteidigung verringerte hingegen das Anklagerisiko um das 2,5fache.

Tab. 57: Determinanten der Anklageerhebung anstelle einer Verfahrenseinstellung nach § 153 Abs. 1 oder § 153a Abs. 1 StPO (binäre, hierarchische logistische Regression; gewichtete Daten)

Anklageerhebung		
	Exp(B)	**Anstieg von Nagelkerkes-R^2**
einschlägige Vorstrafen	9.164***	0.324
Strafantrag des Opfers	4.302**	0.373
Verletzung eher schwer	4.695***	0.410
zur Tatzeit unter Bewährung	2.966*	0.436
weibliches Opfer	2.254*	0.461
Wahlverteidigung im Ermittlungsverfahren	0.407†	0.476
Nagelkerkes-R^2	**0.476**	
n	**232**	

† $p<.10$; * $p<.05$; ** $p<.01$; *** $p<.001$

Zusammenfassend lässt sich damit festhalten, dass die Entscheidung zur Anklageerhebung immens von der (einschlägigen) Vorstrafenbelastung der Beschuldigten bestimmt wurde. Daneben übten fast nur noch tatbezogene Merkmale leichten Einfluss. Einziges nicht tatbezogenes Einflussmerkmal, das von den Beschuldigten beeinflusst werden konnte und mittelbar mit der wirtschaftlichen Situation dieser zusammenhing, war die Einschaltung einer Wahlverteidigung, die das Anklagerisiko eigenständig signifikant verringerte.

4.5.2.6 Vergleich der Determinanten des Ausgangs des Ermittlungsverfahrens: multivariate Analyse

Beim Vergleich der in den multivariaten Analysen ermittelten Determinanten des Ausgangs des Ermittlungsverfahrens in Tab. 58 fiel zunächst auf, dass der sozioökonomische Status nur bei der Einstellung gegen Auflagen und (wegen des starken Zusammenhangs bei § 153a Abs. 1 StPO) bei der generellen Einstellungswahrscheinlichkeit (nach § 153 oder § 153a StPO) Einfluss besaß. Die einschlägige Vorstrafenbelastung und die Verletzungsschwere waren außerdem die einzigen Merkmale, die sich bei allen Erledigungsarten, auch unter gleichzeitiger Berücksichtigung anderer Merkmale, signifikant auswirkten. Dabei war der Effekt der Vorstrafenbelastung bei der Frage über eine Anklageerhebung mit Abstand am größten. Die Verletzungsschwere hatte den stärksten Effekt bei der Entscheidung über eine Einstellung nach § 153 Abs. 1 StPO. Bei der Frage, ob das Verfahren nach § 153 oder § 153a StPO eingestellt oder weitergeführt wurde, war die Verletzungsschwere ebenfalls der effektstärkste Faktor. Alle anderen Merkmale wirkten sich stets bei mindestens zwei der vier Abschlussentscheidungen der Staatsanwaltschaft aus. Bei der Einstellung nach § 153a StPO waren die Vorstrafenbelastung und der sozioökonomische Status die einflussstärksten Merkmale, bei der Strafbefehlsbeantragung ein Strafantrag des Opfers. Eine vorhandene Wahlverteidigung im Ermittlungsverfahren, welche bei den Beschuldigten aus der oberen Mittelschicht signifikant häufiger vorkam, senkte das Anklagerisiko etwas und erhöhte die Einstellungschancen nach § 153a Abs. 1 StPO.

Mit Blick auf die sozioökonomischen Merkmale war die Einstellung gegen Auflagen nach § 153a Abs. 1 StPO die Variante der staatsanwaltlichen Erledigung des Ermittlungsverfahrens, bei der Beschuldigte allein infolge ihres höheren sozioökonomischen Status deutlich privilegiert waren. Eine solche unmittelbare Besserstellung ließ sich bei den anderen drei Abschlussarten zwar in dieser Form nicht feststellen (jedenfalls nicht durch einen direkten Einfluss des sozioökonomischen Status), die Privilegierung höherer sozialer Schichten bei § 153a StPO wurde aber auch nicht et-

Tab. 58: Vergleich der Determinanten (Exp(B)-Werte) des Ausgangs des Ermittlungsverfahrens (binäre logistische Regression; gewichtete Daten)

	Anklage	**Strafbefehl**	**§ 153a I StPO**	**§ 153 I StPO**	**Einstellung (§153/ §153a)**
Strafantrag des Opfers	4.302**	3.831***	(n.s.)	0.221**	0.340**
Verletzung eher schwer	4.695***	3.469***	0.393†	0.127***	0.263**
einschlägige Vorstrafen	9.164***	2.960**	0.258*	0.272***	0.315**
Opfer hat Täter auch verletzt	(n.s.)	0.370**	(n.s.)	4.115***	3.570**
zur Tatzeit unter Bewährung	2.966*	(n.s.)	(n.s.)	(n.s.)	(n.s.)
Arbeitslosigkeit der Beschuldigten	(n.s.)	(n.s.)	0.310**	(n.s.)	(n.s.)
sozioökonomischer Status (ISEI)	(n.s.)	(n.s.)	1.029*	(n.s.)	1.017†
Beschuldigte ist weiblich	(n.s.)	0.380*	(n.s.)	3.558**	(n.s.)
weibliches Opfers	2.254*	1.779*	0.374*	(n.s.)	0.399*
(Teil)Geständnis im Ermittlungsverfahren	(n.s.)	0.514*	3.156*	(n.s.)	2.141†
Wahlverteidigung im Ermittlungsverfahren	0.407†	(n.s.)	2.424†	(n.s.)	(n.s.)
Nagelkerkes-R^2	**0.476**	**0.296**	**0.247**	**0.387**	**0.347**

† $p<.10$; * $p<.05$; ** $p<.01$; *** $p<.001$

wa dadurch ausgeglichen, dass bei diesen seltener nach § 153 StPO eingestellt wurde. Dies führte dazu, dass sich der sozioökonomische Status, trotz der im Verhältnis zu § 153 StPO geringeren Anwendungshäufigkeit des § 153a StPO[775], dennoch bei der generellen Entscheidung zwischen einer Verfahrenseinstellung nach § 153 oder § 153a StPO und der Verfahrensweiterführung eigenständig auswirkte. Weiterhin hatte die Einschaltung einer Wahlverteidigung als weiteres, zumindest mittelbar sozioökonomische

[775] Bei Verwendung des Gesamtgewichts machten die Einstellungen nach § 153 Abs. 1 StPO 58,2 % und die nach § 153a StPO 41,8 % der insgesamt erfolgten Einstellungen aus.

Ungleichheit betreffendes Merkmal einen positiven Einfluss auf den Ausgang des Ermittlungsverfahrens.

Der eigenständige Einfluss des sozioökonomischen Status (bzw. der Arbeitslosigkeit) bei den Einstellungen gegen Auflagen nach § 153a StPO kann zum einen damit erklärt werden, dass es für Beschuldigte mit höherem Einkommen und Vermögen leichter sein wird, eine Geldzahlung an das Opfer, den Staat oder eine gemeinnützige Einrichtung anzubieten. Zum anderen kann auch die Staatsanwaltschaft bei solchen Personen eher dazu geneigt sein, das Verfahren gegen eine Auflage einzustellen, weil die einfachste Erledigungsform, die Geldzahlungsauflage, unproblematisch realisierbar erscheint. Hierfür spricht auch der festgestellte Umstand, dass Geldzahlungsauflagen den Großteil der verhängten Auflagen ausmachten und die Wahl dieser Auflage mit steigendem sozioökonomischen Status deutlich zunahm (siehe 3. Teil Kap. 4.3, Tab. 32). Dass die Verfahren bei verteidigten Beschuldigten häufiger nach § 153a StPO eingestellt wurden, lässt sich damit erklären, dass diese Einstellungsart nicht so stark vom (unveränderlichen) Bagatellcharakter der Tat abhing und die Verteidigung hier der Staatsanwaltschaft, im Unterschied zu § 153 StPO, aktiv die Erfüllung einer Auflage anbieten konnte, um eine Einstellung zu erwirken.

4.5.3 Exkurs: Sozioökonomische Ungleichheit und (einschlägige) Vorstrafenbelastung

Die sozioökonomischen Beschuldigtenmerkmale zeigten bei den multivariaten Analysen nur bei den Verfahrenseinstellungen gegen Auflagen (und den Einstellungen nach § 153 Abs. 1 oder § 153a Abs. 1 StPO insgesamt) signifikanten Einfluss. Dies bedeutet, dass in den Fällen, in denen alle anderen signifikanten Einstellungsdeterminanten (etwa die Vorstrafenbelastung oder die Schadenshöhe) gleich waren, nur noch die Häufigkeit der Einstellungen gegen Auflagen vom sozioökonomischen Status der Beschuldigten signifikant beeinflusst wurde. Im Unterschied dazu gab es jedoch, mit Ausnahme von § 153 Abs. 1 StPO, bei den bivariaten Analysen bei allen Abschlussentscheidungen einen deutlichen und signifikanten Zusammenhang zwischen dem sozioökonomischen Status, der Arbeitslosigkeit und dem Ausgang des Ermittlungsverfahrens (siehe 3. Teil Kap. 4.3). Dieser

Unterschied zwischen den bivariaten und multivariaten Analysen war dem Umstand geschuldet, dass die (einschlägige) Vorstrafenbelastung oftmals das effekt- und erklärungsstärkste Merkmal in den multivariaten Analysen war. Gleichzeitig waren die Beschuldigten mit abnehmendem sozioökonomischen Status deutlich häufiger (einschlägig) vorbestraft. Durch die erhebliche Entscheidungsrelevanz vorhandener Vorstrafen waren die Beschuldigten unterer sozialer Schichten also dahingehend benachteiligt, dass die Verfahren bei ihnen signifikant häufiger zu einer Anklageerhebung oder einem Strafbefehlserlass führten. Um den Effekt dieses Zusammenspiels deutlich zu machen, wurde deshalb zunächst der Zusammenhang zwischen der Vorstrafenbelastung und dem sozioökonomischen Status näher analysiert, um sodann exemplarisch zu untersuchen, wie sich dieser Zusammenhang auf die Abschlussentscheidung der Staatsanwaltschaft auswirkte, wenn alle anderen relevanten Umstände (etwa die Schadenshöhe oder ein gestellter Strafantrag) kontrolliert werden.

Sowohl der sozioökonomische Status als auch die Arbeitslosigkeit korrelierten stark und hochsignifikant sowohl mit dem Vorliegen einschlägiger als auch genereller Vorstrafen. Von den arbeitslosen Beschuldigten waren 47,8 % einschlägig vorbestraft, von den nicht arbeitslosen nur 25,5%.[776] Generelle Vorstrafen hatten 63,7 % der arbeitslosen Beschuldigten und nur 35,1 % der nicht arbeitslosen.[777] Verglich man mittels t-Tests die Mittelwerte des sozioökonomischen Status (nach der ISEI-Skala) zwischen (einschlägig) vorbestraften und nicht (einschlägig) vorbestraften Beschuldigten, zeigte sich ebenfalls, dass bei den (einschlägig) vorbestraften Beschuldigten der sozioökonomische Status hochsignifikant niedriger war (Tab. 59).

Für die Frage, ob dieser Zusammenhang bei Berücksichtigung anderer Einflussfaktoren bestehen bleibt, müssen Überlegungen zu den Ursachen von Kriminalität bzw. Kriminalisierung angestellt werden. Viele kriminologische Theorien knüpfen dabei an Merkmale an, die die Lebensumstände der Menschen kennzeichnen. Die meisten Kriminalitätstheorien thematisieren deshalb Faktoren, die in den Strafakten alltäglicher Kriminalität nicht

776 $p<.001$; $Phi = .230$.

777 $p<.001$; $Phi = .279$.

Tab. 59: Vergleich der ISEI-Mittelwerte bei (einschlägig) vorbestraften und nicht (einschlägig) vorbestraften Beschuldigten

Ausprägung	n	a.M.	SD	Diff.	*p*
nicht vorbestraft	124	29,6	19,1	11,4	$p<.001$
vorbestraft	109	18,2	13,7		
nicht einschlägig vorbestraft	153	27,4	18,4	9,3	$p<.001$
einschlägig vorbestraft	79	18,1	14,4		

festgehalten werden, wie etwa die Kennzeichen sozialer Bindungen oder fehlender Selbstkontrolle bei den sog. Kontrolltheorien oder das Lebensumfeld der Menschen im Rahmen der sog. Lerntheorien.[778] Persönliche Merkmale, die in den Akten festgehalten waren und die auf Zusammenhänge mit vorhandenen (einschlägigen) Vorstrafen getestet wurden, waren das Geschlecht, der Familienstand, das Alter, die Nationalität und das Geburtsland der Beschuldigten. Hiervon korrelierten auf bivariater Ebene neben dem sozioökonomischen Status und der Arbeitslosigkeit nur der Familienstand und das Alter signifikant mit der Frage nach vorhandenen (einschlägigen) Vorstrafen.

Führte man multivariate Analysen zu den Determinanten der (einschlägigen) Vorstrafenbelastung durch, dann blieben die sozioökonomischen Merkmale relevant. Die Analysen wurden, wie bereits zuvor, getrennt für den sozioökonomischen Status und die Arbeitslosigkeit durchgeführt, da beides Messwerte für den sozioökonomischen Status waren (und diese dabei auch multikollinear waren; siehe bereits 3. Teil Kap. 4.5.2). Zwar konnte mit der logistischen Regression die Vorhersagegüte des jeweiligen Regressionsmodells bei der Frage der generellen Vorstrafenbelastung nur zu 23 % und 17 % (Tab. 60) und bei der einschlägigen Vorstrafenbelastung um nur 14 % bzw. 10 % (Tab. 61) im Vergleich zum sog. Null-Modell verbessert werden. Die Variablen zum sozioökonomische Status und zur Arbeitslosigkeit blieben aber die erklärungsstärksten Merkmale. Neben diesen blieb lediglich der Faktor, dass die Beschuldigten ledig waren, signifikant relevant.

---

[778] Einen Überblick über die wichtigsten Kriminalitätstheorien liefern etwa *Eisenberg/Kölbel*, Kriminologie, S. 45 ff.; *Göppinger/Bock*, Kriminologie, S. 123 ff.; *Kunz/Singelnstein*, Kriminologie, S. 53 ff.; *Meier*, Kriminologie, S. 38 ff.

Tab. 60: Determinanten einer vorhandenen Vorstrafenbelastung (binäre, hierarchische logistische Regression; gewichtete Daten)

Vorstrafenbelastung vorhanden						
	Exp(B)	Anstieg von Nagelkerkes-R^2			Exp(B)	Anstieg von Nagelkerkes-R^2
sozioökonomischer Status (ISEI)	0.952***	0.155		Arbeitslosigkeit der Beschuldigten	3.977***	0.119
Beschuldigte ist ledig	3.124**	0.225		Beschuldigte ist ledig	2.491**	0.168
Nagelkerkes-R^2	**0.225**			**Nagelkerkes-R^2**	**0.168**	
n	**200**			**n**	**237**	

† $p<.10$; * $p<.05$; ** $p<.01$; *** $p<.001$

Tab. 61: Determinanten einer vorhandenen einschlägigen Vorstrafenbelastung (binäre, hierarchische logistische Regression; gewichtete Daten)

einschlägige Vorstrafenbelastung vorhanden						
	Exp(B)	Anstieg von Nagelkerkes-R^2			Exp(B)	Anstieg von Nagelkerkes-R^2
sozioökonomischer Status (ISEI)	0.968***	0.072		Arbeitslosigkeit der Beschuldigten	2.354**	0.047
Beschuldigte ist ledig	3.342**	0.143		Beschuldigte ist ledig	2.515**	0.098
Nagelkerkes-R^2	**0.143**			**Nagelkerkes-R^2**	**0.098**	
n	**200**			**n**	**237**	

† $p<.10$; * $p<.05$; ** $p<.01$; *** $p<.001$

Beschuldigte aus unteren sozialen Schichten waren damit signifikant häufiger (einschlägig) vorbestraft, unabhängig etwa von ihrem Alter, Geschlecht oder Familienstand. Mit dem eben Gesagten ist allerdings nicht geklärt, in welcher Richtung dieser Zusammenhang besteht. Denn es ist einerseits denkbar, dass sozioökonomisch benachteiligte Menschen häufiger Straftaten begehen oder zumindest häufiger Beschuldigte eines Strafverfahrens werden. Andererseits können die vorbestraften Beschuldigten auch infolge vorheriger Verurteilungen ihre Arbeitsstellen verloren haben. Diese Frage (zu Zusammenhängen zwischen sozialer Schicht und Kriminalität bzw. Kriminalisierung) ist jedoch eine eigene umfangreiche und vieldiskutierte Frage für sich und nicht Bestandteil dieser Arbeit.[779] Die folgenden

[779] Siehe hierzu bereits Fn. 20.

Ausführungen beschränken sich deshalb auf den Effekt dieses Umstands, der unabhängig von der Richtung des Zusammenhangs bestehen bleibt.

Der Zusammenhang zwischen dem sozioökonomischen Status der Beschuldigten und der Vorstrafenbelastung hatte auf den Ausgang des Ermittlungsverfahrens den Effekt, dass die Ermittlungsverfahren durch die starke negative Berücksichtigung einer Vorstrafenbelastung deutlich häufiger schlechter für Beschuldigte unterer Gesellschaftsschichten endeten. Dies ließ sich zum einen bereits aus dem Vergleich der bivariaten Analysen mit den Ergebnissen der multivariaten Analysen entnehmen. Die Verfahren gegen sozioökonomisch schwache Beschuldigte wurden signifikant häufiger weitergeführt (insbesondere durch Anklageerhebungen) und seltener gegen Auflagen eingestellt, obwohl in den multivariaten Analysen kein unmittelbarer Einfluss des sozioökonomischen Status unter der Kontrolle der anderen Einflussvariablen mehr festgestellt wurde.

Zum anderen wurden im Folgenden exemplarisch noch einmal die Regressionen zum Ausgang des Ermittlungsverfahrens gerechnet, allerdings diesmal ohne Einbeziehung der Vorstrafen in die Berechnungen. Hierdurch wurde mit Blick auf die Forschungsfrage dieser Untersuchung die Größe des durch die starke Berücksichtigung der Vorstrafenbelastung (mit)verursachten Zusammenhangs zwischen sozioökonomischen Merkmalen und der Abschlussentscheidung der Staatsanwaltschaft unter Kontrolle aller anderen potentiellen Einflussfaktoren offengelegt. Dabei wurde in diesen „hypothetischen Modellen" das Augenmerk allein auf die sozioökonomischen Merkmale gelegt, da nur sie mit den Vorstrafen stark korrelierten und auch nur ihr mittelbarer Zusammenhang mit den Abschlussentscheidungen sinnvoll durch das Weglassen der Vorstrafenvariablen sichtbar gemacht werden konnte. Die Modelle sollten also nicht noch einmal die Determinanten der Abschlussentscheidungen der Staatsanwaltschaft aufzeigen – dies wurde bereits im 3. Teil Kap. 4.5.2 getan. Die Regressionen sollten lediglich den Effekt sichtbar werden lassen, den die starke Berücksichtigung der Vorstrafenbelastung auf den Zusammenhang zwischen dem sozioökonomischen Status und dem Ausgang des Ermittlungsverfahrens besaß, und zwar auch dann, wenn die anderen Einflussfaktoren wie die Verletzungsschwere, ein Strafantrag oder ein Geständnis konstant waren.

4.5.3.1 Determinanten einer Verfahrenseinstellung insgesamt ohne Berücksichtigung der Vorstrafenbelastung: multivariate Analyse

Das Erklärungsmodell erreichte bei der Frage nach der generellen Einstellung (nach § 153 oder § 153a StPO) anstelle einer Anklageerhebung oder Strafbefehlsbeantragung auch ohne Berücksichtigung der Vorstrafenbelastung immer noch einen Nagelkerkes-R^2-Wert von 0.320 (anstelle der ursprünglichen Pseudo-R^2-Wert von 0.347). In diesem Modell (Tab. 62) besaß der sozioökonomische Status (ISEI-Wert) den drittgrößten Erklärungsanteil (erhöhte das Pseudo-R^2 um 0.049) und hatte einen hochsignifikanten Effektkoeffizienten von 1.027 (statt vorher 1.017).

Tab. 62: Determinanten der generellen Verfahrenseinstellung anstelle einer Verfahrensweiterführung ohne Berücksichtigung der Vorstrafenbelastung mit Verwendung des ISEI-Werts (binäre, hierarchische logistische Regression; gewichtete Daten)

Einstellung des Verfahrens nach § 153 Abs. 1 oder § 153a Abs. 1 StPO		
	Exp(B)	**Anstieg von Nagelkerkes-R^2**
Opfer hat Täter auch verletzt	4.079**	0.098
Verletzung eher schwerer	0.250**	0.173
sozioökonomischer Status (ISEI)	1.027**	0.222
Strafantrag des Opfers	0.356**	0.253
Opfer ist weiblich	0.367**	0.285
(Teil)Geständnis im Ermittlungsverfahren	2.165†	0.306
Beschuldigte ist weiblich	2.796†	0.320
Nagelkerkes-R^2	**0.320**	
n	**230**	

† $p<.10$; * $p<.05$; ** $p<.01$; *** $p<.001$

Wenn man anstelle des sozioökonomischen Status die Arbeitslosigkeit der Beschuldigten in das Modell aufnahm, erreichte das Gesamtmodell nur noch einen Pseudo-R^2-Wert von 0.274, bei dem die Arbeitslosigkeit, die vorher keinen signifikanten Einfluss hatte, ebenfalls den drittgrößten Erklärungsanteil besaß (erhöhte Nagelkerkes-R^2 um 0.038), mit einem Exp(B)-Wert von 0.443. (Tab. 63) Die Arbeitslosigkeit verringert damit in dem Regressionsmodell ohne Vorstrafenbelastung die Einstellungswahrscheinlichkeit um das 2,3fache.

Tab. 63: Determinanten der Verfahrenseinstellung nach § 153a Abs. 1 StPO anstelle einer Anklageerhebung oder Strafbefehlsbeantragung ohne Berücksichtigung der Vorstrafenbelastung mit Verwendung des ISEI-Werts (binäre, hierarchische logistische Regression; gewichtete Daten)

Einstellung des Verfahrens nach § 153 Abs. 1 oder § 153a Abs. 1 StPO		
	Exp(B)	**Anstieg von Nagelkerkes-R^2**
Verletzung eher schwerer	0.239***	0.078
Opfer hat Täter auch verletzt	2.915**	0.148
Arbeitslosigkeit	0.443*	0.186
Strafantrag des Opfers	0.373**	0.217
(Teil)Geständnis im Ermittlungsverfahren	2.630**	0.241
Wahlverteidigung im Ermittlungsverfahren	2.049†	0.258
Opfer ist weiblich	0.543†	0.274
Nagelkerkes-R^2	**0.274**	
n	**278**	

† *p*<.10; * *p*<.05; ** *p*<.01; *** *p*<.001

4.5.3.2 Determinanten einer Verfahrenseinstellung nach § 153 Abs. 1 StPO ohne Berücksichtigung der Vorstrafenbelastung: multivariate Analyse

Bei der Verfahrenseinstellung nach § 153 Abs. 1 StPO waren sowohl der sozioökonomische Status als auch die Arbeitslosigkeit der Beschuldigten, wie bereits durch die bivariaten Analysen vorausgesagt, auch ohne Berücksichtigung der Vorstrafenbelastung in den multivariaten Regressionsrechnungen nicht auf signifikantem Niveau relevant.

4.5.3.3 Determinanten einer Verfahrenseinstellung nach § 153a Abs. 1 StPO ohne Berücksichtigung der Vorstrafenbelastung: multivariate Analyse

Bei der Verfahrenseinstellung nach § 153a Abs. 1 StPO übten der sozioökonomische Status und die Arbeitslosigkeit bereits neben der Vorstrafenbelastung einen eigenen signifikanten Einfluss auf die Einstellungsentscheidung. Nahm man nun auch noch die Vorstrafenbelastung aus dem Modell, stiegen der Erklärungsanteil und der Effekt dieser Faktoren noch weiter an (Tab. 64). Daneben veränderten sich aber auch die weiteren Merkmale mit signifikantem Einfluss. Bei dem Modell unter Verwendung des sozioökonomischen Status (ISEI-Werts) sank die Vorhersageverbesserung des Modells erheblich auf einen Pseudo-R^2-Wert von nur noch 0.135 (im Modell mit der Vorstrafenbelastung betrug dieser noch 0.247). Der sozioökonomische Status machte dabei bereits 0.085, also 63 % des endgültigen Nagelkerkes-R^2-Werts aus und der Effektkoeffizient war mit 1.036 im Vergleich zu dem Modell, welches die Vorstrafen beinhaltete, erhöht.

Tab. 64: Determinanten der generellen Verfahrenseinstellung anstelle einer Verfahrensweiterführung ohne Berücksichtigung der Vorstrafenbelastung mit Verwendung der Variable Arbeitslosigkeit (binäre, hierarchische logistische Regression; gewichtete Daten)

Einstellung des Verfahrens nach § 153a Abs. 1 StPO		
	Exp(B)	**Anstieg von Nagelkerkes-R^2**
sozioökonomischer Status (ISEI)	1.036**	0.085
Opfer hat Täter auch verletzt	3.049*	0.114
Beschuldigte ist weiblich	3.205†	0.135
Nagelkerkes-R^2	**0.135**	
n	**193**	

† $p<.10$; * $p<.05$; ** $p<.01$; *** $p<.001$

Tab. 65: Determinanten der Verfahrenseinstellung nach § 153a Abs. 1 StPO durch die Staatsanwaltschaft anstelle einer Anklageerhebung oder Strafbefehlsbeantragung ohne Berücksichtigung der Vorstrafenbelastung mit Verwendung der Variable Arbeitslosigkeit (binäre, hierarchische logistische Regression; gewichtete Daten)

Einstellung des Verfahrens nach § 153a Abs. 1 StPO		
	Exp(B)	**Anstieg von Nagelkerkes-R^2**
Arbeitslosigkeit	0.301**	0.076
(Teil)Geständnis im Ermittlungsverfahren	3.281**	0.111
Wahlverteidigung im Ermittlungsverfahren	2.799*	0.146
Entschuldigung beim Opfer	4.359*	0.166
Opfer ist weiblich	0.424**	0.187
Verletzung eher schwer	0.451†	0.212
Nagelkerkes-R^2	**0.212**	
n	**234**	

† $p<.10$; * $p<.05$; ** $p<.01$; *** $p<.001$

In dem Modell aus Tab. 65, das anstelle des ISEI-Werts das Merkmal der Arbeitslosigkeit beinhaltete, stieg Vorhersagegüte um 21 % im Vergleich zum sog. Null-Modell (Nagelkerkes-R^2 betrug 0.212). Das Modell war somit kaum schlechter als das Modell, das die Vorstrafenbelastung beinhaltete (und einen Pseudo-R^2-Wert von 0.216 aufwies). Der Effektkoeffizient der Arbeitslosigkeit veränderte sich kaum: Waren die Beschuldigten arbeitslos, verringert sich in diesem Modell die Einstellungswahrscheinlichkeit um das 3,3fache statt um das 3,2fache in dem die Vorstrafen berücksichtigenden Modell.

4.5.3.4 Determinanten einer Strafbefehlsbeantragung ohne Berücksichtigung der Vorstrafenbelastung: multivariate Analyse

Auch bei der Entscheidung zur Beantragung eines Strafbefehls anstelle einer Einstellung des Verfahrens wiesen der sozioökonomische Status und die Arbeitslosigkeit bei Ausklammerung der Vorstrafen im Regressionsmodell einen signifikanten Einfluss auf.

Tab. 66: Determinanten der Strafbefehlsbeantragung anstelle einer Verfahrenseinstellung nach § 153 Abs. 1 oder § 153a Abs. 1 StPO ohne Berücksichtigung der Vorstrafenbelastung mit Verwendung des ISEI-Werts (binäre, hierarchische logistische Regression; gewichtete Daten)

Beantragung eines Strafbefehls		
	Exp(B)	**Anstieg von Nagelkerkes-R^2**
Opfer hat Täter auch verletzt	0.158**	0.134
Verletzung eher schwer	4.809***	0.234
Strafantrag des Opfers	2.536*	0.274
weibliches Opfer	2.606*	0.311
(Teil)Geständnis im Ermittlungsverfahren	0.379*	0.342
sozioökonomischer Status (ISEI)	0.982†	0.360
Nagelkerkes-R^2	**0.360**	
n	**170**	

† $p<.10$; * $p<.05$; ** $p<.01$; *** $p<.001$

Die Vorhersagegüte war bei dem Modell aus Tab. 66 auf den ersten Blick sogar besser als die des Ursprungsmodells, welches die einschlägige Vorbelastung beinhaltete (und einen Pseudo-R^2-Wert von 0.296 erreichte). Dies erklärt sich allerdings aus der erheblich verringerten Fallzahl, da im

Ursprungsmodell 321 Fälle und im neuen Modell wegen des listenweisen Fallausschlusses der Fälle mit fehlenden Angaben zum sozioökonomischen Status nur 170 Fälle in die Rechnung mit aufgenommen werden konnten. Die Wahrscheinlichkeit der Strafbefehlsbeantragung verringerte sich mit Blick auf den sozioökonomischen Status signifikant leicht um das 1,02fache pro Steigung des ISEI-Werts um 1. Die Vorhersagegüte erhöht sich bei Hinzunahme des Merkmals leicht um 1,8 % (Steigerung von Nagelkerkes-R^2 um 0.018).

Auch die Arbeitslosigkeit hatte nun einen leichten Effekt – sie erhöhte die relative Wahrscheinlichkeit eines Strafbefehlsantrags um das 1,9fache. Dieses logistische Modell (Tab. 67) erreichte noch eine Verbesserung der Vorhersagegüte um 26 %, wobei die Arbeitslosigkeit die Vorhersagegüte um 1,8 % erhöhte.

Tab. 67: Determinanten der Strafbefehlsbeantragung anstelle einer Verfahrenseinstellung nach § 153 Abs. 1 oder § 153a Abs. 1 StPO ohne Berücksichtigung der Vorstrafenbelastung mit Verwendung der Variable Arbeitslosigkeit (binäre, hierarchische logistische Regression; gewichtete Daten)

Beantragung eines Strafbefehls		
	Exp(B)	**Anstieg von Nagelkerkes-R^2**
Verletzung eher schwer	3.964***	0.102
Opfer hat Täter auch verletzt	0.248**	0.184
(Teil)Geständnis im Ermittlungsverfahren	0.458*	0.220
Strafantrag des Opfers	2.350*	0.246
Arbeitslosigkeit	1.859†	0.264
Nagelkerkes-R^2	**0.264**	
n	**209**	

† $p<.10$; * $p<.05$; ** $p<.01$; *** $p<.001$

4.5.3.5 Determinanten einer Anklageerhebung ohne Berücksichtigung der Vorstrafenbelastung: multivariate Analyse

Ließ man bei der Anklageerhebung die Vorstrafenbelastung außen vor, korrelierten die sozioökonomischen Merkmale erheblich mit der Anklagewahrscheinlichkeit (Tab. 68). Da die Vorstrafenbelastung hier das mit Abstand wichtigste Erklärungsmerkmal war, sank Nagelkerkes-R^2 nun deutlich auf 0.276 (statt vorher 0.438). Der sozioökonomische Status war in dem Modell ohne Vorstrafen das erklärungsstärkste Merkmal und erreichte allein bereits einen Pseudo R^2-Wert von 0.109. Mit Zunahme des Index zum sozioökonomischen Status um 1 sank dabei das Anklagerisiko um den Faktor 1,04.

Tab. 68: Determinanten der Anklageerhebung anstelle einer Verfahrenseinstellung nach § 153 Abs. 1 oder § 153a Abs. 1 StPO ohne Berücksichtigung der Vorstrafenbelastung mit Verwendung des ISEI-Werts (binäre, hierarchische logistische Regression; gewichtete Daten)

Anklageerhebung		
	Exp(B)	**Anstieg von Nagelkerkes-R^2**
sozioökonomischer Status (ISEI)	0.962**	0.109
Strafantrag des Opfers	3.175*	0.177
weibliches Opfer	2.813*	0.221
Verletzung eher schwer	3.235*	0.276
Nagelkerkes-R^2	**0.276**	
n	**128**	

† $p<.10$; * $p<.05$; ** $p<.01$; *** $p<.001$

Nahm man anstelle des sozioökonomischen Status die Variable zur Arbeitslosigkeit in das Modell auf, war auch dieses Merkmal am erklärungsstärksten und verbesserte die Vorhersagegüte um 8,9 % (es erreicht alleine einen Pseudo R^2-Wert von 0.089). Waren die Beschuldigte arbeitslos, so wurde das Verfahren, wenn man den Effekt der Vorstrafenbelastung ausklammerte, 3,3mal wahrscheinlicher angeklagt als bei erkennbar nicht arbeitslosen Beschuldigten (Tab. 69). Die Erklärungsgüte des Modells war im Vergleich zum Modell mit den ISEI-Werten mit einer Verbesserung der Vorhersage um 31 % nicht ganz so stark verringert im Vergleich zu dem die Vorstrafen beinhaltenden Ursprungsmodell aus Tab. 57, welches die Vorhersage der Anklageerhebung um 44 % verbesserte.

Tab. 69: Determinanten der Anklageerhebung anstelle einer Verfahrenseinstellung nach § 153 Abs. 1 oder § 153a Abs. 1 StPO ohne Berücksichtigung der Vorstrafenbelastung mit Verwendung der Variable Arbeitslosigkeit (binäre, hierarchische logistische Regression; gewichtete Daten)

Anklageerhebung		
	Exp(B)	**Anstieg von Nagelkerkes-R^2**
Arbeitslosigkeit	3.300**	0.089
Verletzung eher schwer	4.573**	0.157
Strafantrag des Opfers	3.045*	0.207
Wahlverteidigung im Ermittlungsverfahren	0.278*	0.246
weibliches Opfer	2.576*	0.283
(Teil)Geständnis im Ermittlungsverfahren	0.474†	0.305
Nagelkerkes-R^2	**0.305**	
n	**153**	

† p<.10; * p<.05; ** p<.01; *** p<.001

4.5.3.6 Zwischenergebnis

Abschließend lässt sich somit festhalten, dass die Beschuldigten mit abnehmendem sozioökonomischen Status signifikant häufiger strafrechtlich (einschlägig) vorbelastet waren. Da das Bestehen einer Vorstrafenbelastung im Strafverfahren eine immense Bedeutung für den Verfahrensausgang besitzt, führte dieser Zusammenhang dazu, dass Beschuldigte der unteren Gesellschaftsschichten infolge ihrer häufigeren Vorstrafenbelastung, unabhängig von anderen Einflussfaktoren wie der Verletzungsschwere oder einem Geständnis, signifikant häufiger angeklagt und die Verfahren gegen sie signifikant seltener nach § 153a StPO eingestellt wurden. Das Bestehen und der Umfang dieses mittelbaren Zusammenhangs wurde sichtbar, wenn die Vorstrafenbelastung aus den multivariaten Regressionen herausgenommen wurde. Dass sich die Entscheidung über eine Verfahrenseinstellung (oder auch im Folgenden der Arbeit etwa die Entscheidung über die Strafzumessung) nach der Vorstrafenbelastung richtete, ist aus der Perspektive des geltenden Rechts erst einmal legitim, etwa mit Blick auf das öffentliche Verfolgungsinteresse und die Schwere der Schuld bei §§ 153 und 153a StPO oder auf § 46 Abs. 2 StGB (siehe auch bereits 1. Teil Kap. 4.2).[780]

[780] *Peters*, in: MüKo-StPO, § 153 Rn. 23 ff.; *Diemer*, in: KK-StPO, Rn. 11 ff.; *Stree/Kinzig*, in: Sch/Sch-StGB, § 46 Rn. 31 ff.

Blickt man auf diesen Effekt aus der Perspektive sozialer Gerechtigkeit, dann stellt sich die Richtung des Zusammenhangs zwischen dem sozialen Status und der Vorstrafenbelastung selbst als bedeutsam heraus: Würden sozial schwache Beschuldigte allein infolge ihres sozialen Status häufiger strafrechtlich verfolgt und verurteilt werden (unabhängig von der Häufigkeit der Straffälligkeit im Dunkelfeld), dann wären sie unter anderem auch allein wegen ihres sozialen Status häufiger vorbestraft. Die starke negative Berücksichtigung der Vorstrafenbelastung in künftigen Verfahren wäre ihnen gegenüber dann ungerecht, da sie teilweise an eine ursprüngliche Schlechterstellung anknüpft und diese perpetuiert. Was Ursache und was Folge bei dem festgestellten Zusammenhang zwischen dem sozialen Status und der Vorstrafenbelastung ist, lässt sich jedoch allein mit Längsschnittuntersuchungen klären und ist eine seit jeher vieldiskutierte Frage der Kriminologie für sich, aber nicht das Thema dieser Arbeit.[781] Gleichwohl führte dieser Zusammenhang mittelbar dazu, dass die Ermittlungsverfahren für die Beschuldigten mit abnehmendem sozioökonomischen Status signifikant schlechter endeten.

4.5.4 Zwischenergebnis

Mit Blick auf das Forschungsthema lässt sich zusammenfassen, dass die untersuchten Verfahren umso häufiger gegen Auflagen nach § 153a Abs. 1 StPO von der Staatsanwaltschaft eingestellt wurden, je höher der sozioökonomische Status der Beschuldigten war, und umso häufiger durch Anklageerhebung oder Strafbefehlsbeantragung weitergeführt wurden, je niedriger deren sozioökonomischer Status war. Nur mit den Einstellungen nach § 153 StPO korrelierten der sozioökonomische Status und die Arbeitslosigkeit der Beschuldigten nicht. Die Strafverfahren wurden außerdem bei anwaltlicher Vertretung signifikant häufiger gegen Auflagen nach § 153a Abs. 1 StPO eingestellt. Die Forschungshypothese (H_2) konnte also mit Blick auf die bloßen Häufigkeiten zunächst, mit Ausnahme der Einstellungen nach § 153 Abs. 1 StPO, bestätigt werden.

Kontrollierte man nun allerdings diese Zusammenhänge durch die gleichzeitige Berücksichtigung der weiteren ermittelten Determinanten wie

[781] Siehe hierzu bereits Fn. 20.

die Vorstrafenbelastung oder die Verletzungsschwere, behielt der sozioökonomische Status nur noch bei der Einstellung gegen Auflagen und (wegen des starken Zusammenhangs bei § 153a StPO) bei der generellen Einstellungswahrscheinlichkeit einen eigenständigen signifikanten Einfluss. Sozioökonomische Merkmale der Beschuldigten beeinflussten damit lediglich die Entscheidung der Staatsanwaltschaft zur Verfahrenseinstellung gegen eine Auflage nach § 153a Abs. 1 StPO anstelle einer Verfahrensweiterführung unmittelbar. Aus der hierarchischen logistischen Regression ergab sich, dass bei § 153a StPO der sozioökonomische Status sogar das erklärungsstärkste Merkmal war, sogar noch vor der einschlägigen Vorstrafenbelastung. Der sozioökonomische Status verbessert die Vorhersage der Einstellungen gegen Auflagen bereits um fast 10 % und damit noch stärker als die einschlägige Vorstrafenbelastung. Nahm man anstelle des sozioökonomischen Status die erkennbare Arbeitslosigkeit in das Regressionsmodell auf, verringerte auch diese die Einstellungswahrscheinlichkeit signifikant und deutlich. Wegen dieses starken Effekts des sozioökonomischen Status bei § 153a StPO wurde auch die Chance einer generellen Einstellung nach § 153 oder § 153a StPO durch einen steigenden sozioökonomischen Status unmittelbar leicht positiv beeinflusst. Die Hypothese (H_2) wurde damit in dem Sinne, dass der sozioökonomische Status der Beschuldigten die Einstellungshäufigkeit unmittelbar und eigenständig selbst beeinflusste, nur bei den Einstellungen nach § 153a StPO bestätigt. Auch der Einfluss einer frühzeitigen Verteidigereinschaltung erhöhte die Chancen einer Einstellung nach § 153a Abs. 1 StPO, sodass die Forschungshypothese (H_3) zumindest bezüglich der Einstellungen gegen Auflagen beibehalten werden konnte.

Der bei den bivariaten Analysen dennoch festgestellte Zusammenhang zwischen dem sozioökonomischen Status und den Häufigkeiten der Anklageerhebungen sowie Strafbefehlsanträge ergab sich vor allem durch die große Bedeutung der Vorstrafenbelastung hierfür. Da die Beschuldigten mit abnehmendem sozioökonomischen Status signifikant und deutlich häufiger vorbestraft waren, wurden die Beschuldigten auch mit abnehmendem sozioökonomischen Status deutlich häufiger angeklagt, wenn die weiteren Determinanten unter Ausschluss der Vorstrafenbelastung kontrolliert wurden. Auch wurde etwas häufiger ein Strafbefehl beantragt anstatt eingestellt. Lediglich die Verfahrenseinstellungen nach § 153 Abs. 1 StPO hingen weder mittelbar noch unmittelbar mit dem sozioökonomischen Status oder der Arbeitslosigkeit zusammen.

5 Das Strafbefehlsverfahren

Der folgende Abschnitt behandelt die in den Verfahren alltäglicher Massenkriminalität bedeutsamen Strafbefehlsverfahren. Bei der Untersuchung der Strafbefehlsverfahren wurde das Augenmerk nach einer kurzen allgemeinen Beschreibung des Verfahrensablaufs auf die Zumessung der Tagessatzhöhen bei Geldstrafen gelegt. Dabei wurde insbesondere analysiert, wie die Grundlage der Strafzumessung nach dem Nettoeinkommensprinzip des § 40 Abs. 2 StGB beschaffen war, die den Akteuren der Strafzumessung in dieser besonderen Verfahrensart zur Verfügung stand.

5.1 Durchführung des Strafbefehlsverfahrens

In 43 % der Fälle der Stichprobe wurde ein Strafbefehl erlassen. Diese wurden zu 93,5 % direkt am Ende des Ermittlungsverfahrens beantragt, zu 2,9 % wegen Fehlens der Angeklagten in der Hauptverhandlung und zu 3,6 % nachdem eine Auflage i.S.v. § 153a Abs. 1 StPO nicht erfüllt wurde. In 98 % der Fälle erließ das Gericht den Strafbefehl genau so, wie ihn die Staatsanwaltschaft zu Beginn beantragt hatte. Nur in 1 % der Fälle änderte das Gericht die rechtliche Bewertung zugunsten der Angeschuldigten und in weiteren 1 % stellte es die Verfahren ein. Die Strafbefehlsverfahren dauerten im Durchschnitt knapp 4 Monate[782], die kürzeste Dauer lag etwas unter 3 Wochen, die längste bei etwa anderthalb Jahren[783].

---

782 Zeitraum vom Eingang des Verfahrens bei der Polizei bis zum Erlass des Strafbefehls durch das Gericht.

783 aM = 17,5 Wochen; Med. = 15,9 Wochen; SD = 11,2. Längere Verfahrensdauern gab es vor allem dann, wenn der Strafbefehl wegen Fehlens der Angeklagten in der Hauptverhandlung oder fehlender Auflagenerfüllung bei § 153a StPO erlassen wurde (die Durchschnittsdauer lag dann knapp über 6 Monate [n = 11]).

5.2 Das Nettoeinkommensprinzip der Geldstrafen im Strafbefehlsverfahren

Der folgende Abschnitt beschäftigt sich mit den entwickelten Forschungshypothesen und -fragen zur Geldstrafenbemessung im Strafbefehlsverfahren. Da hier nur die Stichprobenschicht der Strafbefehlsverfahren betrachtet wurde, wurden die Daten mit dem Designgewicht gewichtet, um die Fallzahlen dem Verhältnis der Verfahrenszahlen bei den beiden Landgerichtsbezirken anzupassen.[784]

5.2.1 Kenntnisse über die wirtschaftliche Situation der Beschuldigten

Zunächst wurden die Strafverfahrensakten dahingehend ausgewertet, wie oft die Staatsanwaltschaften und Gerichte in den untersuchten 112 Strafbefehlsverfahren überhaupt Informationen zu den wirtschaftlichen Verhältnissen der Angeklagten besaßen, wenn eine Geldstrafe verhängt wurde. Dabei lautete die Forschungshypothese (H_4), dass in den Strafbefehlsverfahren die notwendigen Informationen zur richtigen Bemessung der Tagessatzhöhen teilweise fehlen. Die Grundlage der Bemessung der Tagessatzhöhe einer Geldstrafe ist, wie bereits erörtert, gem. § 40 Abs. 2 StGB das Nettoeinkommen der Angeklagten. Dieses war in den Strafbefehlsverfahren, in denen eine Geldstrafe verhängt wurde, allerdings nur zu 18,8 % aus der Akte ersichtlich. Da die Strafbefehlsverfahren aber ab dem Zeitpunkt der Abverfügung von der Polizei an die Staatsanwaltschaft rein schriftlich, ohne gesonderte Beschuldigtenvernehmung durch die Staatsanwaltschaft oder das Gericht abliefen, konnte davon ausgegangen werden, dass die Informationen aus den Akten in aller Regel auch die Informationen widerspiegelten, die den Staatsanwaltschaften und Gerichten bei der Beantragung und dem Erlass der Strafbefehle zur Verfügung standen. In den restlichen 81,2 % Verfahren fehlte diese Information, sodass das Nettoeinkommen gem. § 40 Abs. 3 StGB geschätzt werden musste. Dass eine Schätzung der Einkommensverhältnisse erfolgte, ging dabei aus keinem der erlassenen Strafbefehle hervor und somit wurde auch die Schätzungsgrundlage

---

[784] Die Fallzahlen sind deshalb andere als bei der gemeinsamen Betrachtung aller Verfahren (verschiedener Stichprobenschichten gleichzeitig), siehe zu den unterschiedlichen Gewichtungsarten bereits 2. Teil Kap. 2.4.

nie in diesen genannt. Bei fehlenden Informationen zum Einkommen ist der nächste Anhaltspunkt bei der Bemessung der Tagessatzhöhe der Beruf, anhand dessen man das durch diesen regelmäßig erzielte Nettoeinkommen schätzen kann. Doch selbst diese Schätzungsgrundlage fehlte zu 63,5 %, da auch der aktuelle Beruf der Angeklagten nur bei 36,5 % der Verfahren aus der Akte ersichtlich war. Über das Einkommen oder den Beruf hinausgehende Informationen zu den wirtschaftlichen Verhältnissen wie Unterhaltsverpflichtungen oder Schulden gab es zum Zeitpunkt des Strafbefehlserlasses lediglich in 12 der 112 Verfahren (in diesen waren dann auch stets der Beruf und/oder das Nettoeinkommen bekannt). Waren Informationen zum Nettoeinkommen und zum Beruf vorhanden, dann beruhten erstere stets und letztere in aller Regel[785] auf den Angaben der Angeklagten hierzu und wurden in keinem der untersuchten Fälle anderweitig überprüft. Staatsanwaltschaft und Gericht standen also in über der Hälfte der Verfahren, in denen per Strafbefehl eine Geldstrafe verhängt wurde, keinerlei Informationen zur aktuellen wirtschaftlichen Situation der Angeklagten aus den Akten zur Verfügung. Die Forschungshypothese (H_4) wurde damit bestätigt.

Eine mögliche Option, mittels derer sich Staatsanwaltschaft und Gericht in solchen Fällen zumindest eine potentielle Information über die wirtschaftliche Lage der Angeklagten herleiten konnten, waren die Tagessatzhöhen vorheriger Verurteilungen zu einer Geldstrafe. Die Tagessatzhöhe der letzten vorherigen Verurteilung wurde nur bei der Aktenanalyse der Verfahren aus Hannover erhoben, sodass nur diese Verfahren hierzu herangezogen werden konnten. Informationen zur Tagessatzhöhe der letzten Verurteilung zu einer Geldstrafe gab es in Hannover insgesamt in 42,9 % ($n = 30$) der Verfahren. In den 46 Strafbefehlsverfahren aus Hannover, in denen weder Einkommen noch Beruf bekannt waren, war zumindest bei 22 Fällen die Tagessatzhöhe der letzten Geldstrafe als möglicher Anhaltspunkt dem BZR-Auszug zu entnehmen. Nahm man die Verfahren aus Braunschweig hinzu und differenzierte danach, ob bereits Vorstrafen vorhanden waren (und damit vermutlich auch in aller Regel eine Geldstrafe verhängt wurde), waren in 34 der 67 Verfahren ohne Informationen zu Be-

785 In einem Fall ergab sich der Berufsstatus aus der Zeugenaussage der Ehefrau und in einem weiteren Fall aus den Lebensumständen (der Beschuldigte war wohnungslos) (die beiden Fälle machen 2 % der Fälle aus, in denen der Beruf bekannt war).

ruf und Einkommen zumindest sehr wahrscheinlich die Tagessatzhöhen der zuletzt verhängten Geldstrafen bekannt.

Um zu untersuchen, ob diese Informationen überhaupt als annähernd aktuelle Anhaltspunkte herangezogen werden konnten, wurde die Dauer zwischen dieser letzten Vorverurteilung zu einer Geldstrafe und dem aktuellen Strafbefehlserlass untersucht.[786] Diese Zeiträume lagen jedoch zwischen einer Woche und mehr als sechseinhalb Jahren, wobei die letzte Vorverurteilung zu einer Geldstrafe im Durchschnitt über zweieinhalb Jahre zurücklag.[787] Damit konnte die Tagessatzhöhe der letzten Vorverurteilung in vielen Fällen nicht mehr vertretbar als Schätzungsgrundlage herangezogen werden. Hinzu kommt, dass diese Untersuchung bereits gezeigt hat, dass bei den erlassenen Strafbefehlen die Informationen zu den wirtschaftlichen Verhältnissen oftmals vollständig fehlten oder aber nur rudimentär, in Form der Tagessatzhöhe früherer, oft weit zurückliegender Vorverurteilungen vorlagen. Da den in Deutschland verhängten Geldstrafen viel häufiger Strafbefehle als Urteile nach einer Hauptverhandlung zugrunde liegen (siehe bereits 1. Teil Kap. 5.2), lässt sich somit an der ausreichenden Qualität der Tagessatzhöhen vorheriger Verurteilungen als Schätzungsgrundlage für das vermutliche Nettoeinkommen noch weiter zweifeln.

Um die Güte der letzten verhängten Geldstrafe als Schätzungsgrundlage für das aktuelle Nettoeinkommen zu prüfen, wurden die Tagesatzhöhen dieser Vorverurteilungen den aktuell in der Stichprobe (per Strafbefehl oder Urteil) verhängten Tagessätzen gegenübergestellt, aber nur in den Fällen, in denen das Gericht bei der Verhängung der Geldstrafe zumindest den aktuellen Beruf der Angeklagten kannte. Der Vergleich zeigte, dass die aktuellen Tagessatzhöhen und die der früheren Verurteilung oft nicht übereinstimmten. Nur in 6 der 21 Fälle waren die Tagessatzhöhen dieselben, in 10 Fällen war die Höhe der aktuellen Tagessätze niedriger als die der Vorverurteilung und in 5 Fällen höher.[788] Abb. 9 veranschaulicht die Unterschiedlichkeit der Tagessätze aus den früheren und aktuellen Verurteilungen.

---

786 Die Angaben beschränken sich wieder auf Hannover, da nur bei den Verfahren aus Hannover die Tagessatzhöhe und das Datum der Vorverurteilung erhoben wurden.

787 Med. = 2 Jahre 4 Monate; SD = 98,3 (Wochen).

788 Angaben aus ungewichteten Daten, da nur Einzelfallbetrachtungen dargestellt werden.

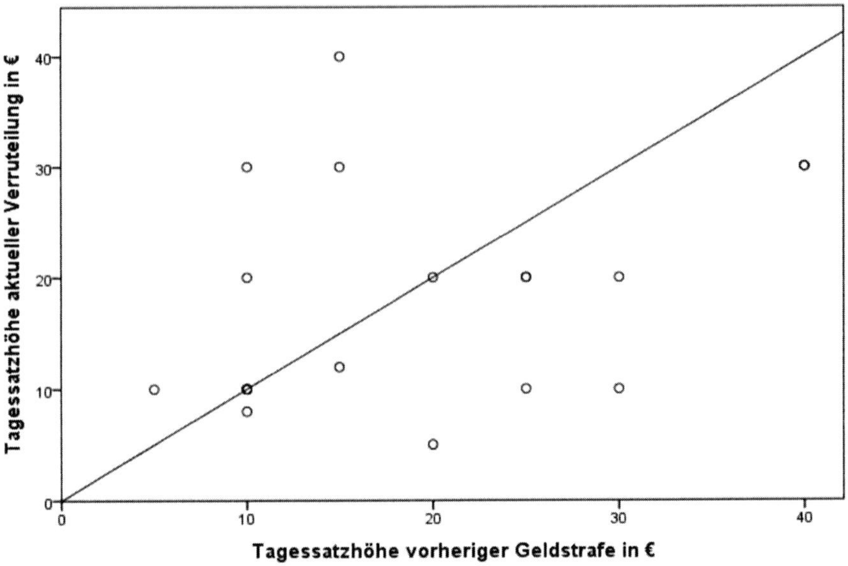

Abb. 9: Verhältnis der Tagessatzhöhen der letzten und aktuellen Verurteilung (per Strafbefehl oder Urteil) zueinander bei allen aktuellen Verurteilungen, bei denen zumindest der Beruf des Beschuldigten bekannt war (n = 21; ungewichtete Daten[789])

Zusammenfassend lässt sich damit festhalten, dass die Tagessatzhöhe der letzten Vorverurteilung zu einer Geldstrafe kein geeignetes Kriterium zur Schätzung des aktuellen Nettoeinkommens ist.

Als nächstes stellte sich die Frage über die Ursache der vielmals fehlenden Angaben zu den wirtschaftlichen Verhältnissen der Angeklagten in den Strafbefehlsverfahren. Die Antwort lag in den vielfach fehlenden polizeilichen Vernehmungen der Beschuldigten, da das Erscheinen zu dieser freiwillig ist. Mit Blick auf die Gesamtheit der untersuchten Strafbefehlsverfahren gab es in 53,9 % (n = 63) der Fälle weder eine polizeiliche Beschuldigtenvernehmung noch eine schriftliche Anhörung. In den 67 Fällen, in denen bei Erlass des Strafbefehls weder Informationen zum Einkommen noch zum Beruf vorlagen, waren die Beschuldigten nur zu 7,5 % (n = 5) zur polizeilichen Vernehmung erschienen, wobei lediglich weitere 3 % (n = 2) schriftlich angehört wurden. In den restlichen 89,5 % der

789 Angaben aus ungewichteten Daten, da nur Einzelfallbetrachtungen dargestellt werden.

Verfahren (n = 60) gab es weder eine förmliche Beschuldigtenvernehmung noch eine schriftliche Anhörung. Da es durch den Fortgang des Verfahrens im Strafbefehlsverfahren zu keiner weiteren Vernehmung der Beschuldigten mit Anwesenheitspflicht kam, gab es folglich auch keine Informationen zu deren wirtschaftlicher Situation. Dieser Umstand stellt im Rahmen des Strafbefehlsverfahrens eine systembedingte Schwachstelle dar. Durch die gewollte Abkürzung des Verfahrens fehlt oftmals die Beschuldigtenvernehmung und damit regelmäßig auch Informationen zur wirtschaftlicher Situation der Angeklagten. Gleichzeitig werden in den Strafbefehlsverfahren fast ausschließlich Geldstrafen verhängt, für deren richtige Bemessung das Vorhandensein dieser Informationen jedoch Voraussetzung ist.

5.2.2 Bemessung der Tagessatzhöhen im Kontext (nicht) vorhandener Informationen

An die bestätigte Hypothese (H_4) über den vielmals mangelhaften Kenntnisstand von Staatsanwaltschaft und Gericht über die wirtschaftliche Situation der Angeklagten schloss sich nun die Forschungsfrage (F_2) über deren Umgang mit den vorhanden und fehlenden Informationen bei der Bemessung der Tagessatzhöhen an. Die Bemessung der Tagessatzhöhen bei bekanntem Einkommen wird hierbei erst später im 3. Teil Kap. 7.1 und zusammen mit den in den Urteilen verhängten Geldstrafen ausführlich dargestellt, da diese, anders als die Strafzumessung bei fehlenden Einkommensangaben, keine spezifische Problematik der Strafbefehlsverfahrens ist.

Bei der Untersuchung der Bemessung von Geldstrafen in Strafbefehlsverfahren ist zunächst daran zu erinnern, dass das Gericht in 98 % der untersuchten Fälle, in denen eine Geldstrafe per Strafbefehl verhängt wurde, den Strafbefehl genau so erließ, wie er von der Staatsanwaltschaft beantragt wurde (§ 408 Abs. 3 S. 1 StPO). Die Bemessung der Geldstrafen (also der Tagessatzhöhe und –zahl) wurde also de facto fast ausschließlich von der Staatsanwaltschaft vorgenommen.

In den 81,2 % der Strafbefehlsverfahren, in denen das Nettoeinkommen unbekannt war, gab es zumindest zu 24 % (n = 22) Angaben zum Beruf. Die Berufsangaben selbst ließen sich aber weder grafisch, noch anders sinnvoll in ein Verhältnis zur Tagessatzhöhe setzen. Der aus den Berufsangaben abgeleitete sozioökonomische Status nach dem ISEI berücksichtigt allerdings auch das erwartete Nettoeinkommen des jeweiligen Berufs. Deswegen wurde in den Fällen, in denen das Nettoeinkommen unbekannt, der Beruf aber bekannt war, der sozioökonomische Status als Indikator für das geschätzte Nettoeinkommen zu den verhängten Tagessätzen ins Verhältnis gesetzt. Das Ergebnis zeigt Abb. 10.

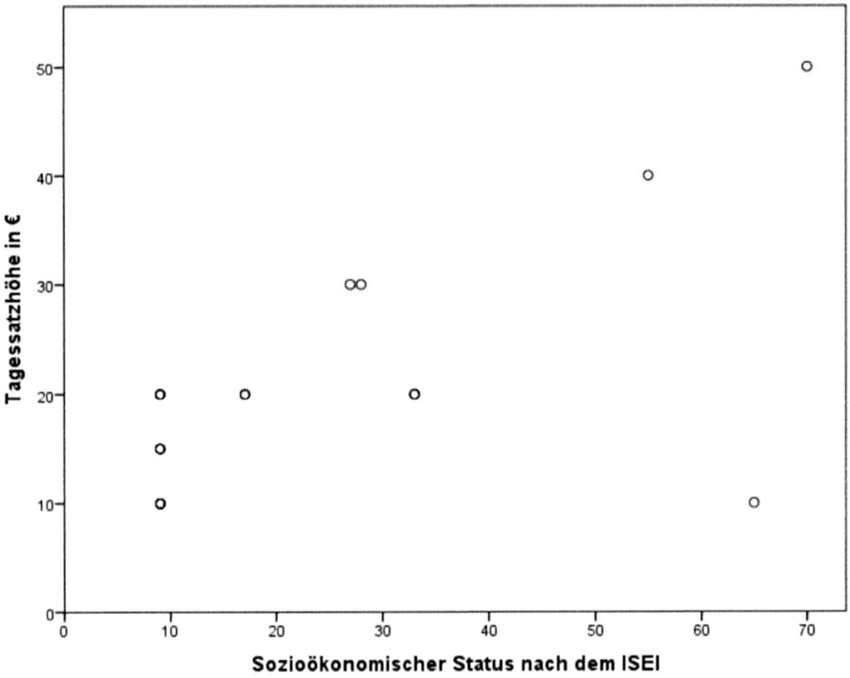

Abb. 10: Verhältnis der Tagessatzhöhe in den Strafbefehlen zum sozioökonomischen Status nach dem ISEI bei unbekanntem Nettoeinkommen (n = 19)

Zwar wurden die Tagessätze durchschnittlich etwas höher mit steigendem ISEI-Wert, die Steigung war allerdings nicht annähernd gleichmäßig. Tagessätze über 10 € wurden in einer Spanne des ISEI von 9 bis 33 verhängt. Ebenso wurden bei ALG II-Empfängern wieder Tagessätze von 10 € bis 20 € verhängt.

Dieser Befund ist allerdings unter dem Gesichtspunkt einzuschränken, dass der ISEI-Index ein internationaler Index ist und das Nettoeinkommen bei dessen Bestimmung nur zu Teilen eine Rolle spielt. Auch wurde bei den Beschuldigten in Berufsausbildung der angestrebte Beruf codiert, sodass ISEI-Wert dort nicht das aktuelle Einkommen widerspiegelt. Der sozioökonomische Status war also nicht uneingeschränkt geeignet, das Nettoeinkommen wiederzugeben, sodass die Unregelmäßigkeiten möglicherweise hierauf zurückgeführt werden können. Dies galt etwa für den Ausreißer-Fall der Tagessatzhöhe von 10 € bei einem ISEI-Wert von 65, bei dem der Beschuldigte Student war. Ein weiteres interessantes Ergebnis aus Abb. 10 ist, dass die Tagessatzhöhen in keinem Fall 50 € überstiegen. Nimmt man die Regel, dass ein Tagessatz 1/30 des monatlichen Nettoeinkommens entspricht, dann würde ein Tagessatz von 50 € lediglich einem Nettoeinkommen von 1500 € entsprechen. Dass etwa ein vollberufstätiger Softwareentwickler (ISEI-Wert = 70) schätzungsweise nur 1500 € verdient, erscheint doch zweifelhaft. Dies gilt auch dann, wenn man berücksichtigt, dass dieser zwei unterhaltspflichtigen Kinder hatte und man für diese jeweils 10 % vom geschätzten Einkommen subtrahierte.

Unter dem Aspekt der Geldstrafenzumessung mit eingeschränkten Informationen zur wirtschaftlichen Situation der Angeklagten war insbesondere die Frage von Interesse, wie die Tagesatzhöhen bemessen wurden, wenn sowohl Informationen zum Nettoeinkommen als auch zum Beruf fehlten. Wirklich zulässige Anhaltspunkte anhand derer man das Nettoeinkommen schätzen konnte, gab es dann eigentlich nicht mehr. Aus Abb. 11 ergibt sich, dass trotz dessen sehr unterschiedliche Tagessatzhöhen verhängt wurden. Die Spanne ging dabei von 10 € bis 50 € und war in diesen Fällen damit fast genauso groß, wie die Spanne der Tagessatzhöhen bei vorhandenen Informationen. In Fällen mit vollständig fehlenden Informationen zur wirtschaftlichen Situation wurde also nach keinem erkennbaren Schema etwa derart vorgegangen, dass sicherheitshalber stets sehr geringe Tagessätze verhängt wurden, um das Risiko zu hoher Geldstrafen und damit das Risiko, unter Umständen vermeidbare Ersatzfreiheitsstrafen vollstrecken zu müssen, zu vermeiden.

Ein Aspekt, der die Varianz der Tagessatzhöhen zumindest etwas erklären könnte, wäre die Orientierung von Staatsanwaltschaft und Gericht an

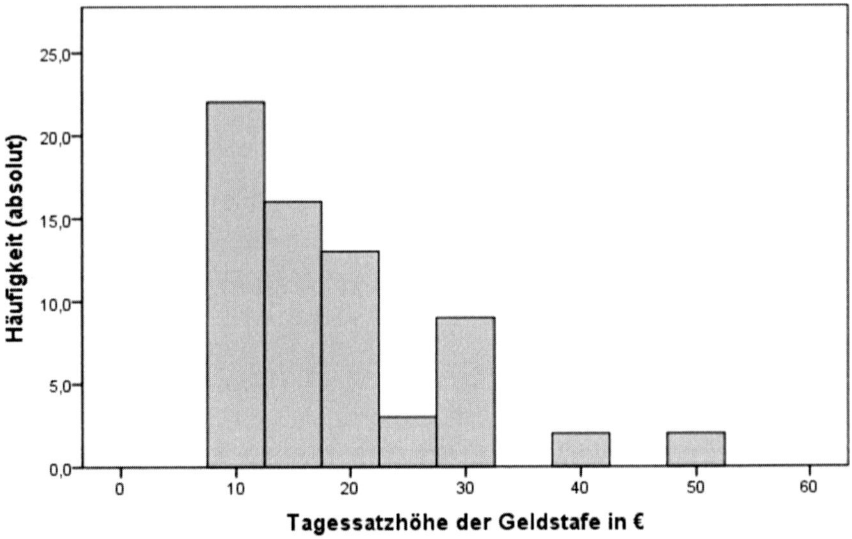

Abb. 11: Verhältnis der Tagessatzhöhen der letzten und aktuellen Verurteilung (per Strafbefehl oder Urteil) zueinander bei allen aktuellen Verurteilungen, bei denen zumindest der Beruf des Beschuldigten bekannt war (n = 21; ungewichtete DatenTagessatzhöhen der im Strafbefehl verhängten Geldstrafen, bei denen weder Einkommen noch Beruf bekannt waren (n = 67; aM = 18,58: SD = 9,57; ungewichtete Daten[790])

der Tagessatzhöhe der letzten Vorverurteilung zu einer Geldstrafe. Die alten und neuen Tagesatzhöhen entsprachen sich aber auch in den Fällen, in denen keine Informationen zum Beruf oder Einkommen vorhanden waren, nicht stets. In 13 dieser 19 Verfahren wurde die ursprüngliche Tagessatzhöhe übernommen.[791] In 3 Fällen lagen die Tagessätze der aktuellen Geldstrafen darunter und in 3 weiteren Fällen darüber. Vorherige Verurteilungen wurden damit oftmals als Anhaltspunkt verwendet, dies war aber nicht ausnahmslos der Fall. Warum sich die Staatsanwaltschaft in manchen Fällen hieran orientierte und in anderen nicht, wurde aus den Akten nicht ersichtlich.

---

790 Die Daten unterscheiden sich nur um Nachkommastellen zu den mit dem Designgewicht gewichteten Daten.

791 Die Daten umfassen wieder nur Verfahren aus Hannover. Wegen der sehr geringen Fallzahl wurden die Daten nicht gewichtet.

An die Frage zum Umgang mit vorhandenen Informationen zu früheren Verurteilungen, schloss sich diejenige an, was für Tagessätze die Staatsanwaltschaften und Gerichte verhängten, wenn sie bei fehlenden Informationen zum Beruf und Einkommen nicht einmal die Tagessatzhöhe der letzten Vorverurteilung kannten. In diesen Fällen konnte die Bemessung der Tagessatzhöhe eigentlich nur noch bloße Willkür sein, da keinerlei Anhaltspunkte für eine Schätzung des Nettoeinkommens aus der Akte entnommen werden konnten.

Die Verteilung der Tagessatzhöhen bei vollkommener Informationslosigkeit zeigt Abb. 12.

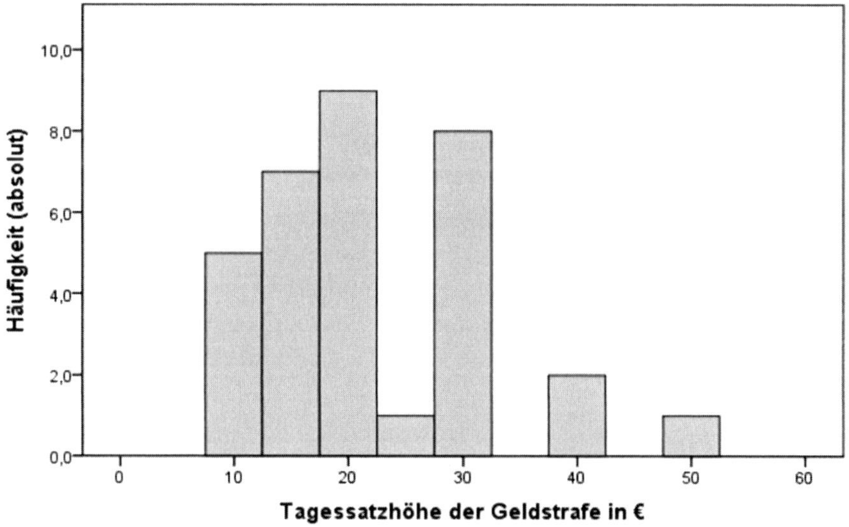

Abb. 12: Tagessatzhöhe der im Strafbefehl verhängten Geldstrafen, bei denen weder Einkommen noch Beruf oder die Tagessatzhöhe der letzten Verurteilung bekannt waren (n = 33; aM = 22,12; SD = 9,77; ungewichtete Daten[792])

Auch hier variierten die Tagessatzhöhen noch immer von 10 € bis 50 € und den Daten ließ sich keinerlei Prinzip im Umgang mit fehlenden Angaben entnehmen (wie etwa die stete Verhängung von 10 €, um niemanden zu stark zu belasten). Insbesondere der Umstand überrascht, dass auch zweimal Tagessätze über 40 € und einmal über 50 € verhängt wurden. Denn bei den per Strafbefehl verhängten Geldstrafen wurden in keinem Fall Tagessätze verhängt, die 50 € überstiegen, und auch in der gesamten Stichprobe wurde diese Tagessatzhöhe nur einmal überschritten.

In dem konkreten Fall, in dem Tagessätze zu 50 € verhängt wurden, ließ sich aus den anderen Umständen in der Akte nur entnehmen, dass der Mann der Beschuldigten dem Opfer 5000 € Arbeitslohn schulden sollte, sodass vermutet werden kann, dass die Staatsanwaltschaft aufgrund dieser dünnen Informationsbasis mutmaßte, dass der Ehemann der Beschuldigten und damit auch die Beschuldigte selbst im Vergleich zu den Durchschnittsbeschuldigten bei § 223 StGB (vgl. die anderen Tagessatzhöhen oben) ein eher hohes Einkommen besaß. Das Vollstreckungsheft fehlte bei diesem Fall, sodass über die Zahlung der Geldstrafe und mögliche Probleme dabei (oder eine mögliche nachträgliche Offenlegung der Einkommensverhältnisse) nichts berichtet werden kann. In dem ersten Fall mit Tagessätzen über 40 € war der Beschuldigte verteidigt und hatte eine Einlassung über seinen Verteidiger abgegeben, in der weder Beruf noch Einkommen angegeben waren. In der Hauptverhandlung (nach eingelegtem Einspruch gegen den Strafbefehl mit anschließender Einstellung nach § 153a Abs. 1 Nr. 1, Abs. 2 StPO) gab der Angeklagte an, 1550 € netto zu verdienen, Unterhalt i.H.v. 364 € zu zahlen und einen Hauskredit mit 430 € monatlichen Raten abzubezahlen. Die Tagessatzhöhe von 40 € war in diesem Fall also entweder zufällig gut gewählt oder die Staatsanwaltschaft und der Verteidiger hatten nicht dokumentierten telefonischen Kontakt. In dem zweiten Fall mit Tagessätzen zu 40 € ließ sich der Beschuldigte nicht ein und war ebenfalls verteidigt. Auch hier wurde Einspruch gegen den Strafbefehl eingelegt und das Verfahren in der Hauptverhandlung nach § 153 StPO eingestellt. Das Nettoeinkommen wurde in der Verhandlung mit 2000 € angegeben bei monatlichen Unterhaltszahlungen i.H.v. 225 €. Hier war die Tagessatzhöhe mit 40 € also zu niedrig angesetzt und hätte nach der Regel des § 40 Abs. 2 S. 2 StGB 59 € betragen müssen.

Fehlende Informationen zur wirtschaftlichen Lage der Angeklagten führten also nicht dazu, dass die Staatsanwaltschaften und Gerichte die Tagessatzhöhen prophylaktisch geringer ansetzten. Dies zeigte auch der Ver-

---

[792] Die Daten unterscheiden sich nur um Nachkommastellen zu den mit dem Designgewicht gewichteten Daten.

gleich der Mittelwerte und Mediane der Tagessatzhöhen im Kontext verschiedener Informationslagen über die wirtschaftliche Situation in Tab. 70. Der Vergleich ergab sogar, dass die durchschnittlich verhängten Tagessätze im Vergleich dann am höchsten waren, wenn die Akten keinerlei Informationen zu der wirtschaftlichen Situation der Angeklagten beinhalteten.

Tab. 70: Durchschnittliche Werte der Tagessatzhöhen in € bei verschiedenen Kenntnisständen von StA und Gericht bei den Strafbefehlsverfahren (ungewichtete Daten)

	aM	Med.	Min.	Max.	SD
Alle Geldstrafen (n=113)	19,4	15	5	50	10,57
Nettoeinkommen bekannt (n=23)	21,3	15	5	50	13,42
Beruf bekannt (n=44)	20,3	17,5	5	50	12,10
Weder Nettoeinkommen, noch Beruf bekannt (n=67)	18,6	15	10	50	9,57
Weder Nettoeinkommen, noch Beruf bekannt, aber vorbestraft (n=34)	15,2	12,5	10	50	8,12
Weder Nettoeinkommen, noch Beruf bekannt und nicht vorbestraft (n=33)	22,1	20	10	50	9,77

Insgesamt waren die Mittelwerte der Tagessatzhöhen recht ähnlich und mit durchschnittlich etwa 20 € sehr niedrig. Am stärksten nach unten und oben wichen tatsächlich die Verfahren ab, bei denen keine Informationen zum Einkommen und Beruf in den Akten vorhanden waren. Waren die Verurteilten vorbestraft und lagen damit in aller Regel vorherige Geldstrafen als Informationsquelle vor, so wurden mit durchschnittlich 15 € im Vergleich zu den anderen Verfahren verhältnismäßig niedrige Tagessätze verhängt (die jedoch in 16 % der Fälle unter den Tagessätzen der vorherigen Verurteilung lagen). Waren die Angeklagten allerdings nicht vorbestraft, so lagen die Tagessatzhöhen mit einem Mittelwert von 22 € und einem Median von 20 € etwas über den Durchschnittswerten aller anderen Gruppen. Dies könnte möglicherweise daraus erklärt werden, dass Staatsanwaltschaft und Gericht infolge des Fehlens von BZR-Eintragungen von einer besseren ökonomischen Lebenssituation als bei den vorbestraften Angeklagten ausgingen.

5.2.3 Nachträglich festgestelltes Einkommen und Tagessatzhöhe

Der folgende Abschnitt zeigt, wie sich die Höhen der verhängten Tagessätze bei fehlenden Informationen zum Beruf und Einkommen zu den später bekannt gewordenen Nettoeinkommen verhielten. Denn im weiteren Verlauf des Verfahrens wurde das Einkommen der Angeklagten in einigen Fällen noch während der Geldstrafenvollstreckung oder in der auf einen Einspruch gefolgten Hauptverhandlung bekannt. Die zu überprüfende Forschungshypothese (H_5) lautete dabei, dass sich eine Schätzung „ins Blaue hinein" zulasten ärmerer und zugunsten vergleichsweise wohlhabenderer Angeklagter auswirkt.

Im Folgenden wurden deswegen die im Strafbefehl verhängten Tagessatzhöhen (bei fehlenden Informationen zum Beruf und Einkommen) mit dem später bekanntgewordenen Nettoeinkommen verglichen. Die fett gedruckten Angaben in Tab. 71 sind diejenigen, bei denen das Einkommen und die Höhe der im Strafbefehl verhängten Tagessätze deutlich nicht zueinander passten.

Tab. 71 stellt einen Spiegel der Beliebigkeit dar, mit der die Tagessatzhöhen bei fehlenden Informationen zur wirtschaftlichen Situation bestimmt wurden. Gerade in den oberen Nettoeinkommensbereichen waren die Tagessatzhöhen deutlich zu gering. So hätte beispielsweise die Tagessatzhöhe (das tägliche Nettoeinkommen) i.S.v. § 40 StGB bei einem monatlichen Nettoeinkommen von 2000 € 66 € statt 40 € betragen müssen und bei einem Einkommen von 1600 € 53 € statt 15 €. Weiterhin ist bei diesen Daten zu beachten, dass diese nur die Angeklagten abbilden, bei denen das Nettoeinkommen später bekannt wurde. Hierfür musste aber ein Einspruch eingelegt oder in der Vollstreckung Zahlungserleichterungen beantragt worden sein. Beides wird aber bei den Fällen, in denen die Tagessätze der verhängten Geldstrafen das Nettoeinkommen der Verurteilten erheblich unterschritten, seltener der Fall gewesen sein. Es kann deswegen vermutet werden, dass solche täglichen Nettoeinkommen, die die Tagessatzhöhen deutlich überschritten, seltener nachträglich bekannt wurden und somit durch die Untersuchung seltener erfasst wurden als sie tatsächlich vorkamen.

Tab. 71: Verhältnis der Tagessatzhöhen, bei deren Bemessung weder Beruf noch Einkommen bekannt waren, zu dem nachträglich bekannt gewordenen Einkommen (n = 28; ungewichtete Daten[793])

Nettoeinkommen in €	Tagessatzhöhe in €		Nettoeinkommen in €	Tagessatzhöhe in €
0	**10**		744	15
324	10		**744**	**20**
546	15		**744**	**20**
553	**25**		800	15
600	10		**800**	**30**
670	**30**		1000	20
673	10		**1100**	**15**
711	10		1100	20
711	10		**1300**	**20**
711	10		**1450**	**30**
711	**50**		1550	40
720	**20**		**1600**	**15**
720	**30**		**1620**	**15**
726	15		**2000**	**40**

Im Gegensatz zu den soeben genannten Beispielen zu niedriger Tagessatzhöhen bei vergleichsweise besserverdienenden Verurteilten wurde der höchste Tagessatz von 50 € gegenüber einem ALG II-Empfänger verhängt. Bedenkt man außerdem, dass bei den Empfängern von Grundsicherungsleistungen wie ALG II nach den im 1. Teil Kap. 6.4.2.2 benannten Grundsätzen nicht das zum Leben Notwendige genommen werden darf, wurden die Tagessätze bei diesen Angeklagten oftmals deutlich zu hoch angesetzt. Zu den Angeklagten, die Einkommen an der Grenze des soziokulturellen Existenzminimums bezogen, wurden die Angeklagten mit einem Nettoeinkommen bis zu bis zu 800 € gezählt. Bei solchen Angeklagten müssen die Regeltagessätze des § 40 Abs. 2 StGB zur Wahrung von Opfergleichheit gesenkt werden. Hierzu haben sich je nach Gerichtsbezirk bei ALG II-Empfängern standardisierte Tagessatzhöhen von 7 € bis 15 € ausgebildet.[794] Nach der im 1. Teil Kap. 6.4.2.2 vorgeschlagenen Vorgehensweise

---

[793] Die Daten unterscheiden sich nur um Nachkommastellen zu den mit dem Designgewicht gewichteten Daten.

[794] Siehe hierzu 1. Teil Kap. 6.4.2.

des OLG Stuttgarts würde ein solcher, die Opfergleichheit annähernd wahrender Betrag zwischen 9 € und 12 € und bei gekürzten Regelsätzen noch darunterliegen.[795] Demgegenüber erhielten von den 19 Angeklagten, deren nachträglich bekannt gewordenes Nettoeinkommen maximal 800 € betrug, 8 Angeklagte Tagessätze, die 15 € überstiegen. Weitere 4 Angeklagte erhielten Tagessätze zu je 15 € und der Mittelwert der Tagessatzhöhe lag bei knapp 19 €. Im Vergleich dazu lag der Mittelwert bei Angeklagten mit einem Nettoeinkommen bis zu 800 € nur bei 12 € (n = 11), wenn dieses bei Strafbefehlserlass bereits bekannt war. Auch wenn man die Urteile nach einer Hauptverhandlung zu diesen 11 Fällen hinzunahm, blieb der Mittelwert bei 12 € (n = 34[796]).

Für arme Angeklagte führte die Verhängung von Geldstrafen ohne Kenntnis der wirtschaftlichen Situation damit zu einer erheblichen Benachteiligung; die Tagessätze waren im Durchschnitt um 58 % (7 €) höher als bei Angeklagten mit vergleichbar niedrigen Einkommen, bei denen das Einkommen oder die Arbeitslosigkeit aktenkundig waren. Im Unterschied hierzu wurden bei besserverdienenden Angeklagten oft deutlich zu geringe Tagessatzhöhen verhängt, wenn die Informationen zur wirtschaftlichen Situation fehlten. Die Untersuchungshypothese (H_5) konnte also bestätigt werden.

5.3 Zwischenergebnis

Die Analyse der Strafbefehlsverfahren hat gezeigt, dass die notwendigen Grundinformationen einer ordnungsgemäßen Geldstrafenzumessung in dem Großteil der Strafbefehlsverfahren fehlten. In 62,5 % der Verfahren waren keinerlei Informationen zum Beruf oder Einkommen in den Akten vorhanden. Gleichwohl wurden Geldstrafen verhängt, ohne dass weitere Ermittlungen zu den wirtschaftlichen Verhältnissen vorgenommen wurden. In knapp der Hälfte der Fälle waren zumindest die Geldstrafen vorheriger Verurteilungen bekannt. Diese waren als Schätzungsgrundlage jedoch vielmals ungeeignet, da die Verurteilungen zum einen oft lange zurücklagen

795 Siehe hierzu 1. Teil Kap. 6.4.2.

796 Daten gewichtet mit Gesamtgewicht, da verschiedene Stichprobenschichten (Strafbefehls- und Anklageverfahren) gemeinsam betrachtet wurden.

und zum anderen ein Vergleich der Tagessatzhöhen dieser Stichprobe, bei denen ausreichende Informationen zur wirtschaftlichen Situation vorhanden waren, mit denen der letzten Vorverurteilung zeigte, dass diese nur in knapp einem Drittel der Fälle gleich waren. In der anderen Hälfte der Fälle, in der solche Vorverurteilungen nicht bestanden, müssen die Tagessatzhöhe der Geldstrafen beziehungsweise das ihnen zugrundeliegende Nettoeinkommen ohne irgendeine Schätzungsgrundlage geschätzt worden sein. Die Schätzung nach § 40 Abs. 3 StGB muss aber, wie bereits im 1. Teil Kap. 6.5 erörtert, auf einer konkret ermittelten Tatsachengrundlage beruhen und darf sich nicht auf bloße Mutmaßungen stützen.[797] Es müssen ausreichende Anhaltspunkte ermittelt werden, die nach der Lebenserfahrung eine hinreichend sichere Schätzung erlauben.[798] Wird das Einkommen ohne Grundlage ins Blaue hinein geschätzt, stellt dies eine willkürliche Strafzumessung dar, die den Gleichheitssatz aus Art. 3 Abs. 1 GG verletzt.[799] Eine solche Praxis war aber in der Stichprobe bei über 60 % der Verfahren zu finden; und falls man, trotz der oben dargestellten erheblichen Einschränkungen, vorhandene Informationen zur letzten verhängten Geldstrafe als ausreichende Schätzungsgrundlage erachten würde, immer noch bei über 30 % der Verfahren. Dabei war die Varianz der Tagessatzhöhen nahezu genauso groß, wie bei den Fällen mit bekanntem Einkommen oder Beruf, und die Spannbreite ging von 10 € bis 50 €. Es gab also auch keine Praxis, bei unbekannten wirtschaftlichen Verhältnissen eine bestimmte, niedrige Tagessatzhöhe zu wählen. Dieses Vorgehen der Verhängung beliebiger Tagessatzhöhen kann, wie bereits im Theorieteil erläutert (siehe 1. Teil Kap. 6.5), auch nicht mit der einfachen Möglichkeit der Einspruchseinlegung nach § 410 StPO, die auf die Tagessatzhöhe beschränkt werden kann, legitimiert werden. Es verkehrt vielmehr den Gedanken der Opfergleichheit bei Geldstrafen und wirkt sich zum Nachteil armer Angeklagter aus: Bei ärmeren Angeklagten wurden in diesen Fällen oftmals zu hohe Tagesätze gewählt,

---

[797] BVerfG NStZ-RR 2015, 335; OLG Düsseldorf StV 1995, 643; OLG Koblenz NJW 1976, 1275; *Häger*, in: LK-StGB, § 40 Rn. 72; *Stree/Kinzig*, in: Sch/Sch-StGB, § 40 Rn. 20.

[798] BGH NStZ 1989, 361; *König*, in: HK-GS, § 244 StPO Rn. 22; *Krehl*, in: KK-StPO, § 244 Rn. 61; *Hofmann*, StraFo 2003, 70.

[799] BVerfG NStZ-RR 2015, 335 f.

während die Tagessätze bei verhältnismäßig besserverdienenden vielmals zu niedrig ausfielen.

Als weiteres Ergebnis lässt sich festhalten, dass die Gerichte den Anträgen der Staatsanwaltschaft fast immer (98 %) Folge leisteten. Dies hat mit Blick auf die deutschlandweite Verfahrenspraxis zur Folge, dass anstelle der Gerichte die Staatsanwaltschaften in einer Vielzahl aller Strafverfahren die rechtliche Bewertung und Strafzumessung vornehmen (2015 wurden in Deutschland die Ermittlungsverfahren mehr als doppelt so oft durch eine Strafbefehlsbeantragung, wie durch eine Anklage vor dem Strafrichter erledigt[800]).

6 Das Zwischen- und Hauptverfahren

Im nun folgenden Teil werden die Verfahrensabschnitte des Zwischen- und Hauptverfahrens näher behandelt. Dabei folgt der Beschreibung des Ablaufs dieser Verfahrensabschnitte eine Analyse der Opportunitätseinstellungen in diesem Abschnitt des Verfahrens. Bei Letzterer wurden insbesondere Zusammenhänge zwischen den sozioökonomischen Merkmalen und der Einstellungshäufigkeit sowie der Einfluss vorhandener Verteidigung auf die Häufigkeit von Verfahrenseinstellungen untersucht. Anschließend wurde das Vorkommen von Verfahrensabsprachen in der Stichprobe betrachtet und abschließend, im Vergleich zu den Strafbefehlsverfahren, ermittelt, wie nach den durchgeführten Hauptverhandlungen die Informationslage der Gerichte zur wirtschaftlichen Situation der Angeklagten in den Fällen verhängter Geldstrafen war.

6.1 Durchführung des Zwischen- und Hauptverfahrens

Bei 86,6 % der Anklagen (n = 68) eröffnete das Gericht die Hauptverhandlung, bei 15,6 % stellte es das Verfahren im Zwischenverfahren (n = 12) ein.[801] Bei 12,2 % der 66 Hauptverhandlungen waren die Angeklagten nicht

---

[800] In den Verfahren, die nicht nach § 170 Abs. 2 StPO eingestellt wurden, gab es 15 % Strafbefehlsanträge zu 7 % Anklagen vor dem Strafrichter (bei 12 % Anklagen insgesamt), errechnet aus *Statistisches Bundesamt*, Fachserie 10, Reihe 2.6. Rechtspflege. Staatsanwaltschaften 2015, S. 26 (siehe bereits 1. Teil Kap. 5.2).

[801] Die Überschreitung von 100 % ergibt sich daraus, dass bei zwei Verfahren erst die

anwesend. Die Hauptverhandlungen selbst dauerten durchschnittlich 62 Minuten[802] und 90,6 % der Hauptverhandlungen bestanden aus einer einzigen Sitzung.[803] Tab. 72 zeigt den Ausgang der Hauptverhandlungen.

Tab. 72: Verfahrensergebnis nach Durchführung der Hauptverhandlung (n = 66)

	Vollständige Einstellung			Teilweise Einstellung	Strafbefehl	Freispruch	Verurteilung	Gesamt
	§ 153 StPO	§ 153a StPO	§ 154 StPO	§ 154 StPO				
n	5	8	4	6	5	2	41	65
%	**7,9 %**	**12 %**	**6,1 %**	**9,4 %**	**7,8 %**	**3,4 %**	**63 %**	**100 %**

Nach durchgeführter Hauptverhandlung wurden 26 % der Verfahren (n = 17) vom Gericht vollständig und 9,4 % (n = 6) teilweise eingestellt.[804] Außerdem wurde in 5 Fällen ein Strafbefehl erlassen, weil die Angeklagten in der Hauptverhandlung nicht anwesend waren.

Wurde ein solcher Strafbefehl erlassen oder wurden die Angeklagten nach der durchgeführten Hauptverhandlung verurteilt, dann wurde in 62,9 % der Fälle eine Geldstrafe und in 37,1 % eine Freiheitsstrafe verhängt.

Die unverteidigten Angeklagten stellten in keinem Verfahren einen Antrag auf Auskunft aus den Akten nach § 147 Abs. 4 StPO. Beweisanträge wurden lediglich in 6,6 % der Verfahren und stets auf Antrag der Verteidigung gestellt. 25 % der Angeklagten (n = 15) legten bei ihrer Aussage in der Hauptverhandlung ein Geständnis ab und 28 % (n = 17) ein Teilgeständnis. Von den 32 (teilweise) geständigen Angeklagten hatten nur 19 % (n = 6) bereits in der Beschuldigtenvernehmung ein Teilgeständnis und lediglich einer ein umfassendes Geständnis abgelegt. 7 Angeklagte verweigerten in der Hauptverhandlung die Aussage und 19 bestritten die Tat. Die Verfahren dauerten im Durchschnitt knapp 8 Monate und damit fast doppelt so lange, wie die Strafbefehlsverfahren, deren durchschnittliche Dauer bei

Hauptverhandlung eröffnet, das Verfahren dann aber doch noch vor dem Hauptverhandlungstermin eingestellt wurde.

802 Min. = 7 Min; Max. = 3 Std; Med. = 48 Min; SD = 48,1 Min.

803 Es gab 6 mal 2 Sitzungen (8,5 %) und 1 Mal (0,9 %) 3 Sitzungen.

804 Die teilweisen Einstellungen erfolgten alle nach § 154 Abs. 2 StPO.

etwas über 4 Monaten lag.[805] Das kürzeste Verfahren mit Hauptverhandlung dauerte etwa 3 Monate, das längste etwas über 2 Jahre[806].

6.2 Verfahrenseinstellungen im Zwischen- und Hauptverfahren

Wurde das Verfahren von der Staatsanwaltschaft unmittelbar zur Anklage gebracht, dann gab es noch immer die Möglichkeit, dass das Gericht eine Verfahrenseinstellung aus Opportunität anregte. Dies konnte bereits im Zwischenverfahren geschehen oder während der Hauptverhandlung. Da im Folgenden wieder nur die Anklageverfahren betrachtet wurden, wurden die Daten mit der Designgewichtung gewichtet. Insgesamt wurden von den 90 Verfahren, die unmittelbar angeklagt wurden, noch 36,5 % vom Gericht vollständig und 8,4 % teilweise eingestellt. Bei den 33 Verfahren, die vollständig eingestellt wurden, geschah dies in 14 Fällen bereits im Zwischenverfahren. Tab. 73 zeigt, dass die vollständigen Einstellungen am öftesten nach § 153a StPO erfolgten. Die teilweisen Einstellungen erfolgten alle nach § 154 oder § 154a StPO.

Tab. 73: Art und Zeitpunkt der gerichtlichen Einstellung nach Anklageerhebung (n = 38)

	§ 153 StPO	§ 153a StPO	§ 154 (§ 154a) StPO	sonst.
Zwischenverfahren vollständig	1	7	5	1
Hauptverhandlung vollständig	5	9	5	0
Hauptverhandlung teilweise	0	0	7	0

Im nächsten Schritt wurde die Stichprobe auf Zusammenhänge zwischen der Einstellungshäufigkeit und den sozioökonomischen Merkmalen der Angeschuldigten[807] untersucht. Die Untersuchungshypothese (H_6) lautete dabei, dass Verfahren gegen Angeschuldigte aus höheren sozialen Schichten vom Gericht häufiger aus Opportunität, insbesondere nach § 153

[805] Zeitraum vom Eingang des Verfahrens bei der Polizei bis zur letzten Hauptverhandlungssitzung; aM = 34,3 Wochen; Med. = 27,9 Wochen; SD = 19,7; n = 81.

[806] Bei diesem Verfahren gab es 3 Sitzungen, zu denen stets die Hauptzeugin nicht erschien.

[807] Da die Verfahren entweder im Zwischen- oder im Hauptverfahren eingestellt wurden, umfasst der Begriff der Angeschuldigten im Folgenden auch die Angeklagten.

und § 153a StPO eingestellt werden. Bei der Analyse zur Überprüfung der Hypothese wurde nur betrachtet, ob das Verfahren vollständig eingestellt wurde. Denn die teilweisen Einstellungen verhinderten eine Verurteilung (Sanktionierung) nicht und verringerten die Sanktionshärte auch nicht gewichtig, da stets das eher leichte Delikt des § 223 StGB bereits der schwerste Tatvorwurf der Stichprobe war. Bei der Betrachtung des sozioökonomischen Status verringerte sich die Fallzahl wieder wegen fehlender oder zu ungenauer Berufsangaben in den Akten um 18 Fälle von 90 auf 72.

6.2.1 Sozioökonomische Ungleichheit und Verfahrenseinstellungen

15 % der Verfahren, in denen die Staatsanwaltschaft direkt Anklage erhob, wurden bereits im Zwischenverfahren durch das Gericht eingestellt. Tab. 74 zeigt die Einstellungsquoten im Zwischenverfahren bei den Angeschuldigten verschiedener sozialer Schichten. Bei Angeschuldigten aus der oberen Mittelschicht wurden der Großteil der Verfahren noch im Zwischenverfahren vom Gericht eingestellt, während dies bei den anderen Angeschuldigten nur zu etwa 10 % der Fall war. Wegen der geringen Fallzahlen bei der oberen Mittelschicht konnte allerdings kein Chi^2-Test (Signifikanz-Test) durchgeführt werden.

Tab. 74: Vollständige Verfahrenseinstellung durch das Gericht bereits im Zwischenverfahren (n = 72)

	untere Unterschicht (n=40)	obere Unterschicht (n=15)	untere Mittelschicht (n=12)	obere Mittelschicht (n=5)	alle Schichten zusammen (n=72)
Keine vollständige Einstellung (n=62)	89,5 %	91,7 %	90,1 %	16,9 %	85,5 %
Vollständige Einstellung (n=10)	10,5 %	8,3 %	9,9 %	83,1 %	14,5 %
Gesamt (n=72)	100 %	100 %	100 %	100 %	100 %

Dieser extreme Unterschied verringerte sich zumindest etwas, wenn die vollständigen Einstellungen nach durchgeführter Hauptverhandlung hinzugerechnet wurden (Tab. 75). Die Einstellungsquoten der anderen Schichten stiegen dann auf etwa 30 % an.

Tab. 75: Vollständige Verfahrenseinstellungen durch das Gericht im Zwischen- oder Hauptverfahren (n = 72)

		untere Unterschicht (n=40)	obere Unterschicht (n=15)	untere Mittelschicht (n=12)	obere Mittelschicht (n=5)	alle Schichten zusammen (n=72)
Vollständige Einstellung	nein (n=45)	62,9 %	73,7 %	64,2 %	16,9 %	62,5 %
	ja (n=27)	37,1 %	26,7 %	35,8 %	83,1 %	37,6 %
Gesamt (n=72)		100 %	100 %	100 %	100 %	100 %

Zwischen den unteren drei Gesellschaftsschichten gab es zwar keine dem sozioökonomischen Status folgenden Unterschiede. Dies lag allerdings daran, dass die hohe Einstellungsquote bei der unteren Unterschicht zu 55 % (n = 8) aus Einstellungen nach § 154 StPO stammte, während bei allen anderen Schichten die Einstellungen einzig nach § 153 oder § 153a StPO erfolgten. Eine Einstellung nach § 154 StPO bedeutete aber nicht, dass die Angeschuldigten insgesamt straffrei blieben. Das Verfahren wurde in diesen Fällen aus ökonomischen Gründen lediglich deswegen eingestellt, da wegen einer anderen Straftat eine gewichtigere Strafe verhängt oder erwartet wurde, neben der die im aktuellen Verfahren erwartete Strafe kein beträchtliches Gewicht mehr besaß und bei deren Ausbleiben das Verfahren wiederaufgenommen werden konnte. Nahm man diese Einstellungen nach § 154 StPO aus der Rechnung heraus, dann betrug die Einstellungsquote bei der unteren Unterschicht nur noch 21 % und blieb bei den anderen Angeklagte gleich (siehe für diese Tab. 75), sodass der Anteil an Opportunitätseinstellungen nach §§ 153, 153a StPO mit zunehmendem sozioökonomischen Status anstieg. Die Hypothese (H_6) konnte mithin nur bezüglich der Einstellungen nach § 153 Abs. 1 und § 153a Abs. 1 StPO beibehalten werden.

6.2.2 Verteidigung und die Determinanten der Verfahrenseinstellungen

Eine weitere Forschungshypothese betraf den Einfluss vorhandener Verteidigung auf die Einstellungshäufigkeiten im Zwischen- und Hauptverfahren. Die Forschungshypothese (H_7) lautete, dass die Verfahren bei wahlverteidigten Angeschuldigten vom Gericht im Zwischen- oder Hauptverfahren häufiger aus Opportunität, insbesondere häufiger gem. § 153a Abs. 2 StPO eingestellt werden als bei unverteidigten. Dabei wurde angenommen, dass insbesondere die Einstellungsquote nach § 153a StPO erhöht ist, da eine Auflagenerfüllung aktiv von Seiten der Verteidigung angeboten werden kann und die Kosten für die Wahlverteidigung, im Unterschied zu Einstellungen nach § 153 StPO, in keinem Falle von der Staatskasse getragen werden (§ 467 Abs. 5 StPO). Darüber hinaus sollte untersucht werden, welche weiteren Faktoren signifikant mit der Einstellungshäufigkeit korrelierten (F_3).

Tab. 76 zeigt die gefundenen Determinanten der Verfahrenseinstellungen im Haupt- und Zwischenverfahren. In dieser werden einerseits die Häufigkeiten aller Opportunitätseinstellungen, die gem. §§ 153, 153a oder 154 StPO erfolgten, dargestellt und getrennt davon noch einmal die Häufigkeiten der Einstellungen nur nach § 153 und § 153a StPO. Die Determinanten der Einstellungen waren dabei aber nahezu identisch; nur das Vorhandensein einer offenen Bewährungsstrafe zur Tatzeit wirkte sich lediglich bei der Einstellungshäufigkeit nach § 153 und § 153a StPO aus. Dies erklärt sich damit, dass offene Bewährungsstrafen erwartungsgemäß keinen negativen Einfluss auf die Einstellungen nach § 154 StPO übten. Waren die Angeschuldigten bis spätestens zur Hauptverhandlung wahlverteidigt, dann war die Einstellungsquote signifikant erhöht (Tab. 76). Bei wahlverteidigten Angeschuldigten betrug die Einstellungsquote 54,4 %, während die restlichen Verfahren[808] nur zu 27,2 % eingestellt wurden. Auch war der Anteil der Einstellungen gegen Auflagen nach § 153a StPO erhöht: Sie machten 61,2 % der Einstellungen bei wahlverteidigten Angeschuldigten aus; in den anderen Fällen lag ihr Anteil nur bei 37,4 %. Deswegen verstärkte sich der Zusammenhang zwischen vorhandener Wahlverteidigung und Einstellungshäufigkeit noch, wenn ausschließlich die Einstellungen nach § 153 oder § 153a StPO betrachtet und die nach § 154 StPO herausgefiltert wurden: Die Verfahren bei wahlverteidigten Angeschuldigten wurden dann in 48,1 % der Fälle eingestellt und in den anderen Fällen nur noch zu 16,9 %. Eine vorhandene Pflichtverteidigung wirkte sich nicht auf die Einstellungshäufigkeit aus. In den 13 Fällen, in denen eine Pflichtverteidigung

808 Also die Verfahren bei unverteidigten oder pflichtverteidigten Angeklagten.

vorhanden war, wurde 3 Mal nach § 154 StPO und einmal nach § 153 StPO eingestellt.

Tab. 76: Statistisch relevante Einflussfaktoren für eine vollständige Verfahrenseinstellung nach Anklageerhebung im Zwischen- oder Hauptverfahren

		vollständige Einstellung (§§ 153, 153a oder 154 StPO)				Statistische Kennwerte	
		nein		ja		*p*	Phi
		n	%	n	%		
Wahlverteidigung	nein	43	**72,8**	16	**27,2**	.011	.268
	ja	14	**45,6**	17	**54,4**		
generell vorbestraft	nein	5	**29,7**	11	**70,3**	.002	-.327
	ja	52	**70,8**	22	**29,2**		
einschlägig vorbestraft	nein	12	**42,1**	17	**57,9**	.004	-.303
	ja	45	**73,5**	16	**26,5**		
(Teil)Geständnis bis zur Hauptverhandlung	nein	20	**43,5**	26	**56,5**	<.001	-.427
	ja	37	**84,6**	7	**15,4**		

		vollständige Einstellung nach §§ 153 oder 153a StPO[810]				Statistische Kennwerte	
		nein		ja		*p*	Phi
		n	%	n	%		
Wahlverteidigung	nein	43	**83,1**	8	**16,9**	.003	.331
	ja	14	**51,9**	13	**48,1**		
generell vorbestraft	nein	5	**31,2**	10	**68,8**	<.001	-.452
	ja	52	**82,3**	11	**17,7**		
einschlägig vorbestraft	nein	12	**49,0**	12	**51,0**	.002	-.352
	ja	45	**83,0**	9	**17,0**		
(Teil)Geständnis bis zur Hauptverhandlung	nein	20	**53,0**	18	**47,0**	<.001	-.416
	ja	37	**90,3**	4	**9,7**		
zur Tatzeit unter Bewährung	nein	33	**65,1**	18	**34,9**	.050	-.221
	ja	24	**85,7**	4	**14,3**		

Neben einer vorhandenen Verteidigung hingen noch die Vorstrafenbelastung und der Umstand, dass die Angeschuldigten bis zum Entscheidungszeitpunkt ein Geständnis abgelegt hatten, mit der Einstellungshäufigkeit zusammen.[809] Den stärksten Zusammenhang gab es dabei mit einem

809 Keine signifikanten Korrelationen zeigten: eine Verletzung der Angeschuldigten durch

vorhandenen Geständnis oder Teilgeständnis: Hatten sich die Angeschuldigten in der Hauptverhandlung oder bereits vorher geständig eingelassen, so wurden die Verfahren nur noch zu 15,4 % eingestellt, im Unterschied zu 56,5 % eingestellter Verfahren bei nicht geständigen Angeschuldigten. Betrachtete man nur die Einstellungen nach § 153 oder § 153a StPO, dann war die Einstellungsquote bei geständigen Angeschuldigten mit 9,7 % sogar fünfmal geringer als bei den nicht geständigen, bei denen diese bei 47 % lag. Hieraus lässt sich schlussfolgern, dass die Gerichte die Verfahren, in denen sie Beweisschwierigkeiten vermuteten oder in denen solche in der Hauptverhandlung auftauchten, aus Opportunität einstellten, anstatt in diesen Fällen das Hauptverfahren nicht zu eröffnen (§ 204 StPO) oder einen Freispruch zu erlassen. Bei den Korrelationen mit der Vorstrafenbelastung war der Einfluss der allgemeinen Vorstrafenbelastung stärker als der der einschlägigen. Bei nicht vorbestraften Angeschuldigten wurden die Verfahren mehr als doppelt so häufig eingestellt wie bei vorbestraften. Bei den Opportunitätseinstellungen nach § 153 und § 153a StPO war dieser Effekt noch stärker: Diese kamen bei nicht vorbestraften Angeschuldigten mehr als viermal so häufig wie bei vorbestraften vor. Insgesamt wurde so bei den nicht vorbestraften Angeschuldigten (bei denen allerdings schon in den seltensten Fällen überhaupt Anklage erhoben wurde) das Strafverfahren trotz Anklageerhebung noch zu knapp 70 % aus Opportunität eingestellt.

Zusammenfassend lässt sich also feststellen, dass auch in den dem Ermittlungsverfahren folgenden Verfahrensabschnitten (dem Zwischen- und Hauptverfahren) ökonomisch Bessergestellte von dem System der Opportunitätseinstellungen am meisten profitierten, sowohl unmittelbar als auch mittelbar durch den positiven Einfluss einer Wahlverteidigung, derer sich begüterte Angeschuldigte einfacher bedienen können.

---

das Opfer, ein Strafantrag des Opfers, Arbeitslosigkeit, Tatmotiv, Art der Gewalt (häusliche Gewalt, Kneipenschlägerei etc.), weitere tateinheit- oder -mehrheitlich begangene Delikte, Nationalität der Angeschuldigten, Geburtsland der Angeschuldigten, Geschlecht der Opfer und Angeschuldigten, Entschuldigung beim Opfer, reuiges Verhalten und Alkoholeinfluss.

[810] Verfahren, die nach § 154 StPO vollständig eingestellt wurden, wurden aus den Rechnungen herausgefiltert.

6.2.3 Determinanten der Verfahrenseinstellungen: multivariate Analyse

Um zu prüfen, ob die oben festgestellten Zusammenhänge auch beim gleichzeitigen Einfluss der soeben ermittelten Determinanten (unabhängigen Variablen) gelten, wurden logistische Regressionen zu der Frage der vollständigen Verfahrenseinstellung nach §§ 153, 153a oder 154 StPO im Zwischen- oder Hauptverfahren gerechnet. Das Ergebnis zeigt Tab. 77.

Tab. 77: Bedingungsfaktoren einer vollständigen Verfahrenseinstellung aus Opportunität nach Anklageerhebung (binäre, hierarchische logistische Regression; gewichtete Daten)

Vollständige Verfahrenseinstellung nach Anklageerhebung (§§ 153, 153a oder 154 StPO)		
	Exp(B)	**Anstieg von Nagelkerkes-R^2**
(Teil)Geständnis	0.147**	0.238
generell vorbestraft	0.231*	0.318
Wahlverteidigung (bis spätestens zur Hauptverhandlung)	2.876*	0.363
Nagelkerkes-R^2	**0.363**	
n	**91**	

† $p<.10$; * $p<.05$; ** $p<.01$; *** $p<.001$

Bei der logistischen Regression zur relativen Einstellungswahrscheinlichkeit zeigte der sozioökonomische Status (ISEI-Wert), wie bereits bei der bivariaten Analyse, keinen signifikanten eigenständigen Einfluss, da die Einstellungsquoten bis auf die wenigen Angeschuldigten der oberen Mittelschicht keine Unterschiede zwischen den sozialen Schichten aufwiesen. Für eine multivariate Analyse (eine logistische Regression) der Determinanten der Einstellungen nur nach § 153 oder § 153a StPO, wo ein Einfluss des sozioökonomischen Status erwartet werden konnte, war die Fallzahl mit nur 21 Einstellungen zu gering.[811]

Am aussagestärksten war das Modell, das die generelle Vorstrafenbelastung anstelle der einschlägigen berücksichtigte.[812] Zusammen mit den

[811] Die Gruppen der abhängigen Variablen sollten bei einer logistischen Regression zumindest n = 25 betragen, siehe *Backhaus u. a.*, Multivariate Analysemethoden, S. 347.

[812] Da die beiden Faktoren (generelle und einschlägige Vorstrafenbelastung) stark miteinander korrelierten (starke Multikollinearität), konnten die Regression stets nur mit einer der Variablen durchgeführt werden. Siehe hierzu *Backhaus u. a.*, Multivariate Analysemethoden, S. 107 f., 347.

Merkmalen „vorhandene Wahlverteidigung" und „Geständnis oder Teilgeständnis" konnte die Vorhersagegüte der Einstellungsentscheidung um 36 % gegenüber dem sog. Null-Modell verbessert werden (Nagelkerkes-R^2=0.363). Den stärksten Einfluss hatte auch hier die geständige Einlassung, die die Einstellungswahrscheinlichkeit knapp um das 7fache verringerte. Eine bestehende Vorstrafenbelastung verringerte die relative Einstellungswahrscheinlichkeit ebenfalls signifikant, etwa um das 4fache, eine vorhandene Wahlverteidigung erhöhte diese um das 3fache.

6.2.4 Zwischenergebnis

Auch im Zwischen- und Hauptverfahren wurden noch viele Fälle (36,5 %) vollständig aus Opportunität eingestellt. Einstellungen nach §§ 153 oder 153a StPO erfolgten dabei signifikant häufiger mit steigendem sozioökonomischen Status der Angeschuldigten. Einstellungen nach § 154 StPO gab es nur bei den Angeschuldigten der unteren Unterschicht. Die Einstellungshäufigkeit insgesamt unterschied sich daher nicht signifikant zwischen den verschiedenen sozialen Schichten. Nur bei den wenigen Angeschuldigten der oberen Mittelschicht, die angeklagt wurden, wurden die Verfahren insgesamt deutlich häufiger (zu ganzen 83 %) eingestellt. Nahm man allerdings die Einstellungen nach § 154 StPO aus der Rechnung heraus, dann stieg der Anteil an Opportunitätseinstellungen nach §§ 153, 153a StPO mit zunehmendem sozioökonomischen Status an. Die Hypothese (H_6) konnte mithin nur bezüglich der Einstellungen nach §§ 153 Abs. 1 und § 153a Abs. 1 StPO beibehalten werden.

War eine Wahlverteidigung vorhanden, dann erhöhte sich sowohl die Quote der Einstellungen insgesamt signifikant als auch die der Einstellungen nach §§ 153 und 153a StPO. Insbesondere die Einstellungen gegen Auflagen wurden deutlich häufiger von wahlverteidigten Angeschuldigten erwirkt. Hierneben wirkten sich nur noch die Vorstrafenbelastung sowie ein abgelegtes (Teil)Geständnis signifikant negativ auf die Einstellungswahrscheinlichkeit im Zwischen- und Hauptverfahren aus. Die Forschungshypothese (H_7), dass Verfahren bei wahlverteidigten Angeschuldigten vom Gericht im Zwischen- oder Hauptverfahren häufiger aus Opportunität, insbesondere häufiger gem. § 153a Abs. 2 StPO eingestellt werden als bei unverteidigten, wurde damit bestätigt.

6.3 Verfahrensabsprachen in der Hauptverhandlung

Der folgende Teil beschäftigt sich mit Verfahrensabsprachen in der Hauptverhandlung. Die Forschungshypothese (H_8) lautete dabei, dass Verfahrensabsprachen öfter in Verfahren mit verteidigten Angeklagten getroffen werden als bei unverteidigten. Wegen der sehr geringen Anzahl der Fälle mit Verständigungen i.S.d. § 257c StPO oder Rechtsgesprächen (n = 8) wurde auf eine Gewichtung der Daten, die die geringe Fallzahl verändert und zu ungeraden Fallzahlen geführt hätte, verzichtet. (Dokumentierte) Verfahrensabsprachen spielten in der Untersuchungsstichprobe kaum eine Rolle. In lediglich 2 der 75 Verfahren, in denen eine Hauptverhandlung stattfand (und kein Strafbefehl wegen Abwesenheit der Angeklagten erlassen wurde), stand im Hauptverhandlungsprotokoll: „Es wurde ein Rechtsgespräch geführt". Eines dieser Verfahren wurde anschließend nach § 153 Abs. 2 StGB eingestellt. In dem anderen Verfahren legte der unter Bewährung stehende, einschlägig vorbestrafte Angeklagte anschließend ein Teilgeständnis ab und die Parteien einigten sich auf einen Schmerzensgeldbetrag, den der Angeklagte an das Opfer zu zahlen hatte. Im (abgekürzten) Urteil dieses Verfahrens, in dem eine Geldstrafe verhängt wurde, wurde die Verfahrensabsprache nicht erwähnt. In beiden Fällen waren die Angeklagten wahlverteidigt. Verständigungen fanden damit der Forschungshypothese (H_8) entsprechend nur bei anwaltlich vertretenen Angeklagten statt.

In weiteren 6 der 75 Hauptverhandlungen wurde laut Hauptverhandlungsprotokoll die Sach- und Rechtslage erörtert. In 4 dieser Verfahren war ein Wahlverteidiger in der Hauptverhandlung anwesend, in den anderen 2 Fällen waren die Angeklagten ohne Rechtsbeistand. 3 der Verfahren wurden anschließend nach §§ 153 Abs. 2 StPO und 2 Verfahren nach § 153a Abs. 2 StPO eingestellt. In dem sechsten Verfahren wurde der Angeklagte trotz Erörterung der Sach- und Rechtslage zu einer möglichen Einstellung nach § 153a StPO zu einer Strafe verurteilt.

6.4 Das Nettoeinkommensprinzip der Geldstrafen im Hauptverfahren

Wurde eine Geldstrafe nach einer Hauptverhandlung verhängt, dann waren das Nettoeinkommen und der Beruf der Angeklagten stets bekannt. Dabei wurde in 28,2 % (n = 8) der Akten beim Einkommen lediglich der Begriff

ALG II vermerkt und kein konkreter Betrag ermittelt. Die Einkommensermittlung erfolgte in 77,2 % der Verfahren erstmalig durch das Gericht, die Berufsermittlung zu 68,1 %. Sonstige relevante Informationen zum Nettoeinkommen waren in 26,4 % der Fälle (n = 7) in der Akte vermerkt. Darunter waren in 4 Fällen Unterhaltszahlungen, in einem Fall Schulden (aber ohne die Angabe eines Betrags) und in einem Fall monatliche Raten (ebenfalls ohne eine konkrete Angabe zur Höhe). Der Kenntnisstand über die einer Geldstrafe zugrundeliegenden wirtschaftlichen Verhältnisse war damit erheblich besser als bei den Strafbefehlsverfahren, in denen das Einkommen der Angeklagten nur in 18,8 % und der Beruf in 36,5 % der Fälle aus der Akte hervorging (siehe dazu 3. Teil Kap. 5.2.1).

In den 27 Verfahren, in denen eine Geldstrafe verhängt wurde, beantragte die Staatsanwaltschaft nur in 18 Fällen eine konkrete Tagessatzhöhe, welche in 15 der 18 Fälle vom Gericht auch verhängt wurde; in den restlichen 3 Fällen beantragte die Staatsanwaltschaft 15 € und das Gericht verhängte lediglich Tagessätze über 10 €. Von den 9 Verteidigerinnen, die eine Geldstrafe beantragten, nannten nur 6 ein konkretes Strafmaß. Die beantragten Tagessatzhöhen wurden in 4 Fällen vom Gericht übernommen; in einem Fall wurden 12 € statt der beantragten 10 € und in einem weiteren Fall 40 € statt der beantragten 25 € verhängt. Die unverteidigten Angeklagten beantragten in keinem Fall ein konkretes Strafmaß.

7 Die Geldstrafen: Nettoeinkommensprinzip und Zahlungserleichterungen, §§ 40, 42 StGB

Der folgende Abschnitt behandelt zum einen die Bemessung der Tagesatzhöhen bei den Geldstrafen, bei denen zum Zeitpunkt der Strafzumessung Informationen zum Einkommen vorhanden waren, und zum anderen die Praxis der Gewährung von Zahlungserleichterungen, insbesondere bei armen Angeklagten (F_4). Bei der Analyse wurden die Geldstrafen der Strafbefehle und Urteile sowohl gemeinsam als auch getrennt voneinander analysiert, da bei diesen beiden Verfahrensarten de facto zwei unterschiedliche Akteure die Strafzumessung vornahmen. Denn bei den Strafbefehlsverfahren unterbreitete die Staatsanwaltschaft den Sanktionsvorschlag, welcher vom Gericht in 98 % der Fälle übernommen wurde. Bei den Verurteilungen nach einer Hauptverhandlung tätigten hingegen die Gerichte die Strafzumessung selbst (siehe hierzu bereits 3. Teil Kap. 5.2 und 6.4). In einem ersten Schritt wurden die Tagessatzhöhen mit den angegebenen Nettoeinkommen und dem Regelsatz des § 40 Abs. 2 StGB verglichen. Anschließend wurde untersucht, wann und wie oft Zahlungserleichterungen nach § 42 StGB gewährt wurden. Schließlich wurde analysiert, wie die Tagessätze bei Angeklagten mit Einkommen im Bereich des soziokulturellen Existenzminimums bemessen wurden und wann in diesen Verfahren Zahlungserleichterungen gewährt wurden. Da hier die Fallzahlen sehr gering waren, wurden insbesondere Einzelfälle näher dargestellt und keine Korrelationen mehr berechnet.

7.1 Verhältnis des bekannten Nettoeinkommens zur Tagessatzhöhe

In einem ersten Schritt wurde das Verhältnis zwischen der Höhe der Tagessätze und dem Nettoeinkommen, wenn dieses zum Zeitpunkt der Strafzumessung bekannt war, analysiert. Dabei wurde zwischen Strafbefehlen und Urteilen differenziert und wegen der geringen Fallzahlen ohne eine Gewichtung gearbeitet, um ungerade Fallzahlen und Rundungsungenauigkeiten zu vermeiden. Die geringe Fallzahl resultierte aus der niedrigen Quote an Verurteilungen zu Geldstrafen bei den Anklageverfahren (nur 36 % der Anklagen führten zu einer Geldstrafe) und aus dem Umstand, dass in den Strafbefehlsverfahren das Einkommen nur zu 19 % bekannt war. Die Verfahren aus Braunschweig und Hannover wurden durch das Rechnen ohne Gewichtung gleichberechtigt gewertet, aber die Ergebnisse unterschieden sich regelmäßig nur um Nachkommastellen zu denen unter Verwendung des Designgewichts. Abb. 13 zeigt das Verhältnis des bekannten Einkommens zu der Tagessatzhöhe der Geldstrafen in den Strafbefehlen und Urteilen. Die Gerade zeigt dabei zum Vergleich ein Dreißigstel des Nettoeinkommens und damit den starren theoretischen Regelsatz für die Tagessatzhöhe des § 40 Abs. 2 StGB an. Aus Abb. 13 geht dabei hervor, dass die Geldstrafen (sowohl bei den Strafbefehlen als auch bei den Urteilen) bei bekanntem Nettoeinkommen regelmäßig unterhalb der Regelhöhe des § 40 Abs. 2 StGB bemessen wurden, unabhängig davon, ob die Einkommen eher hoch oder niedrig waren.

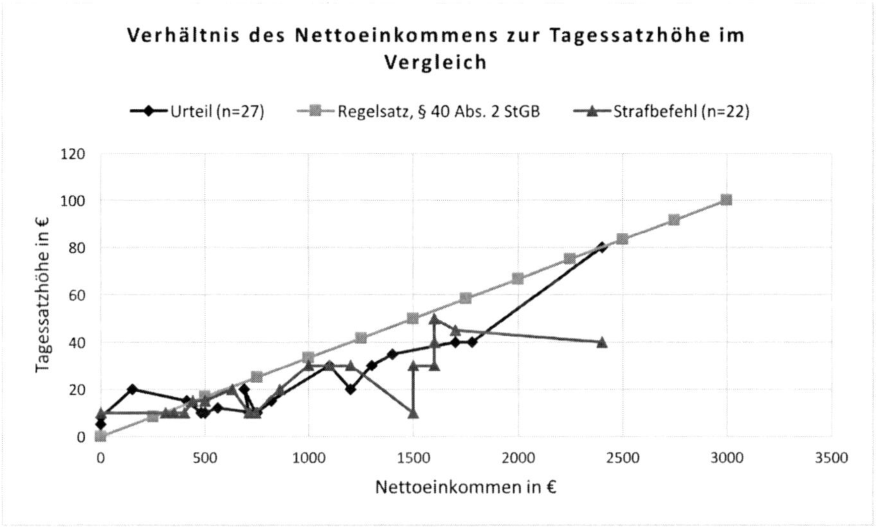

Abb. 13: Verhältnis des bekannten Nettoeinkommens zur Tagessatzhöhe des Regelsatzes nach § 40 Abs. 2 S. 2 StGB bei Urteilen und Strafbefehlen im Vergleich (ungewichtete Daten)

Die Tagessätze lagen insgesamt zwischen 5 € und 80 €. Dabei wurden die Tagessätze, mit Ausnahme von zwei Fällen über 8 € und 12 €, stets nur in Fünfer- oder Zehnerschritten bemessen (wobei Letzteres der Regelfall war). Die Einkommen waren in den meisten Fällen eher gering und mit zunehmendem Einkommen stiegen auch die Tagessatzhöhen, allerdings nicht stetig. 10 € wurden etwa sowohl bei einem Einkommen von 1500 € als auch bei einem angegebenen Einkommen von 0 € gewählt. Die niedrigsten Tagessätze wurden auch bei den geringsten Einkommen verhängt, waren aber dennoch, wenn man denn das angegebene Einkommen zugrunde legte, zu hoch bemessen (siehe dazu aber im Folgenden 3. Teil Kap. 7.3). Bei den Urteilen schwankten die Tagessatzhöhen im unteren Einkommensbereich des soziokulturellen Existenzminimums (Einkommen bis 850 €) zwischen 5 € und 20 €; bei den Strafbefehlen zwischen 10 € und 20 €. Damit wurden die meisten Regeltagessätze bei den Einkommen im unteren Bereich zwar richtigerweise gesenkt. (Eine solche Senkung der Regelsätze ist erforderlich, um in diesen Fällen sehr geringer Einkommen extreme Härten des Nettoeinkommensprinzips zu vermeiden [siehe hierzu bereits 1. Teil

Kap. 6.4.2].) Doch alle anderen Geldstrafen lagen, bis auf eine Ausnahme, ebenfalls unterhalb des Regelsatzes.

Weiterhin waren, trotz bekannten Einkommens, erhebliche Ausreißer nach unten vorhanden, vor allem in den Strafbefehlsverfahren. So wurden etwa bei einem Einkommen von 1500 € statt des Regelsatzes von 53 € lediglich Tagessätze zu 10 € verhängt und bei einem Nettoeinkommen von 2400 € statt des Regelsatzes von 80 € nur 40 € gewählt. Die Ungleichmäßigkeit der Tagessatzbemessung zeigte sich auch am Beispiel des mehrfach vorkommenden Einkommens über 1600 €, bei dem je einmal 30 €, 40 € und 50 € verhängt wurden. Über das Einkommen hinausgehende Informationen zur wirtschaftlichen Situation, die diese Unterschiede hätten erklären können, lagen nur in dem Fall zum Nettoeinkommen über 2400 € vor. (In diesem hatte der Angeklagte 3 Jahre zuvor Privatinsolvenz angemeldet und Unterhaltsverpflichtungen gegenüber 3 Kindern angegeben.) In den anderen 4 Beispielsfällen gab es solche Informationen nicht.

Zusammenfassend lässt sich damit festhalten, dass das Einkommen die Tagessatzhöhe zwar beeinflusste, die Tagessatzbemessung aber dennoch oftmals nicht nach der Regel des § 40 Abs. 2 StGB erfolgte. Die Tagessätze lagen in den meisten Fällen unter den Regelsätzen, unabhängig von der Höhe des Einkommens und mit sehr unterschiedlichem Abstand. Die deutlichen Abweichungen vom Regelsatz, die bei den praktisch bedeutsameren Strafbefehlen größer waren als bei den Urteilen, konnte dabei vielmals auch nicht mit Zusatzinformationen zur wirtschaftlichen Lage erklärt werden.

7.2 Zahlungserleichterungen, § 42 StGB

Im kommenden Abschnitt wird die Praxis der Gewährung von Zahlungserleichterungen nach § 42 StGB näher beschrieben. Da im Folgenden wieder alle verhängten Geldstrafen betrachtet wurden und die Fallzahl damit bei den Strafbefehlen erheblich anstieg, wurden die Daten bei getrennter Betrachtung der Strafbefehls- und Anklageverfahren mit dem Designgewicht und bei gemeinsamer Betrachtung mit dem Gesamtgewicht gewichtet.

In den Strafbefehlsverfahren wurden nur in 4,7 % der Fälle (n = 6) direkt im Strafbefehl Zahlungserleichterungen gewährt. In 5 von 114 Fällen wurde eine Ratenzahlung und in einem Fall eine Zahlungsfrist gestattet.

In diesen 6 Fällen war das Nettoeinkommen bei Strafbefehlserlass in einem Fall und der Beruf in einem weiteren Fall bekannt. In den restlichen 4 Fällen gab es keine Informationen zur wirtschaftlichen Lage der Beschuldigten in der Akte. Auch aus der Höhe und der Anzahl der Tagessätze ließ sich kein der Theorie zu § 42 StGB entsprechendes System ableiten, dass vor allem bei geringen Tagessatzhöhen oder hohen Tagessatzzahlen Zahlungserleichterungen gewährt wurden: Bei den Geldstrafen mit Tagessatzhöhen von 10 € gab es zu 5,2 % Zahlungserleichterungen (n = 2) und bei denen über 20 € zu 18,1 % (n = 4). Bei allen anderen 108 Strafbefehlen (Tagessatzhöhen von 5 € bis 50 €) gab es keine Zahlungserleichterungen. Auch die durchschnittliche Tagessatzhöhe war mit 17 € in den Fällen mit Zahlungserleichterungen nur etwas niedriger als in den anderen Fällen, wo diese 19 € betrug.[813] Die Anzahl der Tagessätze der verhängten Geldstrafen variierten in den Strafbefehlen von 15 bis 160. Zahlungserleichterungen wurden dabei in 2 Fällen mit 30, in 3 Fällen mit 40 und in einem Fall mit 60 Tagessätzen gewährt. Bei den Fällen mit sehr hohen Tagessatzzahlen von 90, 110, 135 und 160 wurden hingegen keine Zahlungserleichterungen im Strafbefehl gestattet. Die durchschnittliche Tagessatzzahl war bei gewährten Erleichterungen mit 41 sogar niedriger als in den anderen Fällen, in denen im Durchschnitt 43 Tagessätze verhängt wurden.[814]

In den Urteilen (n = 29) gewährten die Gerichte zwar etwas öfter, aber auch nur 21,7 % der Fälle unmittelbar im Urteil Zahlungserleichterungen nach § 42 StGB, alle in Form von Ratenzahlungen. Die durchschnittliche Tagessatzhöhe war bei den gewährten Zahlungserleichterungen mit 12 € niedriger als in den anderen Fällen, wo diese im Mittelwert bei 20 € lag.[815] Das Mittel der Tagessatzanzahl betrug bei gewährten Zahlungserleichterungen 68 und lag damit etwas über der der anderen Urteile, wo die durchschnittliche Tagessatzanzahl 55 betrug.[816] Doch auch bei den Geldstrafen mit Tagessatzhöhen zwischen 120 und 90 wurden in nur einem der 4 Verfahren Zahlungserleichterungen direkt im Urteil ermöglicht.

---

[813] n = 6 und n = 105; SD = 4,0 und SD = 10,5.

[814] n = 6 und n = 105; SD = 12,4 und SD = 20,6.

[815] n = 5 und n = 21; SD = 4,7 und SD = 17,0.

[816] n = 5 und n = 21; SD = 32,7 und SD = 25,2.

In den Strafbefehlsverfahren wurden damit, anders als es gesetzlich von § 42 StGB gefordert wird, in Fällen niedriger Einkommen und/oder hoher Tagessatzzahlen so gut wie nie Zahlungserleichterungen von Amts wegen unmittelbar im Strafbefehl gewährt. Die wenigen gewährten Zahlungserleichterungen folgten auch keinem erkennbaren Prinzip, welches sich an der Tagessatzhöhe oder -anzahl orientierte. In den Urteilen war die Quote gewährter Zahlungserleichterungen zwar etwas höher und diesen lagen öfter geringe Tagessätze und hohe Tagessatzzahlen zugrunde als in den Strafbefehlen. Dennoch wurden auch in diesen Verfahren vielmals, trotz offensichtlicher Notwendigkeit und Amtsprüfungspflicht ohne Ermessensspielraum, keine Zahlungserleichterungen gewährt. § 42 StGB wurde also regelmäßig nicht angewendet, obwohl dessen Voraussetzungen vorlagen, und die Gewährung von Zahlungserleichterungen (nach § 459a StPO) hing somit im Regelfall von der Initiative der Verurteilten in der Strafvollstreckung ab (siehe hierzu im Folgenden ausführlicher 3. Teil Kap. 8.1).

7.3 Der Umgang mit Einkommen im Bereich des soziokulturellen Existenzminimums

Der folgende Abschnitt beinhaltet die nähere Betrachtung des Umgangs der Staatsanwaltschaften und Gerichte mit sehr geringen Einkommen im Bereich des soziokulturellen Existenzminimums bei der Geldstrafenzumessung. Da bei dieser Analyse wieder nur Einzelfälle bei sehr geringer Fallzahl beschrieben werden konnten, wurden die Daten nicht gewichtet.

Tab. 78 zeigt das Verhältnis zwischen den verhängten Tagessätzen und den ermittelten Nettoeinkommen im Bereich des (soziokulturellen) Existenzminimums. Daneben werden in Tab. 78 auch die in den Akten vorhandenen Informationen zur Lebenssituation der einzelnen Angeklagten, die mit der finanziellen Situation in Zusammenhang standen, wiedergegeben.

Bei den Urteilen schwankten die Tagessatzhöhen im unteren Einkommensbereich des soziokulturellen Existenzminimums (Einkommen bis 850 €) zwischen 5 € und 20 €; bei den Strafbefehlen zwischen 10 € und 20 €. Bei den Urteilen wurden dabei in 12 Fällen 10 €, in je zwei Fällen 15 € und 20 € und in je einem Fall 5 €, 8 € und 12 € verhängt.

Bei den Strafbefehlen wurden nie Tagessätze verhängt, die unter 10 € lagen; auch nicht bei einem angegebenen Einkommen von 0 €. Es wurden achtmal Tagessätze über 10 € und jeweils zweimal solche über 15 € und 20 € verhängt.

Die Auflistung aus Tab. 78 zeigt außerdem, dass die Gerichte und Staatsanwaltschaften in diesem Einkommensbereich nicht mehr erkennbar zwischen verschiedenen Einkommenshöhen differenzierten und die Tagessatzhöhen nicht mehr konkret berechnet wurden. Vielmehr wurden die Tagessätze pauschal auf in aller Regel runde Beträge gesenkt, mit denen einfach gerechnet werden konnte. Am häufigsten wurden 10 € (n = 20) bemessen, gefolgt von 15 € (n = 4) und 20 € (n = 4). Warum in den Einzelfällen der jeweilige Betrag gewählt wurde, wurde aus den Akten nicht ersichtlich und auch in den Urteilen und Strafbefehlen nicht erläutert. In vielen Fällen wurde der erhaltene Betrag an ALG II auch nicht getrennt von den erhaltenen Leistungen zum Wohnen in den Akten festgehalten. Deswegen war in diesen Verfahren eine exakte Berechnung der Tagessatzhöhen nach der im 1. Teil Kap. 6.4.2.2 vorgestellten Berechnungsweise der Oberlandesgerichte Stuttgart, Celle oder Braunschweig bereits theoretisch gar nicht möglich.

Auch unterschieden sich die Tagessatzhöhen derjenigen, die ein Einkommen von unter 500 € angaben, nicht von den Tagessätzen derjenigen Beschuldigten, die angaben, über 500 € zu verdienen, mit Ausnahme der Einkommen von 0 €. Dies ließ sich zumindest teilweise aus den weiteren bekannten Lebensumständen der Angeklagten erklären, die als weiterer Faktor die Tagessatzhöhe beziehungsweise die Berechnung des zugrunde gelegten Nettoeinkommens beeinflusst haben können. Denn bei den Angeklagten mit extrem niedrigen monatlichen Nettoeinkommen zwischen 140 € und 480 € handelte es sich um sehr junge Menschen, die regelmäßig ein Ausbildungsgehalt bezogen und noch bei ihren Eltern lebten.

Tab. 78: In Urteilen und Strafbefehlen verhängte Tagessatzhöhen bei Nettoeinkommen im Bereich des soziokulturellen Existenzminimums

Nettoeinkommen in €	Tagessatzhöhe	Lebenssituation
0	5 €	Angeklagter ist zum Zeitpunkt des Urteils seit kurzer Zeit obdachlos; hat aber einen Wahlverteidiger
0 (+329=329)	8 €	Angeklagter hat seine Ausbildung abgebrochen und ist arbeitslos; bekommt zurzeit kein Geld vom Arbeitsamt; lebt bei der Mutter, die ALG II bezieht
0	10 €	Angeklagter ist seit längerer Zeit obdachlos
150 (+329=479)	20 €	Angeklagter lebt allein in Eigentumswohnung der Eltern; gibt an, er sei gerade arbeitslos, habe aber noch Ersparnisse von der Zeit, als er bei seiner Mutter im Restaurant gearbeitet habe, und habe deswegen 150 € monatlich zur Verfügung
309 (+329=638)	10 €	Student, der bei Eltern lebt, und Hilfskraftjob für 309 € netto ausübt
350 (+329=679)	10 €	Auszubildender; k.A. zum Wohnort
400 (+329=729)	10 €	Student; bekommt 400 € Taschengeld von den Eltern
410 (+329=739)	15 €	Auszubildender, der bei den Eltern wohnt
440 (+329=769)	15 €	Auszubildender, der bei den Eltern wohnt
480	10 €	Berufsschüler, der Schüler-BAföG erhält
500	10 €	In der Akte steht nur: „Einkommen: 400 bis 500 €"
500	15 €	Angeklagter arbeitet als Telekommunikationselektriker und gibt an, er verdiene 500 € netto; 2 Kinder; Ehefrau ist Hausfrau[817]
560 [319]	12 €	Rentner, der 319 € Grundsicherung und 241 € Wohngeld erhält
744	10 €	Angeklagter verdient als KfZ-Helfer 600€ netto; er und seine Ehefrau bekommen noch 889 € vom Jobcenter; 2 Kinder
630	20 €	Auszubildender; k.A. zum Wohnort
689 [360]	20 €	Angeklagter ist arbeitslos und bekommt 360 € ALG II; lebt bei Eltern
711 [382]	10 €	Angeklagter bezieht ALG II
711 [382]	10 €	Angeklagter bezieht ALG II
nur Angabe ALG II	10 mal 10 €	Angeklagte beziehen ALG II
749 [420]	10 €	Angeklagter bezieht ALG II
820 [491]	15 €	Angeklagter bezieht ALG II und hat einen sog. Minjob
860	20 €	Angeklagter arbeitet bei Leiharbeitsfirma und verdient dort 860 € netto; 2 Kinder; Ehefrau ist Hausfrau

[x]: Die Werte in eckigen Klammern geben das Einkommen unter Abzug der Leistungen für das Wohnen an, wenn die Beträge getrennt voneinander ermittelt wurden; (+ x = y): Die Werte in den runden Klammern geben das Einkommen an, das sich ergeben würde, wenn man das kostenlose Wohnen der Beschuldigten als Leistung zum Einkommen addieren würde (siehe im Folgenden ausführlicher dazu).

817 In der Hauptverhandlung nach einem Einspruch gibt der Angeklagte aber dann an, 600 € aus seinem Teilzeitjob und 400 € Sozialleistungen zu beziehen.

Es kann deswegen vermutet werden, dass in diesen Fällen die Sachleistung des kostenlosen Wohnens bei den Eltern von der Staatsanwaltschaft oder dem Gericht zum Einkommen hinzugedacht wurde. Würde man diese kostenlosen „Wohnleistungen“ als Sachbezüge auf das Nettoeinkommen addieren und mit den Wohngeldbeträgen bei ALG II gleichsetzen, müsste man zum Einkommen etwa 329 € addieren (siehe hierzu bereits 2. Teil Kap. 4.2). Diese Rechnung wird in den runden Klammern in der Einkommensspalte in Tab. 78 dargestellt. Das Verhältnis der Tagessätze zu den so berechneten Einkommen ist grafisch in Abb. 14 dargestellt.

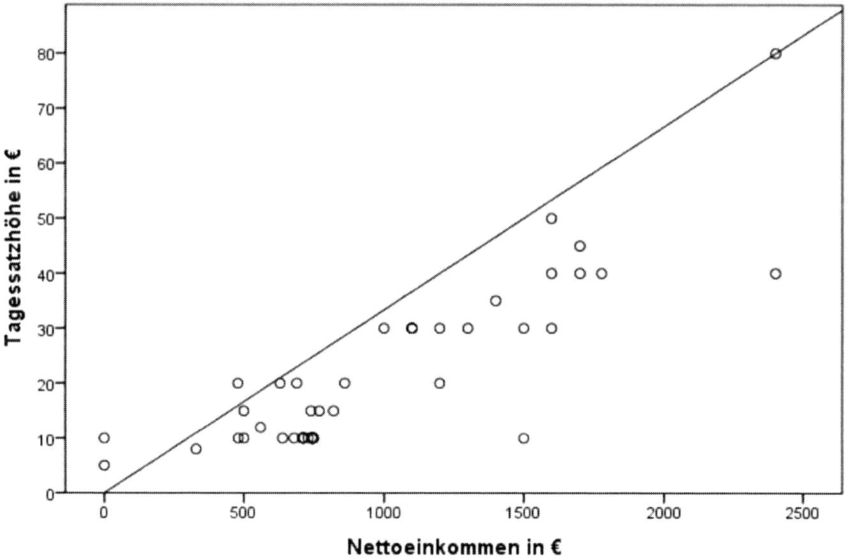

Abb. 14: Verhältnis des Nettoeinkommens, das kostenloses Wohnen berücksichtigt, bei den Urteilen und Strafbefehlen im Vergleich zur Tagessatzhöhe nach dem Regelsatz des § 40 Abs. 2 S. 2 StGB (n = 49; ungewichtete Daten)

Bei dieser Betrachtungsweise lagen dann fast alle Tagessätze unter dem Regelsatz des § 40 Abs. 2 StGB (Abb. 14). Lediglich bei den beiden obdachlosen Angeklagten und in dem Fall eines Angeklagten, der von seinen Ersparnissen lebte, lagen die Tagessätze darüber. Auf die verhängten Tagessatzhöhen (50 Tagessätze zu 10 € und 70 Tagessätze zu 5 €) hätte man bei den einkommenslosen Obdachlosen rechnerisch nur kommen können, wenn man das hypothetische Nettoeinkommen, das diese durch den Bezug von ALG II erlangen hätten können, zugrunde gelegt hätte. Ein solches Vorgehen stellt aber eine unbillige und unnötige Härte gegenüber den Angeklagten dar, da für Menschen, die ihr Einkommen etwa mit Flaschensammeln oder Betteln verdienen, auch Strafen mit Tagessätzen von 1 € bis 3 € eine spürbare und ausreichende Strafwirkung entfalten können (siehe dazu bereits 1. Teil Kap. 6.4.2.3). Die Verteilung der Tagessatzhöhen über 10 €, 15 € oder 20 € erfolgte auch bei Berücksichtigung kostenloser Wohnleistungen der Angeklagten in Ausbildung über alle Einkommenshöhen in diesem Bereich und nach keinem erkennbaren Prinzip.

Welche Tagessatzhöhe zwischen 10 € und 20 € genau gewählt wurde, schien damit insgesamt zufällig oder in Abhängigkeit von den zuständigen Gerichten oder Staatsanwaltschaften und deren jeweiliger Praxis zum Umgang mit Einkommen im Bereich des Existenzminimums zu sein. Dennoch macht es einen erheblichen Unterschied für die Verurteilten aus, ob ihrer Geldstrafe nun Tagessätze über 10 € oder 20 € zugrunde liegen und sich der Betrag damit verdoppelt. In den Strafbefehls- und Urteilsbegründungen fanden sich zur Bemessung der Tagessatzhöhe keine Ausführungen. Lediglich in einem Fall begründete das Gericht die Bemessung der Tagessatzhöhe ausführlicher, allerdings dahingehend, warum bei ALG II-Empfängern auch Tagesätze über 20 € verhängt werden können.

In diesem Fall gab der Angeklagte an, 360 € ALG II zu beziehen und bei seinen Eltern zu leben. Das Gericht führte zur Bemessung der Tagessatzhöhe von 20 € im Urteil aus, dass der ALG II-Regelsatz 391 € betrage und hierzu aber die erhaltenen Wohnleistungen hinzugerechnet werden müssten, da der Angeklagte kostenlos bei seinen Eltern lebe. Für einen Alleinstehenden benannte das Gericht dann einen eigenen Erfahrungswert von 400 €, was als Summe 791 € ergebe. Der sich hieraus ergebene Regelsatz des § 40 Abs. 2 StGB sei 26 €. Dieser werde aber auf 20 € gemindert, da die Einkünfte des Angeklagten beim Existenzminimum lägen. Deswegen gewähre das Gericht außerdem in großzügiger Weise (so stand es tatsächlich im Urteil) noch Ratenzahlungen über 40 €.

Ein weiterer Schritt bei der Geldstrafenzumessung, der die immanenten Härten der Geldstrafe gegenüber Armen abmildern und die Opfergleichheit fördern soll, ist die Gewährung von Zahlungserleichterungen nach § 42 StGB. Solche Zahlungserleichterungen wurden nur in 6 der insgesamt 31

Fälle gewährt, in denen bei der Strafzumessung ein sehr niedriges Einkommen aktenkundig war. Dabei wurde in den Strafbefehlsverfahren lediglich in einem der 12 Fälle mit bekanntem geringen Einkommen eine Zahlungsfrist eingeräumt; in den Urteilen wurde in 5 der 19 Verfahren Ratenzahlung gestattet.

Die Gewährung von Zahlungserleichterungen wird für die Verurteilten außerdem mit zunehmender Tagessatzzahl immer bedeutender. So ist bei Empfängern von Leistungen im Bereich des soziokulturellen Existenzminimums spätestens ab einer Tagessatzzahl von 30 zur Abmilderung der Härten des Nettoeinkommensprinzips und des Risikos entsozialisierender Strafwirkung keine Fallkonstellation mehr vorstellbar, in der Zahlungserleichterungen nicht notwendig wären.[818] Darüber hinaus ist zumindest ab einer Tagessatzzahl von 90 Tagessätzen in vielen Fällen eine weitere Senkung der Tagessatzhöhe erforderlich, da sich das Strafübel in solchen Fällen nicht lediglich summiert, sondern überproportional steigt (siehe hierzu 1. Teil Kap. 6.4.2). Im Folgenden wird deswegen der Umgang der Staatsanwaltschaften und Gerichte mit höheren Tagessatzzahlen bei niedrigen Einkommen gesondert betrachtet.

Es gab 25 Strafbefehle, die Geldstrafen mit mehr als 30 Tagessätzen bei Tagessatzhöhen von maximal 10 € beinhalteten. Davon hatten 2 Geldstrafen Tagessatzzahlen, die 80 überstiegen (90 und 160 Tagessätze zu 10 €). In diesen beiden Fällen waren allerdings weder der Beruf noch das Einkommen der Angeklagten aus den Akten ersichtlich. Lediglich in 8 % dieser Verfahren (n = 2) wurden Zahlungserleichterungen nach § 42 StGB gewährt (die Geldstrafen betrugen 60 und 40 Tagessätze zu je 10 €), wobei das Einkommen und der Beruf in beiden Fällen nicht aus den Akten hervorgingen. In den restlichen 23 Fällen (92 %) war keine Berücksichtigung der Strafsumme erkennbar, auch nicht in den 5 Fällen mit bekanntem niedrigen Einkommen und den 6 Fällen, in denen anstelle des Einkommens

818 Da den Verurteilten ALG II-Empfängern das zum Leben Unerlässliche nicht genommen werden darf, ist bei einem Regelsatzempfänger eigentlich bereits ab einer Geldstrafensumme von 100 € und damit bei fast allen Geldstrafen bei Beziehern von Grundsicherungsleistungen eine Ratenzahlung notwendig (siehe hierzu bereits 1. Teil Kap. 6.4).

zumindest der Berufsstatus bekannt war und die Notwendigkeit einer Ratenzahlung begründete.[819]

In den Urteilen wurden Zahlungserleichterungen bei 4 der 10 Geldstrafen, die Tagessatzzahlen über 30 und Tagessatzhöhen bis maximal 10 € beinhalteten, gewährt (diese Geldstrafen beinhalteten 120 Tagessätze zu 10 €, 80 Tagesätze zu 10 €, 50 Tagessätze zu 12 € und 40 Tagessätze zu 8 €). Dass die Tagessatzhöhe daneben zusätzlich gemindert wurde, wurde aus den Akten nicht ersichtlich. In den restlichen 6 Verfahren (4 Geldstrafen mit 60 Tagessätzen zu 10 €, eine mit 75 Tagessätzen zu 10 €[820] und eine mit 70 Tagessätzen zu 5 €[821]) war keine Berücksichtigung der hohen Tagessatzzahl bei geringem Einkommen erkennbar. Nach dem Informationsgehalt der Akten wäre aber auch in all diesen Verfahren die Gewährung von Ratenzahlungen gem. § 42 StGB notwendig gewesen.

Mithin wurden insbesondere bei den Strafbefehlsverfahren, aber auch bei den Urteilen, anders als es gesetzlich von § 42 StGB gefordert wird, in Fällen niedriger Einkommen und/oder hoher Tagessatzzahlen nur sehr selten Zahlungserleichterungen gestattet. Dies war trotz der Tatsache der Fall, dass die Gewährung von Zahlungserleichterungen gem. § 42 StGB von Amts wegen geprüft werden muss und bei Unzumutbarkeit sofortiger Zahlung keine Ermessensspielräume verbleiben.[822] Die Unzumutbarkeit ist

---

819 9 Angeklagte waren arbeitslos; ein Angeklagter studierte; einer machte eine Berufsausbildung und einer war Schüler. In einem dieser Fälle wurde die Tagessatzhöhe eventuell über das normale Maß hinaus gesenkt (auf 50 Tagessätze zu 5 €). Allerdings war in diesem Fall in der Aufzeichnung der Beschuldigtenvernehmung vermerkt, dass der Angeklagte gerade arbeitslos geworden sei, und als Einkommen 0 € angegeben. Das Einkommensfeld wurde von dem zuständigen Staatsanwalt durchgestrichen und mit einem Fragezeichen versehen. Die 5 € können deswegen auch ein Mittelwert darstellen, da die zuständige Person sich nicht sicher war, ob der Angeklagte nun Arbeitslosengeld bezog oder nicht. Im Vollstreckungsverfahren gab der Verurteilte dann als Einkommen den Regelsatz von ALG II an.

820 In diesen ersten 5 Verfahren bezogen alle Verurteilten ALG II (Nettoeinkommen zwischen 711 € und 744 €).

821 Der Verurteilte war in diesem Fall zum Urteilszeitpunkt wohnungslos und gab an, sich Geld durch Flaschensammeln zu verdienen und Essen auf der Straße zu bekommen.

822 OLG Köln NJW 1977, 307, 308; OLG Stuttgart StV 1993, 475; *Fischer*, StGB, § 42 Rn. 5a; *Albrecht*, in: NK-StGB, § 40 Rn. 1. Zu den Ausnahmen bei Zahlungsunfähigkeit oder -unwilligkeit, siehe bereits 1. Teil Kap. 6.4.4.

aber bei Empfängern von ALG II oder Menschen in vergleichbaren Einkommenssituationen eigentlich stets zu bejahen. Dies gilt insbesondere bei Tagessatzzahlen von 30 und mehr (siehe hierzu 1. Teil Kap. 6.3 und 6.4.4), sodass nach der Regelung des § 42 StGB zumindest in diesen Fällen unstreitig die Gewährung von Ratenzahlungen von Amts wegen notwendig gewesen wäre.[823]

7.4 Zwischenergebnis

Bei den Geldstrafen in den Urteilen und Strafbefehlen, bei denen das Nettoeinkommen der Angeklagten bekannt war, wurde die Höhe der Tagessätze von diesem beeinflusst. Dabei wurden fast alle Tagessätze unterhalb des Regelsatzes des § 40 Abs. 2 StGB angesetzt und fast ausschließlich in 10er-Schritten und gelegentlich in 5er-Schritten bemessen. Nur in den beiden Verfahren mit obdachlosen Angeklagten und einem weiteren Fall sehr geringen Einkommens lagen die Tagessätze über dem rechnerischen Regelsatz. Dennoch war das Maß der einzelnen Abweichungen vom Regelsatz sehr unterschiedlich und es gab starke Ausreißer, die sich nicht aus dem Akteninhalt erklären ließen. Auch bei den Angeklagten mit Einkommen im Bereich des soziokulturellen Existenzminimums wurden die Tagessatzhöhen gemindert. Die generelle Minderung der Regelsätze bei armen Angeklagten verlor aber unter dem Aspekt der Herstellung von Opfergleichheit zwischen finanziell besser und schlechter gestellten Angeklagten an Wirkung, da eine Minderung auch bei einkommensstärkeren Angeklagten erfolgte. Die Tagessätze bei den sehr armen Angeklagten wurden auch nicht anhand des tatsächlich erhaltenen Regelsatzes oder Einkommens bemessen, sondern es wurden Pauschalen gewählt, mit denen sich leicht rechnen ließ. Darüber hinaus wurde aus den Akten der Stichprobe ebenfalls nicht ersichtlich, wann in Fällen mit Einkommen im Bereich des soziokulturellen Existenzminimums nun Tagesätze von 10 €, 15 € oder 20 € verhängt

[823] Vgl. *Tröndle*, ZStW 1974, 545, 554; *Heghmanns*, NStZ 1994, 519, 520; *Häger*, in: LK-StGB, Vor §§ 40 ff. Rn. 53; wobei mit Blick auf niedrige Einkommen jedoch nicht andersherum angenommen werden darf, dass die sofortige Zahlung einer Geldstrafe unter dreißig Tagessätzen regelmäßig zumutbar sei, *Hartmann*, in: HK-GS, § 42 Rn. 3; *Albrecht*, in: NK-StGB, § 42 Rn. 5.

wurden. Die Verteilung erschien rein zufällig und ließ eine von den jeweiligen Staatsanwaltschaften oder Gerichten abhängige „Standard-Pauschale" bei Empfängern von Grundsicherungsleistungen vermuten.

Daneben wurde ein weiterer wesentlicher Aspekt des Geldstrafensystems, der die Härten des Nettoeinkommensprinzips gegenüber Armen abmildern soll, von der Praxis regelmäßig trotz Amtsprüfungspflicht entgegen der Rechtslage nicht angewendet. Zahlungserleichterungen nach § 42 StGB wurden sowohl insgesamt, als auch bei hohen Tagessatzzahlen und niedrigen Einkommen nur sehr selten gewährt. Bei den Strafbefehlsverfahren geschah dies nur bei 4,7 % der Geldstrafen insgesamt und in keinem der Fälle, in denen ein niedriges Einkommen aus der Akte ersichtlich wurde. Auch bei den Urteilen wurden nur in 5 der 19 Verfahren mit sehr geringen Einkommen Zahlungserleichterungen gewährt. Die Frage der Zahlungserleichterungen wurde so auf die Strafvollstreckung verlagert und von der Eigeninitiative und dem Bemühen der Betroffenen abhängig gemacht (siehe hierzu im Folgenden 3. Teil Kap. 8). Damit wurden die Mechanismen, die die Geldstrafe auch für arme Verurteilte ohne weiteren bürokratischen Aufwand zahlbar machen und zumindest annähernde Opfergleichheit zwischen den Verurteilten gewähren sollen, von den Gerichten und Staatsanwaltschaften auch bei vorhandenen Informationen zur wirtschaftlichen Lage nicht oder nur unzureichend umgesetzt. Arme Verurteilte waren so allein aufgrund ihrer schlechten Einkommenssituation gegenüber besserverdienenden benachteiligt. Dieser Umstand tritt dabei neben die bereits festgestellten, durch fehlende Informationen zur wirtschaftlichen Situation verursachten vielfachen Unzulänglichkeiten bei der Tagesssatzbemessung in den Strafbefehlsverfahren, die ebenfalls ärmere Angeklagte im Vergleich zu besserverdienenden benachteiligten.

8 Die Geldstrafenvollstreckung / Ersatzfreiheitsstrafe

In dem nun folgenden Abschnitt wird der Verlauf der Vollstreckung der verhängten Geldstrafen näher beleuchtet. Zwar stellt die Strafvollstreckung eigentlich das Ende des Strafverfahrens dar. Der Abschnitt zur Geldstrafenvollstreckung soll dennoch, entgegen dem ansonsten chronologischen Vorgehen bei der Ergebnisdarstellung, bereits hier thematisiert werden, da er eng mit dem vorherigen Themenkomplex der sozioökonomischen Ungleichheit bei der Geldstrafenzumessung verbunden ist. Zunächst wurde erhoben, wie häufig nachträglich Zahlungserleichterungen nach § 459a StPO gewährt wurden. Anschließend wurde untersucht, welche Faktoren mit der Anordnung und der Vollstreckung von Ersatzfreiheitsstrafe einhergingen (F_5). Schließlich wurden die wenigen Verfahren der Stichprobe, in denen eine Ersatzhaft tatsächlich verbüßt wurde, näher betrachtet. Da hierbei wieder verschiedene Stichprobenschichten gleichzeitig bei größerer Fallzahl betrachtet wurden, wurden die Daten mit dem Gesamtgewicht gewichtet.

8.1 Nachträgliche Zahlungserleichterungen, § 459a StPO

Informationen zu der Vollstreckung der Geldstrafen gab es in 131 der 148 Verfahren. In 17 Akten fehlte der Teil zur Vollstreckung vollständig. Bei den 122 Geldstrafen hierunter, bei denen nicht bereits nach § 42 StGB Zahlungserleichterungen gewährt wurden, wurden zu 54,6 % (n = 66) während der Geldstrafenvollstreckung noch nachträglich Zahlungserleichterungen gem. § 459a StPO gewährt.[824] Dabei wurden Ratenzahlungen in 94 % der Fälle gewährt, Stundungen in 3 % der Verfahren sowie Raten und Stundungen in weiteren 3 %. Die Zahlungserleichterungen erfolgten, soweit dies in den Akten erkennbar war,[825] zu 92,1 % auf Antrag der Verurteilten und nur in den restlichen 4 Fällen durch die Initiative der Vollstreckungsbehörde. Die große Zahl nachträglich gewährter Zahlungserleichterungen erklärt sich aus dabei daraus, dass § 42 StGB in den meisten einschlägigen Fällen nicht angewendet wurde.

In den Fällen, in denen das Nettoeinkommen aus der Akte hervorging, war das durchschnittliche Einkommen zwar in den Verfahren mit nachträglich gewährten Zahlungserleichterungen geringer als in den Fällen ohne, die Differenz war aber nicht signifikant.[826] Die Mittelwerte der Nettoein-

---

[824] Alle folgenden Daten sind wieder mit dem Gesamtgewicht gewichtet, soweit nicht etwas anderes angegeben wird. In 16 Fällen fehlte der Teil zur Geldstrafenvollstreckung vollständig in der Akte.

[825] In n = 50 Fällen konnte man den Akten entnehmen, wer die Zahlungserleichterungen beantragte.

[826] Die Nettoeinkommen betrugen im Mittelwert bei gewährten Zahlungserleichterungen 739 € (SD = 328,7; n = 47) und bei den anderen Fällen 927 € (SD = 638,7; n = 26).

kommen waren in beiden Gruppen mit 739 € und 927 € sehr niedrig. Auch die durchschnittliche Anzahl der Tagessätze bei Verfahren mit nachträglich gestatteten Zahlungserleichterungen differierte kaum und nicht signifikant zu denen ohne.[827] Aus den Daten gehen somit keine Faktoren hervor, die den Umstand beeinflussten, dass die Verurteilten nachträgliche Zahlungserleichterungen beantragten und bewilligt bekamen. Dies könnte damit zu erklären sein, dass die finanzielle Situation bei dem Großteil der zu Geldstrafen Verurteilten schlecht war und deswegen Schwierigkeiten bei der sofortigen Zahlung in den meisten Fällen möglich waren: Das durchschnittliche bekannte Nettoeinkommen betrug 817 €, wobei nur 25 % über 1100 € verdienten. 45,5 % der Verurteilten mit bekanntem Berufsstatus waren arbeitslos und weitere 18 % noch in der Ausbildung.

8.2 Die Ersatzfreiheitsstrafe gem. § 43 StGB und gemeinnützige Arbeit

Im folgenden Unterabschnitt wurde mit der Ersatzfreiheitsstrafe nun der Aspekt deutscher Strafverfahren näher analysiert, bei dem eine Ungleichbehandlung infolge ökonomischer Ungleichheit am offensichtlichsten in Erscheinung tritt. Nachdem in einem ersten Schritt dargestellt wurde, wie häufig Ersatzfreiheitsstrafen angeordnet und vollstreckt werden, wurden in einem zweiten Schritt sodann die Determinanten hierfür ermittelt. Schließlich wurden die Verfahren genauer beleuchtet, in denen die Ersatzfreiheitsstrafen tatsächlich vollstreckt wurden. Die Forschungshypothese lautete dabei zum einen, dass die Verurteilten umso häufiger Ersatzhaft verbüßen müssen, je niedriger ihr Einkommen ist (H_9). Zum anderen sollte überprüft werden, ob die Verhängung von Geldstrafen ohne ausreichende Bemessungsgrundlage das Risiko erhöht, dass Zahlungsschwierigkeiten auftreten und Ersatzfreiheitsstrafen angeordnet sowie verbüßt werden müssen (H_{10}).

[827] Durchschnittlich 44 Tagessätze bei gewährten Zahlungserleichterungen (SD = 19,2; n = 69) zu 40 Tagessätzen bei den restlichen Fällen (SD = 21,5; n = 60).

8.2.1 Determinanten der Anordnung und Vollstreckung von Ersatzfreiheitsstrafe

Zunächst wurde deshalb untersucht, wie oft die Geldstrafen tatsächlich gezahlt wurden und wie häufig das Surrogat der Ersatzfreiheitsstrafe oder die Ableistung gemeinnütziger Arbeit vorkamen und welche Faktoren diese Umstände beeinflussten.

Tab. 79 zeigt, dass wenn Geldstrafen verhängt wurden, diese zu einem überwiegenden Teil vollständig bezahlt wurden. Daneben verbüßten aber jedenfalls 12,3 % der Verurteilten zumindest teilweise Ersatzhaft und weitere 6,7 % wendeten zumindest einen Teil der Strafe durch die Ableistung gemeinnütziger Arbeit ab.

Tab. 79: Vollstreckung der Geldstrafe (n = 131)

	Geldstrafe vollständig gezahlt	Geldstrafe durch Ersatzfreiheitsstrafe ersetzt		Geldstrafe durch gemeinnützige Arbeit ersetzt[828]		Gesamt
		vollständig	teilweise	Vollständig	teilweise	
Häufigkeit	106	6	10	4	5	131
%	**80,6**	**4,5**	**7,8**	**2,9**	**3,8**	**99,6**[829]

Trotz des Umstands, dass 80,6 % der Geldstrafen vollständig gezahlt wurden, wurden in 33,9 % der 105 Verfahren, in denen hierzu Informationen in den Akten waren, Ersatzfreiheitsstrafen angeordnet.[830] Dies führte jedoch in 45,2 % (n = 16) der Fälle noch zu einer vollständigen Zahlung der Geldstrafe. In 7 Fällen erfolgte die Anordnung der Ersatzhaft ganz ohne vorherige Mahnung. Dass in einem dieser Verfahren weitere, über Mahnungen hinausgehende Vollstreckungsmaßnahmen vorgenommen wurden, ging aus den Akten nicht hervor.

828 Da es in Deutschland keine Zwangsarbeit geben darf, wird die Geldstrafe technisch richtig nicht selbst durch die gemeinnützige Arbeit ersetzt, sondern die angeordnete Ersatzfreiheitsstrafe wird hierdurch abgewendet (siehe hierzu bereits 1. Teil Kap. 7).

829 Bei 0,4 % der Verfahren war die Vollstreckung noch nicht abgeschlossen.

830 In 26 der 131 Verfahren konnten aus den Akten hierzu keine Angaben gewonnen werden. Die Verfahrensakten enthielten dann nicht das Vollstreckungsheft, sondern nur am Ende tabellarische Informationen zu den erfolgten Zahlungseingängen, aus denen man nicht erkennen konnte, ob konkrete Vollstreckungsmaßnahmen wie Mahnungen oder Ersatzhaftanordnungen erfolgt sind.

In den Fällen, in denen die Ersatzhaft zumindest angeordnet wurde, variierten die bekannten Nettoeinkommen zwischen 0 € und 1400 €.[831] Tab. 80 zeigt, dass das durchschnittliche Nettoeinkommen mit 623 € bei den Verfahren mit angeordneter Ersatzhaft signifikant um 318 € niedriger war als in den Verfahren, wo dies nicht erforderlich wurde. Auch die Tagessätze waren in den Anordnungsfällen signifikant um 19 erhöht und damit ebenfalls die zu zahlenden Gesamtsummen im Verhältnis zur jeweiligen Einkommenshöhe. Daneben war die Vorstrafenbelastung in den Fällen mit angeordneter Ersatzfreiheitsstrafe hochsignifikant und erheblich erhöht.

Tab. 80: Mittelwertvergleiche der Einkommen und Tagessätze zwischen den Fällen mit und ohne Ersatzhaftanordnung

Nettoeinkommen						
Ausprägung		n	aM	SD	Diff.	*p*
Ersatzhaft angeordnet	ja	21	623,4	363,7	318,0	*p*=.008
	nein	40	941,4	524,6		
Anzahl Tagesätze						
Ausprägung		n	aM	SD	Diff.	*p*
Ersatzhaft angeordnet	ja	36	57,3	23,9	18,9	*p*<.001
	nein	70	38,4	16,3		
Anzahl Vorstrafen						
Ausprägung		n	aM	SD	Diff.	*p*
Ersatzhaft angeordnet	ja	36	6,8	5,0	4,5	*p*<.001
	nein	62	2,3	4,2		

Der Umstand, dass die Verurteilten nicht pünktlich zahlten oder zahlen konnten und deswegen Ersatzhaft angeordnet wurde, wurde somit erwartungsgemäß von der Einkommenshöhe und der Höhe der zu zahlenden Geldstrafensumme (im Verhältnis zum Einkommen) beeinflusst.[832] Die Korrelation mit der Vorstrafenbelastung lässt sich einerseits daraus erklären, dass die Vorstrafenanzahl und die Einkommenshöhe generell hochsignifikant miteinander korrelierten ($r = -.348$; $p<.001$). Je höher die Vorstra-

[831] n = 21, da in 15 Fällen das Einkommen bis zum Verfahrensende unbekannt war.

[832] Da die Geldstrafen nach Tagessätzen bemessen werden und die Tagessatzhöhe einkommensabhängig festgelegt wird, sagt die Tagessatzzahl erst einmal nur etwas über die Höhe der gesamten Geldstrafensumme im Verhältnis zum zugrunde gelegten Einkommen und nichts zur absoluten Höhe aus.

fenbelastung war, desto niedriger war auch das Nettoeinkommen. Ein weiterer Aspekt, der die Korrelation zwischen der Vorstrafenzahl und der Ersatzhaftanordnung und -verbüßung erklären könnte, ist der Umstand, dass mit steigender Vorstrafenzahl vermutlich auch zunehmende Problemlagen und Organisationsschwierigkeiten im Leben der Verurteilten erwartet werden können. Diesen Menschen wird es mutmaßlich schwerer fallen, bei Zahlungsschwierigkeiten initiativ zu werden und die bürokratischen Hürden der Beantragung von Zahlungserleichterung zu überwinden sowie eine oftmals langwierige Abzahlung der Geldstrafe zu planen und einzuhalten.

In 12 % aller Geldstrafen verbüßten die Verurteilten tatsächlich zumindest teilweise Ersatzhaft (n = 16). In diesen Fällen war der Berufsstatus bei der Strafzumessung nur zu 19,1 % und damit signifikant seltener bekannt als in den Verfahren, in denen keine Ersatzhaft verbüßt wurde. Dort war der Berufsstatus zumindest bei 48,2 % der Fälle ersichtlich.[833] Dies spricht dafür, dass in den Fällen mit Unwissen über die wirtschaftliche Situation öfter die Tagessätze zu hoch bemessen wurden und die Geldstrafen deswegen von den Verurteilten nicht gezahlt werden konnten. War das Nettoeinkommen bekannt, zeigt Tab. 81, dass dieses bei den Verurteilten, die zumindest teilweise in Haft saßen, signifikant niedriger war. Dieses betrug im Mittel nur 406 € und war damit nicht einmal halb so hoch wie das Durchschnittseinkommen der restlichen Verurteilten. Auch der den sozioökonomischen Satus abbildende ISEI-Wert war nun signifikant geringer. Die durchschnittliche Tagessatzzahl der zur Ersatzhaft führenden Geldstrafen war signifikant um 25 Tagessätze erhöht und auch die Vorstrafenbelastung unterschied sich stark. Als weiter Einflussfaktor minimierte die Gewährung von Zahlungserleichterungen nach § 42 StGB oder § 459a StPO das Risiko einer Ersatzhaftverbüßung signifikant. Bei den Inhaftierten betrug die Quote gewährter Zahlungserleichterungen lediglich 30,4 %, bei den restlichen Verurteilten 60 %.[834]

Bei der Frage, ob Ersatzfreiheitsstrafe verbüßt wurde oder nicht, spielten also erwartungsgemäß die gleichen Faktoren eine Rolle, die auch mit der Ersatzhaftanordnung korrelierten. Die Unterschiede bei den Variablen

---

833 n = 131; p = .028; Phi = -.193.

834 n = 127; p = .036; Phi = -.186.

Tab. 81: Mittelwertvergleiche bei den Geldstrafen mit und ohne zumindest teilweise verbüßter Ersatzhaft

Nettoeinkommen						
Ausprägung		n	aM	SD	Diff.	*p*
Ersatzhaft verbüßt	ja	9	405,8	383,1	453,8	p=.005
	nein	66	859,6	449,2		
ISEI-Wert (sozioökonomischer Status)						
Ausprägung		n	aM	SD	Diff.	*p*
Ersatzhaft verbüßt	ja	9	13,0	7,8	9,4	p<.001
	nein	70	22,4	18,1		
Anzahl Tagessätze						
Ausprägung		n	aM	SD	Diff.	*p*
Ersatzhaft verbüßt	ja	16	55,6	21,7	15,1	p=.004
	nein	115	40,5	19,3		
Anzahl Vorstrafen						
Ausprägung		n	aM	SD	Diff.	*p*
Ersatzhaft verbüßt	ja	16	9,1	4,3	6,2	p<.001
	nein	104	2,9	4,3		

Einkommen und Vorstrafenbelastung verstärkten sich dabei, die Differenz bei der Tagessatzzahl verringerte sich jedoch. Zusätzlich erlangten der sozioökonomische Status, die Gewährung von Zahlungserleichterungen und der Aspekt der fehlenden Kenntnisse über die wirtschaftliche Situation auf signifikantem Niveau Relevanz. Betrachtete man bei der Frage, ob die Ersatzhaft noch vollständig abgewendet oder zumindest teilweise verbüßt wurde, nur die Verfahren, in denen bereits Ersatzhaft angeordnet wurde, dann spielten nur noch das Nettoeinkommen, die Vorstrafenanzahl und die nachträgliche Gewährung von Zahlungserleichterungen[835] eine signifikante Rolle.[836]

[835] In den Fällen, wo bereits nach § 42 StGB Zahlungserleichterungen gewährt wurden, kam es nie zur Anordnung der Ersatzfreiheitsstrafe.

[836] Das Nettoeinkommen betrug dann im Durchschnitt 406 € zu 799 € (n = 20; p = .017) und die Vorstrafenanzahl 9,1 zu 4,9 (n = 36; p = .011). Bei den Inhaftierten gab es zu 30,4 % Zahlungserleichterungen nach § 459a StPO, bei denjenigen, die eine Inhaftierung doch noch abwenden konnten, in 78,7 % der Fälle (n = 32; p = .006; Phi = -.458).

8.2.2 Fälle vollstreckter Ersatzfreiheitsstrafe

Im Folgenden sollen nun die Verfahren, in denen Ersatzhaft verbüßt oder gemeinnützige Arbeit geleistet wurde, näher betrachtet werden. Da in diesen Fällen die Fallzahlen wieder sehr gering waren und deswegen nur Einzelfallbeschreibungen erfolgen konnten, wurde hierbei ohne die Gewichtung der Stichprobe gearbeitet, sodass sich die Fallzahlen im Folgenden im Vergleich zu den bisherigen Ergebnissen etwas veränderten. Die folgende Einzelfallbeschreibung ist wegen der geringen Fallzahlen zwar nicht mehr repräsentativ. Die vorhandenen Fälle enthielten gleichwohl interessante und aufschlussreiche Gemeinsamkeiten.

Gemeinnützige Arbeit leisteten insgesamt 10 von 98 Verurteilten. 4 davon wendeten die Ersatzhaft vollständig damit ab; 4 zahlten daneben einen Teil der Geldstrafe und 2 verbüßten teilweise die Ersatzfreiheitsstrafe. 4 der 10 Verurteilten beantragten die Ableistung von gemeinnütziger Arbeit, ohne dass bereits Ersatzhaft angeordnet wurde. Nach der Ersatzhaftanordnung zahlten 12 der 30 Verurteilten die Geldstrafe noch vollständig. In einem Verfahren war die Vollstreckung zum Erhebungszeitpunkt noch nicht abgeschlossen. In den restlichen 17 Fällen wendeten nur 3 Verurteilte die angeordnete Ersatzhaft gänzlich durch gemeinnützige Arbeit ab. Die restlichen 14 Verurteilten verbüßten zumindest teilweise eine Ersatzfreiheitsstrafe. Davon verbüßten 5 Verurteilte die vollständige Geldstrafe ersatzweise in Haft, 7 taten dies teilweise und zahlten den Rest der Geldstrafe und 2 wendeten einen Teil der Haft durch gemeinnützige Arbeit ab. Diesen 14 Geldstrafen lagen 12 Strafbefehle und nur 2 Urteile nach einer Hauptverhandlung zugrunde. In Tab. 82 sind Informationen zu den Verfahren dargestellt, die zu einer Ersatzhaft führten. Die Einkommen, die mit einem Sternchen (*) versehen sind, wurden erst nach der Verurteilung bekannt.

Tab. 82: Fallinformationen bei verbüßter Ersatzhaft (n = 14; ungewichtete Daten)

Fall-Nr.	Geldstrafe	Netto-einkommen	Vollstreckung	§ 42 StGB	§ 459a StPO	Vor-strafen	Hafter-fahrung[837]
24	Strafbefehl 135 TS über 25 €	553 €* (arbeitslos)	EFS und Zahlung	-	Raten	1	nein
39	Strafbefehl 50 TS über 10 €	k.A.[838]	EFS	-	-	6	nein
158	Urteil 50 TS über 15 €	800 €* (berufstätig)	EFS und Zahlung	-	Raten[839]	7	nein
165	Strafbefehl 40 TS über 15 €	k.A.	EFS und Zahlung	-	-	1	nein
180	Strafbefehl 90 TS über 10 €	0 €* (inhaftiert)	EFS	-	-	8	ja
189	Strafbefehl 50 TS über 30 €	1000 € (berufstätig)	EFS, gA und Zahlung	-	-	0	nein
227	Strafbefehl 50 TS über 10 €	0 € (arbeitslos)	EFS	-	-	12	nein
229	Strafbefehl 45 TS über 10 €[840]	711 € (berufstätig)	EFS	-	Raten	14	nein
316	Strafbefehl 65 TS über 10 €	0 €* (inhaftiert)	EFS	-	-	16	ja
348	Strafbefehl 40 TS über 10 €	673 €* (arbeitslos)	EFS und Zahlung	-	-	7	nein
350	Strafbefehl 50 TS über 20 €[841]	k.A.	EFS und Zahlung	-	-	3	nein
447	Urteil 50 TS über 20 €	150 € [479 €] (arbeitslos)	EFS und Zahlung	-	-	3	nein
475	Strafbefehl 45 TS über 10 €	k.A.	EFS, gA und Zahlung	-	Raten	14	nein
494	Strafbefehl 45 TS über 10 €	k.A.	EFS und Zahlung	-	-	11	nein

TS = Tagessätze; EFS = Ersatzfreiheitsstrafe; gA = gemeinnützige Arbeit; [479 €] = Einkommen unter Berücksichtigung kostenlosen Wohnens; * = Einkommen wurde erst nach der Verurteilung bekannt.

837 Hafterfahrung bedeutet eine dem BZR-Auszug zu entnehmende vorherige Verurteilung zu unbedingter Freiheitsstrafe oder bedingter Freiheitsstrafe mit Bewährungswiderruf.

838 Aus der Akte wurde aber ersichtlich, dass der Verurteilte drogenabhängig war und einen rechtlichen Betreuer hatte.

Zunächst fiel auf, dass Zahlungserleichterungen nach § 42 StGB in keinem Fall und nachträgliche Hilfen nach § 459a StPO ebenfalls nur in einem Drittel der Verfahren gewährt wurden. Die Hilfsoption, die das Gesetz Menschen bietet, die zur sofortigen Zahlung der Geldstrafe nicht in der Lage sind, wurde in vielen Fällen also gar nicht wahrgenommen und versucht – weder von Seiten der Verurteilten, noch von Seiten der Vollstreckungsbehörde. Überraschenderweise waren einige der Verurteilten berufstätig. Diese bezogen aber nur Einkommen im Bereich des Existenzminimums (und gehörten also zu den sog. „working poor"). Sie arbeiteten mithin unter prekären Bedingungen und konnten wegen ihres extrem geringen Einkommens die Geldstrafe trotz ihrer Erwerbstätigkeit nicht bezahlen. In 10 der 14 Fälle waren weder das Einkommen noch der Beruf bei der Verurteilung bekannt. All diesen Fällen lagen Strafbefehle zugrunde. Dies führte in 3 Fällen (Fall-Nr.: 24, 180 und 316) dazu, dass die Tagessätze zu hoch bemessen wurden, wobei trotz der teils sehr hohen Tagessatzzahl keine Raten im Strafbefehl gewährt wurden. Doch auch in drei weiteren Verfahren (Fall-Nr.: 189, 227 und 447) wurden trotz des bekannten sehr geringen Einkommens sehr hohe Tagessätze ohne Zahlungserleichterungen gem. § 42 StGB verhängt, die dann zu Ersatzhaft führten.

Weiterhin waren zwar die meisten Verurteilten bereits mehrfach vorbestraft, aber auch ein Verurteilter ohne und zwei mit nur einer Vorstrafe mussten in Haft. Eine aus den bisherigen Vorstrafen ablesbare Hafterfahrung durch vorherige Verurteilungen zu unbedingter Freiheitsstrafe oder infolge eines Bewährungswiderrufs besaßen lediglich 2 der 12 Verurteilten. Ob die Verurteilten allerdings vorher bereits eine Ersatzfreiheitsstrafe verbüßt hatten, konnte den BZR-Auszügen nicht entnommen werden. Bei 4 Verurteilten war aus der Akte ersichtlich, dass diese alkohol- oder drogenabhängig waren. Diese Kumulation von schwierigen Lebensbedingun-

---

[839] Der Verurteilte beantragte die Raten mit Hilfe einer gemeinnützigen Organisation, allerdings erst aus der Haft heraus.

[840] Aus dieser Einzelstrafe wegen § 223 StGB wurde allerdings mit einer weiteren Verurteilung zu einer Geldstrafe über 45 Tagessätzen zu je 10 € eine nachträgliche Gesamtstrafe von 75 Tagessätzen zu je 10 € gebildet.

[841] Aus dieser Einzelstrafe wegen § 223 StGB wurde mit einer weiteren Verurteilung zu einer Geldstrafe eine nachträgliche Gesamtstrafe von 70 Tagessätzen zu 20 € gebildet.

gen und Anzeichen von Problemlagen kann auch erklären, warum viele der Verurteilten es nicht schafften, sich bei Zahlungsschwierigkeiten und der darauffolgenden Anordnung der Ersatzhaft um Ratenzahlungen oder die Ableistung gemeinnütziger Arbeit zu bemühen. Auffällig war darüber hinaus, dass in nur 3 der 12 Strafbefehlsverfahren eine Beschuldigtenvernehmung stattgefunden hatte. In den anderen 9 Fällen (75 %) lief das gesamte Verfahren für die Verurteilten rein schriftlich ab: Sie erhielten ihre Verurteilung mit der Rechtsbehelfsbelehrung und dem Hinweis auf die Möglichkeit zur Beantragung von Ratenzahlung per Post und auch die Ersatzhaftanordnung erging schriftlich. Die Verurteilten mussten also ihre Post regelmäßig und rechtzeitig lesen, sich infolge der schriftlichen Verurteilung und Mitteilung über die Möglichkeiten von Zahlungserleichterungen eigeninitiativ sowie rechtzeitig an die Strafvollstreckungsbehörden wenden, um Zahlungserleichterungen zu beantragen, ohne dass zu irgendeinem Verfahrenszeitpunkt ein persönlicher Kontakt zu den Strafverfolgungsbehörden bestanden hatte. Dass dies bei Verurteilten mit multiplen Problemlagen und Sorgen im Leben oftmals nicht funktionierte, verwundert nicht.

Wurde die Ersatzhaft angetreten, dann verbüßten die Verurteilten im Durchschnitt 33 Tage Ersatzfreiheitsstrafe.[842] Bei denen, die teilweise zahlten oder gemeinnützige Arbeit ableisteten, waren es im Mittel 14 Tage.[843] Wurde die gesamte Geldstrafe ersetzt, dauerte die Haft im Durchschnitt 60 Tage.[844] Aus der Haft heraus zahlten noch 5 von 12 Verurteilten einen Rest der Geldstrafe.[845] Nur in 9 Verfahren konnte den zur Verfügung gestellten Akten entnommen werden, ob eine Mahnung vor der Ersatzhaftanordnung erfolgte. In 6 dieser 9 Verfahren geschah die Anordnung ohne vorherige Mahnung. Bei allen Verurteilten wurde außerdem ein Haftbefehl erlassen, weil niemand die Ersatzhaft rechtzeitig und freiwillig angetreten hatte.

---

842 n = 12; in 2 Fällen war die Dauer nicht ersichtlich.

843 n = 7; in 2 Fällen war die Dauer nicht ersichtlich. In 4 der 7 Fälle war die Haftdauer aber unter 4 Tagen.

844 n = 5.

845 In 2 der 12 Fällen war dies aus den Akten nicht ersichtlich.

8.3 Zwischenergebnis

Mit Blick auf die Forschungsfrage lässt somit sich festhalten, dass die finanziellen Verhältnisse einer Person für die Wahrscheinlichkeit, dass Zahlungsschwierigkeiten auftraten, infolge derer Ersatzfreiheitsstrafen angeordnet und sodann auch verbüßt wurden, eine erhebliche Rolle spielten. Nur sehr arme Verurteilte trugen das Risiko, anstelle der Geldstrafe inhaftiert zu werden. Hypothese (H_9) wurde damit bestätigt. Die Gewährung von Zahlungserleichterungen milderte dabei dieses Risiko erheblich. Umso kritischer ist die im 3. Teil Kap. 7.2 festgestellte Praxis der Staatsanwaltschaften und Gerichte zu bewerten, trotz Vorliegens der Voraussetzungen von § 42 StGB und des nicht bestehenden Ermessens, in den allerwenigsten Fällen bereits im Urteil oder Strafbefehl Zahlungserleichterungen zu gewähren. Denn in den Fällen, in denen Zahlungserleichterungen nach § 42 StGB gewährt wurden, kam es in keinem Fall zur Anordnung der Ersatzhaft. Stattdessen wurde es den Verurteilten selbst aufgebürdet, dafür Sorge zu tragen, dass sie diese Hilfestellung für Arme ermöglicht bekamen. Dies führte bei Verurteilten mit besonders großen Problemlagen im Leben dazu, dass sie diese Hilfsmöglichkeiten gar nicht wahrnahmen. Ein weiterer Aspekt, der sehr arme Verurteilte benachteiligte und bei diesen zu Ersatzhaft führen konnte, war die Praxis der Geldstrafenzumessung bei Strafbefehlen ohne Informationen zum Einkommen. Denn wenn bei vollkommen unbekannten wirtschaftlichen Situationen die Tagessatzhöhen einfach „ins Blaue hinein" geschätzt wurden, führte dies bei armen Verurteilten teilweise dazu, dass die Tagessätze zu hoch bemessen wurden. Da die Fallzahl der ersatzweise Inhaftierten, bei denen die Tagessätze zu hoch „ins Blaue hinein" geschätzt wurden, allerdings sehr gering war, kann mit Blick auf die Untersuchungshypothese (H_{10}) nur festgehalten werden, dass diese durch die Ergebnisse der Untersuchung zumindest nicht widerlegt wurde. Insgesamt wurden die in der Stichprobe verhängten Geldstrafen immerhin zu 12 % zumindest teilweise durch Freiheitsstrafen ersetzt. Nur bei 17 % der Inhaftierten war dabei eine Hafterfahrung durch vorherige Verurteilungen zu Freiheitsstrafen aus den Akten erkennbar. All diese Verurteilten waren arm und bezogen (bis auf einen Fall mit 1000 € monatlichem Einkommen) Einkommen im Bereich des (soziokulturellen und teilweise physischen) Existenzminimums.

9 Die Sanktionen: Geldstrafen und Freiheitsstrafen

Das folgende Kapitel behandelt die in den Strafbefehlen und Urteilen verhängten Sanktionen. Der Fokus lag dabei nicht mehr auf dem Nettoeinkommensprinzip der Geldstrafen, sondern auf der Schwere der Sanktionen. Zunächst wurde analysiert, wie oft und in welcher Höhe die Gerichte überhaupt Freiheits- anstelle von Geldstrafen verhängten. Anschließend wurde untersucht, wie oft und womit die Strafzumessung in den Entscheidungen begründet wurde. Anschließend wurde untersucht, welche Faktoren die Entscheidung zwischen einer Geld- und einer Freiheitsstrafe sowie die über eine Strafaussetzung zur Bewährung beeinflussten und ob sozioökonomische Beschuldigtenmerkmale eine Rolle spielten. Schließlich wurden die statistischen Determinanten der Schwere der gewählten Sanktionen ermittelt: Dabei wurden zunächst die Tagessatzzahlen der Geldstrafen und die Dauer der Freiheitsstrafen getrennt voneinander analysiert. Danach wurde die Sanktionsschwere unabhängig von der Sanktionsart betrachtet, mittels des für beide Sanktionsarten anwendbaren Sanktionsschwereindex. Die Daten wurden mit dem Gesamtgewicht gewichtet, da mehrere Stichprobenschichten gleichzeitig bei großer Fallzahl betrachtet wurden.

9.1 Art und Höhe der verhängten Sanktionen

In 215 (52,6 %) der 404 Verfahren der Stichprobe wurde in der „ersten verfahrensbeendenden Entscheidung“ eine Sanktion verhängt, wobei die Geldstrafen mit 90,1 % überwogen und die Freiheitsstrafen mit 8,9 % nur wenige Fälle ausmachten. „Erste verfahrensbeendende Entscheidung“ meint dabei im Folgenden die erstinstanzlichen Urteile und die erlassenen Strafbefehle, unabhängig davon, ob gegen die Strafbefehle ein Einspruch eingelegt wurde.[846] 78,2 % dieser Verurteilungen erfolgten nur wegen einer

[846] Aus diesem Grund entsprechen diese Fälle nicht den Entscheidungen der ersten Instanz, da zu der ersten Instanz auch die Urteile nach einer Hauptverhandlung zählen, die infolge eines Einspruchs gegen einen erlassenen Strafbefehl ergehen.

Körperverletzung (n = 168), bei 10 % wurden weitere Delikte in Tateinheit gem. § 52 StGB (n = 22) und bei 11,8 % weitere tatmehrheitlich begangene Delikte (§ 53 StGB) abgeurteilt (n = 25). Die einfache Körperverletzung nach § 223 StGB stellte dabei (gemäß der Stichprobenziehung) stets das schwerste Delikt dar. Tab. 83 zeigt die Verteilung der Sanktionsarten, differenziert nach dem Vorliegen weiterer abgeurteilter Straftaten.

Tab. 83: In der ersten verfahrensbeendenden Entscheidung verhängte Sanktionen insgesamt (n = 215)

		Geldstrafe	Freiheitsstrafe mit Bewährung	Freiheitsstrafe ohne Bewährung	Verwarnung mit Strafvorbehalt	Gesamt
Alle Verurteilungen	n	194	9	8	4	215
	%	**90,1**	**4,3**	**3,6**	**1**	**100**
§ 223 StGB einziges Delikt	n	153	6	5	4	168
	%	**90,8**	**3,4**	**3,2**	**2,6**	**100**
Mehrere Delikte i.S.v. § 52 StGB	n	20	0	2	0	22
	%	**92,3**	**0**	**7,7**	**0**	**100**
Mehrere Delikte i.S.v. § 53 StGB[847]	n	21	3	1	0	25
	%	**83,8**	**13,8**	**2,4**	**0**	**100**
Einzelstrafe für schwerste KV, falls § 53 StGB[848]	n	21	1	3	0	25
	%	**83,8**	**13,8**	**2,4**	**0**	**100**

KV = Körperverletzung

Wurden weitere tatmehrheitliche Delikte abgeurteilt (§ 53 StGB), war der Anteil der Freiheitsstrafen an den Gesamtstrafen etwas größer als in den anderen Verfahren; dies galt allerdings auch für die Einzelstrafen der schwersten Körperverletzung, die der Gesamtstrafe zugrunde lagen. Der Umstand, dass weitere tateinheitliche Delikte begangen wurden (§ 52 StGB), führte nicht zu einem größeren Anteil an Freiheitsstrafen.

847 Gesamtstrafe aller Verurteilungen, bei denen § 223 StGB zwar das schwerste Delikt darstellte, aber stets tatmehrheitlich zu anderen Delikten begangen wurde.

848 Einzelstrafe für die schwerste Tat nach § 223 StGB bei den Verurteilungen, bei denen § 223 StGB tatmehrheitlich zu anderen Delikten begangen wurde.

Bei den verhängten Geldstrafen lagen die Tagessätze zwischen 15 und 160. Abb. 15 zeigt die Verteilung der Tagessätze. Im Durchschnitt beinhalteten die Geldstrafen 44 Tagessätze und 95 % lagen zwischen 15 und 90 Tagessätzen.[849] Bereits nur noch 25 % der Geldstrafen überstiegen 50 Tagessätze.

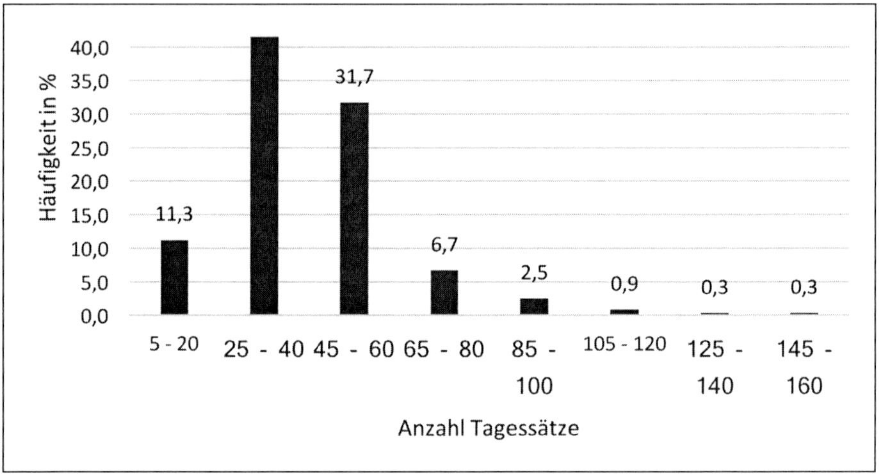

Abb. 15: Anzahl der Tagessätze der verhängten Geldstrafen insgesamt (n = 194; aM = 44,1; Med. = 40; SD = 19,6)

Die Dauer der verhängten Freiheitsstrafen ging von 1,5 Monaten bis 9 Monate und betrug im Durchschnitt 4,5 Monate. Die Dauer der verhängten Freiheitsstrafen zeigt Abb. 16.

60,6 % der Freiheitsstrafen lagen unter 6 Monaten und waren damit kurz i.S.v. § 47 StGB.[850] Trotz des Umstands, dass alle Freiheitsstrafen unter 2 Jahren lagen, wurden nur 54,5 % der Strafen zur Bewährung ausgesetzt.

Betrachtete man die verhängten Geld- und Freiheitsstrafen zusammen, dann lagen diese auf dem Sanktionsschwereindex, der Werte von 0 bis 100 beinhaltet (siehe zum Sanktionsschwereindex 2. Teil Kap. 4.4), vor allem im unteren Bereich zwischen 6 und 14. Die durchschnittliche Sanktionshär-

849 n = 194; SD = 19,6; Med. = 40.
850 n = 17; SD = 9,0; Med. = 4 Monate.

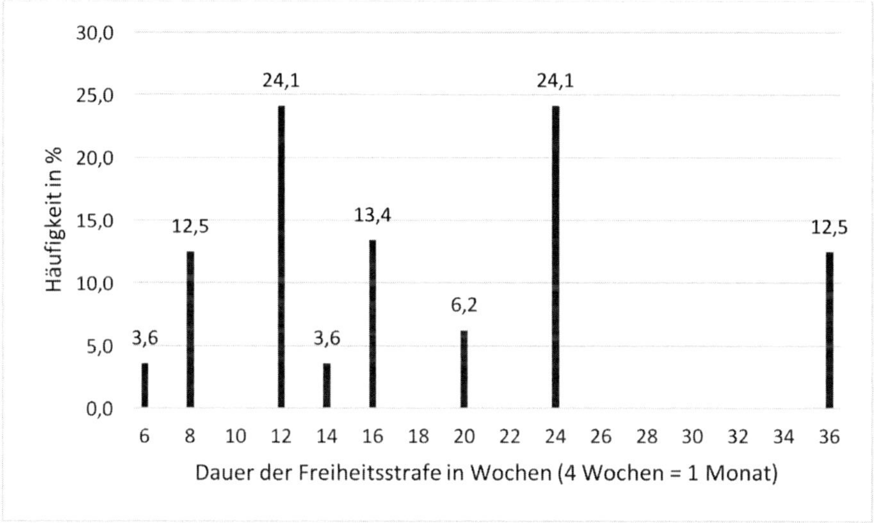

Abb. 16: Dauer der verhängten Freiheitsstrafen (n = 17; aM = 18,3; Med. = 16; SD = 9)

te betrug 13,3 (was etwa einer Geldstrafe von 53 Tagessätzen entspricht), die geringste 6,07 (≙ einer Geldstrafe zu 15 Tagessätzen) und die schwerste 47,7 (≙ 6 Monaten unbedingter Freiheitsstrafe).

9.2 Determinanten der Art und Höhe der verhängten Sanktionen

Im nächsten Abschnitt wurde nun untersucht, welche Umstände die Wahl der Sanktionsart und welche deren Höhe bestimmten und ob sozioökonomische Merkmale diese Entscheidungen beeinflussten.

9.2.1 Begründung der Strafzumessung

Nur in 11,9 % der Verurteilungen wurde die Strafzumessung schriftlich begründet. Bei den Strafbefehlen hierunter wurden Art und Höhe der Strafe in keinem einzigen Fall begründet, da gem. § 409 StPO die Art und Höhe der Rechtsfolgen im Strafbefehl nicht begründet werden müssen.[851] In den Urteilen wurden die Strafart und die Strafhöhe in 67,3 % der Fälle begründet. Da bei der folgenden Betrachtung der Strafzumessungsbegründungen

[851] *Meyer-Goßner/Schmitt*, StPO, § 409 Rn. 7.

nur die Stichprobenschicht der Anklageverfahren betrachtet wurden und die Fallzahl sehr gering war (n = 33), wurden die Daten nicht gewichtet, um ungerade Fallzahlen und Rundungsungenauigkeiten zu vermeiden. Die Verfahren aus Braunschweig und Hannover wurden damit gleichgewichtig gewertet.

In den 33 Urteilen, in denen die Strafzumessung begründet wurde, wurden zu 57,6 % Freiheitsstrafen (n = 19) und zu 39,4 % Geldstrafen (n = 13) und in einem Fall eine Verwarnung mit Strafvorbehalt verhängt.[852] 13 der 16 Urteile ohne Begründung der Strafzumessung waren abgekürzt. In den 33 Urteilen, die eine Begründung der Strafzumessungsentscheidung enthielten, wurden die in Tab. 84 aufgeführten Argumente mehrfach angebracht:

Tab. 84: In den Urteilen aufgeführte Begründung der Strafzumessung (n = 33; ungewichtete Daten)

Begründung Strafmilderung	n	%	**Begründung Strafschärfung**	n	%
Geständnis (pos.)	17	**51,5**	einschlägige Vorstrafenbelastung (neg.)	22	**66,7**
Entschuldigung (pos.)	6	**18,9**	generelle Vorstrafenbelastung (neg.)	13	**39,4**
kein Strafverfolgungsinteresse des Opfers (pos.)	5	**15,2**	offene Bewährung (neg.)	6	**18,2**
Verletzungsschwere (pos.)	10	**30,3**	Verletzungsschwere (neg.)	6	**18,2**
Alkoholisierung (pos.)	8	**24,2**			

Die Länge der Strafzumessungsbegründung betrug im Mittel 13,8 Zeilen. Die kürzeste Begründung ging über 3, die ausführlichste über 58 Zeilen.[853] Bei den 12 kurzen Freiheitsstrafen wurde die Entscheidung des Gerichts in 25 % (n = 3) der Urteile entgegen § 47 StGB nicht im Urteil begründet und bei 33,3 % (n = 4) geschah dies lediglich formelhaft mit der Wiedergabe des Gesetzeswortlauts. Bei den restlichen 5 Verurteilungen (41,7 %) umfassten die Strafzumessungsbegründungen zwischen 3 und 29 Zeilen.

852 Damit lagen für 19 der 22 der nach einer Anklage verhängten Freiheitsstrafen und bei 13 der 27 Geldstrafen Begründungen vor (ungewichtete Daten).

853 n = 33; SD = 9,4; Med. = 12.

9.2.2 Sozioökonomische Ungleichheit und die Art und Schwere der Sanktion

Im nächsten Untersuchungsschritt wurde analysiert, ob sich die Anteile der in den Urteilen und Strafbefehlen der ersten verfahrensbeendenden Entscheidung verhängten Geld- und Freiheitsstrafen zwischen den Beschuldigten aus verschiedenen sozialen Schichten signifikant unterschieden. Die folgenden Ergebnisse wurden dabei wieder aus den mit dem Gesamtgewicht gewichteten Daten gewonnen, da ab hier wieder verschiedene Stichprobenschichten zusammen betrachtet wurden. Die Forschungshypothese (H_{12}) lautete, dass die relative Sanktionshärte des Verfahrensausgangs umso schwerer ist, je niedriger der sozioökonomische Status der Beschuldigten ist. Zur Überprüfung der Hypothese wurde in einem ersten Schritt geschaut, ob mit abnehmendem sozioökonomischen Status der Anteil der Freiheitsstrafen anstieg.

Tab. 85: Verteilung der in den Strafbefehlen und Urteilen verhängten Geld- und Freiheitsstrafen auf die einzelnen sozialen Schichten (n = 134)

	untere Unterschicht		obere Unterschicht		untere Mittelschicht		obere Mittelschicht	
	n	%	n	%	n	%	n	%
Geldstrafe	58	**86,4**	27	**94,1**	24	**90,7**	13	**100**
Freiheitsstrafe	9	**13,6**	2	**5,9**	2	**9,3**	0	**0**
Gesamt	67	**100**	29	**100**	26	**100**	13	**100**

(n.s.)

Tab. 85 zeigt, dass einzig bei den Verurteilten der oberen Mittelschicht in den wenigen Verfahren, die bei dieser Gruppe überhaupt zu einer Verurteilung führten, keine Freiheitsstrafen verhängt wurden. Bei den anderen Beschuldigten waren die wenigen Freiheitsstrafen nur leicht bei der unteren Unterschicht überrepräsentiert, aber nicht auf signifikantem Niveau. Auch bei Verwendung der unabhängigen Variable zur Arbeitslosigkeit der Verurteilten, ließen sich keine signifikanten Unterschiede zwischen den arbeits- und nicht arbeitslosen Verurteilten bei der Art der verhängten Sanktion feststellen. Auch die Mittelwerte des Index über den sozioökonomischen Status (ISEI) unterschieden sich nicht signifikant zwischen den Fällen verhängter

Geld- und Freiheitsstrafen. Es gab auch dann keine feststellbaren Zusammenhänge zwischen der Sanktionsart und sozioökonomischen Merkmalen, wenn nur die Anklageverfahren berücksichtigt wurden, weil lediglich in diesen eine Freiheitsstrafe verhängt werden konnte.[854] Betrachtete man nur die Freiheitsstrafen und die Entscheidung darüber, ob diese zur Bewährung ausgesetzt wurden, zeigte sich allerdings, dass Strafen ohne Bewährung allein bei den arbeitslosen Angeklagten zu finden waren.[855]

Im nächsten Schritt wurde sodann berechnet, ob es signifikante Zusammenhänge zwischen der Schwere der verhängten Sanktion und sozioökonomischen Merkmalen gab. Die einfaktorielle Varianzanalyse zu Zusammenhängen zwischen der ordinal-skalierten Variable über die soziale Schicht und der Dauer der Freiheitsstrafe sowie der Anzahl an Tagessätzen ergab, dass sich auch die Dauer der Freiheitsstrafen sowie die Anzahl der verhängten Tagessätze zwischen den sozialen Schichten nicht signifikant unterschieden. Ebenfalls differierten die Mittelwerte der Tagessatzzahlen und die der Wochen verhängter Freiheitsstrafen nicht signifikant zwischen arbeitslosen und nicht arbeitslosen Verurteilten. Auch gab es keine signifikanten bivariaten Korrelationen zwischen dem sozioökonomischen Status (ISEI-Wert) und der Tagessatzzahl, der Dauer der Freiheitsstrafe und dem Sanktionsschwereindex.

In der Stichprobe gab es damit keine signifikanten Korrelationen zwischen sozioökonomischen Merkmalen der Verurteilten und der Art und Schwere der verhängten Sanktion. Bei den Fällen, in denen eine Verurteilung erfolgte, korrelierte die Höhe der Sanktion also nicht mehr mit dem sozioökonomischen Status der Angeklagten und die Hypothese (H_{12}) musste verworfen werden. Die Sanktionsart und -schwere wurden allein von

---

854 In Strafbefehlen dürfen zwar theoretisch zur Bewährung ausgesetzte Freiheitsstrafen bis zu einem Jahr verhängt werden. Dies gilt aber zum einen nur, wenn eine Verteidigerin vorhanden ist und zum anderen umfassten von den 2015 von der Staatsanwaltschaft beantragten Strafbefehlen nur 0,9 % eine Freiheitsstrafe auf Bewährung (siehe hierzu bereits 1. Teil Kap. 5). In der Untersuchungsstichprobe wurde außerdem in keinem der Strafbefehle eine Freiheitsstrafe verhängt.

855 Alle Freiheitsstrafen lagen dabei unter einem Jahr und waren aussetzungsfähig nach § 56 Abs. 1, 3 StGB. 5 der 6 unbedingten Freiheitsstrafen lagen dabei sogar unter 6 Monaten (ungewichtete Daten, da nur Anklageverfahren, bei sehr geringer Fallzahl betrachtet wurden).

anderen Merkmalen beeinflusst. Lediglich die eingriffsintensivste Sanktionsform der unbedingten Freiheitsstrafen wurde nur bei Angeklagten der unteren Unterschicht verhängt.

Im Folgenden wurden dennoch, insbesondere mit Blick auf den Einfluss der Wahlverteidigung, kurz die Faktoren analysiert, die die Strafzumessung beeinflussten. Zunächst wurden die Variablen ermittelt, die mit der Entscheidung der Gerichte über die Sanktionsart (Freiheits- oder Geldstrafe) und über eine Strafaussetzung zur Bewährung bivariat signifikant korrelierten. Anschließend sollte mittels linearer Regressionen untersucht werden, welche Faktoren sich bei gleichzeitiger Berücksichtigung der Kontrollvariablen auf die Anzahl der Tagessätze bei den Geldstrafen und die Dauer der Freiheitsstrafen auswirkten.

9.2.3 Determinanten der Art der Sanktion

Bei der Frage, welche Faktoren signifikant mit der Verhängung einer Freiheitsstrafe anstelle einer Geldstrafe korrelierten, waren nur noch 2 Erklärungsmerkmale auf signifikantem Niveau relevant: eine einschlägige Vorstrafenbelastung und eine offene Bewährungsstrafe (Tab. 86).[856]

Den stärksten Zusammenhang gab es mit dem Umstand, dass zur Tatzeit noch eine Bewährungsstrafe offen war. In diesen Fällen wurden mehr als doppelt so oft Freiheitsstrafen verhängt als in den restlichen Verfahren. Doch auch die einschlägige Vorstrafenbelastung, die in deutlich mehr Fällen zu finden war, korrelierte hochsignifikant und stark mit der Sanktionsart: Bei Angeklagten ohne einschlägige Vorstrafen wurde in keinem einzigen Fall eine Freiheitsstrafe verhängt. Dagegen betrug die Quote bei

---

[856] Bei folgende Faktoren konnten keine Zusammenhänge festgestellt werden: Alkoholeinfluss; dass sich die Anegklagten und Opfer kannten; dass eine verbale Provokation durch das Opfer tatauslösend war; Reue der Angeklagten; eine Entschuldigung beim Opfer; dass der Verdacht weitere tateinheitlich- oder tatmehrheitlich begangene Delikte umfasste (da § 223 StGB das schwerste Delikt in allen Akten darstellte, konnten diese Delikte nicht schwerer wiegen als die Körperverletzung); die Nationalität, das Geburtsland, der Familienstand und das Geschlecht der Angeklagten; Art der Körperverletzung (häusliche Gewalt, Discoschlägerei, usw.); Beweisschwierigkeiten im Ermittlungsverfahren; Strafantrag des Opfers; Geschlecht des Opfers; Arbeitslosigkeit, Nettoeinkommen und sozioökonomischer Status der Angeklagten; vorhandene Wahlverteidigung und Verletzungsschwere.

Tab. 86: Statistisch relevante Determinanten der Verhängung einer Geld- anstelle einer Freiheitsstrafe in allen Verfahren[857]

		Freiheitsstrafe		Geldstrafe		Statistische Kennwerte	
		n	%	n	%	p	Phi
einschlägige Vorstrafen	nein	0	**0**	119	**100**	<.001	-.335
	ja	17	**18,4**	75	**81,6**		
zur Tatzeit unter Bewährung	nein	6	**24,7**	18	**75,3**	.008	-.415
	ja	11	**66,4**	6	**33,6**		

vorhandenen einschlägigen Vorstrafen fast 20 %.[858] Daneben war in den 6 Verfahren, in denen ein Pflichtverteidiger bestellt wurde und die zu einer Verurteilung führten, die Quote der Freiheitsstrafen mit 50 % erwartungsgemäß erhöht.[859] Dieser Zusammenhang beruhte jedoch auf der Grundlage der Pflichtverteidigerinnenbestellung – der erwarteten Schwere der Entscheidung –, und nicht darauf, dass die Pflichtverteidigung selbst negativen Einfluss übte. Deswegen wurde dieser Zusammenhang nicht mit in Tab. 86 aufgenommen.

Da in Strafbefehlsverfahren eigentlich keine Freiheitsstrafen verhängt werden und dies in der Stichprobe auch nicht geschah,[860] wurden noch einmal nur die Anklagefälle mit erfolgtem Urteil nach durchgeführter Hauptverhandlung betrachtet. Da wieder nur mit den Anklageverfahren gerechnet wurde, wurden die Daten mit dem Designgewicht gewichtet. Das Ergebnis zeigt Tab. 87.

857 Daten gewichtet mit dem Gesamtgewicht.

858 Daneben korrelierte zwar auch die Abgabe eines zumindest teilweisen Geständnisses signifikant mit der Entscheidung zwischen Geld- und Freiheitsstrafe. Dies lässt sich allerdings daraus erklären, dass bei durchgeführten Hauptverhandlungen signifikant öfter Geständnisse vorlagen (zu 66,9 %) als in Strafbefehlsverfahren (16,3%).

859 In diesen Fällen wurde die Pflichtverteidigung zu 73,2 % nach § 140 Abs. 2 StPO bestellt, weil eine Freiheitsstrafe oder ein Bewährungswiderruf erwartet wurde. In 4 Fällen wurde das Verfahren vorher nach § 154 Abs. 2 StPO eingestellt.

860 Siehe hierzu bereits Fn. 854.

Tab. 87: Statistisch relevante Determinanten der Verhängung einer Geld- anstelle einer Freiheitsstrafe im Urteil nach durchgeführter Hauptverhandlung[861]

		Freiheitsstrafe		Geldstrafe		Statistische Kennwerte	
		n	%	n	%	p	Phi
einschlägige Vorstrafen	nein	0	**0**	11	**100**	.001	-.453[862]
	ja	20	**53,7**	18	**46,3**		
zur Tatzeit unter Bewährung	nein	7	**25,0**	22	**75,0**	.004	-.411
	ja	13	**66,2**	7	**33,8**		
Wahlverteidigung bis zur Hauptverhandlung	nein	18	**52,6**	17	**47,4**	.017	.341
	ja	2	**15,7**	12	**84,3**		

Bei den Anklageverfahren waren die vorhandenen einschlägigen Vorstrafen der Faktor, der am stärksten mit der Verhängung einer Freiheits- anstelle einer Geldstrafe korrelierte.[863] Waren solche vorhanden, wurden in über 50 % der Verfahren Freiheitsstrafen verhängt; waren sie es nicht, zu 0 %. Offene Bewährungsstrafen korrelierten ebenso weiterhin stark und signifikant mit der Verhängung einer Freiheitsstrafe. Alle anderen tat- und täterbezogenen Faktoren beeinflussten die Wahl der Sanktionsart auch hier nicht. Was die Gefahr einer Freiheits- anstelle einer Geldstrafe nach eröffneter Hauptverhandlung allerdings signifikant verringerte, war die Hinzuziehung einer Wahlverteidigung. Bei vorhandener Vertretung war die Quote verhängter Freiheitsstrafen dreifach geringer als in den restlichen Fällen. Diese Korrelation zwischen Wahlverteidigung und Geldstrafe blieb auch dann bestehen, wenn man die Fälle der Pflichtverteidigung herausfilterte.[864]

---

861 Daten mit dem Designgewicht gewichtet.

862 Eine Zelle besaß allerdings eine erwartete Häufigkeit<5, sodass der *p*- und der Phi-Wert nur eingeschränkt aussagekräftig sind. Ein Zusammenhang zwischen diesen Merkmalen kann dennoch wegen der Stärke des Effekts angenommen werden.

863 Bei dieser Betrachtungsweise war dann ein abgelegtes (Teil-)Geständnis auch kein signifikanter Faktor mehr. Das Verhältnis kehrte sich sogar um: Gestanden die Angeklagten zumindest teilweise, wurden häufiger Geldstrafen verhängt.

864 $n = 42$; $p = .025$; Phi = .343. Diese Fälle wurden deshalb aus der Gruppe der Angeklagten ohne Wahlverteidigung herausgefiltert, da die Bestellung einer Pflichtverteidigung oftmals die Erwartung einer Freiheitsstrafe bedeutete (§ 140 Abs. 2 StPO).

Eine weitergehende multivariate Analyse der Determinanten der Sanktionsart mittels logistischen Regressionen konnte nicht durchgeführt werden, da die Fallzahl der Freiheitsstrafen zu klein war.[865] Dies bedeutete aber keine große Einschränkung der Aussagekraft, da bereits bei den bivariaten Analysen nur zwei bis drei Faktoren signifikant mit der Sanktionsart korrelierten. Da sowohl die Variable „einschlägige Vorstrafenbelastung" als auch die über die Wahlverteidigung bis zur Hauptverhandlung signifikant mit der Variable zur offenen Bewährungsstrafe korrelierten, wird der Einfluss dieser beiden Faktoren bei gleichzeitiger Berücksichtigung der Bewährungsstrafen geringer sein, als in den bivariaten Analysen. Um dies darzustellen, wurde noch einmal die Strafart der Verteilungen bei Ausklammerung der Fälle offener Bewährungsstrafe analysiert (Tab. 88). Hierdurch wurden jedoch die Fallzahlen zu gering für die Berechnung von Signifikanzen mittels Chi^2-Tests. Tab. 88 zeigt dennoch, dass auch in den Fällen, in denen keine offenen Bewährungsstrafen vorlagen, Freiheitsstrafen häufiger bei unverteidigten und einschlägig vorbestraften Angeklagten vorkamen, allerdings in etwas abgeschwächter Deutlichkeit.

Tab. 88: Anteil verhängter Freiheitsstrafen anstelle von Geldstrafen bei allen Anklageverfahren, nur mit Angeklagten ohne offene Bewährungsstrafen (n = 29)[866]

		Freiheitsstrafe		Geldstrafe	
		n	%	n	%
einschlägige Vorstrafen	nein	0	**0**	10	**100**
	ja	7	**37,4**	12	**62,6**
Wahlverteidigung bis zur Hauptverhandlung	nein	6	**34,0**	11	**66,0**
	ja	1	**12,5**	11	**87,6**

Im nächsten Schritt wurde untersucht, welche Umstände die Entscheidung zur Aussetzung der Freiheitsstrafe zur Bewährung beeinflussten. Da

865 Die Gesamtfallzahl betrug ungewichtet 22, bei Verwendung des Designgewichts 20 und bei Verwendung der Gesamtgewichtung 17; für eine logistische Regression sollte jede Ausprägung nicht < 25 sein, *Backhaus u. a.*, Multivariate Analysemethoden, S. 347. Daneben betrug die negative Ausprägung der unabhängigen Variable über einschlägige Vorstrafen bei den verhängten Freiheitsstrafen null, sodass mit diesem Faktor darüber hinaus auch nicht gerechnet hätte werden können.

866 Die Daten wurden mit dem Designgewicht gewichtet.

hier wieder nur Anklageverfahren bei sehr geringen Fallzahlen und diese lediglich deskriptiv untersucht wurden, wurde mit ungewichteten Daten gerechnet, um Rundungsverzerrungen bei der Ergebnisdarstellung zu vermeiden. Dies bedeutet, dass die Verfahren aus Braunschweig und Hannover gleichgewichtig gewertet wurden.

Die Entscheidung, die Freiheitsstrafe zur Bewährung auszusetzen, wurde in 10 der 13 Urteile begründet: In 7 Verfahren wurde dabei die Aufnahme einer Therapie oder ähnlichem zur Bewältigung von Problemlagen, in 3 Fällen eine soziale Eingebundenheit der Angeklagten und in je 2 Urteilen gezeigte Reue und die Durchführung einer Berufsausbildung positiv angeführt. In den 9 Verurteilungen zu unbedingter Freiheitsstrafe, gab es einen Fall, in dem die Strafzumessung nicht begründet wurde.[867] In den restlichen 8 Verfahren wurde stets die Verletzung bestehender und/oder früherer Bewährungstrafen als Begründung für die negative Legalprognose angeführt. In 4 Fällen wurde die einschlägige oder generelle Vorstrafenbelastung angebracht.

Mit Blick auf statistisch relevante Einflussfaktoren konnten wegen der geringen Fallzahlen (n = 22) keine Signifikanzen mittels Chi^2-Tests berechnet werden. Tab. 89 zeigt die Faktoren, die häufiger oder seltener mit einer Strafaussetzung zur Bewährung einhergingen.

Einschlägige Vorstrafen lagen bei allen Angeklagten vor, aber bei offenen Bewährungsstrafen (n = 13) wurden die Strafen nur zu 38,5 % zur Bewährung ausgesetzt, in den restlichen Fällen (n = 9) zu 88,9 %. Weiterhin wurden in den Fällen, in denen ein zumindest teilweises Geständnis abgelegt wurde (n = 14), 85,7 % der Strafen zur Bewährung ausgesetzt; bei den anderen 8 Verfahren geschah dies nur bei 12,5 %. Diese Feststellung passt auch zu dem Umstand, dass die Gerichte Reue und Einsicht sowie die Anerkennung von eigenen Problemlagen und das Bemühen zur Lösung dieser positiv bei der Legalprognose in den Urteilen anführten. Außerdem waren die Freiheitsstrafen der drei wahlverteidigten Angeklagten alle bedingt; die der (wahl)pflichtverteidigten Angeklagten zu 50 %. Jedenfalls bei 13 un-

[867] Im abgekürzten Urteil (§ 267 Abs. 4 StPO), in dem der Angeklagte zu 2 Monaten unbedingter Freiheitsstrafe verurteilt wurde, stand lediglich: Es ist auf die aus dem Urteilstenor ersichtliche Maßnahme erkannt worden. Die Kostenentscheidung ergibt sich aus § 465 StPO.

Tab. 89: Determinanten der Entscheidung über die Strafaussetzung zur Bewährung (n = 22; ungewichtete Daten)

		Freiheitsstrafe ohne Bewährung		Freiheitsstrafe mit Bewährung	
		n	%	n	%
einschlägige Vorstrafen	nein	-	-	-	-
	ja	9	**40,9**	13	**59,1**
zur Tatzeit unter Bewährung	nein	1	**11,1**	8	**88,9**
	ja	8	**61,5**	5	**38,5**
Wahlverteidigung bis zur Hauptverhandlung	nein	9	**47,4**	10	**52,6**
	ja	0	**0**	3	**100**
Wahl- oder Pflichtverteidigung bis zur Hauptverhandlung	nein	6	**46,2**	7	**53,8**
	ja	3	**33,3**	6	**66,7**
(Teil)Geständnis bis Hauptverhandlung	nein	7	**87,5**	1	**12,5**
	ja	2	**14,3**	12	**85,7**

verteidigten Angeklagten wurden Freiheitsstrafen verhängt, von denen fast die Hälfte (n = 6) unbedingt waren.

Auch die Anzahl der Vorstrafen unterschied sich deutlich: In den 13 Fällen bedingter Freiheitsstrafen lagen durchschnittlich 8,5 Vorstrafen vor, in den 9 Fällen, in denen Freiheitsstrafen ohne Bewährung verhängt wurden, lagen dagegen durchschnittlich ganze 23 Vorstrafen vor. Die Anzahl einschlägiger Vorstrafen differierte hingegen nur unbeachtlich.[868]

Zusammenfassend lässt sich damit festhalten, dass bei der Frage, ob anstelle einer Geldstrafe eine Freiheitsstrafe verhängt wurde, fast ausschließlich die einschlägige Vorstrafenbelastung und vorhandene offene Bewährungsstrafen zu signifikanten Unterschieden führten. Andere tat- und täterbezogene Merkmale wie die Schwere der Verletzung oder der sozioökonomische Status spielten keine Rolle. Die einzige weitere ermittelte Determinante war die Einschaltung eines Wahlverteidigers, wenn man nur die Verfahren betrachtete, in denen bereits Anklage erhoben und somit schon die Entscheidung darüber getroffen wurde, ob die Verhängung einer Freiheitsstrafe überhaupt möglich war.[869] Damit führte aber zumindest ein Umstand,

---

[868] Bei den Strafen mit Bewährungsaussetzung lagen im Mittel 3,2 einschlägige Vorstrafen vor; bei denen ohne 4,4.

[869] Siehe Fn. 854.

durch den sich ökonomische Ungleichheiten zumindest mittelbar auswirken, zu einer deutlichen Verringerung des Risikos, zu einer Freiheitsstrafe verurteilt zu werden. Dieser Umstand trat dabei neben die bereits festgestellte Tatsache, dass eingeschaltete Wahlverteidigerinnen bei den Anklageverfahren auch die Wahrscheinlichkeit für Opportunitätseinstellungen im Zwischen- oder Hauptverfahren signifikant erhöhten.[870]

9.2.4 Determinanten der Höhe der Sanktion

Neben der Art der gewählten Sanktion ist die Höhe beziehungsweise Dauer dieser ebenfalls für das Strafübel, das die Verurteilten erleiden, relevant. Im nächsten Punkt wurden deshalb mittels linearer Regression die Umstände untersucht, die die Höhe der gewählten Sanktion beeinflussten. Da bereits die bivariaten Analysen zeigten, dass sozioökonomische Merkmale nicht mit der Höhe und Schwere der Sanktion korrelierten, wurden, der Vollständigkeit halber, wieder nur die Determinanten der Sanktionsschwere mittels multivariater Analysen kurz untersucht. Diese Berechnungen wurden für die Tagessatzzahl der Geldstrafen, die Länge der Freiheitsstrafen und die Sanktionsschwere nach dem Sanktionsschwereindex durchgeführt.

Mittels der linearen Regression lässt sich bestimmen, inwieweit einzelne Faktoren (im Folgenden auch Regressoren oder unabhängige Variablen genannt) bei gleichzeitiger Berücksichtigung anderer Einflussvariablen geeignet sind, die Varianz der abhängigen, metrisch skalierten Variable zu bestimmen.[871] Dabei wird mittels der Methode der kleinsten Quadrate eine lineare Funktion gesucht, die die Streuung der unabhängigen Variablen am besten vorhersagt (d.h. es wird die Funktion mit der geringsten Summe der quadrierten Abweichungen [Residuen] der berechneten Vorhersagewerte von den beobachteten Werten gesucht [$\hat{=}$ der Funktion mit den insgesamt niedrigsten Residualwerten]). Das Maß für die Güte dieser ermittelten Funktion ist das Bestimmtheitsmaß R^2. Dieses definiert den Anteil der erklärten Variation an der gesamten Streuung der abhängigen Variablen durch die gewählten Faktoren und kann Werte von 0 bis 1 annehmen. Wür-

---

[870] Siehe hierzu bereits 3. Teil Kap. 6.2.

[871] Siehe zu den folgenden Ausführungen *Janssen*, Statistische Datenanalyse mit SPSS, S. 405 ff.; *Backhaus u. a.*, Multivariate Analysemethoden, S. 63 ff.; *Kuckartz u. a.*, Statistik, S. 259 ff.

de man beispielsweise den Einfluss der Vorstrafenbelastung und der Verletzungsschwere auf die Anzahl der verhängten Tagessätze untersuchen, so würde ein R^2 von 0.23 ergeben, dass sich unter Berücksichtigung der Vorstrafenbelastung und Verletzungsschwere 23 % der Streuung der verhängten Tagessatzzahlen erklären ließen, wobei 77 % ungeklärt blieben. Würde $R^2 = 1$ betragen, würde ein perfekter Zusammenhang vorliegen und jeder verhängte Tagessatz würde sich mittels dieser beiden Variablen (Vorstrafenbelastung und Verletzungsschwere) bestimmen lassen. Da sich das Modell bei steigender Anzahl an erklärenden Variablen im Verhältnis zur Anzahl der Stichprobenfälle zunehmend an die konkrete Stichprobe selbst anpasst und so bei Hinzunahme einer weiteren Variable stets eine bessere Anpassung an die konkreten Daten, aber nicht unbedingt bessere Schätzwerte liefert, gibt es das korrigierte R^2. Dieses berücksichtigt die Fallzahl und den Anteil erklärender Variablen an dieser und wird verhältnismäßig kleiner, je geringer die Fallzahl ist und je mehr abhängige Variablen hinzukommen. Das korrigierte R^2 ist deswegen auch für einen Vergleich der Vorhersagequalität verschiedener Regressionsmodelle mit unterschiedlich großer Anzahl erklärender Variablen geeignet. Ein weiteres bedeutsames Maß ist der Beta-Koeffizient (β), das standardisierte Maß des Regressionskoeffizienten B. Der Regressionskoeffizient B gibt an, inwieweit sich die abhängige Variable ändert bei Veränderung der Ausprägung des Regressors um 1. Da die erklärenden Variablen, wenn diese metrisch sind, oftmals unterschiedlich viele Ausprägungen haben, werden die Regressionskoeffizienten von SPSS standardisiert und so vergleichbar gemacht. Dieser standardisierte Regressionskoeffizient (β) ist das Maß für die Einflussstärke eines Regressors im Vergleich zu den anderen Regressoren des Modells und wird in den folgenden Ergebnisdarstellungen verwendet. Mittels Signifikanztests wird in den Regressionen außerdem überprüft, ob der Einfluss der Regressionskoeffizienten auf signifikantem Niveau liegt. Alle aufgeführten Modelle wurden außerdem auf Multikollinearität getestet.

Es wurden, wie bereits bei den logistischen Regressionen, hierarchische multiple Regressionen gerechnet. Die Regressoren wurden also nacheinander, sortiert nach ihrem Erklärungsanteil (R^2-Wert) in die Regressionsgleichung aufgenommen. Dieses Vorgehen stellt in den Ergebnisdarstellungen die Spalte „Anstieg von R^2“ dar, aus der sich erkennen lässt, inwieweit die einzelnen Faktoren noch die Vorhersagegüte des Modells erhöhten. In den Ergebnissen wurden außerdem nur die signifikanten Regressionskoeffizienten dargestellt.

9.2.4.1 Die Tagessatzzahl der Geldstrafen

Tab. 90 zeigt das mittels multipler, hierarchischer Regression ermittelte Modell für die Tagessatzanzahl der verhängten Geldstrafen. Wie bereits die bivariaten Analysen zeigten, waren sozioökonomische Merkmale (der sozioökonomische Status nach dem ISEI und die Arbeitslosigkeit) nicht mehr relevant für die Anzahl der Tagessätze. Hatten sich Gericht oder Staatsanwaltschaft für die Verurteilung zu einer Geldstrafe entschieden, dann spielten nur noch tat- und verfahrensbezogene Umstände eine Rolle. Auch eine Wahlverteidigung beeinflusste die Höhe der Geldstrafen nicht signifikant. Mit der linearen Regression konnten zumindest 27,7 % der Streuung der Tagessatzzahlen erklärt werden ($R^2 = 0.277$). Am stärksten war der Einfluss weiterer tatmehrheitlicher Taten, aber auch weitere tateinheitliche Taten erhöhten die Tagessatzzahl signifikant.

Tab. 90: Determinanten der Tagessatzzahl der im Strafbefehl oder im erstinstanzlichen Urteil verhängten Geldstrafe, ohne Berücksichtigung von Rechtsbehelfen (lineare Regressionsanalyse; gewichtete Daten)

Tagessatzzahl der Geldstrafe		
	β	**Anstieg von R^2**
weitere tatmehrheitliche Delikte (§ 53 StGB)	0.344***	0.085
(nur) weitere tateinheitliche Delikte (§ 52 StGB)	0.278***	0.157
Angeklagter ist vorbestraft	0.203**	0.215
Opfer hat einen Strafantrag gestellt	- 0.156*	0.241
Verletzungsschwere	0.143*	0.263
Strafbefehlsantrag statt Anklage	- 0.122†	0.277
R^2	**0.277**	
korrigiertes R^2	**0.253**	
n	**193**	

† $p<.10$; * $p<.05$; ** $p<.01$; *** $p<.001$

Eine generelle Vorstrafenbelastung schärfte die Geldstrafen ebenso wie eine zunehmende Schwere der Verletzung. In den Fällen, in denen das Opfer keinen Strafantrag stellte, die Beschuldigten aber trotzdem verurteilt wurden, waren die Strafen signifikant höher als in den anderen Fällen. Auch wurden in den Strafbefehlen niedrigere Geldstrafen verhängt als in den Urteilen.

9.2.4.2 Die Dauer der Freiheitsstrafen

Auch für die Dauer der verhängten Freiheitsstrafen spielten, wie bereits festgestellt, sozioökonomische Merkmale der Angeklagten keine Rolle. Bei den Regressionsrechnungen hierzu wurden die Daten mit dem Designgewicht gewichtet, da nur in der Stichprobenschicht der Anklageverfahren Freiheitsstrafen verhängt wurden. Bei den wenigen Freiheitsstrafen ließen sich in den linearen Regressionen 2 Merkmale ausmachen, die die Dauer der Strafe signifikant beeinflussten. Lediglich die binär codierte Variable über eine eher schwere Verletzung und eine offene Bewährungsstrafe zur Tatzeit beeinflussten die Höhe signifikant. Mit diesen beiden Regressoren konnten bereits, allerdings auch wegen der geringen Fallzahl, 35,7 % der Varianz erklärt werden.

Tab. 91: Einflussfaktoren der Dauer der im erstinstanzlichen Urteil verhängten Freiheitstrafe, ohne Berücksichtigung von Rechtsbehelfen (lineare Regressionsanalyse; gewichtete Daten)

Dauer der Freiheitsstrafe		
	β	**Anstieg von R^2**
Verletzung eher schwer	0.511*	0.185
zur Tatzeit unter Bewährung	0.423*	0.357
R^2	**0.357**	
korrigiertes R^2	**0.283**	
n	**20**	

† $p<.10$; * $p<.05$; ** $p<.01$; *** $p<.001$

9.2.4.3 Die relative Sanktionsschwere

Auch bei der gleichzeitigen Analyse der Schwere der verhängten Geld- und Freiheitsstrafen mittels der Strafhärteskala, zeigten sich keine signifikanten Zusammenhänge mit dem sozioökonomischen Status oder der Arbeitslosigkeit der Angeklagten. Da die Freiheitsstrafen (insbesondere die unbedingten) auf dem Sanktionsschwereindex deutlich schwerer wogen als die

Geldstrafen, spielten hier vor allem solche Umstände eine Rolle, die die Verhängung einer Freiheitsstrafe wahrscheinlicher machten. So hatte der Umstand, dass eine Anklage mit darauffolgender Hauptverhandlung anstelle eines Strafbefehlsverfahrens stattfand, den größten Effekt und Erklärungsanteil. Denn nur in den Anklageverfahren wurden auch Freiheitsstrafen verhängt. Den nächstgrößten Einfluss besaß dann die Frage einer offenen Bewährungsstrafe, die ebenfalls, wie bereits festgestellt, die Häufigkeit einer Freiheitsstrafe sowie deren Dauer und Bewährungsaussetzung beeinflusste. Der Einfluss dieser beiden Merkmale lag mit deutlichem Abstand vor dem Effekt der anderen Regressoren und mit ihnen ließen sich bereits 42,4 % der Varianz der Strafhärte erklären. Die vorhandene einschlägige Vorstrafenbelastung wirkte sich in diesem Modell nicht mehr so stark aus, was auch daran lag, dass diese sowohl mit der Entscheidung zur Anklageerhebung als auch mit dem Umstand offener Bewährungsstrafen korrelierte.

Tab. 92: Einflussfaktoren der Strafhärte der im Strafbefehl oder im erstinstanzlichen Urteil verhängten Sanktion, ohne Berücksichtigung von Rechtsbehelfen (lineare Regressionsanalyse; gewichtete Daten)

Sanktionsschwere der Geld- oder Freiheitsstrafe		
	β	**Anstieg von R^2**
Strafbefehlsantrag statt Anklage	- 0.337***	0.328
zur Tatzeit unter Bewährung	0.342***	0.424
weitere tatmehrheitliche Delikte (§ 53 StGB)	0.186***	0.449
Verletzungsschwere	0.153**	0.471
einschlägig vorbestraft	0.132*	0.488
weitere tateinheitliche Delikte (nur § 52 StGB)	0.087†	0.495
R^2	**0.495**	
korrigiertes R^2	**0.480**	
n	**208**	

† $p<.10$; * $p<.05$; ** $p<.01$; *** $p<.001$

Weiterhin schärften weitere tatmehrheitlich begangene Delikte die Strafe sowie eine zunehmende Verletzungsschwere. Auch der Umstand, dass zwar keine weiteren tatmehrheitlichen, aber weitere tateinheitliche Delikte begangen wurden, schärfte die Strafschwere leicht. Insgesamt konnten mit dem ermittelten Modell 50 % der Streuung der Strafhärte erklärt werden, was einen sehr guten Fit bedeutet.

9.2.5 Zwischenergebnis

Wenn eine Verurteilung erfolgte, dann hatten sozioökonomische Merkmale der Angeklagten keinen unmittelbaren Einfluss auf die Schwere und die Art der Sanktion. Einzig bei den unbedingten Freiheitsstrafen konnte beobachtet werden, dass diese nur bei Angeklagten aus der unteren Unterschicht verhängt wurden. In diesen 9 Fällen waren jedoch auch alle Angeklagten einschlägig vorbestraft und diese standen zu 89 % zur Tatzeit unter Bewährung und diese beiden Faktoren bestimmten die Strafaussetzung zur Bewährung maßgeblich. Daneben wirkte sich lediglich eine vorhandene Wahlverteidigung als ein Merkmal mit mittelbarer sozioökonomischer Dimension in den Anklageverfahren positiv auf die Wahrscheinlichkeit einer Geld- anstelle einer Freiheitsstrafe und auf die Häufigkeit der Bewährungsaussetzungen aus. Darüber hinaus wurde die Art der Sanktion nur von der einschlägigen Vorstrafenbelastung sowie von der Frage offener Bewährungsstrafen zur Tatzeit beeinflusst. Die Schwere der verhängten Sanktion wurde neben den Fragen nach Vorstrafen oder Bewährungsverstößen vor allem von tatbezogenen Umständen wie weiteren tatmehrheitlich und auch tateinheitlich begangenen Delikten oder der Verletzungsschwere beeinflusst. Mit abnehmendem sozioökonomischen Status wurden die Angeklagten also nicht härter sanktioniert, wenn eine Verurteilung erfolgte, sodass die Forschungshypothese (H_{12}) bezüglich der Frage, ob sich die Strafhärte der bei einer Verurteilung verhängten Sanktionen mit zunehmendem sozioökonomischen Status erhöht, verworfen wurde.

10 Die Rechtsbehelfsverfahren

Im folgenden Untersuchungsschritt wurden die eingelegten Rechtsbehelfe[872] der Angeklagten untersucht. Dabei wurden insbesondere der Effekt der Rechtsbehelfe sowie der Einfluss der Verteidigung auf die Wahrnehmung

---

[872] Da Einsprüche gegen Strafbefehle keinen Devolutiveffekt besitzen (nach dem Einspruch eröffnet dasselbe Gericht, das den Strafbefehl erlassen hat, die Hauptverhandlung), sind sie keine Rechtsmittel, sondern nur Rechtsbehelfe. Siehe hierzu etwa *Maur*, in: KK-StPO, § 410 Rn. 1 (m.w.N.). Deshalb wird „Rechtsbehelfe" in dieser Arbeit dann als Oberbegriff verwendet, wenn sowohl von Einsprüchen gegen Strafbefehle als auch von Berufungen oder Revisionen (die Rechtsmittel sind) gesprochen wird.

dieser Rechte und deren Erfolg analysiert (H_{11}). Ebenfalls wurde die Frage behandelt, ob Angeklagte mit abnehmendem sozioökonomischen Status seltener Einsprüche einlegen und ob diese häufiger unzulässig sind.

10.1 Häufigkeit und Erfolg eingelegter Rechtsbehelfe

In 35,6 % (n = 77) der Verfahren, in denen ein Urteil oder ein Strafbefehl erlassen wurde, wurden Rechtsbehelfe eingelegt. Hiervon richtete sich der Rechtsbehelf zu 87,5 % (n = 67) gegen einen Strafbefehl und nur zu 12,5 % gegen ein Urteil (n = 10). Wurde ein Einspruch eingelegt, richtete er sich zu 95,1 % gegen den gesamten Strafbefehl und nur in 3 Verfahren ausschließlich gegen die Rechtsfolge. Die 3 Einsprüche, die sich auf die Rechtsfolgen beschränkten, bezogen sich dabei stets auf die gesamte Rechtsfolge und wurden nicht ausschließlich auf die Tagessatzhöhe beschränkt. Nur ein Einspruch war unzulässig. In 16,2 % (n = 10) der Verfahren zogen die Angeklagten den Einspruch wieder zurück. Wurde gegen ein Urteil Berufung eingelegt, dann stets von den Angeklagten und nur in einem Fall zusätzlich von der Staatsanwaltschaft, allerdings zulasten des Angeklagten. Etwa ein Drittel der Angeklagten nahm die Berufung wieder zurück (34,8 %; n = 3).

Bei den 62 Rechtsbehelfen insgesamt, die nicht zurückgenommen wurden und die zulässig waren, wurde die erstinstanzliche Entscheidung zu 80,3 % zugunsten der Angeklagten und zu 6,1 % zu deren Ungunsten verändert. Bei den restlichen 13,6 % blieb die Entscheidung unverändert. Eine Änderung der Entscheidung zuungunsten der Angeklagten ist dabei bei Einsprüchen gegen Strafbefehle stets möglich (§ 411 Abs. 4 StPO) und bei Berufungen nur dann, wenn die Staatsanwaltschaft zuungunsten der Angeklagten Berufung einlegt, § 331 Abs. 1 StPO.[873] Differenzierte man zwischen den Einsprüchen und Berufungen, zeigte sich folgendes Bild: Von den (nicht zurückgenommenen) Einsprüchen änderten 9,1 % die Ursprungsentscheidung nicht, 84,1 % führten zu einer Verbesserung für die Angeklagten und nur 6,8 % führten zu einer Änderung zu deren Ungunsten. Bei den 6 Berufungsverfahren führte die Hälfte zu keiner Veränderung und die restliche Hälfte der Entscheidungen wurde zugunsten der Angeklagten verändert.

---

[873] *Meyer-Goßner/Schmitt*, StPO, § 411 Rn. 10 f.

Tab. 93 zeigt, wie stark die eingelegten Rechtsbehelfe die relative Sanktionshärte des Verfahrensausgangs veränderten.

Tab. 93: Veränderung der Sanktionshärte auf der Sanktionshärteskala durch zulässige, nicht zurückgenommene Rechtsbehelfe

	Alle Verfahren (n=62)				Rechtsbehelfe gegen Strafbefehl (n=37)[874]				Rechtsmittel gegen Urteil (n=8)[875]			
	aM	Med.	SD	Min. / Max.	aM	Med.	SD	Min. / Max.	aM	Med.	SD	Min. / Max.
Verringerung der Sanktionshärte[876]	8,3	8,7	7,5	- 4,1 / 47,7	7,6	8,7	5,2	-4,1 / 19,8	10,8	0	18,4	0 / 47,7

Insgesamt sank die durchschnittliche Sanktionsschwere um 8,3 Wertepunkte auf der Sanktionshärteskala. Dies entspricht beispielsweise der Senkung einer Geldstrafe von 100 auf 40 Tagessätze oder der Änderung des Verfahrensausgangs von 40 Tagesätzen zu einer Einstellung nach § 153a StPO (siehe ausführlich zum Sanktionsschwereindex 2. Teil Kap. 4.4). Der Hauptgrund für die deutliche Verringerung der Sanktionsschwere lag darin, dass die Gerichte in 64,5 % der 62 Rechtsbehelfsverfahren, in denen die Rechtsbehelfe zulässig waren und nicht zurückgenommen wurden, das Verfahren aus Opportunität vollständig einstellte. Die Einstellungen erfolgten dabei zu 56,1 % nach § 153a StPO, zu 39,0 % nach § 153 StPO und zu 4,9 % nach § 154 StPO.

Mit Blick auf die nach dem Nettoeinkommensprinzip zu bestimmende Tagessatzhöhe der Geldstrafen konnte festgestellt werden, dass die Höhe der Tagessätze in 5 der 11 Fälle, in denen die Rechtsfolge zwar verändert, aber dennoch eine Geldstrafe verhängt wurde, gesenkt wurde. In 2 Fällen wurden die Tagessätze erhöht und in den restlichen 4 Fällen blieben diese gleich.

Auch wenn man die durchschnittliche Sanktionshärte des Verfahrensausgangs der Verfahren mit und ohne eingelegte Rechtsbehelfe verglich

874 Daten mit dem Designgewicht gewichtet, da nur Strafbefehlsverfahren analysiert wurden. Daraus erklärt sich auch die unterschiedliche Fallzahl im Vergleich zur gemeinsamen Betrachtung der Einsprüche und Berufungen, bei der das Gesamtgewicht verwendet wurde (siehe zu der Gewichtung der Daten bereits 2. Teil Kap. 2.4).

875 Daten mit dem Designgewicht gewichtet, da nur Anklageverfahren analysiert wurden.

876 Verringerung der Sanktionshärte = Wert der ursprünglichen Sanktionshärte minus Wert der Sanktionshärte der letzten Instanz.

(Tab. 94), zeigte sich für die Strafbefehlsverfahren, dass in den Verfahren, in denen die Angeklagten Einspruch einlegten, im Durchschnitt hochsignifikant milder sanktioniert wurde.

Tab. 94: Vergleich der durchschnittlichen Sanktionsschwere nach dem Sanktionsschwereindex bei Verfahren mit und ohne eingelegte Rechtsbehelfe (Daten mit dem Designgewicht gewichtet)

Sanktionsschwere der rechtskräftigen Entscheidung					
Strafbefehle					
Ausprägung	n	aM	SD	Diff.	*p*
Keine Rechtsbehelfe	70	11,1	3,7	6,1	<.001
Einspruch eingelegt	44	5,0	4,8		
Urteile					
Ausprägung	n	aM	SD	Diff.	*p*
Keine Rechtsmittel	38	18,7	11,0	-0,3	n.s.
Berufung eingelegt	12	19,0	14,7		

Bei den Urteilen war, trotz des positiven Effekts der eingelegten Berufungen, keine Differenz zu sehen. Dies bedeutet, dass vor allem in Verfahren mit schwereren Sanktionen Rechtsmittel eingelegt wurden, sodass die Verringerung der Strafhärte zu einer Angleichung der Mittelwerte führte.

Tab. 95 zeigt die durchschnittliche Dauer der Verfahren, wenn ein Rechtsbehelf eingelegt wurde.

Tab. 95: Verfahrensdauer bei Rechtsbehelfseinlegung

	Verfahrensdauer insg. in Wochen[877]			Dauer des Rechtsbehelfsverfahrens in Wochen[878]		
	aM	Med.	SD	aM	Med.	SD
Alle Verfahren (n=73)	39,3	28,9	25,6	-	-	-
Rechtsbehelf gegen Strafbefehl (n=64)	38,0	28,6	25,1	20,2	13	19,2
Rechtsmittel gegen Urteil (n=9)	49,4	41,5	28,9	19,0	11,8	24,5

877 Dauer vom Eingang bei der Polizei bis zur letzten rechtskräftigen Entscheidung.

878 Dauer vom Erlass des Strafbefehls oder Urteils bis zur letzten rechtskräftigen Entscheidung.

Die Rechtsbehelfsverfahren selbst dauerten durchschnittlich noch einmal etwa viereinhalb Monate, wobei sich die Länge des Rechtsbehelfsverfahrens selbst nur unbedeutend zwischen den Einsprüchen (gegen Strafbefehle) und den Berufungen (gegen Urteile) unterschied. Bei den Strafbefehlsverfahren erhöhte sich die durchschnittliche Verfahrensdauer um mehr als 100 % von knapp 4,5 Monaten auf 9,5 Monate. Bei den Berufungsverfahren erhöhte sich die Verfahrenslänge von 8,5 Monaten auf etwas mehr als 1 Jahr.

10.2 Die Verteidigung in Rechtsbehelfsverfahren

Im folgenden Abschnitt wurde der Zusammenhang zwischen einer vorhandenen Verteidigung und der Wahrnehmung sowie dem Erfolg von Rechtsbehelfen der Angeklagten untersucht. Die Forschungshypothese (H_{11}) lautete dabei, dass verteidigte Angeklagte häufiger und erfolgreicher Rechtsbehelfe einlegen.

Tab. 96 zeigt, wie häufig die verteidigten und unverteidigten Angeklagten Rechtsbehelfe einlegten. Waren die Angeklagten durch eine Wahlverteidigerin vertreten, legten sie hochsignifikant häufiger Rechtsbehelfe ein. Bei verteidigten Angeklagten betrug die Quote 66,4 %, während unverteidigte nur zu 17,4 % Rechtsbehelfe einlegten.

Tab. 96: Quote eingelegter Rechtsbehelfe bei eingeschaltetem Rechtsbeistand in %

		Rechtsbehelf eingelegt		Statistische Kennwerte	
		nein (n=139)	ja (n=76)	p	Phi
Verteidigung insg.	nein (n=135)	82,8 %	17,2 %	<.001	.495
	ja (n=80)	33,6 %	66,4 %		
Wahlverteidigung	ja (n=67)	30,9 %	69,1 %	<.001	.473
Pflichtverteidigung	ja (n=7)	54,2 %	45,8 %	--	
Wahlpflichtverteidigung	ja (n=5)	39,7 %	60,3 %	--	

Differenzierte man nach der Art des Rechtsbehelfs, dann zeigte sich, dass bei den 9 Berufungsverfahren alle Angeklagten anwaltlich vertreten waren. Es gab 4 Wahlverteidiger, 2 Wahlpflichtverteidiger und 3 Pflichtverteidiger. Bei den 67 Verfahren, in denen Einsprüche gegen erlassene Strafbefehle eingelegt wurden, waren 65 % der Angeklagten wahlanwaltlich vertreten.

Wurden Rechtsbehelfe eingelegt, so wirkten sich diese, wie soeben festgestellt, zwar durchschnittlich und signifikant positiv aus. Das Beisein einer Verteidigerin führte bei den Strafbefehlsverfahren (bei den Berufungsverfahren waren alle Angeklagten verteidigt) aber nicht zusätzlich zu signifikant besseren Ergebnissen. Die Sanktionshärte verringerte sich in den Verfahren mit und ohne Verteidigung nicht unterschiedlich stark. Auch die Quote der Verfahrenseinstellungen im Rechtsbehelfsverfahren korrelierte nicht mit dem Vorhandensein eines Rechtsbeistands.

Zusammenfassend lässt sich damit festhalten, dass sich die Einlegung von Rechtsbehelfen im Regelfall sehr positiv für die Angeklagten auswirkte und durch den Beistand eines Verteidigers signifikant und erheblich häufiger Rechtsbehelfe eingelegt wurden. Wurden allerdings erst einmal Rechtsbehelfe eingelegt, dann war es für deren Erfolg (für die Verringerung der Sanktionsschwere) unerheblich, ob die Angeklagten anwaltlich vertreten waren. Die Hypothese (H_{11}) konnte damit bezüglich der Häufigkeit eingelegter Rechtsbehelfe beibehalten werden und musste bezüglich des Erfolgs der eingelegten Rechtsbehelfe verworfen werden. Gleichwohl nutzen verteidigte Beschuldigte durch die erheblich häufigere Wahrnehmung der vorhandenen Rechtsbehelfe insgesamt die Rechtsbehelfsmöglichkeiten deutlich häufiger zu ihren Gunsten.

10.3 Sozioökonomische Ungleichheit und Rechtsbehelfe

Zusammenhänge zwischen dem sozioökonomischen Status der Angeklagten und der Häufigkeit und dem Erfolg eingelegter Rechtsbehelfe konnten nicht festgestellt werden. Weder die Mittelwertvergleiche noch der Vergleich der Häufigkeiten mittels Chi^2-Tests ergaben einen Zusammenhang zwischen dem sozioökonomischen Status und der Häufigkeit oder den Erfolgsaussichten der Einlegung eines Rechtsbehelfs. Der durchschnittliche ISEI-Wert differierte nicht signifikant bei den eingelegten Rechtsbehelfen und auch die Veränderung der Sanktionshärte korrelierte nicht mit diesem Wert oder den Variablen zur sozialen Schicht und zur Arbeitslosigkeit. Mit zunehmendem sozioökonomischen Status stieg also der Anteil erfolgreicher Rechtsbehelfseinlegungen nicht signifikant.

Was sich allerdings zwischen den Rechtsbehelfsverfahren und den Verfahren, in denen die Urteile und Strafbefehle rechtskräftig wurden, signifikant unterschied, war das Nettoeinkommen. Der Mittelwertvergleich zeigte, dass das durchschnittliche Nettoeinkommen bei den Verfahren, in denen Rechtsbehelfe eingelegt wurden, signifikant und um 190 € höher war als in den Verfahren, in denen der Strafbefehl oder das Urteil rechtskräftig wurden.[879] Filterte man die Strafbefehlsverfahren heraus, ergab sich nur noch eine Differenz von 26 €, die nicht signifikant war.[880] Betrachtete man dagegen nur die Strafbefehlsverfahren, dann war das durchschnittliche Nettoeinkommen bei den Verfahren, in denen ein Einspruch eingelegt wurde, signifikant und noch etwas deutlicher um 219 € erhöht.[881] Diese Differenz lässt sich daraus erklären, dass bei den Strafbefehlsverfahren die Einkommen, die vor Erlass des Strafbefehls bekannt wurden, im Durchschnitt um 133 € niedriger waren als die Einkommen, die in der Hauptverhandlung nach einem eingelegten Einspruch bekannt wurden. Filterte man diese Fälle aus dem Vergleich der Einkommen bei den Rechtsbehelfsverfahren heraus, dann unterschieden sich die Nettoeinkommen nicht mehr signifikant zwischen den Verfahren mit und ohne Rechtsbehelf. Beschuldigte mit verhältnisweise etwas höheren Einkommen[882] gaben dieses im Ermittlungsverfahren also etwas seltener preis, als Beschuldigte mit geringeren Einkommen.

10.4 Zwischenergebnis

Legten die Angeklagten Rechtsbehelfe ein, dann wirkte sich dies im Durchschnitt sehr positiv für diese aus. Waren die Rechtsbehelfe zulässig und wurden sie nicht wieder zurückgenommen, führten sie in über 80 % der Verfahren zu einer Verbesserung für die Angeklagten. Ganze 65 % der Verfahren wurden nach der Einlegung des Rechtsbehelfes noch aus Oppor-

---

879 802 € (n = 79; SD = 490,2) zu 992 € (n = 53, SD = 461,4); $p = .026$.

880 784 € (n = 31; SD = 514,8) zu 810 € (n = 10; SD = 441,1); (n.s.).

881 813 € (n = 49; SD = 479,1) zu 1033 € (n = 44; SD = 460,9); $p = .028$.

882 Freilich ist ein Durchschnittseinkommen von 1033 € absolut betrachtet kein hohes Einkommen.

tunität vollständig eingestellt. Sozioökonomische Merkmale beeinflussten die Häufigkeit und den Erfolg eingelegter Rechtsbehelfe nicht. Allerdings stellte sich heraus, dass die Einkommen, die im Ermittlungsverfahren unbekannt blieben und erst in der Hauptverhandlung nach dem Einspruch gegen einen Strafbefehl bekannt wurden, im Durchschnitt signifikant höher waren, als die Einkommen, die bereits im Ermittlungsverfahren bekannt wurden. Die Hinzuziehung eines Rechtsbeistandes wirkte sich hingegen sehr deutlich auf die Wahrnehmung vorhandener Rechtsbehelfe aus. Verteidigte Angeklagte legten 2,5 Mal so häufig Rechtsbehelfe ein, wie unverteidigte. Der Erfolg der Rechtsbehelfe war zwar zwischen verteidigten und unverteidigten Angeklagten nicht signifikant verschieden; dennoch waren verteidigte Angeklagte dadurch, dass sie signifikant und viel häufiger die in 80 % der Fälle erfolgreichen Rechtsbehelfe einlegten, im deutlichen Vorteil.

11 Der Verfahrensausgang insgesamt

Im folgenden Kapitel wurde abschließend untersucht, ob sozioökonomische Merkmale der Beschuldigten[883] den letztlichen Ausgang des Verfahrens beeinflusst haben. Hierzu wurde ermittelt, ob Zusammenhänge zwischen sozioökonomischen Merkmalen und der Sanktionshärte der verfahrensbeendigenden Entscheidung bestanden.

Betrachtet man als abhängige Variable dabei die metrisch skalierte, relative Sanktionshärte, dann fand auch die Schwere einer erfolgten Verurteilung Berücksichtigung. Dies führt dazu, dass einzelne verhältnismäßig schwerwiegende Verurteilungen an Gewicht gewinnen. Da in den vorherigen Analysen bereits festgestellt wurde, dass sozioökonomische Merkmale für die Schwere der Sanktion dann keine unmittelbare Relevanz mehr besaßen, wenn erst einmal eine Verurteilung erfolgte, wurde deshalb eine weitere abhängige Variable über das Verfahrensende gebildet. Der Verfahrensausgang wurde zusätzlich in „zu einer Strafe verurteilt“ und „nicht verurteilt“ klassifiziert. Unter „nicht verurteilt“ fielen dabei die Einstellungen nach §§ 153 Abs. 1 und 153a Abs. 1 StPO im Ermittlungsverfahren und die Einstellungen nach §§ 153, 153a und 154 StPO im Zwischen-

[883] Der Begriff der Beschuldigten meint im Folgenden dabei auch die Angeschuldigten und Angeklagten.

und Hauptverfahren sowie erfolgte Freisprüche (der Anteil der Freisprüche hierunter betrug in der Stichprobe aber nur 1,2 % [n = 2], sodass die nicht erfolgten Verurteilungen fast ausschließlich auf Opportunitätseinstellungen zurückzuführen waren). Im Wege der bivariaten Analysen konnte bei dieser Betrachtungsweise außerdem zwischen der Art der verhängten Sanktion bei erfolgter Verurteilung (Geld- oder Freiheitsstrafe) differenziert werden. Weiterhin wurde bei den Analysen zwischen dem Verfahrensausgang nach der „ersten verfahrensbeendenden Entscheidung" und dem rechtskräftigen Verfahrensausgang differenziert. „Erste verfahrensbeendende Entscheidung" meint dabei, wie bereits erwähnt, die nach der ersten Abschlussentscheidung ergangenen Strafbefehle und Urteile, ohne Berücksichtigung etwaiger Einsprüche gegen die Strafbefehle oder Berufungen gegen die erstinstanzlichen Urteile.[884] Der rechtskräftige Verfahrensausgang berücksichtigt dagegen das Ergebnis etwaiger Rechtsbehelfe.

Zur Untersuchung des möglichen Einflusses sozioökonomischer Merkmale auf den Verfahrensausgang insgesamt wurden im ersten Schritt bivariate Zusammenhänge zwischen den die sozioökonomische Situation betreffenden Merkmalen und dem Verfahrensausgang untersucht. Anschließend wurde außerdem der Einfluss vorhandener Verteidigung als mittelbares Merkmal ökonomischer Ungleichheit analysiert. Im letzten Schritt wurde mittels multivariater Analysen ermittelt, ob die sozioökonomischen Merkmale auch unter gleichzeitiger Berücksichtigung weiterer Determinanten des Verfahrensausgangs eigenständige Bedeutung behielten und mit welchen Faktoren sich der Verfahrensausgang am besten voraussagen ließ.

[884] Diese Unterscheidung entspricht nicht dem Begriff des erstinstanzlichen Verfahrensausgangs, da Hauptverhandlungen, die infolge eines Einspruchs gegen den Strafbefehl eröffnet werden, auch noch zur ersten Instanz des Strafverfahrens zählen. Diese sollten aber in der hier vorgenommenen Differenzierung gerade erst in einem zweiten Schritt berücksichtig werden.

11.1 Sozioökonomische Ungleichheit und der Verfahrensausgang insgesamt

11.1.1 Die Verurteilungswahrscheinlichkeit

Um festzustellen, ob die Strafverfahren, der Untersuchungshypothese (H_{12}) entsprechend, bei der Berücksichtigung der erfolgten Verfahrenseinstellungen für sozioökonomisch schwächere Beschuldigte letztlich schlechter ausgehen, wurde im ersten Schritt ermittelt, wie häufig welche Arten des Verfahrensausgangs bei den Beschuldigten der verschiedenen sozialen Schichten vorkamen. Dabei zeigt Tab. 97 zunächst die Verteilung der sozialen Schichten bei der ersten Entscheidung über den Verfahrensausgang, ohne Berücksichtigung etwaiger Rechtsbehelfe (Einsprüche oder Berufungen). Insgesamt erfolgte zu diesem Zeitpunkt bereits nur noch in 52,4 % der Verfahren der Stichprobe eine Verurteilung. Mit steigender sozialer Schicht sank dabei der Anteil der Verurteilungen. Wurden bei der oberen Mittelschicht nur 45 % verurteilt, waren es bei der unteren Unterschicht 66 %. Auch die schärfste Sanktion – die Freiheitsstrafe – wurden am häufigsten bei der unteren Unterschicht und in keinem einzigen Verfahren bei der oberen Mittelschicht verhängt. Die Verteilung der drei Verfahrensausgangsarten über die vier Gruppen zur sozialen Schicht insgesamt war jedoch nicht signifikant unterschiedlich.

Tab. 97: Soziale Schicht und erste Entscheidung über den Verfahrensausgang (n = 233)

	untere Unterschicht		obere Unterschicht		untere Mittelschicht		obere Mittelschicht	
	n	%	n	%	n	%	n	%
Freispruch oder Opportunitätseinstellung, §§ 153ff. StPO	35	**34,1**	23	**44,2**	26	**49,9**	15	**54,9**
Geldstrafe	58	**57,0**	27	**52,5**	24	**45,4**	13	**45,1**
Freiheitsstrafe	9	**8,9**	2	**3,3**	2	**4,7**	0	**0**
Gesamt	102	**100**	51	**100**	52	**100**	28	**100**

(n.s.)

Im nächsten Schritt wurde der rechtskräftige Ausgang des Verfahrens betrachtet, bei dem mögliche Veränderungen nach eingelegten Rechtsbehelfen berücksichtigt wurden (Tab. 98).

Tab. 98: Soziale Schicht und rechtskräftige Entscheidung über den Verfahrensausgang (n = 233)

	untere Unterschicht		obere Unterschicht		untere Mittelschicht		obere Mittelschicht	
	n	%	n	%	n	%	n	%
Freispruch oder Opportunitätseinstellung, §§ 153ff. StPO	46	**45,6**	29	**56,9**	31	**60,3**	21	**75,4**
Geldstrafe	47	**46,0**	20	**39,8**	18	**35,0**	7	**24,6**
Freiheitsstrafe	8	**8,4**	2	**3,3**	2	**4,7**	0	**0**
Gesamt	102	**100**	51	**100**	52	**100**	28	**100**

(n.s.)

Zunächst fiel auf, dass die Quote der Einstellungen insgesamt im Vergleich zur ersten Entscheidung noch einmal deutlich angestiegen war. Dies resultierte aus dem Umstand, dass in den Rechtsbehelfsverfahren noch viele Fälle eingestellt wurden (siehe bereits 3. Teil Kap. 10.1). Die Quote der Verfahren, die nach Anklageerhebung oder Strafbefehlsbeantragung noch aus Opportunität eingestellt wurden, betrug insgesamt 33,8 %. Die Verteilungsrichtung blieb dabei gleich: Je höher der sozioökonomische Status war, desto geringer war auch die Verurteilungsquote. Beschuldigte aus der oberen Mittelschicht wurden nur noch zu 24,6 % rechtskräftig verurteilt – bei der unteren Unterschicht waren dies mit 54,3 % mehr als doppelt so viele. Die Verteilung der Einstellungen, Geld- und Freiheitsstrafen auf alle vier Schichten war dennoch wegen der unsteten Verteilung der Freiheitsstrafen nicht signifikant.

Beschränkte man die Unterscheidung deswegen zum einen auf arbeitslose und nicht-arbeitslose Beschuldigte, dann zeigten sich signifikante Unterschiede.[885] Die Differenzen waren ebenfalls dann auf signifikantem Niveau, wenn zum anderen nicht mehr zwischen der Art der Sanktion (Geld- oder Freiheitsstrafe), sondern lediglich zwischen „zu einer Strafe verurteilt“

885 n = 280; p = .007; Phi = .187.

und „nicht verurteilt“ differenziert wurde.[886] Die unterschiedliche Verurteilungshäufigkeit bei unterschiedlichem sozioökonomischen Status ließ sich auch durch einen, in Tab. 99 dargestellten Mittelwertvergleich des den sozioökonomischen Status abbildenden ISEI darstellen. Dabei wurde außerdem geprüft, ob ein signifikanter Unterschied zwischen dem durchschnittlichen Nettoeinkommen der Verurteilten und dem der „Nicht-Verurteilten“ bestand (Tab. 99).

Tab. 99: Mittelwertvergleiche des sozioökonomischen Status (ISEI) und des Nettoeinkommens bei der ersten Entscheidung über den Verfahrensausgang

Sozioökonomischer Status (ISEI)					
Ausprägung	n	aM	SD	Diff.	*p*
Freispruch oder Einstellung, §§ 153ff. StPO	98	27,9	18,3	6,3	.007
Verurteilung	134	21,6	16,7		
Nettoeinkommen in €					
Ausprägung	n	aM	SD	Diff.	*p*
Freispruch oder Einstellung, §§ 153ff. StPO	68	1001,0	847,2	126,7	(n.s.)
Verurteilung	130	874,3	481,0		

Tab. 99 zeigt, dass der sozioökonomische Status (ISEI-Wert) bei erfolgter Verurteilung im Durchschnitt signifikant (um 6,3 Wertepunkte) niedriger war. Das durchschnittliche bekanntgewordene Nettoeinkommen unterschied sich hingegen nicht signifikant zwischen den in der ersten verfahrensbeenden Entscheidung Verurteilten und den straffrei gebliebenen Beschuldigten. Dass das durchschnittliche Nettoeinkommen nicht die deutlichen Unterschiede der Verurteilungsquoten bei den verschiedenen sozialen Schichten abbildete, ließ sich dabei zumindest teilweise durch die fehlenden Fälle beim Nettoeinkommen erklären. Denn vor allem bei Beschuldigten aus der Mittelschicht, bei denen das Verfahren eingestellt wurde, traten Fälle auf, in denen zwar der Beruf bekannt war, nicht aber das Nettoeinkommen. In diesen Fällen konnte damit zwar der sozioökonomische Status (ISEI-Wert) bestimmt werden, nicht aber das Nettoeinkommen. Die höheren Einkommen dieser Gruppen flossen deswegen überproportional selten

886 n = 233; $p = .030$; Cramer-V = .196.

in die Berechnung des Einkommens bei der Testgruppe „Freispruch oder Einstellung“ ein. Das durchschnittliche Einkommen dieser Gruppe war so systematisch nach unten verzerrt.[887]

Betrachtete man den rechtskräftigen Verfahrensausgang (Tab. 100), dann blieb der Unterschied beim sozioökonomischen Status (ISEI-Mittelwert) zwischen Verurteilten und „Nicht-Verurteilten“ etwa gleich. Tab. 100 zeigt außerdem, dass das durchschnittliche Nettoeinkommen nun auch signifikant niedriger bei den Beschuldigten war, die am Ende verurteilt wurden. Dies ließ sich auch damit erklären, dass das Einkommen nun auch bei den eingestellten Verfahren der Mittelschichten öfter bekannt war.[888] Denn bei den Einstellungen, die nach der Rechtsbehelfseinlegung hinzukamen, wurden infolge der eröffneten Hauptverhandlung auch die verhältnismäßig höheren Einkommen bekannt.

Tab. 100: Mittelwertvergleiche des sozioökonomischen Status (ISEI) und des Nettoeinkommens bei rechtskräftigen Entscheidung über den Verfahrensausgang

Sozioökonomischer Status (ISEI)					
Ausprägung	n	aM	SD	Diff.	*p*
Freispruch oder Einstellung, §§ 153ff. StPO	128	27,3	18,2	6,8	.003
Verurteilung	105	20,5	16,3		
Nettoeinkommen in €					
Ausprägung	n	aM	SD	Diff.	*p*
Freispruch oder Einstellung, §§ 153ff. StPO	96	1035,5	759,6	228,4	.012
Verurteilung	102	807,1	458,1		

887 Anteil vorhandener Angaben zum Nettoeinkommen bei den verschiedenen sozialen Schichten:

	untere Unterschicht	obere Unterschicht	untere Mittelschicht	obere Mittelschicht
Freispruch/ Einstellung	71 % (25 / 35)	39 % (9 / 23)	50 % (13/ 26)	46 % (7 / 15)
Verurteilung	70 % (47 / 67)	86 % (25 / 29)	92 % (24 / 26)	85 % (13 / 11)

888 Anteil vorhandener Angaben zum Nettoeinkommen bei den verschiedenen sozialen Schichten:

	untere Unterschicht	obere Unterschicht	untere Mittelschicht	obere Mittelschicht
Freispruch/ Einstellung	72% (32 / 47)	52 % (15 / 29)	56 % (18/ 32)	62 % (13 / 21)
Verurteilung	75 % (41 / 55)	86 % (19 /22)	90 % (19 / 21)	72 % (5 / 7)

Aus den bisherigen Analysen folgt damit, dass mit zunehmendem sozioökonomischen Status der Beschuldigten die Verfahren letztlich häufiger aus Opportunität eingestellt wurden und es seltener zu Verurteilungen kam. Der Unterschied galt dabei nicht nur zwischen der Gruppe der arbeitslosen und nicht-arbeitslosen Beschuldigten, sondern die Differenzen wurden mit steigendem sozioökonomischen Status immer größer. Diese Benachteiligung sozioökonomisch schwächerer Beschuldigter ließ sich sowohl für die erste verfahrensbeendende Entscheidung der Strafverfolgungsbehörden als auch für den rechtskräftigen Verfahrensausgang unter Berücksichtigung eingelegter Rechtsbehelfe feststellen.

11.1.2 Die relative Sanktionsschwere des Verfahrensausgangs

Ein weiteres Maß, das für die Bedeutung des Verfahrensausgangs relevant war, war der Index zur relativen Sanktionshärte (ausführlich zur Bildung dieser Variablen bereits 2. Teil Kapitel 4.4). Dieser berücksichtigt im Unterschied zur Variable über die Art des Verfahrensausgangs auch, wie schwer die einzelnen Sanktionen bei einer Verurteilung verhältnismäßig zueinander wogen. Um festzustellen, ob die relative Sanktionshärte, der Forschungshypothese (H_{12}) entsprechend, mit steigendem sozioökonomischen Status sank, wenn man die Verfahrenseinstellungen mitberücksichtigte, wurde die Stichprobe auf bivariate Zusammenhänge zwischen der Härte des Verfahrensausgangs (Sanktionsschwereindex) und den sozioökonomischen Merkmalen getestet. Dabei wurde wieder zwischen der ersten verfahrensbeendenden und der rechtskräftigen Entscheidung über den Verfahrensausgang differenziert. (Pearsons Produkt-Moment-Korrelationskoeffizient r ist dabei ein Maß für die Stärke des Zusammenhangs zwischen zwei intervallskalierten Variablen, das Werte zwischen -1 und 1 annehmen kann, wobei 0 gar keinen und 1 bzw. -1 einen perfekten Zusammenhang bedeutet.[889])

Der Index zum sozioökonomischen Status (ISEI) korrelierte hochsignifikant mit der Schwere des Verfahrensausgangs nach der ersten Entscheidung der Strafverfolgungsorgane. Pearsons r zeigte mit -.162 einen leichten negativen Zusammenhang an; je höher der sozioökonomische Status war,

---

[889] *Janssen*, Statistische Datenanalyse mit SPSS, S. 279.

desto geringer war die relative Sanktionsschwere.[890] Dieser signifikant negative Zusammenhang blieb auch bestehen, wenn man bei den Verurteilungen zu Gesamtstrafen nur die schwerste Einzelstrafe für die Köperverletzung berücksichtigte.[891] Mit zunehmendem sozioökonomischen Status verringerte sich also auch die relative Sanktionshärte insgesamt signifikant. Dieser Zusammenhang galt ebenfalls bei der Analyse des rechtskräftigen Verfahrensausgangs, wo der Zusammenhang mit $r = -.169$ etwa gleich stark war, wie bei der ersten verfahrensbeendenden Entscheidung.[892] Damit lässt sich zunächst festhalten, dass die Strafhärte des Verfahrensausgangs mit abnehmendem sozioökonomischen Status stieg.

Tab. 101: Einfaktorielle Varianzanalyse der durchschnittlichen relativen Sanktionshärte bei den sozialen Schichten

Sanktionsschwereindex der ersten verfahrensbeendenden Entscheidung					
Ausprägung	n	aM	SD	p	eta²
untere Unterschicht	102	10,1	9,8	(n.s.)	-
obere Unterschicht	51	7,5	6,5		
untere Mittelschicht	52	7,0	7,3		
obere Mittelschicht	28	6,9	6,1		
Sanktionsschwereindex der rechtskräftigen Entscheidung					
Ausprägung	n	aM	SD	p	eta²
untere Unterschicht	102	8,8	9,9	.045	.035
obere Unterschicht	51	6,3	6,7		
untere Mittelschicht	52	5,7	7,0		
obere Mittelschicht	28	4,9	5,8		

Betrachtete man für eine bessere Anschaulichkeit der Ergebnisse die durchschnittliche Sanktionshärte bei den sozialen Schichten mittels Vari-

890 n = 233; $p = .013$; $r = -.162$.

891 n = 233; $p = .015$; $r = -.160$. Der schwersten Einzelstrafe lag dabei stets eine einfache Körperverletzung zugrunde, da ein Auswahlkriterium der Stichprobe war, dass § 223 StGB das schwerste verhandelte Delikt darstellte.

892 n = 233; $p = .010$; $r = -.169$. Auch hier blieb der signifikante negative Zusammenhang bestehen, wenn man bei den Verurteilungen zu Gesamtstrafen nur die schwerste Einzelstrafe berücksichtigte (n = 233; $p = .012$; $r = -.165$)

anzanalyse, zeigte sich ebenfalls, dass die Strafhärte bei steigender sozialer Schicht leicht sank (Tab. 101). (Eta^2 ist dabei ein Maß, das den durch die unabhängige Variable erklärten Anteil der Varianz der abhängigen Variable misst und Werte von 0 [keinerlei Erklärungswert] bis 1 [100%ige Varianzerklärung] annehmen kann.[893])

Die Unterschiede waren allerdings eher gering und bei der ersten verfahrensbeendenden Entscheidung nicht signifikant. Etwas deutlicher und auf signifikantem Niveau waren die Differenzen bei der Betrachtung der rechtskräftigen Entscheidung. Betrug die durchschnittliche Strafhärte des rechtskräftigen Verfahrensausgangs bei der unteren Unterschicht noch 8,8, lag diese bei der oberen Mittelschicht lediglich bei 4,9 und war damit um 45 % geringer. Der Anteil der mittels der sozialen Schicht erklärten Varianz der Strafhärte war mit 3,5 % (eta^2 = .035) allerdings gering.

Die Strafhärte insgesamt nahm also mit steigendem Status ab, allerdings nur leicht. Dies entspricht den bereits ermittelten Ergebnissen, dass zwar mit steigendem sozioökonomischen Status die Verurteilungshäufigkeit ab- und die Einstellungshäufigkeit zunahm, die Sanktionshärte bei einer erfolgten Verurteilung aber nicht mehr signifikant mit dem sozioökonomischen Status korrelierte.

Ein sowohl bei der ersten als auch der rechtskräftigen Entscheidung über den Verfahrensausgang signifikanter Unterschied zeigt sich aber, wenn man die sozioökonomisch schwächste Gruppe der arbeitslosen Beschuldigten mit den nicht arbeitslosen Beschuldigten verglich (Tab. 102). Die durchschnittliche Sanktionshärte war bei den Arbeitslosen signifikant um 2,7 und 3,2 erhöht, wobei sich der Unterschied bei der Berücksichtigung eingelegter Rechtsbehelfe verstärkte.

Zusammenfassend lässt sich damit feststellen, dass der Verfahrensausgang umso weniger schwer wog, je höher der sozioökonomischen Status der Beschuldigten war. Dieser Zusammenhang galt dabei nicht nur bei der Frage, ob das Verfahren zu einer Verurteilung führte oder nicht, sondern auch dann, wenn die relative Strafhärte des Verfahrensausgangs unter Berücksichtigung erfolgter Einstellungen betrachtet wurde. Die Unterschiede waren dann zwar nicht mehr ganz so deutlich, sie waren aber dennoch

[893] *Janssen*, Statistische Datenanalyse mit SPSS, S. 349, 353.

Tab. 102: Sanktionshärte der rechtskräftigen Entscheidung bei arbeitslosen und nicht arbeitslosen Beschuldigten

Sanktionsschwereindex der ersten verfahrensbeendenden Entscheidung					
Ausprägung	n	aM	SD	Diff.	*p*
nicht arbeitslos	172	7,6	7,7	-2,7	.015
arbeitslos	109	10,3	9,5		
Sanktionsschwereindex der rechtskräftigen Entscheidung					
Ausprägung	n	aM	SD	Diff.	*p*
nicht arbeitslos	172	5,8	7,1	-3,2	.004
arbeitslos	109	9,0	9,7		

vorhanden. Diese Benachteiligung sozioökonomisch schwächer gestellter Beschuldigter verfestige und verstärkte sich dabei in den Rechtsbehelfsverfahren noch weiter. Je niedriger der sozioökonomische Status also war, desto häufiger endeten die Verfahren mit einer Verurteilung anstelle einer Verfahrenseinstellung aus Opportunität und desto schwerer wog deshalb auch die Strafhärte des Verfahrensausgangs.

11.2 Verteidigung und der Verfahrensausgang insgesamt

In diesem Untersuchungsabschnitt wurde nun der mittelbare Einfluss sozioökonomischer Ungleichheit durch die Auswirkungen vorhandener Wahlverteidigung auf den Verfahrensausgang insgesamt untersucht (H_{13}). Auch hier wurde wieder zwischen der Art des Verfahrensausgangs und dessen relativer Sanktionshärte sowie zwischen der ersten und der rechtskräftigen Entscheidung über den Verfahrensausgang differenziert.

Tab. 103 zeigt die Häufigkeit der Einstellungen oder Verurteilungen bei der ersten verfahrensbeendenden Entscheidung in den Verfahren, in denen Verteidigerinnen eingeschaltet wurden, im Vergleich zu denen ohne Verteidigung. Die Einschaltung von Wahl- und/oder Pflichtverteidigern bis zur Hauptverhandlung wirkte sich bei der ersten verfahrensbeendenden Entscheidung gar nicht auf die Quote der Verfahrenseinstellungen aus. Lediglich in den Fällen frühzeitiger Beauftragung von Verteidigerinnen im Ermittlungsverfahren war die Einstellungsquote leicht erhöht, aber nicht auf signifikantem Niveau.

Tab. 103: Verteidigung und erste Entscheidung über den Verfahrensausgang (ohne Berücksichtigung von eingelegten Rechtsbehelfen)

		Einstellung oder Freispruch		Geldstrafe		Freiheits-strafe		Stat. Kennwerte	
		n	%	n	%	n	%	p	Cramer-V
Wahlverteidigung im EV	nein	144	**45,3**	158	**49,5**	16	**5,1**	(n.s.)	--
	ja	47	**55,8**	36	**43,5**	1	**0,7**		
Wahlverteidigung bis zur HV	nein	133	**47,6**	132	**47,0**	15	**5,4**	(n.s.)	--
	ja	58	**47,4**	62	**51,1**	2	**1,5**		
Pflicht- oder Wahlverteidigung bis zur HV	nein	126	**47,5**	129	**48,6**	10	**3,8**	(n.s.)	--
	ja	65	**47,4**	65	**47,6**	7	**5,0**		

EV = Ermittlungsverfahren; HV = Hauptverhandlung

Berücksichtigte man allerdings die Ergebnisse der Rechtsbehelfsverfahren, übte eine beauftragte Wahlverteidigung deutlichen Einfluss (Tab. 104). Der Effekt stieg dabei minimal, je früher die Verteidiger engagiert wurden. Wurden die Beschuldigten spätestens in den Rechtsbehelfsverfahren von einem Rechtsbeistand ihrer Wahl vertreten, so wurden die Verfahren der Stichprobe letztlich noch zu 69,8 % und damit hochsignifikant häufiger als die restlichen Verfahren eingestellt. Die signifikant höhere

Tab. 104: Verteidigung und rechtskräftiger Verfahrensausgang

		Einstellung oder Freispruch[ab]		Geldstrafe[ab]		Freiheits-strafe		Stat. Kennwerte	
		n	%	n	%	n	%	p	Cramer-V
Wahlverteidigung im EV	nein	172[ab]	**54,0**	132[ab]	**41,4**	15	**4,6**	.002	.173
	ja	62	**74,3**	21	**24,9**	1	**0,8**		
Wahlverteidigung bis zur HV	nein	148[ab]	**52,9**	116[ab]	**42,2**	14	**4,8**	.003	.169
	ja	86	**70,5**	34	**28,0**	2	**1,5**		
Wahlverteidigung	nein	145[ab]	**52,9**	117[ab]	**42,5**	13	**4,5**	.006	.160
	ja	89	**69,8**	36	**28,0**	3	**2,2**		
Pflicht- oder Wahlverteidigung	nein	136[ab]	**53,2**	112[ab]	**43,9**	7	**2,9**	.004	.165
	ja	99	**67,0**	41	**27,7**	8	**5,3**		

[ab] = bei dieser Teilmenge der unabhängigen Variable unterscheiden sich die Ausprägungen signifikant voneinander; EV = Ermittlungsverfahren; HV = Hauptverhandlung

Einstellungsquote blieb auch bestehen, wenn man zur Gruppe der wahlverteidigten Beschuldigten die 20 Beschuldigten mit bestellten (Wahl-)Pflichtverteidigerinnen hinzunahm, welche zu 56,4 % wegen der Schwere der Tat bestellt wurden. Denn diese erwirkten vielmals eine Einstellung nach § 154 Abs. 2 StPO (siehe auch bereits 3. Teil Kap. 6.2). Nur der insgesamt geringe Anteil verhängter Freiheitsstrafen unterschied sich nicht signifikant zwischen verteidigten und unverteidigten Beschuldigten.

Im nächsten Schritt wurde nun die durchschnittliche relative Sanktionshärte des Verfahrensausgangs zwischen verteidigten und unverteidigten Beschuldigten verglichen. Die Sanktionsschwere des ersten Verfahrensausgangs unterschied sich dabei nur leicht signifikant (um 1,8 auf der Sanktionshärteskala von 0-100) zwischen den Beschuldigten mit und ohne anwaltlicher Vertretung im Ermittlungsverfahren (Tab. 105). Zog man später bestellte Wahlverteidiger mit in die Betrachtung ein, war fast kein Unterschied mehr vorhanden und dieser war auch nicht mehr signifikant. Pflichtverteidigerinnen verringerten die Sanktionsschwere naturgemäß nicht, da sie zu 56,4 % in Erwartung einer Freiheitsstrafe bestellt wurden.

Tab. 105: Mittelwertvergleich der Sanktionshärte der ersten Entscheidung über den Verfahrensausgang bei Beschuldigten mit und ohne Wahlverteidigung

Sanktionsschwereindex der ersten verfahrensbeendenden Entscheidung					
Ausprägung	n	aM	SD	Diff.	p
Keine Wahlverteidigung bis HV	281	7,7	8,6	0,8	(n.s.)
Wahlverteidigung bis HV	122	6,9	6,1		
Keine Wahlverteidigung im EV	320	7,8	8,0	1,8	.030
Wahlverteidigung im EV	84	6,0	5,8		

EV = Ermittlungsverfahren; HV = Hauptverhandlung

Deutlichere und hochsignifikante Unterschiede gab es jedoch auch hier wieder dann, wenn die Ergebnisse eingelegter Rechtsbehelfe mit einbezogen wurden (Tab. 106). Dabei vergrößerten sich die Unterschiede wiederum leicht, je früher die Wahlverteidiger beauftragt wurden.

Verfahren gegen wahlverteidigte Beschuldigte wurden also letztlich signifikant häufiger aus Opportunität eingestellt und auch das durchschnittliche Strafübel des Verfahrensausgangs unter Berücksichtigung der Verfahrenseinstellungen war signifikant geringer als in den Verfahren gegen un-

Tab. 106: Mittelwertvergleich der Sanktionshärte der rechtskräftigen Entscheidung über den Verfahrensausgang bei Beschuldigten mit und ohne Wahlverteidiger

Sanktionsschwereindex der rechtskräftigen Entscheidung					
Ausprägung	n	aM	SD	Diff.	*p*
Keine Wahlverteidigung	276	6,8	8,2	2,0	.006
Wahlverteidigung zu irgendeinem Verfahrenszeitpunkt	128	4,8	6,0		
Keine Wahlverteidigung bis HV	281	6,8	8,2	2,2	.002
Wahlverteidigung bis HV	122	4,7	5,7		
Keine Wahlverteidigung im EV	320	6,7	8,0	2,5	.001
Wahlverteidigung im EV	84	4,2	5,6		

EV = Ermittlungsverfahren; HV = Hauptverhandlung

verteidigte Beschuldigte. Die größten Chancen auf eine Verfahrenseinstellung und eine damit vergleichsweise geringe Strafschwere besaßen dabei die Beschuldigten, die bereits im Ermittlungsverfahren eine Verteidigerin beauftragt hatten.

11.3 Determinanten des Verfahrensausgangs insgesamt: multivariate Analyse

Im nächsten Abschnitt wurde nun mittels multivariater Analyseverfahren geprüft, ob die festgestellten bivariaten Zusammenhänge auch bei gleichzeitiger Berücksichtigung weiterer Einflussfaktoren bestehen blieben und mit welchen Faktoren sich die Art und die Schwere des Verfahrensausgangs vorhersagen ließen. Hierfür wurden bei der Frage, ob das Verfahren zu einer Verurteilung führte oder nicht, binäre, hierarchische logistische Regressionen durchgeführt. Da in der Stichprobe nur sehr selten Freiheitsstrafen verhängt wurden, war eine ordinale Regression mit den drei Merkmalen „Einstellung/Freispruch", „Geldstrafe" und „Freiheitsstrafe" nicht möglich.[894] Bei der Frage der relativen Sanktionshärte des Verfahrensausgangs insgesamt wurden multiple hierarchische lineare Regressionen gerechnet. Aus dem hierarchischen Vorgehen ließ sich dabei wieder entnehmen, wie sehr

[894] Zu den Anwendungsvoraussetzungen näher *Janssen*, Statistische Datenanalyse mit SPSS, S. 474 ff.

die Hinzunahme der einzelnen Variablen jeweils die Erklärungsgüte des Modells verbesserte. Die Faktoren des entwickelten „Endmodells“ wurden dabei nach ihrem Erklärungsanteil (ihrem Nagelkerkes-R^2-Wert oder ihrem R^2-Wert) sortiert aufgelistet. Bei den Regressionsrechnungen wurde außerdem wieder zwischen der ersten verfahrensbeendenden Entscheidung und dem rechtskräftigen Ausgang des Verfahrens differenziert.

Bevor die multivariaten Regressionsanalysen gerechnet wurden, wurden in einem vorgelagerten Schritt die theoretisch möglichen Determinanten der Einstellungs- bzw. Verurteilungswahrscheinlichkeit und der Sanktionshärte auf bivariate Zusammenhänge getestet. Dieser Arbeitsschritt wird hier nur in Form eines kurzen Ergebnisberichts dargestellt, da das Forschungsinteresse dieser Arbeit nicht die Erklärung der allgemeinen Strafzumessung bei Körperverletzungsdelikten ist.

11.3.1 Determinanten der Verurteilungswahrscheinlich- keit: multivariate Analyse

Im ersten Unterabschnitt wurde analysiert, welche Faktoren die Wahrscheinlichkeit einer Verurteilung anstelle einer Verfahrenseinstellung aus Opportunität beeinflussten.

11.3.1.1 Die erste verfahrensbeendende Entscheidung

Die Umstände, die mit der ersten Entscheidung der Strafverfolgungsorgane darüber, ob das Verfahren mit einer Verurteilung endete oder nicht, bivariat signifikant korrelierten, sind in Tab. 107 aufgelistet. Die nicht linearen Merkmale wurden dabei nach der Stärke des Zusammenhangs (nach der Größe der Zusammenhangsmaße Phi oder Cramer-V) sortiert.[895] Neben so-

[895] Keine signifikanten Zusammenhänge mit der Verurteilungshäufigkeit wiesen folgende Merkmale auf: dass die Beschuldigten unter Alkoholeinfluss standen; dass sich die Beschuldigten und Opfer kannten; dass eine verbale Provokation durch das Opfer tatauslösend war; eine Entschuldigung beim Opfer; dass der Verdacht weitere tateinheitlich- oder tatmehrheitlich begangene Delikte umfasste; die Nationalität und das Geburtsland der Beschuldigten; dass die Beschuldigten der oberen Mittelschicht angehörten; die Art der Körperverletzung (häusliche Gewalt, Discoschlägerei, usw.); ein einsichtiges Verhalten der Beschuldigten; eine offene Bewährungsstrafe zur Tatzeit; die Einschaltung einer Wahlverteidigung; dass das Opfer Nebenkläger war; dass das Opfer weiblich war; das Alter des Opfers; ein (Teil)Geständnis im Ermittlungsverfahren.

Tab. 107: Determinanten einer erfolgten Verurteilung bei der ersten verfahrensbeendenden Entscheidung (bivariate Korrelationen)

Determinanten einer erhöhten Verurteilungswahrscheinlichkeit					
Verletzungsschwere	*p*<.001	Cramer-V =.286	Strafantrag des Opfers	*p*<.001	Phi=.267
einschlägig vorbestraft	*p*<.001	Phi=.258	generell vorbestraft	*p*<.001	Phi=.188
Beschuldigte ist arbeitslos	*p*=.007	Phi=.161	Beschuldigte ist ledig	*p*=.037	Phi=.124
steigende Anzahl der Vorstrafen (0-x)	*p*=.032	Diff.=1,5			
Determinanten einer erhöhten Einstellungswahrscheinlichkeit					
Beschuldigte wurde auch durch das Opfer verletzt	*p*<.001	Phi=-.157	Beschuldigte ist verheiratet	*p*=.009	Phi=-.154
Beschuldigte ist weiblich	*p*=.024	Phi=-.112	steigender sozioökonomischer Status	*p*=.007	Diff.=6,3
steigendes Alter	*p*=.007	Diff.=3,4			

zioökonomischen Merkmalen waren auch der Familienstand und das Alter der Beschuldigten relevant. Bei jüngeren Beschuldigten waren die Strafverfolgungsbehörden eher dazu geneigt, das Verfahren mit einer formellen Sanktionierung zu beenden. Verheiratete Beschuldigte konnten dagegen eher darauf hoffen, dass ihre Verfahren straffrei ausgingen. Erwartungsgemäß gab es außerdem einen starken Zusammenhang mit der Vorstrafenbelastung. Als tatbezogene Merkmale waren lediglich die Verletzungsschwere, das Strafverfolgungsinteresse des Opfers und der Umstand bedeutsam, dass die Beschuldigten während der Tat auch durch die Opfer verletzt wurden.

Im Folgenden wurden bei den logistischen Regressionen sowohl Modelle mit der Variablen zur Arbeitslosigkeit als auch Modelle mit der zum sozioökonomischen Status (ISEI) gebildet. Waren beide Merkmale auf signifikantem Niveau relevant, dann wurden auch beide Regressionsmodelle dargestellt. Die Ergebnisse der hierarchischen Regressionen wurden, wie bereits bei den vorherigen Analysen, so dargestellt, dass das gefundenen Endmodell mit dessen Effektkoeffizienten (Exp(B)-Werte) und außerdem die signifikante Steigerung des Nagelkerkes-R^2-Werts bei Hinzunahme der einzelnen Variablen wiedergegeben wurden.

Bei der Frage, ob das Verfahren nach der ersten Entscheidung über den Verfahrensausgang mit einer Verurteilung ausgehen sollte, übten sowohl der sozioökonomische Status als auch die Variable zur Arbeitslosigkeit signifikanten Einfluss auf die Verurteilungswahrscheinlichkeit aus. Mit dem gefundenen Modell, das die lineare Variable zum sozioökonomischen Status (ISEI) beinhaltete (Tab. 108), konnte die Vorhersage des Verfahrensausgangs um 35,4 % im Vergleich zum sog. Null-Modell verbessert werden (Nagelkerkes-$R^2 = 0.354$). Vor allem tatbezogene Umstände und die Vorstrafenbelastung beeinflussten die Verurteilungswahrscheinlichkeit. Erklärungsstärkstes Merkmal war dabei noch vor der Vorstrafenbelastung ein erfolgter Strafantrag des Opfers, welcher die Verurteilungswahrscheinlichkeit im Endmodell um das 3,6fache erhöhte und die Vorhersagegüte des Modells bereits um 10,6 % verbessern konnte. Der sozioökonomische Status besaß neben der Vorstrafenbelastung und den tatbezogenen Merkmalen einen eigenständigen, leichten Einfluss auf die Verurteilungswahrscheinlichkeit. Stieg der Wert des ISEI (der Werte von 9-89 annehmen konnte) um 1 an, dann verringerte sich die relative Verurteilungswahrscheinlichkeit jeweils leicht um 1,02.

Tab. 108: Determinanten der ersten verfahrensbeendenden Entscheidung über Verurteilung oder Opportunitätseinstellung/Freispruch unter Verwendung der Variable zum sozioökonomischen Status (ISEI) (binäre, hierarchische logistische Regression; gewichtete Daten)

Verurteilung anstelle Freispruchs oder Opportunitätseinstellung		
	Exp(B)	**Anstieg von Nagelkerkes-R^2**
Strafantrag des Opfers	3.559**	0.106
generell vorbestraft	2.859**	0.189
Verletzung eher schwer	4.198***	0.272
Opfer hat Täter auch verletzt	0.204**	0.329
Alter der Beschuldigten	0.974†	0.342
sozioökonomischer Status (ISEI)	0.984†	0.354
Nagelkerkes-R^2	**0.354**	
n	**231**	

† $p<.10$; * $p<.05$; ** $p<.01$; *** $p<.001$

Tab. 109 zeigt das Regressionsmodell, dass anstelle des ISEI-Werts die Arbeitslosigkeit der Beschuldigten berücksichtigte.

Tab. 109: Determinanten der ersten verfahrensbeendenden Entscheidung über Verurteilung oder Opportunitätseinstellung/Freispruch unter Verwendung der Variable zur Arbeitslosigkeit (binäre, hierarchische logistische Regression; gewichtete Daten)

Verurteilung anstelle Freispruchs oder Opportunitätseinstellung		
	Exp(B)	**Anstieg von Nagelkerkes-R^2**
Strafantrag des Opfers	3.540**	0.092
generell vorbestraft	2.262**	0.163
Verletzung eher schwer	3.413***	0.224
Opfer hat Täter auch verletzt	0.316**	0.258
Alter der Beschuldigten	0.977**	0.277
Arbeitslosigkeit der Beschuldigten	1.818*	0.290
Nagelkerkes-R^2	**0.290**	
n	**280**	

† p<.10; * p<.05; ** p<.01; *** p<.001

Mit dem Modell, welches die Arbeitslosigkeit der Beschuldigten in die Regression aufnahm (Tab. 109), konnte die Vorhersage einer Verurteilung anstelle einer Einstellung um 29 % verbessert werden (Nagelkerkes-$R^2 = 0.290$). Dabei erhöhte sich die relative Wahrscheinlichkeit einer Verurteilung um das 1,8fache, wenn die Beschuldigten arbeitslos waren. Das Pseudo-R^2 verbesserte sich allerdings bei der Hinzunahme der Arbeitslosigkeit nur noch um 0.019. Daneben waren dieselben verfahrensbezogenen und täterbezogenen Umstände relevant, die auch im vorherigen Modell aus Tab. 108 signifikanten Einfluss übten.

Die Einschaltung einer (Wahl-)Verteidigung übte in den Regressionen keinen signifikanten Einfluss mehr auf die Verurteilungswahrscheinlichkeit aus.

Zusammenfassend wurde die Wahrscheinlichkeit darüber, ob die Beschuldigten am Verfahrensende in erster Entscheidung verurteilt wurden oder das Verfahren aus Opportunität eingestellt wurde, vor allem von tatbezogenen Merkmalen und der Vorstrafenbelastung bestimmt. Dennoch hatten der sozioökonomische Status und die Arbeitslosigkeit der Beschuldigten einen eigenständigen signifikanten Einfluss auf diese Entscheidung, trotz gleichzeitiger Berücksichtigung der Vorstrafenbelastung und Tatschwere. Mit abnehmendem sozioökonomischen Status wurden die Beschuldigten also in der ersten Entscheidung der Strafverfolgungsinstanzen über den Verfahrensausgang, trotz gleicher Vorstrafenbelastung und Tatschwere, signifikant häufiger verurteilt.

11.3.1.2 Die rechtskräftige Entscheidung

Im nächsten Schritt wurde nun der rechtskräftige Verfahrensausgang betrachtet, bei dem die Ergebnisse etwaiger Rechtsbehelfsverfahren (Einsprüche, Berufungen oder Revisionen) berücksichtigt wurden. Die Merkmale, die bivariat signifikant mit einer rechtskräftigen Verurteilung korrelierten, zeigt Tab. 110, wobei die nicht linearen Merkmale wieder nach der Stärke des Zusammenhangs (nach der Größe von Phi oder Cramer-V) sortiert wurden. Der sozioökonomische Status und die Arbeitslosigkeit korrelierten, wie bereits im 3. Teil Kap. 11.1.1 festgestellt, signifikant mit der Art des rechtskräftigen Verfahrensausgangs.

Im Vergleich zur ersten verfahrensbeendenden Entscheidung kam ein eigenständiger signifikanter Einfluss des Umstandes hinzu, dass die Beschuldigten aus der oberen Mittelschicht stammten. Großen negativen Einfluss besaß weiterhin die Vorstrafenbelastung. Weitere bivariat korrelierende Beschuldigtenmerkmale waren der Familienstand und das Alter. Im Unterschied zur ersten Entscheidung war nun auch die Einschaltung einer Wahlverteidigerin auf signifikantem Niveau relevant. Den größten Effekt riefen dabei bereits im Ermittlungsverfahren eingeschaltete Verteidiger hervor. Neben der Verletzungsschwere und dem Strafverfolgungsinteresse des Opfers korrelierte nun außerdem noch eine Tatbegehung unter Alkoholeinfluss negativ mit den Einstellungschancen.[896]

Bei den logistischen Regressionen zu der Frage, ob das Verfahren zu einer rechtskräftigen Verurteilung führte oder nicht, wurde nun wieder je

---

[896] Keine signifikanten Zusammenhänge mit der Verurteilungshäufigkeit wiesen folgende Merkmale auf: dass sich die Beschuldigten und Opfer kannten; dass eine verbale Provokation durch das Opfer tatauslösend war; eine Entschuldigung beim Opfer; dass der Verdacht weitere tateinheitlich- oder tatmehrheitlich begangene Delikte umfasste; die Nationalität und das Geburtsland der Beschuldigten; die Art der Körperverletzung (häusliche Gewalt, Discoschlägerei, usw.); ein einsichtiges Verhalten der Beschuldigten; eine offene Bewährungsstrafe zur Tatzeit; dass das Opfer Nebenkläger war; dass das Opfer weiblich war; das Alter des Opfers; ein (Teil)Geständnis im Ermittlungsverfahren.

Tab. 110: Determinanten einer erfolgten rechtskräftigen Verurteilung anstelle einer Opportunitätseinstellung (bivariate Korrelationen)

Determinanten einer erhöhten Verurteilungswahrscheinlichkeit						
einschlägig vorbestraft	$p<.001$	Phi=.289		generell vorbestraft	$p<.001$	Phi=.258
Verletzungsschwere	$p=.001$	Cramer-V =.225		Strafantrag des Opfers	$p<.001$	Phi=.203
Beschuldigte ist ledig	$p=.001$	Phi=.199		Beschuldigte ist arbeitslos	$p=.002$	Phi=.186
Alkoholeinfluss zur Tatzeit	$p=.005$	Phi=.141		steigende Anzahl der Vorstrafen (0-x)	$p<.001$	Diff.=2,7
Determinanten einer erhöhten Einstellungswahrscheinlichkeit						
Beschuldigte wurde durch das Opfer auch verletzt	$p<.001$	Phi=-.185		Wahlverteidigung im Ermittlungsverfahren	$p=.001$	Phi=-.166
Wahlverteidigung bis zur Hauptverhandlung	$p=.001$	Phi=-.162		Wahlverteidigung zu irgendeinem Verfahrenszeitpunkt beauftragt	$p=.002$	Phi=-.157
Beschuldigte stammt aus oberer Mittelschicht	$p=.021$	Phi=-.151		Beschuldigte ist weiblich	$p=.004$	Phi=-.145
Beschuldigte ist verheiratet	$p=.016$	Phi=-.144		Wahl- oder Pflichtverteidigung bis zur Hauptverhandlung	$p=.005$	Phi=-.141
Wahl- oder Pflichtverteidigung zu irgendeinem Verfahrenszeitpunkt beauftragt	$p=.008$	Phi=-.133		steigender sozioökonomischer Status	$p=.003$	Diff.=6,8
steigendes Alter	$p=.007$	Diff.=3,4				

ein Modell mit dem sozioökonomischen Status und eines mit der Variable zur Arbeitslosigkeit gebildet. Die Variable über die Zugehörigkeit zur oberen Mittelschicht war in der multivariaten Analyse nicht mehr signifikant. Mit dem den ISEI-Wert beinhaltenden Modell aus Tab. 111 konnte die Vorhersage einer rechtskräftigen Verurteilung im Vergleich zum sog. Null-Modell um 38,2 % verbessert werden. Am einflussstärksten war in diesem Modell die einschlägige Vorstrafenbelastung, die die relative Wahrscheinlichkeit einer rechtskräftigen Verurteilung um das 3,5fache erhöhte und die Vorhersage allein bereits um 14 % verbesserte. Daneben führten Körperverletzungen, bei denen das Opfer einen Strafantrag stellte, und solche, die unter Alkoholeinfluss begangen wurden, öfter zu einer Verurteilung. Eine bis

Tab. 111: Determinanten der rechtskräftigen Entscheidung über Verurteilung oder Opportunitätseinstellung/Freispruch unter Verwendung der Variable zum sozioökonomischen Status (ISEI) (binäre logistische Regression; gewichtete Daten)

Verurteilung anstelle Freispruchs oder Opportunitätseinstellung		
	Exp(B)	**Anstieg von Nagelkerkes-R^2**
einschlägig vorbestraft	3.537***	0.139
Strafantrag des Opfers	3.378**	0.196
Alkoholisierung bei Tatbegehung	2.680**	0.245
Opfer hat Täter auch verletzt	0.244**	0.287
Verletzung eher schwer	2.545**	0.315
Wahlverteidigung bis zur Hauptverhandlung	0.454*	0.345
sozioökonomischer Status (ISEI)	0.978*	0.364
Alter der Beschuldigten	0.971*	0.382
Nagelkerkes-R^2	**0.382**	
n	**226**	

† $p<.10$; * $p<.05$; ** $p<.01$; *** $p<.001$

zur Hauptverhandlung eingeschaltete Wahlverteidigerin erhöhte die relative Wahrscheinlichkeit für eine Opportunitätseinstellung um das 2,2fache. Daneben verringerte ein steigender sozioökonomischer Status die Verurteilungswahrscheinlichkeit zusätzlich signifikant (jeweils um das 1,02fache bei Zunahme des ISEI-Werts um 1).

Wenn anstelle des ISEI die Arbeitslosigkeit als unabhängige Variable in die Rechnungen aufgenommen wurde, konnte die Vorhersagegüte der Verurteilung anstelle einer Einstellung im Vergleich zum sog. Null-Modell um 32,1 % verbessert werden (Tab. 112). Die restlichen Einflussfaktoren waren dieselben, wie im Modell aus Tab. 111, nur ihr Erklärungsanteil und die Effektkoeffizienten variierten etwas. Waren die Beschuldigten arbeitslos, dann erhöhte sich die relative Wahrscheinlichkeit einer rechtskräftigen Verurteilung trotz gleicher Vorstrafen und Tatschwere um das 2fache und die Vorhersagegüte verbesserte (Nagelkerkes-R^2 erhöhte) sich signifikant leicht um 0.02.

Zusammenfasend lässt sich damit festhalten, dass auch dann, wenn man den rechtskräftigen Verfahrensausgang betrachtete, der sozioökonomische Status und die Arbeitslosigkeit der Beschuldigten die Wahrscheinlichkeit einer Opportunitätseinstellung trotz gleichzeitiger Berücksichtigung der

Tab. 112: Determinanten der rechtskräftigen Entscheidung über Verurteilung oder Opportunitätseinstellung/Freispruch unter Verwendung der Variable zur Arbeitslosigkeit (binäre logistische Regression; gewichtete Daten)

Verurteilung anstelle Freispruchs oder Opportunitätseinstellung		
	Exp(B)	**Anstieg von Nagelkerkes-R^2**
einschlägig vorbestraft	2.901***	0.121
Opfer hat Täter auch verletzt	0.277**	0.168
Verletzung eher schwer	2.111*	0.202
Wahlverteidigung bis zur Hauptverhandlung	0.404**	0.243
Strafantrag des Opfers	2.881**	0.268
Alkoholisierung bei Tatbegehung	2.019*	0.290
Arbeitslosigkeit der Beschuldigten	2.013*	0.310
Alter der Beschuldigten	0.980†	0.321
Nagelkerkes-R^2	**0.321**	
n	**274**	

† p<.10; * p<.05; ** p<.01; *** p<.001

anderen Einflussfaktoren wie Vorstrafenbelastung und Verletzungsschwere signifikant etwas erhöhten. Zusätzlich besaß mit der Wahlverteidigung ein mittelbares Merkmal ökonomischer Ungleichheit eine eigenständige Bedeutung für den Verfahrensausgang.

11.3.1.3 Zwischenergebnis

Sozioökonomisch schwächere Beschuldigte wurden also auch bei Gleichsetzung der anderen bekannten Einflussfaktoren, etwa der Vorstrafenbelastung und einem gestellten Strafantrag, in den Verfahren der Stichprobe sowohl bei der ersten als auch bei der rechtskräftigen Entscheidung über den Verfahrensausgang signifikant häufiger verurteilt. Denn mit steigendem sozioökonomischen Status der Beschuldigten wurden die Verfahren signifikant häufiger aus Opportunität eingestellt. Die Hinzuziehung eines Wahlverteidigers auf eigenen Kosten erhöhte daneben ebenfalls die Einstellungschancen bei Betrachtung des rechtskräftigen Verfahrensausgangs.

11.3.2 Determinanten der relativen Sanktionsschwere des Verfahrensausgangs: multivariate Analyse

Im folgenden Unterkapitel wurden nun mittels multipler, hierarchischer linearer Regressionen die Determinanten der relativen Sanktionsschwere der verfahrensbeendenden Entscheidung ermittelt.

11.3.2.1 Die erste verfahrensbeendende Entscheidung

Zunächst wurden dabei wieder das Bestehen von bivariaten Zusammenhängen zwischen theoretisch möglichen Einflussfaktoren und dem Sanktionsschwereindex mittels Mittelwertvergleichs und Chi^2-Tests analysiert. Die Merkmale, bei denen sich die durchschnittliche relative Sanktionshärte signifikant unterschied oder die signifikant mit der Sanktionsschwere korrelierten, zeigt Tab. 113. Die Faktoren veränderten sich dabei nicht, wenn man bei den 25 Fällen, bei denen eine Gesamtstrafe verhängt wurde, anstelle der Gesamtstrafe die schwerste Einzelstrafe verwendete.[897] Die abgebildeten Mittelwertdifferenzen und Zusammenhangsmaße beziehen sich in den 25 Fällen, bei denen eine Gesamtstrafe verhängt wurde, auf die Gesamtstrafe.

Strafschärfend wirkten sich insbesondere die Vorstrafenbelastung und eine zur Tatzeit offene Bewährungsstrafe aus. Tatbezogenen Merkmale, die die Sanktionshärte beeinflussten, waren die Verletzungsschwere, das Strafverfolgungsinteresse des Opfers und der Umstand, dass die Beschuldigten im Rahmen der Tatbegehung ebenfalls durch das Opfer verletzt wurden. Neben der Arbeitslosigkeit und dem sozioökonomischen Status wirkten sich das Alter, der Familienstand und das Geschlecht der Beschuldigten auf die Strafhärte aus. Daneben war die durchschnittliche Sanktionsschwere geringer, wenn bereits im Ermittlungsverfahren eine Wahlverteidigerin beauftragt wurde.[898]

[897] Wegen der Voraussetzungen der Stichprobe, dass § 223 StGB stets das schwerste Delikt des Verfahrens sein musste, lag der schwersten Einzelstrafe stets eine einfache Körperverletzung gem. § 223 StGB zugrunde.

[898] Keine signifikanten Zusammenhänge mit der Verurteilungshäufigkeit wiesen folgende Merkmale auf: dass die Beschuldigten unter Alkoholeinfluss standen; dass sich die Beschuldigten und Opfer kannten; dass eine verbale Provokation durch das Opfer tatauslösend war; eine Entschuldigung beim Opfer; dass der Verdacht weitere tateinheitlich-

Tab. 113: Determinanten der Strafhärte (nach dem Sanktionsschwereindex) der ersten verfahrensbeendenden Entscheidung (bivariate Korrelationen)

Strafschärfende Faktoren						
einschlägig vorbestraft	$p<.001$	Diff.=-6,4		unter Bewährung zum Tatzeitpunkt	$p=.010$	Diff.=-6,0
Verletzung eher schwer	$p<.001$	Diff.=-5,4		Opfer ist Nebenkläger	$p=.011$	Diff.=-5,4
generell vorbestraft	$p<.001$	Diff.=-4,2		Strafantrag des Opfers	$p<.001$	Diff.=-3,8
Beschuldigte ist arbeitslos	$p=.011$	Diff.=-2,7		Beschuldigte ist ledig	$p=.024$	Diff.=-2,3
steigende Anzahl der Vorstrafen (0-x)	$p<.001$	$r=.260$				
Strafmildernde Faktoren						
Beschuldigte ist verheiratet	$p=.005$	Diff.=3,4		Opfer hat Täter auch verletzt	$p=.002$	Diff.=3,1
Beschuldigte ist weiblich	$p=.046$	Diff.=2,5		Wahlverteidigung im Ermittlungsverfahren	$p=.030$	Diff.=1,8
steigender sozioökonomischer Status	$p=.013$	$r=-.162$		steigendes Alter	$p=.005$	$r=-.140$

Nun wurde mittels multiplen, hierarchischen linearen Regression untersucht, ob der sozioökonomische Status und die Arbeitslosigkeit auch bei der gleichzeitigen Berücksichtigung der anderen Einflussfaktoren eigenständige Bedeutung besaßen. Hierbei wurde auch in den Verfahren, in denen tatmehrheitlich begangene Delikte mit abgeurteilt wurden, zwischen der Gesamtstrafe und der Einzelstrafe für die schwerste Körperverletzung differenziert.

Die linearen Regressionen ergaben, dass für die Sanktionshärte der ersten Entscheidung in der multivariaten Analyse weder die Arbeitslosigkeit noch der sozioökonomische Status signifikant eigenständigen Einfluss besaßen. Auch ein im Ermittlungsverfahren eingeschalteter Wahlverteidiger zeigte keinen signifikanten Einfluss mehr. Da die im Forschungsfokus stehenden, für sozioökonomische Ungleichheit relevanten Merkmale somit

---

oder tatmehrheitlich begangene Delikte umfasste; die Nationalität und das Geburtsland der Beschuldigten; dass die Beschuldigten der oberen Mittelschicht angehörten; die Art der Körperverletzung (häusliche Gewalt, Discoschlägerei, usw.); ein einsichtiges Verhalten der Beschuldigten; eine offene Bewährungsstrafe zur Tatzeit; die Einschaltung einer Wahlverteidigung bis zur Hauptverhandlung; dass das Opfer weiblich war; das Alter des Opfers; ein (Teil)Geständnis im Ermittlungsverfahren.

keine Relevanz mehr besaßen und sich die in den Regressionsmodellen relevanten Faktoren und ihr Einfluss kaum zwischen den Modellen unterschieden, die entweder die schwersten Einzel- oder die Gesamtstrafen beinhalteten, wird im Folgenden nur das Modell zur Gesamtstrafe dargestellt (Tab. 114).

Tab. 114: Determinanten der Sanktionshärte der ersten verfahrensbeendenden Entscheidung (unter Verwendung der 13 Gesamtstrafen) (hierarchische lineare Regression; gewichtete Daten)

Sanktionsschwere der ersten Entscheidung über den Verfahrensausgang		
	β	**Anstieg von R^2**
einschlägig vorbestraft	0.310***	0.137
Verletzung eher schwer	0.240***	0.209
Opfer hat Täter auch verletzt	- 0.136**	0.232
Strafantrag des Opfers	0.113*	0.248
unter Bewährung zur Tatzeit	0.104*	0.257
Opfer ist Nebenkläger	0.093*	0.266
R^2	**0.266**	
korrigiertes R^2	**0.254**	
n	**396**	

† $p<.10$; * $p<.05$; ** $p<.01$; *** $p<.001$

Stärkstes Einflussmerkmal war die einschlägige Vorstrafenbelastung, die allein bereits 13,7 % der Varianz erklären konnte. Die weiteren Einflussmerkmale waren bis auf die offene Bewährungsstrafe zur Tatzeit tat- und opferbezogen. Dass eine offene Bewährungsstrafe im Unterschied zu der Frage über die Art des Verfahrensausgangs („verurteilt“ oder „eingestellt/freigesprochen“) neben der einschlägigen Vorstrafenbelastung einen eigenständigen Einfluss übte, kann mit deren starkem Einfluss auf die Häufigkeit unbedingter Freiheitsstrafen erklärt werden (siehe bereits 3. Teil Kap. 9.2.3 sowie 9.2.4). Denn die unbedingten Freiheitsstrafen stellten in der Stichprobe ein vergleichsweise besonders großes Strafübel dar und schlugen auf dem Sanktionsschwereindex besonders stark nach oben aus.

Mit Blick auf die Forschungsfrage bleibt damit festzuhalten, dass bei Betrachtung der relativen Sanktionshärte der ersten verfahrensbeendenden Entscheidung sozioökonomische Merkmale der Beschuldigten bei der Hinzunahme von Kontrollvariablen keine Rolle mehr spielten. Dies entspricht auch dem bereits im 3. Teil Kap. 9.2 getätigten Befund, dass in den Verfahren, in denen eine Sanktionierung erfolgte, sozioökonomische Merkmale die Schwere der Sanktion nicht mehr beeinflussten.

11.3.2.2 Die rechtskräftige Entscheidung

Im nächsten Schritt wurden nun die Determinanten der relativen Sanktionshärte der rechtskräftigen Entscheidung analysiert. In einem ersten Arbeitsschritt wurden wieder bivariate Zusammenhänge zwischen theoretisch möglichen Einflussfaktoren und dem Sanktionsschwereindex mittels Mittelwertvergleichs und Chi^2-Tests ermittelt. Auch hier veränderten sich die Merkmale, die mit der Sanktionshärte zusammenhingen, nicht, wenn man bei den Fällen, bei denen eine Gesamtstrafe verhängt wurde, anstelle der Gesamtstrafe die schwerste Einzelstrafe verwendete. Die ermittelten Merkmale, die bivariat mit der Sanktionsschwere korrelierten, zeigt Tab. 115.[899] Die abgebildeten Differenzen und Zusammenhangsmaße beziehen sich dabei auf die Gesamtstrafe. Die Merkmale, die mit der Sanktionshärte des rechtskräftigen Verfahrensausgangs bivariat korrelierten, unterschieden sich kaum zu denen der ersten verfahrensbeendenden Entscheidung. Neu hinzu kam die strafschärfende Wirkung der Tatbegehung unter Alkoholeinfluss, die auch bereits die Wahrscheinlichkeit einer rechtskräftigen Verurteilung signifikant erhöhte. Daneben gewann die Einschaltung einer Wahlverteidigung, auch nach dem Ermittlungsverfahren, an Einfluss. Die Arbeitslosigkeit und ein niedriger sozioökonomischer Status führten auch hier zu einer Verschärfung der Sanktionshärte. Ihr Effekt vergrößerte sich bei der Berücksichtigung der Rechtsbehelfsverfahren im Vergleich zu der ersten verfahrensbeendenden Entscheidung leicht.

---

[899] Keine signifikanten Zusammenhänge mit der Verurteilungshäufigkeit wiesen folgende Merkmale auf: dass sich die Beschuldigten und Opfer kannten; dass eine verbale Provokation durch das Opfer tatauslösend war; eine Entschuldigung beim Opfer; dass der Verdacht weitere tateinheitlich- oder tatmehrheitlich begangene Delikte umfasste; die Nationalität und das Geburtsland der Beschuldigten; dass die Beschuldigten der oberen Mittelschicht angehörten; die Art der Körperverletzung (häusliche Gewalt, Discoschlägerei, usw.); ein einsichtiges Verhalten der Beschuldigten; eine offene Bewährungsstrafe zur Tatzeit; dass das Opfer Nebenkläger war; dass das Opfer weiblich war; das Alter des Opfers; ein (Teil)Geständnis im Ermittlungsverfahren.

Tab. 115: Determinanten der Strafhärte der rechtskräftigen verfahrensbeendenden Entscheidung (bivariate Korrelationen)

Strafschärfende Faktoren						
einschlägig vorbestraft	$p<.001$	Diff.=-5,9		unter Bewährung zum Tatzeitpunkt	$p=.020$	Diff.=-5,1
generell vorbestraft	$p<.001$	Diff.=-4,4		Verletzung eher schwer	$p<.001$	Diff.=-4,2
Beschuldigte ist arbeitslos	$p=.004$	Diff.=-3,1		Strafantrag des Opfers	$p<.001$	Diff.=-3,1
Beschuldigte ist ledig	$p=.003$	Diff.=-3,0		Alkoholeinfluss zur Tatzeit	$p=.003$	Diff.=-2,3
steigende Anzahl Vorstrafen (0-x)	$p<.001$	$r=.319$				
Strafmildernde Faktoren						
Opfer hat Täter auch verletzt	$p<.001$	Diff.=3,3		Beschuldigte ist verheiratet	$p=.002$	Diff.=3,1
Wahlverteidigung im Ermittlungsverfahren	$p=.001$	Diff.=2,5		Beschuldigte ist weiblich	$p=.034$	Diff.=2,5
Wahlverteidigung bis zur Hauptverhandlung	$p=.002$	Diff.=2,2		Wahlverteidigung zu irgendeinem Verfahrenszeitpunkt beauftragt	$p=.006$	Diff.=2,0
steigender sozioökonomischer Status	$p=.010$	$r=-.169$		steigendes Alter	$p=.009$	$r=-.130$

Bei den multiplen linearen Regressionen zur Strafhärte des rechtskräftigen Verfahrensausgangs besaß die Arbeitslosigkeit leichten eigenständigen signifikanten Einfluss, wenn der Analyse die Gesamtstrafen der 11 tatmehrheitlichen Verurteilungen zugrunde gelegt wurden.

Mit dem gefundenen Modell zur Strafhärte aus Tab. 116, das bei tatmehrheitlichen Delikten die Gesamtstrafe berücksichtigte, konnten 25,1 % der Streuung der Sanktionsschwere erklärt werden (unter Berücksichtigung der Anzahl der in das Modell eingefügten Faktoren im Verhältnis zur Fallzahl [korrigiertes R^2] 23,4 %). Stärkster Einfluss-und Erklärungsfaktor war wieder die einschlägige Vorstrafenbelastung, die allein 56,6 % des ermittelten R^2-Werts ausmachte und 14,2 % der Varianz erklären konnte. Den vorhandenen einschlägigen Vorstrafen folgte die Schwere der eingetretenen Körperverletzung, die ebenfalls noch einmal 14,2 % der Varianz erklären konnte. Neben diesen Merkmalen wirkte sich auch eine Alkoholisierung bei der Tatbegehung strafschärfend aus. Einen signifikant strafmildernden Effekt besaßen die Einschaltung einer Wahlverteidigerin bis zur Hauptver-

Tab. 116: Determinanten der Sanktionshärte der rechtskräftigen verfahrensbeendenden Entscheidung unter Verwendung der Gesamtstrafen bei den 11 Verurteilungen wegen tatmehrheitlicher Delikte (hierarchische lineare Regression; gewichtete Daten)

Sanktionsschwere der rechtskräftigen Entscheidung über den Verfahrensausgang		
	β	**Anstieg von R^2**
einschlägig vorbestraft	0.229***	0.142
Verletzung eher schwer	0.201***	0.284
Opfer hat Täter auch verletzt	- 0.141**	0.208
Wahlverteidigung bis zur Hauptverhandlung	- 0.130*	0.227
Alkoholisierung bei Tatbegehung	0.133*	0.239
Arbeitslosigkeit der Beschuldigten	0.112*	0.251
R^2 insgesamt	**0.251**	
korrigiertes R^2	**0.234**	
n	**274**	

† p<.10; * p<.05; ** p<.01; *** p<.001

handlung sowie eine Verletzung der Beschuldigten durch die Opfer. Arbeitslose Beschuldigte wurden auch unter Berücksichtigung der Kontrollvariablen härter sanktioniert als nicht arbeitslose Beschuldigte. Der sozioökonomische Status besaß in der multiplen linearen Regression hingegen keinen eigenen signifikanten Effekt mehr auf die Strafhärte.

Führte man die Regression bei den 11 tatmehrheitlichen Verurteilungen mit den Einzelstrafen für die schwerste Körperverletzung durch, war der Einfluss des Regressors „Arbeitslosigkeit" gerade nicht mehr auf dem 5 %-Niveau signifikant (p = .064). Da dieser nur sehr knapp über dem erforderlichen Signifikanzniveau lag und im Fokus dieser Untersuchung steht, wurde die Arbeitslosigkeit zur Veranschaulichung dennoch mit in das in Tab. 117 abgebildete Modell aufgenommen. Tab. 117 zeigt, dass die restlichen 5 Einflussmerkmale denen des Modells aus Tab. 116 entsprechen. Die (standardisierten) Effektkoeffizienten änderten sich zwar leicht, die Reihenfolge des Erklärungsgewichts (R^2-Werts) blieb aber bestehen. Die mit dem Modell erklärte Varianz betrug 24,1 %, wenn die Arbeitslosigkeit außen vorgelassen wurde, und 25 % bei Berücksichtigung dieses Faktors. Das ß-Gewicht der Arbeitslosigkeit mit 0.103 und die Verbesserung des Erklärungsanteils mit 0,9 % waren dabei vergleichsweise gering. Die Variable

Tab. 117: Determinanten der Sanktionshärte der rechtskräftigen verfahrensbeendenden Entscheidung unter Verwendung der schwersten Einzelstrafe für § 223 StGB bei den 11 Gesamtstrafen (hierarchische lineare Regression; gewichtete Daten)

Sanktionsschwere der rechtskräftigen Entscheidung über den Verfahrensausgang (bei Gesamtstrafen nur schwerste Einzelstrafe berücksichtigt)		
	β	**Anstieg von R^2**
einschlägig vorbestraft	0.296***	0.139
Verletzung eher schwer	0.227***	0.186
Opfer hat Täter auch verletzt	- 0.157**	0.209
Wahlverteidigung bis zur Hauptverhandlung	- 0.124*	0.229
Alkoholisierung bei Tatbegehung	0.124*	0.241
Arbeitslosigkeit der Beschuldigten	0.103†	0.250
R^2 insgesamt	**0.250**	
korrigiertes R^2	**0.234**	
n	**274**	

† $p<.10$; * $p<.05$; ** $p<.01$; *** $p<.001$

zum sozioökonomischen Status (ISEI) hatte, wie bereits unter Berücksichtigung der Gesamtstrafen, keinen eigenen signifikanten Effekt mehr in der multiplen Regression.

11.3.2.3 Zwischenergebnis

Der sozioökonomische Status der Beschuldigten nach dem ISEI beeinflusste die relative Sanktionshärte der ersten verfahrensbeendenden und der rechtskräftigen Entscheidung bei Berücksichtigung der Kontrollvariablen nicht mehr signifikant. Mit Blick auf die relative Strafhärte des rechtskräftigen Verfahrensausgangs wurde allerdings auch bei der multivariaten Analyse die Beschuldigtengruppe mit dem niedrigsten sozioökonomischen Status, die Arbeitslosen, auch dann insgesamt härter bestraft als nicht arbeitslose Beschuldigte, wenn die anderen Einflussgrößen berücksichtigt waren. Dies galt mit einer Irrtumswahrscheinlichkeit von unter 5 % bei Berücksichtigung der 11 Gesamtstrafen und mit einer Irrtumswahrscheinlichkeit von 6,4 %, wenn anstelle dieser die schwersten 11 Einzelstrafen verwendet wurden. Die Arbeitslosigkeit war dabei eines von sechs Merkmalen, das in der multiplen Regression noch einen eigenständigen Einfluss besaß, wenn auch nur einen geringen. Hierzu kommt, dass sich neben der Arbeitslosigkeit ein weiterer Umstand in den multiplen Regressionen auswirkte, bei dem die ökonomische Ungleichheit der Beschuldigten relevant wird: Beauftragten die Beschuldigten bis spätestens zur Hauptverhandlung auf eigene Kosten einen Wahlverteidiger, verringerte sich die relative Strafhärte des rechtskräftigen Verfahrensausgangs ebenfalls signifikant.

11.4 Zwischenergebnis

Zusammenfassend lässt sich festhalten, dass sozioökonomisch schwächere Beschuldigte in den Verfahrensarten der Stichprobe signifikant häufiger verurteilt und, unter Berücksichtigung erfolgter Einstellungen, auch härter sanktioniert wurden. Die Quote der Opportunitätseinstellungen anstelle einer Verurteilung stieg mit zunehmendem sozioökonomischen Status an. Beschuldigte aus der unteren Unterschicht wurden insgesamt doppelt so häufig rechtskräftig verurteilt, wie Beschuldigte aus der oberen Mittelschicht, bei denen das Verfahren zu 75 % aus Opportunität eingestellt wurde. Auch in den multivariaten logistischen Regressionen behielten der sozioökonomische Status und die Arbeitslosigkeit ihren signifikanten Einfluss auf die Verurteilungswahrscheinlichkeit. Beschuldigte aus der unteren Unterschicht wurden somit nicht nur deswegen öfter verurteilt, weil sie häufiger andere verurteilungsfördernde Merkmale aufwiesen wie etwa eine Vorstrafenbelastung. Auch in den Fällen, in denen die restlichen Determinanten der Verurteilungshäufigkeit gleich waren, wurden sozioökonomisch schwächere Beschuldigte häufiger verurteilt. Dieser Unterschied verschärfte sich bei der Berücksichtigung eingelegter Rechtsbehelfe etwas. Die Hypothese (H_{12}) konnte damit hinsichtlich der generellen Wahrscheinlichkeit einer Einstellung oder Verurteilung beibehalten werden.

Daneben verringerte die Beauftragung einer Wahlverteidigerin auf eigene Kosten die Verurteilungswahrscheinlichkeit signifikant, auch unter Berücksichtigung der anderen Kontrollvariablen. Hypothese (H_{13}) wurde deshalb mit Blick auf die generelle Einstellungs- und Verurteilungswahrscheinlichkeit am Ende des Verfahrens beibehalten. Arme Beschuldigte waren somit doppelt benachteiligt, wenn es um die Frage ging, ob das Verfahren durch eine Opportunitätseinstellung oder Verurteilung beendet wurde.

Auch wenn man anstelle der Verurteilungswahrscheinlichkeit die relative Strafhärte des Verfahrensausgangs betrachtete, wurden die Beschuldigten umso härter bestraft, je niedriger ihr sozioökonomischer Status war. Der Zusammenhang war allerdings deutlich geringer ausgeprägt als bei der Frage nach der Einstellungs- bzw. Verurteilungswahrscheinlichkeit. Dies erklärt sich aus dem bereits im 3. Teil Kap. 9 getätigten Befund, dass einerseits die verhängten Strafen Großteils sehr gering waren[900] und anderseits in den Fällen, in denen eine Verurteilung erfolgte, die Strafhärte der konkreten Sanktionen nicht mehr mit dem sozioökonomischen Status korrelierte. Dennoch war die Strafhärte des rechtskräftigen Verfahrensausgangs bei den Beschuldigten aus der unteren Unterschicht im Vergleich zu denen aus der oberen Mittelschicht um 45 % erhöht. Kontrollierte man allerdings bei den multiplen linearen Regressionen den Einfluss der anderen relevanten Faktoren, dann war der sozioökonomische Status nicht mehr auf signifikantem Niveau eigenständig bedeutsam. Lediglich die Zugehörigkeit zur sozioökonomisch schwächsten Gruppe der Arbeitslosen verschärfte eigenständig die Sanktionshärte des rechtskräftigen Verfahrensausgangs neben den anderen Einflussfaktoren leicht. Nur diesbezüglich konnte damit die Forschungshypothese (H_{12}), dass die Verfahren für Beschuldigte mit einem niedrigeren sozioökonomischen Status letztlich schlechter ausgehen (die relative Sanktionshärte des Verfahrensausgangs letztlich größer ist), bestätigt werden. Zusätzlich war auch hier wieder die Beauftragung einer Wahlverteidigung auf eigene Kosten ein Faktor, der die Strafhärte signifikant milderte. Hypothese (H_{13}) wurde damit auch hinsichtlich der relativen Sanktionshärte des Verfahrensausgangs beibehalten. Arbeitslose Beschuldigte waren damit auch bei der Berücksichtigung der Strafhärte der konkreten Sanktionen zum einen unmittelbar selbst benachteiligt und zum anderen mittelbar dadurch, dass die Beauftragung einer Wahlverteidigerin die Strafhärte verringerte, was für diese finanziell jedoch vermutlich kaum zu leisten war.

---

[900] Auch bei erfolgten Verurteilungen lagen die Strafen deshalb im unteren Bereich des Strafhärteindex und die Strafhärte der Verurteilungen unterschied sich somit nicht so stark von der Strafhärte der Einstellungen.

12 Die Verteidigung

Im folgenden Abschnitt werden noch einmal die im Laufe der Untersuchung getätigten Ergebnisse zu den Forschungshypothesen und -fragen zur Strafverteidigung der besseren Übersichtlichkeit halber kurz zusammengefasst, da diese über den gesamten Verfahrensablauf verteilt an verschiedensten Stellen der Untersuchung bearbeitet wurden.

Mit steigendem sozioökonomischen Status und Einkommen, stieg nicht gleichzeitig auch die Quote der beauftragten Wahlverteidigerinnen. Nur die obere Mittelschicht beauftragte sowohl signifikant und deutlich häufiger als auch früher im Verfahren Strafverteidiger ihrer Wahl. Die Beschuldigten aus der unteren und oberen Unterschicht sowie der unteren Mittelschicht beauftragten hingegen alle nur sehr selten einen Rechtsbeistand, ohne signifikante Unterschiede.

Wahlverteidigerinnen wurden hochsignifikant sehr viel eher herbeigezogen als Pflichtverteidigerinnen: Erstere wurden bereits zu 65,9 % im Ermittlungsverfahren beauftragt, die Pflichtverteidigerinnen zu 0 %. Waren die Beschuldigten schon vor der ersten Beschuldigtenvernehmung anwaltlich vertreten, so wurde das Einkommen zwar nur zu 13,1 % im Ermittlungsverfahren bekannt. Bei den unverteidigten Beschuldigten war das Einkommen jedoch auch nur zu 21,5 % bereits im Ermittlungsverfahren bekannt und damit nur etwas und nicht signifikant häufiger. Verteidigte Beschuldigte gestanden signifikant seltener als unverteidigte. Dennoch förderte die Einschaltung eines Rechtsbeistands im Ermittlungsverfahren sowohl in den bivariaten als auch in den multivariaten Analysen die Wahrscheinlichkeit einer Einstellung nach § 153a Abs. 1 StPO, obwohl ein abgelegtes Geständnis die Wahrscheinlichkeit einer Einstellung gegen Auflagen signifikant erhöhte: Bei verteidigten Beschuldigten wurden 32,6 % der Verfahren nach § 153a Abs. 1 StPO eingestellt, bei den unverteidigten nur 13,8 %. Dabei wurde das Verfahren in den 7 Fällen, in denen die verteidigten Beschuldigten dennoch im Ermittlungsverfahren ein (Teil)Geständnis ablegten, zu 77 % von der Staatsanwaltschaft nach § 153a Abs. 1 StPO eingestellt, bei den geständigen Beschuldigten ohne Verteidigung nur zu 21,9 %. Die Häufigkeit einer Verfahrenseinstellung nach § 153 StPO unterschied sich hingegen nicht zwischen verteidigten und unverteidigten Beschuldigten.

Auch die Verfahrenseinstellungen aus Opportunität durch das Gericht und die Staatsanwaltschaft bei bereits erhobener Anklage erfolgten signifikant häufiger bei wahlverteidigten Beschuldigten. War ein Wahlverteidiger vorhanden, wurden die angeklagten Verfahren noch zu 54,4 % im Zwischen- oder Hauptverfahren eingestellt und damit doppelt so häufig, wie bei den Beschuldigten ohne Wahlverteidiger. Der Unterschied war noch deutlicher, wenn man die Einstellungen nach § 154 StPO außen vor ließ und nur diejenigen nach §§ 153a und 153 StPO betrachtete: Dann betrug die Einstellungsquote bei verteidigten Beschuldigten das Dreifache der Quote der unverteidigten Beschuldigten. Auch in der multivariaten Analyse behielt die Wahlverteidigung ihren eigenständigen signifikanten Einfluss auf die Einstellungswahrscheinlichkeit.

In nur etwa 10 % der durchgeführten Hauptverhandlungen wurde laut Hauptverhandlungsprotokoll ein Rechtsgespräch geführt oder zumindest die Sach- und Rechtslage erörtert. Bei den zwei in den Akten dokumentierten Verfahrensabsprachen waren beide Angeklagten anwaltlich vertreten. In den 6 Fällen, in denen ein Hinweis im Hauptverhandlungsprotokoll auf die Erörterung der Sach- und Rechtslage vorlag, waren in 4 Verfahren Verteidigerinnen anwesend.

Verteidigte Beschuldigte legten bei einem Strafbefehlserlass oder einer Verurteilung nach Hauptverhandlung signifikant häufiger Rechtsbehelfe ein als unverteidigte. Von den Angeklagten, die einen Einspruch gegen einen erlassenen Strafbefehl einlegten (n = 67) waren 65 % wahlanwaltlich vertreten. Bei den 9 Berufungsverfahren waren alle Angeklagten anwaltlich vertreten, 2/3 davon bereits in der Hauptverhandlung. Waren die Angeklagten verteidigt lag die Quote der Rechtsbehelfe bei 66,4 %; bei den unverteidigten betrug diese nur 17,2 %. Wurden die Rechtsbehelfe erst einmal wahrgenommen, so machte es bei den Strafbefehlsverfahren keinen signifikanten Unterschied für deren Erfolg aus, ob ein Verteidiger eingeschaltet war.[901] Dennoch wirkten sich die Rechtsbehelfe insgesamt sehr positiv aus: In 80,3 % der Fälle änderte sich der Verfahrensausgang durch die ein-

[901] Bei den Berufungsverfahren waren stets Verteidiger anwesend.

gelegten Rechtsbehelfe zugunsten der Angeklagten und die durchschnittliche Sanktionshärte verringerte sich deutlich. Zusammenfassend hatte damit ein eingeschalteter Rechtsbeistand mit Blick auf die Rechtsbehelfsverfahren einen positiven Einfluss in der Form, dass verteidigte Verurteilte fast viermal so häufig wie unverteidigte Rechtsbehelfe nutzten, die den Verfahrensausgang zu 80 % zugunsten und nur zu 6 % zu deren Ungunsten änderten.

Auch bei Betrachtung des rechtskräftigen Verfahrensausgangs insgesamt wirkte sich die Mandatierung einer Wahlverteidigerin sowohl in den bivariaten als auch in den multivariaten Analysen positiv aus. Wahlverteidigte Beschuldigte wurden hochsignifikant seltener rechtskräftig verurteilt und auch die relative Sanktionsschwere des rechtskräftigen Verfahrensausgangs war signifikant niedriger als in den restlichen Verfahren.

Insgesamt wirkte sich die Einschaltung eines Wahlverteidigers also auch in den Verfahren, in denen eine Verteidigung nach § 140 StPO nicht notwendig war, deutlich zugunsten der Beschuldigten aus. Da die Beauftragung einer Wahlverteidigerin jedoch kostenintensiv ist, nutzten die einkommensstärkeren Beschuldigten der Stichprobe (die Beschuldigten aus der oberen Mittelschicht) diese Möglichkeit deutlich häufiger und früher im Verfahren für sich.

Zusammenfassung, Thesen und Ausblick

In dieser Untersuchung wurden insbesondere zwei Aspekte alltäglicher Strafverfahren ausgemacht, die zu einer Benachteiligung infolge sozioökonomischer Ungleichheit der Beschuldigten führten. Als erstes hatte die Einstellungspraxis der Staatsanwaltschaften und Gerichte nach § 153a StPO einen benachteiligenden Effekt: Zum einen war die Wahrscheinlichkeit, dass das Verfahren straffrei aus Opportunität eingestellt wurde, umso größer, je höher der sozioökonomische Status der Beschuldigten war. Neben der unmittelbaren Auswirkung sozioökonomischer Ungleichheit wirkte sich zum anderen bei den Einstellungen gegen Auflagen ein anderes zentrales Element alltäglicher Strafverfahren aus, bei dem die ökonomische Ungleichheit der Beschuldigten ungleiche Ausgangslagen schafft: die gewählte Strafverteidigung in Fällen fehlender Notwendigkeit einer Verteidigung i.S.d. § 140 StPO. Denn für wahlverteidigte Beschuldigte bestand in diesen Fällen ebenfalls eine signifikant geringere Verurteilungswahrscheinlichkeit als für die Beschuldigten ohne gewählte Strafverteidigung.

Ein weiterer Abschnitt der Strafverfahren alltäglicher Massenkriminalität, an dem sich die ökonomische Ungleichheit der Beschuldigten auswirkte, war zweitens die Rechtspraxis bei der Geldstrafenzumessung und -vollstreckung. Hier hat sich gezeigt, dass eine gerechte, das Tagessatzsystem und § 40 StGB richtig anwendende Bemessung der Tagessatzhöhen vielmals nicht stattfand und oft auch gar nicht möglich war. Darüber hinaus fand mit den Zahlungserleichterungen gem. § 42 StGB ein weiteres Instrument, das unzumutbare Härten des Geldstrafensystems gegenüber armen Verurteilten verhindern soll, keine Anwendung. Diese wurden in vielen Fällen auch dann nicht gewährt, wenn sie eindeutig notwendig waren. Schließlich wurden, wie zu erwarten war, Ersatzfreiheitsstrafen nur bei sehr armen Verurteilten vollstreckt.

Diese Ergebnisse wurden aus einer auf theoretischen Überlegungen aufbauenden Aktenanalyse von 404 wegen einfacher Körperverletzung eingeleiteter Strafverfahren aus den Landgerichtsbezirken Braunschweig und

Hannover gewonnen, in denen die Staatsanwaltschaft entweder Anklage erhob, den Erlass eines Strafbefehls beantragte oder das Verfahren nach § 153 Abs. 1 oder § 153a Abs. 1 StPO einstellte. Die Durchführung der empirischen Untersuchung sah sich dabei dem Problem ausgesetzt, dass die sozioökonomischen Merkmale der Beschuldigten in deutlich mehr Fällen unbekannt waren, als dies bei der Stichprobenbildung und nach den Ergebnissen früherer Forschungsarbeiten sowie denen des Pretests anzunehmen war. Dieser Befund war einerseits Teil eines relevanten Ergebnisses dieser Arbeit mit Blick auf die Praxis der Geldstrafenzumessung und die Frage, auf welcher Grundlage diese in den Strafbefehlsverfahren erfolgt. Dies führte andererseits aber auch dazu, dass sich die Stichprobengröße bei der Betrachtung sozioökonomischer Merkmale erheblich verringerte.

Im Folgenden werden die wesentlichen empirischen Ergebnisse dieser Untersuchung noch einmal zusammengetragen und diskutiert.

1 Opportunitätseinstellungen und Verurteilungswahrscheinlichkeit

Die empirische Untersuchung dieser Arbeit hat gezeigt, dass sich sozioökonomische Ungleichheit der Beschuldigten in einer unterschiedlichen Einstellungswahrscheinlichkeit niederschlägt. Mit steigendem sozioökonomischen Status steigt auch die Quote der Verfahrenseinstellungen aus Opportunität. Dieser Befund ist umso wichtiger, als dass Opportunitätseinstellungen die heutige Erledigungspraxis von Strafverfahren leichterer Kriminalität ganz erheblich prägen. Im Jahr 2015 etwa stellten die Staatsanwaltschaften fast die Hälfte der Strafverfahren (44 %), die nicht mangels hinreichenden Tatverdachts nach § 170 Abs. 2 StPO eingestellt wurden, aus Opportunität ein.[902] Die Einstellungen nach § 153 Abs. 1 und § 153a Abs. 1 StPO machten hierbei die Hälfte dieser Einstellungen aus. Lediglich in 12 % dieser Verfahren wurde Anklage erhoben und in 15 % der Erlass eines Strafbefehls beantragt.[903] Zusätzlich stellten auch die Amtsgerichte noch einmal

[902] Siehe hierzu 1. Teil Kap. 4.1.

[903] Dabei kommen die Einstellungen wegen Geringfügigkeit ohne Auflagen nach §§ 153 Abs. 1 StPO, § 45 Abs. 1 und 2 JGG bereits auf 23 %, die Einstellungen mit Auflagen nach § 153a Abs. 1 StPO und § 45 Abs. 3 JGG auf 5 % und die Einstellungen nach

weitere 28 % der angeklagten Verfahren im Zwischen- oder Hauptverfahren aus Opportunität ein.[904] Der Anteil der Einstellungen nach § 153a und § 153 StPO lag hier ebenfalls knapp bei der Hälfte. Auch in dieser Stichprobe, die die Einstellungen nach § 154 Abs. 1 StPO und nach § 45 JGG gar nicht berücksichtigte, war die Anzahl der Opportunitätseinstellungen (im Ermittlungsverfahren gem. §§ 153 Abs. 1, 153a Abs. 1 StPO und im Zwischen- und Hauptverfahren gem. §§ 153 Abs. 2, 153a Abs. 2, 154 Abs. 2 StPO) am Verfahrensende höher als die der erfolgten Verurteilungen.

1.1 Ergebnisse

Wie wirkt sich diese Erledigungspraxis für sozioökonomisch ungleiche Beschuldigte aus? Der folgende Abschnitt fasst zusammen, weshalb die Einstellungswahrscheinlichkeit nach § 153a StPO am Ende des Verfahrens für sozioökonomisch ungleiche Beschuldigte unterschiedlich war, und wie sich diese Benachteiligung der unteren Gesellschaftsschichten im Laufe des Verfahrens entwickelte.

1.1.1 Ermittlungsverfahren

Der Beginn dieser Ungleichverteilung wird bereits im Ermittlungsverfahren gesetzt. In diesem Verfahrensabschnitt werden die meisten Strafverfahren noch aus Opportunität erledigt.[905] Mit Blick auf den Ausgang des Ermitt-

§ 154 StPO auf 10 %, *Statistisches Bundesamt*, Fachserie 10, Reihe 2.6. Rechtspflege. Staatsanwaltschaften 2015, S. 26.

904 Von den 2015 vor den Amtsgerichten erledigten Verfahren (bei denen die Staatsanwaltschaft also Anklage erhoben oder einen Strafbefehlserlass beantragt und nicht eingestellt hat) wurden noch einmal 8 % gegen Auflagen nach § 153a Abs. 2 StPO eingestellt und 5 % nach § 153 Abs. 2 StPO sowie 5 % nach 45 JGG und 5 % nach § 154 Abs. 2 StPO. In absoluten Zahlen stellten die Gerichte insgesamt 150 664 Verfahren aus Opportunität ein (52 699 Verfahren nach § 153a StPO, 32 246 nach § 153 StPO, 34 859 nach § 45 JGG und 30 860 § 154 StPO ein); bei der Staatsanwaltschaft gab es hingegen mit insgesamt 1 362 302 Einstellungen (170 515 Einstellungen nach § 153a StPO, 668 542 nach § 153 Abs. 1 StPO, 165 200 nach § 45 JGG und 358 045 nach § 154 StPO) eine vielfach höhere (absolute) Anzahl eingestellter Verfahren, *Statistisches Bundesamt*, Fachserie 10, Reihe 2.3. Rechtspflege. Strafgerichte 2015, S. 26; *Statistisches Bundesamt*, Fachserie 10, Reihe 2.6. Rechtspflege. Staatsanwaltschaften 2015, S. 26.

905 Siehe hierzu 1. Teil Kap. 4.1.

lungsverfahrens enthielt die gezogene Stichprobe dabei nur solche Verfahren, in denen die Staatsanwaltschaft entweder Anklage erhob, den Erlass eines Strafbefehls beantragte oder das Verfahren nach § 153 Abs. 1 oder § 153a Abs. 1 StPO einstellte. Bei der Frage, wie das Ermittlungsverfahren endete, wurden deshalb stets nur diese Verfahren miteinander verglichen beziehungsweise einander gegenübergestellt. Die statistische Analyse der erhobenen Daten ergab, dass mit steigendem sozioökonomischen Status die Anklagequote abnahm.[906] Wurde in der Stichprobe bei der unteren Unterschicht noch zu 33 % Anklage erhoben, war dies bei der oberen Mittelschicht nur zu 13,7 % der Fall. Auch der sozioökonomische Status der Beschuldigten war bei den Anklageverfahren im Durchschnitt signifikant niedriger als bei den Verfahrenseinstellungen. Die Quote der Strafbefehlsanträge und Einstellungen nach § 153 Abs. 1 StPO veränderte sich hingegen nicht parallel zur sozialen Schicht. Insbesondere § 153 Abs. 1 StPO richtete sich nach tatbezogenen Umständen und wurde, der Theorie entsprechend, tatsächlich als Einstellungsmöglichkeit für Bagatelltaten verwendet. Deutliche Unterschiede gab es dagegen bei den Einstellungen gegen Auflagen nach § 153a Abs. 1 StPO. Diese fanden Anwendung, wenn zwar keine reinen Bagatelltaten vorlagen, die Staatsanwaltschaft das Verfahren aber dennoch einstellen wollte. Dabei erfolgten solche Einstellungen gegen Auflagen bei der oberen Mittelschicht mit 25,6 % mehr als dreimal so häufig wie bei der unteren Unterschicht, bei der nur 6,9 % der Verfahren so erledigt wurden. Auch der Mittelwertvergleich zeigte, dass der sozioökonomische Status bei den Einstellungen nach § 153a Abs. 1 StPO im Durchschnitt signifikant höher war als bei den Verfahrensweiterführungen. Mit Abstand am schlechtesten ging das Ermittlungsverfahren für arbeitslose Beschuldigte aus. Mit Ausnahme der Einstellungen nach § 153 Abs. 1 StPO, bei denen es keine signifikanten Unterschiede gab, waren diese, im Unterschied zu den nicht-arbeitslosen Beschuldigten, stets bei der für sie schlechteren Variante des Verfahrensausgangs deutlich und signifikant überrepräsentiert.

Bei der Analyse darüberhinausgehender Determinanten des Ausgangs des Ermittlungsverfahrens erwiesen sich bei der Einstellung nach § 153 StPO, dem Gedanken der Norm entsprechend, neben der Vorstrafenbelas-

[906] Siehe zu diesen Ergebnissen 3. Teil Kap. 4.3.

tung vor allem tatbezogene, vom Täter unabhängige Faktoren als relevant, die kennzeichnend für den Bagatellcharakter der Tat waren, wie etwa deutliche Beweisschwierigkeiten, der Grad der verursachten Verletzung oder ein vorhandener Strafantrag des Opfers.[907] Einstellungen nach § 153a StPO richteten sich hingegen danach, ob die Beschuldigten selbst und ihr Verhalten eine Opportunitätseinstellung veranlassten. Hier spielten bagatellisierende, tatbezogene Umstände kaum eine Rolle. Ihre Häufigkeit wurde maßgeblich durch täterbezogene Umstände wie Vorstrafenbelastung, einsichtiges und reuiges Verhalten und die Lebenssituation der Beschuldigten beeinflusst. Die geringe Bedeutung tatbezogener Umstände lässt sich mit dem gesetzlichen Umstand erklären, dass § 153a StPO im Unterschied zu § 153 StPO auch für Delikte der „mittelschweren Schuld" zulässig ist. Diese nicht objektiv tatbezogene, sondern täterfokussierte Perspektive hatte zur Folge, dass, bei fehlendem Bagatellcharakter der Tat, die Verfahren mit abnehmendem sozioökonomischen Status der Beschuldigten seltener gegen Auflagen eingestellt und häufiger weitergeführt wurden.

Die Determinanten der Entscheidungen zu Verfahrensweiterführung durch Anklageerhebung oder Strafbefehlsbeantragung unterschieden sich nicht so deutlich voneinander, wie die der beiden Einstellungsarten. Beide Entscheidungen korrelierten sowohl mit tat- als auch täterbezogenen Umständen wie der Vorstrafenbelastung, gestellten Strafanträgen, der Verletzungsschwere, aber auch mit der Arbeitslosigkeit und dem sozioökonomischen Status der Beschuldigten. Bei der Frage der Anklageerhebung dominierte dabei deutlich die Vorstrafenbelastung, während bei der Strafbefehlsbeantragung der Zusammenhang mit der Verletzungsschwere und offensichtlichen Beweisschwierigkeiten stärker war.

Bei den multivariaten Analysen, bei denen die Auswirkungen anderer gleichzeitig wirkender Einflussfaktoren kontrolliert wurden, behielten sozioökonomische Merkmale (der sozioökonomische Status sowie die Arbeitslosigkeit der Beschuldigten) nur bei den Verfahrenseinstellungen nach § 153a StPO einen eigenständigen signifikanten Einfluss.[908] Der Effekt war dort dafür erheblich. Der sozioökonomische Status war hier sogar noch vor

[907] Siehe zu diesen Ergebnissen 3. Teil Kap. 4.5.1.

[908] Siehe zu diesen Ergebnissen 3. Teil Kap. 4.5.2.

der einschlägigen Vorstrafenbelastung das erklärungsstärkste Merkmal des Regressionsmodells. Die große Bedeutung des sozioökonomischen Status bei den Einstellungen nach § 153a StPO hatte zur Folge, dass dieser auch dann einen eigenständigen Einfluss behielt, wenn man die Einstellungsverfahren insgesamt (gem. § 153 Abs. 1 oder § 153a Abs. 1 StPO) mit den Verfahrensweiterführungen (durch Anklageerhebung oder Strafbefehlsbeantragung) verglich. Bei den Einstellungen gegen Auflagen wirkte sich sozioökonomische Ungleichheit der Beschuldigten mithin unmittelbar und sehr deutlich auf deren Häufigkeit aus.

Die in den bivariaten Analysen festgestellten deutlichen Zusammenhänge zwischen den sozioökonomischen Merkmalen und der Häufigkeit einer Verfahrensweiterführung im Vergleich zu der Häufigkeit der Verfahrenseinstellungen, die sich in den multivariaten Analysen jedoch nicht wiederspiegelten, ließen sich mit der erheblichen Bedeutung der Vorstrafenbelastung hierfür erklären. Waren die Beschuldigten vorbestraft, so war insbesondere die Anklagewahrscheinlichkeit, aber auch die einer Strafbefehlsbeantragung anstelle einer Einstellung wesentlich erhöht. Gleichzeitig stieg mit abnehmendem sozioökonomischen Status die Häufigkeit vorhandener Vorstrafen auffallend. Beschuldigte aus den unteren Gesellschaftsschichten waren signifikant und deutlich häufiger vorbestraft als solche aus höheren. Dies entspricht zum einen auch den in Teil 1 Kap. 1.4 beschriebenen Feststellungen anderer Untersuchungen darüber, dass strafrechtlich Verurteilte in Bezug auf Bildung, Arbeitslosenquote und Einkommen im Vergleich zur Durchschnittsbevölkerung deutlich schlechter gestellt sind. Zum anderen spiegelte sich dies auch bereits in der Beschuldigtenstruktur dieser Untersuchung wider, die ebenfalls von sozioökonomischen Mängellagen geprägt war.[909] Das Bestehen und die Entstehung von Zusammenhängen zwischen dem sozioökonomischen Status und Kriminalität oder Kriminalisierung (die zu einer erhöhten Vorstrafenbelastung führen), war außerhalb von möglichen Diskriminierungen im Strafverfahren nicht Thema dieser Arbeit. Die Wirkung dieses Zusammenhangs zwischen Vorstrafen und sozialer Ungleichheit ist aber von der Frage über dessen Entstehung unabhängig, wenngleich auch dessen mögliche Rechtfertigung und Ungerechtigkeit

[909] Siehe zu diesen Ergebnissen 3. Teil Kap. 2.2.

je nach Ursache eine andere ist: Er führt wegen der erheblichen Bedeutung der Vorstrafenbelastung für die Abschlussentscheidung der Staatsanwaltschaft im Ermittlungsverfahren dazu, dass die Verfahren der sozioökonomisch schwächeren Beschuldigten, unabhängig von anderen Faktoren wie der Verletzungsschwere oder einem Strafantrag, signifikant seltener eingestellt werden.[910] Die sozioökonomische Ungleichheit wirkt sich mithin indirekt durch die erheblich negative Wirkung von Vorstrafen bei der Abschlussentscheidung der Staatsanwaltschaft aus.

Die Arbeit legte außerdem ein besonderes Augenmerk auf die Auflagen der Einstellungen nach § 153a Abs. 1 StPO, da diese Art der Einstellung den stärksten Zusammenhang mit den sozioökonomischen Merkmalen aufwies.[911] Dabei zeigte sich, dass der Anteil der Auflagen über die Zahlung eines Geldbetrags an die Staatskasse oder an eine gemeinnützige Einrichtung (Nr. 2) mit steigender Schicht zunahm. Wurde diese Auflage bei arbeitslosen Beschuldigten nur zu 12,8 % gewählt, kam sie bei Beschuldigten der oberen Mittelschicht in 50,1 % der Fälle zur Anwendung. Auch bei Addition der Auflagen zur Wiedergutmachung des durch die Tat verursachten Schadens (Nr. 1 – die in der vorliegenden Untersuchung stets die Zahlung von Schadensersatz an das Opfer bedeuteten) stieg der Anteil der „Geldzahlungsauflagen" mit zunehmendem sozioökonomischen Status. Hiergegen sank der Anteil an Auflagen zur Durchführung eines Täter-Opfer-Ausgleichs als häufigste Form eines immateriellen Ausgleichs mit steigendem Status. Auch die anderen immateriellen Auflagen wurden nur bei der unteren Unterschicht verhängt.[912] Die Höhe der Geldauflage selbst wurde dagegen, sofern diese überhaupt bekannt waren, nicht von dem Einkommen oder dem sozioökonomischen Status der Beschuldigten bestimmt. Nur die Wahl der Auflagenart hing hiermit zusammen. Betrachtete man hierbei die Verfahren aus Hannover und Braunschweig getrennt voneinander, zeigte sich, dass in Hannover bei den Einstellungen gegen Auflagen

910 Siehe zu diesen Ergebnissen 3. Teil Kap. 4.5.3.

911 Siehe zu diesen Ergebnissen 3. Teil Kap. 4.3.

912 Da die Fallzahlen (infolge der Problematik der fehlenden Angaben zur Bestimmung der sozioökonomischen Schicht bei Verfahren, die eingestellt wurden) hierbei allerdings sehr gering waren, war die Durchführung eines Signifikanztests (Chi-Quadrat-Tests) nicht möglich.

nach § 153a Abs. 1 StPO deutlich häufiger (zu 64,5 %) die Zahlung eines Geldbetrags (Nr. 2) und deutlich seltener (nur zu 21 %) ein Täter-Opfer-Ausgleich (Nr. 5) als Auflage gewählt wurde als in Braunschweig, wo der Anteil der Auflagen nach Nr. 5 bei 63 % lag. Gleichzeitig gab es in Hannover erheblich mehr und deutlichere Unterschiede zuungunsten der sozioökonomisch schwächeren Beschuldigten beim Ausgang des Ermittlungsverfahrens. Dieser Befund bestätigt die Annahme, dass eine Einstellungspraxis, die hauptsächlich auf der Verhängung von finanziellen Auflagen beruht[913], finanzstärkere Beschuldigte bevorteilt. Denn nur bei ökonomisch vergleichsweise Bessergestellten erscheint die Erfüllung der Auflage und damit die endgültige Verfahrenseinstellung nach § 153a StPO unproblematisch realisierbar.

Ein weiterer wesentlicher Aspekt in diesem Untersuchungsabschnitt war der mittelbare Einfluss (sozio)ökonomischer Ungleichheit durch die Auswirkungen vorhandener Wahlverteidigung in den Verfahren, in denen gem. § 140 StPO die Beiordnung eines Verteidigers nicht notwendig war. Die Verfahren gegen verteidigte Beschuldigte wurden signifikant und fast doppelt so häufig nach § 153a Abs. 1 StPO eingestellt wie die Verfahren gegen unverteidigte.[914] Dabei wurden bei verteidigten Beschuldigten häufiger Geldzahlungsauflagen nach § 153 Abs. 1 Nr. 1 oder Nr. 2 StPO und seltener immaterielle Auflagen verhängt. Die Anklagequote war bei den wahlverteidigten Beschuldigten ebenfalls geringer, der Unterschied jedoch nicht signifikant. Die Quote der Strafbefehlsverfahren und Einstellungen nach § 153 Abs. 1 StPO war hingegen nicht verschieden. Der Einfluss der Wahlverteidigung auf die Einstellungshäufigkeit nach § 153a Abs. 1 StPO blieb auch in den multivariaten Analysen bestehen, war aber geringer als der Einfluss der sozioökonomischen Merkmale selbst. Dafür zeigte die Wahlverteidigung in der multivariaten Analyse zur Anklagehäufigkeit leichten signifikanten Einfluss. Dies ließ darauf schließen, dass sich die Beschuldigten eher dann einen Verteidiger nahmen, wenn sie mit einem folgenschweren Ausgang des Verfahrens (also einer Anklage) rechneten, etwa

---

913 Zusammen mit der Schadenswiedergutmachung (§ 153a Abs. 1 Nr. 1 StPO) machten die Auflagen in Form von Geldzahlungen (an die Staatskasse, gemeinnützige Einrichtungen oder das Opfer) in Hannover 74 % der Auflagen aus, siehe 3. Teil Kap. 4.2.

914 Siehe zu den folgenden Ergebnissen 3. Teil Kap. 4.4 sowie Kap. 4.5.2.

da sie bereits (einschlägig) vorbestraft waren oder die verursachte Verletzung besonders schwer war. Denn hieraus ließe sich erklären, warum zwar die bivariaten Zusammenhänge nicht signifikant waren, sich ein signifikanter Einfluss vorhandener Wahlverteidigung aber dennoch bei der gleichzeitigen Berücksichtigung der anderen Einflussfaktoren zeigte. Zusammenfassend wirkte sich mit der Wahlverteidigung also auch noch ein mittelbarer Gesichtspunkt sozioökonomischer Ungleichheit signifikant und eigenständig auf den Ausgang des Ermittlungsverfahrens, nämlich auf die Häufigkeit der Einstellungen gegen Auflagen und die der Anklageerhebungen aus.

Sozial schwache Beschuldigte waren damit in mehrfacher Hinsicht benachteiligt. Zum einen wurden die Verfahren gegen sie unmittelbar infolge ihres sozioökonomischen Status seltener gegen Auflagen und damit auch insgesamt seltener nach § 153 Abs. 1 und § 153a Abs. 1 StPO eingestellt. Zum anderen wirkte sich die soziale Ungleichheit mittelbar dadurch aus, dass die Beauftragung eines kostenintensiven Wahlverteidigers im Ermittlungsverfahren zusätzlich signifikant positiven Einfluss auf die Einstellungshäufigkeit nach § 153a Abs. 1 StPO ausübte und die Anklagewahrscheinlichkeit verringerte.

Bei der Bewertung dieser Ergebnisse ist allerdings das Stichprobendesign dieser Untersuchung einschränkend zu berücksichtigen, nach welchem nur Verfahren analysiert wurden, in denen die Staatsanwaltschaft entweder Anklage erhob, den Erlass eines Strafbefehls beantragte oder das Verfahren nach § 153 Abs. 1 oder § 153a Abs. 1 StPO einstellte. Hierdurch konnte nicht ausgeschlossen werden, dass eine Bevorteilung sozial schwacher Beschuldigter an anderer Stelle im Ermittlungsverfahren, auch wenn dies aus theoretischen Überlegungen nicht naheliegend war, die hier festgestellten Benachteiligungen möglicherweise ausglich (beispielsweise etwa bei den Einstellungen mangels hinreichenden Tatverdachts gem. § 170 Abs. 2 StPO).[915] Um dies sicher auszuschließen, wäre eine Analyse aller eingeleiteten Strafverfahren notwendig gewesen. Hierfür hätte es jedoch eines solch großen Stichprobenumfangs bedurft, dessen Erhebung und Analyse den Rahmen der Untersuchung in zeitlicher und organisatorischer Hinsicht deutlich überschritten hätte. Daneben wurden in anderen empirischen

---

915 Siehe zu den anderen Arten der Opportunitätseinstellungen auch bereits 1. Teil Kap. 4.2.

Untersuchungen teilweise deliktspezifische sowie regional unterschiedliche Erledigungspraxen der Staatsanwaltschaften und Gerichte festgestellt.[916] Mit Blick auf zukünftige Forschungsprojekte wäre daher eine Erweiterung der Stichprobe in regionaler und deliktischer Hinsicht sinnvoll. Gleichwohl ist davon auszugehen, dass die hier ermittelten Ungleichbehandlungen bei den Einstellungen gem. § 153a Abs. 1 StPO nicht nur deliktsspezifischer Natur waren. Vielmehr ist im Lichte der Zahlen der Statistiken zur Staatsanwaltschaft eher andersherum zu erwarten, dass bei anderen Delikten, bei denen ein Täter-Opfer-Ausgleich als Auflage regelmäßig nicht so gut geeignet ist wie bei § 223 StGB, der Anteil der Geldauflagen noch deutlich größer sein wird.[917] Dies ließe nach den hier festgestellten Ergebnissen sogar eine noch stärker ausgeprägte Ungleichbehandlung vermuten.

1.1.2 Zwischen- und Hauptverfahren

Die festgestellte Benachteiligung sozial schwacher Beschuldiger bei der Häufigkeit der Opportunitätseinstellungen im Ermittlungsverfahren setzte sich im Zwischen- und Hauptverfahren fort. Von den Verfahren, in denen sich die Staatsanwaltschaft am Ende des Ermittlungsverfahrens für eine Anklageerhebung entschieden hatte, wurden noch einmal 36,5 % vollständig aus Opportunität eingestellt.[918] Hierdurch erhöhte sich die Quote der Opportunitätseinstellungen nach anstelle von Verurteilungen in der

[916] Siehe hierzu etwa *Blankenburg u. a.*, Die Staatsanwaltschaft im Prozess strafrechtlicher Sozialkontrolle, S. 211 ff.; *Ludwig-Mayerhofer/Rzepka*, ZfRs 1993, 118 ff.; *Grundies*, in: Herrmann/Pöge (Hrsg.), Regionale Unterschiede in der gerichtlichen Sanktionspraxis in der Bundesrepublik Deutschland. Eine empirische Analyse, S. 295 ff.

[917] Dafür spricht auch, dass der Anteil immaterieller Auflagen an den verhängten Auflagen nach § 153a StPO insgesamt deutschlandweit unter 10 % liegt. Zum Vergleich: Im Sachgebiet „Diebstahl und Unterschlag" lag der Anteil des Täter-Opfer-Ausgleichs (Nr. 5) an den Einstellungsauflagen bei § 153a Abs. 1 StPO bundesweit bei 3,4 %, der Anteil gemeinnütziger Leistungserbringung bei 3,7 %; niedersachsenweit lagen diese bei 3,7 % (Nr. 5) und 8,7 % (Nr. 3); beim Sachgebiet „Betrug und Untreue" lagen die Anteile bundesweit bei 3,9 % (Nr. 5) und 4,5 % (Nr. 3) und niedersachsenweit bei 1,8 % (Nr. 5) und 6,3 % (Nr. 3); beim Sachgebiet „Straftaten im Straßenverkehr" lagen die Anteile sogar bundesweit nur bei unter 1 % (Nr. 5) und 1,1 % (Nr. 3) und niedersachsenweit bei 1,3 % (Nr. 5) und 4,1 % (Nr. 3), *Statistisches Bundesamt*, Fachserie 10, Reihe 2.6. Rechtspflege. Staatsanwaltschaften 2015, S. 72 ff.

[918] Siehe zu diesen Ergebnissen 3. Teil Kap. 6.2.

Stichprobe von 30 % auf 47,6 % bei der ersten verfahrensbeendenden Entscheidung. Bei den wenigen Beschuldigten der oberen Mittelschicht, die überhaupt angeklagt wurden, wurden sogar ganze 83 % der Verfahren nach § 153 oder § 153a StPO bereits im Zwischenverfahren eingestellt. Die Einstellungen nach § 153 oder § 153a StPO erfolgten dabei signifikant häufiger mit steigendem sozioökonomischen Status der Angeschuldigten.[919] Doch auch bei Angeschuldigten der unteren Unterschicht wurden Verfahren eingestellt, allerdings erfolgte dies hauptsächlich gem. § 154 StPO. Die Einstellungshäufigkeit insgesamt unterschied sich deshalb nicht signifikant zwischen den verschiedenen sozialen Schichten. Einstellungen nach § 154 StPO bedeuten aber stets, dass noch eine weitere, deutlich wesentlichere Verurteilung zu erwarten oder bereits erfolgt ist, und nicht das Ausbleiben von Strafe insgesamt. Sie lassen sich in ihrer Wirkung also nicht unmittelbar mit den Opportunitätseinstellungen nach § 153 und § 153a StPO vergleichen.

Daneben erhöhte, wie bereits im Ermittlungsverfahren, auch eine vorhandene Wahlverteidigung die Einstellungshäufigkeit signifikant, insbesondere die der Einstellungen nach § 153a StPO.

1.1.3 Rechtsbehelfsverfahren

Bezog man nun auch noch die Rechtsbehelfsverfahren (also die Berufungsverfahren nach erfolgtem Urteil oder Hauptverhandlungen nach erfolgtem Einspruch gegen den erlassenen Strafbefehl) in die Betrachtung mit ein, zeigte sich, dass auch diese Verfahren (wenn die Rechtsbehelfe zulässig waren und nicht zurückgenommen wurden) noch einmal zu 64,5 % aus Opportunität eingestellt wurden.[920] Zwar korrelierten sozioökonomische Merkmale selbst nicht mit der Häufigkeit und dem Erfolg der eingelegten Rechtsbehelfe, aber die Hinzuziehung eines Rechtsbeistandes wirkte sich sehr deutlich auf die Wahrnehmung vorhandener Rechtsbehelfe aus. Verteidigte Angeklagte legten mehr als doppelt so häufig Rechtsbehelfe ein wie unverteidigte. Auch wenn sich der Erfolg der gegen die Strafbefehle eingelegten

919 Der Begriff Angeschuldigte umfasst hier auch die Angeklagten.

920 Siehe zu diesen Ergebnissen 3. Teil Kap. 10.

Einsprüche[921] zwischen verteidigten und unverteidigten Angeklagten nicht signifikant unterschied, so waren verteidigte Angeklagte dennoch dadurch im Vorteil, dass sie erheblich häufiger Einsprüche einlegten, welche in 80 % der Fälle zu einer Verbesserung für die Angeklagten führten.

1.1.4 Der Verfahrensausgang insgesamt

Insgesamt wurde von den 246 Verfahren, in denen die Staatsanwaltschaft Anklage erhob oder einen Strafbefehlserlass beantragte, im weiteren Verfahrensverlauf noch einmal ein Drittel (33,8 %) aus Opportunität eingestellt. Dies führte dazu, dass in der Stichprobe eine rechtskräftige Verurteilung nur noch in insgesamt 41,6 % der Verfahren erging. Verglich man nun die Verurteilungswahrscheinlichkeit am Ende des Verfahrens, zeigte sich, dass sozioökonomisch schwächere Beschuldigte[922] signifikant häufiger rechtskräftig verurteilt wurden.[923] Bei Beschuldigten aus der unteren Unterschicht geschah dies insgesamt doppelt so häufig wie bei Beschuldigten aus der oberen Mittelschicht, bei denen das Verfahren letztlich noch zu 75 % aus Opportunität nach § 153 und § 153a StPO eingestellt wurde. Die sozioökonomische Ungleichheit wirkte sich dabei auch bei der Kontrolle anderer Einflussfaktoren (in den multivariaten Regressionen) unmittelbar signifikant auf die Verurteilungswahrscheinlichkeit aus. Daneben verringerte die Beauftragung eines Wahlverteidigers auf eigenen Kosten die Wahrscheinlichkeit einer rechtskräftigen Verurteilung ebenfalls signifikant, auch unter Berücksichtigung der Kontrollvariablen.

Erfolgte eine Verurteilung, dann korrelierten die Strafhärte und die Art der konkreten Sanktionen bereits auf bivariater Ebene nicht signifikant mit den sozioökonomischen Merkmalen der Verurteilten.[924] Geldstrafen machten 90,1 % und Freiheitsstrafen 8,9 % der Sanktionen aus, die in der ersten verfahrensbeendenden Entscheidung verhängt wurden. 60,6 % der Freiheitsstrafen lagen unter 6 Monaten und waren damit kurz i.S.v. § 47 StGB. Der Anteil verhängter Freiheitsstrafen war bei der unteren Unterschicht dabei zwar am größten, die Unterschiede waren aber nicht signifikant. Trotz

---

[921] In den Berufungsverfahren waren alle Angeklagten anwaltlich vertreten.

[922] Der Begriff umfasst hier auch die Angeschuldigten und Angeklagten.

[923] Siehe zu diesen Ergebnissen 3. Teil Kap. 11.1.1, Kap. 11.2 sowie Kap. 11.3.1.

[924] Siehe zu diesen Ergebnissen 3. Teil Kap. 9.

des Umstands, dass alle Freiheitsstrafen unter zwei Jahren lagen, wurden nur 54,5 % zur Bewährung ausgesetzt. Freiheitsstrafen ohne Bewährungsaussetzung wurden nur bei den arbeitslosen Angeklagten verhängt, wobei fast alle dieser Strafen unter 6 Monate lagen. Ein Einflussfaktor für die Art der Sanktion, auch bei erfolgter Verurteilung, war die vorhandene Wahlverteidigung. Bei wahlverteidigten Angeklagten wurden nach einer durchgeführten Hauptverhandlung deutlich und signifikant seltener Freiheitsstrafen verhängt als bei unverteidigten. Unbedingte Freiheitsstrafen gab es bei keinem der wahlverteidigten Angeklagten. Mit Blick auf eine vorhandene Verteidigung zeigte sich außerdem, dass immerhin 60 % der zu einer Freiheitsstrafe Verurteilten unverteidigt waren und dass diese fast zur Hälfte zu unbedingten Freiheitsstrafen verurteilt wurden. Im Übrigen wurde die Schwere der Sanktion (die Anzahl der Tagessätze und die Dauer der Freiheitsstrafe) weder von sozioökonomischen Merkmalen, noch von einer vorhandenen Verteidigung beeinflusst. Als täterbezogene Umstände waren nur noch offene Bewährungsstrafen und eine einschlägige Vorstrafenbelastung relevant.

Hinsichtlich der Strafhärte des Verfahrensausgangs insgesamt, unter Berücksichtigung der Verfahrenseinstellungen, führte die bereits erörterte unterschiedliche Verurteilungswahrscheinlichkeit dazu, dass auch die relative Sanktionsschwere des Verfahrensausgangs signifikant mit sozioökonomischen Merkmalen korrelierte, obwohl die Höhe der Sanktion bei einer erfolgten Verurteilung nicht mit der sozialen Schicht der Verurteilten zusammenhing.[925] In den multivariaten Regressionen war jedoch nur noch die Arbeitslosigkeit relevant, wenn die Sanktionshärte des Verfahrensausgangs unter Berücksichtigung der Rechtsbehelfsverfahren analysiert wurde. Außerdem verringerte hier eine vorhandene Wahlverteidigung die Strafhärte signifikant, auch bei gleichzeitiger Berücksichtigung anderer Einflussfaktoren. Darüber hinaus war insbesondere wieder die einschlägige Vorstrafenbelastung ein sehr einfluss- und erklärungsstarkes Merkmal für die relative Strafhärte des Verfahrensausgangs.

Sozial benachteiligte Beschuldigte waren damit letztlich auch bei Betrachtung des Endergebnisses des Verfahrens in doppelter Weise benachtei-

[925] Siehe zu diesen Ergebnissen 3. Teil Kap. 11.1.2 und Kap. 11.3.2.

ligt. Sie wurden auch in denjenigen Fällen häufiger verurteilt, in denen die restlichen Determinanten der Verurteilungshäufigkeit wie eine einschlägige Vorstrafenbelastung oder ein erfolgter Strafantrag gleich waren. Weiterhin waren diejenigen Beschuldigten im Vorteil, die sich die Inanspruchnahme einer Wahlverteidigung finanziell leisten konnten. Denn durch die Einschaltung einer Wahlverteidigung erhöhte sich ebenfalls die Wahrscheinlichkeit dafür signifikant, dass das Verfahren letztlich aus Opportunität eingestellt wurde. Ebenfalls wurden wahlverteidigte, im Unterschied zu den unverteidigten Angeklagten, nie zu einer unbedingten Freiheitsstrafe verurteilt. Die höheren Einstellungsraten führten schließlich auch dazu, dass die relative Strafhärte des rechtskräftigen Verfahrensausgangs unmittelbar und mittelbar durch die sozioökonomische Ungleichheit der Beschuldigten beeinflusst wurde. Überdies hatte auch die (einschlägige) Vorstrafenbelastung bei den Einstellungen im Ermittlungs-, Zwischen-, Haupt- und Rechtsbehelfsverfahren eine erhebliche Bedeutung für die Einstellungswahrscheinlichkeit. Die relative Sanktionshärte des Verfahrensausgangs insgesamt wurde ebenfalls am stärksten durch diese bestimmt. Da aber die Vorstrafenbelastung sehr stark mit dem sozioökonomischen Status korrelierte, führte dies dazu, dass sozial schwache Beschuldigte auch infolge ihrer häufigeren Vorstrafenbelastung signifikant häufiger und härter bestraft wurden.[926]

1.2 Diskussion und Ausblick

Die Untersuchung hat also ergeben, dass Befürchtungen über Ungleichbehandlungen in Form einer Privilegierung begüterter und verteidigter Beschuldigter durch den Anwendungsbereich des § 153a StPO und dessen unbestimmte Voraussetzungen begründet sind. Denn da § 153 StPO bereits den Bereich der reinen Bagatelltaten abdeckt, werden bei den Einstellungen gegen Auflagen keine objektiv tatbezogenen, sondern täterbezogene Merkmale relevant. Solche Merkmale lassen sich zum einen durch eine geschickte Verteidigungsstrategie beeinflussen. Zum anderen führt die Berücksichtigung der Lebenssituation dazu, dass die Taten bei Beschuldigten höherer

926 Die Stärke dieses mittelbaren Einflusses sozioökonomischer Ungleichheit durch die unterschiedliche Vorstrafenbelastung wurde exemplarisch allein bei den multivariaten Regressionen zum Ausgang des Ermittlungsverfahrens untersucht (3. Teil Kap. 4.5.3).

sozialer Schichten häufiger als ausnahmsweise einstellungswürdig beurteilt werden. Ein weiterer Umstand, der in diesem Zusammenhang relevant ist, ist die Praktikabilität der Verhängung einer Geldzahlungsauflage, welche in der Rechtspraxis die mit Abstand am häufigsten gewählte Auflage ist (2015 wurde diese Auflage in 83 % der Einstellungen im Ermittlungsverfahren gewählt[927]) und die bei besserverdienenden Beschuldigten deutlich aussichtsreicher erscheint. Auch in dieser Untersuchung war in den Verfahren aus dem Landgerichtsbezirk Hannover die Zahlung eines Geldbetrags die mit Abstand am öftesten gewählte Auflage, trotz der Tatsache, dass die meisten der insgesamt Beschuldigten nur einen sehr niedrigen sozioökonomischen Status hatten. Dadurch, dass Geldzahlungsauflagen gleichwohl vor allem bei Beschuldigten höherer Schichten gewählt wurden, war der Einfluss des sozioökonomischen Status in Hannover erheblich stärker als in Braunschweig, wo in mehr als der Hälfte der Fälle die immaterielle Auflage des Täter-Opfer-Ausgleichs gewählt wurde.

Doch wenn die Häufigkeit einer verfahrensbeendenden Opportunitätseinstellung nach § 153a StPO unmittelbar vom sozioökonomischen Status einer Person beeinflusst wird, dann ist eine wesentliche Voraussetzung eines gerechten Verfahrens, die grundsätzliche Gleichbehandlung sozioökonomisch schwacher und starker Beschuldigter, nicht vollständig gewährleistet. Dies gilt zunächst ganz eindeutig für die festgestellte Benachteiligung, die unmittelbare Folge des sozioökonomischen Status war.

Ein möglicher Lösungsweg zur Vermeidung von Ungleichbehandlungen ärmerer und begüterter Beschuldigter könnte darin liegen, die Staatsanwaltschaften noch stärker für die Anwendung immaterieller Auflagen wie die Erbringung gemeinnütziger Leistungen oder den Täter-Opfer-Ausgleich zu sensibilisieren. Denn in den Verfahren der Staatsanwaltschaft aus Braunschweig, in denen die immaterielle Auflage des Täter-Opfer-Ausgleichs deutlich öfter als in Hannover gewählt wurde, war der Einfluss des sozioökonomischen Status erheblich niedriger. Zwar gibt es mit dem 1999 eingeführten § 155a StPO bereits eine Norm, die besagt, dass

[927] *Statistisches Bundesamt*, Fachserie 10, Reihe 2.6. Rechtspflege. Staatsanwaltschaften 2015, S. 26. Die Statistik zur gerichtlichen Einstellungspraxis schlüsselt die Einstellungen nicht nach den Auflagen/Weisungen auf, sodass diesbezüglich keine Aussage getroffen werden kann.

die Geeignetheit einer Verfahrenserledigung durch die Durchführung eines Täter-Opfer-Ausgleichs in jedem Verfahrensstadium geprüft und gegebenenfalls darauf hingewirkt werden soll.[928] Zusätzlich dazu gab es bereits in den untersuchten Verfahren bei der Staatsanwaltschaft in Hannover in den Strafbefehls- und Anklageformularen die Vorgabe, die Ungeeignetheit des Täter-Opfer-Ausgleichs zu protokollieren. Dies hat dennoch, zumindest in Hannover und wohl auch infolge der fehlenden Begründungspflicht, nicht zu einer häufigen Anwendung des § 153a Abs. 1 Nr. 5 StPO geführt. Auch ein Blick auf die bundesweite Häufigkeit der Einstellungen nach § 153a Abs. 1 Nr. 5 StPO insgesamt zeigt, dass immaterielle Auflagen in der aktuellen Rechtspraxis die deutliche Ausnahme sind.[929]

Eine weitere Verbesserung könnte dadurch erreicht werden, eine Regelung zu schaffen, nach der die Höhe der Geldzahlungsauflage zum einen an das Einkommen der Beschuldigten anzupassen ist und sich zum anderen an der Höhe der potentiell zu verhängenden Geldstrafe orientiert.[930] Dies wäre freilich nur in den Verfahren möglich, in denen das Einkommen oder der Beruf der Beschuldigten bekannt ist.

Neben ihrer unmittelbaren Auswirkung hatten sozioökonomischer Merkmale durch den Einfluss vorhandener Wahlverteidigung in Verfahren, in denen keine Verteidigung gem. § 140 StPO notwendig war, einen weiteren wesentlichen mittelbaren Effekt. Doch auch hier gilt, dass es in Strafverfahren erforderlich ist, den Rechtsschutz zwischen unbemittelten und bemittelten Beschuldigten weitgehend anzugleichen. Die Annahme, dass unverteidigte Beschuldigte in Verfahren leichterer Kriminalität durch die besonderen Verfahrensgarantien des Strafverfahrens ausreichend geschützt und befähigt seien, ihre Verfahrensrechte selbstständig und aktiv wahrzunehmen, konnte in dieser Untersuchung nicht bestätigt werden. Denn viele dieser besonderen Garantien des Straf(verfahrens)rechts (etwa der Mündlichkeitsgrundsatz oder die gerichtliche Fürsorgepflicht) greifen in einem

---

928 Siehe zu der Norm etwa *Diemer*, in: KK-StPO, § 155a Rn. 1 ff.; *Meyer-Goßner/Schmitt*, StPO, § 155a Rn. 1 ff.

929 Die Einstellungen nach Nr. 3 (gemeinnützige Leistung) machten 2,5 % und die nach Nr. 5 (Täter-Opfer-Ausgleich) 7 % der Auflagen aus. Errechnet aus *Statistisches Bundesamt*, Fachserie 10, Reihe 2.6. Rechtspflege. Staatsanwaltschaften 2015, S. 26.

930 So auch der Vorschlag von *Weßlau/Deiters*, in: SK-StPO, § 153a Rn. 42.

Großteil dieser Verfahren nicht, da diese ganz ohne Hauptverhandlung entweder eingestellt oder per Strafbefehlserlass erledigt werden.[931] Auch werden einige dieser Pflichten (etwa der Amtsermittlungsgrundsatz aus §§ 160 Abs. 2, 244 Abs. 2 StPO) infolge steigenden Erledigungsdrucks zugunsten einer schnelleren Verfahrenserledigung nur noch eingeschränkt wahrgenommen. Zwar ist dies zu Teilen, etwa bei den Einstellungen nach § 153 und § 153a StPO, vom Gesetz auch gewollt. Spätestens aber bei den, im nachfolgenden Abschnitt ausführlich dargestellten Fällen der Strafbefehlsverfahren, in denen Strafen ohne eine hinreichende Ermittlung der Strafzumessungsgrundlagen verhängt werden, ist diese Abwägung vom Recht nicht mehr vorgesehen. In anderen Worten: Einstellungen aus Opportunität mögen zwar keine Belastung für die Beschuldigte sein. In der jetzigen Verfahrenspraxis ergibt sich aber dann ein Ungleichgewicht, wenn verteidigte Beschuldigte diese Optionen häufiger und erfolgreicher für sich nutzen können und die Verfahren damit signifikant öfter straffrei für sie ausgehen. Die Untersuchung zeigt, dass wahlverteidigte Beschuldigte sowohl die Einstellungsmöglichkeiten nach § 153a Abs. 1 StPO im Ermittlungsverfahren als auch die Einstellungsoptionen im Zwischen-, Haupt- und Rechtsbehelfsverfahren signifikant häufiger nutzen als unverteidigte.[932]

Die ausreichende Fähigkeit von unverteidigten Beschuldigten, ihre Verfahrensrechte selbstständig und aktiv wahrzunehmen, wird zudem durch den Umstand infrage gestellt, dass keiner der unverteidigten Beschuldigten in dieser Untersuchung einen Antrag auf Aktenauskunft gem. § 147 Abs. 4 StPO gestellt oder irgendeine sonstige Prozesshandlung vorgenom-

[931] Noch einmal zur Erinnerung: Von den im Jahr 2015 durch die Staatsanwaltschaft erledigten Ermittlungsverfahren, die nicht mangels hinreichenden Tatverdachts nach § 170 Abs. 2 StPO eingestellt wurden, wurden nur 12 % zur Anklage gebracht. Bei 15 % wurde der Erlass eines Strafbefehls beantragt und 44 % der Verfahren wurden aus Opportunität eingestellt. Dabei mschten die Einstellungen wegen Geringfügigkeit ohne Auflage nach §§ 153 Abs. 1 StPO, § 45 Abs. 1 und 2 JGG bereits 23 % aus, die Einstellungen mit Auflagen nach § 153a Abs. 1 StPO und § 45 Abs. 3 JGG 5 % und die Einstellungen nach § 154 StPO 10 %, *Statistisches Bundesamt*, Fachserie 10, Reihe 2.6. Rechtspflege. Staatsanwaltschaften 2015, S. 26.

[932] Auch mit Blick auf die fehlerhafte Strafzumessung bei den Tagessatzhöhen der Geldstrafen werden nur verteidigte Verurteilte erkennen können, ob die zugemessene Geldstrafe nun richtig oder falsch und ob sie günstig oder nachteilig ist.

men hat. Aufgrund der gravierenden Auswirkungen auch nur kurzer unbedingter Freiheitsstrafen erscheint es ebenfalls bedenklich, dass in über der Hälfte der Verfahren, in denen eine Freiheitsstrafe verhängt wurde, die Angeklagten unverteidigt waren und bei den unverteidigten Angeklagten die Hälfte dieser Freiheitsstrafen nicht zur Bewährung ausgesetzt wurde.

Ein Weg, um den Rechtsschutz zwischen bemittelten und unbemittelten Beschuldigten weitgehend anzugleichen, bestünde in der Erweiterung der Pflichtverteidigung auf die Verfahren der leichteren Kriminalität vor den Amtsgerichten. Sinnvoll wäre dieser Weg aus dem Blickwinkel ökonomischer Ungleichheit allerdings nur dann, wenn die Pflichtverteidigerbestellung auf Antrag der Beschuldigten und/oder mit einer dauerhaften Kostenübernahme durch die Staatskasse erfolgen würde.[933] Denn bei fehlender Kostentragung durch den Staat kann ärmeren Beschuldigten nicht stets ein Pflichtverteidiger beigeordnet und diesen damit die finanzielle Last der Pflichtverteidigung aufgebürdet werden. Ob dies angesichts der tatsächlichen Zahlen eingeleiteter Strafverfahren leichterer Kriminalität und der damit verbundenen Kosten eine durchsetzbare rechtspolitische Forderung ist, ist freilich eine andere Frage. Mit Blick auf die Härte unbedingter Freiheitsstrafen sollte aber eine Verteidigung wegen der Schwere der Tat gem. § 140 Abs. 2 StPO zumindest stets in den amtsgerichtlichen Verfahren notwendig sein, in denen die Verhängung einer Freiheitsstrafe in Betracht kommt, unabhängig von deren Länge oder möglicher Aussetzung zur Bewährung.[934]

Eine weitere Schlechterstellung der Beschuldigten unterer sozialer Schichten resultierte aus der immensen Bedeutung der Vorstrafenbelastung für die Wahrscheinlichkeit und die Schwere einer Verurteilung, da diese mit abnehmendem Status zunehmend häufiger vorbestraft waren. Die Be-

---

933 Vgl. so auch *Strafrechtsausschuss der Bundesrechtsanwaltskammer*, Reform der Verteidigung im Ermittlungsverfahren, S. 45 f.; *Spaniol*, Das Recht auf Verteidigerbeistand im Grundgesetz und in der Europäischen Menschenrechtskonvention, S. 335; *Hahn*, Die notwendige Verteidigung im Strafprozeß, S. 125; *Ahrens*, Auswahl und Bestellung des Pflichtverteidigers, S. 96ff; *Meier*, GA 2004, 441, 454; *Gerlach*, in: Wasserburg/Haddenhorst (Hrsg.), Verteidiger im Bagatellverfahren, S. 153, 167; *Rieß*, StV 1981, 460, 461; *Beulke*, Der Verteidiger im Strafverfahren, S. 256; ebd. StV 2010, 442, 447.

934 So etwa auch *Wohlers*, in: SK-StPO, § 140 Rn. 33; *Thomas/Kämpfer*, in: MüKo-StPO, § 140 Rn. 30 (m.w.N.).

rücksichtigung vorhandener (einschlägiger) Vorstrafen ist dabei nach dem geltenden Recht zunächst nicht zu beanstanden, etwa mit Blick auf das öffentliche Verfolgungsinteresse und die Schwere der Schuld bei §§ 153 und 153a StPO oder auf § 46 Abs. 2 StGB (siehe auch bereits Teil 1 Kap. 4.2).[935] Auch eine Ungerechtigkeit dieses Effekts ergibt sich nicht zwingend bereits unmittelbar aus diesem selbst, im Unterschied zum direkten Einfluss sozioökonomischer Ungleichheit. Die Bewertung hängt bedeutend von der Richtung des Zusammenhangs zwischen Vorstrafenbelastung und sozioökonomischem Status ab, insbesondere davon, ob sozioökonomisch schwächere Beschuldigte häufiger verurteilt werden, obwohl sie nicht häufiger verurteilungswürdige Straftaten begehen. Was nun Ursache und was Folge bei dem Zusammenhang zwischen sozialem Status und Kriminalität ist und welche Wechselwirkungen es dort gibt, lässt sich jedoch allein mit Längsschnittuntersuchungen klären und war nicht das Thema dieser Arbeit. Gleichwohl hat die vorliegende Untersuchung, wie soeben erörtert, gezeigt, dass zumindest die bereits eingeleiteten Strafverfahren mit abnehmendem sozioökonomischen Status der Beschuldigten signifikant seltener nach § 153a StPO eingestellt wurden, auch dann, wenn die anderen hierfür relevanten Umstände wie die Vorstrafenbelastung und ein Strafantrag des Opfers gleich waren.[936] Sind sozial schwache Beschuldigte aber infolge dessen allein aufgrund ihres sozialen Status häufiger vorbestraft, dann ist die starke Gewichtung der Vorstrafenbelastung deshalb ungerecht, weil durch sie in darauffolgenden Verfahren zumindest in Teilen an diese ursprüngliche Schlechterstellung angeknüpft und diese damit perpetuiert wird.

2 Geldstrafen

Neben der unterschiedlichen Verurteilungswahrscheinlichkeit hat die Untersuchung einen weiteren wesentlichen Aspekt der heutigen Verfahren alltäglicher Kriminalität identifiziert, der zu einer Benachteiligung sozial

---

[935] *Peters*, in: MüKo-StPO, § 153 Rn. 23 ff.; *Diemer*, in: KK-StPO, Rn. 11 ff.; *Stree/Kinzig*, in: Sch/Sch-StGB, § 46 Rn. 31 ff.

[936] Siehe zu den Einschränkungen der Aussagekraft hierzu durch das Stichprobendesign bereits Zusammenfassung Kap. 1.1.1.

schwacher Angeklagter führt: die Rechtspraxis bei der Geldstrafenzumessung.

2.1 Ergebnisse

Geldstrafen sind der Aspekt von Strafverfahren, der am unmittelbarsten mit den finanziellen Ressourcen einer Person in Zusammenhang gebracht werden kann. Um die Belastung, die die zu einer Geldstrafe Verurteilten trifft, für ärmere und finanzstärkere Verurteilte anzugleichen, gibt es das Tagessatzsystem, bei dem sich die Höhe der verhängten Tagessätze gem. § 40 Abs. 2 StGB nach dem monatlichen Nettoeinkommen der Angeklagten bestimmt.

2.1.1 Schätzung des Nettoeinkommens „ins Blaue hinein"

Unabdingbare Voraussetzung für die Funktionsfähigkeit der ausgleichenden Wirkung des Tagessatzsystems ist allerdings, dass den Akteuren der Strafzumessung die hierfür notwendigen Informationen vorliegen. In diesem Punkt hat die empirische Untersuchung jedoch ergeben, dass in einer überraschend hohen Zahl der Strafbefehlsverfahren hiervon keine Rede sein kann.[937] Da die Gerichte in 97,8 % der Fälle den Strafbefehl genauso erließen, wie ihn die Staatsanwaltschaft zu Beginn beantragt hatte, nahm in diesen Verfahren faktisch die Staatsanwaltschaft die Strafzumessung vor. Bei den durch Strafbefehl verhängten Geldstrafen war das Nettoeinkommen nur zu 18,8 % aus der Akte ersichtlich. In den restlichen 81,2 % der Verfahren fehlte diese Information, sodass das Nettoeinkommen gem. § 40 Abs. 3 StGB geschätzt werden musste. Denn da die Strafbefehlsverfahren ab dem Zeitpunkt der Abverfügung von der Polizei an die Staatsanwaltschaft in allen Fällen rein schriftlich, ohne gesonderte Beschuldigtenvernehmung durch die Staatsanwaltschaft oder das Gericht verliefen, konnte davon ausgegangen werden, dass die Informationen aus den Akten in aller Regel auch die Informationen widerspiegelten, die den Staatsanwaltschaften und Gerichten bei der Beantragung und dem Erlass der Strafbefehle zur Verfügung standen. Zwar stellt auch der Beruf der Angeklagten

---

[937] Siehe zu diesen Ergebnissen 3. Teil Kap. 5.2.1.

eine anerkannte Schätzungsgrundlage dar. Dieser war jedoch ebenfalls nur bei 36,5 % der Verfahren insgesamt ersichtlich. Staatsanwaltschaft und Gericht hatten damit in 63,5 % der Verfahren, in denen per Strafbefehl eine Geldstrafe verhängt wurde, keinerlei Information zur aktuellen wirtschaftlichen Situation der Beschuldigten. Gleichwohl wurden Geldstrafen verhängt, ohne das weitere Ermittlungen zu den wirtschaftlichen Verhältnissen vorgenommen wurden. Die Ursache der fehlenden Informationen lag in 90 % der Fälle darin, dass gar keine polizeiliche Beschuldigtenvernehmung stattfand, in der die Beschuldigten zu ihren wirtschaftlichen Verhältnissen hätten befragt werden können. Denn die Beschuldigten sind nicht verpflichtet zu dieser zu erscheinen und im weiteren Fortgang des Strafbefehlsverfahrens kam es erwartungsgemäß zu keinen weiteren Vernehmungen mit Anwesenheitspflichten. Im Unterschied dazu müssen die Beschuldigten beim „herkömmlichen" Verfahrensverlauf spätestens zur Hauptverhandlung erscheinen. So waren in den Verfahren mit durchgeführter Hauptverhandlung das Nettoeinkommen und der Beruf dann auch stets bekannt. Informationen zur Tagessatzhöhe der letzten Verurteilung gab es etwa in der Hälfte der Strafbefehlsverfahren, in denen die Informationen zur beruflichen Situation und zum Einkommen fehlten. Diese Informationen erwiesen sich jedoch als ungeeignete Schätzungsgrundlage. Zum einen lagen die Verurteilungen bis zu 6,5 Jahre und im Durchschnitt über 2,5 Jahre zurück, sodass deren Informationsgrundlage regelmäßig nicht aktuell war. Zum anderen zeigte ein Vergleich der Tagessatzhöhen dieser Stichprobe, bei denen ausreichende Informationen zur wirtschaftlichen Situation vorhanden waren, mit denen der letzten zurückliegenden Verurteilung, dass diese nur in 28 % der Fälle unverändert waren.

Wie gehen also die Staatsanwaltschaften (und Gerichte) in diesen Fällen vor, in denen die Informationen zur Tagessatzhöhenbemessung fehlen? Waren vorherige Verurteilungen bekannt, so entsprach die aktuelle Tagessatzhöhe der vorherigen in den meisten Fällen. Aber auch hier lagen 16 % darüber und 16 % darunter, wobei der Grund der Abweichung aus den Akten nicht ersichtlich wurde.[938] Waren selbst diese Informationen nicht vorhanden, bemaßen die Staatsanwaltschaften erstaunlicherweise dennoch

---

[938] Siehe zu diesen Ergebnissen 3. Teil Kap. 5.2.2.

sehr unterschiedliche Tagessatzhöhen, deren Spannbreite mit 10 € bis 50 € nahezu der Spannbreite der Tagessatzhöhen bei vorhandenen Informationen entsprach.[939] Sie folgten also nicht etwa einer Regel, in solchen Fällen stets eine bestimmte Tagessatzhöhe zu bemessen (beispielsweise stets 10 €, um auszuschließen, dass zu hohe Tagessätze und damit für die Verurteilten unbezahlbare Geldstrafen verhängt werden).

Die so beliebig bemessenen Tagessätze passten entsprechend oft und vielmals sehr deutlich nicht zum monatlichen Nettoeinkommen, wenn dieses im späteren Verlauf des Verfahrens noch bekannt wurde.[940] Wie zu erwarten, stellte sich heraus, dass in diesen Fällen die Tagessatzhöhen in den oberen Einkommensbereichen oftmals zu gering ausgefallen waren, wohingegen die ärmsten Verurteilten häufig zu hohe Tagessätze erhalten hatten. Die höchsten Tagessätze über 50 € wurden etwa bei einem Angeklagten verhängt, der ALG II bezog, und bei knapp der Hälfte der Beschuldigten mit Einkommen im Bereich des soziokulturellen Existenzminimums überstiegen die Tagessätze 15 €; die durchschnittliche Tagesatzhöhe der „ins Blaue hinein" geschätzten Geldstrafen betrug hier 19 €. Im Unterschied dazu betrug der Tagessatzhöhenmittelwert in dieser Einkommensgruppe nur 12 €, wenn Informationen zum Einkommen vorhanden waren.

2.1.2 Zumessung der Tagessatzhöhen bei armen Angeklagten

Hinsichtlich der Bemessung der Tagessatzhöhen bei bekanntem Einkommen ergab die Untersuchung, dass die Höhe der Tagessätze zwar von dem Einkommen der Angeklagten beeinflusst wurde und dass die Tagessatzhöhen des Regelsatzes bei Angeklagten mit Einkommen im Bereich des soziokulturellen Existenzminimums auch gemindert wurden.[941] Die grundsätzliche Senkung der Regelsätze bei armen Angeklagten verlor aber unter dem

---

[939] Im Durchschnitt wurden Tagessätze über 22 € verhängt, was sogar etwas über der durchschnittlichen Tagessatzhöhe in den Fällen mit vorhandenen Informationen zur wirtschaftlichen Situation lag.

[940] Siehe zu den folgenden Ergebnissen Kap. 5.2.3. Die Einkommen wurden nachträglich entweder in der Hauptverhandlung nach einem Einspruch gegen den Strafbefehl oder im Vollstreckungsverfahren bei der Beantragung von Zahlungserleichterungen gem. § 459a StPO bekannt.

[941] Siehe zu diesen Ergebnissen 3. Teil Kap. 7.1 und Kap. 7.3.

Aspekt der Herstellung von Opfergleichheit zwischen ökonomisch ungleichen Angeklagten an Wirkung, da eine Minderung auch in den meisten Fällen bei einkommensstärkeren Angeklagten erfolgte. Darüber hinaus waren die Abweichungen vom Regelsatz sehr unterschiedlich groß, mit starken Ausreißern, die sich nicht aus dem Akteninhalt erklären ließen. Weiterhin zeigte sich, dass die Gerichte und Staatsanwaltschaften im Bereich der Einkommen zur Sicherung des soziokulturellen Existenzminimums nicht mehr erkennbar zwischen verschiedenen Einkommenshöhen differenzierten. Die Tagesssatzhöhen wurden nicht konkret berechnet, sondern vielmehr pauschal auf in aller Regel runde Beträge zwischen 10 € und 20 € gesenkt, mit denen einfach gerechnet werden konnte und die vermutlich einer von den jeweiligen Staatsanwälten oder Richtern abhängigen „Standard-Pauschale" für Empfänger von Grundsicherungsleistungen entsprachen. Freilich bedeutet es für Verurteilte mit solch niedrigen Einkommen gleichwohl einen erheblichen Unterschied, ob ihrer Geldstrafe nun Tagessätze über 10 € oder 20 € zugrunde gelegt werden und sich der Gesamtbetrag damit verdoppelt.

2.1.3 Fehlende Zahlungserleichterungen nach § 42 StGB

Eine weitere Benachteiligung ärmerer Angeklagter war darin zu finden, dass sowohl in den Strafbefehlsverfahren als auch in den Urteilen nach einer Hauptverhandlung nahezu nie Zahlungserleichterungen nach § 42 StGB gewährt wurden, selbst dann nicht, wenn die Angeklagten Einkommen nahe des Existenzminimums bezogen.[942] Die Gewährung von Zahlungserleichterungen, insbesondere von Ratenzahlungen, trägt jedoch dem Umstand Rechnung, dass es für viele arme Verurteilte unmöglich oder unzumutbar ist, die vollständige Geldstrafe auf einmal zu zahlen und soll somit Ersatzfreiheitsstrafen vermeiden.[943] Dennoch wurden in insgesamt nur knapp 5 % der Strafbefehle unmittelbar Zahlungserleichterungen nach § 42 StGB gewährt. Die Entscheidung zur Anwendung von § 42 StGB folgte dabei keinem erkennbaren Muster, sie richtete sich insbesondere nicht nach dem bekannten Einkommen, der Höhe oder der Anzahl der Tagessätze. In 12 Fällen ging aus den Akten ein sehr geringes Einkommen im Bereich

---

[942] Siehe zu diesen Ergebnissen 3. Teil Kap. 7.2 und Kap. 7.3

[943] *Albrecht*, in: NK-StGB, § 42 Rn. 1; *Meier*, Strafrechtliche Sanktionen, S. 76.

des soziokulturellen Existenzminimums hervor, aber nur in einem dieser Fälle wurde eine Zahlungserleichterung (in der Form einer Zahlungsfrist) im Strafbefehl gewährt.[944] Auch in den Urteilen wurden nur in 22 % der Fälle Ratenzahlungen gewährt. Zwar wurden die Zahlungserleichterungen häufiger in Fällen geringer Einkommen und hoher Tagessatzzahlen gestattet. In vielen Fällen von Einkommen im Bereich des Existenzminimums ist eine entsprechende Gewährung von Zahlungserleichterungen jedoch nicht im Urteil erfolgt. Nur in 5 von 19 solcher Fälle wurden Ratenzahlungen im Urteil gestattet.

Die Staatsanwaltschaften und Gerichte wendeten damit § 42 StGB regelmäßig nicht an, obwohl Zahlungserleichterungen offensichtlich notwendig waren und § 42 S. 1 StGB überdies eine Amtsprüfungspflicht ohne Ermessenspielraum enthält, die zur Gewährung von Zahlungserleichterungen verpflichtet.[945] Damit wurde ein weiteres Instrument, das dazu gedacht ist, unzumutbare Härten des Geldstrafensystem für arme Verurteilte zu vermeiden, in der Rechtspraxis kaum bis gar nicht angewendet.

2.1.4 Geldstrafenvollstreckung / Ersatzfreiheitsstrafe

Die Gewährung von Zahlungserleichterungen wurde durch die Nichtanwendung von § 42 StGB zwar nicht unmöglich, aber von der Eigeninitiative und dem Bemühen der Verurteilten im Vollstreckungsverfahren abhängig gemacht. Die Nichtanwendung von § 42 StGB hatte so zur Folge, dass im Vollstreckungsverfahren noch bei über der Hälfte der Geldstrafen, bei denen keine Zahlungserleichterungen im Urteil oder Strafbefehl gestattet wurden, solche noch nachträglich gem. § 459a StPO gewährt wurden.[946] In über 90 % dieser Fälle ging die Initiative hierfür von den Verurteilten aus.

Im weiteren Verlauf der Strafvollstreckung wurde bei einem Drittel der Verfahren die Vollstreckung einer Ersatzfreiheitsstrafe angeordnet und in 12 % der Fälle anschließend auch vollstreckt.[947] Hierbei spielten erwar-

---

[944] Die Fallzahl ist deshalb so gering, da das Einkommen nur in 18,8 % der Strafbefehlsverfahren zum Zeitpunkt der Strafzumessung aus der Akte hervorging.

[945] OLG Köln NJW 1977, 307, 308; OLG Stuttgart StV 1993, 475; *Fischer*, StGB, § 42 Rn. 5a; *Albrecht*, in: NK-StGB, § 40 Rn. 1.

[946] Siehe zu den folgenden Ergebnissen 3. Teil Kap. 8.1.

[947] Siehe zu den folgenden Ergebnissen 3. Teil Kap. 8.2.

tungsgemäß die finanziellen Verhältnisse der Verurteilten eine erhebliche Rolle. Das durchschnittliche Nettoeinkommen war in den Fällen mit angeordneter Ersatzhaft signifikant niedriger als in Fällen ohne Anordnung und lag durchschnittlich nur bei 623 €. Daneben war auch die Zahl der Tagesätze in diesen Fällen höher. Die Ersatzhaftanordnung führte in 45,2 % der Fälle noch zu einer Zahlung der Geldstrafe. In knapp der Hälfte der Fälle wurde zumindest teilweise Ersatzhaft verbüßt und 11 % wendeten die Ersatzfreiheitsstrafe vollständig durch die Ableistung gemeinnütziger Arbeit ab. Der sozioökonomische Status und auch das durchschnittliche Nettoeinkommen der Inhaftierten (406 €) waren erheblich niedriger als bei den restlichen Verurteilten. Nur sehr arme Verurteilte mussten also anstelle der Geldstrafe Ersatzhaft verbüßen. Lediglich bei 17 % der Inhaftierten ging eine vorherige Hafterfahrung aus den Akten hervor. Den Ersatzfreiheitsstrafen lagen außerdem hauptsächlich Strafbefehle zugrunde, wobei in 75 % dieser Strafbefehlsverfahren keine Beschuldigtenvernehmung stattgefunden hatte. Das gesamte Verfahren lief dort also rein schriftlich und ohne persönlichen Kontakt mit den Strafverfolgungsbehörden ab. Infolgedessen war auch das das Einkommen bei der Verurteilung in nur 30 % der Fälle und damit signifikant seltener als in den Fällen ohne Ersatzhaftverbüßung bekannt. Der Anteil gewährter Zahlungserleichterungen war mit lediglich 30 % signifikant geringer als in den restlichen Verfahren, wo 60 % der Verurteilten Zahlungserleichterungen gestattet bekamen. Bei den Verurteilten, die die angeordnete Ersatzfreiheitsstrafe noch abwendeten, betrug die Quote nachträglich gewährter Zahlungserleichterungen sogar knapp 80 %. Wurden Zahlungserleichterungen nach § 42 StGB gewährt, dann kam es gar nicht erst zur Anordnung einer Ersatzfreiheitsstrafe.

Zusammenfassend lässt sich feststellen, dass sich die Nichtanwendung von § 42 StGB trotz der Notwendigkeit von Zahlungserleichterungen bei armen Verurteilten in den Verfahren mit angeordneten und vollstreckten Ersatzfreiheitsstrafen fortwirkte. Die Tatsache, dass die Gewährung von Zahlungserleichterungen von der Eigeninitiative der Verurteilten im Vollstreckungsverfahren abhängig gemacht wurde, führte insbesondere bei Verurteilten mit besonders großen Problemlagen dazu, dass sie diese ihnen eigentlich zustehende Hilfestellung trotz Zahlungsschwierigkeiten gar nicht erst wahrnahmen und infolgedessen direkt ersatzweise inhaftiert wurden.

2.2 Diskussion und Ausblick

Die in der Praxis vielfach vorkommende Schätzung von Einkommen ohne Schätzungsgrundlage „ins Blaue hinein“ ist im Lichte ökonomischer Ungleichheit in mehrerlei Hinsicht problematisch. Zunächst hebelt sie den Sinn und Zweck des Tagessatzsystems aus, bei ökonomischer Ungleichheit eine zumindest annähernd gleiche Strafwirkung gegenüber den zu einer Geldstrafe Verurteilten zu schaffen. Zusätzlich führt die beliebige Bemessung der Tagessätze ohne Informationen zur wirtschaftlichen Lage dazu, dass arme Verurteilte zu zu hohen und besserverdienende zu zu niedrigen Tagessätzen verurteilt werden. Armen Verurteilten wird so entweder mehr genommen, als sie zum Leben am physischen Existenzminimum benötigen oder aber ihnen werden unverhältnismäßig lange Ratenzahlungszeiträume aufgebürdet, in denen alles abgeschöpft wird, was über das physische Existenzminimum hinausgeht.[948]

Zum anderen verstößt dieses Vorgehen gegen § 40 Abs. 3 StGB. Auch wenn die Schätzungsbefugnis des Abs. 3 gerade bei Verfahren mit geringerem Schuld- und Unrechtsgehalt den Ermittlungsaufwand auf der einen sowie die Bedeutung der Tat auf der anderen Seite in ein angemessenes Verhältnis zueinander bringen soll, setzt sie die Ermittlung hinreichender Anhaltspunkte voraus, die nach der Lebenserfahrung eine ausreichend sichere Schätzung erlauben.[949] Eine Schätzung des Einkommens, die einer solchen Grundlage entbehrt, ist nach der Rechtsprechung des Bundesverfassungsgerichts willkürliche Strafzumessung, die gegen den Gleichheitssatz aus Art. 3 Abs. 1 GG verstößt.[950] Diese Rechtspraxis verletzt mithin eine elementare Bedingung materieller Verfahrensgerechtigkeit: die richtige Anwendung des materiellen Rechts und das Verbot willkürlicher Strafen.[951] Dennoch wurde in der Stichprobe bei über 60 % der Strafbefehlsverfahren so vorgegangen. Selbst dann, wenn man (der oben dargestellten Probleme zum Trotz) die Informationen zur letzten verhängten Geldstrafe als ausreichende Schätzungsgrundlage erachten würde, läge die Quote noch im-

---

948 Siehe hierzu 1. Teil Kap. 6.4.2.

949 BGH NStZ 1989, 361; *König*, in: HK-GS, § 244 StPO Rn. 22; *Krehl*, in: KK-StPO, § 244 Rn. 61; *Hofmann*, StraFo 2003, 70.

950 BVerfG NStZ-RR 2015, 335 f.

951 Vgl. noch einmal hierzu BVerfG NStZ-RR 2015, 335 f.

mer bei über 30 %. Die Dringlichkeit und Bedeutung dieses Problems tritt noch deutlicher hervor, wenn man bedenkt, dass bei den Strafverfahren, bei denen eine Geldstrafe erwartet wird, deutschlandweit mehr als doppelt so häufig Strafbefehle beantragt als Anklagen (mit nachfolgenden Hauptverhandlungen) erhoben werden.[952]

Die Problematik beliebiger Geldstrafen durch Schätzungen „ins Blaue hinein" bei den Strafbefehlsverfahren rührt dabei aus der Verfahrensart selbst her. Strafbefehlsverfahren sollen bei einfachen Fällen, in denen eine Geldstrafe verhängt werden kann, die Justiz durch die Abkürzung des Verfahrens entlasten. Die fehlenden Hauptverhandlungen führen jedoch dazu, dass in den Fällen fehlender Beschuldigtenvernehmung durch die Polizei keine Informationen zu den wirtschaftlichen Verhältnissen vorhanden sind.[953] Dass die Beschuldigten nicht zur polizeilichen Vernehmung erschienen, war in der vorliegenden Stichprobe jedoch in über der Hälfte der Strafbefehlsverfahren der Fall.

Rechtmäßiges Handeln der Strafverfolgungsorgane ist dabei freilich auch in Strafbefehlsverfahren erforderlich. In diesen dürfen die erheblichen Strafzumessungstatsachen nicht zugunsten einer schnelleren Verfahrenserledigung unklar bleiben. Ein Strafbefehl darf nur dann erlassen werden, wenn die Strafzumessungstatsachen soweit aufgeklärt sind, dass eine angemessene Bemessung der Sanktion möglich ist.[954]

Ein anderes Vorgehen kann auch nicht mit dem Hinweis auf die im Strafbefehlsverfahren vorhandenen einfachen Rechtsbehelfsmöglichkeiten legitimiert werden. Unabhängig davon, müssten bei einer solchen Argumentation die Verurteilten erst einmal erkennen und verstehen, dass das Einkommen, das den Tagessätzen der ihnen gegenüber verhängten Geld-

---

[952] Es gab 2015 15 % Strafbefehlsanträge zu 7% Anklagen vor dem Strafrichter (bei 12 % Anklagen insgesamt), bei den Verfahren, die nicht nach § 170 Abs. 2 StPO mangels hinreichenden Tatverdachts eingestellt wurden, errechnet aus *Statistisches Bundesamt*, Fachserie 10, Reihe 2.6. Rechtspflege. Staatsanwaltschaften 2015, S. 26.

[953] Die fehlenden Angaben zur wirtschaftlichen Lage beruhten in dieser Untersuchung nicht darauf, dass die Beschuldigten von ihrem Schweigerecht zum Einkommen Gebrauch machten – in den Verfahren mit durchgeführter Hauptverhandlung gab es in der Stichprobe zu 100 % Angaben zum Beruf und Einkommen.

[954] BT-Drs. 10/1313, S. 34; *Fezer*, ZStW 1994, 1, 17; *Maur*, in: KK-StPO, § 407 Rn. 4 (m.w.N.).

strafe zugrunde gelegt wurde, rechtswidrig und falsch geschätzt wurde. Dass die Geldstrafe auf der Höhe des Einkommens beruht, welches lediglich geschätzt wurde, wird im Strafbefehl aber schon gar nicht erst ausgeführt (und damit erst Recht nicht die Grundlange und die Höhe des geschätzten Einkommens). Dies macht zusätzlich augenscheinlich, dass der Hinweis auf Rechtsschutzmöglichkeiten zumindest aktuell ins Leere führt.

Um den Verurteilten die Möglichkeit zu geben, überhaupt erkennen zu können, dass ihre Strafe möglicherweise falsch bemessen wurde, sollte deshalb zunächst, als in der Rechtspraxis einfach umzusetzende Verbesserung, in den Strafbefehlen, in denen das Einkommen geschätzt wird, die Schätzung stets offengelegt und außerdem benannt werden, auf welche Höhe das Einkommen geschätzt wurde.

Mit Blick auf die hinreichende Ermittlung der wirtschaftlichen Verhältnisse bestünde ein denkbarer Lösungsweg darin, dass in all denjenigen Fällen, in denen mangels erfolgter Beschuldigtenvernehmung keine Angaben zum Einkommen oder Beruf vorhanden sind, stets Anklage erhoben wird. Dies würde allerdings in Anbetracht der Anzahl von Strafbefehlsverfahren in der heutigen Praxis die Gerichte wohl überlasten und die durchschnittliche Dauer von Strafverfahren erheblich verlängern. Eine weniger zeitintensive Variante, die die nicht minder belasteten Staatsanwaltschaften betreffen würde, wäre es, in diesen Fällen eine Beschuldigtenvernehmung bei der Staatsanwaltschaft mit Erscheinungspflicht vorzunehmen (§ 163a Abs. 3 S. 1 StPO). Eine weitere Option könnte außerdem darin bestehen, die Polizei in solchen Fällen mit weiteren Ermittlungen zu beauftragen, die über die bloße Ladung zur Beschuldigtenvernehmung hinausgehen und sich explizit auf die wirtschaftlichen Verhältnisse richten. Auch könnte die Ladung zur Beschuldigtenvernehmung bereits auf die Notwendigkeit der Aufklärung der wirtschaftlichen Verhältnisse hinweisen[955] und auf die etwaige Vornahme von Umfeldermittlungen bei fehlenden Angaben hierzu. Auch sollte die Polizei zusätzlich in den Fällen, in denen die Sachverhaltsermittlung bereits unmittelbar nach der Tat vor Ort erfolgt, von allen Beteiligten die Angaben

[955] Dies müsste dann unter dem Hinweis auf die Freiwilligkeit der Angaben zum Einkommen und mit Belehrung zum Schweigerecht geschehen. Denn bei sanktionsrelevanten Fragen wie der zum Einkommen ist eine Belehrung zum Schweigerecht notwendig, §§ 243 Abs. 5 S. 1 StPO, 136 Abs. 1 S. 2 StPO, *Driendl*, ZStW 1976, 113, 1148.

zur Personalie nach § 111 OWiG aufnehmen, über welche Auskunft erteilt werden muss und die auch den Beruf umfassen. Alle Varianten haben zwar gemein, dass sie eine Verlängerung der Verfahrensdauer mit sich führen. Eine nahezu alltägliche rechtswidrige und gegen den Gleichheitssatz aus Art. 3 Abs. 1 GG verstoßende Rechtspraxis bei der Geldstrafenbemessung lässt sich in einem Rechtsstaat aber nicht aus reinem Erledigungsdruck heraus und mit dem Verweis auf die Praxisuntauglichkeit des vom Gesetz geforderten Vorgehens rechtfertigen. Denn in einem solchen bestimmt das Recht die Praxis und nicht die Praxis das Recht.[956]

Zu dieser Praxis fehlerhafter Einkommensschätzung kommt hinzu, dass die Angaben der Beschuldigten zu ihrer wirtschaftlichen Situation nicht nachgeprüft werden. Dies mindert ebenfalls das Potential des Nettoeinkommensprinzips zur Schaffung von Opfergleichheit und begünstigt Menschen, deren Einkommen nicht bereits an der Untergrenze liegt. Die Ursache wird auch hier in der fehlenden Zeit der Ermittlungsorgane zu finden sein. Die Auswirkungen dieses Problems sind aber nicht so massiv, wie die beliebiger Schätzungen, da anhand des Berufs zumindest eine annäherde Glaubwürdigkeitsüberprüfung beim angegebenen Einkommen vorgenommen werden kann. Die fehlende Überprüfung der Angaben kann deshalb unter dem Aspekt der Verfahrensabkürzung noch eher hingenommen werden als eine willkürliche Geldstrafenzumessung durch Einkommensschätzungen ohne jedwede Grundlage.

Daneben sollte für eine hinsichtlich ökonomischer Ungleichheiten gerechtere Geldstrafe auch bei der Bemessung der Tagessatzhöhe bei Einkommen im Bereich des soziokulturellen Existenzminimums zwischen verschiedenen Einkommenshöhen differenziert werden. Dabei ist insbesondere bei (nahezu) einkommenslosen Menschen zu fordern, dass auf das tatsächlich erzielte Einkommen abgestellt wird, um auch diesen die Möglichkeit zu gewähren, die Geldstrafe tatsächlich zahlen zu können. Denn bei sehr einkommensschwachen Menschen kann auch bereits der Entzug geringer Beträge erhebliche Strafwirkungen entfalten. Einen guten Ansatz

[956] So bereits zur damaligen Praxis der Verständigung im Strafverfahren BVerfG, NJW 2013, 1058, 1070; wobei die Praxis bei den Verständigungen in gewisser Weise mit der Legalisierung ihres Tuns belohnt wurde, vgl. *Becker*, JA 641, 642; vgl. aktuell hierzu auch: BVerfG, Beschl. v. 11. Juni 2018 – 2 BvR 819/18 – juris.

liefert beispielsweise ein vom OLG Stuttgart entwickeltes Modell. Bei diesem Vorgehen wird die Gesamtsumme der Geldstrafe derart berücksichtigt, dass der Zahlungszeitraum, der durch die Gewährung von Raten in zumutbarer Höhe entsteht, das Drei- bis Vierfache der Tagessatzzahl der Geldstrafe nicht überschreiten darf (z.B.: Die Tagessatzhöhe bei einer Geldstrafe zu 30 Tagessätzen muss so gewählt werden, dass die Bezahlung der Gesamtsumme in zumutbaren monatlichen Raten maximal 90 bis 120 Tage dauert.) Hieraus ergäbe sich beim Regelsatz des ALG II der Bedarfsstufe 1 für das Untersuchungsjahr 2013 eine maximale Tagessatzhöhe von etwa 9 € bis 12 €; für den Regelsatz aus 2018 ergäbe sich eine maximale Tagessatzhöhe von etwa 10 € bis 14 €.[957] Daneben muss unter dem Gesichtspunkt der Opfergleichheit andersherum jedoch bei begüterten Angeklagten die Tagessatzhöhe des Regelsatzes verwendet werden. Denn das Nettoeinkommensprinzip beinhaltet besondere Härten, die durch eine zusätzliche Senkung ausgeglichen werden müssen, für arme, vermögenslose Verurteilte, nicht jedoch für alle Verurteilten.

Die Benachteiligung ärmerer Verurteilter durch die fehlerhafte Nichtanwendung von § 42 StGB beim Strafbefehls- oder Urteilserlass ist schließlich einfach und ohne ersichtliche Gegenargumente zu beheben. Hierfür müssten die Staatsanwaltschaften und Gerichte lediglich, wie es das Gesetz vorsieht, in denjenigen Fällen Ratenzahlungen gewähren, in denen die sofortige Zahlung unzumutbar ist, weil die Verurteilten die Strafe nicht aus ihrem laufenden Einkommen oder aus ihren Ersparnissen bezahlen können. Dies wird sowohl bei Empfängern von Grundsicherungsleistungen als auch bei vermögenslosen Menschen mit geringen Nettoeinkommen nahezu immer der Fall sein.[958] Darüber hinaus scheinen Programme zur Ersatzhaftvermeidung wie das niedersächsische Hilfsangebot „Geldverwaltung statt Ersatzfreiheitsstrafe“ an der richtigen Stelle anzusetzen, wenn sie gemeinsam mit den Verurteilten erörtern, welche Ratenzahlungshöhe leistbar ist, und diese dann für die Verurteilten bei der Staatsanwaltschaft beantra-

---

[957] Der Regelsatz der Bedarfsstufe 1 lag 2013 bei 382 €, § 2 RBSFV 2013, und 2018 bei 416 €, § 2 RBSFV 2018; Siehe zum Rechenweg 1. Teil Kap. 6.4.2.2.

[958] Vgl. *Albrecht*, in: NK-StGB, § 42 Rn. 4; *Radtke*, in: MüKo-StGB, § 42 Rn. 11 ff.; *Stree/Kinzig*, in: Sch/Sch-StGB, § 42 Rn. 2; *Fischer*, StGB, § 42 Rn. 4; *Häger*, in: LK-StGB, § 42 Rn. 7 ff.

gen.[959] Auch die Vereinbarung von Teilabtretungserklärungen bei Empfängern staatlicher Transferleistungen stellt einen sinnvollen Ansatzpunkt dar. Gleichwohl übernehmen diese Beratungsstellen mit der Berechnung und Beantragung zumutbarer Raten Aufgaben, die gem. § 42 StGB bereits die Gerichte und Staatsanwaltschaften bei der Geldstrafenzumessung erledigen müssten.

Ungeachtet dieser rechtspolitischen Handlungsmöglichkeiten lässt sich abschließend festhalten, dass das Strafverfahrens- und Sanktionenrecht Benachteiligungen infolge sozioökonomischer Ungleichheit zwar weitestgehend als Problem erkennt und zu lösen versucht. Wie so häufig klafft zwischen Recht und Rechtswirklichkeit jedoch eine Lücke, die zu erkennen nicht zuletzt die Aufgabe empirischer Rechtsforschung ist.

[959] Siehe zum niedersächsischen Programm „Geldverwaltung statt Ersatzfreiheitsstrafe" *Teschner*, FS 2018, 30 ff.

Literaturverzeichnis

Ahrens, Christian, Auswahl und Bestellung des Pflichtverteidigers: Rechtspolitische Überlegungen aufgrund einer empirischen Untersuchung, Hannover 1983.

Ahrens, Wilfried, Die Einstellung in der Hauptverhandlung, Göttingen 1978.

Albrecht, Hans-Jörg, Strafzumessung und Vollstreckung bei Geldstrafen, Berlin 1980.

Albrecht, Hans-Jörg, Strafzumessung bei schwerer Kriminalität: eine vergleichende theoretische und empirische Studie zur Herstellung und Darstellung des Strafmaßes, Berlin 1994.

Albrecht, Hans-Jörg, Festschrift für Wolfgang Heinz zum 70. Geburtstag, in: *Hilgendorf, Eric/ Rengier, Rudolf (Hrsg.)*, Die Geldstrafe in Ländern der Europäischen Union – Normative Strukturen und praktische Anwendung, Baden-Baden 2012, S. 565–579.

Altenhain, Karsten/ Hagemeier, Ina/ Haimerl, Michael/ Stammen, Karl-Heinz, Die Praxis der Absprachen in Wirtschaftsstrafverfahren, Baden-Baden 2007.

Alvaredo, Facundo/ Chancel, Lucas/ Piketty, Thomas/ Saez, Emanuell/ Zucman, Gabriel (Hrsg.), World Inequality Report 2018. Internetpublikation: <https: //wir2018.wid.world/files/download/wir2018-full-report-english.pdf> [zuletzt aufgerufen am 03.07.2018], o.O. 2017.

Andreß, Hans-Jürgen, Leben in Armut: Analysen der Verhaltensweisen armer Haushalte mit Umfragedaten, Wiesbaden 1999.

Arendt, Marcel, Quo vadis, Geldstrafe? Möglichkeiten und Grenzen einer ambulanten Sanktion, Frankfurt am Main 2012.

Backhaus, Klaus/ Erichson, Bernd/ Plinke, Wulff/ Weiber, Rolf, Multivariate Analysemethoden: eine anwendungsorientierte Einführung, 14. Aufl. Berlin 2016.

Barton, Stephan, Mindeststandards der Strafverteidigung: die strafprozessuale Fremdkontrolle der Verteidigung und weitere Aspekte der Gewährleistung von Verteidigungsqualität, Baden-Baden 1994.

Barton, Stephan, Einführung in die Strafverteidigung, 2. Aufl. München 2013.

Becker, Christian, Transparenz in Mauschelhausen? – Die strafprozessuale Verständigung seit der Entscheidung BVerfGE 133, 168, JA 2017, 641–647.

Becker, Howard S./ Dellwing, Michael/ Abermeit, Viola/ Plessner, Monika, Außenseiter: Zur Soziologie abweichenden Verhaltens, 2. Aufl. Wiesbaden 2014.

Berkemann, Jörg, Fairneß als Rechtsprinzip – Eine Vorlesung –, JR 1989, 221–228.

Berkmeyer, Kai, „Das kostet doch alles viel mehr als das, was ich zahlen muss!“, FS 2011, 139–142.

Best, Henning/ Boeckh, Jürgen/ Huster, Ernst-Ulrich, Armutsforschung: Entwicklungen, Ansätze, Erkenntnisgewinne, in: *Huster, Ernst-Ulrich/ Boeckh, Jürgen/ Mogge-Grotjahn, Hildegard (Hrsg.)*, Handbuch Armut und soziale Ausgrenzung, 3. Aufl. Wiesbaden 108 n. Chr., S. 27–58.

Beukelmann, Stephan, Gesetz zur Neuregelung des Rechts der notwendigen Verteidigung, NJW-Spezial 2018, 760.

Beulke, Werner, Der Verteidiger im Strafverfahren: Funktionen und Rechtstellung, Frankfurt am Main 1980.

Beulke, Werner, Gesamtreform der StPO-Vorschriften über „Verteidigung“ – notwendig und wünschenswert?, StV 2010, 442–451.

Beulke, Werner, Strafprozessrecht, 13. Aufl. Heidelberg 2016.

Beulke, Werner/ Fahl, Christian, Untreue zum Nachteil der CDU durch Dr. Kohl, NStZ 2001, 426–429.

Blankenburg, Erhard/ Sessar, Klaus/ Steffen, Wiebke, Die Staatsanwaltschaft im Prozess strafrechtlicher Sozialkontrolle, Berlin 1978.

Blankenburg, Erhard/ Steffen, Wiebke, Der Einfluß sozialer Merkmale von Tätern und Opfern auf das Strafverfahren, in: *Blankenburg, Erhard (Hrsg.)*, Empirische Rechtssoziologie, München 1975, S. 248–289.

Block, Petra, Befragung von Vermittlern, Geldstrafenschuldnern und Mitarbeitern der Beschäftigungsstelle zur Praxis der Gemeinnützigen Arbeit, in: *Jehle, Jörg-Martin/ Feuerhelm, Wolfgang/ Block, Petra (Hrsg.)*, Gemeinnützige Arbeit statt Ersatzfreiheitsstrafe: Forschungskolloquium zu einer bundesweiten Untersuchung; mit einem Anhang zur Situation in der DDR, Wiesbaden 1990, S. 97–122.

Bockemühl, Jan (Hrsg.), Handbuch des Fachanwalts Strafrecht, 7. Aufl. Köln 2018 (zit.: *Bearbeiter*, in: Handbuch des Fachanwalts Strafrecht).

Bögelein, Nicole, Deutungsmuster von Strafe: Eine strafsoziologische Untersuchung am Beispiel der Geldstrafe, Wiesbaden 2016.

Bögelein, Nicole/ Ernst, André/ Neubacher, Frank/ Küttel, Benedikt, Vermeidung von Ersatzfreiheitsstrafen: Evaluierung justizieller Haftvermeidungsprojekte in Nordrhein-Westfalen, Baden-Baden 2014.

Borg, Ingwer/ Staufenbiel, Thomas, Theorien und Methoden der Skalierung: eine Einführung, Bern 1989.

Bortz, Jürgen/ Döring, Nicola, Forschungsmethoden und Evaluation in den Sozial- und Humanwissenschaften, 5. Aufl. Berlin 2016.

Böttger, Andreas/ Ehret, Beate/ Othold, Fred/ Prein, Gerald/ Schumann, Karl F./ Seus, Lydia, Methodenskizze der Untersuchung, in: *Schumann, Karl F. (Hrsg.)*,

Berufsbildung, Arbeit und Delinquenz. Bremer Längsschnittstudie zum Übergang von der Schule in den Beruf bei ehemaligen Hauptschülern. Band 1, Weinheim 2003, S. 45–60.

Bottke, Wilfried, Materielle und formelle Verfahrensgerechtigkeit im demokratischen Rechtsstaat, Berlin 1991.

Bottke, Wilfried, Konkretisierung strafprozessualer Fairneß, in: *Eser, Albin/ Goydke, Jürgen/ Maatz, Kurt Rüdiger/ Meurer, Dieter (Hrsg.)*, Strafverfahrensrecht in Theorie und Praxis: Festschrift für Lutz Meyer-Gossner zum 65. Geburtstag, München 2001, S. 73–100.

Bourdieu, Pierre, Ökonomisches Kapital, kulturelles Kapital, soziales Kapital, in: *Kreckel, Reinhard (Hrsg.)*, Soziale Ungleichheiten, Göttingen 1983, S. 183–198.

Brüning, Janique, Die Einstellung nach § 153a StPO. Moderner Ablasshandel oder Rettungsanker der Justiz?, ZIS 2015, 586–592.

Brustbauer, Konrad, Das Tagessatzsystem in der österreichischen Gerichtspraxis, JR 1978, 100–102.

Bublies, Werner, Das Gefängnis darf kein Schuldturm sein – Strategien zur Vermeidung der Ersatzfreiheitsstrafe, BewHi 1992, 178–194.

Bundesarbeitsgemeinschaft für Straffälligenhilfe (Hrsg.), BAG-S Informationsdienst Straffälligenhilfe. Sonderheft 2005: Armut, Reichtum und Straffälligkeit, Bonn 2005.

Bundesministerium für Arbeit und Soziales (Hrsg.), Lebenslagen in Deutschland: Der Fünfte Armuts- und Reichtumsbericht der Bundesregierung. Kurzfassung, o.O. 2017.

Burzan, Nicole, Soziale Ungleichheit: Eine Einführung in die zentralen Theorien, 4. Aufl. Wiesbaden 2011.

Buschbell, Hans, Münchener Anwaltshandbuch Straßenverkehrsrecht, 4. Aufl. München 2015 (zit.: *Bearbeiter*, in: MAH StrVR).

Dahs, Hans/ Rettenmaier, Felix, Handbuch des Strafverteidigers, 8. Aufl. Köln 2015.

Däubler-Gmelin, Herta, Gutachten der Kriminologischen Zentralstelle zur kurzen Freiheitsstrafe und zur Ersatzfreiheitsstrafe, Blätter für Strafvollzugskunde: Beilage zum Vollzugsdienst 2002, 5–6.

Dencker, Friedrich, Die Bagatelldelikte im Entwurf eines EGStGB, JZ 1973, 144–151.

Deutscher Caritasverband / Katholische Bundesarbeitsgemeinschaft Straffälligenhilfe, Gemeinsames Positionspapier: Zur Höhe von Tagessätzen bei Geldstrafen für Menschen im Bezug von Transferleistungen., BAG-S Informationsdienst Straffälligenhilfe 2002, 6–9.

Ditton, Hartmut/ Maaz, Sozioökonomischer Status und soziale Ungleichheit, in: *Reinders, Heinz/ Ditton, Hartmut/ Gräsel, Cornelia/ Gniewosz, Burkhard (Hrsg.)*, Empirische Bildungsforschung: Gegenstandsbereiche, Wiesbaden 2011.

Dolde, Gabriele, Vollzug von Ersatzfreiheitsstrafen – ein wesentlicher Anteil im Kurzstrafenvollzug, FS 1999, 330–335.

Dolde, Gabriele, Zum Vollzug von Ersatzfreiheitsstrafen: Eindrücke aus einer empirischen Erhebung, in: *Feuerhelm, Wolfgang/ Schwind, Hans-Dieter/ Bock, Michael (Hrsg.)*, Festschrift für Alexander Böhm zum 70. Geburtstag am 14. Juni 1999, Berlin 1999, S. 581–596.

Dölling, Dieter, Die Zweiteilung der Hauptverhandlung: eine Erprobung vor Einzelrichtern und Schöffengerichten, Göttingen 1978.

Dölling, Dieter, Probleme der Aktenanalyse in der Kriminologie, in: *Kury, Helmut (Hrsg.)*, Methodologische Probleme in der kriminologischen Forschungspraxis, Köln 1984, S. 265–286.

Dölling, Dieter/ Duttge, Gunnar/ König, Stefan/ Rössner, Dieter (Hrsg.), Gesamtes Strafrecht: StGB, StPO, Nebengesetze: Handkommentar, 4. Aufl. Baden-Baden 2017 (zit.: *Bearbeiter*, in: HK-GS).

Donders, A. Rogier T./ van der Heijden, Geert J. M. G./ Stijnen, Theo/ Moons, Karel G. M., Review: A gentle introduction to imputation of missing values, Journal of Clinical Epidemiology 2006, 1087-1091.

Dörndorfer, Josef/ Neie, Jens/ Petzold, Rainer/ Wendtland, Holger (Hrsg.), Beck'scher Onlinekommentar Kostenrecht, 22. Aufl. München 2018 (zit.: *Bearbeiter*, in: BeckOK KostR).

Dörr, Dieter, Faires Verfahren: Gewährleistung im Grundgesetz der Bundesrepublik Deutschland, Kehl am Rhein 1984.

Driendl, Johannes, Bericht über das Kolloquium „Probleme der Geldstrafe nach der Reform" anläßlich der Sitzung des Kuratoriums des Max-Planck-Instituts für ausländisches und internationales Strafrecht am 20. Februar 1976 in Freiburg i. Br., ZStW 1976, 1137–1154.

Driendl, Johannes, Entwicklung und Neuregelung der Geldstrafe nach dem Tagessatzsystem in Österreich, in: *Jescheck, Hans-Heinrich/ Grebing, Gerhardt (Hrsg.)*, Die Geldstrafe im deutschen und ausländischen Recht, Baden-Baden 1978, S. 659–737.

Dunaway, Gregory/ Cullen, Francis T./ Burton, Velmer S. Jr./ Evans, T. David, The Myth of Social Class and Crime Revisited: An Examination of Class an Adult Criminality, Criminology 2000, 589–632.

Dünkel, Frieder, Ersatzfreiheitsstrafen und ihre Vermeidung: Aktuelle statistische Entwicklungen, gute Praxismodelle und rechtspolitische Überlegungen, FS 2011, 143–169.

Dürbeck, Werner/ Gottschalk, Yvonne, Prozess- und Verfahrenskostenhilfe, Beratungshilfe, 8. Aufl. München 2016.

Eisenberg, Ulrich/ Kölbel, Ralf, Kriminologie, 7. Aufl. Tübingen 2017.

Engels, Dietrich/ Martin, Miriam, Typische Lebenslagen und typischer Unterstützungsbedarf von Klientinnen und Klienten der Bewährungshilfe: Sekundäranalyse von Befragungsdaten der Arbeitsgemeinschaft Deutscher Bewährungshelferinnen und Bewährungshelfer e.V., Berlin 2002.

Entorf, Horst/ Meyer, Susanne/ Möbert, Jochen, Evaluation des Justizvollzugs: Ergebnisse einer bundesweiten Feldstudie, Heidelberg 2008.

Farivar Meemar, Andrea, Die Strafanpassung im Rahmen der Tagessatzgeldstrafe: Der Versuch eines Ausgleichs zwischen Verfahrensökonomie und Opfergleichheit unter Berücksichtigung des Steuerrechts, Berlin 2009.

Feest, Johannes, Weg mit der Ersatzfreiheitsstrafe (§ 43 StGB)! Eine Petition mit Fußnoten, in: *Herzog, Felix/ Schlothauer, Reinhold/ Wohlers, Wolfgang (Hrsg.)*, Rechtsstaatlicher Strafprozess und Bürgerrechte: Gedächtnisschrift für Edda Weßlau, Berlin 2016, S. 491–494.

Feest, Johannes/ Blankenburg, Erhard, Die Definitionsmacht der Polizei. Strategien der Strafverfolgung und soziale Selektion, Düsseldorf 1972.

Feuerhelm, Wolfgang, Ergebnisse einer Erhebung bei Staatsanwaltschaften und einer Aktenuntersuchung zu „Gemeinnütziger Arbeit statt Ersatzfreiheitsstrafe", in: *Jehle, Jörg-Martin/ Feuerhelm, Wolfgang/ Block, Petra (Hrsg.)*, Gemeinnützige Arbeit statt Ersatzfreiheitsstrafe: Forschungskolloquium zu einer bundesweiten Untersuchung; mit einem Anhang zur Situation in der DDR, Wiesbaden 1990, S. 47–95.

Feuerhelm, Wolfgang, Gemeinnützige Arbeit als Alternative in der Geldstrafenvollstreckung, Wiesbaden 1991.

Fezer, Gerhard, Vereinfachte Verfahren im Strafprozeß, ZStW 1994, 1–59.

Filser, Franz, Einführung in die Kriminalsoziologie, Paderborn 1983.

Fischer, Thomas, Die Deal-Entscheidung. Polemik über die rasselnden Federn der Justiz, in: *Esser, Robert/ Günther, Hans-Ludwig, Jäger, Christian, Mylonopoulos, Christos/ Öztürk, Bahri (Hrsg.)*, Festschrift für Hans-Heiner Kühne zum 70. Geburtstag, Heidelberg 2013.

Fischer, Thomas, Strafgesetzbuch: mit Nebengesetzen, 65. Aufl. München 2018.

Fleischer, Wolfgang, Die Strafzumessung bei Geldstrafen: Darstellung des Sanktionenmittels Geldstrafe und dessen empirische Überprüfung nach Einführung des Tagessatzsystems, 1983.

Frank, Ulrich, Die Neuregelung der Geldstrafe, JA 1976, 235–244.

Frank, Ulrich, Das „Nettoeinkommen" des § 40 Abs. 2 S. 2 StGB, MDR 1976, 626–629.

Frank, Ulrich, Die Höhe des Tagessatzes im neuen Geldstrafensystem, 1978.

Frank, Ulrich, Zur Überschreitung des Nettoeinkommens bei der Tagessatzhöhe, MDR 1979, 99–103.

Fratzscher, Marcel, Verteilungskampf: Warum Deutschland immer ungleicher wird, München 2016.

Gaede, Karsten, Fairness als Teilhabe – Das Recht auf konkrete und wirksame Teilhabe durch Verteidigung gemäß Art. 6 EMRK; ein Beitrag zur Dogmatik des fairen Verfahrens in europäischen Strafverfahren und zur wirksamkeitsverpflichteten Konventionsauslegung unter besonderer Berücksichtigung des Rechts auf Verteidigerbeistand, Berlin 2007.

Ganzeboom, Harry B. G., „A New International Socio-Economic Index [ISEI] of Occupational Status for the International Standard Classification of Occupation 2008 [ISCO-08] Constructed with Data from the ISSP 2002-2007; with an Analysis of Quality of Occupational Measurement in ISSP.", Beitrag zur Annual Conference of International Social Survey Programme, Lissabon 2010.

Ganzeboom, Harry B. G./ De Graaf, Paul M./ Treiman, Donald J., A Standard International Socio-Economic Index of Occupational Status, Social Science Research 1992, 1–56.

Garbuszus, Jan Marvin/ Ott, Notburga/ Pehle, Sebastian/ Werding, Martin, Wie hat sich die Einkommenssituation von Familien entwickelt? Ein neues Messkonzept, Gütersloh 2018.

Geißler, Rainer, Soziale Schichtung und Kriminalität, in: *Geißler, Rainer (Hrsg.)*, Soziale Schichtung und Lebenschancen in der Bundesrepublik Deutschland, Stuttgart 1987, S. 138-161.

Geißler, Rainer/ Meyer, Thomas, Die Sozialstruktur Deutschlands, 7. Aufl. Wiesbaden 2014.

Gercke, Björn/ Julius, Karl-Peter/ Temming, Dieter/ Zöller, Mark A. (Hrsg.), Heidelberger Kommentar: Strafprozessordnung, 5. Aufl. Heidelberg 2012 (zit.: *Bearbeiter*, in: HK-StPO).

Gerken, Ulrich/ Henningsen, Jörg, Ersetzung der Ersatzfreiheitsstrafe durch freie Arbeit: Ein Beitrag zur Diskussion um die Geldstrafe und ihre Surrogate, ZRP 1987, 386–390.

Gerlach, Hartmut, Verteidiger im Bagatellverfahren, in: *Wasserburg, Klaus/ Haddenhorst (Hrsg.)*, Wahrheit und Gerechtigkeit im Strafverfahren. Festgabe für Karl Peters aus Anlaß seines 80. Geburtstages, Heidelberg 1984, S. 153–167.

Giannoulis, Georgios, Studien zur Strafzumessung: ein Beitrag zur Dogmatik, Rechtstheorie und Rechtsinformatik mit Vertiefung in den Eigentums- und Vermögensdelikten, Tübingen 2014.

Göppinger, Hans/ Bock, Michael, Kriminologie, 6. Aufl. München 2008.

Graalmann-Scheerer, Kirsten, Zur Reform des Rechts der notwendigen Verteidigung, StV 2011, 696–700.

Grabenwarter, Christoph, Europäische Menschenrechtskonvention: ein Studienbuch, 6. Aufl. München 2016.

Grebing, Gerhardt, Probleme der Tagessatz-Geldstrafe, ZStW 1976, 1049–1115.

Groß, Martin, Klassen, Schichten, Mobilität: Eine Einführung, 2. Aufl. Wiesbaden 2015.

Grube, Christian/ Wahrendorf, Volker (Hrsg.), SGB XII. Sozialhilfe mit Asylbewerberleistungsgesetz: Kommentar, 5. Aufl. München 2014 (zit.: *Bearbeiter*, in: Grube/Wahrendorf-SGB XII).

Grundies, Volker, Gleiches Recht für alle? – Eine empirische Analyse lokaler Unterschiede in der Sanktionspraxis in der Bundesrepublik Deutschland, in: *Neubacher, Frank/ Bögelein, Nicole (Hrsg.)*, Krise – Kriminalität – Kriminologie, Mönchengladbach 2016, S. 511–525.

Grundies, Volker, Regionale Unterschiede in der gerichtlichen Sanktionspraxis in der Bundesrepublik Deutschland. Eine empirische Analyse, in: *Herrmann, Dieter/ Pöge, Andreas (Hrsg.)*, Kriminalsoziologie: Handbuch für Wissenschaft und Praxis, Baden-Baden 2018, S. 295–316.

Grundies, Volker/ Light, Michael, Die Sanktionierung der „Anderen" in der Bundesrepublik, in: *Niggli, Marcel Alexander/ Marty, Lukas (Hrsg.)*, Risiken der Sicherheitsgesellschaft. Sicherheit, Risiko & Kriminalpolitik, Mönchengladbach 2014.

Habermas, Jürgen, Faktizität und Geltung: Beiträge zur Diskurstheorie des Rechts und des demokratischen Rechtsstaats, 3. Aufl. Frankfurt am Main 1993.

Habermas, Jürgen, Moralbewusstsein und kommunikatives Handeln, 10. Aufl. Frankfurt am Main 2010.

Häder, Michael, Empirische Sozialforschung: Eine Einführung, 3. Aufl. Wiesbaden 2015.

Hahn, Carl/ Mugdan, Benno/ Stegemann, Eduard, Die gesamten Materialien zu den Reichs-Justizgesetzen: auf Veranlassung des Kaiserlichen Reichs-Justizamts herausgegeben. Band 3: Materialien zur Strafprozeßordnung. Abteilung 1, 2. Aufl. Berlin 1983.

Hahn, Carl/ Mugdan, Benno/ Stegemann, Eduard, Die gesamten Materialien zu den Reichs-Justizgesetzen: auf Veranlassung des Kaiserlichen Reichs-

Justizamts herausgegeben. Band 3: Materialien zur Strafprozeßordnung. Abteilung 2, 2. Aufl. Berlin 1983.

Hahn, Manfred, Die notwendige Verteidigung im Strafprozeß, Berlin 1975.

Hamdorf, Kai/ Wölber, Olof, Die Ersatzfreiheitsstrafe in Schweden und Deutschland, ZStW 1999, 929–948.

Hanack, Ernst-Walter, Das Legalitätsprinzip und die Strafrechtsreform: Bemerkungen zu § 153a des Entwurfs für ein Erstes Gesetz zur Reform des Strafverfahrensrechts vom 13.4.1972, in: *Lackner, Karl (Hrsg.)*, Festschrift für Wilhelm Gallas zum 70. Geburtstag am 22. Juli 1973, Berlin 1973, S. 339–364.

Handl, Johann, Sozio-ökonomischer Status und der Prozess der Statuszuweisung – Entwicklung und Anwendung einer Skala, in: *Handl, Johann/ Mayer, Karl Ulrich/ Müller, Walter (Hrsg.)*, Klassenlagen und Sozialstruktur: empirische Untersuchungen für die Bundesrepublik Deutschland, Frankfurt am Main 1977, S. 101–153.

Hannich, Rolf (Hrsg.), Karlsruher Kommentar zur StPO, 7. Aufl. München 2013 (zit.: *Bearbeiter*, in: KK-StPO).

Harding, Christopher, Überblick über verschiedene Formen des Strafverfahrens, in: *Eser, Albin/ Rabenstein, Christiane (Hrsg.)*, Strafjustiz im Spannungsfeld von Effizienz und Fairness: konvergente und divergente Entwicklungen im Strafprozessrecht; Internationales Kolloquium 8. – 11. Mai 2002 auf Schloss Ringberg, Berlin 2004, S. 10–17.

Hartmann, Susanne, Der soziale Bonus im Jugendstrafverfahren, Baden-Baden 1994.

Hashimoto, Erica J., Class Matters, Journal of Criminal Law & Criminology 2011, 31–76.

Hass, Gerhard, Die Hauptverhandlung gemäß § 411 StPO und die Frage des Schuldinterlokuts, NJW 1972, 1223–1224.

Hassemer, Winfried, Einführung in die Grundlagen des Strafrechts, 2. Aufl. München 1990.

Hauser, Richard, Das Maß der Armut: Armutsgrenzen im sozialstaatlichen Kontext, in: *Huster, Ernst-Ulrich/ Boeckh, Jürgen/ Mogge-Grotjahn, Hildegard (Hrsg.)*, Handbuch Armut und soziale Ausgrenzung, 3. Aufl. Wiesbaden 2018, S. 149–178.

Heghmanns, Michael, Abweichungen vom Nettoeinkommensprinzip bei der Bemessung von Geldstrafen, NStZ 1994, 519–523.

Heinz, Wolfgang, Das deutsche Strafverfahren. Rechtliche Grundlagen, rechtstatsächliche Befunde, historische Entwicklung und aktuelle Tendenzen. Internetpublikation: Konstanzer Inventar Sanktionsforschung (KIS): <http://www.un

i-konstanz.de/rtf/kis/strafverfahren.htm> [zuletzt aufgerufen am 03.07.2018], Konstanz 2004.

Heinz, Wolfgang, Der schöne Schein des Strafrechts. Vortrag im Rahmen des interdisziplinären Seminars „Was heißt soziale Gerechtigkeit?“ in der Universität Konstanz am 13.10.2010. Internetpublikation: Konstanzer Inventar Sanktionsforschung (KIS): <www.uni-konstanz.de/FuF/Jura/heinz/Heinz_Schoener_Schein_StrafR.pdf> [zuletzt aufgerufen am 03.07.2018], Konstanz 2010.

Heinz, Wolfgang, Das strafrechtliche Sanktionensystem und die Sanktionierungspraxis in Deutschland 1882 – 2012. Stand: Berichtsjahr 2012. Internetpublikation: Konstanzer Inventar Sanktionsforschung (KIS): textless{}www.uni-konstanz.de/rtf/kis/Sanktionierungspraxis-in-Deutschland-Stand-2012.pdf> [zuletzt aufgerufen am 03.07.2018], Konstanz 2014.

Heischel, Olaf, Ersatzfreiheitsstrafer: Fakten, Thesen und Anregungen des Berliner Vollzugsbeirats, FS 2011, 153–159.

Hellmann, Uwe, Richterliche Überzeugungsbildung und Schätzung bei der Bemessung strafrechtlicher Sanktionen, GA 1997, 503–524.

Hennig, Dietmar, Rettet die Geldstrafe – und macht sie einbringlich, BewHi 1999, 298–305.

Herbert, Fabian, Lebenslagenuntersuchung der Klientel der Bewährungshilfe im Landgerichtsbezirk Halle, in: *Dessecker, Axel (Hrsg.)*, Jugendarbeitslosigkeit und Kriminalität, 2. Aufl. Wiesbaden 2007, S. 213–223.

Herrmann, Joachim, Der amerikanische Strafprozeß, in: *Jung, Heike (Hrsg.)*, Der Strafprozeß im Spiegel ausländischer Verfahrensordnungen: Frankreich, Österreich, Schweiz, UdSSR, USA, Berlin 1990, S. 133–160.

Herrmann, Joachim, Überlegungen zur Reform der notwendigen Verteidigung, StV 1996, 396–405.

Hertwig, Volker, Die Einstellung des Strafverfahrens wegen Geringfügigkeit: eine empirische Analyse der Handhabung der §§ 153, 153a StPO in der staatsanwaltschaftlichen und gerichtlichen Praxis, Göttingen 1982.

Heubel, Horst, Der „fair trial“- ein Grundsatz des Strafverfahrens?: Zugleich ein Beitrag zum Problem der „verfassungskonformen“ Rechtsfortbildung im Strafprozeß, Berlin 1981.

Hillenbrand, Thomas, Bemessung der Tagessatzhöhe bei Geldstrafen, ZAP 2017, 879–888.

Hoffmeyer-Zlotnik, Jürgen H. P./ Geis, Alfons J., Berufsklassifikationen und Messung des beruflichen Status/Prestige, ZUMA-Nachrichten 2003, 125–138.

Hofmann, Manfred, Schätzung und Aufklärungspflicht bei der tatrichterlichen Sachverhaltsfeststellung, StraFo 2003, 70–76.

Horn, Eckhard, Alter Wein in neuen Schläuchen? Zur neuesten Fassung des § 40 Abs. 2 StGB (2. StrRG), JZ 1974, 287–289.

Hörnle, Tatjana, Tatproportionale Strafzumessung, Berlin 1999.

Hörnle, Tatjana, Die Rolle des Opfers in der Straftheorie und im materiellen Strafrecht, JZ 2006, 950–958.

Hradil, Stefan, Soziale Ungleichheit in Deutschland, 8. Aufl. Wiesbaden 2005.

Hradil, Stefan, Soziale Ungleichheit: Eine Gesellschaft rückt auseinander, in: *Hradil, Stefan (Hrsg.)*, Deutsche Verhältnisse: Eine Sozialkunde, Frankfurt am Main 2013, S. 152–184.

Hübner, Claudia, Allgemeine Verfahrensgrundsätze, Fürsorgepflicht oder fair trial? Ein Beitrag zur Darstellung nichtpositivierter Belehrungspflichten im Strafprozeß, Tübingen 1983.

Huinink, Johannes, Sozialstruktur Deutschlands, 2. Aufl. Konstanz 2014.

Huinink, Johannes, Messung von sozialer Ungleichheit, in: *Baur, Nina/ Blasius, Jörg (Hrsg.)*, Handbuch Methoden der empirischen Sozialforschung, Wiesbaden 2014, S. 1037–1049.

Janczyk, Markus/ Pfister, Roland, Inferenzstatistik verstehen: Von A wie Signifikanztest bis Z wie Konfidenzintervall, 2. Aufl. Berlin 2015.

Janssen, Helmut, Die Praxis der Geldstrafenvollstreckung, Frankfurt am Main 1994.

Janssen, Jürgen/ Laatz, Wilfried, Statistische Datenanalyse mit SPSS: eine anwendungsorientierte Einführung in das Basissystem und das Modul Exakte Tests, 9. Aufl. Berlin 2017.

Jehle, Jörg-Martin, Fragestellung, Anlage und Durchführung des Forschungsprojekts „Gemeinnützige Arbeit statt Ersatzfreiheitsstrafe“, in: *Jehle, Jörg-Martin/ Feuerhelm, Wolfgang/ Block, Petra (Hrsg.)*, Gemeinnützige Arbeit statt Ersatzfreiheitsstrafe: Forschungskolloquium zu einer bundesweiten Untersuchung; mit einem Anhang zur Situation in der DDR, Wiesbaden 1990, S. 29–45.

Jescheck, Hans-Heinrich/ Weigend, Thomas, Lehrbuch des Strafrechts: Allgemeiner Teil, 5. Aufl. Berlin 1996.

Joecks, Wolfgang/ Miebach, Klaus (Hrsg.), Münchener Kommentar zum StGB. Band 2: §§ 38-79b, 3. Aufl. München 2016 (zit.: *Bearbeiter*, in: MüKo-StGB).

Kaiser, Günther, Kriminologie: ein Lehrbuch, 3. Aufl. Heidelberg 1996.

Karpenstein, Ulrich/ Mayer, Franz C. (Hrsg.), Konvention zum Schutz der Menschenrechte und Grundfreiheiten: Kommentar, 2. Aufl. München 2015 (zit.: *Bearbeiter*, in: Karpenstein/Mayer-EMRK).

Karstedt, Susanne, Soziale Ungleichheit und Kriminalität – Zurück in die Zukunft?, in: *Kreissl, Reinhard (Hrsg.)*, Kritische Kriminologie in der Diskussion: Theorien, Analysen, Positionen, Wiesbaden 1996, S. 45–72.

Kaufmann, Arthur, Prozedurale Theorien der Gerechtigkeit, München 1989.

Kausch, Erhard, Der Staatsanwalt: Ein Richter vor dem Richter? Untersuchungen zu § 153a StPO, Berlin 1980.

Kawamura, Gabriele, Die Geldstrafe – soziale Benachteiligung durch ein strafrechtliches Sanktionsinstrument, Theorie und Praxis der sozialen Arbeit 1995, 27–32.

Kindhäuser, Urs, Strafprozessrecht, 4. Aufl. Baden-Baden 2016.

Kindhäuser, Urs/ Neumann, Ulfrid/ Paeffgen, Hans-Ullrich (Hrsg.), Nomos Kommentar zum Strafgesetzbuch, 5. Aufl. 2017 (zit.: *Bearbeiter*, in: NK-StGB).

Kintzi, Heinrich, Die Geldstrafe – eine ausbaufähige Sanktion, DRiZ 2001, 198–206.

Klebe, Maximilian, Bildungshintergrund und Inhaftierung niedersächsischer Jugendstrafgefangener. Prävention durch verbesserte Bildungsabschlüsse?, Sonderpädagogik in Niedersachsen 2016, 2–5.

Kleining, Gerhard/ Moore, Harriett, Soziale Selbsteinstufung (SSE). Ein Instrument zur Messung sozialer Schichten, KZfSS 1968, 502–552.

Knauer, Christoph/ Kudlich, Hans/ Schneider, Hartmut (Hrsg.), Münchener Kommentar zur StPO. Band 1: §§ 1-150, München 2014 (zit.: *Bearbeiter*, in: MüKo-StPO).

Knauer, Christoph/ Kudlich, Hans/ Schneider, Hartmut (Hrsg.), Münchener Kommentar zur Strafprozessordnung. Band 2: §§ 151-332, München 2016 (zit.: *Bearbeiter*, in: MüKo-StPO).

Knierim, Thomas C./ Oehmichen, Anna/ Beck, Susanne/ Geisler, Claudius, Gesamtes Strafrecht aktuell, Baden-Baden 2018 (zit.: *Bearbeiter*, in: Gesamtes Strafrecht aktuell).

Köhler, Michael, Zur Kritik an der Zwangsarbeitsstrafe, GA 1987, 145–161.

Kohlmann, Günter, § 40 Abs. 2 und 3 StGB – in Steuerstrafverfahren bedeutungslos?, in: *Seebode, Manfred (Hrsg.)*, Festschrift für Günter Spendel zum 70. Geburtstag am 11. Juli 1992, Berlin 1992, S. 257–270.

König, Peter, Grundwissen zur Zumessung der Geldstrafe, JA 2009, 809–814.

Konrad, Norbert, Prävalenz psychischer Störungen bei Verbüßern einer Ersatzfreiheitsstrafe, R&P 2004, 147–150.

Krehl, Christoph, Vermögensberücksichtigung bei der Geldstrafenbemessung?, NStZ 1988, 62–63.

Krehl, Christoph, Die Berücksichtigung von Verbindlichkeiten bei der Geldstrafenbemessung, NStZ 1989, 463–465.

Krehl, Christoph, Anmerkungen zum BayObLG, Beschuss vom 2.2.1998 – 1 St RR 1-98: Bemesssung der Tagessatzhöhe, NStZ 1999, 189–190.

Krieg, Hartmut/ Löhr, Annegret/ Lücke, Uwe/ Meissner, Christl/ Rufert, Wilfried/ Schumann, Angela, Weil Du arm bist, mußt Du sitzen, MschKrim 1984, 25–38.

Kucharski, Florian, Der unverteidigte Beschuldigte im Strafverfahren, Göttingen 2017.

Kuckartz, Udo/ Rädiker, Stefan/ Ebert, Thomas/ Schehl, Julia, Statistik: Eine verständliche Einführung, 2. Aufl. Wiesbaden 2013.

Kudlich, Hans, Ecclestone, Verständigungsgesetz und die Folgen – Reformbedarf für § 153a StPO?, ZRP 2015, 10–13.

Kunz, Karl-Ludwig, Die Einstellung wegen Geringfügigkeit durch die Staatsanwaltschaft, Königstein/Ts. 1980.

Kunz, Karl-Ludwig/ Singelnstein, Tobias, Kriminologie: Eine Grundlegung, 7. Aufl. Bern 2016.

Lackner, Karl/ Kühl, Kristian/ Heger, Martin/ Dreher, Eduard/ Maassen, Hermann, Strafgesetzbuch: Kommentar, 29. Aufl. München 2018.

Lampert, Thomas/ Kroll, Lars E., Die Messung des sozioökonomischen Status in sozialepidemiologischen Studien, in: *Richter, Matthias/ Hurrelmann, Klaus (Hrsg.)*, Gesundheitliche Ungleichheit, Wiesbaden 2006, S. 309–334.

Langer, Wolfgang, Staatsanwälte und Richter: justitielles Entscheidungsverhalten zwischen Sachzwang und lokaler Justizkultur, Stuttgart 1994.

Laubenthal, Klaus/ Nestler, Nina, Strafvollstreckung, 2. Aufl. Heidelberg 2018.

Laufhütte, Heinrich Wilhelm/ Rissing-van Saan, Ruth/ Tiedemann, Klaus (Hrsg.), Leipziger Kommentar Strafgesetzbuch. Band 2: §§ 32-55, 12. Aufl. Berlin 2006 (zit.: *Bearbeiter*, in: LK-StGB).

Leipold, Klaus, Anwaltsvergütung in Strafsachen, München 2004.

Leuschner, Fredericke/ Hüneke, Arnd, Möglichkeiten und Grenzen der Aktenanalyse als zentrale Methode der empirisch-kriminologischen Forschung, MschKrim 2016, 464–481.

Loos, Fritz, Zur „schadensbegrenzenden" Auslegung strafprozessualer Vorschriften des Justizentlastungsgesetzes, in: *Goydke, Jürgen/ Rauschning, Dietrich/ Robra, Rainer/ Schreiber, Hans-Ludwig (Hrsg.)*, Vertrauen in den Rechtsstaat: Beiträge zur deutschen Einheit im Recht; Festschrift für Walter Remmers, Köln 1995, S. 565–576.

Löwe, Ewald/ Rosenberg, Werner/ Erb, Volker/ Esser, Robert (Hrsg.), Löwe-Rosenberg: Die Strafprozeßordnung und das Gerichtsverfassungsgesetz: Großkommentar. Band 1: §§ 1-47, 26. Aufl. Berlin 2006 (zit.: *Bearbeiter*, in: LR-StPO).

Löwe, Ewald/ Rosenberg, Werner/ Erb, Volker/ Esser, Robert (Hrsg.), Löwe-Rosenberg: Die Strafprozeßordnung und das Gerichtsverfassungsgesetz: Großkommentar. Band 4: §§ 112-150, 26. Aufl. Berlin 2007 (zit.: *Bearbeiter*, in: LR-StPO).

Löwe, Ewald/ Rosenberg, Werner/ Erb, Volker/ Esser, Robert (Hrsg.), Löwe-Rosenberg: Die Strafprozeßordnung und das Gerichtsverfassungsgesetz: Großkommentar. Band 5: §§ 151-212b, 26. Aufl. Berlin 2008 (zit.: *Bearbeiter*, in: LR-StPO).

Löwe, Ewald/ Rosenberg, Werner/ Erb, Volker/ Esser, Robert (Hrsg.), Löwe-Rosenberg: Die Strafprozeßordnung und das Gerichtsverfassungsgesetz: Großkommentar. Band 8: §§ 374-448, 26. Aufl. Berlin 2009 (zit.: *Bearbeiter*, in: LR-StPO).

Löwe, Ewald/ Rosenberg, Werner/ Erb, Volker/ Esser, Robert (Hrsg.), Löwe-Rosenberg: Die Strafprozeßordnung und das Gerichtsverfassungsgesetz: Großkommentar. Band 9: §§ 449-495, 26. Aufl. Berlin 2010 (zit.: *Bearbeiter*, in: LR-StPO).

Löwe, Ewald/ Rosenberg, Werner/ Erb, Volker/ Esser, Robert (Hrsg.), Löwe-Rosenberg: Die Strafprozeßordnung und das Gerichtsverfassungsgesetz: Großkommentar. Band 11: EMRK; IPBPR, 26. Aufl. Berlin 2012 (zit.: *Bearbeiter*, in: LR-StPO).

Ludwig-Mayerhofer, Wolfgang (Hrsg.), Soziale Ungleichheit, Kriminalität und Kriminalisierung, Wiesbaden 2000.

Ludwig-Mayerhofer, Wolfgang/ Rzepka, Dorothea, Zwischen Strafverfolgung und Sanktionierung – Empirische Analysen zur gewandelten Stellung der Staatsanwaltschaft im Prozeß strafrechtlicher Sozialkontrolle, ZfRs 1993, 115–140.

Luhmann, Niklas, Legitimation durch Verfahren, 9. Aufl. Frankfurt am Main 2013.

Maiwald, Manfred, Zur gerichtlichen Fürsorgepflicht im Strafprozeß und ihren Grenzen, in: *Warda, Günter/ Waider, Heribert/ Hippel, Reinhard von/ Meurer, Dieter (Hrsg.)*, Festschrift für Richard Lange zum 70. Geburtstag, Berlin 1976, S. 745–764.

Marxen, Klaus/ Tiemann, Frank, Die Wiederaufnahme in Strafsachen, 3. Aufl. Heidelberg 2014.

Matt, Eduard, Haft und keine Alternative? Zur Situation von Ersatzfreiheitsstrafen-Verbüßern am Beispiel Bremen, MschKrim 2005, 339–350.

Maunz, Theodor/ Dürig, Günter/ Herzog, Roman/ Herdegen, Matthias (Hrsg.), Grundgesetz: Kommentar, Loseblatt, Band 3: Art. 16-22, 82. EL München 01/2018 (zit.: *Bearbeiter*, in: M/D-GG).

Mayer, Hans-Jochem/ Kroiß, Ludwig (Hrsg.), Rechtsanwaltsvergütungsgesetz mit Streitwertkommentar und Tabellen: Handkommentar, 7. Aufl. Baden-Baden 2018 (zit.: *Bearbeiter*, in: Hk-RVG).

Meier, Bernd-Dieter, Die Bestrafung von Rückfalltätern in der Bundesrepublik Deutschland und in den USA, Göttingen 1982.

Meier, Bernd-Dieter, Die Kostenlast des Verurteilten: Eine empirische Untersuchung zur kriminalpolitischen und fiskalischen Bedeutung des strafprozessualen Kostenrechts, Köln 1991.

Meier, Bernd-Dieter, Die Reform des Ermittlungsverfahrens. Zur notwendigen Stärkung der Rechtsstellung der Beteiligten, GA 2004, 441–457.

Meier, Bernd-Dieter, Kriminalpolitik in kleinen Schritten – Entwicklungen im strafrechtlichen Rechtsfolgensystem, StV 2008, 263–271.

Meier, Bernd-Dieter, Jugendstrafrecht, 3. Aufl. München 2013.

Meier, Bernd-Dieter, Strafrechtliche Sanktionen, 4. Aufl. Heidelberg 2015.

Meier, Bernd-Dieter, Kriminologie, 5. Aufl. München 2016.

Meinberg, Volker, Geringfügigkeitseinstellungen von Wirtschaftsstrafsachen: Eine empirische Untersuchung zur staatsanwaltschaftlichen Verfahrenserledigung nach § 153a Abs. 1 StPO, Freiburg 1985.

Merton, Robert K., Sozialstruktur und Anomie, in: *Sack, Fritz/ König, René (Hrsg.)*, Kriminalsoziologie, Frankfurt am Main 1968, S. 283–313.

Metz, Jochen, Anmerkung zu BVerfG, Beschl. v. 1.6.2015 – 2 BvR 67/15: Schätzung der Tagessatzhöhe „ins Blaue hinein“ ist willkürlich, NStZ-RR 2016, 46.

Meyer, Dieter, Zu Fragen bei der Festsetzung der Höhe eines Tagessatzes im neuen Geldstrafensystem, MDR 1976, 274–278.

Meyer, Dieter, Gedanken zu Fragen der Schätzung des Einkommens des Täters bei der Festsetzung der Höhe des Tagessatzes (§ 40 StGB), DAR 1976, 147–150.

Meyer, Dieter, Herabsetzung der Höhe des „an sich“ zu bemessenden Tagessatzes der Geldstrafe bei hoher Tagessatzanzahl?, MDR 1978, 444–449.

Meyer, Dieter, Probleme bei der Berechnung der Höhe des Tagessatzes gemäß § 40 Abs. 2 StGB, MDR 1981, 275–281.

Meyer, Maria-Katharina, Das „Fehlen des öffentlichen Interesses“ in § 153 Abs. 1 StPO – eine überflüssige und überdies gefährliche Leerformel?, GA 1997, 404–417.

Meyer-Goßner, Lutz/ Schmitt, Bertram, Strafprozessordnung mit GVG und Nebengesetzen, 61. Aufl. München 2018.

Meyer-Ladewig, Jens/ Nettesheim, Martin/ Raumer, Stefan von (Hrsg.), Europäische Menschenrechtskonvention: Handkommentar, 4. Aufl. Baden-Baden 2017 (zit.: *Bearbeiter*, in: Hk-EMRK).

Michalke, Reinhart, Das Akteneinsichtsrecht des Strafverteidigers – Aktuelle Fragestellungen, NJW 2013, 2334–2336.

Mitsch, Wolfgang, Die Geldstrafe, JA 1993, 304–310.

Müller, Egon, Strafverteidigung, NJW 1981, 1801–1807.

Müller, Klaus Jochen, Das Strafbefehlsverfahren (§§ 407 ff. StPO): Eine dogmatisch-kriminalpolitische Studie zu dieser Form des schriftlichen Verfahrens unter besonderer Berücksichtigung der geschichtlichen Entwicklung; zugleich ein Beitrag zum StVÄG 1987, Frankfurt am Main 1993.

Müller, Siegfried, Aktenanalyse in der Sozialarbeitsforschung, Weinheim 1980.

Musielak, Hans-Joachim/ Voit, Wolfgang (Hrsg.), Zivilprozessordnung mit Gerichtsverfassungsgesetz: Kommentar, 14. Aufl. München 2017 (zit.: *Bearbeiter*, in: Musielak/Voit-ZPO).

Nachtwey, Oliver, Die Abstiegsgesellschaft: Über das Aufbegehren in der regressiven Moderne, 2. Aufl. Berlin 2016.

Neumann, Ulfrid, Materiale und prozedurale Gerechtigkeit im Strafverfahren, ZStW 1989, 52–74.

Nobis, Frank, Strafverteidigung vor dem Amtsgericht: mit Strafbefehlsverfahren, beschleunigtem Verfahren und Ordnungswidrigkeitenverfahren, München 2011.

Nobis, Frank, Reform des Strafprozessrechts – Neue Ufer oder ausgetretene Pfade?, StV 2015, 56–61.

Oberwittler, Dietrich, Kriminalität und Delinquenz als soziales Problem, in: *Albrecht, Günter/ Groenemeyer, Axel (Hrsg.)*, Handbuch soziale Probleme, 2. Aufl. Wiesbaden 2012, S. 772-860.

Oberwittler, Dietrich/ Lukas, Tim, Schichtbezogene und ethnisierende Diskriminierung im Prozess der strafrechtlichen Sozialkontrolle, in: *Hormel, Ulrike/ Scherr, Albert (Hrsg.)*, Diskriminierung: Grundlagen und Forschungsergebnisse, Wiesbaden 2010, S. 221–254.

OECD, PISA 2012 Ergebnisse: Was Schülerinnen und Schüler wissen und können. Band I: Schülerleistungen in Lesekompetenz, Mathematik und Naturwissenschaften, München 2014.

Opp, Karl-Dieter/ Peuckert, Rüdiger, Ideologie und Fakten in der Rechtsprechung: Eine soziologische Untersuchung über das Urteil im Strafprozeß; mit 35 Tabellen, München 1971.

Opp, Karl-Dieter/ Peuckert, Rüdiger, Eine empirische Untersuchung über die Höhe des Strafmaßes, in: *Blankenburg, Erhard (Hrsg.)*, Empirische Rechtssoziologie, München 1975, S. 134–145.

Ostendorf, Heribert, Der Wandel vom klassischen zum ökonomischen Strafprozess, ZIS 2013, 172–180.

Oswald, Margit E., Psychologie des richterlichen Strafens: 32 Tabellen, Stuttgart 1994.

Panter, Rosl/ Prein, Gerald/ Seus, Lydia, Per Doppelpass ins Abseits! Zur Kontinuität von Interpretations- und Handlungsmustern in Arbeitsmarkt und Strafjustiz und deren Konsequenzen, in: *Leisering, Lutz/ Müller, Rainer/ Schumann, Karl F. (Hrsg.)*, Institutionen und Lebensläufe im Wandel. Institutionelle Regulierungen von Lebensläufen., Weinheim 2001, S. 157–185.

Paschmanns, Norbert, Die staatsanwaltschaftliche Verfahrenseinstellung wegen Geringfügigkeit nach §§ 153, 153a StPO – Entscheidungsgrenzen und Entscheidungskontrolle, Frankfurt am Main 1988.

Paul, Axel T., Über die Geldstrafe, ZfRs 2012, 131–150.

Pfeiffer, Christian, Das Problem der sogenannten „Ausländerkriminalität“: empirische Befunde, Interpretationsangebote und (kriminal-)politische Folgerungen (KFN-Forschungsberichte No. 42), Hannover 1995.

Pfeiffer, Gerd, Strafprozessordnung: Kommentar, 5. Aufl. München 2005.

Pillai, K.N. Chandrasekharan, R. V. Kelkar's Lectures on Criminal Procedure: Including Probation and Juvenile Justice, 4. Aufl. Lucknow 2006.

Pöschl, Jennifer, Recht des Angeklagten auf Vertretung: Menschenrechtliche Standards und ihre Auswirkungen auf den deutschen Strafprozess, Frankfurt am Main 2015.

Rabe, Patricia, Das Verständigungsurteil des Bundesverfassungsgerichts und die Notwendigkeit von Reformen im Strafprozess, Tübingen 2017.

Rauscher, Thomas/ Krüger, Wolfgang (Hrsg.), Münchener Kommentar zur Zivilprozessordnung mit Gerichtsverfassungsgesetz und Nebengesetzen. Band 1: §§ 1-354, 5. Aufl. München 2016 (zit.: *Bearbeiter*, in: MüKo-ZPO).

Rawls, John, A Theory of Justice, Oxford 1972.

Renzikowski, Joachim, „Fair trial“ im Strafprozeß, in: *Dölling, Dieter (Hrsg.)*, Jus humanum: Grundlagen des Rechts und Strafrecht; Festschrift für Ernst-Joachim Lampe zum 70. Geburtstag, Berlin 2003, S. 791–804.

Rieß, Peter, Pflichtverteidigung – Zwangsverteidigung – Ersatzverteidigung. Reform der notwendigen Verteidigung, StV 1981, 460–464.

Rieß, Peter, Entwicklung und Bedeutung der Einstellung nach § 153a StPO, ZRP 1983, 93–99.

Rieß, Peter, Zur Entwicklung der Verteidigung im deutschen Strafprozessrecht, in: *Arbeitsgemeinschaft Strafrecht des Deutschen Anwaltvereins (Hrsg.)*, Strafverteidigung im Rechtsstaat. 25 Jahre Arbeitsgemeinschaft Strafrecht des Deutschen Anwaltvereins, Baden-Baden 2009, S. 773–793.

Röhl, Klaus F., Verfahrensgerechtigkeit (Procedural Justice): Einführung in den Themenbereich und Überblick, ZfRs 1993, 1–34.

Rönnau, Thomas, Die Absprache im Strafprozeß: Eine rechtssystematische Untersuchung der Zulässigkeit von Absprachen nach dem geltenden Strafprozeßrecht, Baden-Baden 1990.

Rönnau, Thomas, Justizmodernisierung im Sog der Justizbeschleunigung – zu den Grenzen einer Bindungswirkung strafprozessualer Erkenntnisse in Folgeverfahren –, StV 2004, 455-462.

Rössel, Jörg, Sozialstrukturanalyse: Eine kompakte Einführung, Wiesbaden 2009.

Roxin, Claus/ Schünemann, Bernd, Strafverfahrensrecht: Ein Studienbuch, 29. Aufl. München 2017.

Roysten, Patrick, Mulitple imputation of missing values, The Stata Journal 2004, 227-241.

Rudolphi, Hans-Joachim/ Schlüchter, Ellen/ Frisch, Wolfgang/ Rogall, Klaus/ Wolter, Jürgen (Hrsg.), Systematischer Kommentar zur Strafprozessordnung. Mit GVG und EMRK. Band 2: §§ 94-136a, 5. Aufl. Köln 2016 (zit.: *Bearbeiter,* in: SK-StPO).

Rudolphi, Hans-Joachim/ Schlüchter, Ellen/ Frisch, Wolfgang/ Rogall, Klaus/ Wolter, Jürgen (Hrsg.), Systematischer Kommentar zur Strafprozessordnung. Mit GVG und EMRK. Band 3: §§ 137-197, 5. Aufl. Köln 2016 (zit.: *Bearbeiter,* in: SK-StPO).

Rudolphi, Hans-Joachim/ Schlüchter, Ellen/ Frisch, Wolfgang/ Rogall, Klaus/ Wolter, Jürgen (Hrsg.), Systematischer Kommentar zur Strafprozessordnung. Mit GVG und EMRK. Band 5: §§ 246a-295, 5. Aufl. Köln 2016 (zit.: *Bearbeiter,* in: SK-StPO).

Rudolphi, Hans-Joachim/ Schlüchter, Ellen/ Frisch, Wolfgang/ Rogall, Klaus/ Wolter, Jürgen (Hrsg.), Systematischer Kommentar zur Strafprozessordnung. Mit GVG und EMRK. Band 8: §§ 374-495, 4. Aufl. Köln 2013 (zit.: *Bearbeiter,* in: SK-StPO).

Rudolphi, Hans-Joachim/ Schlüchter, Ellen/ Frisch, Wolfgang/ Rogall, Klaus/ Wolter, Jürgen (Hrsg.), Systematischer Kommentar zur Strafprozessordnung. Mit GVG und EMRK. Band 10: EMRK, 4. Aufl. Köln 2012 (zit.: *Bearbeiter,* in: SK-StPO).

Rüthers, Bernd/ Fischer, Christian/ Birk, Axel, Rechtstheorie: mit Juristischer Methodenlehre, 10. Aufl. München 2018.

Rzepka, Dorothea, Zur Fairness im deutschen Strafverfahren, Frankfurt am Main 2000.

Sachs, Michael (Hrsg.), Grundgesetz: Kommentar, 8. Aufl. München 2018 (zit.: *Bearbeiter,* in: Sachs-GG).

Sack, Fritz, Probleme der Kriminalsoziologie, in: *König, René (Hrsg.)*, Wahlverhalten, Vorurteile, Kriminalität, 2. Aufl. Stuttgart 1978, S. 192–492.

Saenger, Ingo (Hrsg.), Zivilprozessordnung: Handkommentar, 7. Aufl. Baden-Baden 2017 (zit.: *Bearbeiter*, in: Hk-ZPO).

Saliger, Frank, Grenzen der Opportunität: § 153a StPO und der Fall Kohl. Zugleich Besprechung von LG Bonn, Beschluss vom 28.2.2001, GA 2005, 153–176.

Saliger, Frank/ Sinner, Stefan, Abstraktes Recht und konkreter Wille. Anmerkungen zur Einstellung des „Mannesmann"-Verfahrens nach § 153a StPO, ZIS 2007, 476–482.

Schädler, Wolfram, Der „Weiße Fleck" im Sanktionensystem. Ein Beitrag zur Diskussion um Geldstrafe, freie Arbeit und Ersatzfreiheitsstrafe, ZRP 1985, 186–192.

Schaeffer, Ruth-Ellen, Die Bemessung der Tagessatzhöhe unter Berücksichtigung der Hausfrauenproblematik, Tübingen 1978.

Schäfer, Gerhard/ Sander, Günther M./ Gemmeren, Gerhard van, Praxis der Strafzumessung, 6. Aufl. München 2017.

Schatz, Holger, Strafrestaussetzung zur Bewährung: Auch bei Ersatzfreiheitsstrafen, ZRP 2002, 438–442.

Scheinfeld, Jürgen, Die Verfahrenseinstellungen in großen Wirtschaftsstrafsachen, in: *Putzke, Holm/ Hardtung, Bernhard/ Merkel, Reinhard (Hrsg.)*, Strafrecht zwischen System und Telos: Festschrift für Rolf Dietrich Herzberg zum siebzigsten Geburtstag am 14. Februar 2008, Tübingen 2008, S. 843–870.

Scheuch, Erwin K./ Daheim, Hansjürgen, Sozialprestige und soziale Schichtung, in: *Glass, David W./ König, René (Hrsg.)*, Soziale Schichtung und soziale Mobilität, 5. Aufl. Opladen 1974, S. 65–103.

Schlothauer, Reinhold/ Weider, Hans-Joachim, Erweiterte Handlungsspielräume – gesteigerte Verantwortung der Verteidigung im künftigen Ermittlungsverfahren, StV 2004, 504–517.

Schmidhäuser, Eberhard, Freikaufverfahren mit Strafcharakter im Strafprozeß?, JZ 1973, 529–536.

Schmidt, Eberhard, Freiheits-, Ersatzfreiheitsstrafe und Strafzumessung im StGB-Alternativ-Entwurf, NJW 1967, 1929–1940.

Schnell, Rainer/ Hill, Paul B./ Esser, Elke, Methoden der empirischen Sozialforschung, 10. Aufl. München 2013.

Schöch, Heinz, Gutachten C: Empfehlen sich Änderungen und Ergänzungen bei den strafrechtlichen Sanktionen ohne Freiheitsentzug?, in: *Ständige Deputation des Deutschen Juristentages (Hrsg.)*, Verhandlungen des neunundfünfzigsten Deutschen Juristentages, München 1992, S. C1–C138.

Schoeller, Sven, Die Praxis der Beiordnung von Pflichtverteidigern, Baden-Baden 2016.

Schönke, Adolf/ Schröder, Horst (Hrsg.), Strafgesetzbuch. Kommentar, 29. Aufl. München 2014 (zit.: *Bearbeiter*, in: Sch/Sch-StGB).

Schroth, Klaus/ Schroth, Marvin, Die Rechte des Opfers im Strafprozess, 2. Aufl. Heidelberg 2011.

Schulz, Joachim, Ungleichheit bei der Strafverfolgung, in: *Gerber, Uwe (Hrsg.)*, Chancengleichheit im Gerichtssaal. Tagung vom 17. bis 19. Mai 1974. Loccumer Protokolle 6/1974, Loccum 1974, S. 81–103.

Schumann, Karl F. (Hrsg.), Berufsbildung, Arbeit und Delinquenz. Bremer Längsschnittstudie zum Übergang von der Schule in den Beruf bei ehemaligen Hauptschülern. Band 1, Weinheim 2003.

Schumann, Karl F. (Hrsg.), Berufsbildung, Arbeit und Delinquenz. Bremer Längsschnittstudie zum Übergang von der Schule in den Beruf bei ehemaligen Hauptschülern. Band 2, Weinheim 2003.

Schumann, Karl F., Berufsbildung, Arbeit und Delinquenz, in: *Dessecker, Axel (Hrsg.)*, Jugendarbeitslosigkeit und Delinquenz: Empirische Erkenntnisse und praktische Folgerungen aus einer Bremer Längsschnittstudie, 2. Aufl. Wiesbaden 2007, S. 43–68.

Seebode, Manfred, Problematische Ersatzfreiheitsstrafe, in: *Feuerhelm, Wolfgang/ Schwind, Hans-Dieter/ Bock, Michael (Hrsg.)*, Festschrift für Alexander Böhm zum 70. Geburtstag am 14. Juni 1999, Berlin 1999, S. 519–552.

Seeck, Francis, Recht auf Trauer: Bestattungen aus machtkritischer Perspektive, Münster 2017.

Sell, Stefan, Vom Streit über „echte" oder „vermeintliche" Armut zur Ungleichheit als sozialpolitisches und ökonomisches Problem, ifo Schnelldienst 2017, 9–12.

Selle, Dirk von, Gerechte Geldstrafe. Eine Konkretisierung des Grundsatzes der Opfergleichheit, Berlin 1997.

Slizyk, Andreas, Beck'sche Schmerzensgeldtabelle. IMMDAT Stand 12. Oktober 2017, 14. Aufl. München 2018.

Spaniol, Margret, Das Recht auf Verteidigerbeistand im Grundgesetz und in der Europäischen Menschenrechtskonvention, Berlin 1990.

Spannagel, Dorothe/ Tiefensee, Anita, Einkommensungleichheit ist trotz wirtschaftlichen Aufschwungs gestiegen, ifo Schnelldienst 2017, 15–18.

Spieß, Martin, Der Umgang mit fehlenden Werten, in: *Wolf, Chritsof/ Best, Henning (Hrsg.)*, Handbuch der sozialwissenscahftlichen Datenanalyse, Wiesbaden 2010, S. 117–142.

Spindler, Helga, Positionen zur Höhe von Tagessätzen bei Geldstrafen für Menschen im Bezug von Transferleistungen, infoalso 2015, 284–288.

Ständige Deputation des Deutschen Juristentages (Hrsg.), Verhandlungen des Neunundfünfzigsten Deutschen Juristentages: Hannover 1992, München 1992 (zit.: *Bearbeiter,* in: Verhandlungen des 59. DJT).

Statistisches Bundesamt, Fachserie 1, Reihe 2.2: Bevölkerung und Erwerbstätigkeit: Bevölkerung mit Migrationshintergrund – Ergebnisse des Mikrozensus 2013 –, Wiesbaden 2017.

Statistisches Bundesamt, Fachserie 10, Reihe 2.3. Rechtspflege. Strafgerichte 2015, Wiesbaden 2016.

Statistisches Bundesamt, Fachserie 10, Reihe 2.6. Rechtspflege. Staatsanwaltschaften 2013, Wiesbaden 2014.

Statistisches Bundesamt, Fachserie 10, Reihe 2.6. Rechtspflege. Staatsanwaltschaften 2015, Wiesbaden 2016.

Statistisches Bundesamt, Fachserie 10, Reihe 3. Rechtspflege. Strafverfolgung 2002, Wiesbaden 2004.

Statistisches Bundesamt, Fachserie 10, Reihe 3. Rechtspflege. Strafverfolgung 2013, Wiesbaden 2015.

Statistisches Bundesamt, Fachserie 10, Reihe 3. Rechtspflege. Strafverfolgung 2015, Wiesbaden 2017.

Statistisches Bundesamt, Fachserie 15, Heft 4: Wirtschaftsrechnungen. Einkommens- und Verbrauchsstichprobe. Einnahmen und Ausgaben privater Haushalte 2013, Wiesbaden 2015.

Statistisches Bundesamt, Fachserie 15, Reihe 1: Wirtschaftsrechnungen. Laufende Wirtschaftsrechnungen. Einkommen, Einnahmen und Ausgaben privater Haushalte, Wiesbaden 2017.

Statistisches Bundesamt, Statistik und Wissenschaft. Demographische Standards, Wiesbaden 2016.

Statistisches Bundesamt, Bestand der Gefangenen und Verwahrten in den deutschen Justizvollzugsanstalten. Stichtag 31. August 2017, Wiesbaden 2017.

Steiner, Dirk, Das Fairneßprinzip im Strafprozeß, Frankfurt am Main 1995.

Stevens, Stanley S., Psychophysics, 1975.

Stiglitz, Joseph, Reich und Arm: Die wachsende Ungleichheit in unserer Gesellschaft, München 2015.

Strafrechtsausschuss der Bundesrechtsanwaltskammer (Hrsg.), Reform der Verteidigung im Ermittlungsverfahren: Thesen mit Begründung, München 2004.

Streng, Franz, Strafrechtliche Sanktionen: Die Strafzumessung und ihre Grundlagen, 3. Aufl. Stuttgart 2012.

Stuckenberg, Carl-Friedrich, Gründe für die Abschaffung des § 153a StPO, in: *Herzog, Felix/ Schlothauer, Reinhold/ Wohlers, Wolfgang (Hrsg.)*, Rechtsstaatlicher Strafprozess und Bürgerrechte: Gedächtnisschrift für Edda Weßlau, Berlin 2016, S. 369–389.

Tegtmeyer, Heinrich, Die soziale Schichtung der Erwerbstätigen in der Bundesrepublik Deutschland, in: *Tegtmeyer, Heinrich (Hrsg.)*, Soziale Strukturen und individuelle Mobilität, Boppard am Rhein 1979, S. 49–69.

Teschner, Burkhard, Notbremse vor dem Gefängnistor. Ratenzahlungsvereinbarung mit Abtretungserklärung statt Ersatzfreiheitsstrafen, FS 2018, 30–32.

Teuter, Leo, Notwendige Verteidigung und Akteneinsicht, StV 2015, 20–23.

Title, Charles R./ Meier, Robert F., Specifying the SES/Delinquency Relationship, Criminology 1990, 271–299.

Title, Charles R./ Villemez, Wayne J./ Smith, Douglas A., The Myth of Social Class and Criminality: An Empirical Assesment of the Empirical Evidence, American Sociological Review 1978, 643–656.

Treig, Judith/ Pruin, Ineke, Ersatzfreiheitsstrafe in Deutschland. Rechtliche Grundlagen und rechtstatsächliche Entwicklung, FS 2018, 10–15.

Tröndle, Herbert, Die Geldstrafe in der Praxis und Probleme ihrer Durchsetzung unter besonderer Berücksichtigung des Tagessatzsystems, ZStW 1974, 545–594.

Tschentscher, Axel, Prozedurale Theorien der Gerechtigkeit: Rationales Entscheiden, Diskursethik und prozedurales Recht, Baden-Baden 2000.

Villmow, Bernhard, Kurze Freiheitsstrafe, Ersatzfreiheitsstrafe und gemeinnützige Arbeit. Erfahrungen und Einstellungen von Betroffenen, in: *Albrecht, Hans-Jörg/ Dünkel, Frieder/ Kerner, Hans-Jürgen (Hrsg.)*, Internationale Perspektiven in Kriminologie und Strafrecht: Festschrift für Günther Kaiser zum 70. Geburtstag, Berlin 1998, S. 1291–1324.

Vogler, Theo, Demontage des Tagessatzsystems?, JR 1978, 353–361.

Vogtherr, Thomas H., Rechtswirklichkeit und Effizienz der Strafverteidigung, Frankfurt am Main 1991.

Vordermayer, Helmut/ Heintschel-Heinegg, Bernd von (Hrsg.), Handbuch für den Staatsanwalt, 5. Aufl. Köln 2016 (zit.: *Bearbeiter*, in: Handbuch für den Staatsanwalt).

Wacquant, Loic J. D., Bestrafen der Armen: Zur neoliberalen Regierung der sozialen Unsicherheit, Opladen 2009.

Walther, Susanne, Rechtsstellung und Zentralpflichten des Strafverteidigers im Lichte des Grundrechts des Beschuldigten auf effektive Verteidigung, in: *Weigend, Thomas/ Walther, Susanne/ Grunewald, Barbara (Hrsg.)*, Strafverteidigung vor neuen Herausforderungen: Denkanstöße aus sieben Rechtsordnungen, Berlin 2008, S. 329–356.

Welp, Jürgen, Der Verteidiger als Anwalt des Vertrauens, ZStW 1978, 101–131.

Widmaier, Gunter/ Müller, Eckhart/ Barton, Stephan (Hrsg.), Münchener Anwaltshandbuch Strafverteidigung, 2. Aufl. München 2014 (zit.: *Bearbeiter,* in: Münchener Anwaltshandbuch Strafverteidigung).

Wilde, Frank, Die Geldstrafe – ein unsoziales Rechtsinstitut, MschKrim 2015, 348–364.

Wilde, Frank, Armut und Strafe, Wiesbaden 2016.

Wilde, Frank, Wenn Armut zur Strafe wird: Die freie, gemeinnützige Arbeit in der aktuellen Sanktionspraxis, NK 2017, 205–219.

Wolf, Christof, Sozio-ökonomischer Status und berufliches Prestige: ein kleines Kompendium sozialwissenschaftlicher Skalen auf Basis der beruflichen Stellung und Tätigkeit, ZUMA Nachrichten 1995, 102–136.

Wolf, Christof/ Best, Henning, Handbuch der sozialwissenschaftlichen Datenanalyse, Wiesbaden 2010.

Zipf, Heinz, Probleme der Neuregelung der Geldstrafe in Deutschland, ZStW 1974, 514–544.

Züll, Cornelia, Berufscodierung, DOI: 10.15465/gesis-sg_019, GESIS – Leibniz Institut für Sozialwissenschaften (SDM – Survey Guidelines). Internetpublikation: <https://www.gesis.org/gesis-survey-guidelines/instruments/erhebungsinstrumente/sozio-demographische-merkmale/berufscodierung/> [zuletzt aufgerufen am 03.07.2018], Mannheim 2015.

Tabellenverzeichnis

Abbildungsverzeichnis

Anhang

Anhang I: Erhebungsbogen

Datenerhebungsbogen

1	**Fall-Nr.:**
2	**Erhebungsort:** 1 Braunschweig 2 Hannover
3	**Datum der Tat:** ___________________ 01.01.2001 = k.A.
4	**Delikt(e):**
5	**Datum der Erhebung:**
6	**Kurzbeschreibung des Falls und Besonderheiten:** ________________________________

Beschuldigte

7	**Geburtsjahr** ___________
8	**Geschlecht** 1 männlich 2 weiblich
9	**Nationalität** 1 deutsch 2 andere, _____________ 99 unbekannt
10	**Geburtsland** 1 Deutschland 2 anderes, _____________ 99 unbekannt
11	**Wohnsituation** 1 fester Wohnsitz 2 kein fester Wohnsitz 3 Haft/Psychiatrie o.ä. 99 unbekannt

12	**Falls 1, mit wem** 1 Ehefrau/-mann 2 Kinder 3 Partner/in 4 Partner/in bzw. Ehefrau/-mann und Kind 5 Eltern 6 alleine 7 Freunde/WG 8 sonst.____________ 99 k.A.
13	**Familienstand** 1 ledig 2 verheiratet/Lebenspartnerschaft 3 geschieden/Lebenspartnerschaft aufgehoben 4 verwitwet 5 getrennt lebend 99 k.A.
14	**potentiell unterhaltsberechtigte Kinder** 1 ja 0 nein 99 k.A.
15	**Anzahl** 1-6 für Anzahl 7 7 und mehr 88 unbekannt, aber versucht zu ermitteln 99 k.A.
16	**Wo leben die Kinder** 1 bei Beschuldigtem allein 2 bei anderem Elternteil 3 bei Besch. mit Mutter/Vater zusammen 4 teils bei Besch./teils bei anderem Elternteil 5 Pflegefamilie 6 Großeltern 7 alleine 8 Heim 9 sonst.____________ 99 k.A.
17	**Schulausbildung** 1 ohne Abschluss 2 Sonderschule 3 Hauptschule 4 Realschule 5 (Fach)Abitur 6 noch in Schulausbildung 88 unbekannt, aber versucht, zu ermitteln 99 k.A.

18	**Falls noch in Schulausbildung, welcher Abschluss wird angestrebt** 1 Sonderschule 2 Hauptschule 3 Realschule 4 (Fach)Abitur 5 Berufsschule 99 k.A.
19	**Berufliche Ausbildung** 1 Berufsausbildung 2 Hochschulabschluss 3 keine abgeschlossene Ausbildung 4 in Berufsausbildung 5 im Studium 6 sonst. ________ 88 unbekannt, aber versucht, zu ermitteln 99 k.A.
20	**Falls berufliche Ausbildung, zu was (bei Studierenden/Azubis angestrebter Beruf):** ______________
21	**Als erste ermittelte derzeitige berufliche Tätigkeit** 1 Berufstätig 2 Arbeitslos 3 Rentner/in 4 Studium 5 Berufsausbildung 6 sonst.____________ 88 unbekannt, aber versucht zu ermitteln 99 k.A.
22	**Falls Berufstätig, welche Beschäftigungsart** 1 Teilzeit 2 Vollzeit 3 mehrere Jobs 4 Minijob 99 k.A.
23	**Durch wen wurde Berufsstatus als erstes ermittelt** 1 Polizei 2 StA 3 Gericht der 1. Instanz (vor dem Urteil) 4 Gericht in dem Berufungsverfahren oder in der Hauptverhandlung nach einem Einspruch gegen den Strafbefehl 5 StA in Strafvollstreckung 6 sonst.____________ 99 k.A.

24	**Falls berufstätig, welcher Beruf**_______________
25	**Berufsermittlung durch Initiative des Beschuldigten oder Verteidigers** 1 ja 0 nein 99 k.A.
26	**Als erstes ermitteltes Einkommen** __________ 7777 pauschal ALG II 8888 nicht ermittelt, da Beschuldigte trotz Nachfrage k.A. macht 9999 k.A.
27	**Durch wen wurde Einkommen als erstes ermittelt** 1 Polizei 2 StA 3 Gericht in 1. Instanz 4 Gericht in Berufungsverfahren oder Hauptverhandlung nach Einspruch gegen Strafbefehl 5 StA in Strafvollstreckung 6 sonst.___________ 99 k.A.
28	**Angabe brutto oder netto** 1 brutto 2 netto 99 k.A.
29	**Einkommen stammt woraus** 1 Leistungen nach dem AsylbLG 2 ALG II 3 ALG I 4 Unterhaltszahlungen 5 Arbeit/Ausbildung 6 sonst.______________ 99 k.A.
30	**Einkommensermittlung durch Initiative des Beschuldigten o. Verteidigers** 1 ja 0 nein 99 k.A.
31	**Sonst. relevante Dinge für das Nettoeinkommen i.S.v. § 40 II StGB ermittelt** 1 ja 0 nein

32	**Höhe monatlicher Belastung insg.** __________ (9999 k.A.)
33	**Unterhalt für bei anderem Sorgeberechtigten lebende Kinder** 1 ja 0 nein 99 k.A.
34	**Falls ja, für wie viele** ___________ 99 k.A.
35	**Falls ja, in welcher Höhe (insg.)** _________ 9999 k.A.
36	**Unterhaltszahlungen Ex-Ehefrau/-mann** 1 ja 0 nein 99 k.A.
37	**Falls ja, Höhe** __________ 99 k.A.
38	**Schulden vorhanden** 1 ja 0 nein 99 k.A.
39	**Falls ja, Höhe** __________ 9999 k.A.
40	**Monatl. Ratenzahlungen** 1 ja 0 nein 99 k.A.
41	**Falls ja, Höhe** __________ 9999 k.A.
42	**Gründe für Schulden und Ratenzahlung** 1 Konsumgüter 2 sog. vorausschauende Lebensführung (Haus, Ausbildung etc.) 3 Kosten

	vorheriger Strafverfahren 4 sonst.__________ 99 k.A. *(Mehrfachangaben möglich)*
43	**Vermögen vorhanden** 1 ja 0 nein 99 k.A.
44	**Falls ja, Höhe** ____________
45	**Sonstiges:**____________________
46	**Falls Hausfrau/-mann, Beruf des Partners** ____________________ 99 k.A. 88 k.A., aber versucht, zu ermitteln
47	**Falls Hausfrau/-mann, Einkommen des Partners** ________________ 9999 k.A. 8888 k.A., aber versucht, zu ermitteln
48	**Wurden Angaben des Beschuldigten zum Nettoeinkommen irgendwann im Laufe des Verfahrens nachgeprüft** 1 ja 0 nein 2 es gab keine Angaben zum Einkommen
49	**Haben sich die Informationen zum bereits ermittelten Einkommen im Laufe des Verfahrens geändert** 1 ja 0 nein
50	**Falls ja, neues Einkommen** ______________
51	**Sonstiges Relevantes zum neuen Nettoeinkommen** ______________________

52	**Neues Einkommen ermittelt durch** 1 Polizei 2 StA 3 Gericht der 1. Instanz (vor dem Urteil) 4 Gericht in BerufungsV 5 StA in Strafvollstreckung 6 sonst.______________ 99 k.A.
53	**Neues Nettoeinkommen auf Initiative des Beschuldigten oder Verteidigers ermittelt** 1 ja 0 nein 99 k.A.
54	**Suchtproblematik** 1 ja 0 nein 99 k.A.
55	**Falls ja, was** 1 Alkohol 2 Drogen 3 Alkohol und Drogen 4 Spielsucht 5 sonst._________ 99 k.A.
56	**Besonderheiten in der Lebensführung** (z.B. Psychiatrie, Heim, selbst früher Gewaltopfer) 1 ja, welche_____________ 0 nein /k.A.
57	**Anzahl aus Akte ersichtlicher Vorstrafen** __________ 999 k.A. 777 k.A., aber BZR-Auszug wurde angefordert 888 vorbestraft, aber keine genaue Angabe, da BZR-Auszug nicht in Akte enthalten
58	**Einschlägige Vorstrafen (alle Delikte, bei denen Gewaltanwendung erfolgt)** 1 ja 0 nein 99 k.A.
59	**Wie viele** ____________________

60	**Straftaten welcher Art** 1 Schwere vors. GewaltK (§§ 212, 227, 239 IV, 239a, 176b, 177 III, IV, 178 StGB) 2 Mittlere vors. GewaltK (§§ 226 I, 224, 225, 232, 233, 234, 239II, 240 III StGB) 3 Leichte vors. GewaltK (§§ 223, 239 I, 240 StGB) 4 Schwere VermögensK (§§ 251, 250 I, II StGB) 5 Mittlere VermögensK (§§ 249, 244, 244a, 243, 263 II, V StGB) 6 Leichte VermögensK (§§ 242, 263, 265a) 7 Verkehrsstraftaten 8 Drogendelikte 9 sonst. 99. k.A. *(Mehrfachangaben möglich)*
61	**Bisher schwerste Sanktion** 1 Verwarnung mit Strafvorbehalt 2 Geldstrafe 3 Freiheitsstrafe mit Bewährung 4 Freiheitsstrafe ohne Bewährung 5 nur Maßregeln der Besserung und Sicherung 99 k.A.
62	**Maßregeln der Besserung und Sicherung** 1 ja 0 nein
63	**Welche** 1 § 63 StGB 2 § 64 StGB 3 § 66 StGB 4 § 68 StGB 5 § 69 StGB 6 § 70 StGB 99 k.A.
64	**Unter Bewährung / Führungsaufsicht zur Zeit der Tatbegehung** 1 ja 0 nein 99 k.A.

65	**Tagessatzhöhe der Geldstrafe der letzten Verurteilung** ____________ 9999 k.A. 8888 keine frühere Verurteilung war zu einer Geldstrafe
66	**Datum der letzten Verurteilung zu einer Geldstrafe** ____________ 01.01.2001=k.A.

Opfer der Körperverletzung

67	**Mehrere Opfer** 1 ja 0 nein 99 k.A. *(für weitere Opfer, Erhebungsbogen am Ende „weitere Opfer" ausfüllen)*
68	**Wie viele** ______ 99 k.A.
69	**Delikt gegenüber Opfer** ____________________
70	**Geburtsjahr** _______ 9999 k.A.
71	**Geschlecht** 1 männlich 2 weiblich 99 k.A.
72	**Nationalität** 1 deutsch 2 andere, _____________ 99 k.A.
73	**Geburtsland** 1 Deutschland 2 anderes, _____________ 99 k.A.
74	**Polizist/in** 1 ja 0 nein

75	**Hat das Opfer Strafantrag gestellt** 1 ja 0 nein 2 ja, aber zurückgezogen
76	**Falls ja, Datum** ______________ 01.01.2001 = k.A.
77	**War irgendwann im Ermittlungsverfahren ein Rechtsanwalt für das Opfer eingeschaltet (§ 406g StPO)** 1 ja 0 nein 99 k.A.
78	**Antrag nach § 406g III Nr. 2 i.V.m. § 397a II StPO (PKH)** 1 ja 0 nein
79	**bewilligt** 1 ja 0 nein 99 k.A.
80	**Akteneinsichtsgesuch im Ermittlungsverfahren nach § 406e I StPO** 1 ja 0 nein
81	**bewilligt** 1 ja 0 nein 99 k.A.
82	**Anschluss als NebenklägerIn, § 395 I Nr. 3 StPO** 1 ja 0 nein
83	**Durch Rechtsanwalt vertreten, § 397 II StPO** 1 ja 0 nein
84	**Antrag nach § 397a II StPO (PKH)** 1 ja 0 nein
85	**bewilligt** 1 ja 0 nein 99 k.A.

86	**Akteneinsichtsgesuch nach § 406e I StPO** 1 ja 0 nein 2 bereits im EV nach § 406e I StPO gestellt
87	**bewilligt** 1 ja 0 nein 99 k.A.

Tatvorwurf

Tatvorwurf des Anfangsverdachts

88	**Delikte,** ________________________________
89	**§ 223 StGB vollendet** 0 nein 1 ja
90	**Mehrere Delikte** 1 § 52 StGB 2 § 53 StGB 3 § 52 und § 53 StGB 0 nein
91	**Anzahl realkonkurrierender Delikte** ________
92	**Weitere Tatbeteiligte** 1 ja 0 nein 99 k.A.
93	**Anzahl** __________ 99 k.A.

Tatvorwurf durch Staatsanwaltschaft (am Ende des Ermittlungsverfahrens)

94	**Verändert zu Anfangsverdacht** 1 ja (dann weiter) / 0 nein (weiter bei nächstem Abschnitt)

95	**Delikte**______________ §§ 52, 53 StGB
96	**§ 223 StGB vollendet** 1 ja 0 nein
97	**Mehrere Delikte** 1 § 52 StGB 2 § 53 StGB 3 § 52 und § 53 StGB 0 nein
98	**Anzahl realkonkurrierender Delikte**_________
99	**Weitere Tatbeteiligte** 1 ja 0 nein 99 k.A.
100	**Anzahl** 1 1 2 2 3 3 4 mehr als 3 99 k.A.

Generelles zur (ersten) Tat nach § 223 StGB

(Falls eine weitere, tatmehrheitlich begangene Körperverletzung vorliegt, „Informationen zur weiteren Tat" am Ende ausfüllen.)

101	**Datum der Tat** __________________ 01.01.2001=k.A.
102	**Falls weitere Tatbeteiligte, mind. einer im Laufe des Verfahrens durch Rechtsanwalt vertreten** 1 ja 0 nein 99 k.A.
103	**Art der Gewaltanwendung** 1 häusliche Gewalt 2 Discoschlägerei 3 Schlägerei unter Trinkern, Drogenabhängigen 4 Widerstand gegen Polizeigewalt 5 sonst. Gewalt gegen Polizei 6 sonst.__________ 99 k.A.

104	**Täter und Opfer kennen sich** 1 ja 0 nein 99 k.A.
105	**Falls ja, in welcher Beziehung steht das Opfer zum Täter** 1 Ehe / Partnerschaft 2 Ex-(Ehe)Partner/in 3 Kind 4 Freunde, Bekannte 5 Neue/r Partner/in von Ex-(Ehe)Partner/in 6 sonst.____________________ 99 k.A.
106	**Schwere der Verletzung** (siehe Erläuterungen): 0 nur versucht 1 Bagatellverletzung 2 Leichtere V. 3 Leicht-Mittlere V. 4 Mittelschwere V. 5 Schwere V. 99 k.A./nicht bestimmbar
107	**Drogeneinfluss während der Tat** 1 harte Drogen 2 Cannabis 3 Sonst. 99 k.A. 0 nein
108	**Alkoholeinfluss während der Tat** 1 ja, aber ohne Feststellung der BAK 2 ja, BAK__________ 99 k.A. 0 nein
109	**Ließ das Opfer die Verletzungen dokumentieren** 0 nein 1 Arzt 2 Polizei 3 eigenes Foto 4 sonst. ________ 99 k.A.
110	**Hat das Opfer „erwiesener Maßen“ ebenfalls unmittelbar vor/während/nach der Tat den Täter verletzt** 1 ja 0 nein 99 k.A.
111	**Vom Täter angegebenes Tatmotiv** 1 Rausch 2 Provokation durch das Opfer

	3 „Selbstverteidigung (nicht zwingend i.S.v. §§ 32ff. StGB)" 4 Verleitenlassen von Anderen 5 Grundlos 6 Streit 7 Eifersucht 8 Ärger über das Opfer 9 sonst._______ 99 k.A. *(Mehrfachangaben möglich)*
112	**Laut Polizei/StA Tatmotiv** 1 Rausch 2 Provokation durch das Opfer 3 „Selbstverteidigung (nicht zwingend i.S.v. §§ 32ff. StGB)" 4 Verleitenlassen von Anderen 5 Grundlos 6 Streit 7 Eifersucht 8 Ärger über das Opfer 9 sonst.________ 99 k.A. *(Mehrfachangaben möglich)*
113	**Aus Akte erkennbares Tatmotiv** 1 Rausch 2 Provokation durch das Opfer 3 „Selbstverteidigung (nicht zwingend i.S.v. §§ 32ff. StGB)" 4 Verleitenlassen von Anderen 5 Grundlos 6 Streit 7 Eifersucht 8 Ärger über das Opfer 9 sonst._______ 99 k.A. *(Mehrfachangaben möglich)*
114	**Nachtatverhalten des Beschuldigten:** 0 aus Akte kein besonderes Nachtatverhalten erkennbar 1 Entschuldigung/Reue in Vernehmung 2 freiwillig Schmerzensgeld gezahlt 3 freiwillige Suchtbehandlung, Therapie o.ä. 4 Entschuldigung beim Opfer 5 sonst.__________________________ *(Mehrfachangaben möglich)*

Ermittlungsverfahren

Polizeiliche Ermittlung

115	**Datum des Eingangs bei Polizei:** ______________ 01.01.2001=k.A.
116	**Eingang bei der Polizei durch**: 1 Strafanzeige 2 Informelle Anzeige 3 eigene Feststellungen 4 sonst. 99 k.A. *(Mehrfachangaben möglich)*
117	**Gegenanzeige** 1 ja 0 nein 99 k.A.
118	**Vernehmung des später Beschuldigten direkt vor Ort bzw. kurz nach der Tat** 1 ja 0 nein 99 k.A.
119	**Aussageverhalten bzgl. Tatvorwurf** 1 Aussageverweigerung 2 Geständnis 3 Teilgeständnis 4 Bestreiten 5 Aussage, dass keine Erinnerung mehr 6 sonst. Aussage
120	**Zwangsmaßnahmen erfolgt** 1 ja 0 nein
121	**Falls ja, welche** 1 Handfesseln, § 75 NSOG 2 Ingewahrsamnahme, § 18 NSOG 3 Platzverweis, Aufenthaltsverbot, § 18 NSOG 4 Blutprobe, § 81a StPO 5 sonst.__________ 99 k.A. *(Mehrfachangaben möglich)*

122	**Beschuldigtenvernehmung erfolgt** 1 ja 0 nein
123	**Falls nein, schriftl. Anhörung erfolgt** 1 ja 0 nein 2 versucht, aber Beschuldigte hat nicht geantwortet 3 Beschuldigte hat eigenständig geschrieben
124	**Datum der 1. Vernehmung/Anhörung des Beschuldigten** ________________
125	**Aussageverhalten bzgl. Tatvorwurf** 1 Aussageverweigerung 2 Geständnis 3 Teilgeständnis 4 Bestreiten 5 Aussage, dass keine Erinnerung mehr 6 sonst. Aussage
126	**Verändert zur 1. „Vor-Ort-Vernehmung“** 1 ja 0 nein 2 es gab keine „Vor-Ort-Vernehmung“ / Aussageverweigerung vor Ort
127	**Anzahl der weiteren Vernehmungen insg.:** ________ 99 k.A.
128	**Nachfolgendes Aussageverhalten verändert** 0 nein 1 ja
129	**Falls ja, Nachfolgendes Aussageverhalten** 1 Aussageverweigerung 2 Geständnis 3 Teilgeständnis 4 Bestreiten 5 Aussage, dass keine Erinnerung mehr 6 sonst. Aussage

130	**Einlassung schriftlich durch Rechtsanwalt** 1 ja 0 nein
131	**Aussageverhalten bzgl. Tatvorwurf** 1 Aussageverweigerung 2 Geständnis 3 Teilgeständnis 4 Bestreiten 5 Aussage, dass keine Erinnerung mehr 6 sonst. Aussage
132	**Aussageverhalten verändert** 1 ja 0 nein 2 es gab noch keine Vernehmung / Aussageverweigerung vorher
133	**Falls keine Vernehmung/Anhörung, warum** 1 auf Vorladung der Polizei nicht erschienen bzw. nicht auf Anhörung geantwortet 2 Polizei hat keine Vernehmung/Anhörung veranlasst 99 k.A.
134	**Zeugenvernehmung** 1 ja 0 nein 99 k.A.
135	**Wie viele Zeugen wurden vernommen** ____________ 99 k.A.
136	**Wie viele Zeugen sind aus der Akte ersichtlich** ____________ 99 k.A.
137	**Laut Polizei Beweisschwierigkeiten** 1 ja 0 nein 99 k.A.
138	**Laut Akteninhalt offenkundige Beweissituation** 1 offensichtliche Beweisschwierigkeiten 2 eindeutige Beweislage 0 keine auffällige Beweislage

139	**Erstmalige Weitergabe von Polizei an StA (Datum)** ______________ 01.01.2001=k.A.

<u>**Staatsanwaltliche Ermittlung**</u>

140	**Eingang an StA von Polizei (Datum)** ____________ 01.01.2001=k.A.
141	**Erledigung durch StA (Datum)** ____________ 01.01.2001=k.A.
142	**Antrag des Beschuldigten nach § 147 VII StPO** 1 ja 0 nein
143	**Rückverfügung der Akte an die Polizei** 1 ja 0 nein
144	**Falls ja, Anweisung weitere Ermittlungen durchzuführen** 1 ja 0 nein
145	**Erneuter Eingang der Akte bei der StA (Datum)** ______________ 01.01.2001=k.A.
146	**Eigene Nachermittlungen der StA** 1 ja 0 nein
147	**Vernehmung des Beschuldigten durch StA** 1 ja 0 nein
148	**Falls nein, schriftliche Anhörung erfolgt** 1 ja 0 nein 2 versucht, aber Beschuldigte hat nicht geantwortet
149	

	Aussageverhalten bzgl. Tatvorwurf 1 Aussageverweigerung 2 Geständnis 3 Teilgeständnis 4 Bestreiten
150	**(Erste) Abschlussentscheidung der StA** 1 Anklage 2 Strafbefehl 3 § 153 StPO 4 § 153a StPO 5 sonst._______
151	**Teilweise Einstellung nach § 154 StPO** 1 ja 0 nein
152	**Falls Anklage: Vor welches Gericht** 1 Strafrichter 2 Jugendgericht 3 Schöffengericht
153	**Begründung für Entscheidung der StA** 1 generell keine Vorstrafen 2 Schadenshöhe pos. 3 Schadenshöhe neg. 4 einschlägig vorbestraft neg. 5 generell vorbestraft neg. 6 nicht einschlägig vorbestraft pos. 7 Opfer hat kein Interesse an Strafverfolgung / kein Strafantrag pos. 8 Entschuldigung/Reue pos. 9 Ermittlungsverfahren war eindrücklich genug 10 Alkoholenthemmung 11 Schadenswiedergutmachung erfolgt 22 sonst. _______________ 99 k.A. *(Mehrfachangaben möglich)*

Erledigungsverfahren der Staatsanwaltschaft

Verfahrensbeendigung durch Einstellung

154	**Nach welcher Norm** 1 § 153 StPO 2 § 153a StPO 3 § 154 StPO 4 § 170 II stopp

155	**Falls § 153a StPO: Welche Nr.** ____
156	**Falls Nr. 2, Zahlung an** 1 Staatskasse 2 gemeinnützige Einrichtung
157	**Falls Nr. 1 oder 2: Höhe des Geldbetrags** ___________
158	**Begründung der Höhe** 1, ja ______________ 0 nein
159	**Zahlungserleichterungen gewährt** 1 Zahlungsfrist 2 Ratenzahlung 0 nein 99 k.A.
160	**Falls ja, auf Initiative des Beschuldigten oder Verteidigers** 1 ja 0 nein 99 k.A.
161	**Auflage/Weisung bzw. Voraussetzung von § 154 StPO erfüllt** 1 ja 0 nein 99 k.A.
162	**Falls nein, Folge** 1 Strafbefehl 2 Anklage 3 sonst.______ 99 k.A.

Verfahrensbeendigung durch Strafbefehl

163	**Wann hat StA Strafbefehl beantragt** 1 direkt nach dem Ermittlungsverfahren 2 wegen Fehlens des Angeklagten in der Hauptverhandlung 3 Auflage/Weisung nicht erfüllt 4 sonst. ____________

164	**Hat das Gericht den Strafbefehl erlassen** 1 Ja, wie von StA beantragt, § 408 III 1 StPO 2 Ja, aber mit Änderung der rechtl. Beurteilung, § 408 III 2 StPO 3 Ja, aber mit Änderung der Rechtsfolge, § 408 III 2 StPO 4 Nein, weil kein hinreichender Tatverdacht, § 408 II StPO 5 Nein, weil Hauptverhandlung erforderlich, § 408 III 2 Hs 1 StPO 6 Nein, weil keine Einigkeit über die Rechtsfolge mit der StA erzielt werden konnte, § 408 III 2 Hs 2 StPO 7 Nein, Verfahren wurde eingestellt 99 k.A.
165	**Falls 2, oder 3, zugunsten des Angeklagten** 1 ja 0 nein
166	**Datum des Strafbefehls** ________________ 01.01.2001=k.A.

Verfahrensbeendigung durch Anklage / Zwischenverfahren

167	**Antrag des Beschuldigten nach § 147 VII StPO** 1 ja 0 nein 99 k.A.
168	**Eröffnung des Hauptverfahrens** 1 ja 0 nein
169	**Einstellung** 1 ja 0 nein 2 teilweise

Hauptverhandlung

170	**Beginn (Datum)** ___________ 01.01.2001=k.A.

171	**Ende (Datum)** ____________ 01.01.2001=k.A.
172	**Anzahl Sitzungen** __________ 99 k.A.
173	**Dauer (Zeit in Minuten)** _______________ 9999 k.A.
174	**Angeklagte stets anwesend** 1 ja 0 nein
175	**Falls nein, Antrag der StA über Strafbefehlserlass** 1 ja (dann weiter zu Strafbefehlsverfahren oben) 0 nein
176	**Antrag des Angeklagten nach § 147 VII StPO** 1 ja 0 nein
177	**Aussageverhalten des Angeklagten** 1 Aussageverweigerung 2 Geständnis 3 Teilgeständnis 4 Bestreiten 5 Aussage, dass keine Erinnerung mehr 6 sonst. Aussage
178	**Aussageverhalten des Angeklagten im Vergleich zur pol. Vernehmung geändert** 1 ja 0 nein 2 es hat keine pol. Vernehmung stattgefunden
179	**Einlassung durch Verteidiger** 1 ja 0 nein
180	**Beweisanträge** 1 ja 0 nein

181	**Gestellt durch** 1 StA 2 Angeklagten/Verteidiger 3 Nebenkläger *(Mehrfachangaben möglich)*
182	**Verfahrensabsprache** 1 ja 0 nein
183	**Falls ja, näheres**____________________

Entscheidung des Gerichts

Einstellung

184	**Einstellung** 1 ja 0 nein (dann weiter nächster Abschnitt) 2 teilweise
185	**Nach** 1 § 153 StPO 2 § 153a StPO 3 § 154 StPO 4 sonst.
186	**Falls § 153a StPO: Welche Nr.** ____
187	**Falls Nr. 2, Zahlung an** 1 Staatskasse 2 gemeinnützige Einrichtung
188	**Falls Nr. 1 oder 2: Höhe des Geldbetrags** __________
189	**Begründung der Höhe** 1, ja ________ 0 nein
190	**Zahlungserleichterungen gewährt** 1 Ratenzahlung 2 Zahlungsfrist 0 nein 99 k.A.

191	**Falls ja, auf Initiative des Beschuldigten oder Verteidigers** 1 ja 0 nein 99 k.A.
192	**Auflage/Weisung bzw. Voraussetzung von § 154 StPO erfüllt** 1 ja 0 nein 99 k.A.
193	**Falls nein, Folge** 1 Strafbefehl 2 Anklage 3 sonst.______________ 99 k.A.
194	**Begründung für Einstellung** 1 keine Vorstrafen pos. 2 Schadenshöhe pos. 3 Schadenshöhe neg. 4 einschlägig vorbestraft neg. 5 generell vorbestraft neg. 6 nicht einschlägig vorbestraft pos. 7 nicht vorbestraft pos. 8 Entschuldigung/Reue pos. 9 Ermittlungsverfahren war eindrücklich genug 10 Alkoholenthemmung pos. 11 Schadenswiedergutmachung erfolgt pos. 22 sonst. ______________ 99 k.A. *(Mehrfachangaben möglich)*

Urteil / Strafbefehl

195	**Strafbefehl** 1 ja 0 nein
196	**Urteil** 1 ja 0 nein

Falls Urteil, Anträge am Ende der Hauptverhandlung

Antrag Staatsanwaltschaft

197	**Freispruch** 1 ja 0 nein 2 teilweise
198	**Delikte**_______________ § 52/53 StGB
199	**Mehrere Delikte** 1 § 52 StGB 2 § 53 StGB 3 § 52 und § 53 StGB 0 nein
200	**Anzahl realkonkurrierender Delikte**_________
201	**Verminderte Schuldfähigkeit, § 21 StGB** 1 ja 0 nein 99 k.A.
202	**Geldstrafe** 1 ja 0 nein
203	**Anzahl TS** __________
204	**Höhe TS** ___________
205	**Falls § 53 StGB, Anzahl TS für (schwerste) Körperverletzung** ___________ 8888 keine Geldstrafe, sondern Freiheitsstrafe
206	**Falls § 53 StGB und mehrere Körperverletzungen, Anzahl TS für zweitschwerste Körperverletzung** ___________ 8888 keine Geldstrafe, sondern Freiheitsstrafe

207	**Zahlungserleichterungen, § 42 StGB** 1 Zahlungsfrist 2 Ratenzahlung 0 nein
208	**Freiheitsstrafe** 1 ja 0 nein
209	**Dauer der FS in Wochen (1 Monat = 4 Wochen)** ________ 9999 k.A.
210	**Falls § 53 StGB, Dauer der FS für (schwerste) Körperverletzung in Wochen (4 Wochen = 1 Monat)** ___________ 8888 keine Geldstrafe, sondern Freiheitsstrafe
211	**Falls § 53 StGB und mehrere Körperverletzungen, Dauer FS für zweitschwerste Körperverletzung in Wochen (4 Wochen = 1 Monat)** ________ 8888 keine Geldstrafe, sondern Freiheitsstrafe
212	**Bewährung** 1 ja 0 nein 99 k.A.
213	**Falls ja, Dauer der Bewährung in Monaten (4 Wochen=1 Monat)**_________ 9999 k.A.
214	**AndereRechtsfolge** 0 nein 1 Verwarnung mit Strafvorbehalt, § 59 StGB 2 Absehen von Strafe, § 60 StGB 3 Maßregel nach § 63 StGB 4 Maßregel nach § 64 StGB

Antrag des Angeklagten (der Verteidigung)

215	**keine eigene rechtliche Bewertung** 1 ja (dann weiter bei Sanktion Gericht) 0 nein 99 k.A.
216	**Freispruch** 1 ja 0 nein 2 teilweise 99 k.A.
217	**Delikte**____________ § 52/53 StGB 99 k.A.
218	**Mehrere Delikte** 0 nein 1 § 52 StGB 2 § 53 StGB 3 § 52 und § 53 StGB 99 k.A.
219	**Anzahl real konkurrierender Delikte**__________ 99 k.A.
220	**Verminderte Schuldfähigkeit, § 21 StGB** 1 ja 0 nein 99 k.A.
221	**kein genaues Strafmaß, sondern lediglich milde Bewertung beantragt** 1 ja 0 nein
222	**kein genaues Strafmaß, sondern lediglich Strafaussetzung zur Bewährung beantragt** 1 ja 0 nein
223	**Geldstrafe** 1 ja 0 nein
224	

	Anzahl TS ________ 9999 k.A.
225	**Höhe TS** ________ 9999 k.A.
226	**Falls § 53 StGB, Anzahl TS für (schwerste) Körperverletzung** ________ 8888 keine Geldstrafe, sondern Freiheitsstrafe
227	**Falls § 53 StGB und mehrere Körperverletzungen, Anzahl TS für zweitschwerste Körperverletzung** ________ 8888 keine Geldstrafe, sondern Freiheitsstrafe
228	**Zahlungserleichterungen, § 42 StGB** 1 Zahlungsfrist 2 Ratenzahlung 0 nein
229	**Freiheitsstrafe** 1 ja 0 nein
230	**Dauer der FS in Wochen (4 Wochen = 1 Monat)** ________ 9999 k.A.
231	**Falls § 53 StGB, Dauer der FS für (schwerste) Körperverletzung** ________ 8888 keine Freiheitsstrafe, sondern Geldstrafe
232	**Falls § 53 StGB und mehrere Körperverletzungen, Dauer FS für zweitschwerste Körperverletzung** ________ 8888 keine Freiheitsstrafe, sondern Geldstrafe
233	**Bewährung** 1 ja 0 nein 99 k.A.

234	**Falls ja, Dauer der Bewährung in Monaten (4 Wochen = 1 Monat)** _______ 9999 k.A.
235	**Andere Rechtsfolge** 0 nein 1 Verwarnung mit Strafvorbehalt, § 59 StGB 2 Absehen von Strafe, § 60 StGB 3 Maßregel nach § 63 StGB 4 Maßregel nach § 64 StGB

Vom Gericht verhängte Sanktion (im Urteil oder Strafbefehl)

236	**Falls Urteil, abgekürztes Urteil i.S.v. § 267 IV, V StPO** 1 ja 0 nein
237	**Freispruch** 1 ja (*dann hier fertig*) 0 nein 2 teilweise
238	**Delikte** ____________ § 52/53 StGB
239	**Mehrere Delikte** 1 § 52 StGB 2 § 53 StGB 3 § 52 und § 53 StGB 0 nein
240	**Anzahl realkonkurrierender Delikte**________
241	**Verminderte Schuldfähigkeit, § 21 StGB** 0 nein 1 Alkohol 2 Drogen 3 ja, sonst. __________ 4 ja, aber k.A. warum

242	**Laut Gericht Tatmotiv** 1 Rausch 2 Provokation durchs Opfer 3 „Selbstverteidigung (nicht zwingend i.S.v. §§ 32ff. StGB)“ 4 Verleitenlassen von Anderen 5 Grundlos 6 Streit 7 Eifersucht 8 Ärger über Opfer 9 sonst.________________ 99 k.A. *(Mehrfachangaben möglich)*
243	**Geldstrafe** 1 ja 0 nein
244	**Anzahl TS** ________
245	**Höhe TS** __________
246	**Falls § 53 StGB, Anzahl TS für (schwerste) Körperverletzung** __________ 8888 keine Geldstrafe, sondern Freiheitsstrafe
247	**Falls FS, Dauer in Wochen (1 Monat = 4 Wochen)**_________
248	**An welcher Stelle wurde der Tatvorwurf dieser Körperverletzung im Bogen erhoben, Tatvorwurf 1, 2 oder 3** ___________
249	**Falls § 53 StGB und mehrere Körperverletzungen, Anzahl TS für zweitschwerste Körperverletzung** _______ 8888 keine Geldstrafe, sondern Freiheitsstrafe

250	**Falls FS, Dauer in Wochen (1 Monat = 4 Wochen)**__________
251	**An welcher Stelle wurde der Tatvorwurf dieser Körperverletzung im Bogen erhoben, Tatvorwurf 1, 2 oder 3** ____________
252	**Nettoeinkommen aus der Akte zum Zeitpunkt der Sanktionierung ersichtlich** 1 ja 0 nein
253	**Aktueller Beruf aus der Akte zum Zeitpunkt der Sanktionierung ersichtlich** 1 ja 0 nein
254	**Zahlungserleichterungen, § 42 StGB** 0 nein 1 Zahlungsfrist 2 Ratenzahlung
255	**Falls ja, auf Initiative des Beschuldigten oder Verteidigers** 1 ja 0 nein 99 k.A.
256	**Falls besonders hohe TS-Anzahl (TSA über 30) und niedrige TS-Höhe (ab 10 €), Umgang hiermit** 1 Gewährung von Zahlungserleichterungen, § 42 StGB 2 Senkung der TS-Höhe 3 Senkung der TS-Anzahl 0 keine Berücksichtigung erkennbar 99 k.A.

257	**Freiheitsstrafe** 1 ja 0 nein
258	**Dauer der FS in Wochen (4 Wochen = 1 Monat)** ____________
259	**Falls § 53 StGB, Dauer der FS für (schwerste) Körperverletzung in Wochen** __________ 8888 keine Freiheitsstrafe, sondern Geldstrafe
260	**Falls GS, Anzahl TS** _________
261	**An welcher Stelle wurde der Tatvorwurf dieser Körperverletzung im Bogen erhoben, Tatvorwurf 1, 2 oder 3** __________
262	**Falls § 53 StGB und mehrere Körperverletzungen, Dauer FS für zweitschwerste Körperverletzung in Wochen** _______ 8888 keine Freiheitsstrafe, sondern Geldstrafe
263	**Falls GS, Anzahl TS** _________
264	**An welcher Stelle wurde der Tatvorwurf dieser Körperverletzung im Bogen erhoben, Tatvorwurf 1, 2 oder 3** __________
265	**Falls kurze FS (unter 6 Monaten), Begründung i.S.d. § 47 StGB erfolgt** 1 ja 0 nein 2 ja, aber nur formelhaft (Wiedergabe des Gesetzestexts)

266	**Falls FS bis 2 Jahre, Bewährung** 1 ja 0 nein
267	**Falls ja, Dauer der Bewährung in Monaten (4 Wochen = 1 Monat)** _________ 9999 k.A.
268	**Falls ja, bzgl. Bewährung positiv bewertet** 1 Berufstätigkeit 2 Ausbildung 3 Schadenswiedergutmachung erfolgt 4 erste Freiheitsstrafe 5 Täter ist sozial eingebunden 6 aktuelle Bemühungen des Täters zur Lösung seiner Lebensprobleme (z.B. Therapie, Anti-Gewalt-Programm) 7 keine Vorstrafen 8 sonst. ______________________ 99 k.A./ nichts erkennbar positiv gewertet *(Mehrfachangaben möglich)*
269	**Falls nein, bzgl. Bewährung negativ bewertet** 1 keine Berufstätigkeit / Ausbildung o.ä. 2 Vorstrafenbelastung einschlägig 3 Vorstrafenbelastung generell 4 Bewährungsbrecher 5 sonst._________ 99 k.A. / nichts erkennbar negativ gewertet *(Mehrfachangaben möglich)*
270	**Auflagen o. Weisungen erteilt, §§ 56b, 56c StGB** 0 nein 1 Schadenswiedergutmachung (§ 56b II Nr. 1 StGB) 2 Gelbetrag zugunsten gemeinnütziger Einrichtung (§ 56b II Nr. 2 StGB)

	3 sonst. gemeinnützige Leistung (§ 56b II Nr. 3 StGB) 4 Geldbetrag zugunsten der Staatskasse (§ 56b II Nr. 4 StGB) 5 Anordnung bzgl. Aufenthalt, Arbeit etc. (§ 56c II Nr. 1 StGB) 6 bei Gericht oder anderer Stelle melden (§ 56c II Nr. 2 StGB) 7 Kontaktverbot (§ 56c II Nr. 3 StGB) 8 Besitzverbot (§ 56c II Nr. 4 StGB) 9 Unterhaltspflicht nachkommen (§ 56c II Nr. 5 StGB) 10 Heilbehandlung; Entziehungskur (§ 56c III Nr. 1 StGB) 11 Aufenthalt in geeignetem Heim/Anstalt (§ 56c III Nr. 2 StGB) 12 sonst.___________________
271	**Falls Geldzahlung, Höhe ___________________**
272	**Falls Geldzahlung, Zahlungserleichterungen** 0 nein 1 Zahlungsfrist 2 Ratenzahlung
273	**Bewährungshilfe angeordnet** 1 ja 0 nein
274	**Länge der Strafzumessungsbegründung bzgl. der Bewährung** **(in Zeilen)_______________**
275	**AndereRechtsfolge** 0 nein 1 Verwarnung mit Strafvorbehalt, § 59 StGB 2 Absehen von Strafe, § 60 StGB 3 Maßregel nach § 63 StGB 4 Maßregel nach § 64 StGB

276	**Begründung der Strafzumessung bzgl. Art, Höhe** 1 keine einschlägigen Vorstrafen pos. 2 generell keine Vorstrafen pos. 3 einschlägig vorbestraft neg. 4 generell vorbestraft neg. 5 Schadenshöhe neg. 6 Schadenshöhe pos. 7 (Teil)Geständnis pos. 8 Reue/Entschuldigung pos. 9 Alkoholbed. Enthemmung pos. 10 alkoholisiert neg. 11 Schadenswiedergutmachung erfolgt pos. 22 Mitverschulden des Opfers pos. 33 aktuelle Bemühungen des T zur Lösung seiner Lebensprobleme (z.B. Therapie, Anti-Gewalt-Programm) 44 sonst.______________ 99 k.A. (aus Akte keine Strafzumessungserwägungen erkennbar) *(Mehrfachangaben möglich)*
277	**Länge der Strafzumessungsbegründung bzgl. Art und Höhe (in Zeilen)____**
278	**Schwereindex der verhängten Sanktion insg.:______________**
279	**Falls § 53 StGB, Schwereindex der (schwersten) Körperverletzungs-Einzelstrafe** ______________
280	**Falls mehrere Körperverletzungen und § 53 StGB, Schwereindex der zweitschwersten Körperverletzungs-Einzelstrafe ______________**

Rechtsbehelfe

281	**Datum letzter Entscheidung** ______________ 01.01.2001=k.A.
282	**War erstinstanzl. Entscheidung ein Strafbefehl** 1 ja 0 nein
283	**Hat Beschuldigte Einspruch eingelegt** 1 ja 0 nein (weiter bei Geldstrafenvollstreckung)
284	**gegen gesamten Strafbefehl** 1 ja 0 nein
285	**zulässig** 1 ja 0 nein
286	**Hauptverhandlung eröffnet** 1 ja 0 nein
287	**Einspruch zurückgenommen** 1 ja 0 nein
288	**Nur gegen Rechtsfolgen beschränkt** 1 ja 0 nein
289	**zulässig** 1 ja 0 nein
290	**Entscheidung im Beschlusswege, § 411 I 3 StPO** 1 ja 0 nein
291	**Ergebnis bzgl. TS-Höhe, falls Geldstrafe verhängt wurde** 1 TS-Höhe wurde gesenkt 2 TS-Höhe wurde erhöht 3 TS-Höhe blieb gleich

292	**Ergebnis bzgl. TS-Anzahl/Dauer des FS** 1 wurde gesenkt 2 erhöht 3 blieb gleich
293	**Hauptverhandlung eröffnet** 1 ja 0 nein
294	**Einspruch zurückgenommen** 1 ja 0 nein
295	**War erstinstanzl. Entscheidung ein Urteil** 1 ja 0 nein
296	**Wurden Rechtsmittel eingelegt** 1 ja 0 nein (weiter bei Geldstrafenvollstreckung)
297	**Welche** 1 Berufung 2 Revision 3 Sprungrevision4 erst Berufung, dann Revision
298	**Wer hat Rechtsmittel eingelegt** 1 StA zugunsten des Angekl. 2 StA zulasten des Angekl. 3 Angeklagter 4 StA und A zugunsten des Angekl. 5 Nebenkläger 6 Nebenkläger und StA 7 Angeklagter und Nebenkläger 8 alle 9 StA zulasten des Angekl. und Angekl. 99 unbekannt
299	**Rechtsmittel zurückgenommen** 1 ja 0 nein

300	**Wurde angefochtene Entscheidung im Endergebnis geändert** 1 ja 0 nein
301	**Falls ja, Ergebnis nach der letzten Instanz im Vergleich zur 1. Instanz** 1 Änderung zugunsten des A 2 Änderung zuungunsten des A 99 k.A.

Veränderte, rechtskräftige Entscheidung:

302	**Freispruch** 1 ja 0 nein 2 teilweise
303	**Delikte**____________________
304	**Einstellung** 0 nein 1 § 154 StPO teilweise 2 § 153 StPO 3 § 153a StPO 4 § 154 StPO vollständig (bei 0 und 1 weiter; bei 2, 3, 5 in diesem Abschnitt fertig)
305	**Geldstrafe** 1 ja 0 nein
306	**Anzahl TS** __________
307	**Höhe TS** ___________
308	**Höhe der TS verändert** 0 nein 1 ja, gesenkt 2 ja, erhöht

309	**Falls § 53 StGB, Anzahl TS für (schwerste) Körperverletzung** __________
310	**Falls FS, Dauer der FS in Wochen (1 Monat = 4 Wochen)** __________
311	**Falls § 53 StGB, Anzahl TS für zweitschwerste Körperverletzung** ________
312	**Falls FS, Dauer der FS in Wochen (1 Monat = 4 Wochen)** __________
313	**Zahlungserleichterungen, § 42 StGB** 1 Zahlungsfrist 2 Ratenzahlung 0 nein
314	**Falls besonders hohe TS-Anzahl und niedrige TS-Höhe, Umgang hiermit** 1 Gewährung von Zahlungserleichterungen, § 42 StGB 2 Senkung der TSH 3 Senkung der TSA 0 keine Berücksichtigung erkennbar 99 k.A.
315	**Freiheitsstrafe** 1 ja 0 nein
316	**Dauer der FS in Wochen (1 Monat = 4 Wochen)** __________
317	**Falls § 53, Dauer der FS für (schwerste) Körperverletzung in Wochen**

	(1 Monat = 4 Wochen) ___________
318	**Falls GS, Anzahl TS** __________________
319	**Falls § 53 und mehrere Körperverletzungen, Dauer der FS für zweitschwerste Körperverletzung in Wochen (1 Monat = 4 Wochen)** _____________
320	**Falls GS, Anzahl TS** __________________
321	**Falls FS bis 2 Jahre, Bewährung** 1 ja 0 nein
322	**Falls ja, Dauer der Bewährung in Monaten (1 Monat = 4 Wochen)** ___________
323	**AndereRechtsfolge** 0 nein 1 Verwarnung mit Strafvorbehalt 2 Absehen von Strafe, § 60 StGB 3 Maßregel nach § 63 StGB 4 Maßregel nach § 64 StGB
324	**Sanktionsschwereindex** _______________________

Verteidigung

325	**Hat der Beschuldigte irgendwann im Laufe des Verfahrens einen Verteidiger** 1 ja 0 nein (dann weiter bei nächstem Abschnitt) 99 k.A.
326	**Welche Art** 1 Wahlverteidiger 2 Pflichtverteidiger 3 Wahlpflichtverteidiger

327	**Falls Pflichtverteidiger, Grund der Bestellung** 1 § 140 I StPO 2 Schwierigkeit der Sach- o. Rechtslage, § 140 II StPO 3 Schwere der Tat, § 140 II StPO 4 Beschuldigte kann sich ersichtlich nicht selbst verteidigen, § 140 II StPO 5 Beschuldigte ist hör- oder sprachbehindert, § 140 II 2 StPO 99 k.A.
328	**Falls § 140 I StPO, Nr.**_______
329	**Falls Pflichtverteidiger, auf wessen Initiative** 1 vom Gericht von Amts wegen 2 auf Antrag des Beschuldigten 3 auf Antrag der StA 99 k.A.
330	**Zeitpunkt der Bestellung** 1 Ermittlungsverfahren vor 1. polizeilicher Vernehmung 2 Ermittlungsverfahren nach 1. polizeilicher Vernehmung 3 Zwischenverfahren 4 Hauptverfahren 5 Rechtsmittelverfahren 6 Vollstreckungsverfahren 7 nach Erhalt des Strafbefehls 8 sonst._________ 99 k.A.
331	**Wurde ein Akteneinsichtsgesuch nach § 147 StPO gestellt** 1 ja 0 nein 99 k.A.
332	**Zeitpunkt der (ersten) Antragsstellung:** 1 im Ermittlungsverfahren 2 im Zwischenverfahren 3 in der Hauptverhandlung

	4 im Rechtsbehelfsverfahren 5 in Vollstreckung 99 k.A.
333	**Bewilligt** 1 ja 0 nein 99 k.A.
334	**Verteidiger bei 1. polizeilicher Vernehmung anwesend** 1 ja 0 nein 2 es gab keine Vernehmung 99 k.A.
335	**Falls nachfolgende Vernehmungen, Verteidiger anwesend** 1 ja 0 nein 99 k.A.
336	**Mandatsverhältnis im Laufe des Verfahrens erloschen** 1 ja 0 nein 99 k.A.
337	**Falls ja, neuer Verteidiger bestellt** 1 ja 0 nein 99 k.A.
338	**Welche Art** 1 Wahlverteidiger 2 Pflichtverteidiger 3 Wahlpflichtverteidiger
339	**Falls Pflichtverteidiger, Grund der Bestellung** 1 § 140 I StPO 2 Schwierigkeit der Sach- o. Rechtslage, § 140 II StPO 3 Schwere der Tat, § 140 II StPO 4 Beschuldigte kann sich ersichtlich nicht selbst verteidigen, § 140 II StPO 5 Beschuldigte ist hör- oder sprachbehindert, § 140 II 2 StPO 99 k.A.

340	**Falls § 140 I StPO, Nr.______**
341	**Falls Pflichtverteidiger, auf wessen Initiative** 1 vom Gericht von Amts wegen 2 auf Antrag des Beschuldigten/Verteidigers 3 auf Antrag der StA 99 k.A.
342	**Zeitpunkt der Bestellung** 1 Ermittlungsverfahren vor 1. polizeilicher Vernehmung 2 Ermittlungsverfahren nach 1. polizeilicher Vernehmung 3 Zwischenverfahren 4 Hauptverfahren 5 Rechtsmittelverfahren 6 Vollstreckungsverfahren 7 nach Erhalt des Strafbefehls 8 sonst.________ 99 k.A.
343	**Hat Verteidiger aktiv am Verfahren mitgewirkt (außer Zeugenbefragung)** 1 ja,__________ 0 nein 99 keine Beurteilung möglich
344	**Hat Verteidigung das Verfahren beeinflusst (eigene Bewertung)** 0 nein 1 ja, zugunsten des Beschuldigten 2 ja, zuungunsten des Beschuldigten 3 keine eigene Bewertung möglich
345	**Falls ja, warum** ______________________________

Geldstrafenvollstreckung

346	**Ist die Geldstrafenvollstreckung abgeschlossen** 1 ja 0 nein 2 Vollstreckungsteil fehlt in Akte
347	**Wurde Geldstrafe vollständig gezahlt (nur Zahlung, keine teilweise gemeinnützige Arbeit oder Ersatzfreiheitsstrafe)** 1 ja 0 nein 2 Vollstreckung läuft noch 99 k.A.
348	**Nachträgliche Gewährung von Zahlungserleichterungen, § 459a StPO** 1 ja, Zahlungsfrist 2 ja, Ratenzahlung 3 beides 0 nein 99 k.A.
349	**Falls ja,** auf **Initiative von wem** 1 der StA 2 auf Antrag des Verurteilten/Verteidigers 99 k.A.
350	**Ersatzfreiheitsstrafe angeordnet** 1 ja 0 nein 99 k.A.
351	**Falls ja, Geldstrafe anschließend vollständig gezahlt** 1 ja 0 nein 2 Vollstreckung läuft noch 99 k.A.
352	**Geldstrafe durch Ersatzhaft ersetzt** 0 nein 1 vollständig 2 teilweise und mit gA 3 teilweise und mit Zahlung 4 teilweise und mit gA und mit Zahlung99 k.A.

353	**GS durch gemeinnützige Arbeit ersetzt** 0 nein 1 vollständig 2 teilweise mit Ersatzhaft 3 teilweise mit Zahlung 4 teilweise und mit EFS und mit Zahlung 99 k.A.
354	**Falls ja, auf Initiative von wem** 1 der StA 2 auf Antrag des Verurteilten/Verteidigers 99 k.A.

Adhäsionsverfahren

355	**Hat das Opfer einen Anspruch i.S.d. §§ 403ff. StGB geltend gemacht** 1 ja 0 nein (k.A.=nein)
356	**Worauf** 1 Schadensersatz i.S.v. § 253 BGB (Schmerzensgeld) 2 sonst. Schadensersatz 3 sonst.____________
357	**Höhe des geltend gemachten Anspruchs** ________________ 9999 Keine Höhe angegeben
358	**Opfer dabei anwaltlich vertreten** 1 ja 0 nein 99 k.A.
359	**Entscheidung des Gerichts** 1 Verurteilung zur geforderten Summe nach § 406 I StPO 2 Verurteilung zu anderer Summe nach § 406 I StPO 3 Verurteilung nach § 406 II StPO (Anerkenntnis durch Angeklagten)

	4 Vergleich über Summe i.H.v. ________ 5 Antrag unzulässig, § 406 I 3 Alt. 1 StPO 6 Antrag unbegründet, § 406 I 3 Alt. 2 StPO 7 Antrag ungeeignet wegen Verzögerungsgefahr, § 406 I 4 StPO 8 keine Entscheidung, da Verfahren eingestellt oder ein Strafbefehl erlassen wurde 9 sonst.

Weiteres Opfer (2)

360	**Delikte** __________________________
361	**Geburtsjahr** ________9999 k.A.
362	**Geschlecht** 1 männlich 2 weiblich 99 k.A.
363	**Nationalität** 1 deutsch 2 andere, _____________ 99 k.A.
364	**Geburtsland** 1 Deutschland 2 anderes, _____________ 99 k.A.
365	**Polizist/in** 1 ja 0 nein
366	**Hat Opfer Strafantrag gestellt** 1 ja 0 nein 2 ja, aber zurückgezogen
367	**Falls ja, Datum** _______________ 01.01.2001=k.A.

Weiteres Opfer (3)

368	**Delikte** ____________
369	**Geburtsjahr** ________ 9999 k.A.
370	**Geschlecht** 1 männlich 2 weiblich 99 k.A.
371	**Nationalität** 1 deutsch 2 andere, ________ 99 k.A.
372	**Geburtsland** 1 Deutschland 2 anderes, ________ 99 k.A.
373	**Polizist/in** 1 ja 0 nein
374	**Hat Opfer Strafantrag gestellt** 1 ja 0 nein 2 ja, aber zurückgezogen
375	**Falls ja, Datum** ________ 01.01.2001=k.A.

Weiteres Opfer (4)

376	**Delikte** ____________
377	**Geburtsjahr** ________ 9999 k.A.
378	**Geschlecht** 1 männlich 2 weiblich 99 k.A.

379	**Nationalität** 1 deutsch 2 andere, ____________ 99 k.A.
380	**Geburtsland** 1 Deutschland 2 anderes, ____________ 99 k.A.
381	**Polizist/in** 1 ja 0 nein
382	**Hat Opfer Strafantrag gestellt** 1 ja 0 nein 2 ja, aber zurückgezogen
383	**Falls ja, Datum** ______________ 01.01.2001=k.A.

Weiteres Opfer (5)

384	**Delikte** ________________________
385	**Geburtsjahr** _______________ 9999 k.A.
386	**Geschlecht** 1 männlich 2 weiblich 99 k.A.
387	**Nationalität** 1 deutsch 2 andere, ____________ 99 k.A.
388	**Geburtsland** 1 Deutschland 2 anderes, ____________ 99 k.A.
389	**PolizistIn** 1 ja 0 nein

390	**Hat Opfer Strafantrag gestellt** 1 ja 0 nein 2 ja, aber zurückgezogen
391	**Falls ja, Datum** ______________ 01.01.2001=k.A.

Informationen zu weiterer (tatmehrheitlicher) Körperverletzung nach § 223 StGB

(Falls anderes Opfer oder kein zeitlicher und räumlicher Zusammenhang besteht)

392	**Datum der Tat** ________________ 01.01.2001=k.A.
393	**Falls weitere Tatbeteiligte, mind. einer im Laufe des Verf. durch Rechtsanwalt vertreten** 1 ja 0 nein 99 k.A.
394	**Art der Gewaltanwendung** 1 häusliche Gewalt 2 Discoschlägerei 3 Schlägerei unter Trinkern, Drogenabhängigen 4 Widerstand gegen Polizeigewalt 5 sonst. Gewalt gegen Polizei 6 sonst.__________ 99 k.A.
395	**Täter und Opfer kennen sich** 1 ja 0 nein
396	**Falls ja, in welcher Beziehung steht das Opfer zum Täter** 1 Ehe / Partnerschaft 2 Ex-(Ehe)Partner/in 3 Kind 4 Freunde, Bekannte 5 Neue/r Partner/in von Ex-(Ehe)Partner/in 6 sonst.__________________________ 99 k.A.

397	**Schwere der Verletzung** (siehe Erläuterungen): 0 nur versucht 1 Bagatellverletzung 2 Leichtere V. 3 Leicht-Mittlere V. 4 Mittelschwere V. 5 Schwere V. 99 k.A./nicht bestimmbar
398	**Drogeneinfluss während der Tat** 1 harte Drogen 2 Cannabis 3 Sonst. 99 k.A. 0 nein
399	**Alkoholeinfluss während der Tat** 1 ja, aber ohne Feststellung der BAK 2 ja, BAK____________ 99 k.A. 0 nein
400	**Ließ Opfer die Verletzungen dokumentieren** 0 nein 1 Arzt 2 Polizei 3 eigenes Foto 4 sonst. _____ 99 k.A. *(Mehrfachangaben möglich)*
401	**Hat das Opfer den Täter „erwiesener Maßen" ebenfalls unmittelbar vor/während/nach der Tat verletzt** 1 ja 0 nein 99 k.A.
402	**Vom Täter angegebenes Tatmotiv** 1 Rausch 2 Provokation durch das Opfer 3 „Selbstverteidigung (nicht zwingend i.S.v. §§ 32ff. StGB)" 4 Verleitenlassen von Anderen 5 Grundlos 6 Streit 7 Eifersucht 8 Ärger über das Opfer 9 sonst._______ 99 k.A. *(Mehrfachangaben möglich)*

403	**Laut Polizei/StA Tatmotiv** 1 Rausch 2 Provokation durch das Opfer 3 „Selbstverteidigung (nicht zwingend i.S.v. §§ 32ff. StGB)" 4 Verleitenlassen von Anderen 5 Grundlos 6 Streit 7 Eifersucht 8 Ärger über das Opfer 9 sonst._________ 99 k.A. *(Mehrfachangaben möglich)*
404	**Aus Akte erkennbares Tatmotiv** 1 Rausch 2 Provokation durchs das Opfer 3 „Selbstverteidigung (nicht zwingend i.S.v. §§ 32ff. StGB)" 4 Verleitenlassen von Anderen 5 Grundlos 6 Streit 7 Eifersucht 8 Ärger über das Opfer 9 sonst._______ 99 k.A. *(Mehrfachangaben möglich)*
405	**Nachtatverhalten des Beschuldigten:** 0 aus Akte kein besonderes Nachtatverhalten erkennbar 1 Entschuldigung/Reue in Vernehmung 2 freiwillig Schmerzensgeld gezahlt 3 freiwillige Suchtbehandlung, Therapie o.ä. 4 Entschuldigung beim Opfer 5 sonst._____________________________ *(Mehrfachangaben möglich)*

Informationen zu weiterer (3. tatmehrheitlicher) Körperverletzung nach § 223 StGB

(Falls anderes Opfer oder kein zeitlicher und räumlicher Zusammenhang besteht)

406	**Datum der Tat** __________________ 01.01.2001=k.A.
407	**Falls weitere Tatbeteiligte, mind. einer im Laufe des Verfahrens durch Rechtsanwalt vertreten** 1 ja 0 nein 99 k.A.

408	**Art der Gewaltanwendung** 1 häusliche Gewalt 2 Discoschlägerei 3 Schlägerei unter Trinkern, Drogenabhängigen 4 Widerstand gegen Polizeigewalt 5 sonst. Gewalt gegen Polizei 6 sonst.__________ 99 k.A.
409	**Täter und Opfer kennen sich** 1 ja 0 nein 99 k.A.
410	**Falls ja, in welcher Beziehung steht das Opfer zum Täter** 1 Ehe / Partnerschaft 2 Ex-(Ehe)Partner/in 3 Kind 4 Freunde, Bekannte 5 Neue/r Partner/in von Ex-(Ehe)Partner/in 6 sonst.____________________________ 99 k.A.
411	**Schwere der Verletzung** (siehe Erläuterungen): 0 nur versucht 1 Bagatellverletzung 2 Leichtere V. 3 Leicht-Mittlere V. 4 Mittelschwere V. 5 Schwere V. 99 k.A./nicht bestimmbar
412	**Drogeneinfluss während der Tat** 1 harte Drogen 2 Cannabis 3 Sonst. 99 k.A. 0 nein
413	**Alkoholeinfluss während der Tat** 1 ja, aber ohne Feststellung der BAK 2 ja, BAK____________ 99 k.A. 0 nein

414	**Ließ das Opfer die Verletzungen dokumentieren** 0 nein 1 Arzt 2 Polizei 3 eigenes Foto 4 sonst. ___________ 99 k.A. *(Mehrfachangaben möglich)*
415	**Hat das Opfer „erwiesener Maßen" ebenfalls unmittelbar vor/während/nach der Tat den Täter verletzt** 1 ja 0 nein 99 k.A.
416	**Vom Täter angegebenes Tatmotiv** 1 Rausch 2 Provokation durch das Opfer 3 „Selbstverteidigung (nicht zwingend i.S.v. §§ 32ff. StGB)" 4 Verleitenlassen von Anderen 5 Grundlos 6 Streit 7 Eifersucht 8 Ärger über das Opfer 9 sonst.________ 99 k.A. *(Mehrfachangaben möglich)*
417	**Laut Polizei/StA Tatmotiv** 1 Rausch 2 Provokation durch das Opfer 3 „Selbstverteidigung (nicht zwingend i.S.v. §§ 32ff. StGB)" 4 Verleitenlassen von Anderen 5 Grundlos 6 Streit 7 Eifersucht 8 Ärger über das Opfer 9 sonst.__________ 99 k.A. *(Mehrfachangaben möglich)*
418	**Aus Akte erkennbares Tatmotiv** 1 Rausch 2 Provokation durch das Opfer 3 „Selbstverteidigung (nicht zwingend i.S.v. §§ 32ff. StGB)" 4 Verleitenlassen von Anderen 5 Grundlos 6 Streit 7 Eifersucht 8 Ärger über das Opfer 9 sonst.________ 99 k.A. *(Mehrfachangaben möglich)*

419	**Nachtatverhalten des Beschuldigten:** 0 aus Akte kein besonderes Nachtatverhalten erkennbar 1 Entschuldigung/Reue in Vernehmung 2 freiwillig Schmerzensgeld gezahlt 3 freiwillige Suchtbehandlung, Therapie o.ä. 4 Entschuldigung beim Opfer 5 sonst.______________________________ *(Mehrfachangaben möglich)*

Anhang II:

Durchschnittsalter der Beschuldigten bei den einzelnen Abschlussentscheidungen der Staatsanwaltschaft

Ausprägung	n	aM	SD	Diff.	p
Anklage oder Strafbefehl	246	35,6	12,6	-2,5	p=.047
§ 153 oder §153a	158	38,1	12,2		
Anklage oder Strafbefehl	136	35,7	12,5	-3,8	p=.031
§ 153 Abs. 1 StPO	79	39,5	12,1		
Anklage oder Strafbefehl	246	35,6	12,6	0,6	(n.s.)
§ 153a Abs. 1 StPO	66	36,2	11,9		
§ 153 oder §153a	158	38,1	12,2	2,7	p=.050
Strafbefehlsantrag	168	35,4	12,5		
§ 153 oder §153a	158	38,1	12,2	2,1	(n.s.)
Anklage	78	36,0	13,0		

Kriminalwissenschaftliche Schriften
hrsg. von Prof. Dr. Heinz Schöch (Universität München), Prof. Dr. Dieter Dölling (Universität Heidelberg), Prof. Dr. Bernd-Dieter Meier (Universität Hannover) und Prof. Dr. Torsten Verrel (Universität Bonn)

Juliane Weber
Cybermobbing – wenn neue Medien fertigmachen
Eine Untersuchung zum Cybermobbing im Stadtgebiet Bonn
In Zeiten immer stärker fortschreitender Technisierung spielt das Thema Cybermobbing eine bedeutende Rolle im täglichen Leben, insbesondere von Schülern. Dabei werden Personen über Handy und Internet absichtlich schikaniert und gedemütigt. Die Arbeit stellt die Ergebnisse einer Befragung an den weiterführenden Schulen in Bonn dar, in der über 2.000 Schüler dazu befragt wurden, ob und wie häufig sie Opfer und Täter von Cybermobbing wurden. Sie beschäftigt sich zudem mit den emotionalen Folgen und Reaktionen auf Seiten der Opfer.
Bd. 58, 2018, 376 S., 39,90 €, br., ISBN 978-3-643-14092-0

Benjamin Schmorleiz
Warum manche *trotzdem* nicht straffällig werden
Ein Versuch, die Ergebnisse der Resilienzforschung in die Angewandte Kriminologie zu integrieren
Die vorliegende Arbeit untersucht, inwieweit die Ergebnisse der Resilienzforschung für die Zwecke der Kriminalprognose nutzbar gemacht werden können. Zahlreiche Studien zeigen, dass es sich bei Resilienz um ein individuelles Phänomen handelt, dessen Wirkung kontextabhängig und multifinal ist. Durch einen vertieften Blick auf die *Methode der idealtypisch vergleichenden Einzelfallanalyse* (MIVEA) wird aufgezeigt, dass die Methode viele Parallelen zum Resilienzkonzept aufweist und geeignet ist, die konkrete Wirkung vermeintlich schützender Faktoren im Einzelfall sichtbar zu machen.
Bd. 57, 2018, 266 S., 34,90 €, br., ISBN 978-3-643-13964-1

Miriam Lichstein
Opfer-Täter-Ketten, Schnittpunkte und Metamorphosen
Ist der "Kreislauf der Gewalt"empirisch belegt?
Bd. 56, 2017, 520 S., 54,90 €, br., ISBN 978-3-643-13891-0

Achim Roth
Zusammenhänge zwischen der Verursachung von Verkehrsunfällen und dissozialem/kriminellem Verhalten
Bd. 55, 2017, 148 S., 34,90 €, br., ISBN 978-3-643-13748-7

Janina Lara Dressler
Gewalt gegen Rettungskräfte
Eine kriminologische Großstadtanalyse
Bd. 54, 2017, 332 S., 39,90 €, br., ISBN 978-3-643-13681-7

Andrea F. Berndt
Der Täter-Opfer-Ausgleich aus Sicht des Opfers
Theorie und Praxis einer alternativen strafrechtlichen Intervention unter Einbeziehung konsistenztheoretischer Annahmen
Bd. 53, 2017, 556 S., 49,90 €, br., ISBN 978-3-643-13643-5

Matthias Rau
Lebenslinien und Netzwerke junger Migranten nach Jugendstrafe
Ein Beitrag zur Desistance-Forschung in Deutschland
Bd. 52, 2017, 554 S., 54,90 €, br., ISBN 978-3-643-13604-6

Claudia Dreßing
Das Anti-Aggressivitätstraining als Maßnahme der Jugendhilfe und Jugendstrafrechtspflege
Bd. 51, 2016, 388 S., 39,90 €, br., ISBN 978-3-643-13513-1

LIT Verlag Berlin – Münster – Wien – Zürich – London
Auslieferung Deutschland / Österreich / Schweiz: siehe Impressumsseite

Manuel Recha
Die Zulässigkeit einer antihormonellen sexualtriebdämpfenden Zwangsmedikation
Chancen und Probleme der Zwangsbehandlung von Sexualstraftätern
Bd. 50, 2015, 344 S., 39,90 €, br., ISBN 978-3-643-13201-7

Isa Heinemann
Die Erledigung freiheitsentziehender Maßregeln im Verhältnis zur Rechtskraft ihres Anordnungsurteils
Bd. 49, 2015, 288 S., 39,90 €, br., ISBN 978-3-643-13102-7

Anika Kleinbrahm
Divergente Diversion im Jugendstrafverfahren
Eine Untersuchung zu Ausmaß, verfassungsrechtlicher Bewertung und Vermeidung regionaler Rechtsungleichheit unter Berücksichtigung der Diversionsrichtlinien
Bd. 48, 2015, 562 S., 59,90 €, br., ISBN 978-3-643-12926-0

Nadja Müller
Kriminalprävention durch Baugestaltung
Bd. 47, 2015, 736 S., 74,90 €, br., ISBN 978-3-643-12904-8

Sebastian Untersteller
Der Begriff „öffentliches Interesse" in den §§153 StPO und 45 JGG
Bd. 46, 2015, 484 S., 49,90 €, br., ISBN 978-3-643-12887-4

Julia Gräf
Die Diversion im Jugendstrafrecht im Lichte der Angewandten Kriminologie
Bd. 45, 2015, 336 S., 39,90 €, br., ISBN 978-3-643-12873-7

Anna Borsci
Die Besonderheiten des Sanktionensystems der Russischen Föderation
Eine rechtsvergleichende Untersuchung unter besonderer Berücksichtigung des Geschlechts und der familiären Verhältnisse des Angeklagten
Bd. 44, 2015, 496 S., 59,90 €, br., ISBN 978-3-643-12793-8

Dieter Dölling; Horst Entorf; Dieter Hermann
Kriminologisch-ökonomische Evaluation der fachlichen Qualität der Bewährungs- und Gerichtshilfe sowie des Täter-Opfer-Ausgleichs in Baden-Württemberg
Bd. 43, 2015, 736 S., 74,90 €, br., ISBN 978-3-643-12714-3

Christian Tobias Folter
Die Abschreckungswirkung der Todesstrafe
Eine qualitative Metaanalyse
Bd. 42, 2014, 376 S., 44,90 €, br., ISBN 978-3-643-12567-5

Alissa Schöttle
Die Schuldfähigkeitsbegutachtung in Jugendstrafverfahren – Eine Bestands- und Qualitätsanalyse
Bd. 41, 2013, 328 S., 29,90 €, br., ISBN 978-3-643-12303-9

Michael Käufl
Determinanten des ärztlichen Entscheidungsverhaltens bei palliativ- und intensivmedizinisch versorgten Patienten
Bd. 40, 2013, 424 S., 39,90 €, br., ISBN 978-3-643-12085-4

Tobias Spirgath
Zur Abschreckungswirkung des Strafrechts – Eine Metaanalyse kriminalstatistischer Untersuchungen
Bd. 39, 2013, 440 S., 44,90 €, br., ISBN 978-3-643-12033-5